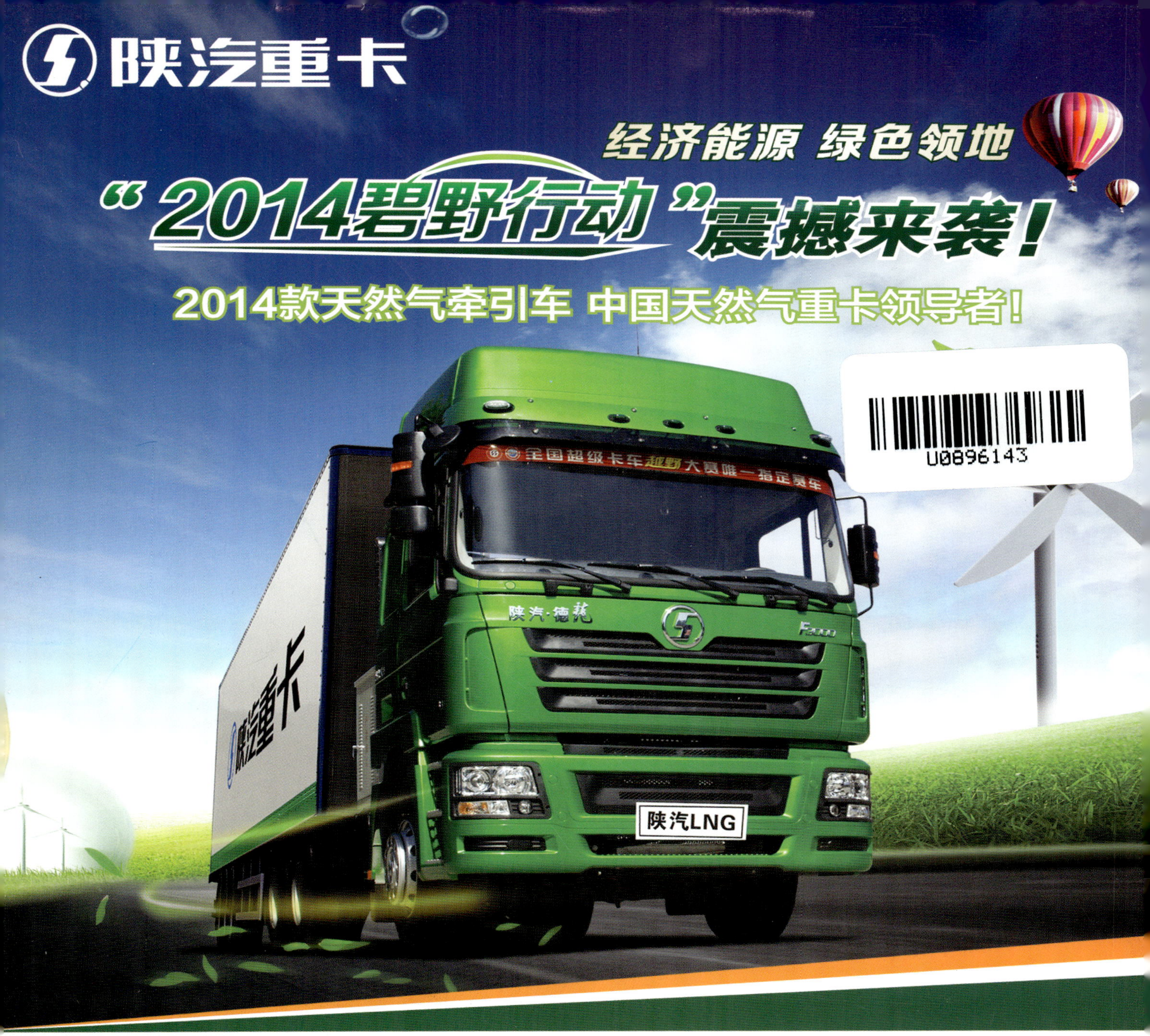

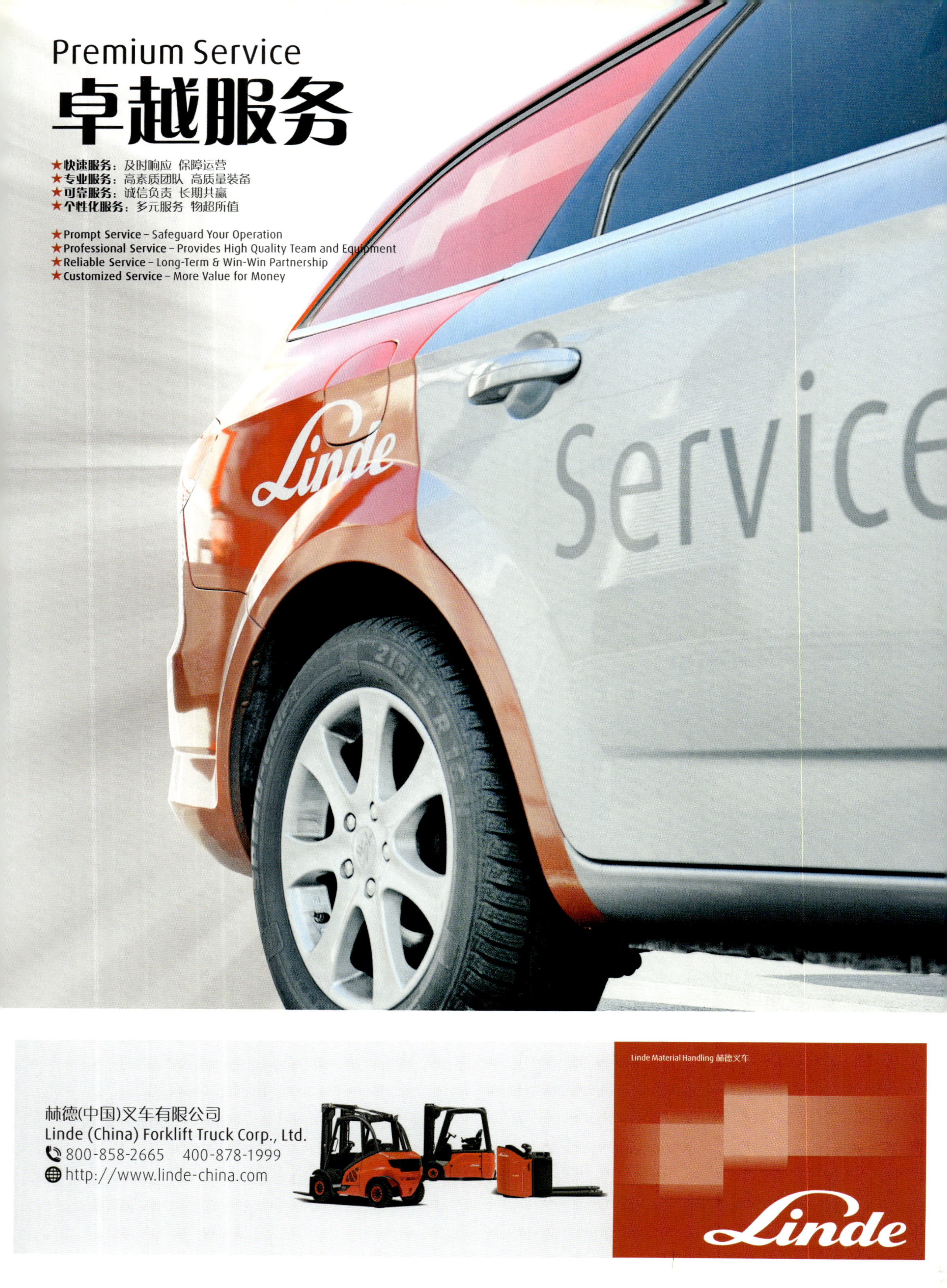

园区简介

盖氏邦晔物流园位于美丽的江北水城——山东省聊城市，由盖氏邦晔物流有限公司投资建设。公司成立于2010年4月，注册资金2亿元，项目总规划占地1200亩，总建筑面积80万平方米，总投资15亿元，定位于打造集仓储、运输、加工、配送、信息交易等功能于一体的现代化、生态化、信息化的物流园区。该项目被列为山东省重点建设项目、山东省服务业重点建设项目，聊城市、区级重点项目。公司通过**ISO 9001**质量管理体系认证，是中国物流与采购联合会常务理事单位、中物联物流园区专委会副主任单位、中物联应急物流专委会常务理事单位；2013年被山东省经信委评为“Ⅲ级物流园区”，被中国仓储协会评为“中国五星级仓库”、“中国仓储服务金牌企业”和“仓储业转型升级示范企业”，2014年被评为“中国5A级物流企业”和“中国优秀物流园区”。

在各级政府和社会各界的大力支持帮助下，园区的建设运营工作进展顺利，现已建成仓储中心、货运周转中心、冷链物流中心、五金建材物流中心、综合服务中心、智能停车场等专业物流设施。目前已有600余家各类商户进驻，开通至全国各大中城市货运专线1000余条，带动当地就业5000余人，发挥出良好的经济效益和社会效益，成为聊城乃至山东省现代物流行业领军企业。

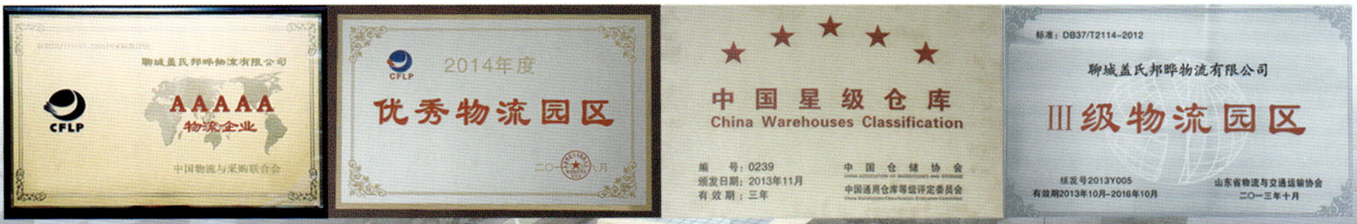

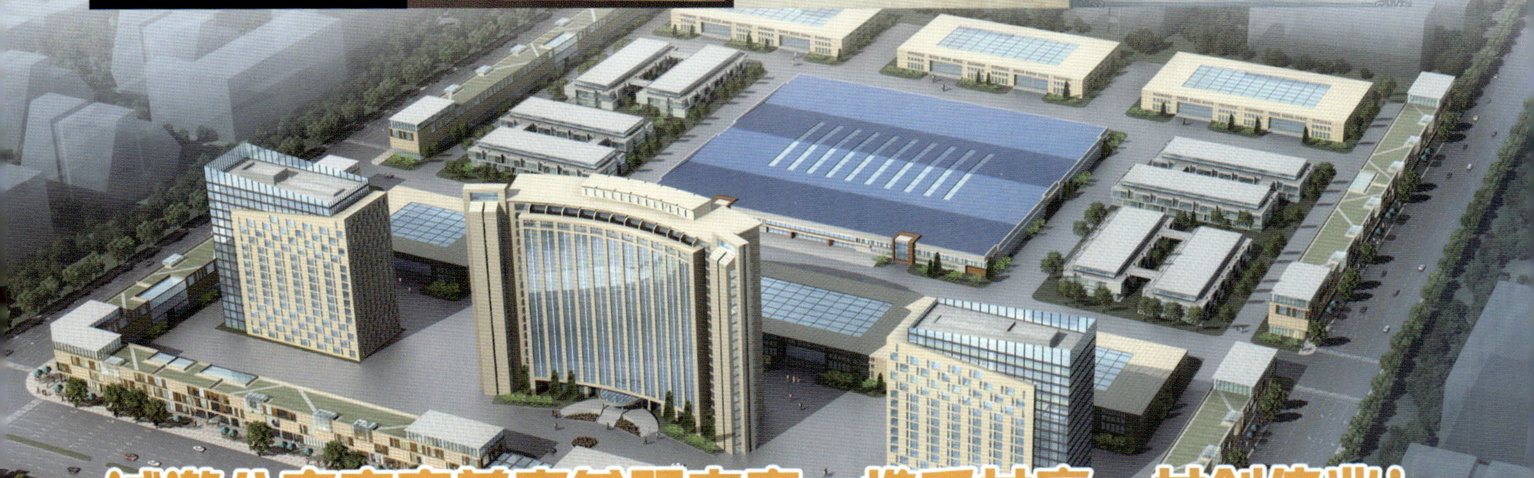

AAAAA 物流企业

2014年度 优秀物流园区

中国星级仓库 China Warehouses Classification

聊城盖氏邦晔物流有限公司 Ⅲ级物流园区

诚邀八方宾客前来参观考察、携手共赢、共创伟业！

0635-8808888/777
招商中心:山东省聊城经济开发区 昌润路东 北环路南
传真:0635-8808777 网址:www.gsby56.com

今天，在世界的东方，成都正以中国西部经济发展领头羊的姿态，成为北、上、广之外，中国第四个经济集聚区

物流天下

西部区域物流中心

在产业西进的推动和影响下，成都大力改善物流环境，不断扩大虹吸效应，以建立健全物流服务和口岸服务体系为基础，以提高物流资源和要素集聚集约为路径，以物流通道和集中发展区建设为重点，以信息技术和高新技术应用为动力，以提高物流效率优化资源配置为保障，不断提升物流业的基础性和先导性产业地位。

亚欧转运中心

两千年前，一列百余人马队路出了一条古代亚欧商贸的命脉——丝绸之路，谱写了一段亚欧经贸往来的传奇。

经过两年多的努力，集合与欧洲经贸合作的基础、现状和潜力，成都开辟出一条连接亚欧通达全球的现代丝绸之路——蓉欧快铁。

中国第四大国际航空枢纽

全球20%的电脑在成都制造，50 %的笔记本电脑芯片在成都封装测试，70%的苹果平板电脑在成都生产。截至2013年6月，成都双流国际机场国内通航城市达99个，国际、地区通航城市达56个，国际、地区货运定期航班通航城市达23个。成都成为中西部唯一的UPS、Fedex、DHL三大国际快递巨头均开设货运直航的城市。

中国第四大国际航空枢纽的目标正在从蓝图变成现实，成都连接世界主要城市的航空交通圈已具雏形。

成都市物流协会 宣

成都，未来十年全球发展最快的城市之一 ——《Fortune》

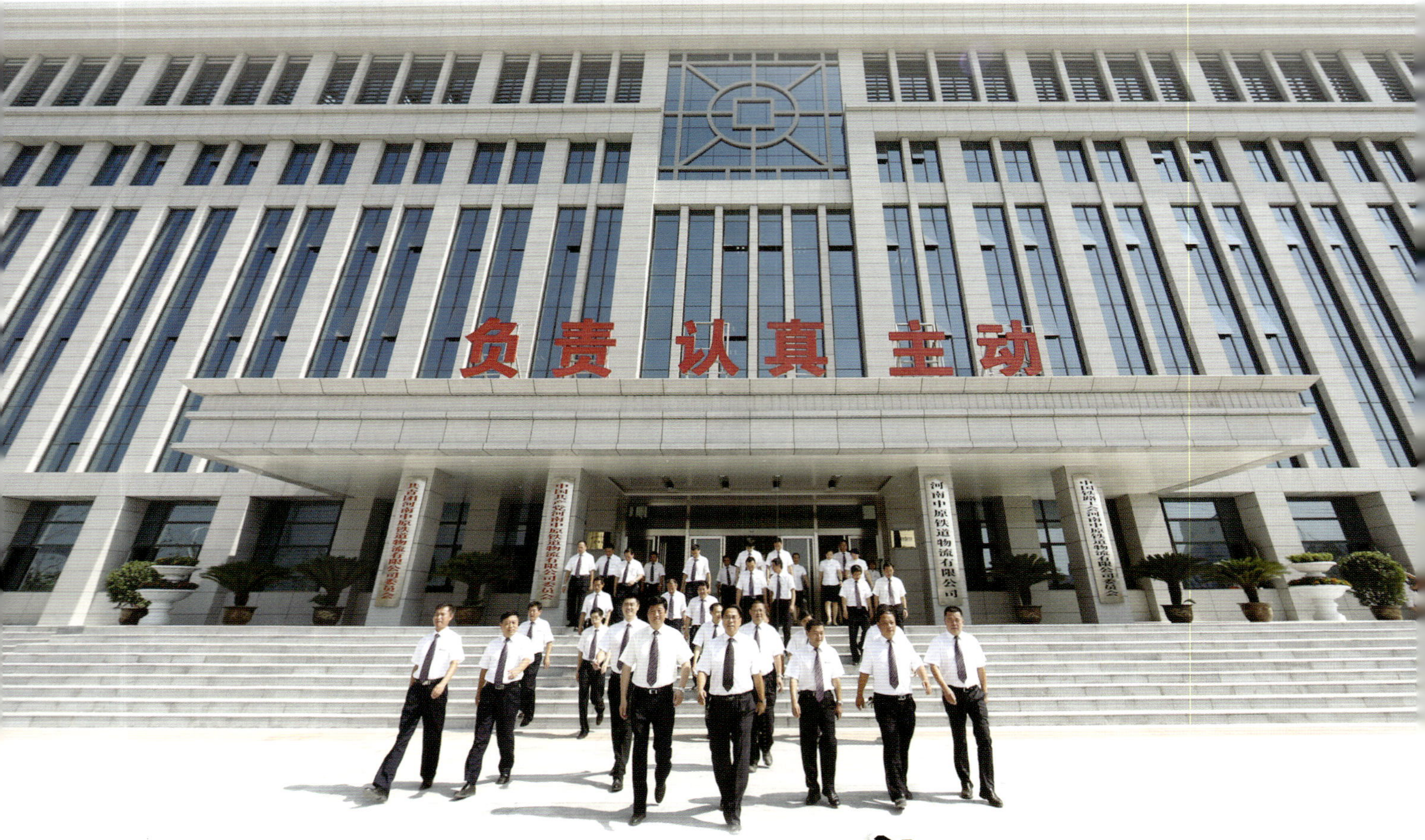

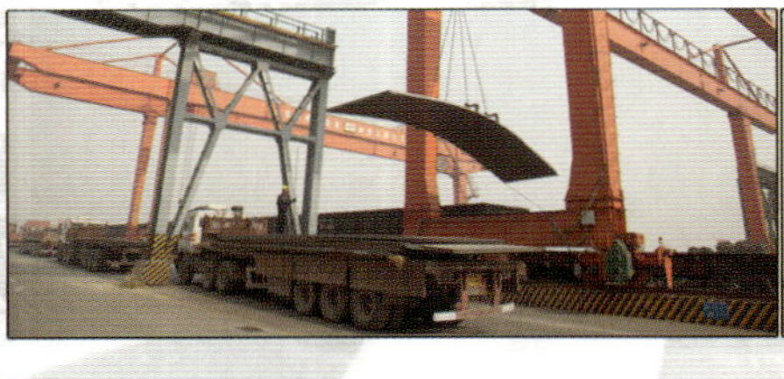

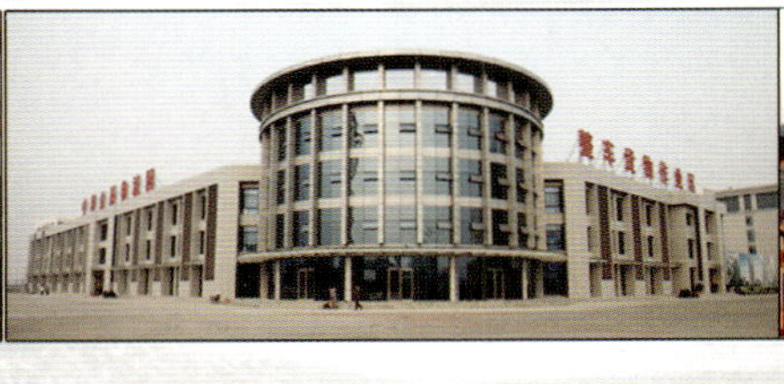

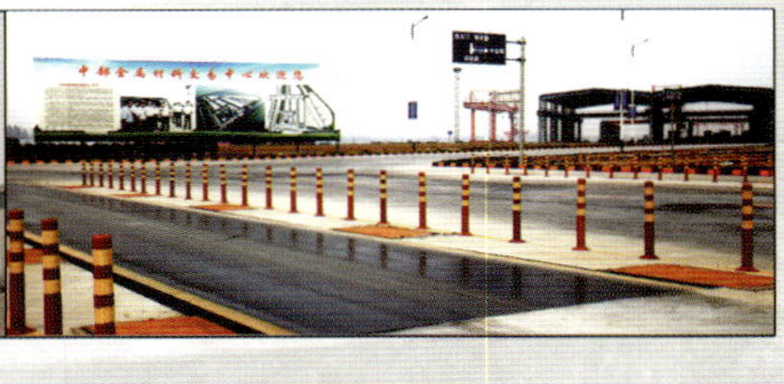

青岛铁路经营集团有限公司

青岛铁路经营集团有限公司（以下简称集团公司）成立于 2006 年 8 月 17 日，主要从事物流服务、大宗商贸、物资供应、线路服务等行业，公司注册资本金 2.25 亿元。截至 2014 年一季度，资产总额 5.9 亿元，现有员工 1736 人（截至 2014 年 4 月底）。2013 年完成收入 22.7 亿元，利润总额 3647.3 万元。

集团公司下设青岛物流分公司、潍坊物流分公司、淄博物流分公司、运贸分公司、国际贸易分公司、装备分公司、即墨济铁物流园有限公司等 10 个子分公司，分别分布在青岛（黄岛）、烟台、淄博、潍坊、东营、滨州、济南等地区，业务范围辐射河北、山西、河南、江西、江苏、浙江、内蒙古等地。

集团公司成立以来，一直秉承"路有多远，情有多长"的企业经营理念，不断提升现代物流核心竞争力。大力推进物流基地建设和实业项目开发，相继建成了黄岛商品汽车、潍坊西工业盐等一批物流基地，形成了以基地为核心，以配送中心为重点，以经营部为节点的经营网络。并先后与青岛港集团、中国远洋集团、邯郸钢铁集团有限公司等十多家大中型企业建立了物流战略合作伙伴关系，取得了良好的经济效益和社会效益。集团公司为客户提供及时、高效、便捷的服务，例如运输方案咨询、均衡运输方案、动态信息查询、通知货物到达、公路铁路运杂费预算、代垫和结清公路铁路运杂费、誊制运输单证、票据接转等服务内容，得到了客户的认可与好评。

集团公司是中国物流与采购联合会常务理事单位、青岛市重点物流企业，并通过了 ISO 9001 质量管理体系和国家 5A 级综合型物流企业资格认证，是青岛市一等信誉企业，位列"中国物流百强企业"第 50 位，2013 年青岛服务业企业 50 强第 34 位，2013 年荣获青岛市物流协会颁发的"突出贡献奖"，物流服务和企业管理得到了社会的认可和高度评价。

济南铁路经营集团有限公司

济南铁路经营集团有限公司（以下简称集团）成立于1994年12月30日，注册资本75319万元，是济南铁路局投资成立的法人独资公司，职工3852人，其中专业技术人员172人。

集团以铁路物流服务为主体，开展物流配送、港铁、公铁、水铁、国际联运、信息服务和传统的货运代理、装卸、仓储、检斤业务。经营领域包括：钢材、矿石、煤炭、水泥、氧化铝等大宗物资的采购供应和物流配送，货物联运，散装货物抑尘，保洁服务，兼营餐饮宾馆、汽车销售等。现有分公司14家、子公司4家，在山东济南、济宁、枣庄、泰安、聊城、临沂、莱芜、日照、菏泽等地市设有97个物流经营网点，配合经营莱芜钢铁物流中心、临沂北物流中心、兖州物流基地、平原物流基地、江泉集装箱物流基地等17个经营基地。

集团拥有载重60吨的专用货车491辆、装卸机械398台和基于铁路、铁路办公网的物流信息网络，完善的基础设施和强大的服务功能可以为客户提供全方位、“一站式”综合物流服务。集团与省内外20余家大型生产和流通企业建立起长期的物流服务关系，办理了俄罗斯、吉尔吉斯斯坦、哈萨克斯坦、越南等6个国家的国际联运代理业务。

面对新形势下的市场环境，集团对生产布局的硬件平台进行全面规划改造，打造符合铁路现代物流的物流经营基地。一是紧贴市场需求改造扩充物流基地能力。先后投资2200万元，使集疏能力由每年1100万吨提高到每年1560万吨。二是紧贴地方经济发展建设物流基地。投资1600万元将泰山货场改造为每年130万吨到发能力的区域物流基地。三是创新合作方式拓展基地开发。开辟了聊城正大专用线、菏泽华润电力专用线代营代管业务，启动了在平氧化铝专用线代营代管业务，为企业提供铁路货运组织、装卸管理、物流服务、调车作业、线路维护、行车组织、机车牵引等专业化的服务。

开拓集装箱业务

集团与新疆大陆桥集团公司合作集装箱跨局运输项目，成功实现了在聊城正大物流基地为茌平信发铝业有限公司集装箱装运氧化铝、铝锭等货物重来重去循环运输项目。

运用铁路货运新产品，打造集团新品牌

开行“五定班列”，进行仓储增值配送、集零为整发运、重来重去低碳运输。集团全力打造兖州北、临沂到成都的定点定线快速运输，致力于把定点定线的产品打造成品牌线、效益线，做成集团实业物流发展的品牌。

加快物流网络信息平台建设，拓宽服务客户的经营渠道

集团在全国铁路率先建立了网上办理计划、请求车、运费查询等多种功能的物流服务信息系统。在“济南铁路局物流平台”上，客户可直接提出物流需求，查询物流信息，达成意向后集团派人上门服务，提供货运“门到门”或“门到站”的全程代理服务。平台运行8个月以来，已注册会员562家，承接运输订单4751笔，实际装车11990车，逐步实现“人在家中坐，收发天下货”的新型货运服务模式。

诚信筑基 服务至上

打造铁路现代物流新标杆

集团地址：济南市经一路车站街30号　　邮编：250001　　联系电话：0531-82421861

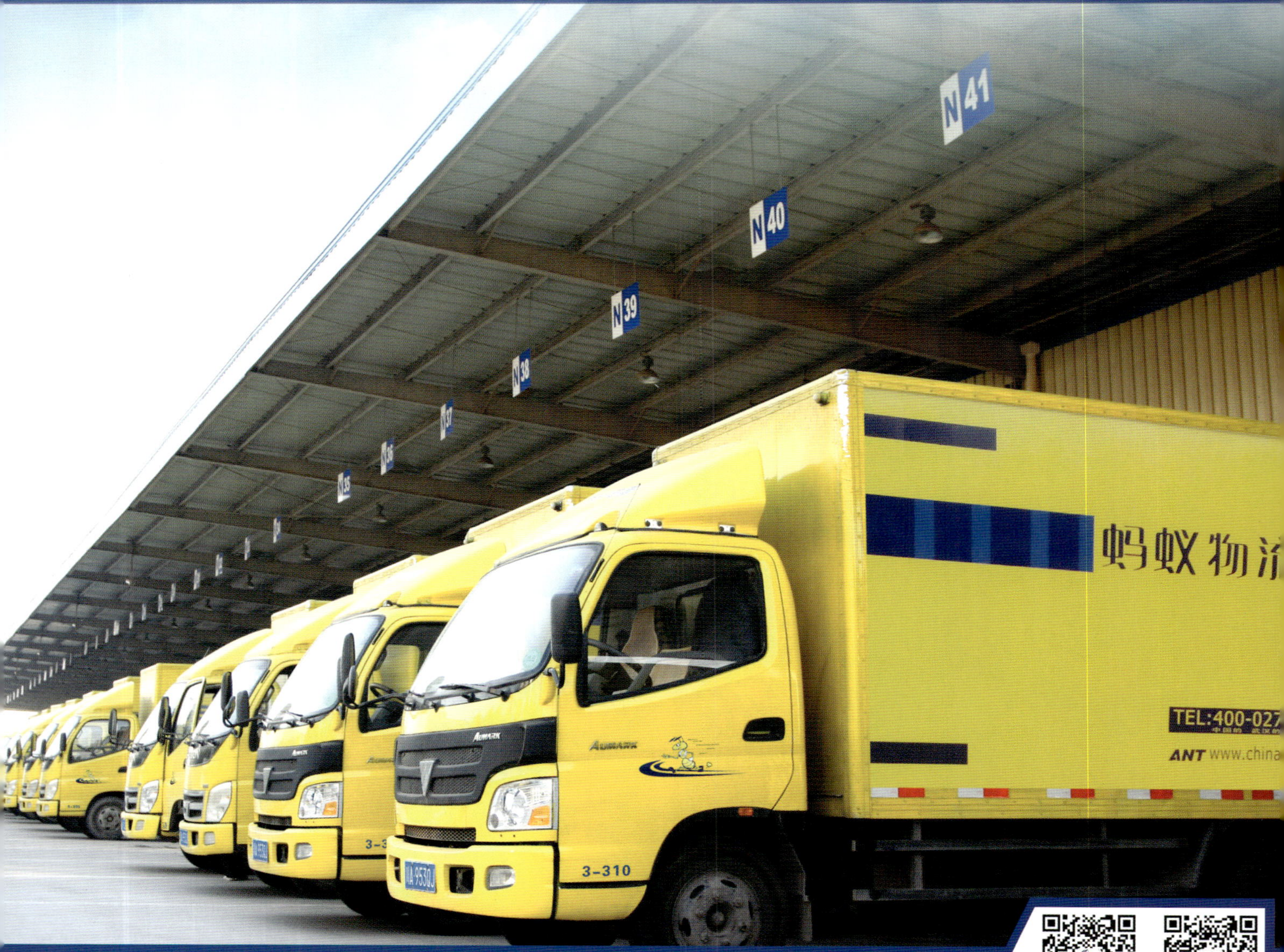

湖南现代物流职业技术学院

国家物流职业教育人才培养基地

院长：文振华

湖南现代物流职业技术学院是一所以现代物流为主导专业的公办全日制高等职业院校，地处省会长沙，是湖南省人民政府和中国物流与采购联合会共建院校、教育部高职高专人才培养工作水平评估“优秀”院校、湖南省示范性高等职业学院和国家物流职业教育人才培养基地，与国防科技大学共同承担建设“物联网感知技术与应用湖南省工程研究中心”。

办学理念：对接产业，工学结合，提升质量，打造品牌

办学特色：用现代物流理念培养现代物流人才

专业建设：学院现有物流管理系、物流工程系、物流信息系、物流经贸系、公共管理系 5 个系部，开设物流管理、物流工程技术、物流信息技术、电子商务、连锁经营管理等 19 个专业，其中物流管理是湖南省首批示范性特色专业；物流信息技术、电子商务是湖南省特色专业；物流工程技术、物流信息技术是中央财政支持的重点建设专业；会计是省级精品专业；物流园区金融管理、物联网应用技术是新增的国家高职高专特色专业。

师资团队：学院拥有一支实力雄厚的双师素质师资队伍。拥有现代物流专业群、物流工程技术专业、物流信息技术专业 3 个省级教学团队，有一批省级专业带头人、省级教学名师、省级青年骨干教师，湖南省物流业促进发展委员会专家委员、湖南省物流标准化委员会专家委员。

实习实训：学院拥有中央财政支持的实习实训基地、湖南省现代物流重点实习实训基地、湖南省物流管理专业教师专业教学技能水平认证培训基地，建有湖南省物流公共信息平台、湖南省智能物流实训中心、物流工程机械操作实训中心等 20 多个校内实训基地和 200 多家校外实习实训基地；拥有全国物流技能大赛标准化场地。

就业创业：学院与中远物流、中储股份、中铁五局、三一重工、安吉物流、海尔集团、一力物流和招商银行等 200 多家企业签订有稳定的就业合作协议。建有金霞物流园就业创业示范基地和校内大学生创业园。毕业生 100% 推荐就业。

产学研合作：学院是中国物流与采购联合会物流师职业资格认证培训中心和产学研示范基地，中国电信湖南物流信息技术研发与创新基地。参与了湖南省物流业振兴实施规划、湖南省“十二五”物流业发展规划、长株潭物流规划等产业发展规划的制定工作，承担了 100 多项国家级、省级科研课题和一批企业项目的研发工作。

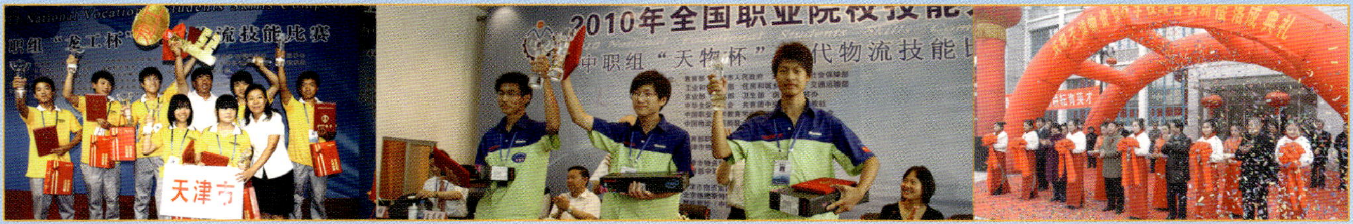

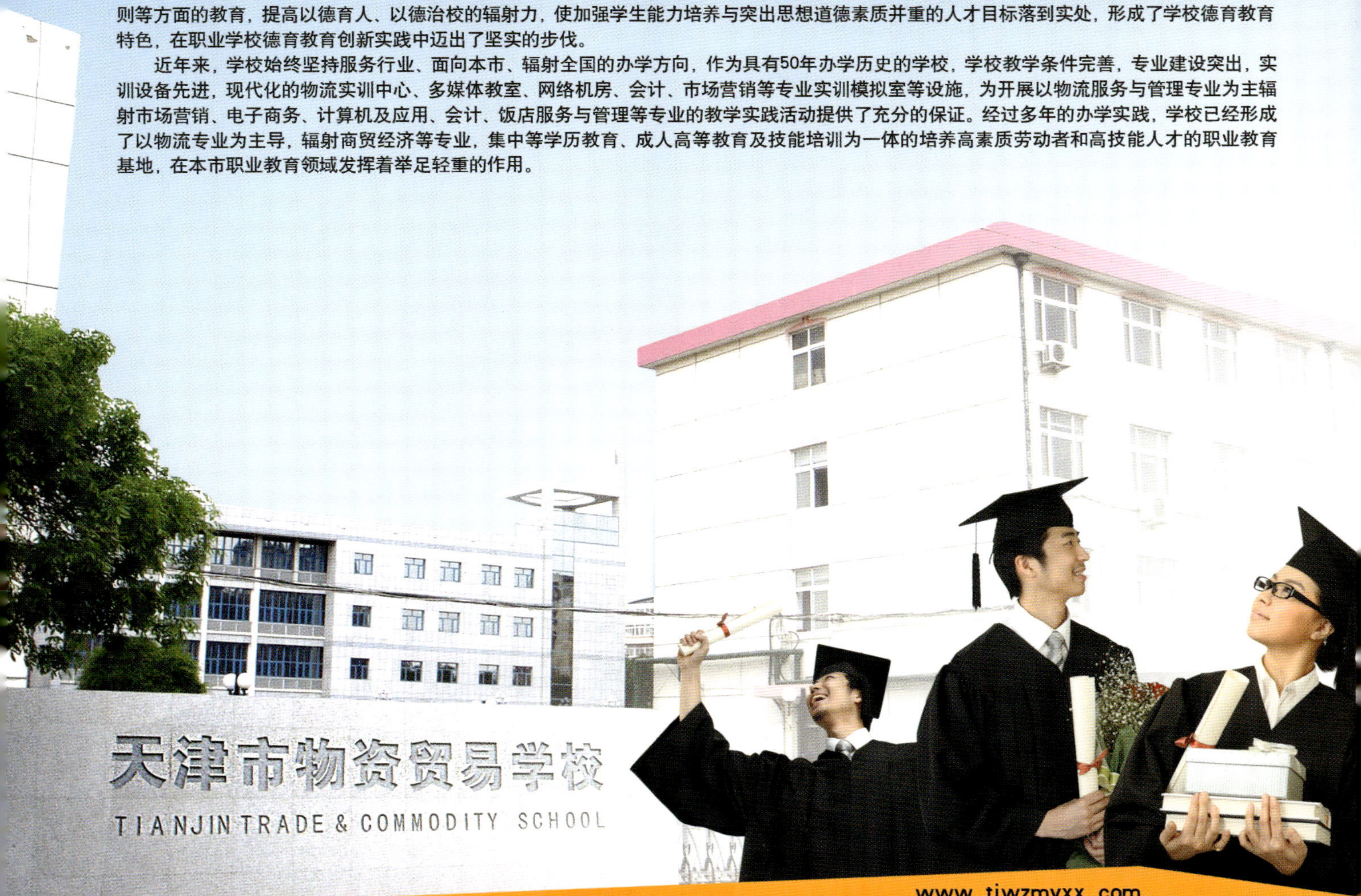

中南林业科技大学交通运输与物流学院成立于2007年，是适应我国现代物流产业发展的需要而组建的工管结合的复合型学院。

学院现有1个博士后科研流动站，1个一级学科博士点和硕士点(林业工程)，1个二级学科硕士点（物流与供应链管理）；有森林工程（起重运输与工程机械）、物流工程、物流管理、交通运输、汽车服务工程5个本科专业。研究生招生方向主要有：物流工程与管理、物流与供应链管理、工程项目管理、工程机械与悬索工程等。

学院现有专任教师64人，其中博士生导师6人，教授12人，副教授25人；具有博士学位的教师21人、硕士学位的教师24人，是一支结构合理、学术水平高、能满足教学与科研工作需要的学术团队。学院现有全日制本科生1580人，脱产硕士研究生78人，在职研究生（含工程硕士、高校教师硕士等）168人，博士研究生32人。

学院设有物流与供应链研究所、工程技术研究所、物流与交通运输研究中心、汽车技术研究所等研究机构。近三年来，承担了省部级以上的科研项目18项，横向合作科研项目40余项。在物流系统规划、物流与供应链管理、采购管理、国际物流等领域形成了较鲜明的特色。

学院有国家财政部专项投资建设的优势特色学科实验室“现代物流实验中心”，下设现代物流装备实验室、物流系统规划与仿真实验室、供应链一体化实验室、运输工程与信息管理实验室4个实验室。2009年，该实验中心被评为湖南省示范性实验教学中心。

学院十分重视产学研合作，与60余家国内外知名的物流企业建立了密切的产学研合作关系。其中，国家级示范物流园区长沙金霞物流园是学院的省级优秀教学实践基地，招商物流集团湖南有限公司与学院紧密合作建设了湖南省示范性实践教学基地。学院是全国外贸物流岗位认证考试中心挂靠单位，并设有全国物流师职业资格认证培训中心、全国注册采购师职业资格认证与ITC采购与供应链管理国际资格认证培训中心。近年来，学院为物流企业开展在职培训超过1万人次。

学院十分重视创新人才培养。在已经举办的三届全国大学生物流设计大赛中，我院学生获得了1个全国一等奖、2个全国二等奖、1个全国三等奖的优异成绩。

学院注重国际交流，培养具有国际视野的高级专门人才，已同美国、日本、德国、英国、澳洲、新西兰等国家建立了密切的联系。

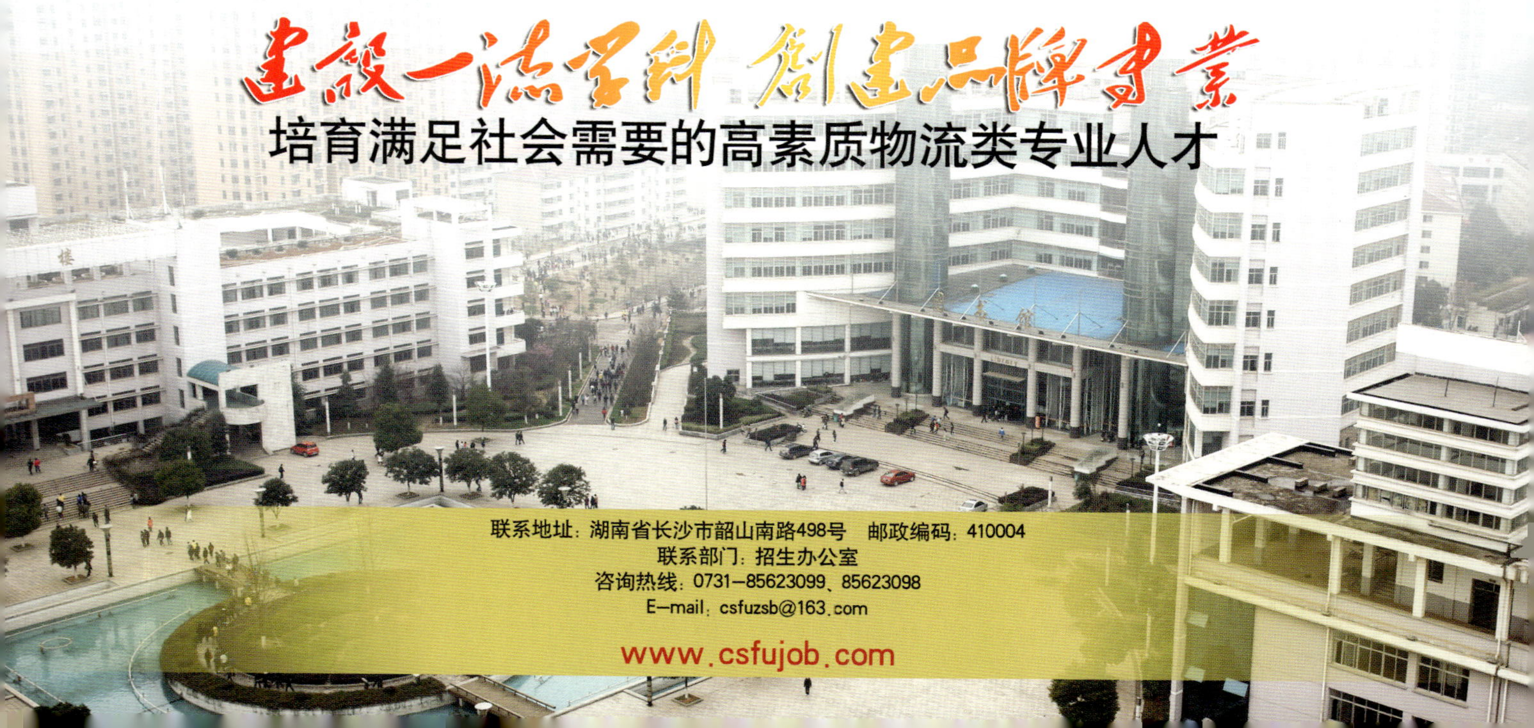

建设一流学科 创建品牌专业

培育满足社会需要的高素质物流类专业人才

联系地址：湖南省长沙市韶山南路498号　邮政编码：410004
联系部门：招生办公室
咨询热线：0731－85623099、85623098
E-mail：csfuzsb@163.com

www.csfujob.com

中国物流与采购
CHINA LOGISTICS & PURCHASING

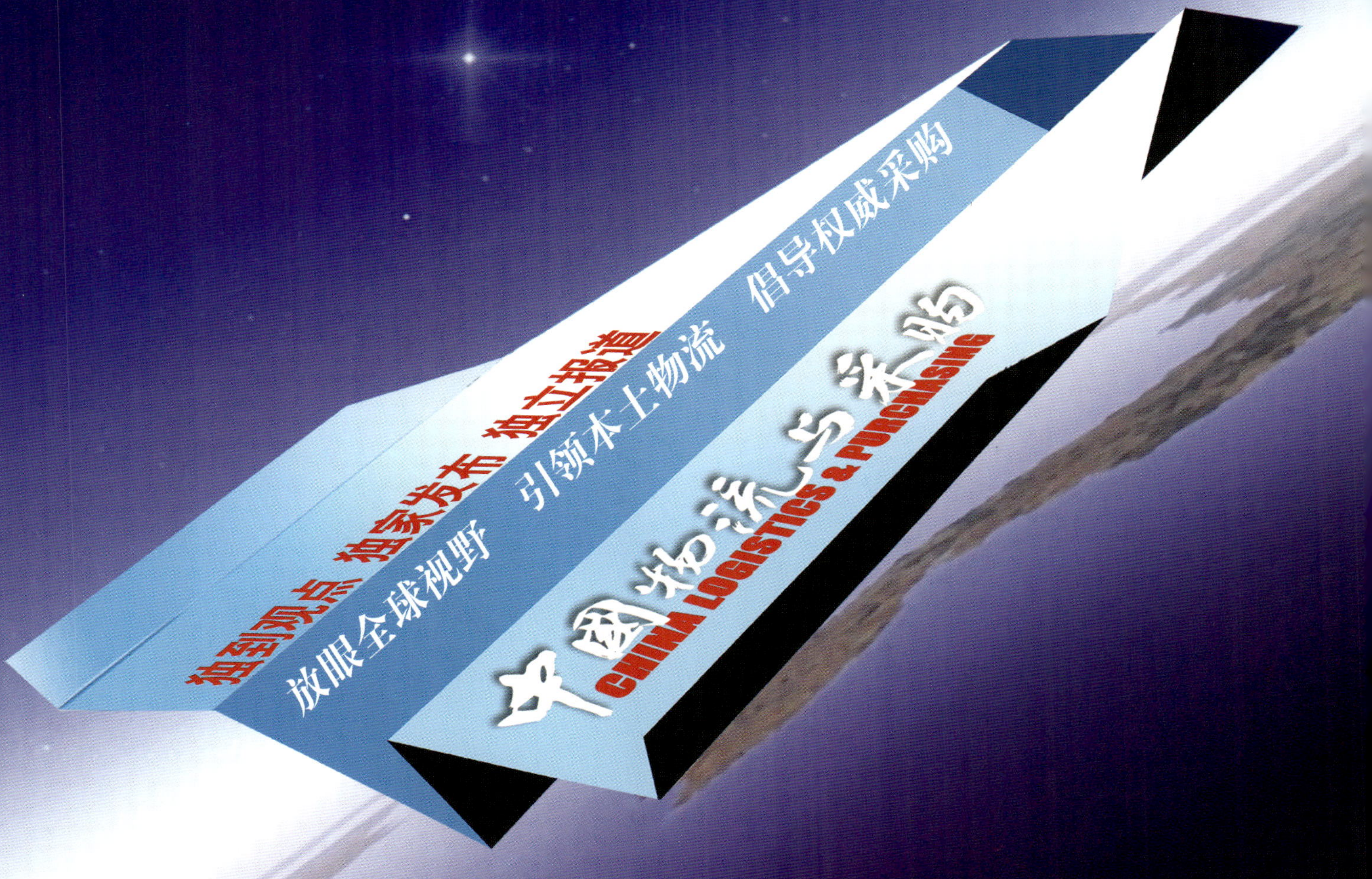

中国物流与采购
CHINA LOGISTICS & PURCHASING
直击北京车展

CLPMA

我们能帮您做什么

找商机

中国物流与采购行业门户

www.chinawuliu.com.cn

期待您的关注：010-58566588-117

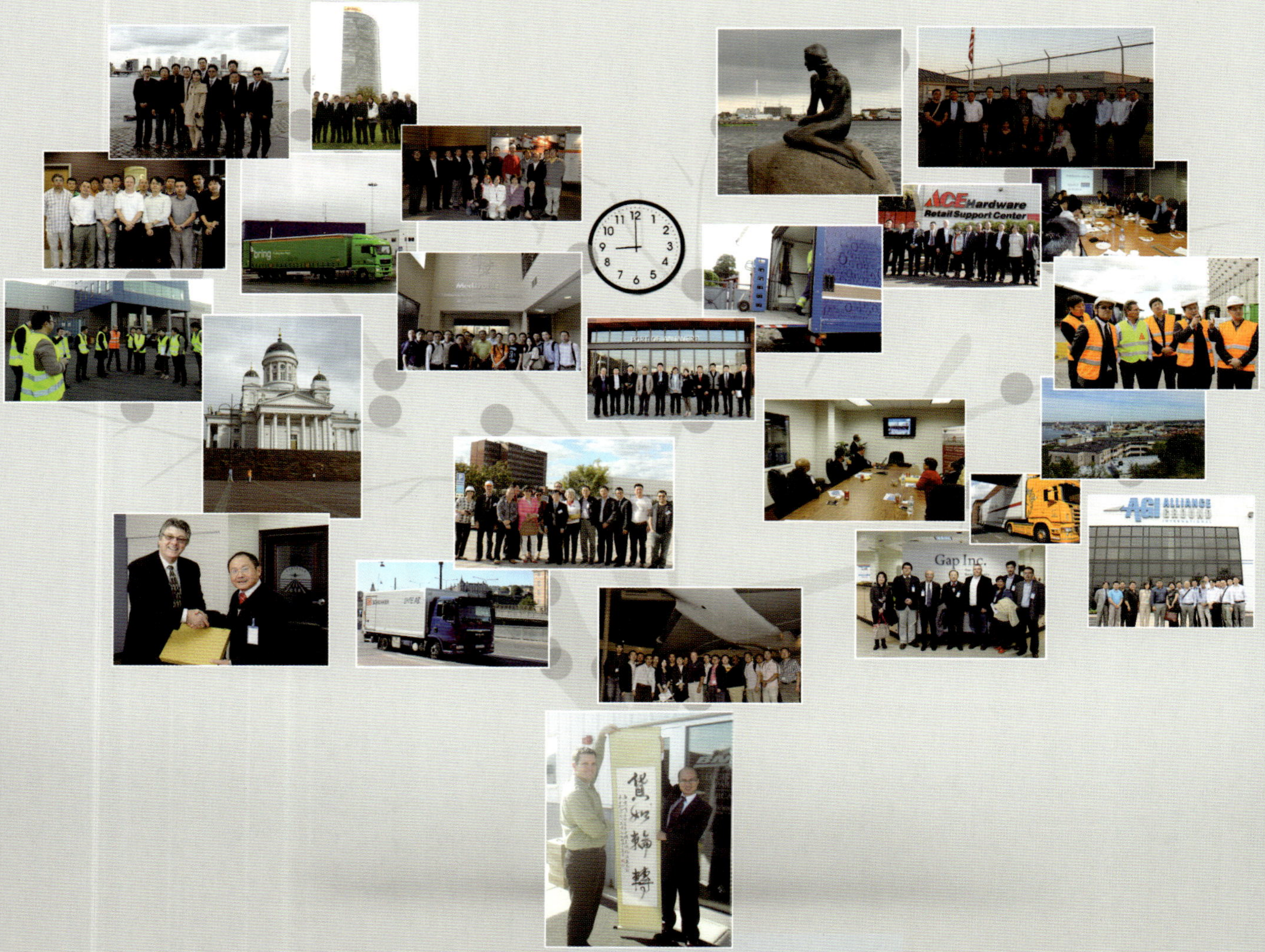

中国物流年鉴

2014（下册）

CHINA LOGISTICS YEARBOOK 2014

中国物流与采购联合会编

图书在版编目（CIP）数据

中国物流年鉴．2014：全2册/中国物流与采购联合会编．—北京：中国财富出版社，2014.10

ISBN 978－7－5047－5384－7

Ⅰ．①中…　Ⅱ．①中…　Ⅲ．①物流—中国—2014—年鉴　Ⅳ．①F259.22－54

中国版本图书馆CIP数据核字（2014）第226901号

策划编辑　张　茜　　**责任印制**　何崇杭

责任编辑　曹保利　禹　冰　颜学静　徐　宁　孙妍峰　　**责任校对**　饶莉莉　杨小静

出版发行　中国财富出版社（原中国物资出版社）

社　　址　北京市丰台区南四环西路188号5区20号楼　　**邮政编码**　100070

电　　话　010－52227568（发行部）　　010－52227588 转307（总编室）

010－68589540（读者服务部）　　010－52227588 转305（质检部）

网　　址　http://www.cfpress.com.cn

经　　销　新华书店

印　　刷　北京华正印刷有限公司

书　　号　ISBN 978－7－5047－5384－7/F·2239

开　　本　880mm×1230mm　1/16　　**版　　次**　2014年10月第1版

印　　张　43　**彩色印张**　5.5　　**印　　次**　2014年10月第1次印刷

字　　数　1206千字　　**定　　价**　480.00元（全2册）

《中国物流年鉴》（2014）编委会

尹国杰　湖南星沙物流投资有限公司董事长
古堂生　广西玉柴物流集团有限公司董事长
邢慷弟　上海外高桥物流中心有限公司党委书记
伍茂辉　广东物资集团公司董事、副总经理、党委委员
刘　伟　宝湾物流控股有限公司董事长
刘占芳　中国国际货运代理协会副会长
刘秉镰　南开大学校长助理，经济与社会发展研究院院长、教授、博导
刘景福　中物华商国际物流股份有限公司董事长
江　健　北京福田智科物流有限公司总经理
孙　军　中国远洋物流有限公司总经理
杨传德　普洛斯投资管理（中国）有限公司中国区总裁
李　浪　成都蚂蚁物流有限公司董事长
李　敏　河北港口集团有限公司总经理、副董事长、党委副书记
李天明　云南浩宏物流有限公司董事长
李光甫　国药控股股份有限公司副总裁
李国庆　河北省物流产业集团有限公司总裁
李国辉　澳门货运协会会长
李德海　河南中原铁道物流有限公司总经理
何　磊　成都市物流协会秘书长
何明珂　北京工商大学国际交流与合作处处长、教授、博导
汪　鸣　国家发展和改革委员会综合运输研究所副所长、研究员
沈绍基　中国仓储协会会长
宋远方　中国人民大学商学院副院长、教授、博导
宋耀征　国家统计局贸易外经统计司司长
张　历　玖隆钢铁物流有限公司总经理
张　俊　上海华运通仓储配送有限公司总裁
张东风　郑州铁路经济开发集团有限公司总经理
陈立生　威海国际物流园发展有限公司总经理
陈嘉良　联邦快递（中国）有限公司中国区总裁
金跃良　中铁物资集团有限公司党委书记、董事长
周建亚　武汉商贸职业学院物流学院名誉院长

郑会友　香港物流协会会长
郑松兴　华南城控股有限公司联席主席、执行董事
单玉晓　济南铁路经营集团有限公司总经理
单朝兰　普天物流技术有限公司总经理
房新胜　青岛铁路经营集团有限公司董事长、总经理
赵希和　江西新华发行集团有限公司副总经理、江西蓝海物流科技有限公司总经理
胡铭超　中国西部现代物流港管理委员会党工委书记、管委会主任
钟荣钦　台湾物流协会秘书长
施文进　惠龙易通国际物流股份有限公司董事长
姜超峰　中国物资储运协会会长
贺先仁　大汉物流股份有限公司总经理
郭戈平　中国连锁经营协会会长
郭鹤立　甘肃省物产集团有限责任公司总经理、党委书记
高艺林　广州百货企业集团有限公司副总经理、广州市商业储运公司总经理
陶启明　中国新兴交通物流总公司总经理
梅书荣　武汉钢铁集团物流有限公司总经理
黄　平　广州嘉诚国际物流股份有限公司董事、总经理
黄有方　上海海事大学校长、教授、博导
盖守岭　山东聊城盖氏邦晔物流有限公司董事长
盖忠琳　山东盖世国际物流集团有限公司总经理
梁玉峰　中共信阳市浉河区委常委、区政府常务副区长
梁伟华　中国物流有限公司董事长、党委书记
韩　松　西安市人民政府副市长、中共西安国际港务区工作委员会书记
韩继志　国家粮食局政策法规司副司长
谢　勤　成都亿博物流咨询有限公司总经理
赖展京　南光物流有限公司董事长
蓝宝生　太古冷链物流（上海）有限公司董事总经理
翟玉峰　武汉东西湖保税物流中心有限公司董事长、总经理
薄世久　北京长久物流股份有限公司董事长

特别支持单位

中国邮政速递物流 CHINA POSTAL EXPRESS & LOGISTICS

中国邮政速递物流股份有限公司

中国远洋物流有限公司 COSCO LOGISTICS

中国远洋物流有限公司

IVECO

依维柯（中国）商用车销售有限公司

武钢物流

武汉钢铁集团物流有限公司

西安国际港务区管理委员会

Hydoo 毅德控股

毅德控股集团

Potevio 中国普天

普天物流技术有限公司

北京福田智科物流有限公司

南光物流有限公司

FedEx Express 联邦快递

联邦快递（中国）有限公司

华南城控股有限公司

传化公路港物流有限公司

惠龙e通 WELLONG ETOWN

惠龙易通国际物流股份有限公司

晋能集团

《中国物流年鉴》（2014）

主　　办　中国物流与采购联合会
承　　办　《中国物流与采购》杂志社
主　　编　何黎明
副 主 编　崔忠付　蔡　进　贺登才
编辑部主任　刘乃杰
编辑部副主任　徐小青
编　　辑　崔　冬　卢　婷　罗　楠　朱贝特　杜　林　贾　丽
发　　行　高　威
广告设计　阳光设计工作室

联系方式
编 辑 部　010－68392774　010－68392214（兼传真）
邮　　箱　xxq6429@163. com　luting9083@163. com
　　　　　gwrshk@126. com　zgwlnj@126. com
发　　行　010－68391021　010－63738995　010－68392214
传　　真　010－83203997

《中国物流年鉴》（2014）供稿者

（按姓氏笔画排序）

卫晓菁　马增荣　王　武　王　倩　王　涛　王文浩　王文博　王国文　王国清　王树青　王能民
王继祥　文德华　厉方奎　田　征　冯耕中　邝冬蓓　巩向玮　曲弓志　朱华斌　朱建清　刘　尹
刘　丽　刘长庆　刘宇航　刘伟华　刘晓峰　刘清利　刘缨缨　汤筠伟　许　磊　孙　雨　孙　敏
孙立凡　闫　宁　闫　鸣　闫淑君　李　钊　李　岩　李　钝　李　捷　李全林　李惠红　吴　勇
吴菁芃　何民爱　沈　玲　张　洁　张晓东　张彩霞　陆晓东　陈　洋　陈　慧　陈忠涛　邵　迈
武美艳　范琳琳　周雪松　柏心杨　赵　楠　孟　真　胡向东　俞　伟　洪　涛　姜　旭　秦玉鸣
顾国祥　夏　坚　晏庆华　徐　勇　高旭宏　黄活泼　曹　璐　龚卫峰　康佳霖　盖忠琳　韩文娟
韩兆轩　蒋　炜　蒋长兵　程阳春　焦　飞　鲁　泽　谢宝贵　谢雨蓉　谢满华　谭颜铭　樊一江
穆宏宇　薛尚泉　戴凯林

国家发展和改革委员会、国家统计局、国家发展和改革委员会综合运输研究所、北京市投资促进局、吉林省运输管理局、江苏省经信委、福建省经信委、江西省发改委、江西省统计局、江西省交通运输与物流协会、山东省经信委、湖北省交通运输厅物流发展局、陕西省物流与采购联合会、宁夏回族自治区商务厅生产服务业处、长春市发改委、晋中市统计局、南京市统计局、常州市经信委、苏州市发改委、南通市经信委、盐城市发改委、扬州市发改委、宁波市服务业综合发展办公室、青岛市交通运输委、莱芜市统计局、武汉市物流局、银川市商务局、中国仓储协会、中国连锁经营协会、中国国际货运代理协会、中国金属流通协会、中国粮食行业协会、中国散装水泥推广发展协会、中国木材与木制品流通协会、中国物流技术协会、工程机械工业协会工业车辆分会、河北省现代物流协会、吉林省物流与采购联合会、广西物流与采购联合会、重庆市物流与供应链协会、四川省现代物流协会、中国物流信息中心、中物联汽车物流分会、中物联冷链物流专业委员会、中物联物联网技术与应用专业委员会、中物联网络事业部、中物联物流标准委员会、中物联科技奖励办公室、中物联行业部、中物联评估办、中物联生产资料专业委员会、宝供物流奖办公室、上海国际航运研究中心、华夏物联网研究中心、北京科技大学物流研究所、综合开发研究院（中国·深圳）物流与供应链管理研究所、西安市商用信息系统分析及应用工程实验室、北京交通大学、西安交通大学、上海交通大学、天津大学、北京工商大学、上海海事大学、大连海事大学、北京物资学院、山东交通学院、山东轻工职业学院、解放军后勤学院、东方海外有限公司、兰格集团、中国邮政速递物流股份有限公司、国药集团医药物流有限公司、中铁现代物流科技股份有限公司、成都亿博物流咨询有限公司

编辑说明

一、《中国物流年鉴》（以下简称《年鉴》）是中国物流与采购联合会主办、《中国物流与采购》杂志社承办的大型文献性工具书。自2002年出版发行至今，《年鉴》发行量和发行范围不断扩大，得到业界广泛好评。为使《年鉴》越办越好，我们将继续提高《年鉴》的编辑质量，使其更具权威性、可读性和资料性，成为业界人士查询、引用、论证、存档不可或缺的"工具"。

二、2013年是我国物流业发生重大变革的一年。习近平总书记、李克强总理先后考察物流企业，汪洋副总理召集部分城市市长举行座谈会研究城市物流发展问题，我国物流业发展得到新一届中央领导集体的高度关注；国务院批准设立中国（上海）自由贸易试验区，保税物流和国际物流迎来发展新机遇；国家发改委等12部门联合发布《全国物流园区发展规划》，确定99个城市为物流园区布局城市；中国铁路总公司成立，原铁道部行政职责划入交通运输部，铁路系统实现政企分开；中国物流景气指数（LPI）发布，预测分析我国物流业运行趋势又添新指标；交通运输部发布首个集高速公路和普通公路于一体的《国家公路网规划（2013—2020）》；铁路运输和邮政业纳入营业税改征增值税试点；传化公路港、林安物流、卡行天下、安能物流等多种商业模式推动公路货运市场平台整合；网上购物市场井喷式发展，促进电商物流网络体系建设，阿里巴巴成立"菜鸟网络"，大型电商企业全面开放物流平台，提升物流社会化水平；物流业成为资本投资热点，多家产业基金投资物流行业，新一轮兼并重组热潮涌动；商务部加大了共同配送试点城市的推进工作，中国城市物流配送得到专项资金支持；国务院出台"国六条"及跨境电商支持政策，跨境物流和电子商务物流迎来了加快发展的新机遇；供应链金融、单元化物流等新的物流理念得到推广，新的经营模式不断涌现；智能穿梭车和无人机快递等世界最先进技术开始在物流业探索应用……物流业的变化是社会经济发展的必然趋势，更是行业加快发展的真实写照。客观真实地记录下这些变化是《年鉴》义不容辞的使命。

2014版《年鉴》在框架结构和主体内容上延续2013版的风格，并在求真务实地反映行业发展变化的基础上，继续加大数据图表的内容，继续扩充地区物流的篇幅，使《年鉴》更具可读性、资料性，成为社会了解行业发展的窗口。

三、2014 版《年鉴》的组稿、编纂工作得到了国家发改委、商务部、交通运输部、国家统计局等中央部委和部分省市自治区政府部门、物流行业社团，相关行业协会，中国物流信息中心、全国物流标准化技术委员会等机构，以及中国邮政速递物流股份有限公司、中铁现代物流科技股份有限公司、中远网络物流信息科技有限公司、中物华商国际物流股份有限公司、中烟商务物流公司等知名企业的大力支持，对此我们表示衷心的感谢。

四、对不符合《年鉴》编辑要求的来稿，编辑人员做了谨慎认真的删改，由于时间原因这部分稿件来不及请作者核校，希予见谅。

五、因编辑部人员水平有限，如有不妥之处，恳请批评指正。欢迎大家继续对 2015 版《年鉴》的组稿和编辑工作给予支持！

《中国物流年鉴》编辑部

2014 年 8 月 18 日

前　言

2013 年，我国国民经济运行稳中有进，物流运行总体平稳。全年全社会实现社会物流总额 197. 8 万亿元，按可比价格计算，同比增长 9. 5%，增幅比上年回落 0. 3 个百分点；实现社会物流总费用 10. 2 万亿元，同比增长 9. 3%，增幅比上年回落 2. 1 个百分点；社会物流总费用与 GDP 的比率为 18. 0%，与上年基本持平。全年物流业增加值为 3. 9 万亿元，按可比价格计算，同比增长 8. 5%，增幅比上年回落 0. 7 个百分点。物流业增加值占 GDP 的比重为 6. 8%，占服务业增加值的比重为 14. 8%，物流业发展的需求基础持续巩固。

2013 年，习近平总书记等新一代领导集体重视物流业发展，物流业在国民经济中的基础性、战略性地位进一步提升。全行业抓住机遇，顺应转变发展方式的要求，坚持以质量和效益为中心，充分发挥市场主体活力，加快效率提升、创新驱动，释放改革红利，实现了平稳健康发展，呈现出一系列新的特点：总体运行趋稳向好，细分市场深度调整；多业联动继续深化，跨界竞合渐成趋势；平台整合初见成效，物流网络下沉发展；各类资本投向物流，兼并重组热潮涌动；区域物流结盟发展，国际物流面临机遇；信息化加大投入，技术装备加快升级；基础工作稳步推进，行业服务能力进一步增强；交通运输管理体制改革，物流政策环境改善。但是，我们也要看到我国物流业运行还存在较大下行压力，社会物流成本依然较高，物流运作方式粗放、物流服务附加价值低、区域和城乡物流发展不平衡、人才短缺日益严重、技术应用水平薄弱、行业诚信缺失和资源环境负担较重等问题还很突出，促进物流业发展的各项政策措施有待落实。因此，全行业要认真贯彻党的十八届三中全会精神，以市场为导向、以改革开放为动力、以质量和效益为中心，积极探寻转型升级的突破口。要以联动融合为突破口，推动产业物流转型升级；以配送体系建设为突破口，做大做强民生物流；以平台整合为突破口，完善物流网络布局；以信息化为突破口，推动物流业创新发展；以落实现有政策为突破口，进一步营造物流业发展的政策环境，通过培育产业核心竞争力，全面打造中国物流“升级版”。

中国物流与采购联合会作为行业社团组织，将积极探索新时期行业协会组织方式和运作模式改革，努力营造有利于物流业健康发展的政策环境，发挥好桥梁纽带、行业自律和服务引领作用，团结广大会员企业，为全面深化改革、打造中国物流“升级版”做出新的贡献。

《中国物流年鉴》是中国物流与采购联合会主办、《中国物流与采购》杂志社承办的大型文献性工具书。十几年来，《中国物流年鉴》坚持用数据和事实反映物流业发展变化的轨迹、记录我国物流业发展的历程，赢得了业界好评。面对我国物流业不断发展变化的新形势，《中国物流年鉴》将继续以求真务实、严谨负责的态度做好资料收录工作。同时，真诚地希望业界同人提出宝贵意见，使其越做越精、越做越好。

何黎明

二〇一四年八月十五日

目　　录

上　册

第一部分　物流政策法规

第二部分　物流统计

第三部分　物流产业

第四部分　行业物流

下 册

第五部分 地区物流

第六部分　物流技术与装备

第七部分　政府采购

第八部分　物流教育、科技、信息化、标准化

第九部分　部分优秀物流企业经典案例

第十部分 物流综合

第五部分

地区物流

2013 年河北省物流业发展情况

2013 年在经济持续增长和一系列政策措施的推动下，河北省物流需求规模继续保持平稳增长态势。电子商务、快递物流发展迅速，社会物流需求增速稳中回升、物流服务价格止跌上扬、企业效益略有好转、行业转型持续推进，物流业对全省经济的拉动作用日益显现，对全省经济结构调整和经济方式转变做出了重要贡献。

一、2013 年河北省物流业运行情况

（一）社会物流总额和物流增加值

2013 年河北省社会物流总额达到 80597 亿元，同比增长 8.9%；物流业增加值达 2411 亿元，同比增加 8.6%。河北省的快速消费品和网购物流需求在 2013 年呈增势迅猛态势。2013 年河北省社会物流总额的具体构成情况详见表 1。

（二）社会物流总费用

2013 年河北全省社会物流总费用为 5585 亿元，比上年同期增长 6.3%，增速低于社会物流总额现价增速 2 个多百分点，2013 年河北省社会物流总费用如表 2 所示。物流总费用与 GDP 的比率为 19.73%，比上年同期减少 0.04 个百分点。可以看出，尽管河北省经济社会运行的物流成本仍然较高，但呈现缓和与改善迹象。受燃油价格、用工成本高企和道路运量增速持续回升影响，公路运输费用同比增长较快。

表 1　　2013 年河北省社会物流总额

指　　标		2013 年（亿元）	比上年增长（%）
社会货物物流	总额	80597.5	8.9
	农产品物流	4759.6	3.7
	工业品物流	49567	8.6
	进口货物物流	1481.3	14.2
	省外流入物品物流	24642.5	10

表 2　　2013 年河北省社会物流总费用

指　　标		数据（亿元）	比上年增长（%）
社会物流	总费用	5585	6.3
	运输	3851	6.8
	保管	1292.8	5.1
	管理	441.3	5.8

（三）全社会货运量和全社会货运周转量

2013 年河北省货运量为 25 亿吨，比上年同期增长 13.66%，其中道路货运量增长显著，水运货运量下降明显。2013 年河北省社会货运量和社会货运周转量的具体情况详见表 3 和表 4。

表 3　　2013 年河北省社会货运量

指　　标		数据（亿吨）	比上年增长（%）
全社会货运量	总量	25	13.66
	铁路货运	2.3	6.87
	道路货运	22.4	14.72
	水运货运	0.25	-3.88

表 4　　2013 年河北省社会货运周转量

指　　标		数据（亿吨公里）	比上年增长（%）
全社会货运周转量	总量	11715	10.05
	铁路货运周转	4243	6.56
	道路货运周转	6972.9	13.69
	水运货运周转	478	-6.19

二、2013 年河北省物流业发展情况

2013 年河北省物流业发展稳步推进，呈现以下新特点。

（一）快递物流成为物流业新的增长点

2013 年，河北省电子商务发展迅猛，全年电子商务交易额突破 7500 亿元大关，网络购物额突破 700 亿元。从河北省物流发展格局的变化看，在社会物流总额增速回落，钢铁、煤

炭等大宗商品物流需求持续低迷的背景下，快递物流成为河北省物流业新的增长点。中邮速递、顺丰等快递企业发展迅猛。顺丰河北公司自2008年成立以来业务发展迅速，2013年业务量猛增至2000万票，年收入达到5.1亿元，业务量年增长率达45%以上。2013年河北省邮政业务总量和业务收入均超过70亿元，同比分别增长近30%；全省规模以上快递服务企业业务量超过2亿件，同比增长近70%。

（二）港口物流发展迅速

2013年河北省港口建设累计完成投资185亿元，超额完成全年的目标任务。全省全年新增生产性泊位18个，新增设计通过能力1.2亿吨。截至2013年12月，河北省港口生产性泊位已达到158个、通过能力达到8亿吨，稳居全国第三位。2013年河北省港口货物吞吐量累计完成8.9亿吨，同比增长16.8%，圆满实现港口通过能力、吞吐量突破“双8亿”目标。分货类看，煤炭、矿石、钢铁、集装箱增幅均在15%以上，其中集装箱吞吐量完成134.6万标准箱，同比增长49.5%。在河北省的三大港口中，秦皇岛港完成货物吞吐量2.7亿吨，与上年同期基本持平，集装箱完成38.8万标准箱，同比增长12.8%；唐山港完成货物吞吐量4.5亿吨，同比增长22.4%，集装箱完成72.8万标准箱，同比增长60.2%；黄骅港完成货物吞吐量1.7亿吨，同比增长35.4%，集装箱完成23万标准箱，同比增长25.6%。

（三）铁路运输货运量屡创新高

2013年河北省地方及合资铁路货运量突破3亿吨，完成30063.46万吨，同比增长21.04%，为年度计划的150.32%；货物周转量完成2706501.49万吨千米，同比增长26.86%，为年度计划的150.36%。2013年，河北省地方铁路采取多项措施拓宽运输增运渠道，大大释放了运输潜能。仅唐港铁路公司最高单日货运量就达到了70.8万吨，单月货运量突破1958万吨，均创历史新高。2013年河北全省铁路运量突破性的增长，为全省煤炭、钢铁等重要物资的运输，尤其是京唐港和曹妃甸港两大港口的物资运输提供了运力支持，为全省经济又好又快发展起到了积极作用。

（四）交通基础设施建设不断得到完善

2013年河北省交通基础设施建设取得新成就，京港澳改扩建等22条段续建项目进展顺利，承赤等9条段建成通车。京沪沧州段等5条段、286千米开工建设。普通干线公路新改建完工557千米，完成养护大中修2566千米。农村公路新改建1.2万千米。港口新增生产性泊位18个，总数达到158个。新增设计通过能力1.2亿吨，集装箱设计通过能力突破200万标准箱。民航张家口军民合用机场通航运营，邯郸机场改扩建完工。场站建成一、二级客运站8个、农村客运站17个。地方铁路多丰铁路铺轨57千米。

（五）重点物流企业运行情况趋好

受物流行业趋稳向好和上年同期基数较低影响，2013年河北省重点物流企业运行情况趋好、效益有所好转。2013年河北港口集团有限公司实现营业收入148亿元，完成利润总额18.1亿元，同比分别增长32%和28%；冀中能源集团物流业务实现营业收入1350亿元，完成利润总额8.5亿元，同比分别增长5%和200%；开滦集团国际物流有限公司实现营业收入1250亿元，完成利润总额2.4亿元，同比分别增长21%和3.5%；沧运集团物流业务实现收入14.4亿元，完成利润总额3817万元，同比分别增长19.8%和16.3%。尽管企业效益有所改善，但经营成本上升快于收入增长，企业仍未摆脱经营困难的境况。

（六）部分物流企业税收负担加重

2013年受国内外经济形势影响，河北省大部分物流企业收入和利润平稳增长，但增速有不同程度下滑。分行业看，钢铁、煤炭等大宗生产资料物流受产能过剩、需求乏力影响，业务下滑严重，普遍陷入亏损状态；电子、快速消费品、医药、冷链等生活资料物流需求较旺，上升势头较好。物流企业普遍面临成本上升、资金紧张、人员短缺、高智能人才匮乏的问题，乱罚款、乱收费、交通限行等依旧是严重影响运输类物流企业经营的问题。2013年8月1日“营改增”试点以后，河北省部分运输类物流企业普遍出现税负明显增加的问题，主要是服务于小微型企业的运输企业无法得到增值税进项抵扣发票。由于物流企业的人工成本占经营成本的绝大部分，在运输行业中这部分成本可抵扣项目较少使物流企业实际税负不降反升，第三方物流企业的发展因此举步维艰，因此，落实“物流国九条”政策，切实减轻物流企业负担依然任重道远。

（鲁　泽　谢宝贵　河北省现代物流协会）

2013 年吉林省物流业发展情况

一、物流业运行情况

2013 年，吉林省物流业运行趋势总体良好。受国家宏观经济政策和转变经济发展方式的影响，全省社会物流总需求回落到一个稳步发展的运行区间，社会物流总费用增速减慢，行业物流增加值增速趋缓。受区域经济总量和经济产业结构等因素影响，全省各地区之间物流业发展不均衡现象没有实质上的改变。因各种因素的制约，物流市场经营粗放、社会资源周转缓慢、环节多、效率低、成本高等现象依然突出，企业组织经营方式和现代化管理理念需要整体提高。

（一）社会物流总需求增速回落

2013 年，吉林省社会物流总额为 33151.8 亿元，按同比价格计算，比上年增长 9.0%，增速与上年同期相比回落 2.2 个百分点。从季度统计分析看，呈现前高后低的需求走势。

从物流总额构成情况看，工业品物流总额为 24594.8 亿元，占吉林省社会物流总额的 74.2%，同比增长 9.7%，增速与上年同期相比回落 3.5 个百分点：外省市及进口货物物流总额为 7413.5 亿元，占全社会物流总额的 22.4%，增速同比增长 7.1 个百分点。其中，外省市流入物流总额为 6284.6 亿元，同比增长 9.3%，增速同比上升 4.5 个百分点；进口物品物流总额为 1128.9 亿元，同比增长 5 个百分点；农产品物流总额、再生资源物流总额、单位与居民物品物流总额同比分别增长 6.7%、-19.0% 和 13.0%。

2006—2013 年吉林省物流总额、总费用与 GDP 走势如图 1 所示。

2013 年吉林省物流需求数据显示，省重点产业物流需求走势呈分化态势。汽车制造业物流服务需求量整体出现前低后高的态势，汽车制造业销售总产值与上年同期相比增长 15.3 个百分点，增速回落明显；医药制造业物流需求增速明显，全年销售总产值与上年同期相比增长 27.3 个百分点，成为拉动物流需求的一个亮点；农产品加工、钢铁、煤炭、水泥物流服务需求量均出现不同程度的下降，突出表现在以大宗商品运输为主的铁路货物货运量及周转量出现负增长。2013 年，吉林省铁路货物运输货运量和周转量与上年同期相比分别下降 10.4% 和 6.7%。

2013 年吉林省社会物流总额构成表

物流总额	计量单位	绝对值	同比增长（%）
社会物流总额	亿元	33151.8	9.0
其中：农产品物流总额	亿元	1068.2	6.7
工业品物流总额	亿元	24594.8	9.7
外部流入物流总额	亿元	7413.5	7.1
再生资源物流总额	亿元	35.3	-19.0
单位与居民物品物流总额	亿元	40.0	13.0

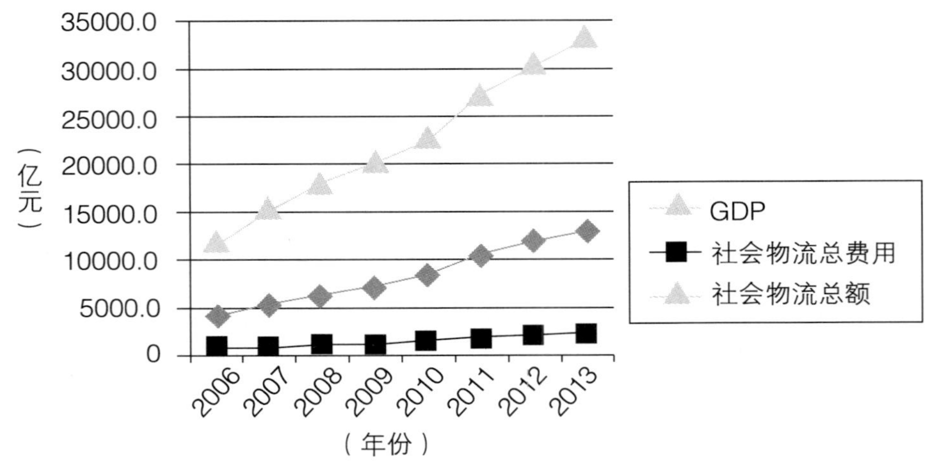

图 1　2006—2013 年吉林省物流总额、总费用与 GDP 走势

（二）物流业增加值增速趋缓

2013 年，吉林省物流业增加值为 770.7 亿元，同比增长 8.8%，与上年同期相比增速回落 4.9 个百分点；物流业增加值占 GDP 的比重为 5.9%，与上年同期基本持平；物流业增加值占全省第三产业增加值的比重为 16.7%，同比回落 0.4 个百分点，下滑趋势明显。其中，交通运输业增加值为 546.7 亿元，同比增长 8.3%。与上年同期相比回落 5.2 个百分点；贸易业增加值为 157.3 亿元，同比增长 9.9%，增速同比回落 4 个百分点：仓储业增加值为 55.2 亿元，同比增长 9.0%，增速同比回落 4.9 个百分点。邮政业增加值为 11.5 亿元，同比增长 15.9%，增速同比回落 5.5 个百分点。

（三）社会物流总费用增势有所回落

2013 年吉林省社会物流总费用为 2316.7 亿元，同比增长 8.8%，与上年同期相比回落 4.4 个百分点；社会物流总费用与 GDP 的比率为 17.85%，与上年同期基本持平，数据表明，吉林省经济社会运行中的物流成本仍然较高。

其中，运输费用为 1332.9 亿元，同比增长 8.6%，增幅与上年同期相比回落 4.3 个百分点，占社会物流总费用的比重为57.1%同比下降0.1个百分点。在全部运输方式中，铁路运量呈下降趋势，与上年同期相比铁路货运量、货运周转量分别下降10.4%和6.7%，运输费用下降6.7个百分点；公路运量呈快速增长态势，与上年同期相比公路货运量、货运周转量分别增长13.3%和13.0%，公路运输费用同比增长10.0%。2013年吉林省各种运输方式货运费用构成情况如图2所示。

保管费用为718.6亿元。同比增长9.3%，增幅与上年同期相比回落4.4个百分点，占社会物流总费用的比重为31.0%，与上年同期相比基本持平。其中利息费用为308.9亿元，同比增长9.0%，增幅与上年同期相比回落5.4个百分点：仓储费用为179.8亿元，同比增长9.0%，增幅与上年同期相比回落4.5个百分点；配送费用、流通加工费用、包装费用分别增长9.0%、10.6%和10.5%。2013年吉林省物流费用中保管费用构成情况见图3。

管理费用为275.2亿元，同比增长9.0%，增幅与上年同期相比回落4.3个百分点，占社会物流总费用的比重为11.9%，与上年同期相比基本持平。

(四) 社会物流相关行业固定资产投资增速平稳

2013年，吉林省物流相关行业固定资产投资完成额为975.8亿元，同比增长5%，占全省第三产业固定资产投资的比重为23.3%。其中，交通运输业固定资产投资额为469.7亿元，同比增长19.9%；仓储业固定资产投资额为144.7亿元，同比增长31.4%；贸易业固定资产投资额为361.3亿元，同比下降14.8%：邮政业固定资产投资额为0.08亿元，同比下降97.2%。

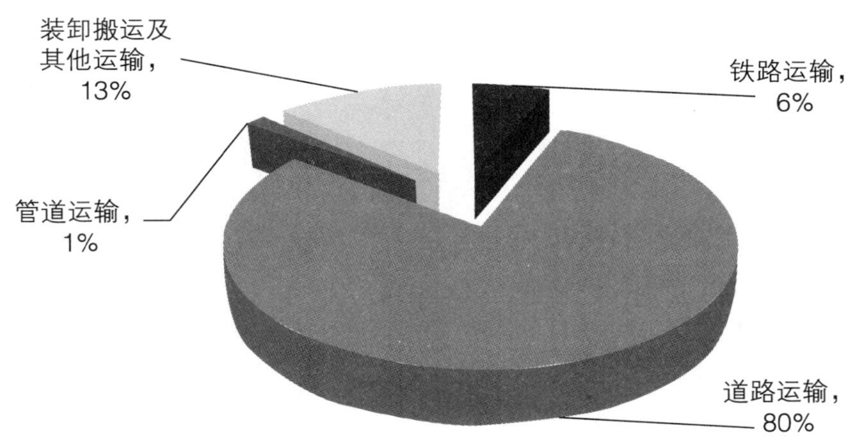

图2　2013年吉林省物流费用中运输费用构成情况

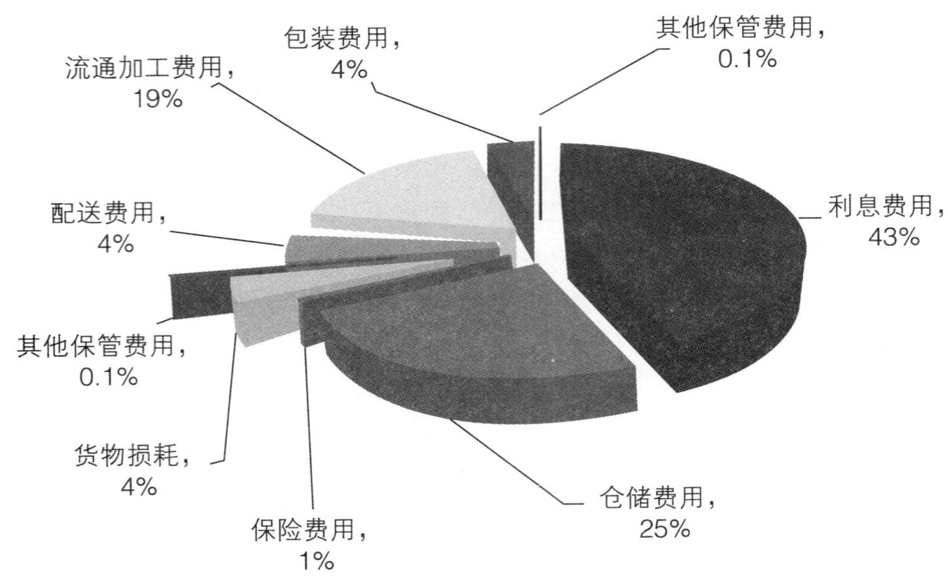

图 3　2013 年吉林省物流费用中保管费用构成情况

二、促进物流业健康快速发展的对策

近年来，吉林省物流业虽然取得了一定程度的发展，但从总体上看还存在着一定的问题。

一是区域发展不平衡。目前，吉林全省共有物流园区 36 个，其中长春市拥有物流园区 19 个，占全省的 53%；全省 732 户重点物流企业主要集中于长春、吉林两市，其中长春市有 347 户、吉林市有 106 户，两市合计占全省的 61.9%；全省 6625 户重点工业、商贸企业主要集中于长春、吉林和通化三市，约占全省的 54%，其中长春市有 1419 户、吉林市有 1433 户、通化市有 741 户。就全省而言，长春的汽车工业、吉林的石化工业和通化的医药产业均带动了当地物流业的发展，产业布局的差异和产业发展的不平衡也影响着吉林省各地物流业的发展。此外，吉林省农村物流基础设施有待完善，农户科学储粮普及率仅为 10%，全省大约 80% 的易腐农产品在运输中没有温度监控，冷藏运输只占 15% 左右，冷藏车等农业专用运输工具、仓库，尤其是特种仓库（如低温库、冷藏库、立体仓库等）等农产品储存设施的建设滞后。

二是仍存在“小、散、差”现象。目前吉林省能够提供完整的采购、运输、仓储、包装、配送、流通加工等全过程、一体化的物流企业凤毛麟角，能够发挥行业示范主导作用的大型物流企业也不多，缺少专业化程度较高的物流企业，亟待由传统货运企业向现代物流企业转型升级。吉林省物流企业拥有 100 台以上车辆的企业不足 5%，50 ~ 100 台车辆的不足 10%。我省大部分地区对于物流企业缺乏统一的规划管理，行业经营主体分散，呈现散兵游勇、各自为政的局面。很多物流企业都是小型合伙企业或“夫妻店”、“马路店”，企业层次不高、设施简陋。以长春市为例，长春市几乎每座高架桥下都零星分布着小型的物流企业，难以统一管理。在商务部推出的全国连锁经营100强企业名单中，吉林省连锁经营企业无一上榜，还没有形成具有一定规模、核心竞争力强、具有品牌效应的大集团大企业。

三是信息化水平不高。吉林省物流行业信息化水平较低，信息平台建设相对滞后，网络技术利用程度不高，运输信息资源的开发和应用不够。物流企业信息化程度两极分化，如长久物流、长春国际物流、一汽四环等企业的信息化程度较高，有着较为先进的信息化设备和较为成熟的信息化体系。但大部分物流企业的生产、销售信息还是以传统方式获得为主，缺乏较为完善的物流信息管理系统、电子数据交流技术和货物跟踪技术系统等。吉林省缺乏大型提供多样化公共信息服务的物流信息平台及高质量的物流和供应链系统管理软件，尽管省内多数地区都建有物流公共信息平台，如四平天下通、白城神州网、吉林天庆网等，但这些物流公共信息平台的辐射面窄、信息量不大，且使用率低。目前，使用信息平台系统的企业不足30%。

四是物流专业人才缺乏。尽管这些年来吉林省物流业从业人员增加较多，但物流专业人才和技术人才还较缺乏。企业短期培训、先进地区物流企业和高等院校物流管理人才的引进，以及专业物流人才的培养远不能满足全省物流业发展的需求。物流业从业人员本科学历以上的仅占15%左右，参加物流师资格考试人员近两年四次考试仅有1500人左右，通过率约为50%。在吉林省参加物流师职业资格考试的人员多为在吉林省求学的外地学生，本地考生所占比例不高，且取得资格认证的考生大多去南方物流业发达省份就业，留在吉林省就业的很少。另外，吉林省物流企业缺少物流技工人才，如多数重点物流企业反映物流大型运输车辆司机匮乏，企业需自行成立大型货车司机培训基地，解决自身日益增长的货车司机需求问题。

五是流通效率需进一步提高。吉林省网络布局不合理，城乡发展不均衡、集中度偏低，信息化、标准化程度不高，第三方、第四方物流发展缓慢，都直接影响着流通的效率。目前，吉林省工业、商贸企业物流业外包比例低于50%，没有专业的大型供应链管理企业。全省运输车辆的平均空驶率高达40%，加剧资源浪费、环境污染、流通效率不高问题。

六是物流企业发展外部环境有待改善。据调查，有80%以上的物流企业反映，城区大型运输车辆不允许进入，货物运到城郊后，还要通过小型货车转运；大型运输车辆超载上路被罚款，罚完后不是采取措施整治，而是罚款后允许上路，治标不治本，导致车辆不超载企业不盈利，使企业运输成本不断上涨，经营压力越来越大。一些规模小、成本低的物流企业往往通过降低运价等方式进行恶性竞争，而非通过提高服务质量寻求更大的发展，因而使得一些较大的规模化标准化的物流企业不占优势，长此以往会导致相互内耗浪费社会资源、市场秩序不规范，也制约了行业向规模化、集约化方向发展。另外，因油价连续上涨、路桥通行费普遍较高，过路过桥费已占到运输成本的20%～30%，企业负担逐渐加重。特别是税收“营改增”后，企业税负将增加，据吉林市一些大型物流企业测算，“营改增”使物流企业实际上缴的税收增加5%左右。吉林省的部分地区对省政府出台的《促进物流业健康发展政策措施的实施意见》《降低流通费用提高流通效率的实施意见》等相关政策的落实不到位。

七是资金支持力度不够。现代物流业具有投资大、回收慢、利润低的特点，需要政府给予一定的资金支持。在物流业发达的国家和地区，政府都给予了大力支持，比如欧盟就为物流行业设立了专项资金。我国多个省份均有不同程度的资金支持，与山东省、上海市、重庆市相比，吉林省对物流业发展在资金支持方面仍显不足，除长春市对于国家“3A”以上的物流企业给予一定的资金奖励、吉林市对物流企业也给予一定资金补贴外，吉林省大部分地区均没有设立扶持物流业发展的专项资金。

针对吉林省物流业存在的问题，应借鉴外省先进物流企业发展经验和扶持物流业发展的相关政策措施，从以下几方面着手开展工作，切实促进吉林省物流业健康快速发展。

（一）加强规划引导

认真实施《吉林省物流业发展“十二五”规划》，结合吉林省实际，编制吉林省物流业中长期发展规划、物流园区发展规划和长吉图物流发展规划，通过规划布局促进吉林省物流业健康快速发展。依托吉林省产业优势、资源禀赋和消费市场需求，沿主要交通干线和节点城镇，布局建设现代物流业重大项目，进一步提升物流业发展质量和水平，构建国内外联通、产业行业互动、第三方物流为骨干的现代物流服务体系。积极发展汽车整车及零部件、石化、农副产品及加工、生物医药、轻工纺织等大宗商品产业物流。借助国家加快推进长吉图开发开放战略的有利契机，以东北亚物流大通道为依托，规划建设一批物流园区，引导物流产业向集聚化、规模化和专业化方向发展，重点建设长春二道国际物流园区、吉林内陆港物流园区、公主岭大岭汽车物流园区、延边口岸边贸物流园区、珲春浦项物流园区等，同时，发展边境口岸物流和互市贸易物流，打造国际物流基地。依托长春空港、长春兴隆综合保税区，大力发展空港物流、国际保税物流。

（二）整合物流资源

一是扶优扶强，支持优势物流企业通过参股、控股、兼并、联合、合资、合作等多种形式改革重组，整合资源，壮大企业规模和实力，创新物流服务模式，培育一批技术水平先进、主营业务突出、核心竞争力强的大型第三方物流企业。二是按照统一规划，分期开发，滚动发展，分块管理的原则，在制造业集聚区或交通枢纽组织企业建设物流园区，或在原有大型物流企业基础上扩建物流园区。正确引导没有仓储设施的小型物流企业入驻园区，规范经营。借鉴浙江传化“公路港”做法，建立物流企业与货运车辆的诚信体系。三是引导吉林省现有吉林物流联盟网、长春物流协会网等信息平台进行整合对接，鼓励城市间物流平台的信息共享。加快建设吉林省物流公共信息平台，汇集全省物流信息资源，联通全国其他物流信息，发布物流政策文件、企业反映诉求。四是推广物流社会化。通过组织专家讲座、印发宣传资料、资金奖励等方式，积极引导制造业释放物流需求，鼓励制造和商贸企业按照分工协作的原则，分离或分立物流业务，推动物流业与制造业、商贸业联动发展，促进生产流通各环节有机结合。同时，鼓励优秀物流企业学习外省成功经验，承接企业非核心业务，为企业提供量身定做的供应链服务，有效打破运营瓶颈，提升经营业绩。

（三）提高物流信息化、标准化水平

加大支持力度，积极推进企业物流管理信息化，推广条码技术、射频识别技术（RFID）、电子数据交换技术（EDI）、GPS定位、智能交通系统（ITS）、智能集装箱管理系统等新技术在物流领域的应用，通过信息化建设为作业层、管理层和决策层提供全方位的信息系统管理手段，有效管理和控制物流、商流

和资金流，积极开展金融物流、电商物流、绿色物流等物流服务新模式，做到合理配置物流资源、降低物流成本、提高物流服务水平。同时，加大物流标准的制定和宣传力度。继续鼓励一汽物流等大型物流企业开发建立企业物流标准，通过宣传推广使之提升为地方标准、行业标准，积极参与国家、行业物流标准的制定，加强物流标准化体系建设，大力推进托盘标准化、集装箱标准化。

（四）积极发展农村物流

吉林省是农业大省，要以粮食、畜牧、农资等大宗农产品物流基础设施建设为重点，努力提升全省农村物流现代化水平。围绕长春、四平、松原等重点产粮地区，加快构建以“四散化”为核心的粮食现代物流体系。依托现有的梨树浩丰生猪交易市场、伊通营城子黄牛交易市场、长岭的肉羊交易市场等规模比较大的活畜交易市场，大力发展从生产到销售的畜产品物流。加快农村物流网点建设，鼓励和支持连锁经营、物流配送、电子商务等现代流通方式向农村延伸，充分发挥大型农产品批发市场的辐射带动作用，进一步提升和完善农产品批发市场物流功能，加快推进农产品从产地到销地的直销和配送以及农资、农机、日用工业品的配送下乡。

（五）加大资金政策扶持力度

吉林省物流业健康快速发展，吉林省应尽快设立专项资金用于扶持现代物流业发展，一是用于重点物流园区、物流企业的基础设施建设和物流信息化建设，二是用于奖励整合物流资源和企业物流社会化等工作突出的企业，三是用于物流人才培养、物流标准化和物流统计体系建设等。同时，借助国家大力发展物流业的有利契机，对于符合国家支持方向的物流业重点工程、甩挂运输试点、城市共同配送工程、物流信息化等项目，积极争取国家资金支持。各市（州）也要从财政或在服务业引导资金中拿出一部分资金扶持现代物流业发展，落实在土地和税收上的相关优惠政策，优化外部发展环境，规范行业管理，整顿市场秩序。对于“营改增”增加企业税收问题，可借鉴浙江省嘉兴市，制定税收核算方法，对于多缴税金部分，由当地财政给予适当补助。

（六）完善物流统计体系

要进一步强化对重点工业企业、商贸企业以及重点物流企业的引导和培训，充分调动企业填报物流相关数据的积极性，进一步充实物流直报系统数据量，完善吉林省物流统计体系。同时，进一步加强同统计部门的联系，加大全社会物流统计工作力度，研究建立能够衡量物流业发展规模、水平、结构、效益等状况的科学的评价指标体系。

（七）加快物流专业人才的培育和引进

继续推进落实“双百千万”人才计划实施方案，加快吉林省现代物流业高端人才培养。鼓励和支持吉林经济贸易学校等本地高校和职业院校开展物流专业多层次学历教育，引导企业、协会及教育机构参与并开展多层次的物流人才培训和教育，继续组织专家学者到物流企业授课，开展物流业在职人员培训，扩大培训范围，降低培训成本，培养物流业适用技能人才。同时，加大引进熟悉现代管理的高层次物流专业人才。各级政府也要出台相关政策，确保物流专业人才能够引得进、留得住，为加快吉林省现代物流业发展提供有力的人才支撑。

（八）加强组织领导

物流业的发展涉及发改、工信、公安、财政、交通、商务、税务、工商、质监、铁路、民航、邮政、海关等多个部门，应建立省级现代物流联席会议制度，明确分工，形成推进全省现代物流业发展的合力。各地政府也要建立相应的协调机制，加强对物流业发展有关问题的研究和协调，把促进物流业发展的各项政策落到实处，在扶持本地企业做大做强的同时，加大招商引资力度，引进省内外先进物流企业。同时，要充分发挥物流协会作为政府和物流企业之间桥梁和纽带的作用，加强物流政策的宣传，及时向政府反映企业诉求。没有成立物流协会的地区，要依托当地大型物流企业成立相应组织，带动全省物流业有序健康发展。

（刘清利　陈　洋　吉林物流与采购联合会　刘晓峰　康佳霖　吉林省运输管理局）

2013 年江苏省物流业发展情况

2013 年江苏省紧紧围绕主题主线，创新举措，强化投资，优化环境，物流业发展总体上保持稳中有进、稳中向好的态势。

一、物流业运行情况

2013 年江苏省物流业运行总体平稳，物流需求稳步增加，运行效率持续提高，为全省经济社会发展提供了重要保障。

（一）社会物流总额

2013 年江苏省社会物流总额实现 190440 亿元，同比增长 13.0%，工业品物流总额、进口物流总额、农产品物流总额、外省市商品购进额、单位与居民物品物流总额占比分别为 82.2%、7.2%、1.3%、8.9% 和 0.4%。

（二）社会物流总费用

2013 年江苏省社会物流总费用为 9022 亿元，同比增长 9.9%。其中运输费用、保管费用和管理费用分别占 53.5%、36.2% 和 10.3%。社会物流总费用与 GDP 的比率为 15.2%，比上年下降 0.2 个百分点，比全国平均水平低 2.8 个百分点。

（三）物流业增加值

2013 年江苏省物流业增加值实现 3966 亿元，按可比价格计算同比增长 10.8%，占全国物流业增加值的 10.1%，占比较上年下降 0.2 个百分点。江苏省物流业增加值占全省 GDP 的比重为 6.7%，与上年持平；占全省服务业增加值的比重为 14.9%，较上年下降 0.3 个百分点。

（四）重点监测物流企业运营情况

2013 年江苏省 138 家省重点物流企业平均物流业务收入为 41135 万元，同比增长 9.9%；平均业务成本为 35277 万元，同比增长 8.5%；平均业务利润额为 2792 万元，同比增长 14.8%；平均实现税金为 421 万元，同比下降 31.7%。6 家企业出现亏损，亏损面为 4.3%，比上年下降 1.2 个百分点。

二、物流业发展的主要特点

（一）基地建设加快推进，集聚效应逐步显现

截至 2013 年年底，江苏省已有省级重点物流基地 78 家，有依托交通枢纽和经济开发

区建设的综合性物流基地，其中包括依托江河海港和航空港建设的临港物流基地、依托商品交易市场建设的商贸物流基地和依托保税区建设的保税物流基地等。这些基地各具特色，通过不断完善配套设施，不断提升综合服务能力，集聚效应逐步体现，日益成为现代物流体系中的重要结点和物流产业规模化、集约化、专业化发展的重要平台。2013 年，依托综合保税区的独特优势，江苏省海关特殊监管区域物流货物达 624.3 亿美元，同比增长 7.7% 。其中，出口物流货物 291.8 亿美元，同比增长 18% ；进口货物 332.5 亿美元，与上年持平。张家港保税港区汽车整车进口口岸作为江苏省以及长江内河港唯一的汽车整车进口口岸，2013 年 2 月正式运营到 2013 年底已完成整车进出口 14393 辆。南京、苏州等市探索物流业发展新模式，以实现物流资源利用的社会化、物流资源信息共享、提高重点商品共同配送率为出发点，加快构建以重点商贸物流园区、公共配送中心和末端共同配送点等物流节点为支撑的城市物流配送网络体系。

（二）骨干企业快速成长，带动作用不断增强

经过优化重组，转型升级一批具有较强市场竞争力、较高市场占有率、较好市场诚信度的物流企业逐步成长壮大。目前江苏省已有省级重点物流企业 236 家，省认定物流企业技术中心 55 家，国家 A 级物流企业 327 家（其中 5A 级物流企业 10 家，4A 级物流企业 110 家，4A 级以上物流企业数全国第一）。这些骨干企业经营规模进一步扩大，带动性和影响力持续增强。

（三）区域物流各具特色，协调发展态势初现

2013 年随着苏中苏北地区经济增长速度加快，物流业也呈现出各区域协调发展的态势。苏锡常地区的保税物流、国际物流，南京地区的金属、建材、家电等专业化配送物流，南通地区的江海河联运、船舶海工和现代家纺等特色行业物流，连云港港口和海铁联运物流，徐州地区的汽车、工程机械等专业化物流都各具优势和特色，为当地及区域经济的快速健康发展提供了重要保障。

（四）交通运输物流规模增长平稳

2013 年，江苏省货物运输量为 23.9 亿吨，同比增长 8.9% ；货运周转量为 8883.5 亿吨千米，同比增长 12.5% 。其中，公路货运量为 16.9 亿吨，同比增长 9.7% ；公路货物周转量 1653.5 亿吨千米，同比增长 13.8% 。全省规模以上港口货物吞吐量 18.5 亿吨，同比增长 8.3% ，其中外贸货物吞吐量 3.5 亿吨，同比增长 11.1% ，集装箱吞吐量 1640 万标准箱，同比增长 2.7% 。

（五）重点物流项目加快推进

2013 年，江苏省公铁水空交通基础设施建设完成投资 720.9 亿元，同比增长 6.4% 。其中，长江南京以下 12.5 米深水航道一期工程完成投资 23.3 亿元；连云港港 30 万吨级航道一期工程全部完工并竣工验收，连云港港区 25 万吨级航道正式开通使用。重点物流项目带动作用进一步增强。截至 2013 年年底，“十二五”确定的 100 多个省重点物流项目已竣工验收 19 个，其余 104 个重点物流项目均已经全部开工建设，已完成投资额 719 亿元，占“十二五”总投资的 41.81% 。“十二五”以来，全省新批 5000 万元以上物流项目 222 个，总投资达 1289 亿元，其中 2013 年新批 5000 万元以上物流项目 61 个，总投资达 571 亿元。徐州双楼港物流园区、张家港玖隆钢铁物流园、无锡空港物流园等一批投资大、带动性强的物流项目正在加快推进。

（六）电商快递蓬勃兴起

截至2013年年底，江苏省电子商务销售额突破千亿元。电子商务的快速发展倒逼江苏省物流配送体系建设步伐的加快。2013年江苏省规模以上快递服务企业业务量累计达到98415.5万件，同比增长54.1%，快递收入累计143亿元，同比增长38.3%。助推电商与物流业快速融合发展。例如，苏宁云商等12家公司正在申请快递业务经营许可已进入审核公示阶段，苏南硕放、常州、南通等机场也纷纷开通全货机快递航线，常州、淮安、盐城等地加快电商物流园区的规划布局，一批以电子商务交易服务为龙头，基础设施、物流配送、网络支付、电子商务软件、安全和信用认证等相配套的电商快递物流园区正在崛起。

（七）冷链物流快速发展

2013年，江苏省规模以上企业拥有冷库总容量达到326万吨，其中高低温冷藏库容量达到256万吨，低温冷冻库容量达到70万吨；拥有配送车辆1785辆。雨润集团、天环集团、清江集团等一批大型企业目前在建和拟建的高低温冷藏库容量为150万吨，低温冷冻库容量为140万吨。全省规模以上冷链物流加工及配送企业达70家，交易额上亿元的农副产品市场及销售企业达到91家。冷链物流技术推广和应用越来越受到重视，冷链溯源与全程监控等技术逐渐成熟，真空预冷、多温层控制、RFID及传感技术、GPS、GIS、WMS等物流技术开始得到运用。以冷链物流为基础，南京农副产品物流园的“E鲜美”及凌家塘的“万家鲜”等一批城市农副产品生鲜直供平台正在加快发展。

（八）发展模式不断创新，服务效能得到提升

物联网和新一代信息技术在物流领域不断得到应用，物流信息资源整合加快。图书、医药、汽车等专业领域物流积极走创新发展之路，涌现了一批供应链管理能力较强的第三方物流企业。越来越多的物流企业从单纯的承揽物流业务向根据客户需求开发各种高附加值专业化服务转变，注重与产业、金融、地产、互联网等紧密结合，业务领域得到新的拓展，服务水平和质量明显提高。

充分依托物联网和新一代信息技术，公共信息平台建设取得新进展。镇江惠龙港国际钢铁物流以信用、物流量和客户为支撑，协同电信、保险、银行三大运营商，探索打造物流与信息流相汇聚、人车物相匹配的大宗商品集中配送电子商务平台，以标准化为支撑，通过实时用信、交割库监管、平台对银行风险兜底担保等创新举措，突破了大宗商品交易的瓶颈，试运营情况良好。中外运高新物流（苏州）有限公司创建的中国第一配载网、常州物流易呼通交易平台等也在整合资源、提升效率、降低成本上做出积极而有成效的探索。全省交通物流公共信息平台、冷链物流配载平台等一批公共平台也正在抓紧建设。供应链金融取得新突破。淮安民贸物流有限公司通过创新“融通仓”“贸易+金融”等物流供应方式，2013年为近200户企业融资达4.5亿元，成为中小企业物流与融资的有力助手。苏汽国际物流集团探索商流、信息流、物流、资金流“四流合一”服务，全年供应链金融业务总额达3亿元。江苏华商为解决新电商格局下商贸企业、供应商、连锁超市的新型商贸流通以及消费者的购物需求，在原先B to B城市配送的基础上建立虚实连锁O to O新电商服务平台，最大限

度提高了商品流转效率。

三、推进物流业发展的主要对策

（一）以两业联动为重点，打造融合化发展新优势

鼓励制造业物流业务分离、物流运作分立或物流业务整合外包，实现企业物流社会化和专业化。加快物流产业链向供应链上下游延伸，推动物流业与制造业深度融合，促进制造业转型升级，提高核心竞争力。完善物流业与制造业联动发展平台，通过协作、协调与协同，实现资源整合和业务聚合，提高制造业供应链物流整体效率。

（二）以集聚集约为重点，打造网络化发展新优势

围绕工业园区、经济开发区、出口加工区、高新技术产业开发区、商贸流通专业市场等产业集聚区和交通枢纽节点，推进省级重点物流基地等物流运作载体平台建设，并在资金和政策上给予倾斜扶持。通过整合优化、功能提升，充分发挥其整体效能和集聚带动作用，促进供应链相关环节在物流基地（园区）实现衔接和集聚。

（三）以做优做强为重点，打造社会化发展新优势

通过兼并重组、联盟合作等多种方式，引导扶持一批综合能力强、行业影响大的第三方物流企业进一步提升市场集中度，上规模、上水平。鼓励中小物流企业进一步做专做优，讲质量、讲效益，提升专业化竞争优势。充分发挥省级重点物流企业的引领带动作用，进一步树立质量意识、品牌意识和诚信意识，着力打造江苏物流品牌。

（四）以科技创新为重点，打造信息化发展新优势

加强省级物流企业技术中心建设，着力培育一批掌握新技术、拥有新模式、具备创新能力的创新型企业。大力推广应用各种物流新技术、新装备，大力推动物流管理的标准化和业务流程的透明化，大力提高物流产业信息化、智能化水平，以科技进步和信息化引领产业向高端攀升，提升产业层次，提高运作效率。

（五）以节能环保为重点，打造绿色化发展新优势

积极推广甩挂运输和多式联运等运输方式，实现多种运输方式的高效组织和顺畅衔接。建立和完善应急物流体系，积极探索建立适合电子商务模式的低碳物流体系。在采购、运输、仓储、包装、流通加工等各个物流环节推行绿色物流运作方式，完善逆向物流系统，实现物流全程绿色化管理。

（六）以外向拓展为重点，打造国际化发展新优势

牢固树立国际化发展理念，加快发展适应国际货物中转、采购、配送、转口贸易业务要求的国际物流。鼓励与国外物流企业开展合资、合作，推动物流企业积极参与国际市场竞争，拓展国际化经营空间。继续举办好中国国际物流科技博览会，扩大展会外向度，并以此为平台，增进国际交流合作。

（七）以区域协作为重点，打造一体化发展新优势

针对江苏省内不同区域经济发展的特点和产业特色，着力构建与区域内产业配套的物流保障体系。积极推进包括长三角区域在内的不同地区之间的协同合作，引导物流资源跨区域整合，共同培育统一开放、通畅高效的现代物流市场体系。进一步完善城市消费品、农产品

冷链等物流配送体系，推动城乡物流一体化协调发展。

（八）以推动发展为重点，打造政策环境新优势

充分发挥省经信委转型升级引导资金导向带动作用，加大对重点物流领域、重大物流项目的支持力度，鼓励各类不同投资者积极参与物流项目建设，为我省物流业发展提供更为完善的基础条件。加强物流行业协会建设，进一步做好物流标准、统计、诚信等行业基础性工作。支持重点院校物流相关学科和产学研基地建设，完善物流职教联盟体系，加强校企合作，多管齐下培养多层次物流人才。

（江苏省经信委交通与物流处）

2013 年浙江省物流业发展情况

2013 年，浙江省深入贯彻落实党的十八大和省第十三次党代会精神，按照推进工业化、信息化、城镇化和农业现代化的总体要求，继续加快推进全省交通大物流建设，促进综合运输和多式联运发展，推动港口物流、道路物流、航空物流体系建设，全力构建国家交通运输物流公共信息平台，完善交通运输物流节点网络，加强行业和企业资源整合，改善交通运输组织方式，引导城乡物流配送健康发展，推动行业转型升级。

一、经济及物流运行概况

（一）经济运行概况

2013 年，浙江省生产总值为 37568 亿元，比上年增长 8.2%。其中，第一产业增加值 1785 亿元，比上年增长 0.4%；第二产业增加值 18447 亿元，比上年增长 8.4%；第三产业增加值 17337 亿元，比上年增长 8.7%。

2013 年，浙江省全年进出口总额为 3358 亿美元，比上年增长 7.5%。其中，进口额为 870 亿美元，比上年下降 1.0%；出口额为 2488 亿美元，比上年增长 10.8%。

2013 年，浙江省交通运输、仓储和邮政业增加值为 1326 亿元，比上年增长 4.7%。

2013 年，浙江省工业投资 7028 亿元，比上年增长 15.9%，增幅比 2012 年回落 1 个百分点。其中，战略性新兴产业投资 1881 亿元，占工业投资的 26.8%，比上年增长 13.8%，增幅比工业投资低 2.1 个百分点。九大战略性新兴产业中，投资额最大的是节能环保产业，完成投资 588 亿元；增长最快的是新能源汽车产业，增幅为 29%，其次为高端装备制造产业，比上年增长 28.6%。

（二）交通运输概况

2013 年，浙江省全年铁路、公路和水运完成货物周转量 9867 亿吨千米，比上年增长 7.4%。

2013 年浙江省物流行业货物运输量构成及增长情况

行业类别	货运量（万吨）	增速（%）	货运周转量合计（亿吨千米）	增速（%）
铁路运输	4037	4.9	270.44	-7.1
公路运输	116352	2.6	1568.59	2.8
水路运输	75290	2.0	8027.94	9.0

1. 公路运输

2013 年浙江省大路网建设完成总投资 612 亿元，为计划总投资的 148.5%。其中，高速公路完成投资 183.6 亿元，完成年度计划的 104.2%；国省道及重要县道完成投资 295.5 亿元，完成年度计划的 141.6%；农村公路（不含县道）完成投资 20.4 亿元，完成年度计划 254.4%；养护工程完成投资 49.5 亿元，完成年度计划 254.0%。列入省政府考核确保完成的云景高速公路、龙庆高速公路、宁波穿山至好思房公路、嘉绍跨江通道高速公路项目 4 项 169 千米均已建成通车；建成普通国省道公路 13 项 230 千米（其中省政府考核项目 7 项 170 千米）、重要县道 40 项 437 千米；完成农村联网公路 1467 千米，超额完成省政府 1000 千米的目标任务。

全年公路货物量达 11.6 亿吨，同比增长 2.6%；货运周转量为 1568.6 亿吨千米，同比增长 2.8%。

2. 水路运输

2013 年，浙江省累计完成水路货运量 7.5 亿吨，同比增长 2%。其中，内河完成货运量 2.5 亿吨，同比下降 10.1%；沿海完成货运量 4.7 亿吨，同比增长 9%；远洋完成货运量 2880 万吨，同比增长 17.4%。累计完成水路货物周转量 8027.9 亿吨千米，同比增长 9%。其中，内河完成货物周转量 373 亿吨千米，同比下降 9%；沿海完成货物周转量 5568 亿吨千米，同比增长 8.2%；远洋完成货物周转量 2086.9 亿吨千米，同比增长 15.2%。

水路运力达到 2393 净载重吨。内河港口完成货物吞吐量 3.7 亿吨，集装箱吞吐量 23.1 万标准箱。其中，外贸集装箱吞吐量 1640 万标准箱，同比增长 6.3%。

3. 铁路运输

2013 年，浙江省铁路完成货运量 4037 万吨，同比增长 4.9%，完成货物周转量 270 亿吨千米，同比下降 7.1%。

4. 航空运输

2013 年，浙江省完成民航货邮吞吐量 50.4 万吨，同比增长 10%。

（三）港口物流概况

浙江省有宁波—舟山、温州、台州和嘉兴 4 个沿海港口和杭州港、湖州港、嘉兴内河港、绍兴港、宁波内河港、金华兰溪港、丽水青田港 7 个内河重点港口，综合通过能力为 3.92 亿吨。

2013 年，浙江省港口完成货物吞吐量 13.8 亿吨，同比增长 4.6%。其中，沿海港口累计完成货物吞吐量 10.1 亿吨，同比增长 8.4%；内河港口累计完成货物吞吐量 3.7 亿吨，同比下降 4%。全省港口累计完成外贸货物吞吐量 4.1 亿吨，同比增长 11.6%；累计完成集装箱吞吐量 1933.2 万标准箱，同比增长 9%。

2013 年，宁波—舟山港完成货物吞吐量 8.1 亿吨，同比增长 8.8%，占浙江省港口货物吞吐量的 80.5%；集装箱吞吐量为 1735 万标准箱，同比增长 7.3%，占全省集装箱吞吐总量的 90.8%。宁波港口集装箱航线总数为 235 条，远洋干线达 117 条，月均总航班超过 1400 班。与此同时，宁波港口集装箱作业效率和服务质量进一步提升，马士基“天天班”和 1.8 万标准集装箱船作业效率位居全球第一。全港完成货物吞吐量 4.96 亿吨，增幅达 9.5%，创历史新高，位居中国内地港口第三、世界第四。其中外贸货物吞吐量 2.76 亿吨，同比增长 12.62%；集装箱吞吐量达 1677 万标准箱，增幅 7.03%，箱量排名保持内地港口第三位，仅次于上海和深圳港。

2013 年，嘉兴港累计接卸集装箱 101 万标准箱，突破百万标准箱大关，同比增长 34.5%，带动货物吞吐总量达到 6605 万吨，其中外贸完成 859 万吨，同比增长分别为 10%、17%，集装箱量、货物吞吐总量及外贸吞吐量三项增幅均居浙江沿海港口首位。

2013 年，宁波—舟山港六横港区充分发挥港口集群优势和长三角经济贸易区优势，港口货物吞吐量达到 4902 万吨，同比增长 25%。

（四）物流基地建设情况

2013 年，浙江“大物流”建设的重点是抓好物流园区建设，园区建设以“降低物流成本、整合物流资源、强化园区功能、推广信息化技术以及打造物流基地品牌”的五点为目标，发展多式联运，推进港区联动和产业互动，提高综合运输组织能力，以试点示范项目为机遇，加快“交通物流公共信息平台”的建设和推广，进一步推进城乡物流一体化，整合延伸综合运输服务网络，发展甩挂运输，提高运输效能和运输转换效率，大力发展港口物流。

2013 年，国务院正式批复建设的、规划总面积为 5.85 平方千米的舟山港综合保税区建设快速进行，其中本岛分区 3.02 平方千米已于 2013 年年底，封关运行。2013 年，浙江省宁波大宗商品交易所、舟山大宗商品交易中心两大交易平台建成运作，两大交易平台当年交易成交量合计达 9000 亿元以上。

2013 年浙江省电商产业基地呈爆发式增长，电商产业基地已成为浙江省电子商务及相关企业主要集聚区域。截至 2013 年年底，浙江省共有 86 个电子商务产业基地，入园企业达 6500 多家；在建园区（楼宇）达 76 家。

二、物流业发展情况

2013 年，浙江省确定交通大物流建设工作具体抓好发展港口物流、抓好物流园区建设、加快快递业的调整发展、加快“交通物流公共信息平台”的建设和推广、推进城乡物流一体化、发展甩挂运输等六项工作重点。

（一）物流业规划和政策深化细化

1. 政策方面深化细化

2013 年 4 月 17 日，浙江省交通运输厅印发了《2013 年全省交通大物流建设重点任务》《2013—2017 年全省交通大物流建设指导意见》。意见明确提出今后五年，交通大物流建设的主要任务是建设一大平台、实施六大举措、推进六大体系。即推动国家交通运输物流公共信息平台建设；实施多式联运举措，推进综合物流服务体系建设；实施基地联盟举措，推进物流基地网络体系建设；实施产业集聚举措，推进物流企业合作体系建设；实施物流信息联网举措，推进物流信息服务体系建设；实施农村物流发展举措，推进城乡物流一体化体系建设；实施物流人才发展举措，推进现代物流人才教育培训体系建设。为浙江物流业的发展提供了一个总体思路。大物流建设方面，嘉兴交通部门致力优化发展环境，拓宽中小物流企业融资渠道，联合协会组织银企对接、洽谈，推动金融、物流合作，起草完成《关于加快推进现代物流业发展的若干政策意见》。同时，重点扶持物流基地完成投资4.77亿元，实现产值8.93亿元；深化港口结构调整，推进内河港口转型升级，完成内河港口建设投资1.8亿元。

2. 规划方面深化细化

为了加快推进港航物流发展。根据省海经办的统一部署，起草印发了《加快港航物流服务业发展行动方案（2013—2020）》《创新宁波—舟山港（含嘉兴港）一体化发展行动方案（2013—2020）》《浙江沿海港口集疏运体系行动方案（2013—2020）》三个行动方案；启动《宁波—舟山港总体规划》修编工作。引导港口联盟成员单位开展培训、交流活动，协同推进宁波、舟山两个交易中心发展。

为全面贯彻落实《国务院关于同意设立浙江舟山群岛新区的批复》（国函〔2011〕77号）和《国务院关于浙江舟山群岛新区发展规划的批复》（国函〔2013〕15号）精神，加快推进浙江舟山群岛新区建设，浙江省人民政府办公厅印发了《浙江舟山群岛新区建设三年（2013—2015年）》行动计划。

（二）物流公共信息平台建设稳步推进

积极建设道路运输行业监测系统，已完成一期项目需求和评审工作。以重点物流园区信息互联为基础推动，逐步发展园区、港区、堆场区、监管区信息共享工程，整理“四区联动”信息共享标准，已编制《国家交通运输物流公共信息平台——园区互联接入规范》。开展物流基地管理软件升级与园区管理中心建设，完成杭州正北物流等4家物流园区接入实施工作，实施金华无水港等3家。同时继续深化推进省内15个重点物流园区及宁波港信息互联工作。加快推进物流产业链上下游企业技改。2013年上下游互联项目达到53家，超过前两年总和。积极推进物流企业信息化推广工作，推广250家企业应用物流管理软件。

2013年11月14～15日，交通运输部在杭州举行全国交通运输物流公共信息平台（以下简称“公共平台”）建设推进会，会议充分肯定了“公共平台”的建设成效，明确了浙江平台就是国家平台。截至2013年11月，使用“公共平台”物流管理软件的企业已有1万余家，“公共平台”连接企业数达到15万家，平台已互联中日韩三国17个港口，节约行业信息化投入约5亿元。企业通过“公共平台”实现交换数据量累计超过5.5亿条，日交换量高达200万条。通过服务企业间信息交换和信息共享，年均服务1000亿元的物流货值。会议正式出台《交通运输物流公共信息平台建设纲要》《交通运输物流公共信息平台国家级行业管理系统建设方案》《交通运输物流公共信息平台区域交换节点建设指南》三大纲领性文件，开启了“公共平台”全面推进的新局面。

（三）物流业重大项目建设扎实进行

2013年浙江省政府相关部门加大了对物流业重点项目的建设力度，一是组织各地对部分省级重点扶持物流园区进行调整，对省级重点龙头企业进行新一轮评定，把潘桥物流园区、衢州工业新城物流园区、玉环县经济开发区综合物流园区确定为2013—2017年省级交通重点扶持物流基地。二是做好交通运输部“十二五”物流园区项目调整与申报工作，义乌内陆口岸等12个物流园区列入部“十二五”规划，衢州工业新城物流园区等7个项目申报部2014年补助项目。三是编写完成《浙江交通大物流资源整合案例》，完成全省交通物流基地第二次调查工作，印发了调查报告。完成7个物流项目的专家咨询。启动物流企业联盟工作，开展前期调研，初步形成物流企业联盟推进工作方案和推进框架。

长兴综合物流园区自2012年5月被纳入省现代服务业集聚示范区后，管理提质、建设提速，发展势头良好。2013年，物流园区经营性收入1074.5万元，比上年增长26.3%，利润为636万元，比上年增长6%。2013年，物流园区货运量达到450万吨，营业额达7.5亿元，上缴税收2035万元，比上年增长20%。仓库出租率达到85%以上，自营仓储业务收入101.2万元，比上年增长68.9%。2013年园区共引进一般物流企业60家，其中注册资金300万元以上物流企业2家、县外物流企业26家；新增2A物流企业2家，3A企业1家，4A企业1家。截至2013年年底，A区入驻各类企业和经营户已达到152家，其中物流企业131家。

湖州市以打造“区域商贸物流中心”为总体目标，全力加快推进物流项目建设。2013年列入市服务业“双百”计划的项目中有物流项目14个，计划投资12.7亿元，实际完成投资16.27亿元，其中续建项目6个，计划投资7.8亿元，实际完成投资10.67亿元；新建项目8个，计划投资4.91亿元，实现完成投资5.6亿元。特别是德清临杭、长兴综合物流园2个省级重点物流园区项目分别完成投资1.97亿元、3.81亿元，分别为年度计划的131.2%和152.4%。

2013年10月30日，苏宁与浙江省绍兴滨海新城管委会签订了浙江地区电子商务运营中心项目的合作协议，项目占地面积约600亩，总投资10亿元，建成后将成为集电子商务、物流配送、后勤服务于一体的多功能基地，辐射浙江、福建、江西等地。

“浙江省电子商务十大产业基地”之一的嘉兴电子商务产业园，是在电商崛起的大背景下嘉兴国际创意文化产业园谋划设立的。该园是嘉兴市首个电子商务集聚专业产业园。2013年该园电商类企业的销售额已突破5亿元。目前，嘉兴电子商务产业园已集聚电商企业80多家，除电商企业外，还吸引了38家电子商务第三方服务企业入驻，包括电子商务独立软件服务商、电子商务公共服务平台运营商和电子商务外包服务商，电子商务发展要素呈现一定的集聚趋势。

温州进口商品市场是温州市按照国家“扩大进口、促进贸易平衡”政策，在出台扶持进口贸易政策的基础上于2013年6月首批搭建起的具有特色的进口基地。该市场是国家商务部重点扶持的进口商品基地，也是温州市重点打造的区域性进口商品贸易基地。2013年12月10日，温州进口商品市场临时国际展厅正式开放，同时，有58个国家进口商品率先入驻的国际展贸中心同时开工，预计于2014年年底建成。

（四）甩挂运输试点工作

一是组织开展第三批甩挂运输试点项目审查及申报工作，宁波金洋化工物流有限公司甩挂项目推荐上报为部第三批试点项目。二是对第一批甩挂试点项目进行督查，要求各地市管理部门加强项目管理，并通报了整改情况，完成宇石、百富、宁波港铃与等三个首批部级甩挂运输试点项目验收审查和资金申请初审。参加交通运输部组织的资金申请终审，争取部补资金2198万元。三是根据国办和部相关文件精神，起草甩挂运输车辆通行费优惠政策的方案并报省厅。取消对普通货运车辆挂车的综合性能检测。

（五）积极培育物流龙头企业

根据《关于开展浙江省交通重点扶持物流基地和物流龙头企业评定的通知》（浙交〔2008〕249号）和《关于做好交通大物流扶持项目2012年度审查和2013年度申报工作的通知》（浙交办〔2013〕21号）要求，经各市交通运输局（委）推荐和审查组审查，确定下列17家企业为第二批（2013—2017年）省交通重点扶持物流龙头企业：浙江八方物流有限公司、浙江大恩物流有限公司、宁波港集装箱运输有限公司、宁波金洋化工物流有限公司、浙江尊龙物流有限公司、绍兴市集亚物流基地有限公司、振石集团浙江宇石国际物流有限公司、湖州鑫达国际物流有限公司、浙江嘉宝物流有限公司、巨化集团公司汽车运输有限公司、浙江浙南茶叶市场有限公司物流集散中心、临海市江南物流中心有限公司、浙江名捷物流有限公司、浙江义联物流股份有限公司、浙江远洋运输股份有限公司、宁波栎社国际机场、温州机场集团有限公司。

2013年嘉兴市申请省大物流扶持项目计划投资总额达7892万元，其中龙头企业项目计划投资3399万元。

截至2014年2月，浙江省共有400家A级物流企业，占全国A级物流企业总额的15.8%，位列全国第一。其中，5A级企业8家、4A级67家、3A级216家、2A级97家、1A级12家。

2013年浙江省快递行业蓬勃发展，规模以上快递企业业务量达14.2亿件，同比增长73.1%，业务收入179.8亿元，同比增长50.1%。

（六）港口物流、航空物流稳步发展

根据《浙江省财政厅、浙江省交通运输厅关于下达2013年交通大物流扶持引导资金的通知》（浙财建〔2013〕277号），独山港综合物流园区获物流基地专项补助资金70万元，这也是该物流园区连续第四年获得省交通大物流扶持引导资金。独山港综合物流园区总规划面积9.12平方千米，其中核心区2.2平方千米，总投资33.5亿元。2012年，该园区完成基础设施投入26亿元，建成滩涂围垦、疏港道路、跨堤桥梁、污水处理厂等基础配套设施，实现营业收入49.6亿元，上缴税收2917.4万元。

2013年，嘉兴内河港口建设完成投资3.52亿元，同比增长10.5%。嘉兴内河港全年新建码头泊位29个，其中，500吨级及以上泊位15个、300吨级泊位12个、100吨级泊位2个。增加港口吞吐能力557万吨。2013年，嘉兴港累计装卸集装箱达101万标准箱，全年货物吞吐量达到6605万吨。货物吞吐量、外贸货物吞吐量与集装箱吞吐量三项增幅均居浙江省沿海港口首位。2013年，嘉兴港综合管理信息系统硬件部分的安装建设基本完成，相关监控设备已进入信号调试与软件试用阶段。港口是发展现代物流业的重要平台，而信息系统是现代物流业的主要技术支撑。EDI信息服务中心正是港口为了满足其主要服务对象，即各港口企业的要求所建立的。嘉兴市正在实现从“数字港航”向“智慧港航”的升级，通过不断加大科技投入，已基本形成办公网络化、管理科学化、监管信息化、服务自动化、决策智能化的“智慧港航”体系，编织了一张水上“安全畅通网”。

2013年，浙江省铁水联运集装箱运输量快速增长，全省铁水联运集装箱达到10.5万标准箱，同比增长77%。

2013年，浙江省航空物流建设加快，一是加快构建浙江省航空物流信息系统；二是开展关于《浙江省航空信息服务体系研究》，完成《杭州萧山机场货运信息系统》项目中的第一、二标段的招标工作；三是启动《浙江省空港物流信息系统（一期）软件开发项目》建设，有序推进杭州、宁波、温州等空港物流园区建设；四是深化机场与现有全货机航空公司的合作，积极开发新的货运通航点，温州机场新开厦门经温州到南京的邮政航空全货机。全年全省完成航空货邮吞吐量 50 万吨。全省航空货邮吞吐量继续稳居全国省市机场排名前十位。

（七）电商物流发展加快

2013 年，浙江省电子商务已进入新的发展阶段，全省电子商务业态丰富、模式创新活跃、发展氛围浓厚，已形成较为完整的电子商务生态圈，据浙江省电子商务工作领导小组办公室发布的《2013 浙江省电子商务发展报告》显示，2013 年，浙江省电子商务总交易额突破 1.6 万亿元，同比增长约 30%，占全国交易总量的 1/6；全省实现网络零售 3821.25 亿元，同比增长 88.48%，相当于全省社会消费品零售总额的 25%，总量占全国的 1/5；全省共有各类网店 130 多万个，网络零售额超亿元企业 100 多家。此外，浙江省的电商平台依然保持领先优势，据不完全统计，全国 85% 的网络零售、70% 的跨境贸易和 60% 的 B2B 交易是在浙江的电子商务平台上完成的，浙江省已成为国内电子商务发展最快、电商实力最强、电商产业链最完整的地区之一。2013 年在电商快速发展的带动下，浙江省电子商务服务业发展也呈现独特优势，全年实现服务收入 800 亿元，同比增长近 50%。

（彭弋凌　陈婷丽　冯友波　许青秀　司莉　蒋长兵　浙江工商大学）

2013 年福建省物流业发展情况

2013 年，福建省国民经济运行稳中有进，稳中向好，促进了物流业需求基础的持续增加，进一步巩固了物流业的产业地位。

一、物流业运行情况

2013 年福建省社会物流总额达 47055.66 亿元，按可比价格计算，同比增长 11.9%。其中，工业品物流总额为 34405.98 亿元，比上年增长 14.3%；农产品物流总额为 2621.01 亿元，比上年增长 5.9%；进省货物物流总额为 9894.61 亿元，比上年增长 5.3%；单位与居民物流总额为 72.86 亿元，比上年增长 39.2%。

2013 年福建省物流业实现增加值 1478.89 亿元，按可比价格计算，同比增长 10.9%，占全省 GDP 的比重为 6.8%，占服务业增加值的比重为 17.4%。

2013 年福建省物流业业务收入达 3108.27 亿元，同比增长 12.3%；固定资产投资额 1977.19 亿元，同比增长 4.8%。

二、物流业发展情况

（一）货运物流量持续增长

2013 年，周边省份从福建省港口进出货物共 1962.35 万吨，同比增长 16.7%；闽台海运直航集装箱 66.23 万标准箱，同比增长 4.17%；闽台海运直航散杂货达 1162.38 万吨，同比增长 13.13%；闽台空中直航货运量为 2.36 万吨，同比增长 15.82%。

（二）物流企业实力增强

截至 2013 年年底，福建省有 154 家物流企业通过国家 3A 级及以上物流企业综合评估，有 5 家物流企业获评中国物流 A 级信用企业。厦门象屿集团、福建交通集团跻身 2012 年中国物流企业 50 强排名居前十强。

（三）物流基础设施不断完善

2013 年福建省公路通车里程达 99534.68 千米，同比增长 5.1%；货物营运车辆达 25.99 万辆、165.14 万吨位，分别同比增长 4.0% 和 0.5%。

截至 2013 年年底，福建省共拥有港口生产性泊位 477 个，其中当年新增 5 个；在港口泊位中有万吨级以上泊位 145 个，其中当年新增 8 个；集装箱专用泊位 41 个。

截至 2013 年年底，福建省共有运营机场五个，开通了国内、国际航线 207 条。铁路通车里程达 2743.5 千米。

（四）园区建设加快推进

截至 2013 年年底《福建省“十二五”现代物流业发展专项规划》规划建设的 15 个物流园区、46 个物流中心正在加快推进中，部分项目已建成投入使用。

2013 年，厦门市列入国家一级物流园区布局城市，福州、泉州市列入国家二级物流园区布局城市；厦门市入选全国城市共同配送试点城市。

（五）重点项目建设稳步推进

2013 年福建省经贸委积极推动《省经贸委推进现代物流业发展行动方案（2012—2015）》八个“一批”项目建设，并确定了 30 个 2013 年度物流示范项目，福建省重点物流项目稳步有序推进。福州港江阴港区外贸整车进口口岸通过国家级验收，正式投入运营。东南国际航运中心总部大厦已开工建设。福州港集装箱码头、湄洲湾北岸港口公共码头整合进度加快。厦门保税港区、福州保税港区均已封关运作，具有保税和港口功能的武夷山、晋江、龙岩、三明四个陆地港也已全部正式运行。

（六）智慧物流建设硕果累累

2013 年福建省智慧物流建设硕果累累。全年电子口岸上线运行项目达 50 项，其中包括福建省电子口岸与江西电子口岸实现互联互通合作、福建省电子口岸与台湾地区关贸网路技术性对接成功。2013 年福建省检验检疫部门搭建了“电子审单 + 电子监管 + 电子闸口”电子检验检疫平台，并结合福建电子口岸平台，建设了具有福建特色的海港版电子闸口系统、陆地港电子闸口系统和保税港区系统；福建省科技主管部门推动建设的车联网与智能交通信息服务平台已基本建成，该平台建成运行后将成为全国两大省级交通物流云计算服务示范平台之一。

《福建省加快物联网发展行动方案（2013—2015 年）》将交通物流作为物联网示范应用的重点领域加以推进。2013 年福建省交通物流公共信息平台已完成平台数据交换中心、政府监管及信用管理系统的建设。

三、物流行业软环境建设情况

（一）政策环境进一步改善

2013 年福建省政府相继出台了《关于进一步加快海西港口群发展十条措施》《关于加快流通产业发展若干措施》《关于进一步促进通关便利化的措施》《关于进一步促进民航业加快发展若干措施》；福建省人大常委会开展了《福建省促进现代物流业发展条例》执法检查工作，推动完善物流业发展的政策环境；漳州、三明、莆田、南平、龙岩、宁德等地也相继提出了一系列支持物流业发展的扶持政策和优惠措施；《福建省邮政条例》于 2013 年 1 月 1 日起施行，进一步推动邮政快递转型升级。

（二）基础工作不断增强

2013 年福建省经贸委继续组织物流运作管理人员赴香港、台湾地区学习培训，福州市组织了“现代物流与供应链管理赴新加坡培训班”，厦门市举办了“现代物流与供应链管理高级研修班（2012）”与华侨大学、厦门大学开展产学研联合培养物流人才改革试点，推进人才培养工作。福建省经贸委联合福建省统计局和福建省物流协会定期向社会公布全省物流业运行情况，发挥统计核算的指导作用。2013年福建省物流协会主办的“福建省物流产业服务网”正式运行；继福州、厦门、三明市之后，漳州、莆田、龙岩市成立了物流行业协会，物流行业协会作用日益明显。

（三）是拓展区域内物流通道

2013年福建省和江西省电子口岸平台签订了合作备忘录，进一步加强闽赣两省电子口岸信息、技术合作；福州和厦门海关共同签署了《执法统一协作机制备忘录》，力争在福建省内海关实现执法原则、执法标准、执法程序和执法要求的统一。2013年8月，福建省“一次申报，一次查验，一次放行”的“三个一”通关新模式试点在福州港江阴港区顺利运行，新模式已对15批、31个集装箱的进口货物实施放行，福建省成为继广东省后第二个开展“三个一”模式试点的省份。

2013年6月，福建省出台《关于进一步促进通关便利化的措施》，就海关、检验检疫、边防检查、海事等部门便利化通关进行了详细规定。7月厦门海关在隶属的东渡海关、机场海关、象屿海关启动通关作业无纸化改革试点，通关无纸化改革试点基本实现业务全覆盖。福州海关在2013年成为全国海关首个将试点范围扩大至关区全部业务现场的直属海关，全年审核办理无纸化报关单约32万份，占同期报关单总量的61.29%，无纸化通关模式已成为福州关区主要通关作业模式。

（四）全方位开启与台湾地区的物流合作

2013年福建省凭借地缘优势全方位开启与台湾地区的物流合作，泉州市新增对台湾地区的直航航点、平潭开通至台北的滚装船直航航线。2013年1月22日，福建省邮政公司依托“海峡号”启动了平潭至台湾海运直航邮路，通过两岸直航方式带运福州至台湾地区、欧美等地的国际邮件总包，截至2013年年底海运直航邮路共运送入台湾地区邮包近万件。福建省交通运输集团设在台湾地区的办事处两年来，依托东方海运台湾分公司建立了集装箱业务经营网点，开展对台湾地区的物流业务取得了显著的效益。2013年6月中旬在厦门举办的第六届海峡物流论坛暨首届两岸（高雄）物流论坛期间，两岸完成了多项业务对接，其中，福州保税港区管委会和台湾港务股份有限公司台中分公司（台中自贸区）签订相关协议，将以福州保税港区和台中自贸港区为基地，共建海峡汽车国际运营中心，常态化推动两岸汽车产业合作；海峡现代城（厦门）有限公司与高雄市百货商业同业公会签订“海峡现代城项目合作协议书”，共同打造商贸城项目；中华两岸通关商检协会和厦门汉连物流有限公司共同签订了“关务项目合作协议书”。

（薛尚泉　福建省经信委）

2013年江西省物流业发展情况

2013年江西省社会物流需求增长较快，全省社会物流总额超过4万亿元，增幅较上年增加5.3个百分点。

一、社会物流总额

2013年江西省社会物流需求增长较快，全省社会物流总额为40224亿元，现价较上年增长11.7%，增幅较上年增加5.3个百分点。从物流总额构成看，工业品物流总额为25898亿元，同比增长13.8%，增幅较上年增加6.8个百分点，占全省社会物流总额的64.38%，所占比重较上年提高1.38个百分点；农产品物流总额为1882亿元，同比增长7.2%，占社会物流总额的4.68%；区域外流入货物物流总额为9901亿元，同比增长5.4%，占社会物流总额的24.61%；贸易批发物流总额为2289亿元，同比增长14.9%，占社会物流总额的5.69%；再生资源物流总额为213亿元；单位与居民物品物流总额为41亿元。

二、社会物流总费用

2013年，江西省社会物流总费用为2741亿元，同比增长10.1%，增幅较上年回落2.1个百分点。社会物流总费用与GDP的比率为19.1%，比上年下降0.1个百分点。在社会物流总费用中，运输费用为1735亿元，比上年增长12.7%，占社会物流总费用的63.3%。其中铁路运输费用为96亿元，同比下降8.4%，占运输费用的5.5%；道路运输费用为1463亿元，同比增长15.2%，占运输费用的84.3%；水上运输费用为9亿元，同比下降13.6%，占运输费用的0.5%；装卸搬运及其他运输费用为166亿元，同比增长8.4%，占运输费用的9.6%。保管费用为745亿元，同比增长9.4%，占社会物流总费用的27.2%。其中，利息费用为304亿元，同比增长13%，占保管费用的40.8%；仓储费用为177亿元，同比增长7.3%，占保管费用的23.8%；保险费用为9亿元，占保管费用的1.1%；物品损耗费用为37亿元，占保管费用的5%；配送费用为31亿元，占保管费用的4.2%；流通加工费用为154亿元，占保管费用的20.6%；包装费用为31亿元，占保管费用的4.1%；信息及相关服务费用为3亿元，占保管费用的0.4%。管理费用为261亿元，增幅比上年下降3.5个百分点，占社会物流总费用的9.5%。

三、物流业增加值

2013年江西省物流业增加值继续稳步增长，达到1014亿元，现价同比增长13.8%；物流业增加值占第三产业增加值的20.16%，所占比重较上年增加0.16个百分点；物流业增加值占江西省GDP的7.07%，所占比重较上年增加0.17个百分点。

四、物流业固定资产投资

2013年江西省物流相关行业固定资产投资达990亿元，同比增长13.4%。

（江西省发改委　江西省统计局　江西省交通运输与物流协会）

2013 年山东省物流业发展情况

2013 年山东省实现生产总值 54684.3 亿元，比上年增长 9.6%。经济平稳健康发展为现代物流业的发展奠定基础，物流需求继续增长，物流业增加值稳步上升，物流效率逐步提高，物流运行态势良好，为保证全省经济稳中向好、转型升级发挥了重要的保障作用。

一、社会物流总额较快增长

如图 1 所示，2013 年山东省社会物流总额达 171486.4 亿元，同比增长 14.1%。其中，农产品物流总额 7024.9 亿元，同比增长 13.9%，占社会物流总额的比重为 4.1%，与上年持平；工业品物流总额为 133481.2 亿元，同比增长 13.4%，占社会物流总额的比重为 77.8%，比上年降低 0.5 个百分点；进口货物物流总额为 8215.2 亿元，同比增长 11.4%，占社会物流总额的比重为 4.8%，比上年下降 0.1 个百分点；省外货物过境出口总额为 1657.9 亿元，同比增长 13.7%，占社会物流总额的比重为 1%，与上年持平；省外货物流入总额为 17179.6 亿元，同比增长 19.8%，占社会物流总额的比重为 10%，比上年上升 0.5 个百分点；再生资源物流总额为 2426.2 亿元，同比增长 13.3%，占社会物流总额的比重为 1.4%，与上年持平；单位与居民物流总额为 1501.4 亿元，同比增长 31.1%，占社会物流总额的比重为 0.9%，比上年上升 0.1 个百分点。

2013 年山东省五种运输方式共完成货物发送量 34.9 亿吨，同比增长 4.5%。其中，铁路发送货物 2.4 亿吨，同比增长 0.8%；公路发送货物 31.2 亿吨，同比增长 5.1%；水路发送货物 1.35 亿吨，同比下降 1.2%；航空发送货物 16.6 万吨，同比增长 5.1%；管道发送货物 6611.4 万吨，同比增长 6.1%（详见图 2）。山东省各港口共完成港口货物吞吐量 11.8 亿吨，同比增长 10.7%；集装箱吞吐量 2076 万标准箱，同比增长 9.3%。

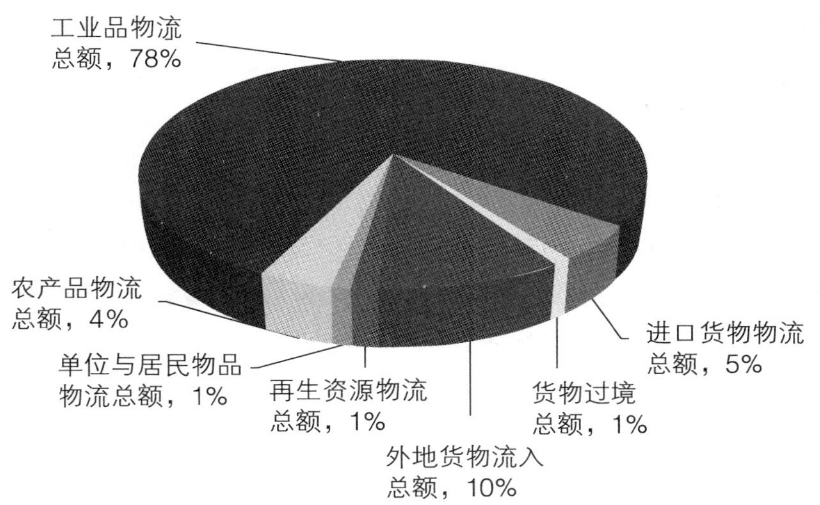

图1　2013 年山东省社会物流总额构成

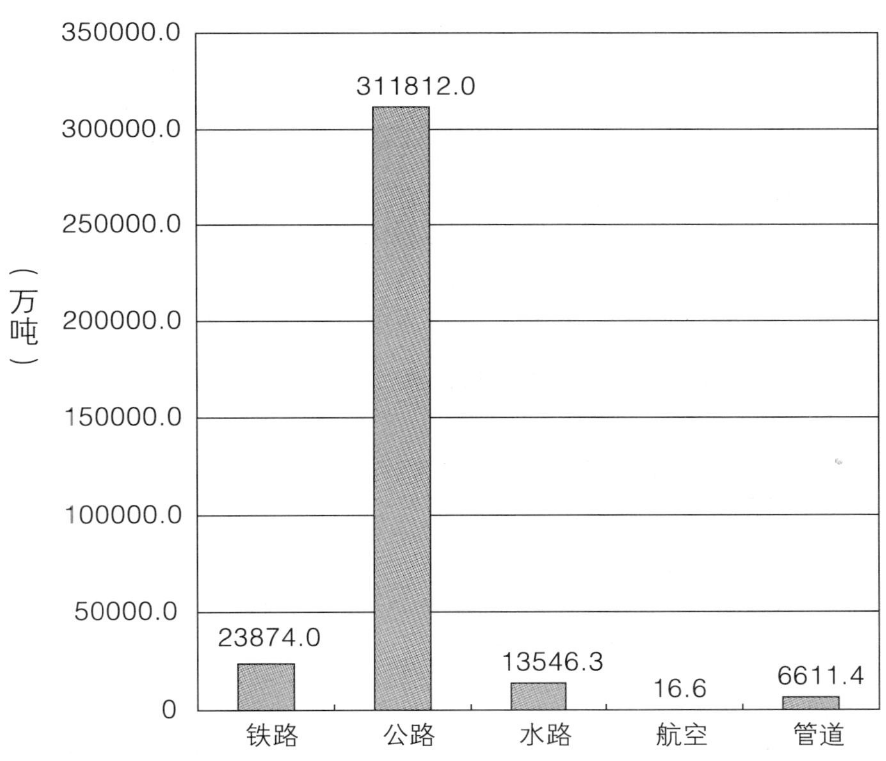

图2　2013 年山东省五种运输方式货物发送量

从山东省 17 个市物流总规模和占比看，2013 年物流总额过万亿元的市达到 8 个，比上年增加一个。它们依次是青岛，物流总额为 27072. 6 亿元；临沂，物流总额为 21256. 0 亿元；烟台，物流总额为 18393. 2 亿元；潍坊，物流总额为 15639. 3 亿元；济南，物流总额为

15225.3亿元；淄博，物流总额为14825.2亿元；东营，物流总额为12936.1亿元；聊城，物流总额为10779.7亿元，聊城市物流总额首次过万亿元。这八个市的物流总额合计占山东省物流总额的79.4%。另外，2013年德州市、泰安市的物流总额均超过9000亿元；济宁、威海、滨州三市的物流总额均超过8000亿元。从物流总额的构成来看，农产品物流总额占比较高的分别是潍坊市占比为10.8%、济宁市占比为10.6%、烟台市占比为10.1%，三个市均为农业大市；工业品物流总额占比居前三位的是青岛、烟台和潍坊，工业品物流总额占比分别为12.5%、10.7%和9.3%；进口物流总额占比居前三位的分别依次是青岛市、日照市和烟台市，所占份额分别是27.1%、22%和15%（详见图3、表1）。

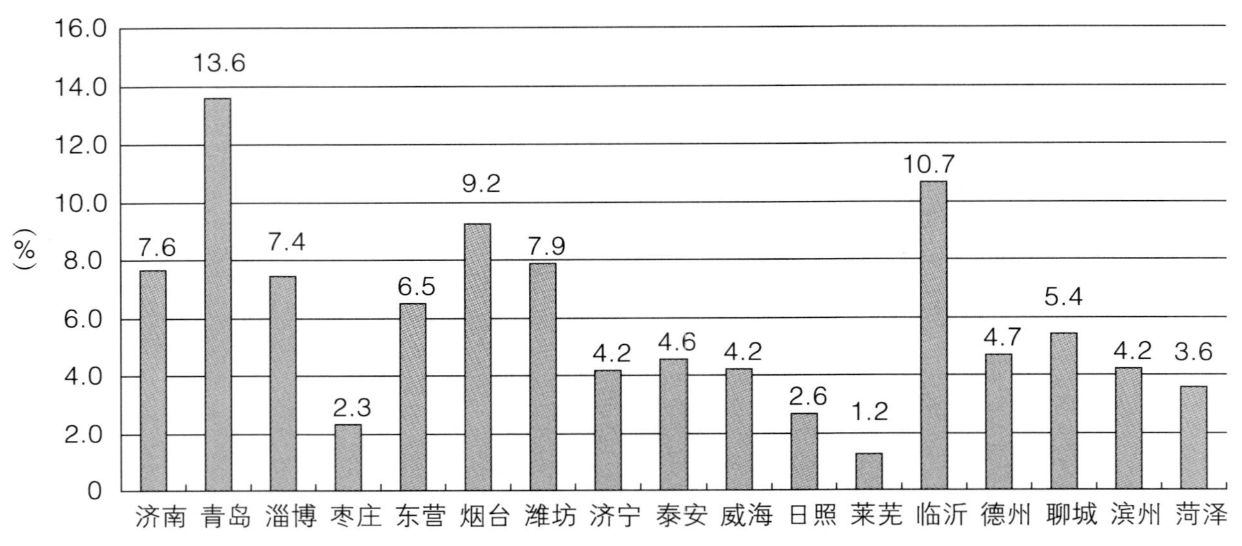

图3 2013年17个市物流总额占山东省物流总额情况

表1 2013年山东省及各市物流总额统计

省市名称	社会货物物流总额（亿元）	比去年同期增长（%）	农产品物流总额（亿元）	工业品物流总额（亿元）	进口货物物流总额（亿元）	货物过境总额（亿元）	外地货物流入（亿元）	再生资源物流总额（亿元）	单位与居民物品物流总额（亿元）
山东省	171486.4	14.1	7024.9	133481.2	8215.2	1657.9	17179.6	2426.2	1501.4
济南市	15225.3	13.2	393.4	4917.2	253.0	378.6	9055.1	9.2	218.8
青岛市	27072.6	9.2	487.3	16668.8	2226.6	4947.7	2317.3	151.9	273.0
淄博市	14825.2	10.9	164.6	11327.6	232.8	0	3012.2	19.0	69.0

续 表

省市名称	社会货物物流总额（亿元）	比去年同期增长（%）	农产品物流总额（亿元）	工业品物流总额（亿元）	进口货物物流总额（亿元）	货物过境总额（亿元）	外地货物流入（亿元）	再生资源物流总额（亿元）	单位与居民物品物流总额（亿元）
枣庄市	4608. 9	8. 1	213. 9	3672. 1	18. 9	0	596. 6	75. 6	31. 8
东营市	12936. 1	14. 0	169. 7	11616. 9	454. 9	0	658. 8	7. 8	27. 9
烟台市	18393. 2	10. 7	636. 2	14278. 6	1228. 6	273. 8	1770. 8	150. 3	114. 6
潍坊市	15639. 3	14. 3	679. 6	12374. 2	282. 2	80. 0	2010. 3	101. 6	111. 4
济宁市	8278. 8	9. 7	666. 1	5232. 5	117. 4	126. 0	2011. 0	32. 8	93. 0
泰安市	9064. 5	12. 3	356. 4	6351. 5	69. 2	0	2216. 1	12. 4	58. 9
威海市	8421. 5	13. 0	255. 1	6303. 2	399. 3	198. 2	1175. 7	20. 2	69. 8
日照市	5273. 5	19. 5	195. 0	2632. 3	1805. 9	220. 0	376. 2	27. 1	26. 9
莱芜市	2457. 4	10. 6	74. 1	1542. 1	108. 6	0	232. 0	482. 7	18. 0
临沂市	21256. 0	10. 5	473. 8	8822. 3	295. 6	9200. 0	1245. 0	1127. 0	92. 3
德州市	9352. 5	15. 7	442. 3	7713. 2	93. 6	0	920. 0	102. 0	81. 3
聊城市	10779. 7	20. 1	374. 0	7933. 3	259. 3	365. 2	1710. 2	61. 8	76. 0
滨州市	8415. 9	15. 5	349. 0	6960. 5	294. 0	0	762. 1	5. 9	44. 4
菏泽市	7122. 5	18. 9	349. 0	5402. 1	75. 4	0	1162. 4	39. 1	94. 4

二、物流业增加值保持平稳增长

2013 年山东省物流业实现增加值 4024. 8 亿元，同比增长 8. 2%。物流业增加值占 GDP 的比重为 7. 4%，与上年持平，占服务业增加值的比重为 17. 9%，比上年下降 0. 7 个百分点。

从各市物流增加值总量来看，青岛市以 708. 6 亿元高居榜首，临沂市以 420. 4 亿元位居第二，济南市以 341. 7 亿元位居第三。从发展速度上看，聊城市、济宁市、日照市分别以 15. 6%、15. 3% 和 14. 5% 的增速排名前三。从占当地同期生产总值的比重看，临沂市以 12. 6% 位居第一，莱芜市以 11. 2% 位居第二，日照市以 9. 7% 位居第三。具体情况如表 2 所示。

表 2　　2013 年山东省及各市物流业增加值统计

省市名称	物流业增加值（亿元）	同比增加（%）	占 GDP 比重（%）	占三产比重（%）
山东省	4024.8	8.2	7.4	17.9
济南市	371.5	8.7	7.1	12.8
青岛市	708.6	10.2	8.9	17.7
淄博市	304.1	7.4	8.0	20.4
枣庄市	127.7	1.4	7.0	19.8
东营市	129.8	12.7	4.0	14.8
烟台市	279.0	3.5	5.0	13.2
潍坊市	331.2	11.7	7.5	19.6
济宁市	238.6	15.3	6.8	18.5
泰安市	167.4	9.6	6.0	14.5
威海市	151.7	7.1	6.0	14.7
日照市	145.5	14.5	9.7	24.9
莱芜市	73.2	9.4	11.2	30.8
临沂市	420.4	10.6	12.6	29.4
德州市	173.2	10.8	7.0	19.6
聊城市	178.6	15.6	7.6	21.8
滨州市	153.4	8.2	7.1	18.3
菏泽市	156.8	13.5	7.7	23.0

三、社会物流总费用与 GDP 的比例略有下降

2013 年山东省社会物流总费用为 9624.4 亿元，同比增长 8.7%。其中，运输费用为 5169.7 亿元，占社会物流总费用的比重为 53.7%，比上年下降 2.1 个百分点；保管费用为 3291.2 亿元，占社会物流总费用的比重为 34.2%，比上年上升 1.5 个百分点；管理费用为 1163.5 亿元，占社会物流总费用的比重为 12.1%，比上年上升 0.6 个百分点。社会物流总费用与 GDP 的比例为 17.6%，比上年下降 0.1 个百分点，物流运行效率有所提高。

四、物流相关产业固定资产投资增长较快

2013 年山东省物流相关产业固定资产投资为 3618.1 亿元，同比增长 25.7%，比上年提高

1.6个百分点；物流投资占全部投资的比重为10.1%，比上年提高0.6个百分点。其中，交通运输业固定资产投资为1464.8亿元，比上年增长29.8%；仓储邮政业投资为531.6亿元，比上年增长11.8%；贸易业投资为1621.8亿元，比上年增长27.1%。2013年山东省物流相关产业新增固定资产2312亿元，同比增长28%。从17个下辖市的投资额来看，物流相关产业固定资产投资额位居前三名的依然是烟台市、青岛市和威海市，分别为577.5亿元、411亿元和303亿元，占山东省新增固定资产投资总额的比重分别为16%、11.4%和8.4%。从增速来看，潍坊市、聊城市和烟台市分别以203.3%、52.2%和43.8%的增速位居全省前三名。详细情况见图4、表3。

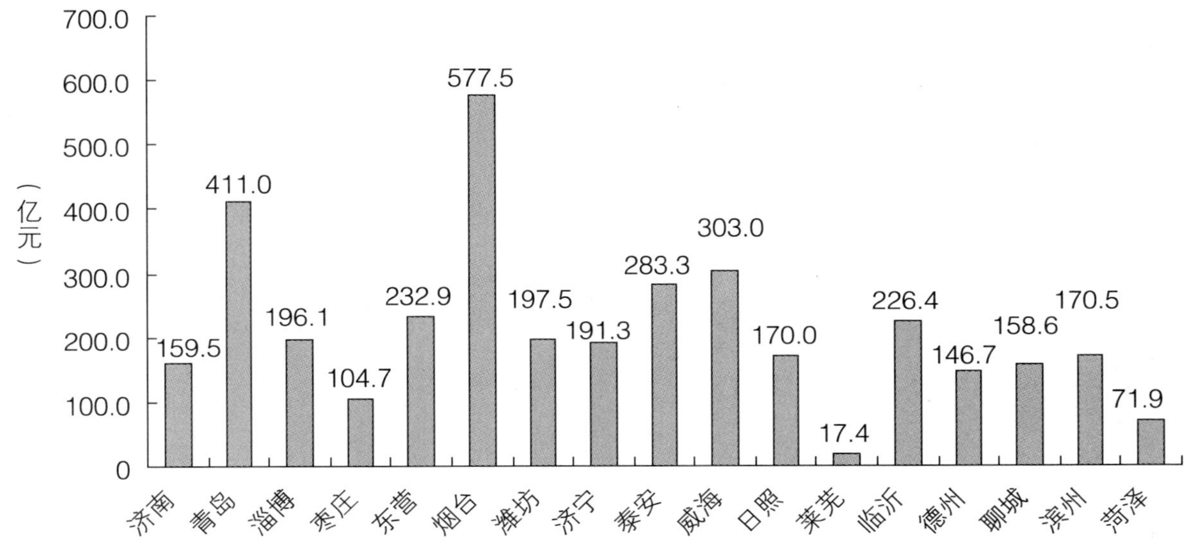

图4　2013年山东省各市物流相关产业固定资产投资情况

表 3　　2013 年山东省及各市物流相关产业固定资产投资情况

省市名称	固定资产投资总额（亿元）	物流相关产业固定资产投资总额（亿元）	同比增长（%）	物流投资占全省物流投资的比重（%）	物流投资占全部投资的比重（%）	固定资产投资额（亿元）		
						交通运输业	邮政仓储业	批发零售业
山东省	35875.9	3618.1	25.7	100.0	10.1	1464.8	531.6	1621.8
济南市	2638.3	159.5	16.6	4.4	6.0	94.4	19.9	45.2
青岛市	5027.9	411.0	15.0	11.4	8.2	221.1	44.2	145.7
淄博市	2078.5	196.1	5.4	5.4	9.4	65.2	40.1	90.7
枣庄市	1238.2	104.7	14.5	2.9	8.5	25.5	6.5	72.6
东营市	2332.1	232.9	42.5	6.4	10.0	108.2	51.6	73.1
烟台市	3538.2	577.5	43.8	16.0	16.3	238.5	113.0	226.0
潍坊市	3429.9	197.5	203.3	5.5	5.8	57.5	52.9	87.1
济宁市	2188.3	191.3	6.7	5.3	8.7	79.1	6.6	105.6
泰安市	1981.8	283.3	25.1	7.8	14.3	92.4	21.5	169.4
威海市	1923.7	303.0	14.6	8.4	15.8	63.7	73.4	166.0
日照市	1069.0	170.0	18.7	4.7	15.9	100.3	11.6	58.1
莱芜市	472.6	17.4	-28.9	0.5	3.7	7.7	3.5	6.3
临沂市	2431.6	226.4	18.4	6.3	9.3	86.6	9.5	130.2
德州市	1686.6	146.7	24.2	4.1	8.7	39.2	35.2	72.3
聊城市	1511.1	158.6	52.2	4.4	10.5	78.5	24.5	55.6
滨州市	1517.2	170.5	4.9	4.7	11.2	71.5	13.6	85.3
菏泽市	810.8	71.9	14.4	2.0	8.9	35.4	3.9	32.6

总体看山东省经济在今后一段时间有望继续保持平稳增长的态势。快递速运、城市配送、农业物流、供应链一体化等物流需求仍将保持快速增长，但宏观经济运行的不确定因素依然较多，物流发展仍将面临着劳动力成本上涨、营改增后物流税负偏重以及煤炭、钢铁等行业产能过剩的影响，全省物流与综合交通运输运行将延续平稳增长态势。

（山东省经济和信息化委员会）

2013年湖北省交通物流发展情况

2013年，湖北省交通物流系统深入贯彻落实党的十八大精神，全力实施“打牢发展大底盘，建设祖国立交桥”战略，紧扣“攻坚突破年”主题，转作风、强管理、谋转型、促发展，积极发挥在推进现代物流业发展中的基础和主体作用，交通物流工作取得了显著成效。

一、货运枢纽建设稳步推进

“十二五”以来，依托产业集聚区、货物集散地、综合运输枢纽，湖北省布局建设了71个物流基地项目。截至2013年年底，已有武汉东西湖保税物流园等9个项目建成运营、恩施货运中心等37个项目已开工建设、武汉物流交易所等20余个项目正开展前期工作。建成项目作用开始发挥，东西湖保税物流园区形成了第三方物流总部、电子商务产业、快递业等集群；150余家物流企业入驻汉口北物流中心，有效服务周边15大专业市场群；宜昌爱奔物流园“基地+网络+平台”模式，服务功能不断提升，年吞吐量达200万吨，交易额达100亿元。水运“一港双园”驱动模式加快发展，50多个与工业园区、物流园区配套的港口项目日渐成型。

二、企业联盟发展趋势明显

一是甩挂运输联盟凝聚公路甩挂运输企业发展合力。2013年10月28日，华中甩挂运输联盟在武汉成立。这一由全国10省市的40家企业自愿加入形成的甩挂运输联盟组织，以武汉为中心节点、重点城市为区域节点、省际干线甩挂和省内短途甩挂接驳无缝对接，呈多点放射的甩挂运输网络。该联盟拥有甩挂线路60多条，甩挂牵引车3000余台、挂车4000余台，年物流总收入逾300亿元。联盟平台开放、场地互租、挂车互换、线路共建、信息互联等合作正加快推进。

二是小件快运联盟启动。为充分利用客运班线网络遍及城乡的优势和便利，湖北省客运集团与宜昌、荆州、孝感、咸宁等地多家企业达成联盟和共识，开通了武汉至荆州、宜昌当日达和门到门的“客运化货运专线”，实行“定点、定线、定时、定价、定车”的五定服务，并将在未来三年内逐步覆盖省内主要大中城市，推动小件快运区域合作，打造湖北小件快运物流特色品牌，实现共赢发展。

三是物流企业集聚速度加快。物流企业在湖北集聚速度加快，顺丰等国内前10位的快递企业相继在武汉设立区域分拨中心或总部，TNT、德邦物流等领军企业相继落户湖北。

四是水运物流企业加快转型升级。目前，全球排名前16位的航运企业中有14家在湖北省设有办事处和分支机构，其中马士基、地中海等全球领先的航运企业已先后入驻武汉市；襄阳东风合运、武汉大道物流等一批本土企业迅猛发展。截至2013年，湖北省拥有的10万和5万载重吨以上运力规模企业分别达到7家和23家，分别较“十一五”期末增长了40%、48%。华中航运集团整合市场、网络、人才、资金等多方面的资源，全力拓展航运服务产业链；黄冈楚江物流有限公司运贸和港口运输一体化服务，促进了企业提档升级。

三、先进运输组织方式加快发展

2013年，湖北省交通运输物流系统先进运输组织方式加快发展。

一是公路甩挂运输试点稳步推进。湖北省有7家企业纳入交通运输部甩挂运输试点，其中湖北汽运总公司等5家企业开通甩挂运输线路13条，拥有牵引车252辆、挂车579辆，覆盖广东、上海、四川、安徽、江西等省市，车辆平均里程利用率达80%以上。

二是多式联运成为物流发展亮点，武汉铁路局15个货场通过改造转型为物流中心，9条铁路专用线与港口对接，管内主要港口通过铁路运输的货运量近年来均在1000万吨左右，约占港口吞吐量的5%。2013年9月，武汉首条近洋航线—泸州—武汉—台湾集装箱快班服务正式起航，连同武汉至上海洋山江海直达班轮运输、三峡库区宜昌至重庆载货汽车滚装运输、武汉至沪渝地区商品汽车滚装运输等水运重点航线，共推长江物流大通道建设。

三是零担快运品牌效应增强，德邦、天地华宇等企业相继开通武汉至北上广等国内主要城市公路干线运输班线。武汉大道物流启动以武汉为中心的省内支线网络和以主要省会城市为支持的干线网络构建，全面推广“定时达”和“落地配”业务，该公司获得中国交通报授予的“中国道路运输领袖品牌”称号。

四、农村交通物流突破提升

一是扶持农村综合运输服务站建设。“十二五”期间，湖北省交通运输厅安排1000万元补助资金支持以五级客运站为基础的具有物流服务功能的农村综合运输服务站改扩建，2013年已完成改造100个农村物流综合服务站。以此为基础，鹤峰县初步建立了县、乡、村三级物流信息网络，秭归县开通了“农产品货运班线”。

二是区域物流经营一体化创新城乡物流配送新模式。荆门市众诚物流有限公司针对不同等级的服务站采取自主经营、合资合作、承包经营等模式，将逐步形成以城市物流园区为核心，辐射各个乡镇的“物流园区—货运中心—农村物流节点”的三级结构站点布局，打造成荆门最大的城乡综合运输物流网，将逐步连接辖区所有乡镇节点，并辐射每个行政村，为广大农村提供商品运输及大宗农副产品物流配套服务。

三是试点探索农村物流发展模式。2013年湖北省交通物流系统为加快农村物流发展，对已有的以襄阳南漳和宜城为代表的交邮共建模式、以宜昌长阳为代表的多部门资源共享模式、以黄冈罗田为代表的招商引资模式、以十堰竹溪为代表的引进物流企业改造经营模式、以荆门钟祥为代表的交农对接模式以及以宜昌兴山为代表的一体化运作模式进行试点探索，待模式运作一段时间后再总结经验全面推广。

1. 宜城市农村物流发展模式

2013 年 7 月以来，宜城市由交通运输部门牵头，对农村物流服务平台建管模式进行了积极有效的探索实践。主要采取了两种模式。

第一，交通运输和邮政部门共建共管的“1 + 1”模式，即由交通部门投资，在邮政支局现有房屋的基础上，改扩建农村综合物流服务站。服务站由交通和邮政部门共同经营管理，以邮政部门为主，设有办公区、物流服务室、生产生活资料仓库、物资配送中心、物流信息发布查询台等配套服务设施。目前按照“1 + 1”建设模式已完成流水、南营、孔湾、王集、小河 5 个镇级农村综合物流服务站建设。

第二，由交通运输部门投资兴建，联合其他有关部门共管的“1 + N”模式。即由交通运输部门在原乡镇交管站、客运站的基础上，独资兴建农村综合物流服务站，联合邮政、商务、供销、农业等部门共同经营管理，服务人员及管理以交通部门为主，鼓励交通部门工作人员积极参与经营，按照市场化的方式运作，实行企业化管理，并签订经营协议。目前，宜城市已完成雷河、小河等 6 个镇级农村综合物流服务站的建设，从而实现了全市乡镇农村综合物流服务站全覆盖，并确保每个服务站基础设施都达到有固定办公场所、有物资仓储场所、有办公设备、有管理制度、有长效机制的“五有”标准。

2. 鄂州农村物流发展模式

鄂州市交通部门充分利用自身公路建设、客运班线、农村客运站、货运信息等方面的有利条件，结合鄂州市农瑞祥交通物流有限公司在网点分布、农资服务产品、经营管理队伍方面的优势，通过整合资源强化合作，实现了农资配送、大小件快递、农产品运输等的集约式发展。

鄂州市农瑞祥交通物流有限公司是集蔬菜、水果种植、加工、销售、冷链物流运输为一体的农业企业，是农业产业化发展龙头企业。随着项目的快速推进，实现了农村交通物流部门与企业的良性互动发展，取得了农村物流快速发展、商品流通加快、农民收入增加的初步效果。

为充分发挥资源优势，加快完善农村物流网络，鄂州市交通部门科学布局，实行市—镇—村三级网络运作。即市级设分拨中心：在鄂州市蟠龙大市场设立市级分拨中心，作为整个农村物流项目的集散中枢；乡镇设综合物流配送站：依托交通五级客运站、当地物流公司，在长港沿线杜山、长港、东沟、梁子、蒲团、泽林、沼山、太和、庙岭、杨叶等十个乡镇新改建十个三至五级农村综合物流配送站，同时作为农村客运站点、三农服务站、农产品冷链物流的集聚配送中心；村级设物流配送点：在 10 个乡镇 120 个行政村（或新社区）设立 40 个农村物流配送点，作为联系农民群众最直接、最基层的农村物流“神经末梢”，直接将物流服务送到农民身边。

五、信息化水平不断提高

近年来，湖北省交通物流系统注重信息系统建设，行业信息化水平不断提高。

一是一批主体企业信息平台有效提升了物流服务效率。武汉大道物流有限公司搭建多功能物流管理平台，与建设银行对接，实现货物流、资金流、信息流的有机结合与高效运转，开拓高端物流市场和吸引贵宾客户2万余家，年代收款项达到40亿元左右，每年为客户节约银行手续费、人力、交通等费用达5000万元以上。

二是现代信息技术在物流业应用范围日益扩大。宜昌爱奔公路港坚持“基地+网络+平台”建设方向，深度整合客户信息、车源信息、货源信息、交易信息等，每月将3000条以上的最新车源信息进行精准定位，将4000条以上的货源信息实时动态显示，提高了车源信息与货源信息的对接交易效率。

三是信息平台建设步伐加快。2013年12月23日，湖北省交通运输物流公共信息平台建设工作正式启动。同时，该项目已经委托交通运输部交科院编制了建设总体方案并列入省物流发展资金支持项目。2013年湖北省交通运输物流主管部门积极指导全省物流园区及企业信息平台建设，完善省级交通运输公共物流信息平台与物流园区互联互通机制、新增手机客户端访问功能。截至2013年年底，湖北省已有45%以上的物流企业在交通物流信息平台注册，物流信息平台点击率达50万次，建立企业信息档案929份、物流园区档案58份。此外，面向社会推广普通货物运输管理软件和仓储管理软件（湖北专版），免费提供给企业下载使用共享数据，已有107家企业使用普通货运输管理软件、4家企业使用仓储管理软件、16家企业达成安装使用意向。

六、行业发展环境更加优化

2013年，湖北省交通运输厅发布《全省交通物流工作推进方案》，明确了省级层面物流工作8大类27项重点内容，在公路港建设、甩挂运输发展等方面出台了一系列指导文件，“通盘谋划、分层推进、分工落实、协同配合”的物流工作推进机制运转顺利。争取部车购税投资补助8000万元、省级财政建立了每年1亿元的交通物流发展专项资金，武汉市每年安排5000万元物流发展专项资金，宜昌市对交通运输企业当年入库税收超过1000万元的，按照增长部分地方实际分享的30%奖励给企业。一系列政策支持极大地促进了物流业的转型升级，物流费用开始下降，2013年武汉市社会物流总费用占GDP的比重下降至15.8%以下。截至2013年年底，湖北省有48个市、县政府将推进物流发展领导小组办公室设在交通部门，24个市、县政府出台了物流业发展指导意见。武汉市政府在市交委设立物流局，统筹协调全市物流发展工作，随州市政府明确市交通物流发展局为全市物流行业管理机构，相关工作得到市政府的充分肯定。此外，恩施、荆门等地率先探索“集中受理，分部门处理”的物流投诉处理机制。

（邵　迈　许　磊　湖北省交通运输厅物流发展局）

2013 年广西壮族自治区物流业发展情况

2013 年，在国际形势复杂多变，国内经济转型调整的背景下，广西壮族自治区（以下简称广西区）社会物流需求增速虽有所回落，但物流运行总体趋势良好，物流规模继续扩大，物流业增加值平稳增长，较好地发挥了对国民经济发展的支撑作用，有力促进了经济结构调整和发展方式转变。

一、物流业总体运行基本情况

（一）社会物流总量继续增大

2013 年，广西区社会物流总额为 32660 亿元（占全国社会物流总额 1.8%），同比增长 16.1%，增幅与上年同期比回落 8.6 个百分点。从构成上看，农产品物流总额为 2628 亿元，同比增长 8%；工业品物流总额为 18665 亿元，同比增长 16.2%；外部流入物流总额为 10380 亿元，同比增长 19.8%；再生资源与居民物品物流总额为 97 亿元，同比增长 16.8%。数据表明，随着市场经济社会发展目标的调整，物流业也出现由快速增长向平稳较快增长转变。

（二）物流业增加值平稳增长

2013 年，广西区物流业实现增加值 1167.7 亿元，同比增长 11.2%。其中，交通运输业为 849.7 亿元，同比增长 10.2%；仓储业为 48.6 亿元，同比增长 13.8%；贸易业为 257.6 亿元，同比增长 13.3%；邮政业为 11.8 亿元，同比增长 7.3%。物流业增加值占第三产业增加值比重的 22.6%，占广西区 GDP 比重的 8.1%，比上年度提高 0.1 个百分点。

（三）物流运行成本较高

2013 年，广西区社会物流总费用达 2497 亿元，同比增长 11.8%，增幅与上年同期比回落 6.7 个百分点。其中，运输费用为 1689.8 亿元，同比增长 10.6%，增幅比上年回落 7.1 个百分点，占社会物流总费用的 67.7%；保管费用为 594.1 亿元，同比增长 13.7%，增幅与上年同期比回落个 7.2 百分点，占社会物流总费用的 23.8%；管理费用为 213.1 亿元，同比增长 16.1%，增幅与上年同期比上升 2.4 个百分点，占社会物流总费用的 8.5%。

社会物流总费用占服务业的比重为 48.3%，比上年提高 1 个百分点，社会物流总费用占

GDP 的比重为 17.4%，比上年提高 0.3 个百分点，比全国社会物流总费用占 GDP 比重低 0.6 个百分点，但与发达国家比仍有很大差距。

（四）固定资产投资持续增加

2013 年广西区物流业固定资产投资达 1862.5 亿元，同比增长 28.5%。其中交通运输业完成固定资产投资 1022.1 亿元，同比增长 26.0%。

二、物流业运行主要特点

（一）物流业发展政策环境进一步改善

为进一步贯彻落实国家物流政策，促进广西物流业加快发展，自治区政府也先后出台了《广西物流业调整和振兴规划》《关于加快广西物流业发展的实施意见》等纲要文件，并制定实施《促进广西北部湾经济区开放开发政策规定》《关于建设“无水港”加快发展保税物流体系的意见》《关于鼓励和引导民间投资进入广西物流领域的实施意见》等政策措施，广西物流业发展的政策体系逐步构建和完善，物流发展环境趋好。

（二）交通基础设施建设不断改善

近几年，广西区通过不断加大交通基础设施的改善力度，对发展现代物流业产生了积极的促进作用。2013 年广西区铁路、公路、水路等物流基础设施建设进一步强化，全区铁路运营里程已达 3982 千米，同比增长 25%，创广西铁路建设历史最好水平。高铁里程从无到有，成为全国首个开通高铁的自治区。

2013 年广西区新增公路里程 3478 千米，使全区公路总里程达到 111384 千米，其中高速公路里程为 3305 千米。2013 年广西区新增港口泊位货物综合通过能力为 655 万吨，全区港口泊位货物综合通过能力达到 24754 万吨。其中北部湾港口吞吐能力达 16000 万吨，内涵港口通过能力接近 10000 万吨。

（三）重点物流项目稳步推进

2013 年广西重点物流项目稳步推进，一批物流园区工程、物流信息平台项目建设加快，岑溪泽仁现代商贸物流城、中越边境中草药商贸物流中心等重大物流项目按计划开工建设，桂林汇通药业物流配送中心信息平台等项目建成运营，项目主要提供物流仓储配送、流通加工、信息处理、供应链管理等服务，物流功能不断完善，辐射范围不断扩大，为促进生产性服务业加快发展提供了有力支撑。

（四）物流市场主体持续壮大

2013 年，柳州桂中海迅、万通物流、广西外运、玉柴物流、五菱物流等一批物流企业，围绕广西汽车、钢铁、石化、煤炭、水泥、食糖、鲜活农产品等产业，不断创新个性服务模式和物流服务模式，逐步增强企业实力和竞争力，成为全区具有示范带动作用的优秀物流企业。截至 2013 年年底，广西已有 3A 级以上物流企业 13 家，其中广西玉柴物流集团有限公司成为广西区首家 5A 级物流企业。

（五）国际物流取得新进展

2013 年，随着泛珠三角区域、大湄公河次区域、两廊一圈等区域经济合作，以及桂港、桂台经贸合作不断深化，中国—东盟自由贸易区全面建成和互联互通建设加快，广西与周边省区和东盟国家在文化、农业、旅游、工业等领域合作全面加强，国际物流和保税物流合作空间进一步扩大，区内物流企业与区外企业合作发展加快，相互交流日益密切，企业“走出去”趋势加强。

三、物流业持续发展的对策

2013 年，广西区物流业总体上实现了平稳较快增长，但在运行和发展中仍存在许多需要解决的突出问题。

一是物流市场有效需求不足。2013 年广西物流总体运行放缓，增幅回落，物流社会需求不足。广西货运量同比增长 11.5%，增幅回落 7.1 个百分点，货运周转量同比增长 5%，回落 13.1 个百分点，铁路和水路货运周转量下滑，分别实现 5.7% 和 0.37% 的负增长，进口货物物流大体与上年持平，增幅回落 26.5 个百分点。

二是企业运行成本压力加大。首先是物流有效需求不足，物流价格低位运行；其次是人力、土地、资金、燃料等要素价格持续攀升；最后是“营改增”后理论上实现了结构性减税，但实际上由于企业可抵扣的进项税额很少，税收负担反而变相加重，企业经营风险明显加大。

三是物流企业经营水平有待提升。广西物流企业大多以运输、仓储、货代等传统服务为主，利用现代物流技术和信息手段不足，能提供物流整体方案或物流全过程等高端服务的很少，在经济放缓的情况下，中低端物流市场竞争异常激烈，赢利水平难以提升，经营水平没有明显改观。

广西要继续保持物流业发展的态势，必须采取积极措施，切实解决上述突出问题。

（一）加大政策扶持力度

一是设立物流业发展扶持资金。主要用于对物流重要领域，重大设施，重点企业，关键环节的扶持，促进物流业做大做强。二是完善“营改增”配套政策。认真研究解决好“营改增”后企业实际税负加重问题，采取相应具体配套措施。切实减轻企业负担。三是进一步落实大宗商品仓储用地的土地使用税政策。根据“物流国九条”精神和广西的实际情况，进一步明确政策覆盖范围，解决好税收优惠不到位问题。四是加强物流企业认定工作。不同类型的物流企业认定，是落实国家物流优惠政策的重要一环，只有明确了优惠政策的对象，各项优惠政策才能切实落到实处。五是结合广西物流业发展特点研究制定税收优惠、贷款贴息、投融资、项目用地、交通运输收费等方面扶持政策，进一步降低物流运营成本，营造物流业发展良好政策环境，促进物流业加快发展。

（二）加强物流业组织和协调工作

积极发挥自治区现代物流发展工作联席会议制度的作用，综合协调各成员单位之间的协作配合，理顺物流业管理体制，共同研究制定物流业发展促进措施，统筹解决物流业中全局性和体制性的关键问题，推进全区现代物流业健康发展。

（三）加快物流基础平台建设

加大物流交通基础设施投资建设力度，进一步完善公、铁、水联运综合交通运输体系，推进多种运输方式实现无缝衔接，提高运输资源综合利用和物流运行效率，降低物流运输费用。加快物流园区规划建设，结合广西各地产业、交通条件、物流需求等因素，在物流节点城市、综合交通枢纽、产业集聚区，鼓励和引导企业开发建设一批功能齐备的物流园区，提升物流配送中转服务水平。

（四）加强物流品牌培育工作

一是组织开展物流行业评比工作。根据全国 A 级物流企业评比工作要求，会同广西物流与采购联合会积极组织本地企业参加评比，争取更多企业获得 A 级荣誉称号。二是推动制造业与物流业联动发展。以柳州五菱生产企业与桂中海迅物流企业的深度合作成功为范例，推进上汽通用五菱、柳工、柳钢等一批制造企业与专业化物流企业对接，形成制造业与物流业联动发展品牌效应。三是培育物流企业发展壮大。指导物流企业用好有关的优惠政策，积极争取国家资金扶持一批物流企业发展，有效整合物流资源，提高企业市场竞争力，创立专业物流和供应链物流企业服务品牌。

（五）强化物流基础工作

充分发挥专业部门和行业部门组织的作用，继续加强自治区发展改革委与自治区统计局、广西物流与采购联合会之间的衔接，共同抓好社会物流统计工作，进一步完善物流运行监控系统，为物流发展提供可靠的支持。结合我区实际开展物流术语、计量、设施技术标准、数据传输标准与管理标准的普及工作，推广应用信息技术，抓紧搭建物流公共信息平台。

（李　捷　戴凯林　广西物流与采购联合会）

2013 年重庆市物流业发展情况

2013 年重庆市物流业主要指标较往年有所回落，货物运输总量、物流业增加值增长放缓，但货运量保持稳定增长，物流枢纽建设与重大物流通道建设进展顺利，国际物流继续保持较快增长。重庆市物流成本依旧相对较高，全社会物流成本占 GDP 的比重依然维持在 19% 左右，高于全国 18% 的平均水平。

一、物流运行的主要特点

（一）货运量保持平稳增长

2013 年重庆市完成货运总量达 9.7417 亿吨，同比增长 12.7%。铁路运输全年装车 402895 辆、发送货物达 2334.3 万吨，同比增长 4.2%；全年到达货物 4412 万吨，同比增长 10.7%。水路运输全年累计达 14360 万吨，同比增长 11.5%。其中，港口货物吞吐量全年累计为 13662 万吨，同比增长 9.5%；集装箱吞吐量累计 91 万标准箱，同比增长 12.8%。公路运输全年累计完成货运量 80695 万吨，同比增长 13.2%。民航货邮吞吐量全年累计 28 万吨，同比增长 4.1%。

（二）物流枢纽建设稳步推进

2013 年，重庆市 7 大市级重点物流园区建设进展顺利，“三基地四港区”国家级物流枢纽功能日益完善。团结村集装箱中心站 2013 年发送量已达 7.8 万标准箱，办理量达 33.5 万标准箱，历年累计增幅达 70%；铁路集装箱中心站作业条件不断完善，重庆海关和重庆检验检疫局交付使用，兴隆场铁路编组站于年底建成投用，中心站扩建工程也将启动，2013 年可达到 29 万标准箱。江北国际机场建设第三跑道和东航站区，启动第四跑道，建成内陆最大的复合型机场。巴南区公路物流基地已经引进 21 个项目，完成联通绕城高速的“一桥两路”工程，建成标准厂房 27 万平方米，开工建设公租房、安置房等配套设施。寸滩港港区随着该港区 6、7 号泊位的基本建成，寸滩港实际年吞吐能力可达到 140 万标准箱，货源辐射贵州、四川和陕西等地；港区服务物流监管平台也投入运行。果园港港区二期以及扩建工程已经开港试运营，年通过能力将达到 300 万吨，铁路专线已于 2013 年上半年动工开建。

（三）物流通道建设稳步推进

2013 年重庆市高速公路通车总里程达到

2312千米，省际通道增加至11个。重庆高速公路每百平方千米路网密度达到2.8千米，居西部地区前列，“4小时重庆”全面实现。新千公里高速公路建设南涪（南川至涪陵）高速、涪丰（涪陵至丰都）高速、丰石（丰都至石柱）高速、南万（南川至万盛）高速、主城至涪陵、渝蓉高速重庆段、奉溪高速等相继建成通车，新增高速公路通车里程403千米。

2013年，重庆市相继建成了达万铁路、渝怀铁路、遂渝铁路等7条干支线铁路和铁路集装箱中心站，完成了成渝铁路、达万铁路电气化改造，形成了“一枢纽六干线二支线”网络格局，运营里程从1997年的651公里增加到2013年的1450公里，翻了一番多。正实施主城区“1+9”铁路货运站场格局。其中：“1”为兴隆场编组站，“9”为团结村、白市驿、黄谦、北碚、磨心坡、唐家沱、洛碛、珞璜、伏牛溪9个铁路货运站。

目前，重庆市已形成通过长江经上海出海的江海联运通道、通过“渝深”铁路至深圳出海的铁海联运通道、直通欧洲的“渝新欧”国际铁路通道以及20条国际（地区）货运航线，同时正在依托南彭公路物流基地开辟经云南、广西至东盟的出海通道，全市水、陆、空一体化的物流大通道网络体系日益完善。其中，“渝新欧”回程班列实现零的突破，并启动中欧“安智贸”试点；“渝深”班列稳定运营，前8月周开频率达5.8班；重庆寸滩、涪陵港和万州港发往上海港外高桥码头的外贸集装箱“五定”快班轮每周可达18班。

（四）国际物流保持快速增长

2013年，重庆市外贸进出口总值达687亿美元，同比增长29.1%，增长幅度位列全国第3位。其中，出口为468亿美元，同比增长21.3%；进口为219亿美元，同比增长49.7%。2013年，重庆市加工贸易和保税物流进出口值为416亿美元，占同期重庆市外贸进出口总值的60.6%，出口便携式电脑4868.3万台，价值198.1亿美元，出口打印机1778.1万台，价值21.7亿美元。

2013年重庆市国际物流总量为997万吨，同比增长38%；进出口集装箱量52.2万标准箱，同比增长21.1%；其中进出口集装箱（重箱）40.5万标准箱，同比增长22.4%。水运通道完成进出口货物972.7万吨，同比增长37.9%。其中，进口货物为726.6万吨，同比增长49.3%；出口货物为246.1万吨，同比增长12.5%。进出口集装箱（重箱）38.2万标准箱，同比增长19.7%。陆路通道完成进出口货物13.6万吨，同比增长76.6%；进出口集装箱2.3万标准箱，同比增长96.7%。航空通道完成进出口货物10.7万吨，同比增长20.2%。其中，进口货物为3.0万吨，同比增长13.8%；出口货物为7.7万吨，同比增长24.2%。

二、重点物流企业统计分析

2014年年初，重庆市发展改革委联合重庆市物流与供应链协会对110家重点联系物流企业开展了2012、2013年度重点物流企业统计工作，统计样本体现了以重点物流企业和骨干物流企业为主，几乎涵盖了所有大型企业。其中经认定的重点现代物流企业40家，A级物流企业20家，分别占样本企业总数的93.02%和83.33%。样本企业中仓储企业占比为9.09%，运输企业占比为41.82%，综合企业占比为49.09%。根据统计数据分析可以对重庆市的物流企业的整体状况有一个大致了解，进而可对重庆市物流行业的情况有一个大致评估。

（一）资产规模

2013 年，样本物流企业资产总额为 446.86 亿元，同比增加 7.7%。样本企业仓储总量约为 392.46 万平方米，同比增加 0.24%；50% 的企业拥有自有仓库 284.71 万平方米；企业租用仓库面积占仓储总面积的 27.46%。样本物流企业拥有货运车辆 13275 辆，同比增加 11.67%，约占全市货运车辆总数的 6%。其中，拥有货运车辆 100 辆以上的样本企业有 22 家，50～100 辆的企业有 10 家。样本企业共拥有船舶 436 艘，装卸设备 2223 套，铁路专用线 25 条，占重庆市铁路总线的 31.25%。

（二）物流经营

2013 年，样本物流企业主营业务收入共计 4870641.58 万元，同比增加 23.24%。主营业务收入在 10 亿元以上的企业共 10 家，主营业务收入在 1 亿元以上 10 亿元以下的企业有 38 家，主营收入在亿元以上的企业占样本企业总量的 43.64%；主营收入在 500 万～10000 万元的企业占样本企业总量的 38.18%；主营业务收入低于 500 万元的企业占样本企业总量的 18.18%。

2011—2013 年，样本物流企业的货运量逐年增加，从 2011 年的 135042144 吨增长到 2013 年的 163222075 吨。但增速呈回落态势，2013 年比 2012 年增长 7.95%，2012 年比 2011 年增长 11.95%。

（三）经营效益

2013 年样本物流企业的主营成本为 3699358.34 万元，同比增加 14.64%；利润总计 127383.59 万元，同比降低 8.03%；利润率、资产收益率分别为 2.97%、4.20%。

2013 年样本企业中有 78 家企业主营业务收入较 2012 年有所增长，占比为 73.58%。2013 年亏损的企业有 17 家，占样本企业总数的 15.45%，亏损总额较 2012 年增长 50%。利润下降企业有 29 家，占样本总数的 26.36%，利润下降幅度达 41.0%。

（四）员工报酬

2013 年样本物流企业员工总数为 51292 人，物流从业人员为 39900 人，物流人员占比 77.79%。企业员工年均工资 54315 元，同比增长 10.05%，扣除通货膨胀因素 3%，实际增长为 7.05%，比重庆市人均收入 44411 多 9904 元。

（焦　飞　重庆市物流与供应链协会）

2013 年四川省物流业发展情况

2013 年四川省经济继续保持稳定增长，全年实现地区生产总值（GDP）26260.8 亿元，按可比价格计算，比上年增长了 10.0%，增幅较上年降低了 2.6 个百分点。其中，第一产业增加值为 3425.6 亿元，同比增长 3.6%；第二产业增加值为 13579 亿元，同比增长 11.5%；第三产业增加值为 9256.1 亿元，同比增长 9.9%。三次产业对经济增长的贡献率分别为 4.4%、62.3% 和 33.3%。三次产业结构由上年的 13.8∶51.7∶34.5 调整为 13.0∶51.7∶35.3。

2013 年四川省经济持续稳步发展，推动了全省物流业需求不断增长。

一、物流业运行情况

（一）社会物流总额增幅有所降低

受经济增幅放缓影响，2013 年四川省社会物流总额增幅有所降低。2013 年，四川省社会物流总额为 51284.4 亿元，按可比价格计算（下同），同比增长 8.8%，增幅比上年降低 3.2 个百分点。从构成情况看，工业品物流总额为 36470.8 亿元，同比增长 9.1%，增幅比上年降低 4.5 个百分点，占全省社会物流总额的 71.1%，在社会物流总额中的比重较上年提高 0.2 个百分点。农产品物流总额为 5367.4 亿元，同比增长 5.4%，增幅比上年降低 3.3 个百分点，占全省社会物流总额的 10.5%，占社会物流总额的比重比上年降低 0.3 个百分点。进口（包括外省流入）物流总额为 8031.1 亿元，同比增长 10.3%，增幅比上年提高了 2.6 个百分点，占全省社会物流总额的比重为 15.7%，占社会物流总额的比重比上年提高 0.2 个百分点。再生资源物流总额为 1099.5 亿元，同比增长 8.0%，增幅比上年提高 1.2 个百分点，占全省社会物流总额的比重为 2.1%，占社会物流总额的比重与上年持平。单位与居民物品物流总额为 315.6 亿元，同比增长 10.7%，增幅比上年降低 6.3 个百分点，占全省社会物流总额的比重为 0.6%，占社会物流总额的比重与上年持平。

（二）社会物流总费用与 GDP 的比率降低

2013 年，四川省社会物流总费用为 4970.1 亿元，同比增长 9.1%，增幅比上年回落 6.3 个百分点。其中，运输费用为 3160.8 亿元，同比增长 6.6%，增幅比上年回落 4 个百分点，占社会物流总费用的 63.6%，在社会物流总费用中的比重较上年下降 1. 5 个百分点；保管费用为 1354. 5 亿元，同比增长 13. 5%，增幅比上年回落 13 个百分点，占社会物流总费用的 27. 3%，占社会物流总费用的比重较上年提高 1. 1 个百分点；管理费用为 454. 8 亿元，同比增长 14. 3%，增幅比上年回落 8. 7 个百分点，占社会物流总费用的 9. 1%，占社会物流总费用的比重比上年提高了 0. 4 个百分点。

2013 年，四川省社会物流总费用与 GDP 的比率为 18. 9%，同比降低 0. 2 个百分点。数据表明，四川省经济运行中的物流效率有所提升，但成本依然较高。

2013 年，四川省物流业实现增加值 1471. 46 亿元，同比增长 9. 6%，增幅比上年降低 2. 5 个百分点。物流业增加值占全省 GDP 的比重为 5. 6%，与上年持平，占全省服务业增加值的比重为 15. 9%。

二、物流业发展情况

2013 年四川全省物流业发展呈健康稳定发展趋势。

2013 年，四川全省完成货运周转量 2437. 5 亿吨千米，比上年增长 8. 1%。2013 年四川省货运周转量完成情况详见表 1。

表 1　2013 年四川省货运周转量完成情况统计

指标		绝对数（亿吨千米）	比上年增长（%）
货物运输	总周转量	2437. 5	8. 1
	公路	1484. 8	12. 0
	铁路	820. 4	0. 3
	民航	8. 0	14. 3
	水路	124. 3	20. 1

1. 公路运输

截至 2013 年年底，四川全省各级公路总里程达到 30. 1 万千米，其中高速公路通车总里程达 4727 千米，在建里程为 1963 千米，已形成了广甘、广陕、达陕、泸渝、达渝、达万、邻垫、南渝、成渝、遂渝、宜水、纳黔和攀田 13 条高速出川通道，高速公路主骨架初步形成。

2013 年四川全省公路货运量达 17. 33 亿吨，同比增长 9. 4%，继续保持平稳增长。其中，高速公路货运量为 110672. 86 万吨，同比增长 18. 2%；全省公路货运周转量达 1484. 78 亿吨千米，同比增长 12. 0%。2013 年四川全省公路运输情况如表 2 所示。

表2　2013年四川省公路运输情况统计

统计指标	单位	2012年	2013年	同比增长（%）
公路货运量	亿吨	15.84	17.33	9.4
高速公路货运量	万吨	93609.75	110672.86	18.2
公路货运周转量	亿吨千米	1325.19	1484.78	12.0

2. 铁路货运

截至2013年年底，四川全省铁路营运里程达3514千米，已形成宝成、成渝、成昆、内昆、达成、襄渝、遂渝7条出川通道；已开行货运直达班列12列和行包专列8列，居西部第一位。2013年四川全省铁路货运情况如表3所示。

表3　2013年四川省铁路货运情况

统计指标	2012年（万吨）	2013年（万吨）	同比增长（%）
铁路货物发送量	7415.20	7282.97	-1.8
铁路集装箱发送量	478.50	438.23	-8.4
铁路货物到达量	12187.60	12279.07	0.8
铁路集装箱到达量	767.90	818.58	6.6

2013年四川全省铁路货运发送量达7282.97万吨，同比增长-1.8%，其中，铁路集装箱发送量为438.23万吨，同比增长-8.4%。全省重点物资发送增幅靠前的依次是木材、粮食和农副产品等；降幅靠前的依次是电器、矿石、纺织品等。

2013年四川全省铁路货运到达量为12279.07万吨，同比增长0.8%，其中，铁路集装箱到达量为818.58万吨，同比增长6.6%。全省重点物资到达增幅靠前的依次是磷矿石、农副产品等；降幅靠前的依次是电器、棉花和金属品等。

3. 航空运输

2013年四川省民航旅客吞吐量3764.58万人次，较上年增加206.32万人次，同比增长5.7%。其中，成都双流机场全年旅客吞吐量达3336.73万人次，保持着良好的增势；宜宾菜坝机场全年旅客吞吐量同比增长42.2%，增速居全省首位；泸州蓝田机场全年旅客吞吐量同比增长41.0%。

2013年四川全省民航货邮吞吐量达50.90万吨，同比增长-2.8%。其中，成都双流机场全年货邮吞吐量为49.37万吨，同比增长-2.8%；绵阳南郊机场同比增长-1.6%，居于全省货运吞吐量的第2位；南充高坪机场全年货邮吞吐量为2100.88吨，同比增长52.5%；西昌青山机场货邮吞吐量较上年明显下降，同比增长-34.8%，各机场具体数据如表4所示。

表 4　　2013 年四川省各机场货邮吞吐量

机场名称	货邮吞吐量（吨）		
	2013 年	2013 年	同比增长（%）
成都/双流	508031.40	493730.01	-2.8
达州/河市	2160.54	1597.52	-26.1
稻城/亚丁	—	—	—
广元/盘龙	184.66	165.66	-10.3
九寨/黄龙	—	—	—
甘孜/康定	—	—	—
泸州/蓝田	2138.37	2399.81	12.2
绵阳/南郊	4935.19	4856.26	-1.6
南充/高坪	1377.80	2100.88	52.5
攀枝花/保安营	—	192.96	—
西昌/青山	2306.38	1502.88	-34.8
宜宾/莱坝	2760.55	2497.76	-9.5

4. 水路运输

截至 2013 年年底，全省已有通航河流 176 条，通航水库、湖泊 147 个，内河航道总里程达 1.2 万千米，其中Ⅲ级航道 228 千米。已初步形成了以长江干线、嘉陵江和岷江为骨架的“一横两纵”基本格局。现已形成实际吞吐能力的港口主要有泸州港、宜宾港、乐山港、广元港和南充港等港口。2013 年四川全省水路货运量达 7247.06 万吨，同比增长 1.4%；水路货运周转量 124.27 亿吨千米，同比增长 20.1%；全省港口吞吐量达 5598.76 万吨，同比增长 6.9%。其中，宜宾港全年集装箱吞吐量为 60423.00 标准箱，同比增长 138.9%，港口运营呈现快速发展态势；泸州港全年集装箱吞吐量为 201312.25 标准箱，同比增长 48.9%，突破 20 万标准箱大关。

5. 快递业运行情况

2013 年四川省累计完成业务量 24400.88 万件，同比增长 90.4%；完成业务收入 304253.80 万元，同比增长 34.8%。2013 年四川全省快递业发展情况如表 5 所示。

表 5　　2013 年四川省快递业发展情况

统计指标	2012 年（万件）	2013 年（万件）	同比增长（%）
快递业务量	13264.67	24400.88	90.4

续 表

统计指标	2012 年（万件）	2013 年（万件）	同比增长（%）
同城	2435.81	5582.51	146.5
国内异地	10477.24	18556.08	81.9
国际及港澳台	352.16	262.28	-25.2
快递收入	232007.04	304253.80	34.8
同城	21324.36	48324.48	138.7
国内异地	178573.49	221091.46	27.4
国际及港澳台	24474.65	22664.98	-6.6
其他	8114.77	12172.88	58.7

2013 年四川全省全年同城快递量为5582.51 万件、国内异地快递量为 18556.08 万件、国际及港澳台快递量为 262.28 万件，分别占全部业务量的比例为 23%、76% 和 1%。

2013 年，四川全省快递业务中，国内异地业务占总收入的 73%，居重要地位；国际及同城业务、港澳台业务和其他业务分别占总收入的 16%、7% 和 4%。收入增长幅度从高到低依次为同城业务 138.7%、其他业务 58.7%、国内异地业务 27.4%、国际及港澳台业务 -6.6%。

6. 天然气产、销情况

2013 年四川全省天然气产销情况如表 6 所示。全年中石油西南油气田分公司、中石化西南油气分公司和中石化中原油田普光分公司累计生产天然气 266.74 亿立方米，同比增长 0.01%；累计销售商品天然气 275.04 亿立方米，同比增长 0.08%（其中三家公司累计供给四川全省 146.84 亿立方米，同比增长 0.09%），基本保障了全省民用、重点单位和重点工业企业用气。

表 6　　2013 年四川省天然气产销情况

统计指标	2012 年（亿立方米）	2013 年（亿立方米）	同比增长（%）
三家公司累计生产天然气数量	263.60	266.74	0.01
三家公司累计销售天然气数量	253.80	275.04	0.08
累计供四川省数量	133.00	146.84	0.09

7. 海关监管货物运行情况

2013 年成都海关关区进出口货物总值为 389.31 亿美元，同比增长 8.6%。其中，进口总值为 186.16 亿美元，同比增长 8.6%；出口总值为203.15亿美元，同比增长8.6%。

2013年成都海关监管进出口货运总量为153.87万吨，同比增长3.2%。其中，进口量为94.17万吨，同比增长-10.7%；出口量为59.70万吨，同比增长37.0%。

2013年成都海关监管进出口集装箱为91207标准箱，同比增长34.8%。其中，进口52738标准箱，同比增长24.1%；出口38469标准箱，同比增长53.1%。2013年成都海关监管货物进出口情况详见表7。

表7　2013年成都海关监管货物进出口情况

统计指标	2012年（万吨）	2013年（万吨）	同比增长（%）
关区监管货物进出口总量	149.07	153.87	3.2
监管货物进口量	105.50	94.17	-10.7
监管货物出口量	43.58	59.70	37.0
关区监管标准集装箱进出口箱次	67645	91207	34.8
监管集装箱进口箱次	42513	52738	24.1
监管集装箱出口箱次	25132	38469	53.1
关区监管货物进口总值	358.61	389.31	8.6
监管货物进口总值	171.50	186.16	8.6
监管货物出口总值	187.12	203.15	8.6

三、推进四川省物流业发展的对策

（一）四川省物流业发展存在的主要问题

随着经济的发展和市场对物流需求的增大，近年来四川省物流业的发展较为迅速，但仍存在一些问题。

一是道路费用过高。四川省工业结构重型化明显，以重化工业为主要特征的原材料运输占铁路、水路运输很大比例，由于四川省铁路、水路运力不足，很多重化工业产品只能依靠公路运输，因此带来了公路运输的市场需求快速增长，而四川省的丘陵和山地占比面积高达90%以上，道路建设和运营成本相对较高，有相当一部分的高速公路桥隧占比超过50%，收费高于全国高速收费平均水平，造成总体收费居高不下。成为四川省物流成本难以下降的重要掣制。2010年四川省社会物流总费用为3276.8亿元，2013年已达4970.1亿元，年均增幅14.9%，超过同期社会物流总额的增长。2013年物流运输费用占全部物流费用的63.6%，比全国平均水平高15个百分点。

二是物流企业税负增加。2013年国家实施“营改增”税收政策后，以运输为主导的物流企业税赋增幅达到20%左右，造成物流企业成本上升。

上述问题导致四川省物流成本偏高，成为制约四川省物流业发展的瓶颈。

（二）加快推进四川省物流业发展的对策

1. 科学规划布局物流园区建设

以物流园区为载体，形成物流资源的空间集聚发展模式，在交通枢纽和通道周边城市建设省市级物流园区和县级物流配送中心（节点），使枢纽和通道的作用通过物流园区加以转化形成。加快园区内道路、仓储、堆场、水电、通信、燃气等基础设施的建设，为园区发展提供基础条件。以物流园区建设带动和促进传统物流加快向现代物流转变。大力推进园区铁水联运、公铁联运、公水联运、空地联运等多式联运设施建设，注重引入铁路专用线，完善园区的公路、铁路等周边通道。同时加快出台物流园区规划，规范物流园区的发展，建立并实施物流园区认定评价机制。

2. 强化物流干线专线网络建设

以建设公路港物流为基点、以发展物流园区为核心，构建全省物流干线专线网络。在公路港与公路港之间、公路港与园区之间、园区与园区之间形成各类物流运输网络；形成县内市区、省内市县、省外市县等短长线结合的专干线网络体系。采取市场配置、政府引导、行业促进的方式建设发展。为此，要加快建设改善与干线专线相适应的高速公路及其连接、铁路专用线及其连接，水运、航空及其连接，完善公铁路入园入港“最后一公里”。

3. 加大土地和财税支持力度

一是加大土地政策支持力度。对物流项目尤其是物流园区、公路港物流、农产品冷链物流等，用地应纳入所在城市的城市规划和土地利用规划，统筹规划、合理布局。鼓励物流企业节约用地，合理安排土地利用计划指标。对纳入国家和省级示范物流园区的新增建设用地，优先列入国家和省、市地方建设用地供应计划予重点保障。鼓励支持采用租赁方式和合作方式使用土地发展物流业。

二是减轻物流企业的税收负担。严格执行国家营改增的有关政策，借鉴上海等地试点过程中补助亏损的方式，支持物流企业发展。

三是财政给予必要支持。对物流基础设施、信息化移动互联网物流平台等建设给予必要的资金支持。

（文德华　四川省现代物流协会常务副会长兼秘书长）

2013年陕西省物流业发展情况

2013年陕西省实现生产总值16045.21亿元，较上年增长11%。其中，第一产业增加值1526.05亿元，较上年增长4.7%；第二产业8911.64亿元，较上年增长12.6%（规模以上工业增加值7258.56亿元，增长13.1%）；第三产业5607.52亿元，较上年增长9.9%。

2013年在国家一系列利好政策及城市化进程加快的促进下，陕西省物流总额和社会物流增加值继续保持平稳增长的态势。同时，快速发展的物流业在衔接产需、引导生产、扩大消费、改善民生、带动就业、促进社会和谐稳定，以及为推进陕西省经济建设诸方面作出了重要贡献。

一、物流业运行情况

（一）物流业增加值增速放缓

2013年陕西省实现全社会物流物品总额22615亿元，同比增长20%；物流业增加值达到820亿元，同比增长12%，增速较上年放缓；物流业增加值占三产比重达到19.7%，占GDP的比重达到7.3%，比重较上年增加。陕西省物流业已经形成了国有与国有控股、外资与中外合资以及民营三足鼎立的格局。

截至2013年年末，陕西省物流业从业人员超过100万人，在工商管理部门登记注册的物流企业数量为11872户。其中，获得国家2A级以上物流企业资质评定的企业有51个。

（二）物流交通基础设施进一步完善

2013年陕西省公路、铁路、航空里程的增加和交通运输网络密度进一步改善，为物流业发展提供了良好的基础设施条件。

截至2013年年末，陕西省公路里程为148600千米，高速公路通车里程为3703千米，以西安为中心的“2637”（两环、六辐射、三纵七横）高速公路干线网已基本形成。目前，陕西省的高速公路基本上连通了省内所有市县及工农业基地、商品集散地、高新开发区和物流园区，省内物流货运基本上实现了当日往返，省外周边中心城市的物流货运已经实现当日到达，高速公路干线网为省内及过境物流配送发展提供了有力的保证。

截至2013年年末，陕西省铁路营运里程已达4310千米，铁路货运站点分布趋于合理，并且逐步向战略装车货运站点发展。

截至2013年年末，陕西省民用航空航线

总里程 589900 千米，港澳航线 16054 千米，开通国内外航线 368 条，与 139 个城市通航。随着快递物流市场的不断扩大，陕西省航空运输正在为物流业发展发挥重要的作用。

（三）公路、铁路、航空货运量持续增长

陕西省是中国中西部交接转承的重要物流节点地区，近年来陕西省公路、铁路、航空货运量持续保持不断增长的态势。2013 年陕西省货运量为 15.27 亿吨，较上年增长 11.7%（其中铁路货运量为 3.58 亿吨，较上年增长 11.9%；公路货运量为 11.67 亿吨，较上年增长 11.6%）；货物周转量为 3481.19 亿吨千米，较上年增长 8.5%。在陕西省物流货运总量中，公路货运量占比约为 80%，铁路货运量占比约为 19%，航空货运量占比约为 0.06%。

二、物流业发展情况

（一）物流节点体系初步形成

经过多年发展，2013 年陕西省已经形成 6 个物流节点城市，它们是：国家级物流节点城市——西安，省级物流节点城市——宝鸡、咸阳、渭南、榆林、汉中。陕西省以西安等 6 个物流节点城市为中心构建物流节点空间网络，逐步形成相互配套、功能齐全的物流节点体系，并建立相互依存、优势互补、跨区域的物流联盟。

与此同时，节点城市辐射带动的物流区域已经形成。例如，以咸阳为中心，辐射带动渭南、商洛、铜川的关中物流核心区域；以宝鸡为中心，辐射带动杨凌、天水的西部物流区域；以汉中为中心，辐射带动安康及南部周边省份的陕南物流区域；以榆林为中心，辐射带动延安及北部周边省份的陕北物流区域。这些物流区域对提升物流效率、降低物流成本将发挥重要作用。

（二）三大平台、五大体系和七大园区正在加快建设

2013 年陕西省内物流业的三大平台、五大体系和七大园区工程正在加快建设中。

三大物流平台是：网络和设施平台、公共信息平台、研发平台。

五大物流体系是：以电子信息、高附加值产品为主的航空物流体系，以农产品批发和冷链物流为主的农产品流通体系，以机电产品和轻纺产品为主的新型工业品批发市场体系，以石油、煤炭、天然气、重要矿产为主的资源性产品物流体系，以日用消费品为主的城乡配送物流体系。

七大物流园区是：以装备制造和高技术产品为主的西安国际港务区、西安咸阳空港物流园区、宝鸡陈仓物流园区，以陕北能源化工产品为主榆林能源化工基地物流园区，以陕南绿色农产品和矿产为主的汉中褒河物流园区、安康综合物流园，以粮食和果品为主的渭南潼关物流港。

三大物流平台、五大物流体系和七大物流园区建成运营后，将使陕西省的物流运行体系全面升级，社会物流成本进一步降低。

（三）物流业重点工程项目建设稳步推进

2013 年陕西省的物流重点工程项目建设稳步推进，在建项目进展顺利，新开工项目陆续启动。

一是以制造业与物流业联动发展，围绕装备制造、汽车、电子信息、钢铁、有色、石化的重点工程项目，如陕西红光钢铁物流中心、宝鸡西部物流中心、富平物流航空快递中心、西安三桥国际汽车物流中心、杨凌特色农产品及农资物流园等。

二是以多种方式联运转运设施和综合交通

枢纽为重点的工程项目，如西安公路港、中陕国际物流中心、西安贝斯特物流中心、西安铁路货运站、杨凌铁路货运站、长安引镇物流中心、绥德物流中心等项目建设。

三是以大宗商品物流为重点的工程项目，如西安西部大宗商品交易中心、榆林大保当和孟家壕能源化工物流基地、宝鸡煤炭配送中心、中储西安钢材物流中心、延安利源石化物流配送中心、明珠国际家居中国原点新城、西瑞兴平粮油物流基地、省粮食物流集团杨凌粮油物流中心、西粮泾阳粮油物流基地、建兴勉县粮油物流基地、省油脂安全物流工程、陕西苹果交易市场、渭南金地棉花加工仓储物流配送基地等。

四是以鲜活农产品储藏、加工、运输和配送等冷链物流设施为重点的工程项目，如西部欣桥、西安朱雀、咸阳新阳光、西安雨润、华圣果业、陕西昌盛苹果、西安方欣和渭北苹果物流园等冷藏物流中心等。

五是以发展城乡各类超市及连锁配送网络为重点的工程项目，如西北（邮政）物流集散中心、陕西黄马甲城市快捷配送网络工程、西部物流城市配送工程、西北现代医药物流中心、西北出版物物流配送中心等建设项目。

六是以农村物流为重点的工程项目，如“万村千乡市场工程”、“双百双千工程”、“新网工程”、“农超对接工程”，以及建设覆盖全省的新农村流通服务网络。

七是以建设物流公共信息平台为重点的工程项目，如省级物流公共信息平台、综合运输信息平台、物流资源交易平台、大宗商品交易平台、中小企业的物流信息服务平台等。

（四）向现代物流企业转型成为趋势

2013 年陕西省工业企业中，采用第三方物流运作模式的企业数量大幅增加。将物流业务全部外包的企业已占全部企业的 25% 以上，实行部分外包和外购的企业已占 60% 以上。越来越多的物流企业正在将信息技术应用在企业经营中。在物流货运过程中使用条码技术的物流企业已达 40% 以上，使用物流信息系统的物流企业已达 70% 以上，利用信息系统进行物流货运优化分析的物流企业约为 50%，物流企业在日常业务管理上基本都采用了计算机信息系统管理。

2013 年陕西省物流企业在经营和管理方面，以转型升级为突破口，加快了由传统的运输、仓储、货代业务向整合服务和第三方物流延伸的进度。物流业中出现了多种所有制、多种服务模式、多层次的物流企业集群，向现代物流企业转型已经成为趋势。

（五）物流信息化、标准化和教育培训等工作成效显著

2013 年陕西省物流信息化工作成效显著，覆盖城乡的物流信息网络初步形成。物流企业装备技术的信息化、机械化、自动化、智能化水平进一步提高，生产一线员工与管理人员的比例较上年显著下降。物流业标准化工作有序进行，申请 A 级物流企业评估的企业较上年上升 30%，截至 2013 年年末，全省 A 级物流企业达到 51 个，并且新增 A5 级物流企业 2 个，实现了全省 A5 级物流企业零的突破。职业教育和职业技能培训工作取得积极成效，目前全省已有 8 所本科院校、14 所职业学校开设了物流专业，在校生近 1 万名。2013 年全省近 2000 人参加了物流师专业职称培训，1100 多人取得了中物联颁发的物流专业职称证书。

（六）物流业政策环境进一步改善

2013 年 7 月陕西省政府下发《关于深化流通体制改革加快流通产业发展的实施意见》文件，要求各地各部门把加快物流产业改革发展作为一项重大战略任务抓紧抓好。

在减轻流通产业税收负担方面，要求严格落实国家关于免征蔬菜、部分鲜活肉蛋产品流通环节增值税的政策，从2013年1月1日起三年内免征农产品批发市场、农贸市场城镇土地使用税和房产税、减征物流企业自有的大宗商品仓储设施用地城镇土地使用税。凡列入《西部地区鼓励类产业目录》的国家鼓励类流通产业项目，其当年主营业务收入占企业收入总额70%以上的，按15%的税率征收企业所得税。并认真抓好国家营业税改征增值税有关政策的贯彻落实。

在降低流通环节费用方面，要求细化落实《国务院办公厅关于印发降低流通费用提高流通效率综合工作方案》有关政策措施，制订出台陕西省降低流通费用的综合性实施方案，切实规范和降低农产品生产流通环节费用、农产品市场收费，规范清理公用事业、公益性服务中提供延伸服务的收费事项，加强物流配送车辆科学管理等。严格落实鲜活农产品运输“绿色通道”政策，取消冷鲜、冷冻肉品运输公路收费，对进入城市的鲜活农产品和冷鲜、冷冻肉品货运车辆取消时段、路段、停靠、卸货限制。深入推进收费公路专项清理工作，从严审批一级及以下公路和独立桥梁、隧道收费项目。抓紧建立完善通行费形成机制，出台收费公路信息公开办法。

三、推进物流业健康发展的建议

2013年陕西省物流业适度增长的态势，对促进全省经济稳定发展起到了积极作用。但是从总体发展来看，长期掩盖在高速增长下的一些问题亟须解决。例如，物流企业集中度不高，专业化服务能力不强，低端化、同质化竞争现象较为严重；物流基础设施建设无法满足社会发展需求，物流用地供应难以保证，建设规划难以落地；物流效率和效益提升缓慢，企业经营成本居高不下，市场风险加大。对此，建议相关管理部门和物流企业在今后一个时期，以“稳增长、调结构、促转型、抓升级”为工作重点，着重做好以下工作。

（一）加快物流业转型升级进程，提升专业化服务水平

抓住国家城镇化建设的机遇，加快全省物流业转型升级的进程。加强城市物流服务体的建设，促进城乡物流一体化发展。提升专业化服务水平，满足市场消费需求，降低流通成本，提高流通效率，促进物流向社会化、与供应链一体化、为制造业服务化的转型升级。

（二）抓住建设“丝绸之路经济带”的发展机遇，打造物流业的升级版

抓住国家建设“丝绸之路经济带”的战略发展机遇，建设省内综合物流交通枢纽，打造陆路、空中、信息三条物流“丝绸之路”，打造物流业的升级版，促进物流业在建设“丝绸之路经济带”的战略发展中发挥作用。

（三）落实政府鼓励政策，改善物流产业发展环境

落实政府已出台的鼓励物流业发展政策，改善物流产业发展环境，对于促进物流业转型升级至关重要。一是加大对物流项目用地的支持，保障对已纳入城市总体规划的物流园区等基础设施用地，不随意变更用地性质和规模，并杜绝以建设物流园区名义圈地的现象。二是加强对物流企业的金融支持，开发多种形式符合物流企业需求的金融产品，允许有发展潜力的物流企业发行长期企业债券，鼓励物流企业股票上市。三是落实扶持现代物流业发展专项

资金和各项扶持政策。

（四）推进物流业服务的社会化和专业化

鼓励生产和物流企业按照社会分工协作的原则，剥离并外包物流功能，整合物流资源，促进企业内部物流社会化。鼓励现有运输、仓储、货代、联运、快递企业的功能整合和服务延伸，加快向现代物流企业转型。加快铁路、公路和航空集装箱中转站的联运设施建设。鼓励物流企业通过参股、控股、兼并、联合、合资、合作等多种形式进行资产重组，培育一批专业服务水平高、国际竞争力强的现代物流企业。

（五）加强物流信息网络建设，提高物流信息化水平

建立省内物流信息采集、处理和服务的交换共享机制，确保陕西省“十二五”规划中的物流公共信息平台项目建设按时完成，加快全省网络设施平台、公共信息平台、研发平台的建设进度。建立商务、金融、税务、海关、邮政、检验检疫、公路运输、铁路运输、航空运输和工商管理等政府部门的物流管理与服务公共信息平台。

（闫　鸣　陕西省物流与采购联合会）

2013 年宁夏回族自治区物流业发展情况

一、物流业发展情况

在国家西部大开发政策的推动下，宁夏回族自治区（以下简称宁夏）经济社会的发展步伐加快，基础设施建设取得了突破性进展，物流需求大幅增加，物流业对地区经济发展的支撑作用显现。

（一）物流业运行情况

2013 年宁夏全区工业品物流总额完成 3371 亿元，同比增长 14%，占全区社会物流总额的 70.9%，拉动全区社会物流总额增长 9.8 个百分点，贡献率为 79.6%；批发业物流总额完成 1060 亿元，同比增长 8.9%，占全区社会物流总额的 22.3%，拉动全区社会物流总额增长 2.1 个百分点，贡献率为 16.6%；农产品物流总额完成 276 亿元，同比增长 5.3%，占全区社会物流总额的 5.81%；进口货物物流总额完成 40.22 亿元，同比增长 15.6%，占全区社会物流总额的 0.85%；邮政及快递业务物流总额完成 4.71 亿元，同比增长 3.5%。

从社会物流总费用来看，2013 年，宁夏全区社会物流总费用为 653 亿元，同比增长 4%。其中运输费、保管费、管理费分别同比增长 4%、3.8% 和 3.6%。2012 年社会物流总费用占 GDP 的比重为 25.14%，高于全国水平（18%）7.14 个百分点，宁夏全区社会物流总费用仍旧居高不下。

2013 年，宁夏全区国家铁路累计完成货物发送量 4599 万吨，同比减少 230.6 万吨，同比下降 5.3%，其中，煤炭运量完成 3601.8 万吨，同比减少 181.8 万吨，同比下降 4.8%；除煤炭外其他重点工业品完成有增有减，石油、化肥、集装箱等同比下降，钢铁、粮食和化工分别完成发送量 126.4 万吨、64.3 万吨和 121.5 万吨，分别同比增长 2.9%、30.4% 和 7.5%。全区地方铁路货运量完成 3835 万吨，同比增长 6.5%。全区公路货运量完成 36466 万吨，同比增长 11.7%。

（二）物流业发展总体情况

下表完整记录了 2009—2013 年五年间宁夏物流业运行情况的相关数据。通过表中数据可以得知，近 5 年来宁夏社会物流总额年均增长 26.21%，物流业增加值年均增长 17.21%，物流领域固定资产投资年均增长 24.65% 。下表中数据清晰说明，5 年来宁夏物流业发展呈现出快速增长之势，物流相关领域固定资产投资呈现出稳步增长态势。

2009—2013 年宁夏物流业运行情况统计表

年份	社会物流总额		物流业增加值		货运量		物流领域投资		社会物流总费用	
	总量（亿元）	同比增长（%）	总量（亿元）	同比增长（%）	总量（万吨）	同比增长（%）	总量（亿元）	同比增长（%）	总量（亿元）	同比增长（%）
2009	1873. 22	7. 8	177. 58	7. 7	27339	9	85. 05	6	477. 25	10
2010	2556. 98	35. 2	212. 98	9. 3	29869	9. 3	113. 97	34. 1	498. 83	4. 5
2011	3256. 67	28	274. 06	8. 8	36951	14	147. 09	15. 3	565. 76	13. 4
2012	4052	26. 7	319. 82	10. 1	42247	11. 7	167. 33	13. 7	585	3. 4
2013	4753	12. 3	335. 15	4. 8	46012	9. 2	205. 34	22. 7	653	4

1. 物流市场主体情况

伴随物流需求规模的不断增长，宁夏物流企业数量快速增加，企业结构趋于多元化。截至 2013 年年底宁夏全区已登记的各类物流企业共计 1466 家，注册资本达 645601.7 万元。其中，注册资金在 500 万元以上的企业有 223 家，注册资本过亿元的企业有 11 家，企业结构趋于合理。从分布来看，企业分布主要以银川市为集聚区，银川市物流企业数量占到宁夏区物流企业总数的 56.% 以上。市场主体类型除传统运输、仓储和货代企业外，还包括从大型国企和制造企业分离出来的专业物流公司、服务“三农”的大型农资连锁配送企业以及国内知名物流企业驻宁夏分支机构等，初步形成主体多元化、服务多样化，内外结合、竞争充分的市场主体集合。

2. 物流基础设施建设情况

近年来，在宁夏自治区政府和市场的双重推动下，全区物流产业布局趋于优化，重点项目建设加快。截至 2013 年年底，全区共规划建设各类物流园区（物流中心）50 余个。

从其类别和发挥的功能来看，在物流园区（中心）贸易通道基础设施项目方面，规划建设了宁夏银川国际空港物流中心（现与保税区规划交叉，同步推进）、惠农无水港、银川经济技术开发区陆港物流中心、中宁物流园、中房宁东物流园、宁夏灵武陆港、银川公铁联运物流中心等以工业品物流为主的贸易通道建设项目。围绕主要公路枢纽和普通货物运输，规划建设了宁夏交通国际物流港、宁夏众一物流园、宁夏原野物流中心、宁夏海吉星物流园、宁夏吉运恒通物流中心、宁夏富海物流中心、宁夏中卫中杰物流中心、宁夏固原家道物流中心、宁夏李旺物流中心等以货运和普通货物仓储为主的综合性物流中心。围绕快速增长的冷链物流需求，规划建设运营了宁夏新世纪冷链物流中心、宁夏领鲜物流中心、宁夏恒源万福冷链物流中心、宁夏润恒冷链物流中心等专业物流中心。围绕批发市场的改造升级，规划建设了以建材（银川北方建材城、石嘴山国际建材城)、钢材（望远金属物流园、吴忠汇埠物流)、五金（立达五金市场)、农产品（四季鲜农产品批发市场、北环二期)、家具（乐从、红星美凯龙、美德亨、月星)、汽车及配件（万商国际汽车城)、农资（西北农资城）和小商品（宁夏区星月天地）等商贸物流功能区。

3. 物流市场环境发展情况

在持续快速增长过程中，一些突出问题也成为制约宁夏物流业发展的“顽症”。比如，税负较重、重复纳税，过路、过桥费过高，公路“乱收费、乱罚款”，配送车辆进城难，物流业用地难、地价高等。这些问题导致宁夏物流业运行成本上升、货物流通不畅，物流企业不堪重负。近年来，宁夏认真落实鲜活农产品“绿色通道”制度，彻底取消高速公路鲜活农产品路桥收费，改善了城市配送车辆进城通行条件。宁夏现代物流协会也充分发挥自身作用，加强物流统计工作，按季度发布物流统计报告，全区的物流业发展情况受到了广泛关注。

4. 物流信息化建设情况

近几年宁夏相关部门在市场和政府政策的双向推动下，合力推进互联网、卫星定位和无线通信等物流信息技术在实践中的集成和应用示范，积极开展 GPS 服务总平台的建设和 GPS 汽车行驶记录仪在危货企业的推广应用，与全国 16 个省区签署了《省际物流公共信息平台共建协议》，加快推进自治区级物流公共信息平台建设。宁夏佳奇物流、宁夏交通物流港、宁夏邮政速递物流等企业依托自身业务积极开展物流信息平台建设，宁夏货运信息中心、“96156”货运呼叫中心、宁夏公共物流信息平台等相继投入运营。宁夏众一物流中心综合信息服务大楼已建成，信息服务平台正在加紧建设。此外，北斗导航卫星系统正在危险化学品车辆、大型货运车辆、大型客运车辆进行试点应用。

二、物流发展存在的问题及对策

近几年宁夏物流业在快速发展的同时也出现了不少问题。

一是物流用地快速扩张与项目低水平重复建设并存。据不完全统计，全区占地 300 亩以上的重点物流项目规划建设用地超过 3 万亩，物流业发展呈现出物流用地快速扩张与项目低水平充分建设并存。

二是物流规模速度增长较快与效益提升不快并存。2009 年至 2012 年四年间宁夏物流业规模速度呈现出快速增长之势，2013 年，全区物流业增加值增速较往年出现大幅回落。然而，全区的社会物流总费用与 GDP 的比例 5 年来一直保持在 20% 以上，远远高于 18% 的全国平均水平；有近 1/3 的物流企业处于亏损状态，物流行业的年利润率不足 10% 。这说明宁夏物流业发展与全国平均水平还有较大的差距，物流企业效益较差，物流业规模速度增长较快与效益提升不快并存。

三是物流的关键领域和薄弱环节受到重视，但扶持力度较弱。近年来宁夏物流业发展受到了各级党委、政府及相关部门的高度重视，并且以项目为抓手，推动该产业发展。但在发展实践中，出现了“重视基础设施建设，轻产业培育”、“重视抓新建项目建设，轻存量资源整合”、“重视项目招商，轻本土企业培育”等问题，对产业内涵提升不够，对物流的关键领域和薄弱环节扶持力度不够。

针对上述问题，宁夏物流业主管部门将以“宁夏内陆开放经济试验区”和“银川综合保税区”建设为契机，结合宁夏物流业发展的现状，从物流资源配置、市场主体培育、国际化运营等方面进行统一部署、规范、调整、改革和创新。

一是大力发展航空物流，打通宁夏对外陆路通道。开发利用好航权开放政策，搭建银川与中东、中亚之间的空中丝绸之路，构建国际航线网络；将综合保税区作为发展国际物流的主要平台，依托适合航空运输的高附加值制造业和生产性服务业，加速建设银川国际航空物流中心。加强惠农陆路口岸与内蒙古策克口岸、新疆阿拉山口岸、天津口岸的互联互通，大力发展公铁联运、铁水联运等多式联运，打通宁夏区东向出海、西向出境的陆路通道。

二是培育第三方物流企业，促进物流新技术应用。鼓励各行业龙头企业采取改制、资产重组、战略合作、兼并和资产托管等形式，逐步剥离非核心物流业务，实施流程改造，降低物流成本，提高供应链整体市场竞争力，推动行业物流整体发展。培育社会化、专业化、网络化、信息化的大型第三方物流企业，不断提高企业一体化、专业化、综合性物流服务能力。积极引导企业加大对现代物流装备、信息技术的投入和推广应用，鼓励企业引进物联网、云计算、卫星定位、车载视频、托盘共用系统等，创新物流企业商业模式。鼓励仓储业向立体化、自动化和智能化方向转型；在冷藏食品、鲜活农产品、家电、家具、副食百货等领域开展共同配送业务，提高物流运行效率；在全区推广宁夏原野物流有限责任公司目前采用LNG（液化天然气）牵引车及挂车运输方式，减少运输过程中的能源消耗和环境污染，实现物流运输的低碳绿色发展。

三是建立物流公共信息平台，完善物流业统计制度。加快建设物流园区、物流中心、批发交易市场等重点物流源点信息化建设，提高物流网络基础节点的信息化运营和管理水平，实施物流要素数字化工程。加快自治区级的物流公共信息平台建设，建立以交通货运信息、物流供需信息、网上物流在线跟踪、物流政策法规、物流投资项目查询为主要内容的物流公共信息查询系统。加强物流业统计力量，强化行业部门统计职能，将物流统计制度调整为以统计部门为主，物流行业主管部门和物流协会配合，并将物流业统计纳入服务业专项统计。完善物流业统计信息共享和发布机制，提高统计数据的透明度和公信力。

（程阳春　刘　丽　宁夏回族自治区商务厅生产服务业处）

2013 年晋中市物流业发展情况

2013 年面对错综复杂的外部环境和自身转型发展的压力，晋中市经济总体保持平稳健康发展，作为经济发展的重要支撑，晋中市物流业总体运行增速放缓，继续保持稳中有进的发展态势。

一、经济发展情况

2013 年，晋中市委、市政府坚持稳中求进的工作总基调，紧紧抓住转型综改试验和同城化建设两大机遇，全力推进各项工作，晋中市经济稳定发展。

（一）经济平稳健康发展

2013 年晋中市生产总值达到 1020.4 亿元，比上年增长 9.1% 。这一增幅，高出全国、山西省的平均水平，显示出晋中经济发展的潜力和动能。

（二）支柱产业不断优化，新兴产业快速发展

2013 年，晋中市原煤炭产量达到 8455.9 万吨，比上年增长 10.4% 。煤炭资源整合重组效果继续释放。

晋中市的专业设备制造、医药制造业、食品工业等新兴产业增速持续加快。全市旅游业发展步伐进一步加快。集约、低碳、循环、多元正成为晋中经济发展的新亮点。

（三）投资结构持续优化

2013 年，晋中市固定资产投资总量创历史水平，投资结构进一步优化。全年全市全社会固定资产投资完成 945.9 亿元，同比增长 27.1% 。第一产业投资 74.3 亿元，同比增长 188.2% ；第二产业投资 456.8 亿元，同比增长 21.2% ；第三产业投资 414.8 亿元，同比增长 21.6% 。传统产业下降 0.2% ，非传统产业投资增长 48.7% ，投资结构不断优化，进一步夯实了经济转型基础。

二、物流产业发展情况

（一）物流产业增加值稳定增长

2013 年晋中市现代物流业稳定发展，积极推动了全市服务业的快速发展。初步核算，2013 年晋中市物流产业增加值约为 182.9 亿元，比上年增长 0.5% ，占全市 GDP 的 17.9% ，交通运输和仓储业增加值占物流产业增加值总量的 56.4% ，批发零售业占 43.3% 。

其中交通运输和仓储业的增加值增长最为突出。具体情况如表1所示。

表1 2013年晋中市物流产业增加值

指标名称	绝对额（亿元）	绝对额比上年增长（%）	占比（%）	占比与上年相比增减
合计	182.9	6.3	100	—
交通运输和仓储业	103.2	7.1	56.4	-0.2
邮政业	0.5	1.8	0.3	0
批发和零售业	79.2	5.2	43.3	0.2

注：交通运输业包括铁路和道路货运业。表中未包含包装服务业、装卸搬运和其他运输服务业。

（二）物流项目建设迅猛推进

2013年晋中市物流相关行业固定资产投资完成额为58.7亿元，比上年同期增长22%。道路运输业以30亿元的投资位居各行业之首，仓储业以13.4亿元的投资位列第二。与2012年各行业投资相比，仓储业、零售业、批发业和铁路运输业增速明显，只有道路运输业投资完成额同比下降。

2013年，晋中市物流产业新增固定资产额为14.6亿元，与上年同期相比有所下降。在物流各相关行业中，新增固定资产额位于前列的是道路运输业和零售业，其新增固定资产额分别为9.5亿元和3.0亿元。与2012年相比，负增长明显的行业是道路运输业和铁路运输业。具体情况参见表2。

表2 2013年晋中市物流相关行业固定资产投资情况

指标名称	投资完成额（万元）	增幅（%）	新增固定资产额（万元）	增幅（%）
合计	587174	22	146469	-72.2
铁路运输业	17935	2.6	0	-100.0
道路运输业	299696	-18	94737	-80.6
仓储业	133963	567.2	2480	11.7
批发业	55579	28.6	19552	3158.7
零售业	80001	114.6	29700	429.1

注：由于缺乏测算资料，本表分别以铁路运输业、道路运输业（均包含旅客运输和相应的辅助活动）代替铁路货运业、公路货运业。投资以当年有工作量的项目计算合计。

三、物流业发展的基础条件

近些年晋中市物流业取得了较快发展，与当地经济的迅猛发展和物流需求密切相关。

(一) 物流基础设施日趋完善

随着物流行业固定资产投资力度的不断加大，晋中市物流基础设施日益完善。晋中市境内有铁路专线70余条，包括石太客运专线、石太线、南同蒲线、太焦线、阳涉线、介西线6条铁路干支线560余千米，地方铁路墨左线25千米，还有30余条企业专用线160余千米，加上新建成的太中银铁路22千米，大西客运专线132千米，总里程近900千米。是山西省非常重要的一个铁路交通枢纽。铁路货运站场27个，其中大型铁路货场年吞吐量达1230万吨。公路通车里程15565.5千米，比上年增加234.9千米，增长1.5%；其中，高速公路572千米，与上年末持平；一级公路449千米，比上年末增加15千米；二级公路2242千米，比上年末增加61千米。2013年晋中市完成公路货运量为9152万吨，完成货物周转量为187.6亿吨千米。贯穿晋中市境内的交通网络将与京、津、冀、豫、陕、蒙、甘的交通网络以及环渤海经济带连成一片，晋中市作为区域性交通枢纽已渐具雏形。

目前，晋中市各类仓储设施逐步完善，容量较大。城乡商业网点密布，大中城市内新型商业经营业态不断出现，2013年晋中市限额以上批发和零售法人达272家，比上年增长5.8%；营业面积165万平方米，从业人员2万余人。批发和零售业的迅速发展，带动了各种配送机构正的蓬勃兴起。

(二) 产业资源丰富，传统产业和新兴产业快速发展

晋中市是山西的产煤大市，有丰富的煤炭资源优势，煤焦运输是支撑全市物流业的重要行业之一。近年来，纺织机械、汽车零部件、医药化工等工业行业发展迅速，加上部分工业发展在全省甚至全国居于领先地位，内外贸产品流通和交换的总量和频度不断加大，促使物流行业迅速成长。

(三) 政府引导政策支持提供保障

物流“国八条”的出台和山西省物流发展规划研究的实施以及晋中市政府的大力支持和引导，将现代物流发展规划定为晋中市重点规划项目之一。不仅为物流业发展提供了蓝本，指明了发展方向，发挥了杠杆作用，更为物流业的发展提供了有力保障，物流企业家信心逐渐增强。

早在2008年，市委、市政府就提出“积极发展现代物流产业，规划建设综合物流园区，把晋中市城区建成山西省物流核心枢纽”这一战略部署。晋中转化交通、区位、产业等天然优势发展为新兴物流产业服务，全市加大政策和资金扶持力度，加强用地支持，加快人才引进和培养，全面改造、提升、整合现有各类商品市场，集中规划建设一批有规模、有特色、有辐射力的专业市场、物流中心、物流基地。

(四) 太原晋中同城化发展促进居民收入提高

随着太原晋中同城化发展加快，紧抓大太原经济圈建设重要机遇同时，极大地促进了晋中市物流业的发展。在晋中市城乡居民收入取得较快增加的带动下，2013年晋中市城镇居民人均可支配收入为23714元，比上年增长9.9%，农村居民人均纯收入8991元，比上年增长13.3%。居民消费的持续较快增长成为现代物流发展的内在条件。

(五) 现代物流园区建设发展强劲

三晋综合保税物流港、山西能源工业国际分销物流港等项目建设加快，方略保税物流中

心功能延伸工程项目推进顺利。

围绕三晋综合保税物流港成型建设发展，晋中市努力打造山西省乃至全国一流的现代综合物流港。“1 + 7”大型现代化内陆物流港，即建成 1 个核心功能区，7 个涵盖煤机、商贸、粮食、农产品、图书、机电、建材的专业物流园区。截至目前，港内建成、在建和拟建大型现代物流项目 20 多个，其中，已建成（部分建成）投产项目 7 项，在建项目 5 项，拟建项目 8 项，概念项目 7 项，总投资达到 400 多亿元。三晋综合保税物流港建设是晋中市立足优越的区位优势，抓住大太原经济圈建设重要机遇，按照全省转型发展、跨越发展的战略要求，重点谋划的山西省产业转型的标志性工程。目前该区域已汇集各类企业上千家，初步形成了机械装备制造、能源化工、农副产品加工、电器、金属材料制品和高新技术等产业集群，具备了发展“铁（路）公（路）机（场）”立体化大型现代物流得天独厚的基础。投入运营的山西三晋国际商贸物流城、山西新华书店集团有限公司山西新华物流中心、山西金利恒钢材市场、山西吉隆斯商贸股份有限公司家家利配送中心、兰田汽贸国际物流园、太原铁路分局集装箱货运、中铁快运有限公司铁运物流配送 7 个项目构成了三晋综合保税物流港的重要主体。

（六）大型物流企业规模大、辐射能力强

在煤炭物流、医药物流、烟草物流、图书物流等专业细分领域涌现出一批实力比较雄厚、市场占有率较高、综合竞争力较强的物流企业。晋中晋煤煤炭销售有限公司、晋中市开发区宝丰隆物贸有限公司、太原铁路分局集装箱货运、中铁快运有限公司铁运物流配送项目、家家利物流配送、山西金利恒钢材市场、顺源通物流仓储中转基地和信息中心项目和山西新华图书物流中心、三晋国际商贸物流城、烟草物流配送中心等都是上规模、有特色、辐射力强的现代物流专业市场、物流中心、物流基地。其中，晋中晋煤煤炭销售有限公司是一家晋中区域煤炭销售企业，并通过公路运输出省、出县的原煤、煤炭制品及其副产品，对煤炭进行统一销售、物流配送。2013 年该公司完成销售 269 亿元，成为我市现代化大型煤炭物流旗舰企业，逐步构建现代煤炭大物流体系。山西新华物流中心拥有全国 570 家出版社的货源，配送网络已经辐射全国。物流区达 4. 3 万平方米，已入选全国出版发行行业 10 大物流基地。依托这样现代化的物流中心，山西省的 110 个县市新华书店已实现网上配货，5 万多种图书经过数字化、自动化的拣选、配送、打包和发运，顷刻间就可实现。

（七）现代物流信息平台运营良好

由晋中市运管局主办的中国晋商物流信息网 2012 年已上线运营，信息化服务水平的提高，减少了货运资源的浪费。平台主要由物流信息、物流专线等子平台组成，货源信息、运力信息、从业人员信息等内容通过平台进行融汇、整合。主要立足本省辐射全国，服务于我省道路货运（物流）企业、货运物流站场、个体货运业主、货运信息部、仓储服务业户、货源单位、个体货主、个体车主、个体驾驶员等。将加速全市物流信息交流、整合物流资源，推进晋中现代物流的快速发展，标志着晋中市物流业进入了一个崭新的发展阶段。

四、加快物流业发展的对策

目前，晋中市物流业发展存在的主要问题是：物流产业增加值占 GDP 比重偏低；物流固定资产投资占比下降，新增固定资产后劲不足；物流经营模式单一，新型物流形态较少；物流企业成本进入持续上行通道，限制物流业的发展。

现代物流业对区域经济发展和社会和谐都起着重要的作用，为此，相关部门应给予必要的关注和支持推动，切实推动晋中市现代化物流业的发展。

（一）建立综合协调机制深化流通领域改革

现代物流业是一综合性行业，是一项与经济和社会发展各个方面密切相关的系统工程，涉及发改委、经贸、财政、规划、环保、建设、交通和公安等若干部门。促进物流业发展必须加强领导，整体协调，形成各部门密切配合、市区县共同推进的工作机制。政府部门应建立物流业发展的综合组织协调机制，负责统一编制、协调各部门、各区域的物流发展规划和物流行动计划。

（二）规划和引导物流建设，加强物流体系建设

支持重大物流工程建设、培育大型物流企业、引导物流资源整合和传统物流改造提升、扶持农产品批发市场建设。关注支持涉及民生的物流领域，如农产品物流、食品物流、医药物流等设立现代物流业发展专项资金，采取财政贴息或补助方式用于物流发展。

（三）鼓励传统物流企业升级改造培育核心竞争力

鼓励整合物流设施资源。支持大型优势物流企业通过兼并重组等方式，对分散的物流设施资源进行整合；鼓励中小物流企业加强联盟合作，创新合作方式和服务模式，优化资源配置，提高服务水平，积极推进物流业发展方式转变。随着需求层次提升，一体化、精益化、智能化的供应链服务需求继续扩大；专业化、个性化、柔性化的共同配送需求快速增长；电子商务和居民消费等对物流配送和快递服务的要求越来越高。传统运输及物流服务企业应根据现有资源利用先进的信息技术对企业进行改造升级，开展采购代理、加工配送、储运分拨等现代物流业务，逐步实现向现代物流的转变；对中小物流企业进行兼并重组，促进传统物流业转型升级，大力扶持有一定基础的企业向现代物流企业转型，鼓励其向集团化、规模化发展。

（四）大力推进新技术应用提升流通信息化水平

加快物流新技术应用，包括物联网、云计算、多层仓库、自动分拣、托盘共用系统等新的设备和技术。大力发展第三方物流，以满足生产经营企业集中精力搞好主业、把相关物流活动以合同方式委托给专业物流服务企业的需求，同时，通过信息系统与物流企业保持密切联系，以达到对物流全程管理控制的一种物流运作与管理方式。

（五）加强土地政策支持和金融服务支持

制定和实行物流业用地保护政策，对纳入规划的物流园区用地给予重点保障。物流业用地使用权可采取租赁方式，不准随意变更用途。在保证物流用地的同时，有效遏制以物流名义圈占土地的行为。

各级政府及有关部门应加强对物流业的金融服务，在银行信贷方面给予企业支持，尽快解决中小物流企业融资难。

当前晋中正处于转型综改试验和同城化建设关键时期，全市上下围绕目标，加快发展方式转变，推进产业的优化与升级。通过积极发展物流业，对调整产业结构、推进全市跨越赶超起到重要作用。

（张彩霞　晋中市统计局）

2013 年沈阳市物流业发展情况

2013 年，沈阳市认真贯彻落实市委十二届七次全会和市政府十九届一次全会决策部署，紧紧围绕稳增长的中心任务，扎实推进重大物流项目和物流基础设施建设，大力促进制造业与物流业联动发展，行业发展环境不断优化，沈阳市物流业保持了良好的发展态势。

一、物流业发展的基本情况

（一）物流业增加值持续攀升

2013 年沈阳市物流业增加值实现 295.0 亿元，比上年增长 8.3%，占地区生产总值的比重为 4.1%，占服务业增加值的比重为 9.5%。物流行业对市国民经济发展贡献率为 4.1%，拉动经济增长为 0.3 个百分点。

（二）货运总量稳步增长

2013 年沈阳市铁路、公路、航空货运总量达到 2.5 亿吨，比上年增长 12.6%，增势明显。其中铁路货运量实现 529.5 万吨，同比增长 16.0%；公路货运量实现 2.4 亿吨，同比增长 12.6%；民航货运量实现 4.4 万吨，同比下降 1.5%。沈阳市铁路货物周转量达到 2277467 万吨千米，同比增长 10.5%；公路货物周转量达 3777284 万吨千米，同比增长 13.6%；民航货邮周转量达 8405.7 万吨千米，同比下降 0.1%。

（三）物流业基础设施建设进度加快

2013 年沈阳市物流业固定资产投资增长较快，投资总额累计实现 360.5 亿元，同比增长 1.4%。各类物流集中发展区、物流中心不断完善服务功能，加大建设力度，重点物流项目建设有序推进。润恒农产品冷链物流（一期）、安得物流园、中储股份辽宁物流产业园（一期）、宝湾国际物流园（一期）等一批重点项目基本建成或投入运营；京东商城、苏宁云购、华强电子等一批国内知名电商物流项目接连启动，成功抢占了东北三省电商物流市场；恒丰源、东北冷鲜港、海吉星（二期）、清宇鹅业等冷链物流项目加速建设，为沈阳市冷链物流发展增添新的动力。

（四）行业发展环境不断优化

2013 年沈阳市有 2 家物流企业获评 5A 级物流企业，11 月份，在第十届中国国际物流节上，沈阳市首次荣获“2013 中国商贸物流先锋城市奖”，提升了沈阳市物流企业发展环境的品牌效应，拓宽了沈阳市物流企业对外合作平台。

二、加快发展物流业的对策措施

2013年沈阳市物流业实现了平稳较快发展，但总体水平仍然偏低，服务和支撑全市经济和社会发展的能力不足，依然存在一些亟待解决的问题。一是物流服务专业化水平有待提高。沈阳市大多数物流企业经营规模偏小，服务功能单一，物流信息化、标准化、集约化、现代化水平不高，现代物流服务能力与水平还难以满足沈阳市装备制造业等支柱产业的发展需求，无法在激烈的市场竞争中发挥优势。二是物流市场需要进一步培育和完善。沈阳市物流市场发展不均衡。传统运输货代市场竞争日益激烈，利润微薄；低温仓储设施在建量与存量可观，存在投资过度和资产闲置的风险；装备制造物流由于较高的技术标准和精细化作业要求，使传统物流业难以涉足。三是物流规划有待进一步落实。对比《沈阳市物流业发展十二五规划》总目标，目前沈阳市物流业发展的速度、规模和质量与相应的阶段目标仍有较大差距，一些园区、中心仍然停留在纸面上；有些区、县对本地区的物流业发展仍没有明确的思路和规划；个别区域既定的物流业发展规划几经调整变更，未能发挥优化物流布局、引导企业投资的作用。

为解决上述问题，继续推动《沈阳市物流业发展“十二五”规划》的落实，沈阳市将从以下五方面着手优化物流业发展环境，助力物流业加快发展。

（一）建立健全工作制度

打破条块分割的政策和体制障碍，建立健全工作制度，加大协调推进力度。会同沈阳市服务业委、交通局、邮政局等部门，定期召开市、区（县）互动联动工作会议，及时沟通全市物流业发展的情况，形成联动效应。通过监测物流业发展动态，推进相关重大项目实施，加快落实全市物流业发展规划，协调解决物流领域重大问题，形成推进合力。

（二）完善物流业发展政策

根据《辽宁省人民政府关于加快发展服务业的若干意见》和《沈阳市人民政府关于加快发展服务业的实施意见》的精神，编制《沈阳市加快物流业发展专项行动计划》（2014—2017年）；会同公安、交通等部门，加快完善中心城区货运通行政策，着力解决物流货运车辆停靠、装卸作业难等问题，建立物流运输车辆的“绿色通道”，提高城市配送运营效率和服务水平。

（三）加大资金扶持力度

充分发挥政府的引导和放大作用，多方式、多渠道加大对物流领域的投入。积极推荐有发展潜力的重点物流项目列入中央预算内投资项目计划；引导省、市有关部门各类资金向物流领域项目倾斜；鼓励中小企业信用担保机构放大担保额度扶持中小物流企业发展；加强银行、企业间的合作，鼓励金融机构在独立审贷的基础上，增加物流企业和项目的贷款。

（四）推进物流标准化建设

加快建立和完善沈阳市物流标准体系，推动辽宁九州通医药物流化分拣中心、沈阳苏宁自动分拣中心、沈阳鼎鼎信息化仓储中心等一批专业水平高、带动性强的配送和仓储项目标准化建设；推广应用现代化立体仓库、自动拣选设备等先进物流装备及自动识别和标识等技术；积极向物流企业宣传《物流企业分类与评估指标》国家标准以及A级企业申报的重要性及标准把握、申报程序、现场评估等，引导物流企业申报国家A级评估。

（五）加快现代物流专业人才培养和引进

鼓励和支持高等院校、职业学校开设物流相关专业，培养现代物流管理人才和专业技术人才；支持开展物流先进技术产学研一体化研究，建立校企结合的物流综合培训和实验基地；采取灵活多样方式，积极开展物流企业从业人员岗前培训、在职培训，完善物流领域职业资质认证体系；研究制定相关激励措施，引进国内外优秀物流专业人才来沈阳工作和创业。

（汤筠伟　闫　宁）

2013 年长春市物流业发展情况

2013 年面对宏观经济增速放缓、劳动力成本不断加大、燃油费用持续上涨等不利因素，在国家和省、市促进物流产业发展多项刺激政策的综合作用下，长春市物流产业实现了稳中有进、持续健康发展。总体看，长春市物流业的运行基本与稳中有升的宏观经济运行态势相一致，虽然物流业整体发展速度趋缓，但是运行质量有所提高。2013 年是长春物流业萌发新亮点、向现代化迈进、存量提质、增量提升的一年。

一、物流业总体指标稳步提升

2013 年长春市物流业总体增速放缓，物流企业经营成本有所增加，第三方物流企业经营较为困难。产业物流中汽车物流企业增长势头较为突出，但也仅限于整车物流，零部件物流增速略有下降。2013 年长春市物流业运行情况如下。

（一）社会物流总额

2013 年长春市社会物流总额实现 15668. 3 亿元，同比增长 10. 7%，反映出物流需求实现平稳增长。2013 年长春市社会物流总额构成情况见下表。

2013 年长春市社会物流总额构成情况表

物流类别	总额（亿元）	在物流总额中所占比重（%）
工业品物流	8972. 1	57. 2
农产品物流	535. 8	3. 4
外部流入货物物流	5061	32. 3
进口货物物流	1043. 7	6. 7
再生资源物流	41. 3	0. 3
单位与居民物品物流	14. 4	0. 1

（二）社会物流总费用

2013 年长春市社会物流总费用为 901 亿元，同比增长 12.7 %。社会物流总费用与 GDP 的比率为 17.781%，比上年同期下降 0.155 个百分点。反映出物流企业经营成本仍然偏高。2013 年长春市社会物流总费用构成情况如下图所示。

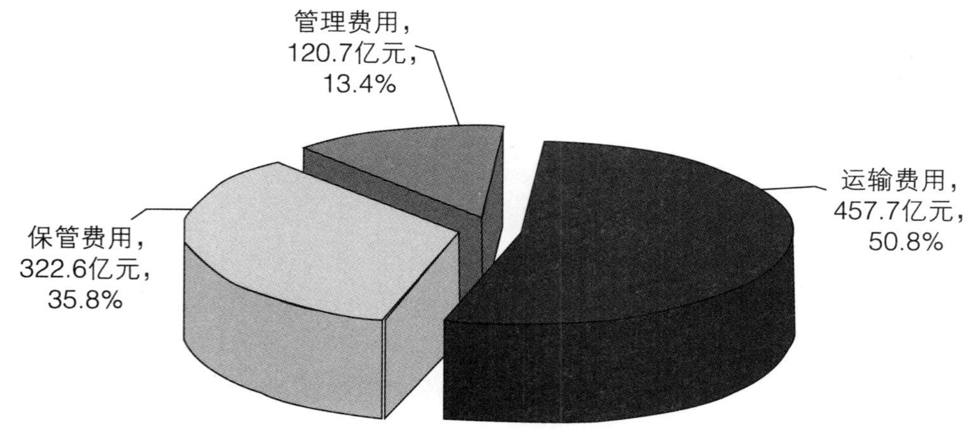

2013 年长春市社会物流总费用构成图

（三）物流业增加值

2013 年长春市物流业增加值为 342.05 亿元，同比增长 10.5%，占 GDP 的比重为 6.8%，比上年同期上升 0.1 个百分点，占现代服务业增加值的比重为 16.99%，同比上升 0.23 个百分点。长春市物流产业增速虽然放缓，但是物流业增加值占全市 GDP 的比重仍有所上升，说明物流业的运行质量有所提高，结构向合理化方向发展。

二、物流业发展情况

（一）物流企业发展渐入佳境

2013 年随着物流行业准入门槛的不断降低，长春市物流企业数量迅速增加；在汽车、农副产品加工和轨道客车三大支柱产业的带动下，汽车及零部件物流企业、农副产品加工物流企业成长较快，效益不断提高；受长春市货物量大进大出特点影响，全市零担物流企业在快速发展的同时，逐渐向抱团取暖方向发展——长春市首个物流企业专线运输联盟正式成立。

1. 物流企业初具规模

截至 2013 年 12 月，长春市城区企业物流及物流企业已经突破 3800 户。其中，企业物流占总数的 17.5%，第三方物流企业占总数的 82.5%；运输型物流企业占物流企业总数的 75.4%，仓储型物流企业占物流企业总数的 9.6%；综合型物流企业占物流企业总数的 15.1%。

2. A 级物流企业和诚信物流企业不断增加

2013 年长春市共有 9 家企业经中物联评估进入 A 级企业行列。截至 2013 年 12 月，长春市 3A 级以上物流企业已达 36 家，其中 5A 级物流企业有 5 家、4A 级物流企业有 17 家、3A 级物流企业有 14 家；2013 年长春市新增市级诚信物流企业 14 家，全市市级诚信物流企业累计已达 86 家，整个行业信誉度明显提升。

3. 物流企业运输及仓储能力有所提升

2013 年长春全市运输车辆总数达 12 万多台，装卸设备 1 万多台，其中，个体运输车辆数为 3.1 万多台、物流企业运输车辆总数近 9 万多台。物流企业经营专线达 100 多条，基本覆盖了全国各省主要城市；长春市物流企业的物流仓储库总面积 315 万平方米（不含露天仓储和简易罩棚仓储），其中企业冷库仓储面积 20 多万平方米。2013 年长春市货运总量在 2.3 亿吨左右，其中公路货物运输总量在 1.75 亿吨左右。

（二）物流基础设施建设扎实推进

2013 年长春市物流基础设施建设工作持续稳步推进。

1. 物流集中区布局趋于合理

长春市根据全市各主干公路及产业分布特点，在全市各城区布局六大物流集中区，分别是长春东部——二道国际综合物流集中区；长春西南部——汽车物流集中区；长春西北部——绿园物流集中区；长春北部——长江生活物流集中区；长春东北部——兴隆综合保税物流集中区；长春东南部——净月绿色物流集中区。

2. 物流园区建设日渐完善

截至 2013 年年末，长春市拥有万平方米以上建成物流园区 12 个，且均位于六大物流集中区内。在建的大型现代化物流园区项目有投资 20 亿元、占地面积 41 万平方米的长东北钢材物流园，投资 13 亿元、占地面积 30 万平方米的香江物流园和投资 32 亿元、占地面积 40 万平方米的光彩商贸物流园等。2013 年启动运营的有亚奇物流园二期、中农机物流园二期、际华国际物流园等物流园区项目。

3. 批发市场集聚效应凸显

目前，长春市城区北部建设了以农产品为主的大型专业批发市场集群，主要有长春东北亚农贸水产大市场、长春君子兰花卉批发市场、吉林省隆源农资物流园等十余个市场；东北部建设了以生产资料为主的大型专业批发市场集群，主要有东北亚总部基地欧洲石材陶瓷中心、长春东北亚国际采购中心、吉林省正茂生产资料批发市场等 20 余个市场；西南部建设了以汽车及零部件为主的大型市场，主要有长春高力北方汽贸城、中床物流汽车零部件配送中心、长春亿北废旧资源汽车拆解市场等十余个市场；西部建设了以农资、农机、工程机械为主的市场集群，主要有长春汽车贸易园、中农机公司长春农机批发市场、长春海吉星农产品批发市场等十余个批发市场；东南方向建设了商贸类批发市场，主要有净月旅游商贸城、卓展购物广场、万达购物中心等十余个商业市场项目，批发市场集聚效应凸显。

4. 物流公共信息平台运营良好

长春市以长春物流协会为主体建设了长春物流公共信息平台，该平台共有七大系统功能，即长春物流信息网 www.cc56.com.cn、物流客服中心 96656114、金融融资平台、GPS 监控平台、长春物流信息管理系统、途中货物保险和“通付汇宝”资金管理系统，目前该平台运营良好，为促进地区现代物流业发展起到了积极作用。

三、物流业发展中的主要特点

（一）产业物流起主导作用

2013 年长春市工业品物流占全市物流业总额的 57% 以上，工业物流居全市物流业主导地位。汽车物流和农产品物流优势较为明显，全年汽车物流增加值占全市物流增加值的 62% 左右；农产品物流占全市物流增加值的 18% 左右。汽车和农产品的产业基础比较雄厚，成为全市物流业发展的强大支撑，生产型物流的增加值占全市物流业增加值的 90% 以上，生活型物流不足 10% 。

（二）大进大出的业务量较大

2013 年长春全市外部流入物流总额占全市物流总额的33% 左右，流出的物流总额在60% 左右。生产汽车的原材料需要运进，汽车产后整车及零部件需要运出；农产品原材料需要运进，农产品加工成品需要运出；生物医药、光电信息、轨道客车等主要产品都需要原材料的运进以及产成品的运出。大进大出是长春市物流货运量流向的一大特点。

（三）信息化程度逐步提高

目前长春市可以利用的物流网有吉林省物流与采购联合会网、长春物流信息网、生产资料和农副产品物流网、刘传奇物流商务网等 4 个较大型的公用物流信息网站。其中长春物流信息网是长春物流协会官方网站，是集信息资讯、法律咨询、货款结算、企业融资、广告宣传、人才培训、保险对接等多项功能于一身的综合物流公共服务平台。目前长春市 90% 的大型企业都建立了集营销与管理于一体的自用网站，对 30% 以上的货运车辆运行实施了 GPS 卫星定位监管。

（四）科学化管理向前迈进

截至 2013 年年底，长春市已有 20 户物流企业被相关部门认定为标准化管理企业，如长春一汽物流被国家选定为服务业标准化试点企业。产业发展初始阶段，70% 以上的物流企业经营管理者是由车主、司机、装卸工发展而来，目前这种状况有了较大改变。在一些大型物流企业管理层中，大学生、研究生及具有专业职称的人员已占很大比例。2013 年长春市物流专业的大中专毕业生供不应求，物流企业从业者的知识结构和人才结构正在改变。

四、行业协会服务能力显著提升

2013 年长春市更加注重行业协会服务工作的开展，通过政府和协会的共同努力，长春市拓宽了长春物流协会的服务领域，提高了服务能力，进一步加强了协会与企业、政府之间的沟通和联系。

（一）服务企业

2013 年长春市物流协会加强了为企业服务的力度，为物流企业服务工作取得了突破性进展，提供的服务有：为企业管理人员提供业务知识培训；帮助物流企业提升标准化水平；帮助企业进行国家 A 级物流企业的评估认定，开展市级诚信物流企业评选，进行全市“十强物流企业”排名；帮助物流企业转型升级；牵线搭桥促进园区与企业合作，既解决了大型园区招商难，又解决了小企业无处去的难题；帮助城际间物流园区开展跨地区合作，促成长春市香江物流园区与哈尔滨市龙运物流园区合作，两个园区之间会员企业享受各种互惠政策；抓联盟建设，促进企业做大做强。此外，长春市物流协会还成立了“长春物流协会专线联盟分会”，现已吸纳 21 家专线企业参与。长春市物流协会与税务部门沟通，为大众物流、蓝天物流等企业解决了税务发票难题。

（二）服务政府

2013 年长春市物流协会秉承“进门、认人、知情、交友”的原则，共走访企业 185 户，深入了解企业的需求和困难；通过与市统计局等相关部门密切沟通协调、向企业全面收集数据、多次与国家及省物流与采购联合会对接，圆满完成了2013年物流业基本数据统计工作，为决策者掌握情况提供了翔实的基础数据。此外，长春市物流协会还完成了长春市80户重点物流企业的基础信息呈报工作；积极配合市产业办、商务局全程参与了“城市物流共同配送试点”工作。

（三）创新性服务

长春市物流协会与民生银行合作为56户物流企业解决贷款近1亿元，与光大银行及招商银行洽谈，提出了三户联保和个体流水受信的新的融资模式；与阳光保险吉林分公司开展战略合作，在5户企业已承保的基础上，探索更优惠的政策环境，正在推进中；与中国电信长春分公司合作，推出了手机定位功能，在与部分企业沟通后，其定位精度高、费用低、流量不受控制等优势明显，很受企业欢迎；在与长春市仲裁委员会签署合作协议的基础上，又与长春市盈科律师事务所签署了合作协议，为全市物流行业、企业提供免费咨询指导；与政府及相关部门对接，多渠道了解和掌握国家及省市物流业的最新政策法规，让企业实时了解政府政策导向，准确调整经营方向。

（四）为企业打造宣传平台

长春市物流协会利用“长春物流信息网站”和《长春物流》刊物对物流行业和企业进行了广泛的宣传引导。《长春物流》刊物保证每期宣传2～3户经营状况好、诚信度高的物流企业，提升企业的知名度；持续介绍现代物流理念和先进技术，宣传物流知识。不断完善长春市物流协会的物流信息网功能、扩大网站的影响和服务范围，对长春市物流行业的信息化发展起到积极的引领作用。

（长春市发展和改革委员会经贸处）

2013 年哈尔滨市物流业发展情况

2013 年，哈尔滨市物流业运行形势总体良好，社会物流总额、社会物流总费用和物流业增加值平稳增长，物流业固定资产投资高速增长。

一、社会物流总额平稳增长

2013 年，哈尔滨市社会物流总额为 13874.04 亿元，同比增长 13.3%。其中，工业品物流总额为 7881.78 亿元，同比增长 12.7%；外埠流入货物额为 5157.79 亿元，同比增长 14.7%，其中进口货物物流总额为 222.82 亿元，同比增长 1.6%；农产品物流总额为 799.17 亿元，同比增长 9.7%；再生资源物流总额为 27.45 亿元，同比增长 15.0%；单位与居民物品物流总额为 7.86 亿元，同比增长 4.7%。

二、社会物流总费用增长较快

2013 年，哈尔滨市社会物流总费用为 895.62 亿元，同比增长 14.4%。其中，运输费用为 518.71 亿元，同比增长 13.8%；保管费用为 250.59 亿元，同比增长 16.3%；管理费用为 126.31 亿元，同比增长 12.9%。

三、物流增加值稳定增长

2013 年，哈尔滨市物流增加值为 345.61 亿元，同比增长 12.2%，增幅高于全市生产总值 3.3 个百分点，高于第三产业增加值 3.2 个百分点。其中，交通运输业物流增加值为 251.28 亿元，同比增长 11.2%；仓储邮政业物流增加值为 21.87 亿元，同比增长 16.3%；其他行业物流增加值为 72.46 亿元，同比增长 14.5%。

四、物流业固定资产投资高速增长

2013 年，哈尔滨市社会固定资产投资总额为 4940.01 亿元，同比增长 25.1%。其中，物流业固定资产投资额为 475.51 亿元，同比增长 31.6%，高于哈尔滨市社会固定资产投资平均增速 6.5 个百分点。物流业中，交通运输业固定资产投资额为 135.39 亿元，同比下降 18.9%；仓储邮政业固定资产投资额为 26.53

亿元，同比增长61.0%；其他行业固定资产投资额为313.59亿元，同比增长76.3%。

2013年哈尔滨市物流业运行情况见下表。

2013年哈尔滨市物流业运行情况统计表

指　　标	绝对值（亿元）	增幅（%）
一、社会物流总额	13874.04	13.3
1. 农产品	799.17	9.7
2. 工业品	7881.78	12.7
3. 外埠流入货物	5157.79	14.7
其中：进口货物	222.82	1.6
4. 再生资源	27.45	15.0
5. 单位与居民物品	7.86	4.7
二、社会物流总费用	895.62	14.4
1. 运输费用	518.71	13.8
2. 保管费用	250.59	16.3
3. 管理费用	126.31	12.9
三、物流增加值	345.61	12.2
1. 交通运输业	251.28	11.2
2. 仓储邮政业	21.87	16.3
3. 其他行业	72.46	14.5
四、全社会固定资产投资额	4940.01	25.1
其中：物流业	475.51	31.6
1. 交通运输业	135.39	-18.9
2. 仓储邮政业	26.53	61.0
3. 其他行业	313.59	76.3

（哈尔滨市统计局 哈尔滨市发展和改革委员会）

2013 年南京市物流业发展情况

2013 年在国际国内经济比较复杂多变的情况下，南京市物流业运行总体平稳增长，为全市经济发展提供了有力的支撑。

一、物流业发展的总体情况

2013 年南京市物流业发展保持平稳增长态势。

（一）物流业增加值继续走高，增速趋缓

2013 年南京市物流业增加值为 524. 74 亿元，按可比价格计算增长 10. 3%，增速在 2012 年较上年回落 8. 3 个百分点的基础上又回落了 0. 9 个百分点（详见图 1）。

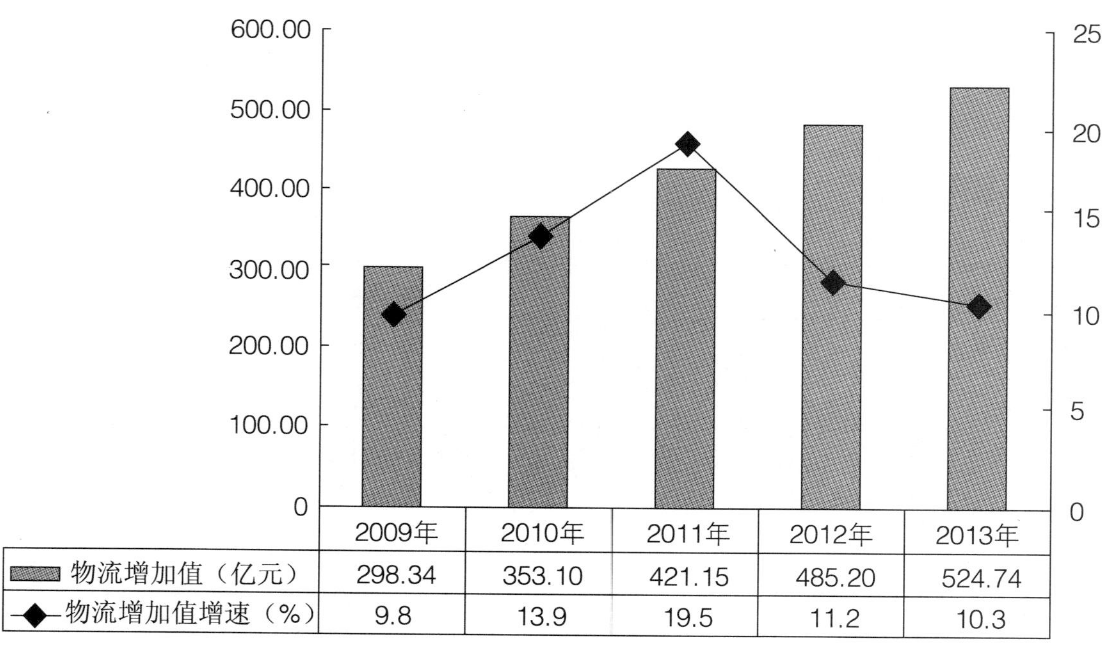

	2009年	2010年	2011年	2012年	2013年
物流增加值（亿元）	298.34	353.10	421.15	485.20	524.74
物流增加值增速（%）	9.8	13.9	19.5	11.2	10.3

图 1 2009—2013 年南京市物流业增加值与增加值增速走势

（二）社会物流总额攀升，物流需求略有减弱

2013 年南京市社会物流总额为 23437.01 亿元，比上年增长（现价，下同）11.4%，与 2012 年相比，增幅回落了 2 个百分点（见图 2），数据表明，受国际国内经济形势的影响南京市社会物流总规模增长趋缓，物流需求略有减弱。

在南京市社会物流总额构成中，工业品物流总额（包括市内物流和流到市外）为 13859.56 亿元，比上年增长 10.3%，占社会物流总额的 59.1%；农产品物流总额（包括市内物流和流到市外）为 168.63 亿元，比上年增长 10.3%，占社会物流总额的 0.7%；进口物流总额为 1457.38 亿元，比上年下降 0.8%，占社会物流总额的 6.2%；外省市货物流入总额为 7909.45 亿元，比上年增长 16.3%，占社会物流总额的 33.7%。

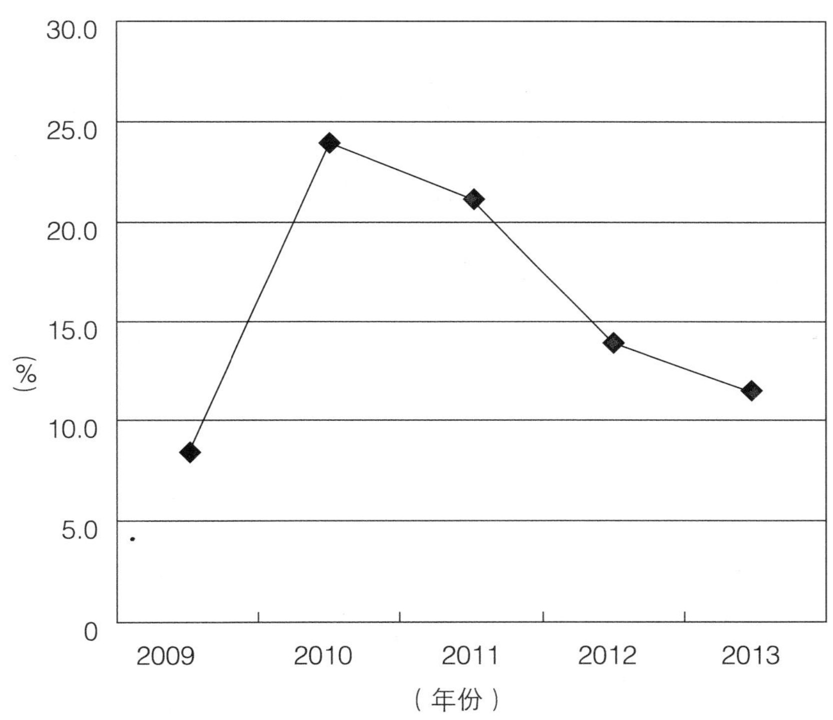

图 2　2009—2013 年南京市社会物流总额增速变化走势

（三）社会物流总费用与 GDP 的比率进一步降低，运行效率有所提高

2013 年南京市社会物流总费用为 1219.78 亿元，比上年增长 10.2%，增幅低于全市社会物流总额 1.2 个百分点，社会物流总费用与 GDP 的比率为 15.2%，比上年下降了 0.4 个百分点（见图 3），从投入与产出的角度表明 2013 年南京市社会物流的效率和效益有所提高。

在物流总费用构成中：运输费用为 612.66 亿元，比上年增长 8.9%，占社会物流总费用的 50.2%；保管费用为 449.04 亿元，比上年增长 11.4%，占社会物流总费用的 36.8%；管理费用为 158.09 亿元，比上年增长 11.4%，占社会物流总费用的 13.0%。

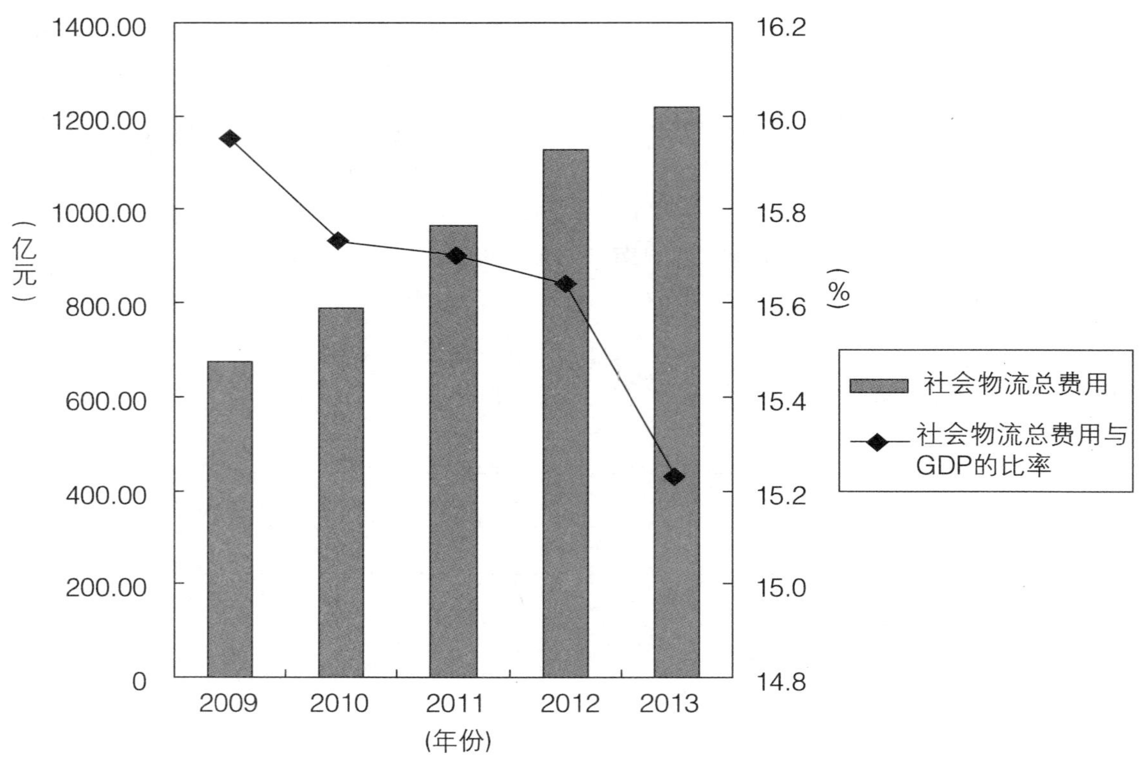

图3　2009—2013 年南京市社会物流总费用及期与 GDP 比率变化情况

二、物流业生产运行的特点

（一）货物运输总量平稳低速增加

2013 年南京市货物运输总量为 44052.08 万吨，比上年增长 4.9%。其中，铁路货运量为 1701.55 万吨，比上年下降 5.8%；公路货运量为 23738 万吨，比上年增长 7.8%；水路货运量为 15556 万吨，比上年增长 3.1%；航空货运量为 6.67 万吨，比上年下降 0.3%。

（二）货运周转量保持平稳增长

2013 年南京市全年完成货物运输周转量为 5080.46 亿吨千米，比上年增长 9.9%。其中，铁路货运周转量为 93.29 亿吨千米，比上年下降 4.7%；公路货运周转量为 186.53 亿吨千米，比上年增长 11.0%；水路货运周转量为 4768.44 亿吨千米，比上年增长 10.1%；航空货运周转量为 0.95 亿吨千米，比上年增长 5.1%。

（三）交通物流企业营业收入出现回落

统计调查年报数据显示，2013 年南京市参加调查的 448 家规模以上交通物流企业实现营业收入 932.05 亿元，比上年增长 2.7%，占服务业全部规模以上服务业企业收入的比重为 22.4%，但增速较上年回落 20.8 个百分点，增速比全部规模以上服务业企业的收入低 8.3 个百分点。其中接受调查的 150 家从事道路货物运输的企业实现营业收入 135.51 亿元，比上年下降 25.7%；73 家从事水上货物运输的企业实现营业收入 232.91 亿元，增长 25.8 %；2 家航空货物运输企业实现营业收入 2.81 亿元，比上年增长 27.6 %；7 家邮政企业实现营业收入 15.96 亿元，比上年增长 14.0 %。

（四）快递服务企业强势增长

接受调查的 5 家规模以上快递服务企业营业收入增速达到了 26.5 %，高出交通运输物流企业平均增速 23.8 个百分点。南京邮政快递、顺风、圆通等营业收入过亿元的快递服务企业，营业收入增长速度均在 25% 以上。

三、物流业运行发展中的问题

一是交通物流生产有所回落。货运周转量、邮政业务总量及收入情况能够较客观地反映出整个交通物流的运行情况。从货物运输总量看，2013 年南京市货物运输总量为 4.41 亿吨，与上年相比增长了 4.9%，增速回落 1.3 个百分点，其中，道路运输回落 3.3 个百分点，水上运输回落 4.0 个百分点，航空货物运输回落 10.3 个百分点；从货物周转量看，2013 年南京市完成货物周转量为 5080.46 亿吨千米，与上年相比，增长了 9.9%，增速回落 7.3 个百分点，其中，水上运输回落 8 个百分点、航空货物运输回落 2.4 个百分点。造成 2013 年交通物流生产有所回落的主要原因是经济发展传导效应的显现。交通运输生产和消费的桥梁，交通运输与工业生产以及社会消费等方面存在着较强的关联性。从工业经济运行情况看，2013 年南京市规模以上工业企业实现工业总产值 12647.14 亿元，比上年增长 10.3%，增幅较上年回落 1.5 个百分点；从限额以上社零售额情况看，2013 年南京市实现社会消费品零售总额 3504.17 亿元，比上年增长 13.8%，增幅较上年回落 1.6 个百分点。

二是“营改增”后道路货运企业税赋有所加重。“营改增”以后南京市规模以上道路货物运输企业因运输过程无法完整取得加油费、修理费、过桥过路费等费用的增值税票据，造成货运企业“营改增”后抵不足，税赋总体呈现上升趋势，全市接受调查的 150 规模以上道路货运企业 2013 年营业收入比上年下降 25.7% 的情况下，其营业税和增值税两税合计上升了 10.1%，说明货物运输企业税负有所加重。

三是大型交通物流企业业绩欠优影响了行业经济运行质量。在被调查的 448 家规模以上交通物流企业中，有 50.2% 的企业营业收入比上年出现了下降；有 114 家出现亏损，亏损面达到了 25.4%，其中年营业收入亿元以上的企业中有 18.2% 的企业处于亏损，亏损最高的企业亏损额达到 11.99 亿元，南京长江油运、苏宁易购物流等大型物流企业亏损较大。

四、保持物流业稳定发展的对策

针对南京市物流业存在的问题，要使全市物流业保持稳中有进、平稳健康发展的态势，还需要政府相关部门密切配合，通力合作，加大对物流企业的政策激励和扶持。

（一）加强规划引领，充分利用区位优势发展物流业

认真贯彻落实市委市政府《关于加快建设中国航运（空）与综合枢纽名城的意见》（宁委发〔2012〕66 号），充分发挥长江“黄金水道”的水运优势和承接东西部地区的区域辐射优势，秉承“有所为、有所不为”的理念，强化规划引领，大力推进长江航运物流中心、航空枢纽经济区和货物配载中心建设，搞好城市共同配送，让南京电子、汽车、化工和零售等主导产业中的物流需求得到充分利用和放大；发挥好南京承接中西部地区货物中转中心作用，倾力打造一批设施齐全、信息化程度高的龙头企业，用规模优势推进行企业降低生产运成本。

（二）加大政策扶持力度，促进物流业信息化、智能化发展

要为物流业的发展创造良好的投资环境，提供投融资平台，加强对物流业的资金投入政策扶持，减轻企业的负担，鼓励更多的投资者参与物流项目投资。要进一步加强物流基础设施建设，坚持政府推进、市场引导、企业为主体的原则，以市场作为资源配置的基础手段，采取多元运营模式，让交通物流企业尽显其能，在“公开，公平，公正”的环境中发展；要建设统一的物流公共信息平台，提供面向全市、本区域乃至全国的物流信息服务，让“运输高速公路”对接“信息高速公路”，实现区间运力“无缝对接”，提高铁路、公路、水路、航空之间协调配合功能，缩小最后一公里的物流成本；交通物流企业要充分利用“营改增”后固定资产抵扣政策，引进能效更高、更加环保的运输工具，实现整体技改，提升运输效能。

（三）加强标准化设施应用，以现代化、科技化为手段，推进物流结集园区的发展

加强物流标准化设施建设和应用，建设与国际接轨的物流标准体系；抓住国家和省出台的支持现代服务业发展和现代物流业发展的良好机遇，帮助企业及时掌握政策扶持导向，积极促进物流企业规范化管理经营，向国家和省争取资金、项目扶持；对符合条件的物流结集园区、物流企业要主动帮助，从资金、土地等政策上向他们倾斜；鼓励大企业自办物流公司剥离成为第三方物流企业，推进第三方物流与制造业的联动发展，创建一体化的物流联盟；整合中小物流企业，提高南京物流企业的市场集中度。

（四）加强人才培养和引进，促进交通物流企业加强自身管理

向管理要效率，向人才要效益，采用多种形式加强物流业从业人员在职培训，提高现有从业人员的素质，努力锻造一支现代物流管理人才和专业技术人才队伍；鼓励多渠道引进优秀物流专业人才，吸引高素质人才落户南京；要提高物流企业的组织管理水平，改变不规范、松散的物流组织管理形式，促进物资快速中转，提升物流效率；要减少运输工具的空载空驶率，提升单位燃料的使用率，科学降低单位物流成本；要大力推进物流标准化，提高基础设施、技术装备、管理流程标准化水平，促进节能增效。

（顾国祥　南京市统计局）

2013年常州市物流业发展情况

近年来，常州市把发展现代物流业作为加快发展现代服务业的重点领域，不断健全和优化政策环境，培育了一批物流中心，扶持了一批第三方物流骨干企业，物流产业得到迅速发展，为全市经济社会发展提供了坚实的物流保障。

一、物流规模不断扩大

2013年，常州市社会物流总额实现15849.8亿元，同比增长13.1%，占江苏全省物流总额的8.3%，呈逐年上升趋势；全市完成货运量1.78亿吨，货运周转量104.7亿吨千米。常州市完成物流业增加值310.8亿元，同比增长11.7%，占服务业比重的15.8%，占GDP比重提高到7.1%。物流业对经济的贡献份额逐步提升。

二、物流运行效率逐步提高

2013年，常州市社会物流总费用为683亿元，同比增长9.3%，与GDP比率为15.6%，低于全国平均水平近2.4个百分点，但高于江苏省平均水平0.4个百分点。

三、重点企业发展较快

近年来，苏浙皖物流中心、亚邦医药物流基地、江苏苏浙皖物流中心等一批大投入、多功能、现代化的物流园区规模不断扩大，安邦物流、海航国际物流、江苏益联等一批提供供应链服务和第三方物流服务特色的物流企业快速发展，凌家塘农产品物流、苏浙皖边界物流中心、常运物流、邹区灯具物流等一批农副产品、冷链、城市配送物流企业专业化发展，全市物流园区和物流企业的规模在不断发展壮大。2013年，中国物流常州分公司、江苏益联投资集团、江苏亚邦医药物流中心等18家物流企业主营收入超亿元。江苏长江塑化市场、凌家塘农副产品市场、湖塘纺织城、邹区灯具城等专业市场交易额均超过100亿元。目前，常州市有12家物流基地、24家物流企业分别获江苏省重点物流基地和江苏省重点物流企业认定，5家企业的技术中心通过省级认定。

四、重点项目有序推进

2013年常州市政府相关部门确立了100个市级服务业重点项目，通过项目推进建设带动了产业发展。其中，物流类项目19个，新建项目11个。19个物流项目总投资为128亿元，2013年计划投资38.8亿元，1—11月完成投资16.6亿元，完成年度投资计划的43%。常州市立足于全市经济发展战略、产业结构特征和物流需求，围绕物流集聚区、产业物流、大宗商品物流、保税物流、物流示范企业、物流基础设施和信息平台、制造业主辅分离和第三方物流等重点领域，狠抓了一批重点项目和重点工程，有力带动和促进了常州市物流业的发展。正在建设中的武南物流园、诚通物流中心项目，录安洲物流中心二期、江苏盐道物流园区、苏浙皖物流中心二期、江苏志宏物流园、江苏奔牛港物流中心一期等物流仓储项目，中国物流公司的“物流宝”、江苏安邦的甩挂系统平台、易呼通信息交流平台等信息化建设项目，进展顺利，项目建成后将对常州市物流业的发展产生积极影响。

2013年，全市交通运输系统重点推进49项工程，共完成交通建设投资99.26亿元。其中，新改建农村公路120千米，改造桥梁46座，新辟公交线路30条。

五、创新经营模式成效显著

物流企业在当前经济形势多变的情况下，为克服环境给企业发展带来的诸多不利因素，在创新模式、加速转型、做强做优上寻求突破，取得了显著成效。中国物流常州分公司与华夏银行、江苏银行、民生银行等多家国内金融机构、物流管理公司合作的开发金融物流宝平台，为拓宽制造企业融资渠道，增加企业资金链的活度和弹性、集聚并高效利用社会物流资源作出了尝试，平台已进入试运行。政成物流在先进专线配载基础上，大力开发扩展型信息平台，努力探索企业经验向行业标准转化的途径，为“公路港”模式之外，实现区域性物流基础资源优势整合。通过全资收购、定向合作、共享资源等多种方式，进一步扩大经营规模。安邦物流与政成物流两家企业成为江苏省首批甩挂试点单位，通过建立完善甩挂系统，为节能降本增效开创了新思路。江苏奔牛物流中心设立了我市首家纤维板和胶合板期货交割仓库，推动常武地区地板业、家具业、建筑业的发展，有效地实现产业发展方式与期货市场价格有机结合，提升了产业集群的竞争力。

（高旭宏　常州市经信委交通与物流处）

2013 年苏州市物流业发展情况

2013 年，苏州市认真贯彻江苏省委、省政府的决策部署，沉着应对外需持续不振、制造业内迁、商贸业增速放缓等不利局面，坚持“稳中求进，量质并举”的发展方针，全面落实各项鼓励政策，创新物流工作举措，大力发展物流业新兴业态，促进了全市物流业的持续健康平稳发展。

一、物流运行情况

2013 年苏州市物流主管部门进一步落实制造业分离发展现代物流业的各项政策，加强物流发展载体建设，鼓励发展第三方物流和城乡共同配送，全市物流业总规模保持平稳增长。2013 年，苏州市社会货运总量达到 18504 万吨，比 2012 年增长 6.8%；全社会货运周转量为 1818741 万吨公里，同比增长 6.7%。苏州市社会物流总额达 48226 亿元，同比增长 3.4%；工业品物流总额为 34257 亿元，同比增长 4.4%。社会物流总费用为 1969 亿元，同比增长 11.7%；物流总费用与地区生产总值（GDP）比率为 15.1%，同比下降 0.1 个百分点。苏州市物流业增加值预计超过 450 亿元，同比增长 10.%左右。

二、物流业发展情况

2013 年苏州市物流业发展继续保持平稳态势，呈现一些新特点。

（一）保税物流艰难奋进

2013 年苏州市政府充分依托自身开放型经济优势，完善保税物流政策功能，搭建物流服务、商贸服务和信息化平台，发展壮大海关特殊监管区业务规模，确保苏州市保税物流发展继续处在国内领先水平。苏州市保税区全年进出境仓储或转口货物总值 599.1 亿美元，同比增长 12.4%，其中，出口 278.8 亿美元，同比增长 22.6%，进口 320.3 亿美元，同比增长 4.7%。昆山综合保税区完成进出口总值 572.8 亿美元，同比增长 4.9%，进出口总量及增速居苏州市综保区第一位；苏州工业园区综保区完成进出口总值 232 亿美元，同比下降 5.3%；张家港保税港区完成进出口总值 87.7 亿美元，同比下降 6.5%；苏州高新区综保区完成进出口总值 121.2 亿美元，同比下降 10.1%。2013 年 5 月，太仓港综合保税区获得国务院批准，计划2014年一季度正式封关运作。

（二）港口物流成绩喜人

2013年，苏州港所辖三大港区努力克服外贸出口货物普遍下滑的不利形势，积极开拓内贸货源，不断增加货物进口，港口物流保持了平稳发展态势。苏州港全年货物吞吐量、集装箱运量分别完成4.5亿吨、530.5万标准箱，同比分别增长9.3%、13.7%。其中，太仓港区完成货物吞吐量1.3亿吨、完成集装箱运量326.7万标准箱，同比分别增长17.88%、15.88%；张家港港区完成货物吞吐量2.5亿吨、完成集装箱运量167.2万标准箱，同比分别增长4.14%、11.32%；张家港保税港区汽车整车进口口岸2013年2月通过国家五部委联合验收，成为江苏省及长江内河港唯一的整车进口口岸。常熟港区完成货物吞吐量0.7亿吨、完成集装箱运量36.6万标准箱，同比分别增长14.11%、5.55%。

（三）重点项目进展顺利

2013年，苏州市列入省“十二五”物流发展规划的9个项目进展较好。苏州物流中心现代物流公共信息平台、吴江综合永鼎物流园、昆山（千灯）普罗斯物流项目均已竣工运营。张家港玖隆钢铁物流一期工程1号、2号、3号库投运，露天堆场项目竣工，商务区主楼施工至四层，剪切加工库打桩完成，保税库一库、二库基础开始施工。张家港正大富通连锁汽配服务中心在省内外建立了六大配送中心，在配送中心的辐射范围内建立300家分拨（连锁门店）中心，公司累计建成仓储面积5.3万平方米，南京供应链中心一期建设项目已经完成，二期供应链项目即将完工，汽配物流信息化项目竣工。昆山众品冷链物流项目一期工程一座冷库及配套设施已完工，二期工程正在规划设计。吴江新地现代物流项目基础完工、钢构库房施工中。苏州越海全球物流项目一期、二期已投入运营，三期工程开工建设。张家港保税区进口整车物流园规划获得省发改委批复。汽车口岸码头、堆场、运营公司、航线、检测站、上牌点等软硬件配套设施到位。总投资26亿元的12个项目即将开工，54家汽车经销商办理注册手续，规划区域内农户拆迁协议签订已完成98%、企业拆迁协议签订已完成81%。苏州望亭物流园已有盛丰、普洛斯、点通、海联、越海全球、盐云实业、雄昱、华鹏飞、远方等13个项目投运，建成物流仓储面积42万平方米，2013年实现税收5300万元，同时有统业物流、韵必达快运等7个项目开工建设，在建面积达18万平方米。

（四）新型业态发展看好

近年来在苏州工业园区、苏州高新区、望亭物流园、花桥开发区、淀山湖镇、千灯镇等成功引进建设了一批电商物流和快货配送项目，卓越亚马逊、唯品会、神州数码供应链等项目已经成为苏州物流业的新增长点。2013年昆山卓越亚马逊完成销售额13.3亿元，淀山湖昆山唯品会公司、广州唯品会昆山分公司2013年合计销售额约40亿元。苏汽国际物流集团积极探索发展供应链金融业务，提供物流各个环节“四流合一”服务，全年供应链金融业务总额完成3.46亿元。中外运高新物流（苏州）有限公司与苏汽国际物流集团合资创建了中国第一配载网，为中小企业物流企业和制造业提供在线运输信息交换展示的大型物流信息配货平台，从货源的寻找、车辆的追踪管理、运输交易、运营维护、数据交换等方面将原本各自独立的“信息孤岛”推向了互通互联，让原本散杂的物流市场变得更透明更安全。苏州传化物流基地开业三年来，公路港平台已入驻物流企业539家、日发布货运信息

2000余条、建设运营近300条辐射全国的零担快运专线，实现了物流服务、物流载体和物流需求三大资源的高效集聚。2013年基地实现营业总收入22.6亿元，税收达9577万元。

（五）发展环境持续改善

2013年，苏州市物流主管部门为改善苏州市物流业发展环境做了大量的工作。一是继续认真贯彻落实国务院、江苏省政府、苏州市政府关于促进物流业健康发展的各项政策措施，稳步推进《国家物流园区发展规划》《江苏省“十二五”物流业发展规划》《苏州市“十二五”物流业发展规划》的实施工作，配合编制了《江苏省物流园区发展规划》和《江苏省农产品冷链物流发展规划》。二是在强化对苏州市物流业发展引导工作的基础上，优先发展农产品物流，不断完善物流业土地使用政策，促进物流车辆便利通行。三是稳步推进交通运输业、物流辅助服务行业“营业税改征增值税”试点工作，落实过渡时期财政扶持政策，加快推进物流小规模纳税人转一般纳税人工作，促进物流企业税负合理化。四是充分发挥物流商会、物流协会和快递行业协会的作用，加强会员的交流和信息沟通，组织会员外出学习考察，举办银企对接、物流商贸对接洽谈，建立城际物流专线联盟，建设物流专业学生业见习基地，为推进物流业转型提升夯实基础。

三、推进物流业发展，必须为企业“减负”

2013年苏州市物流业总量尽管仍然保持增长，但受国内外经济大环境持续欠佳、制造业增速普遍下滑、大型商场销售额有所下降以及用工成本快速增长多重因素的影响，特别是“营改增”造成税负普遍增加的影响，苏州市物流企业的效益普遍下降了20%多，物流企业运转比较艰难。更有甚者前几年还有数百万元利润的物流企业在“营改增”后已濒临亏损。

“营改增”后，延伸了增值税抵扣链条，制造业和流通业一般纳税人进项抵扣税额增加，这些行业税负有所减轻，2013年苏州全市制造业和流通业一般纳税人取得“1+6”进项抵扣接近20亿元。但是，部分交通运输业一般纳税人税负上升幅度较大。同时，物流小规模纳税人因其增值税发票抵扣税率偏低影响了企业承接制造业和流通业一般纳税人业务的竞争力。如2013年以来，传化公路港328家物流小规模纳税人营业额在逐月下降，严重挫伤了企业的发展。因此，建议财政、国税部门对“营改增”试点政策进行全面评估并酌情修订，以适应物流业一体化运作的需要，切实减轻物流企业税收负担，为我国物流业的健康发展营造良好的政策环境。

（苏州市发改委经济贸易处）

2013 年南通市物流业发展情况

2013 年，面对复杂严峻的国内外经济环境，南通市认真组织实施《南通市现代物流业发展三年行动计划》，强化目标考核，力求工作创新，以载体打造、项目建设、企业培育为抓手，以加速产业集聚、强化资源整合、提升物流效能为导向，全力推进全市物流业发展。

一、南通物流业运行情况

2013 年，南通市物流业整体保持平稳运行，主要指标继续保持稳中有升态势，呈现以下特点。

（一）物流总量平稳增长，港口吞吐再创新高

2013 年，南通市物流业总量实现 5.08 亿吨，同比增长 12.1%。其中，货物运输量达 3 亿吨，同比增长 13.2%；港口吞吐量达 2.05 亿吨，同比增长 10.6%；集装箱吞吐量达 60 万标准箱，同比增长 19.1%。自 2013 年 6 月后，南通港口生产逆势上扬，9 月南通港的货物吞吐量达 1775.8 万吨，同比增长 7.2%，到 2013 年年末，南通港港口吞吐量突破 2 亿吨，创历史新高。

（二）规模企业运行良好，骨干企业支撑明显

2013 年，南通市物流企业业务总收入达 148 亿元，同比增长 19.4%；实现利税总额 16 亿元，同比增长 27.4%；物流行业从业人员达 26039 人，与上年同期基本持平。2013 年，南通市的林森物流、江东物流、中国供销集团南通供销产业发展有限公司等 26 家物流企业顺利通过国家 A 级物流企业认定，认定企业数量位列江苏省第一名，其中，林森物流成为南通市首家 5A 级物流企业。海安正元物流有限公司等五家企业被授予省重点物流企业称号，列全省第二位。中外运南通分公司顺利通过省级技术创新中心的认定。

（三）投入规模持续攀升，项目进展不断加快

2013 年，南通市在建、拟建超亿元以上重点物流项目共 33 个，南通市实际完成投资 73 亿元，同比增长 16%。重点建设了崇川农副产品物流中心、港闸宝湾物流、林森物流二期等一批物流项目；依托如东洋口港、如皋港区、吕四港区，积极推进大型天然气、成品油、煤炭交易中心建设，加快推进市开发区江海石化港区提档升级；推进海安棉花物流中心、通州棉花仓储配送中心、国际棉花交易服务中心等项目。

（四）载体功能日趋完善，集聚效应初步显现

2013年，南通市共有南通洋口港物流园等11个市级重点物流园区，园区内入驻物流企业共计444家，物流业务总收入达到51.1亿元，同比增长18.1%。其中，海安商贸物流产业开发区、如皋港区被评为省级现代服务业集聚区；如东洋口港物流园、港闸火车北站物流园、海安商贸物流开发区被列入江苏省重点物流基地，基地数列江苏省第一位，占江苏省物流基地总量的30%。2013年南通市被国家发改委、住房和城乡建设部等12个部委列入国家物流园区布局二级城市。

（五）注重规划引领导向，强化政策推动作用

2013年南通市各级物流主管部门注重规划引领导向强化政策推动作用。南通市经信委委托编制了“南通市长江合作物流发展规划研究报告”，启动火车站北物流园扩容规划研究；如东县委托编制了全县物流业发展规划，启动了洋口港物流园区的规划；如皋市启动了现代产业发展规划编制工作，突出对现代物流业发展的指导。如东县、如皋市还专门出台了促进物流业发展的政策措施，制定了促进物流业发展的激励和考核措施，强化了政策的推动作用。

二、加快南通市物流业发展的对策

总体来看，南通市物流业总量增长较快，但与先进地区相比，还存在一些问题，例如，发展总量规模偏小、发展速度不快；物流业运行过程中收费环节多、收费偏高，物流企业总体规模偏小，竞争力不足；物流业整体发展水平偏低，要素瓶颈影响物流项目建设。

为解决以上问题，推进南通市物流业加快发展，下阶段南通市物流主管部门将继续组织落实《南通市现代物流业发展三年行动计划》，以五大物流产业发展为重点、以三大物流工程打造为引擎、以五大物流基础工作为推手、以优化发展环境为主线，加快打造长三角北翼现代物流中心。

（一）加快规模企业培育

推进规模企业做大做强，做好国家A级企业和省重点物流企业的认定工作，引导有条件的传统物流企业积极向第三方、第四方物流企业转型。

（二）加快重点项目推进

推进一批重点物流项目建设，重点建设通州供销物流中心、开发区福汉兴业物流、海安现代综合物流中心、亚太亿发物流、如皋港货运物流中心、如东洋口港LNG液化品、海门宝钢物流、启东广汇物流等项目；推进一批重点物流基地建设，加快建设大型天然气、成品油、煤炭交易中心、粮食物流中心、棉花物流中心，形成区域性的能源、粮食、棉花配送、仓储中心；推进海门叠石桥和通州家纺城、启东电动工具等专业市场建设，形成全国性的家纺和电动工具物流基地；积极推进专业化保税仓库建设，推动中国华粮物流集团南通粮油接运有限责任公司公共型保税仓库的设立。

（三）加快载体平台打造

做好南通综合物流园区建设的调研。继续开展争创省重点物流基地和省服务业集聚区创建工作。加快推进物流园区的规划编制工作，督促各物流园区明确其四至边界、产业定位、功能分区、发展目标和建设时序，园区规划要与城市总体规划、土地利用规划等重大规划对接，做到“三规合一”。

（四）加快智慧物流建设

进一步完善《南通市智慧物流建设工作方案》，围绕“大通关、大口岸、大物流、大商贸”目标，积极完善我市电子口岸信息平台功能。积极推动地理信息系统（GIS）、全球定位系统（GPS）、船舶自动识别系统（AIS）、射频标签识别（RFID）等信息技术的应用，整合港口、海关、口岸等相关资源，建设我市口岸监控中心，实现数据监控、视频监控、物流监控、数据展示，进一步提高港口、海关、口岸等相关政府职能部门的监管水平和服务效率；积极开展道路交通运输、物流金融等领域政务平台探索。

（五）加快产业物流发展

积极推动船舶、电子等产业物流发展，建立专业化物流服务体系。加强石油、煤炭、重要矿产品等物流设施建设，加快发展航空快递运输、集装箱运输、多式联运、第三方物流、物流咨询和国际货代等多种物流业态。大力推广采购、生产、销售和物品回收的物流一体化运作方式，完善物流配送体系，推动物流企业向供应链两端拓展，促进物流产业的现代化、网络化。

（六）加强物流行业自律

积极培育和支持物流行业协会（商会）的发展，充分发挥社会中介组织的作用，规范物流企业行为，强化企业诚信建设，促进物流市场有序健康发展。

（南通市经信委交通与物流处）

2013 年连云港市物流业发展情况

2013 年，连云港市委办公室和市政府办公室出台了《关于开展工业发展“双千双百”工程加速推进年活动的通知》提出了“积极依托港口、铁路、保税物流中心等载体平台优势，大力发展临海物流业，推动物流产业今年突破 600 亿元。”和“充分发挥以港口为核心的多式联运优势，把海铁联运、海河联运和陆桥运输打造成最具特色的物流品牌，加快实施金港湾物流园、中外运物流园、赣榆和徐圩物流园等项目建设”的目标，截至 2013 年年底，连云港市物流业完成营业收入 660.87 亿元，超额完成目标 10.17%。全市物流业规模稳中有升，保持了良好的发展趋势。

一、物流业运行情况

（一）全市工业经济发展稳中有进，推动物流业规模持续增长

2013 年，在宏观形势困难严峻的情况下，连云港市工业经济发展呈现总体平稳、稳中有进的良好态势。全年规模以上工业企业实现现价产值突破 4000 亿元大关，达到 4130.6 亿元，同比增长 20.2%；实现增加值 820.9 亿元，同比增长 14.4%，成为推动物流规模扩大的主要动力。截至 2013 年年底，连云港市社会物流总额为 6312.59 亿元，同比增长 15.8%。列入统计的物流企业营业收入 660.9 亿元，同期增长 62.3%；物流业完成增加值 139.93 亿元，同比增长 15.6%。

临港重点产业的强劲发展，支撑物流业快速稳步增长。截至 2013 年年底，连云港市六大重点产业中，新医药产业完成产值 302.5 亿元，同比增长 19.4%；新能源产业完成产值 332.9 亿元，同比增长 18.6%；新材料产业完成产值 338.5 亿元，同比增长 26%；装备制造业完成产值 784.3 亿元，同比增长 22.7%；石化产业完成产值 744.7 亿元，同比增长 25.7%；冶金产业完成产值 539.7 亿元，同比增长 19.6%。2013 年连云港市引进的一批重点龙头企业也实现了超常发展，临港重点产业的强劲发展有效地推动了连云港市物流业规模的持续增长。

（二）物流业基础设施投资快速增长，物流承载规模和容量持续增大

近年来，随着连云港市“一体两翼”规划的实施，港口内河物流基础设施的投资和城市

交通管网的改造及物流设备的投入，港口的货物吞吐量和全市货物疏运规模有了很大提高。2013 年连云港市交通运输系统完成交通建设投资 47.48 亿元，主要用于全长 120 公里的交通大动脉海滨大道、临海高等级公路和绕城快速通道等的建设，极大地改善和优化了全市的交通疏运网络。截至 2013 年年底，连云港港口集团累计完成投资 35.56 亿元。随着连盐铁路的开工建设和青岛至连云港的铁路项目的上马，都会极大地提高连云港市物流的集散和疏运规模。此外，北翼的赣榆港区散货码头已建成部分投入使用；为港口运营提供强服务支撑的柘汪港物流中心已按设计规划开发建设，预计 2014 年仅港口运输量将达到每年 5000 吨。南翼的已开工的项目徐圩港区一期工程、矿石码头铁路专用线工程、旗台作业区氧化铝散化肥泊位工程、徐圩港区一期液体散货泊位工程和海军 79 大队迁建工程疏浚工程等都在按计划稳步推进。

（三）物流设备数量的投入和功能的优化，物流疏运能力和效率持续提升

截至 2013 年年底，连云港市拥有公路货运经营业户 24250 家，营运载货汽车达 44461 辆（含牵引车 10287 辆），总吨位为 50.17 万吨，其中市区营运载货汽车为 18986 辆（含牵引车 5823 辆）；连云港市拥有 5 辆车以上的货运业户有 498 家，其中拥有省级交通物流龙头企业 1 家，市级交通物流龙头企业 9 家。全市物流设备的投入主要用于添置更新厢式货车、集装箱车、冷藏保温车辆、大件运输车、危险品车和罐式车辆等专用载货汽车。

截至 2013 年年底，连云港市在交通运输行业实施“重点运输过程监控管理服务示范系统工程”，在危险品运输车和新进入运输市场的重型载货汽车和半挂牵引车加装北斗兼容车载终端，已完成 500 台的安装任务。

截至 2013 年年底，连云港市共有水路运输企业 45 家（其中国内海运企业 19 家），共有水运服务企业 80 家；拥有各类货运船舶 1785 艘，81.4 万载重吨，其中国内海运输船舶 235 艘、38.3 万载重吨，水路运输企业数量和运力规模总体稳定，企业化经营率 100%。

（四）物流业运营模式不断创新，物流业的运行质量不断提高

2013 年，连云港市从构筑港口集装箱物流体系角度加快推进甩挂运输试点工作，将试点工作与港口内陆“无水港”布局、港口多式联运发展和港口临港产业发展有机结合，积极探索港口集装箱甩挂运输模式。全年新增甩挂运力 48 台，其中牵引车 19 辆、半挂车 29 辆，完成甩挂运输量 1.9 万多标准箱。试点企业节能减排效果显著，运行整体质量明显提升。

2013 年连云港市加速构建多式联运体系，在打造铁水联运品牌的同时，组织开行连云港—霍尔果斯西行班列，实现连云港—阿拉山口、霍尔果斯“一港双线”的过境运输格局，全年共完成铁水联运总量 25 万标准箱，其中大陆桥运输完成 10.6 万标准箱，大陆桥过境运输同比增长 39%。

2013 年连云港市大力发展“江苏快货”线路和专用载货车辆，专用载货汽车比例达到 44.01%。此外，LNG 车辆在连云港港口集装箱运输业快速应用，全市应用 LNG 车辆的企业达到 19 家，LNG 车辆总量达到 133 辆。连云港积极探索海河联运多式联运模式发展，培育连云港新云台码头试点海河联运，全年实现吞吐量 120 万吨规模。2013 年 5 月 9 日，连云港港首条内河集装箱航线连云港至阜宁内河集装箱航线正式开通，连云港海河联运实现历史性跨越。首次航运有 24 个标准集装箱，分 2 艘船舶运载，货种为石材。另外，连云港临港石化产业快速发展，运输量增幅较大。

二、交通运输物流运行情况

2013年连云港市从事社会物流活动相关行业运行状况基本平稳，各项指标呈现上升发展的良好态势。

（一）港口运行稳健增长

截至2013年年底，连云港港口吞吐量累计完成20165.1万吨，同比增幅8.8%。其中，外贸吞吐量为10593万吨，同比增长7%；集装箱吞吐量完成548.8万标准箱，同比增长9.3%；过境集装箱吞吐量完成10.6万标准箱，同比增长39%。截至2013年年底，连云港港共有泊位55个，与170多个国家的近1000个港口保持贸易运输往来。

（二）公路水路运输量稳中有升

2013年，连云港市道路运输经济运行增势较为明显，货运量和货运周转量与2012年同期相比均有不同程度的上升。城乡货运量的强劲增长是连云港市货运量和货运周转量新的增长点。连云港市累计完成公路货运量13459万吨，公路货物周转量96.73亿吨公里，分别比上年同期增长9%和8%；完成水路货运量1383万吨，货物周转量92.59亿吨公里，与上年同期相比增长2%；全市内河水路货运量1844万吨，货物周转量123.45亿吨公里，与上年同期相比增长2%。

（三）铁路运输量略有增长

2013年，连云港市境内10个铁路客、货站，共发送旅客262万人、发送货物4125万吨。运输业务总收入为43.11亿元，较上年同期增长了7.52%。其中货运收入为40.7亿元，占总收入的95.19%。

（四）民航运行增长较快

截至2013年年底，民航累计完成货邮39.35吨，同比增长8.97%；进出港56.36万人次（其中过站9.85万人次），同比增长16.5%，增长的主要原因是新开的宁波、大连（G5）、福州、烟台、杭州厦门、合肥、海口、香港航线拉动，八条航线累计完成旅客吞吐量8.12万人次。

（五）邮政速递业务发展势头良好

2013年，连云港市邮政企业和规模以上快递服务企业业务量累计完成6.54亿元，同比增长36.2%；业务收入为5.57亿元，同比增长32.6%。其中，全市许可备案快递服务企业业务量累计完成2243.27万件，同比增长50.1%；业务收入累计完成2.36亿元，同比增长30.2%，保持快速发展势头，总体呈现“快递量收增长快于全行业增长、量收增长快于收入增长、民营快递增长快于国有快递（EMS）增长”的态势。

（六）批发、零售业稳步增长

截至2013年年底，连云港市实现社会消费品零售额累计2089.67亿元，同比增长14.7%。其中，累计批发额1529.03亿元，同比增长15.1%；累计零售额560.63亿元，同比增长13.8%。2013年，实现销售总737.19亿元，同比增长14.6%。其中，完成批发额542.67亿元，同比增长14.9%；实现零售额194.67亿元，同比增长13.8%。本年末库存总额57.59亿元，同比减少5.4%。零售业实现零售额623.15亿元，同比增长15.2%。

三、加快物流业发展的对策

近几年，连云港市物流业发展保持了稳中有升的态势，但仍有一些瓶颈问题影响物流业持续健康发展。

一是物流企业规模普遍弱小。连云港市物流企业有近千家，其中像连云港港口集团有限公司、江苏新为多式联运有限公司、中外运陆桥运输有限公司等规模以上的物流企业仅很少，仅占全市物流企业总数的 13.75%，绝大部分都是中小微企业，整个物流行业目前“弱、小、散、乱”的状况十分突出，全市大多数物流企业主要由零散的小型配货站、个体运输户以及提供简单仓储租赁的企业等构成。

二是物流人才匮乏。随着现代物流业的发展，物流业管理的标准化、业务的信息化和设备的智能化，对从事物流行业的人员提出了更高的要求，物流配送的效率和客户的满意度都取决于行业人员的素质。但是，连云港市大部分物流企业中高中级技术人员十分缺乏，尤其是较高层次的物流管理和经营人才短缺。物流企业对物流教育培训工作不重视，对物流师还缺乏应有的认识。总体来看，连云港市物流业发展受到人才缺乏的制约。

三是物流园区建设标准有待进一步规范。2013 年，《全国物流园区发展规划（2013—2020 年）》发布后，明确了物流园区布局城市分为三级，物流园区按功能分为五类，对物流园区的建设标准也提出了具体要求。与照规划相比连云港的物流园区建设标准还有亟待规范的地方。

四是物流信息化建设比较薄弱。连云港市物流园区及物流企业总体信息化水平不高、局域网建设不规范、信息技术标准不统一等问题，为全社会提供各方面物流信息资讯的公共物流信息平台还没有真正建立起来。

针对上述问题，连云港市物流主管部门已制定积极的应对策略，借助“一带一路”建设的重大机遇，以市委、市政府“实施‘双千双百’工程，打造千亿物流产业”为契机，切实加快物流产业结构调整步伐，全力推进全市现代物流业的发展。

（一）突出规划引导，制定完善科学的符合本地实际的现代物流业发展规划

会同市规划、国土、交通和铁路办等部门结合连云港市的交通区位特点和产业分布情况，制定连云港市现代物流业发展规划。并要求各县区也要根据国家和省相关文件精神，为现代物流业发展确定的战略定位和物流业提速发展的行动方案，结合全市“双千双百”工程的推进及本地实际情况，按照三年打造千亿级物流产业的总目标，制定本地区近三年现代物流业的发展规划或实施意见，作为今后三年本地现代物流业发展的指导性意见。

（二）加大物流企业培育力度，增强企业竞争能力

一是狠抓招商引资。抓住全市中小产业园区和工业集中区快速发展的有利时机，以连盐铁路建设和新城区划分为契机，根据各地实际，加强招商选商、以商引商，着力引进一批国内、国际知名的物流企业，力争现代物流业在大项目和外资引进方面实现新的突破。二是建立健全物流项目储备库。通过对沿海沿河沿路等关键区域和港口物流等关键领域进行排摸，选择一批具有一定规模、有发展潜力和辐射广、带动性强、业态创新的项目，丰富物流业项目库，为年度重点项目安排提供基础。三是整合传统物流企业。对现有运输、仓储、货代、快递等物流企业，特别是港口物流企业、铁路物流企业、交通物流企业等传统资源型物流企业，加强结构调整和转型升级，引导其向综合性现代物流企业发展。四是鼓励工商企业剥离物流业务。有条件的组建独立运作、独立核算、具有行业特色的物流企业，积极开展面向社会的物流服务；无条件组建独立物流企业的，可以实行物流业务外包。

（三）加快物流园区建设，整合周边物流资源

依照国家二级物流园区布局城市的要求，加快建设和完善与临港产业配套的生产服务型物流园区；加快江苏金港湾国际物流园区等货运枢纽型物流园区项目建设，培育煤炭、矿砂、粮食等大宗物资中转配送基地。加速徐圩物流园区、柘汪物流园区及灌河口物流园区港口等综合服务型物流园区基础设施的改造升级，加快疏港公路等公共配套设施的建设，完善主港区和两翼港区及沿海、沿河物流体系。大力推进全市快递物流园区、和康缘商业现代化物流仓储中心作为服务于城市功能的商贸服务型物流园区的建设。在市开发区依托口岸，建设能够为进出口货物提供报关、报检、仓储、国际采购、分销和配送、国际中转、国际转口贸易、商品展示等服务的口岸服务型物流园区，满足国际贸易企业物流需求。

（四）突出示范带动，打造一批具备品牌效应的物流企业

一是实施品牌推动战略，引导重点物流企业加快创建自主品牌，加强品牌经营，尤其是各相关部门要在中日韩多式联运经营模式上不断创新，实现新突破；二是营造物流业争先创优的良好氛围，鼓励物流企业积极申报国家物流采购与联合会A级资质和省、市重点物流企业，积极引导物流企业不断提升规范化、信息化、标准化水平；三是发挥龙头带动作用，加快培育本地物流业龙头企业，增强发展实力和带动能力，依托本地工业集聚区发展一批配套服务的现代物流企业，降低本地工业企业运营成本；四是强化信息化建设，引导物流企业采用物流信息管理系统等先进物流技术，鼓励区域间物流平台的信息共享，支持有条件的物流企业建设物流公共信息技术服务平台，切实提高全市现代物流业信息化水平。

（五）充分发挥市现代物流协会的桥梁纽带和参谋助手作用，营造良好的发展业态

一是做好物流企业和物流基地（园区、中心）信息采集分析工作，建立健全科学先进的信息直报系统，按时督促物流企业和相关部门及时、准确地填报所需数据，汇总分析，定期发布物流企业运行情况报告，积极构建连云港物流信息交流平台；二是做好人才的培养工作，根据物流企业实际需要，联合高校和相关专业培训机构，积极开展物流专业人才的培训，全面提高我市物流企业从业人员的整体素质；三是协助物流企业主管部门做好国家A级物流企业和省级重点物流企业（基地）的认定申报工作；四是推进物流企业对外开放和国际交流合作。充分利用大陆桥经济交流推进机构等区域经济合作机制平台，通过举办学术论坛、组织参观学习、人才培训交流等方式，加强我市物流企业同国际先进物流企业的合资、合作与交流，引进和吸收国外发展现代物流业的先进经验和管理方法，推进全市物流业的发展。

（李全林）

2013年盐城市物流业发展情况

2013年，随着盐城市经济的快速发展，盐城市现代物流业呈平稳快速发展态势，“质”、“量”齐升，物流业规模不断扩大，企业快速成长，物流效率逐步提高。

一、物流产业规模逐步扩大

2013年盐城市物流总额首次超过万亿元，达11180亿元，同比增长17.8%；物流业增加值达260亿元，同比增长17.3%。截至2013年12月，盐城市省级重点物流企业达12家、物流基地4家，均处苏北首位，和苏中地区相比也处在中游水平。总数仅低于南通，企业数高于泰州、基地数高于扬州。随着经济的发展，物流规模企业群不断壮大，全市物流企业中营业收入在亿元以上的企业25家，5000万元~1亿元的各12家。

二、专业物流格局呈现

盐城市各地依据自身的区位条件、资源优势和产业特色，加快推进物流向专业化、特色化发展，一批物流基地、园区和企业伴随着产业特色快速发展。大市区的汽车物流规模大、层次高、技术先进；盐城市现代物流园区、城南物流园区特色明显；里下河物流园区以钢材、木材、粮食、煤炭等专业市场为载体，生产资料专业加工配送功能特色突出。建湖县的石油机械是特色产业，2013年里下河物流园区为石油机械产业提供特种钢材的定制加工和配送量占园区钢材总销量的70%左右。射阳县黄沙港中心渔港依托盐城市丰富的水产品资源，建设了江苏省省内重要的区域性水产品交易中心和连接南北两大渔市的水产品集散中心，年交易额达20亿元。滨海县和响水县以生态化工为载体，引进了一批专业从事化学危险品运输的物流企业。2013年在加快推进农业现代化建设、加快转变农业发展方式、大力发展现代高效农业的推动下，盐城市以农村生活消费品、农业生产资料和农产品等为“三农”服务的物流需求快速增长，华东农产品批发交易市场、银海棉业物流、创美佳超市物流等一批企业应运而生。在地区产业发展的带动下，烟草物流、盐业物流、医药物流、邮政物流、食品冷链等专业物流也得到了长足发展。

三、产业集聚明显加快

2013 年，按照产业集聚企业集中、资源节约等要求，盐城市各地县开始重视专业物流园区的规划建设、工业园区和专业市场的物流服务功能区。截至 2013 年年底，盐城市已建成物流园区 8 个，其中盐城现代物流园区和大丰港等 4 个园区列入江苏省重点物流园区。

四、产业功能有所增强

2013 年面对激烈的市场竞争，盐城市的一些物流企业根据市场变化和客户需求，积极调整优化服务产品的结构开发增值型业务和创新型服务。越来越多的物流企业从仅能提供单一的运输、仓储服务向多层次、全方位的多样化服务转变，从简单的承揽物流业务向根据客户需求开发的专业化服务转变，产业功能进一步增强，服务水平进一步提高。

五、物流招商力度不断加大

2013 年在盐城市委、市政府的引导下，全市掀起了新一轮物流招商热潮。截至 2013 年 11 月底，盐城市在建、签约及跟踪洽谈的物流项目有 74 个，总投资达 309 亿元，已完成投资 60.3 亿元。其中，大市区物流项目 22 个，总投资 73.9 亿元，已完成投资 13.9 亿元；县（市、区）物流项目 52 个，总投资 235.1 亿元，已完成投资 46.4 亿元。盐城市政府根据江苏省冷链物流规划，和上海贝业新兄弟物流公司达成初步协议，拟在盐城市开发建设 1 个冷链物流项目。与此同时，盐城市政府还组织盐城市城西南物流园区、城北物流园区、大丰港物流园区、盐城市开发区、阜宁物流园区和丹马士物流（外企）、东方国际物流、中海华东物流（央企）、港中旅华物流（上市公司）、锦江航运、日油物流等企业进行对接和洽谈，为园区招商引资牵线搭桥，创造良好的外部环境。

（盐城市发改委）

2013 年扬州市物流业发展情况

2013 年是扬州市物流业加快发展的一年，也是扬州市物流行业贯彻落实市委、市政府提出的到 2018 年实现“百万标箱 亿吨大港”奋斗目标的重要一年。在各级政府的推动下，扬州市物流业发展态势良好，全市物流业实现增加值 123.85 亿元，同比增长 12.7%，占 GDP 比重的 3.8%，占服务业 GDP 比重的 9.3%。全市完成公路货运量 9118 万吨，周转量 1178550 万吨千米，分别同比增长 13.8% 和 15.1%；完成水路货运量 5768 万吨，周转量 2118214 万吨千米，分别同比增长 12.3% 和 20.2%。扬州市物流业的稳步发展，对推动地方经济发展起到了积极的作用。

2013 年扬州市物流业发展有以下亮点。

一、公路运力结构进一步优化

2013 年扬州市共有道路运输货运经营业户 3.48 万户，同比增加 8.40%。其中，拥有 100 辆以上运输车的企业有 9 户，和上年持平；有危险货物运输业户 45 户，同比增长 2.27%。2013 年扬州市共有营运货车总数 4.59 万辆，货运能力为 28.08 万载重吨，分别同比增长 2.68% 和 6.53%；有厢式货车和专用运输车 17993 辆，占全市营运货车总数的 39.2%，比上年增加 1.6 个百分点，扬州市公路运力结构比上年进一步优化。

二、港口经营与岸线整治取得进展

（一）港口经营与建设取得实效

2013 年扬州市港口完成货物吞吐量 10007 万吨，同比增长 13.4%。其中，沿江港口完成货物吞吐量 7146 万吨，同比增长 20.6%；集装箱吞吐量完成 51.8 万标准箱，同比增长 25.8%；内河港口完成货物吞吐量 2861 万吨，与上年同期持平。

2013 年扬州市港口完成建设投资 7.1 亿元，占年度计划的 101.4%。建成江都 3～5 号泊位水工工程、扬州港区 2 号泊位结构加固改造工程以及仪征液体化工码头二期水工主体工程，新增万吨级以上泊位 3 个，新增港口通过能力 563 万吨。

1. 扬州港区

2013 年扬州港区完成货物吞吐量 3039 万吨，同比上升 2.3 %。其中，外贸吞吐量为 363 万吨，同比下降 0.6%；内贸吞吐量为

2676 万吨，同比上升 2. 7% 。完成集装箱吞吐量 50. 4 万标准箱，同比上升 12. 2 % 。其中，外贸集装箱 14. 8 万标准箱，同比上升 55. 5% ；内贸集装箱 20. 3 万标准箱，同比下降 13. 6% ；商品箱 9. 8 万标准箱，同比上升 39. 1% ；淮安扬港集装箱吞吐量 5. 5 万标准箱。

2013 年扬州港区完成营业收入 4. 5 亿元，其中集团公司 2. 1 亿元、远扬公司 2. 4 亿元；实现净利润 2500 万元，其中集团公司 800 万元、远扬公司 1700 万元。

2013 年扬州港区全面加大基础设施投入，推进重点工程建设，全年完成投资 23682 万元。其中，集团公司完成投资 1926 万元，远扬公司完成投资 21756 万元，圆满完成了年度投资目标。港区 1 号、2 号、3 号泊位加固升吨工作按期实施，其中，1 号、2 号泊位改造项目已顺利完工；3 号泊位升等改造的各项前期筹备工作已完成，进入主管部门审查阶段。此外，港区 5 号泊位后续工程及堆场项目已于 2013 年 11 月完工，将有力地提升六圩港区装卸配套服务能力；4 号泊位已通过省级对外开放验收，成为扬州市首个国际集装箱专用码头，将对降低扬州及周边地区进出口企业物流成本、推动扬州市外向型经济发展发挥重要作用。

2. 江都港区

2013 年江都沿江物流集聚区得到了长足发展，岸线资源得到了较好的开发利用，现已利用港口岸线 11. 6 公里，占规划岸线资源总量的 75. 8% ，投运万吨级泊位 11 个，预计至“十二五”末，将形成万吨级泊位 16 个、吞吐能力达 8000 万吨。2013 年江都港区实现货物吞吐量约 3600 万吨，同比增长 37. 5% 。其中，煤炭及制品 2130 万吨、金属矿石 245 万吨、矿建材料 434 万吨、水泥 241 万吨，物集疏运能力显著增强。江都沿江物流集聚区已引进中国远洋、中国海运、中信泰富、香港昌兴、安徽海螺、中远物流等重点企业入驻，一批重点基础设施项目和物流项目相继开工建设。

（二）岸线资源整合有序推进

经过扬州市相关部门多年的呼吁和宣传，港口岸线资源保护和利用引起了各级政府的高度重视。仪征港区加大岸线的整合力度，采取政府收购、破产拍卖、整体租赁、兼并重组等方式，优化重组了 12 家船舶企业，涉及岸线 2767 米。

三、重大项目完成政府工作目标

2013 年扬州市两个物流重大项目通过政府新开工认定。一是九洲物流中心项目，该项目位于扬州市经济技术开发区，总投资 10 亿元，占地 100 亩；二是香港招商局物流平台项目，该项目位于扬州经济技术开发区，总投资 1. 2 亿美元，一期占地约 100 亩，桩基施工已全面展开。

2013 年扬州市投资 10 亿元或 1 亿美元以上的物流项目共计 19 个，计划总投资 210. 37 亿元。其中，结转在建项目 8 个，总投资 74. 14 亿元；拟开工项目 5 个，总投资 72. 05 亿元；竣工投产项目 4 个，总投资 35. 83 亿元；储备项目 2 个，总投资 28. 35 亿元 。

四、重点工作有序推进

2013 年扬州市物流牵头部门为推进物流业发展做了大量扎实的工作，物流相关政策得到落实。

（一）围绕政府工作目标开展调研

2013 年为扎实推进扬州市政府明确的以“百万标箱、亿吨大港”为目标，打造区域性物流中心的战略部署，扬州市发改委会同有关部门，带领港区物流企业到周边港口城市学习调研，初步形成了未来四年的发展思路。调研成果以《扬州内参》《情况专报》等多种形式提交给扬州市委、市政府作决策参考。此外，市发改委围绕提升港区集装箱量这一难点积极开展工作，一方面指导扬州港区深耕本地货源企业，提升本地货源，已有扬州康师傅、潍柴亚星等近十家内外贸企业货源改从扬州港进出口；另一方面加强政府层面支持，帮助企业争取腹地箱源。2013 年 4 月扬州市发改委带领港区企业赴淮安与当地主管部门及港区对接，使中转箱份额有了稳定增长。

（二）发放物流引导资金推动项目建设

2013 年扬州市下发市级服务业物流引导资金 675 万元，共扶持项目 18 项。项目涉及物流管理平台、与制造业配套、商贸物流、城市配送、集聚区认定、甩挂运输、品牌建设、人才培训等。通过引导资金发放，拉动项目投资 69563 万元。

（三）为项目单位争取政策和资金

2013 年扬州市发改委抓住江苏省现代物流业发展“十二五”项目规划修订之际，积极推荐扬州港仪征港区绿地公用码头及配套工程项目、宜陵道口专业物流园、邵伯沿运专业物流园、超达汽车物流 4 个有发展潜力的重点物流项目列入江苏省重点物流项目；通过积极争取，汇银家电物流中心、普洛斯物流、美钢给配物流中心 3 个物流项目获得江苏省发改委点供地备案，已落实点供地计划 550 亩。此外，帮助仪征市仪扬河粮食中心库、苏中沿江物流集聚区美钢管业给配中心、扬州市邗江中心粮库粮食物流项目分别争取中央预算内投资资金 450 万元、450 万元和 500 万元。

（四）推动甩挂运输发展

2013 年，扬州市运管部门为提高货物运输的组织化程度、创新运输组织方式、提高运输效率、降低物流成本，积极推动甩挂运输发展，扬州市全年新增省级甩挂运输试点企业一家，打造市级甩挂试点企业 3 家。截至 2013 年年底，扬州市试点企业的牵引车共计为 190 辆、挂车 255 辆，其中当年新增牵引车 25 辆、挂车 40 辆；试点企业甩挂运输完成的货运量和周转量分别为 200 万吨和 100000 万吨千米，分别占企业货运和周转量的 35% 、40% 。

（五）强化物流基地建设

2013 年，扬州市交通运输局为确保物流用地、确保物流基地建设顺利进行，在对扬州市城区交通物流布局进行调研的基础上，对货运枢纽进行了详细规划，为扬州城北物流园、宏信龙物流园、宝胜物流园、三笑物流园、高邮诚信应急物流园和江苏超达物流园等重点物流基地建设项目顺利推进创造了良好的环境。截至 2013 年年底，扬州市共有交通物流基地 13 个，具备甩挂作业功能的基地有 5 个，支持三种以上运输方式有限衔接的基地有 1 个。江苏超达物流园、江苏宝胜物流园获得江苏省交通运输厅 2013 年项目建设补助 250 万元，物流基地的建设工作不断推进。

（六）为物流企业办实事

申通快递是扬州市快递行业骨干企业，每年进出港件量达 1400 万票，对推动扬州市电子商务的发展发挥着积极作用。申通快递计划新建一条邮件分拣线项目一直得不到管委会的批准。市发改委了解到，申通快递坐落在邗江江阳工业园区，该园区已属规划调整不再批建园区项目、实行“退二进三”的管理新政。根据企业的实际情况，积极反应企业在发展中存在困难和问题，政府主要领导约请企业座谈倾听声音，申通快递新建分拣线项目得到落实，会后申通分拣线项目得到实施。

（七）提升物流企业品质

扬州市发改委在为企业服务的同时帮助物流企业提升品质，注重物流人才培养，2013 年帮助 6 家企业成功申报 A 级物流企业，其中，国药控股江苏有限公司获国家（5A）级物流企业、扬州邦勤运输（3A）、宝应圆通物流有限公司（3A）、扬州市第一运输有限公司（3A）、扬州第五汽车运输公司（2A）、四联运输（2A）。三笑物流由原来的3A 级晋升为4A 级物流企业。到2013 年年底，扬州市 A 级物流企业总数已上升到 17 家，位居江苏省第五位。此外，扬州市发改委注重物流人才培养工作，全年举办了两届物流师人才培训班，有 60 多名社会学员参加了培训。

（八）物流协会工作

2013 年扬州市物流协会根据《章程》顺利完成了换届工作，新一届领导班子年龄和知识结构更加合理，更有工作活力。2013 年协会完成《扬州物流》杂志和《2013 年扬州物流年鉴》的编辑出版工作，物流网站运营良好，协会针对“营改增”对第三方物流企业产生的影响进行了积极深入的调研。

五、物流集聚区得到快速发展

截至2013 年年底，扬州市已有江苏省和扬州市物流集聚区 9 家，2013 年完成主营收入 145.72 亿元，上缴税收 2.54 亿元，完成投资 34.59 亿元，集聚企业 1931 家，形成就业人数 11565 人。

省级物流集聚区的代表长江石化物流中心2013 年实现主营业务收入 45.5 亿元，同比增长 50.7%；实现税收 6900 万元，同比增长 50%；完成固定资产投入 8.85 亿元，同比增长 40%，三项主要经济指标均完成或超过全年任务。以石化仓储物流服务为主业的长江石化物流中心，2013 年物流服务业主要呈现出四个特点：一是石化贸易大幅增长，全年完成营业收入 16.2 亿元，同比增长 165%；二是新兴业态快速增长，全年实现营业收入 2.3 亿元，同比增长 64.7%；三是物流运输较快增长，全年实现营业收入 3600 万元，同比增长 35%；四是石化仓储平稳发展，全年完成营业收入 16.5 亿元，同比略有下降。

市级物流集聚区的代表三笑物流园，2013 年完成营业收入 3.4 亿元，上缴税金 1700 万元，同比分别增长 18% 和 8.5%；完成固定资产投资 4000 万元，同比增长 25%；园区吸纳就业 2700 人，同比增长 8%；入驻园区商户 105 户，同比增长 3%。

六、冷链物流建设步伐加快

食品工业园是扬州市委、市政府于 2005 年 2 月批准建设集食品产业加工、制造、流通、研发等于一体的现代食品产业集聚区。截至目前，落户集聚区的锦通食品、亲亲集团、绿叶食品、三和四美、雪冠食品、扬大康源乳业等 39 家企业已投产运营。

为保证食品工业园的冷链物流高效顺畅，园区加大了食品工业园冷链物流项目建设力度，2013 年引进重庆万吨冷储物流有限公司，投资 10 亿元建设“扬州万吨食品加工冷链物流”项目。当年开始进行 20 万吨级冷库前期调研和规划设计工作。园区计划通过“一步规划，二年实施，三年到位”，初步建成功能齐全的农产品冷链物流产业体系，把该基地打造成全省一流、全国领先的农产品冷链物流中心和华东地区重要的区域性农产品冷链物流枢纽。

（夏　坚　朱华斌　沈　玲　扬州市发展和改革委员会）

2013 年宁波市物流业发展情况

港口是宁波市最大的战略资源，近十几年，依托港口资源优势、区位优势和外向型经济优势，宁波市以港口物流为主导的物流产业持续快速发展，2013 年物流业增加值占 GDP 的比重达到 10%，已成为宁波市国民经济的重点产业和优势的生产性服务业。国家层面已将宁波定位为全国性物流节点城市、长三角区域物流中心城市和一级物流园区布局城市。

一、宁波市物流业发展的现实基础

十几年来宁波市物流业呈快速发展态势，一方面，得益于自身的现实基础条件；另一方面，得益于国家的政策推动。

（一）具有战略意义的地理位置

宁波市位于极具战略意义的长江三角洲，地处我国南北沿海和长江黄金水道的交汇点。宁波港贴近国际主航道，是处理集装箱、矿石、原油、煤炭、液体化工产品等货物装卸的国际枢纽港口，具有极佳的区位优势。目前宁波港口货物吞吐量和集装箱吞吐量均位列国际前茅，是我国大陆主要的集装箱和矿石、原油、液体化等大宗商品货物的工中转储存基地，华东地区主要的煤炭、粮食等散杂货中转和储存基地。

（二）具有显著的国际海运成本优势

宁波港是我国大型和特大型深水泊位最多的港口之一，是全球少有的超大型深水大港，可满足 30 万吨级甚至 40 万吨级的大型船舶满载乘潮通航，拥有国内其他港口不可比拟的海运成本优势。经粗略测算，我国若从巴西进口铁矿石，宁波港的海运成本要比其他港口城市低 2. 47 美元/吨以上；若从中东进口原油，宁波港的海运成本要比其他港口城市低 2. 1 美元/吨以上。仅以宁波港目前的接卸量计算，宁波港每年无形中就为业主创造了 1. 2 亿元人民币以上的价值。

（三）具有发达的集疏运网络

宁波港与全球 100 多个国家和地区的 600 多个港口有贸易往来，拥有集装箱航线 235 条，月航班数已超过 1416 班。“一环六射”的高速公路主骨架和甬金铁路、甬台温高速铁路、栎社国际机场等交通基础设施奠定了宁波作为国家级交通枢纽的地位。宁波市依靠自身的以水路运输为主、以公路、铁路和航空运输为重要补充的集疏运网络体系，为国际集装箱和大宗商品进入华东地区、长三角乃至中西部地区提供了重要通道。

（四）具有良好的产业基础

宁波市是外贸进出口大市，2013年宁波市实现外贸进出口总额1003.3亿美元，跻身千亿美元级城市行列。近些年宁波市的大宗商品交易市场迅猛发展，2013年，宁波市主要大宗商品交易市场（平台）交易额高达5500亿元，钢材、塑料、液体化工等大宗商品交易量居全国前列。其中，宁波神化（中国镍金属交易中心）与全球前六大镍生产企业有长期供货协议，拥有超过2500家终端客户，其镍金属交易额占据全国的40%，全世界的8%；余姚的中国塑料城已被评为全国重点示范市场、浙江省现代服务业集聚示范区；浙江塑料城网上交易市场被评为“省重点电子商务第三方平台”；宁波大宗商品交易所的阴极铜、PTA以及宁波大宗货物海铁联运物流枢纽港的液体化工、煤炭、再生资源、钢材等特色交易市场初步成为了区域市场的价格风向标。

二、2013年宁波市物流业发展情况

2013年宁波市物流业发展情况良好，呈现以下几个特点。

一是物流业发展总体平稳，增长速度有所放缓。2013年，宁波市社会物流总额达17573.34亿元，同比增长3.64%，增速比上年有所提高；物流业增加值为718.54亿元，同比增长7.82%，增速比上年略有放缓。物流业增加值占GDP的比重为10.1%，占服务业增加值的比重为23.1%；社会物流总费用与GDP的比率达到18.22%，虽比上年下降了0.32个百分点，但仍略高于国内平均水平，社会物流成本较高的局面依然没有改变。

二是港口物流主导发展，电商物流异军突起。2013年，宁波港口共完成货物吞吐量4.96亿吨，同比增长9.47%，增幅较上年提高4.9个百分点，创历史新高，位居中国内地港口第三位、世界第四位。集装箱吞吐量为1677.37万标准箱，同比增长7.03%，箱量排名保持内地港口第三位，世界港口前六强。受内需扩大特别是网购物流需求带动，电子商务物流高速增长。2013年宁波市规模以上快递服务企业业务量累计完成11770.8万件，同比增长34.5%。农村物流、社区物流趋于活跃，冷链物流、危化品物流得到关注。航运、航空货运市场依然低迷。由于需求疲软和产能过剩，钢铁、建材、煤炭、能源等与生产资料相关的物流市场持续低迷。

三是物流园区加快建设，产业集聚成效明显。梅山保税港区物流园区累计引进商贸物流企业1004家，注册资金57.2亿元，已建成梅山商贸大楼、四海物流仓储以及中外运梅山保税港区物流基地等一批物流仓储项目；镇海大宗货物海铁联运物流枢纽港已累计入驻企业479家，累计注册资本达25.35亿元，园区主体工程已基本建成，园区物流公共信息平台已正式上线运行；宁波经济技术开发区现代国际物流园区已有9个监管仓库、3个监管平台，相继引进建成普洛斯、中外运、前程供应链、天翔货柜、东南物流重点物流项目5家，中小型物流项目127家，贸易企业21家；宁波栎社保税物流中心（B型）租赁入驻中心企业13家，工商注册入驻企业96家，注册资本金为8.5亿元，建成9个钢结构仓库、物流商务楼、专用的查验仓和查验场地、停车场和安保设施。

四是物流企业创新发展，市场主体不断壮大。2013年，供应链物流、双重甩挂运输、多

式联运、金融物流等新的发展模式不断涌现，并且出现了一批示范性企业，已形成一批门类齐全、运作高效、竞争充分的市场主体。截至2013年年底，宁波市A级物流企业135家，同比增长14.41%，名列全国副省级城市首位；道路运输（货运）等级企业159家，同比增长3.92%；新增部级危运甩挂试点企业1家、市级甩挂运输试点企业4家，截至2013年年底，宁波市共拥有部级甩挂运输试点企业4家（占浙江省50%）、省级试点企业3家、市级试点企业5家。

五是多业联动发展深化，产业跨界竞合提速。物流企业与制造企业走向深度融合：宁波富邦物流、金星物流、宁波中通物流、浙江九龙物流等物流企业分别为中华纸业、雅戈尔、吉利、华康制药等制造企业提供全程供应链服务。物流业与电子商务跨界竞合，如京东将在宁波打造一个百亿级规模的“四中心两区一基地”，包括电商运营中心和配送中心；太平鸟服饰作为国内最早的电商平台之一，正自建“太平鸟品牌服饰整理配送中心”，进军物流领域。金融业与物流业联动发展进展迅速：建行宁波市分行推出物流联保通、物流小额贷、成长之路等多种特色物流融资产品；临商银行宁波分行专门成立物流企业服务中心，相继推出“物流直通车”“陆路通”“绿色行”等物流金融产品。

六是智慧物流加快建设，信息化、智能化水平提升。主营物流电子商务的第四方物流市场集合了1万多家企业，实现了船司、船代、货代、车队、堆场、码头的广泛联网及各种报文单证的电子化交换。以航运交易电子商务综合服务平台为基础的宁波航交所已有注册用户万余个，航运舱位交易市场、船舶交易市场、航运服务人才市场三大市场发展顺利。道路危险货物管理监控平台的试运行初步实现了危运行业管理的可视化、可控化和可量化。宁波市物流企业加快与国家物流公共信息平台数据互联，有18家集装箱运输试点企业推广应用物流标准化软件，20家物流企业参与企业信息系统接口改造。信息技术、物联网技术加快推广应用，九龙物流、顺丰速运、中创物流等一批智慧物流应用企业脱颖而出，物流信息化、自动化、智能化水平大幅提升。

（李惠红　宁波市服务业综合发展办公室）

2013 年青岛市物流业发展情况

青岛市是全国 21 个物流节点城市之一，也是山东半岛物流区域中心城市。近几年，青岛市依托区域优势地位加快发展现代物流业，取得了显著成效。青岛市连续多年获得“全国物流中心城市杰出成就奖”和“中国物流城市最佳投资环境奖”。

一、物流业运行情况

2013 年青岛市实现物流业增加值 708.6 亿元，同比增长 10.2%，物流业增加值占全市生产总值的比重为 8.9%，占全市服务业增加值的比重为 17.7%。实现物流总额 27072.6 亿元，同比增长 9.2%。实现社会物流总费用 1336.4 亿元，占全市生产总值的比重为 16.7%。

二、物流业发展情况

（一）龙头骨干企业效应明显

目前，青岛市工商登记注册的物流企业达 8246 家，其中私营企业所占比例接近 91%；注册资本在 1000 万元以上的企业有 412 家；上缴地方税收总额超过 100 万元的企业有 400 家，龙头骨干企业效应明显。青岛市已有中货物流等 51 家企业获评国家 A 级物流企业，有中创物流等 10 家企业被评为全国百强物流企业，有海程邦达物流等 14 家企业荣获全国先进物流企业称号，有思锐物流等 3 家企业被评为中国物流品牌价值百强企业。物流龙头骨干企业带动效应明显，上下游产业链拉动力显著增强。

（二）产业集聚区已成规模

青岛市规划建设的 7 大物流园区、12 个物流中心和 8 个配送中心进展顺利。前湾国际物流园、保税港区物流园和空港物流园已形成规模；胶州湾国际物流园、城阳综合物流园、楼山物流园以及董家口港区物流园正在建设中。“千万平米”物流园区工程稳步推进，2013 年已完成工程投资 100 亿元、施工面积 222.5 万平方米，竣工面积为 316 万平方米，累计竣工面积达 570.4 万平方米，占“千万平米”物流园规划总面积的 36%。30 余个投资过亿元的物流大项目建设进展顺利，中国北方冷链物流基地开工建设。物流集聚化、规模化发展带动了整个物流产业的壮大发展。

2013 年 10 月发布的《全国物流园区发展规划（2013—2020 年）》明确了全国物流园区的发展目标和总体布局，青岛市作为 29 个一级物流园区布局城市将按照规划的要求，根据地区实际需要加快建设符合地区经济发展的物流园区，搭建全国物流园区网络体系。

（三）信息化、标准化成效显著

近几年青岛市物流企业注重信息化建设，一大批中小物流企业利用信息技术网络平台，扩展了业务、壮大了规模，逐步向现代物流企业转型。

2013 年青岛市已有 80% 的物流企业建立了内部物流管理网络系统，海尔物流、青啤、青岛港等企业投入大量资金建设物流信息系统，物流实现了供应、生产、销售环节紧密衔接，物流效率和管理质量显著提高。目前，青岛市已有 20% 的物流企业使用了 GPS、条形码技术、EDI（电子数据交换）、ASS（自动分拣系统）、RFID（射频识别）、无线手持终端等技术。

2013 年青岛市物流公共信息服务平台正式上线运营，为中小企业提供车货供求、资质查询、海港空港等八大功能板块服务，提升了物流运行效率。此外，青岛市大宗商品物流交易等专业化平台建设正式启动。

2013 年青岛市编制完成并出台了《青岛市物流配送服务质量规范》和《青岛市食品冷链物流服务质量规范》，物流行业标准化建设效果明显。

（四）口岸物流竞争能力显著增强

近几年，青岛市借助地缘优势大力发展口岸物流，物流多式联运网络日臻完善，多种运输方式对物流辐射范围不断拓展，口岸物流竞争能力显著提升。2013 年中韩陆海联运青岛通道全年出入挂车 538 车次，货运量 2040 吨，贸易额 21978 万美元。货物总值占山东省 5 个通道的 78%，实现了中韩陆海联运甩挂运输常态化运营。

自国务院正式批复青岛保税港区为汽车整车进口口岸、青岛口岸发展国际过境集装箱运输业务获准实施后，青岛市空港开通了洲际航线，并在烟台、威海等地设立了异地货站，口岸物流辐射能力进一步扩大。青岛市在全国沿海港口率先开创了集装箱海铁联运模式，开通了至郑州、西安循环“五定班列”，阿拉山口和霍尔果斯国际过境班列。青岛市口岸物流竞争能力显著增强。

（五）营造良好的发展环境

近几年，为充分利用青岛市的区位优势加快发展现代物流业，青岛市政府设立了物流业发展工作专门管理机构，制定出台了《关于加快青岛市现代物流业发展的意见》《青岛市物流业发展推进方案（2009—2012）》《青岛市现代物流业发展规划（2009—2020）》《青岛市“十二五”现代物流业发展规划》《关于促进现代物流业加快发展的意见》《青岛市“千万平米”物流园区建设推进方案》等一系列政策性文件，为青岛市物流业发展营造了良好的发展环境。尤其是 2012 年出台的《关于促进现代物流业加快发展的意见》，确定了对新技术应用、新运输方式、公共平台和集聚区物流项目进行资金扶持的政策，有效带动了物流企业创新发展的积极性，物流业发展的外部环境得到进一步优化。

三、物流业发展存在的问题及对策

近几年，青岛市物流业发展遇到了一些问题，比较突出的是物流高端低碳化发展水平低。首先在冷链物流方面，青岛市冷库总容量约为 125 万吨，超低温冷库设施严重不足，蔬菜生产基地配备冷库仅占生产总量的 12%，有超过80%的生鲜农产品仍在常温下流通，损腐率达20%以上。其次在甩挂运输方面，青岛市目前共有运营牵引车1.12万辆，挂车1.29万辆，牵引车和挂车比例为1∶1.1，实施甩挂运输的企业仅有3家，远远落后于欧美发达国家，不能满足青岛市货物运输的需求。

此外，企业负担较重也是制约企业发展的大问题。近年来，受人工成本和燃料费用不断增加、过路过桥费支出攀升、国内外经济环境等不利因素影响，物流企业成本支出逐年加大，利润空间日渐萎缩。尤其实行营改增后，交通运输企业由原来3%的营业税改为11%的增值税，可抵扣的项目主要为购置运输工具和燃油、修理费所含的进项税。由于运输工具使用年限长，实际可抵扣的固定资产进项税很少。燃油、修理费等可抵扣进项税的成本占总成本不足40%，企业税负大大增加，物流企业生存压力进一步加大。

青岛市物流业要实现跨越发展，就必须以加快转变物流发展方式为主线，采取切实可行的对策措施帮助企业排忧解难，让企业轻装前进。

一是坚持规划引领发展，在物流集群化、一体化上实现突破。坚持世界眼光、国际标准、发挥本土优势，引进国际或国内高水平的规划团队，精心编制物流集聚区规划。海港要精心编制董家口港物流园区规划，打造国家战略物流中心和世界重要能源交易中心；空港要做好胶东国际机场物流园区前期规划，打造东北亚区域性航空货物转运中心；陆路要重点推进南泉和传化公路港项目建设，打造半岛区域货运枢纽交易中心。全力推进“千万平米”物流园区工程，抓好西海岸物流园区、胶州湾国际物流园区和城阳现代物流产业园区建设。

二是坚持项目带动发展，在物流高端化、低碳化上实现突破。依托区市和企业资源，实施定向招商和以商招商，吸引集聚效应强的供应链管理、冷链、医药等高端物流项目优先落户青岛市。积极发展绿色物流，抓住青岛市列入国家低碳交通运输体系建设试点城市机遇，加大绿色物流装备、设施和节能仓库的推广力度。大力采用和推广多式联运、甩挂运输等先进运输组织方式，实现多种运输方式“无缝衔接”，加快推进南泉公铁联运、交运甩挂运输运营中心项目建设。

三是坚持产业联动发展，在物流社会化、专业化上实现突破。积极探索物流业与制造业联动融合发展，选择大型制造企业开展产业联动试点。建立制造业与物流业联动发展长效机制，推动专业化企业物流向社会产业链延伸服务，重点推进第三方物流企业逐步融入制造、流通企业的采购、生产和销售环节，不断提升供应链管理服务能力，大力推进企业物流社会化发展。

四是坚持科技创新发展，在物流标准化、信息化上实现突破。提升物流标准化建设水平，鼓励企业应用智能标签、无线射频识别、快速分拣以及电子数据交换技术，提高物流运营效率。做好服务规范编制工作，加快实施《青岛市物流配送服务质量规范》等各项服务质量规范。加快物联网和电子商务平台研发应用，完善全市物流公共信息平台功能，实现车源、货源以及海陆空三大物流系统信息互通共享；建设大宗商品配送、港口集装箱配货等专业化公共信息平台，为实现各类资源信息整合奠定基础。

（李　岩　青岛市交通运输委物流业发展处）

2013 年泰安市物流业发展情况

2013 年，泰安市把发展现代物流业作为转型跨越发展的重要工作来抓，认真贯彻落实促进物流业发展的各项政策措施，努力优化物流业发展环境，加大扶持力度，强力推进现代物流业快速发展，物流需求不断增加，物流增加值稳步上升，总体呈现稳中向好的发展态势。

一、社会物流总规模持续扩大

2013 年，泰安市社会货物物流总额达到 9064.5 亿元，同比增长 12.3%，居山东省第 9 位，比上年上升 1 位。其中，农产品物流总额增长 10.2%，工业品物流总额同比增长 13.1%，进口货物物流总额同比增长 16.8%，外地货物流入总额同比增长 9.8%，单位与居民物品物流总额同比增长 57.5%。全市完成货运周转量 219 亿吨公里，同比上升 19.2%；实现社会消费品零售额 1053.8 亿元，同比增长 13.5%，各行业稳步发展推动全市物流业实现持续快速发展。

二、物流业增加值稳步增长，占比相对平稳

2013 年，泰安市物流业实现增加值 167.4 亿元，同比增长 9.6%，总量位居山东省第 10 位，与上年位次持平；增长速度居山东省第 10 位，比山东省平均增长水平高 1.4 个百分点。占山东省物流增加值的比重为 4.2%，比上年提高 0.1 个百分点；占 GDP 的比重为 6.0%，与上年持平，比重位居山东省位次比上年上升 1 位；占第三产业的比重为 14.5%，同比下降 0.4 个百分点，比重位居山东省位次与上年相同。

三、物流相关产业固定资产投资稳定增长

2013 年，泰安市物流相关产业固定资产投资总额达到 283.3 亿元，同比增长 25.1%，总量位居山东省第 4 位；占泰安市固定资产投资额比重的 14.3%。其中，交通运输业投资额为 92.4 亿元，占泰安市全部固定资产投资总额的 4.7%；邮政仓储业投资额为 21.5 亿元，占泰

安市全部固定资产投资总额的 1.1%；批发零售业投资额为 169.4 亿元，占泰安市全部固定资产投资总额的 8.5%，批发零售业投资额在固定资产投资总额中所占比重进一步拉大。泰安市物流相关产业福鼎资产投资额占山东省交通运输业、邮政仓储业、批发零售业固定资产投资额的比重分别位居山东省第 6 位、第 9 位和第 2 位，物流业固定资产投资力度不断加大。

（泰安市经信委）

2013 年日照市物流业发展情况

一、物流业运行情况

近年来，按照把日照市建设成为区域性航运物流中心的目标，日照市经信委采取多项措施为全市现代物流业的健康发展创造良好的外部发展环境，有力地推动了日照市物流产业稳步发展。

2013 年，日照市现代物流业在经济下行压力较大的情况下，仍呈现了较好的发展态势，物流园区和企业规模不断壮大，物流产业结构进一步优化，物流行业整体水平不断提高。

2013 年，全年日照市社会物流总额首次突破 5000 亿元，达到 5273.5 亿元，同比增长 19.5%，增幅居山东省第二位。

2013 年日照市社会物流实现增加值 145.5 亿元，同比增长 14.5%，增幅居山东省第三位。物流业增加值占 GDP 的比重为 9.7%，占服务业增加值的比重为 24.9%，均居山东省第三位。

2012 年，日照市完成物流相关产业固定资产投资 170 亿元，同比增长 18.7%，物流相关产业固定资产投资占全部固定资产投资的比重达到 15.9%，居山东省第二位，物流相关行业固定资产投资的快速增长为日照市现代物流业快速健康发展注入强劲动力。

二、加快物流业发展的对策

为使日照市物流业继续稳步持续发展，日照市经信委将按照国家发布的推进物流业发展的政策，为全市物流业的健康发展营造良好的外部环境。

一要注重产业链、物流链和价值链的融合，提高生产性服务业与制造业联动发展水平。

二要加快三运物流、联储物流、浩宇物流、新贵科技、凯达物流、港信物流、凌云海糖业等一批重点园区项目建设，促进物流业转型升级；进一步推进临港企业的原材料和产成品运输、仓储等业务剥离外包，实施主辅业分离，为物流业发展扩大市场需求。

三要以工业企业信息化为主要方向，推进物联网等信息技术在工业领域的应用，加快软件和信息服务业成果转化。对 5 家列入省生产性服务业重点调度名单的企业，促其发展壮大，进一步发挥引领和带动作用。

（日照市经信委）

2013 年莱芜市物流业发展情况

2013 年，莱芜市经济运行稳中有进，物流业保持平稳健康发展。

一、物流业运行情况

（一）社会物流总额持续增长

2013 年，莱芜市物流总额为 2457.4 亿元，同比增长 10.6% 。其中，农产品物流总额为 74.1 亿元，同比增长 8.6% ；工业品物流总额为 1542.1 亿元，同比增长 6.5% ；进口物流总额为 108.6 亿元，同比增长 23.6% ；再生资源物流总额为 482.7 亿元，同比增长 60.9% ；单位与居民物流总额为 18.0 亿元，同比增长 52.5% ；外地流入物流总额为 232 亿元，同比下降 24% 。

（二）物流业增加值持续增长

2013 年，莱芜市服务业增加值为 237.95 万元，物流业增加值为 73.2 亿元，同比增长 9.4% ，占莱芜市服务业增加值的比重为 30.8% ，高于山东省平均水平 12.9 个百分点；物流业增加值占莱芜市地区生产总值的比重为 11.2% ，高于山东省平均水平 3.8 个百分点。

（三）货运量和货运周转量运行平稳

2013 年，莱芜市实现货运量为 0.7 亿吨，同比增长 0.9% 。其中，公路货运量 6519 万吨，同比增长 1.3% ；铁路货运量 171.9 万吨，同比下降 10.8% 。

2013 年，莱芜市货运周转量为 69.0 亿吨公里，同比增长 2.6% 。其中，公路货运周转量为 58.7 亿吨公里，同比增长 7.0% ；铁路货运周转量为 10.3 亿吨公里，同比下降 16.9% 。

二、物流业发展情况

（一）固定资产投资高速增长

2013 年，莱芜市生产性服务业共完成投资 24.44 亿元，同比增长 49.05% ，高于莱芜市固定资产投资增幅近 30 个百分点，实现高速增长态势。

从增幅看，莱芜市生产性服务业投资呈现“三升两降一突破”的运行特点。租赁和商务服务业完成投资 2.01 亿元，同比增长 95.3% ；信息传输、计算机服务和软件业完成投资 2.42 亿元，交通运输、仓储和邮政业完成投资 11.14 亿元，分别增长了 32.9% 和 31.9% ；金融业和批发业投资下降了 1.7% 和 55%；科学研究、技术服务和地质勘查业投资实现零的突破，完成投资 4.13 亿元。

从占比看，2013 年交通运输、仓储和邮政业是莱芜市服务业投资的重点，占全部生产性服务业的比重达到 45.58%；科学研究、技术服务和地质勘查业的投资比重达到 16.91%；租赁和商务服务业比重最低，只有 8.22%。

（二）园区经济实现平稳较快发展

2013 年，莱芜市各园区深入贯彻落实市委、市政府的决策部署，以加快推动济莱协作区建设为契机，围绕建设“五个莱芜”的总体发展目标，进一步解放思想、强化措施，园区经济呈现良好的发展势头。

1. 园区经济快速增长

2013 年莱芜市五大重点园区共实现生产总值 209.77 亿元，比上年增长 13.4%，增速比莱芜市平均水平快 3.3 个百分点；园区 GDP 占全市生产总值的比重达到 32.1%。分园区看，高新区实现生产总值 92.62 亿元，总量位列第一位；莱城工业区地区生产总值增速达到 14.8%，增长最快。

2. 大项目建设扎实推进

2013 年莱芜市园区固定资产投资增长显著，五大重点园区完成规模以上固定资产投资 233.18 亿元，比上年增长 25.45%；园区投资占莱芜市投资的比重为 49.3%，对莱芜市固定资产投资增长的贡献率为 60%；高新技术产业投资为 48.51 亿元，同比增长 16.4%。

2013 年莱芜市园区大项目建设扎实推进，五大重点园区共新上过 10 亿元项目 18 个、过亿元项目 64 个。消费市场运行平稳，五大重点园区实现社会消费品零售额 65.44 亿元，同比增长 13%。

3. 发展质量显著提高

一是财政收入稳步增长。2013 年，莱芜市五大重点园区共完成公共财政预算收入 13.29 亿元，比上年增长 12.83%，增速比莱芜市平均水平快 11.1 个百分点；园区财政占莱芜市财政收入的比重为 28.4%，比上年提高 2.8 个百分点；园区财政对莱芜市财政增长的贡献率达到 191%；园区财政收入中税收收入占比达到 93.77%。

二是工业生产质量、效益实现“双丰收”。2013 年，莱芜市五大重点园区完成规模以上工业增加值 127.76 亿元，同比增长 21.6%，园区工业占比达 38.8%，对全市工业增加值增长的贡献率为 58.3%。实现主营业务收入 609.75 亿元，同比增长 24.45%；实现利税总额 21.63 亿元，同比增长 161.14%；实现利润总额 12.43 亿元。

三是市场主体数量大幅增加。截至 2013 年年底，莱芜市五大重点园区新增规模以上工业企业 81 家；各园区小微企业累计达 3770 家，比上年年末净增 392 家、增长 11.6%；个体工商户累计 11097 户，比上年年末增加 2675 户、增长 31.8%。

（莱芜市统计局服调中心）

2013年武汉市物流业发展情况

2013年，在湖北省委、省政府、武汉市市委、市政府的领导下，武汉市紧紧围绕建设国家物流中心战略目标，深入加强物流发展规划研究，加快拓展现代物流通道，全面推进物流园区建设，积极引进和培育现代物流企业，着力发展重点领域物流，努力改善物流发展环境，物流业实现了稳步健康发展，为湖北省、武汉市经济平稳快速发展提供了重要支撑。

一、物流业运行情况

2013年，武汉市社会物流总额实现22814.75亿元，同比增长13.6%。其中，农产品物流总额为507.47亿元，同比增长14.43%；工业品物流总额为10387.11亿元，同比增长19.5%；进口货物物流总额为607.39亿元，同比增长0.18%；再生资源物流总额为83.82亿元，同比增长8.44%；单位与居民物品物流总额为16.17亿元，同比增长12%；市外购进物流总额为11212.79亿元，同比增长8.54%。

2013年武汉市物流总费用为1405.46亿元。其中，运输费用为606.08亿元，占社会物流总费用的比重为43.12%；保管费用为615.24亿元，占社会物流总费用的比重为43.78%；管理费用为184.14亿元，占社会物流总费用的比重为13.10%。物流总费用与GDP的比率为15.53%，比上年下降0.4个百分点。

全社会货物运输总量44793.14万吨，增长5.5%。其中铁路货运总量9034.80万吨，下降1.6%；公路25102.00万吨，增长3.1%；水运10646.58万吨，增长19.4%；航空9.76万吨，增长2%。货物周转量2580.32亿吨公里，增长10.9%。

二、物流业发展情况

近两年，武汉市紧扣建设国家物流中心战略目标，制定规划、完善政策、推进通道建设、加快园区建设、强化港口物流、加强重点领域物流建设、注重培育物流龙头企业，推动了全市物流业在转型升级中快速发展。

（一）物流业发展环境不断改善

近几年，为了推进武汉市现代物流业的发展，武汉市政府及物流主管部门陆续出台了一系列法规和政策，五六月发展环境不断改善。出台《武汉市物流业空间发展规划（2012—2020年）》，规划了"一港、六园、八中心"的空间格局；颁发了《武汉市人民政府关于建设国家物流中心的意见》，明确建设国家物流中心总体要求、主要目标、重点任务和推进措施；制定《物流园区（中心）控制性详规编制技术指导意见》，编制《物流园区（中心）控制性详细规划》。开展《城市配送体系专项规划》研究，初步完成《物流园区集疏运体系规划》编制。制定印发《武汉市引进物流龙头企业总部在汉落户扶持政策和扶持物流企业做大做强实施办法》《武汉市物流园区（中心）新增建设用地计划管理办法》《实施营业税改增值税试点过渡性扶持政策》和《武汉航空发展引导专项资金奖励办法》等一系列引导扶持政策，为在汉新设立总部或地区总部的世界100强和国内50强物流企业建立了开办补助、办公用房补助、投资补贴、税收贡献奖以及土地保障和人才奖励等扶持政策，为扶持物流企业做大做强建立了"一企一策"，物流业发展环境进一步优化和改善。

（二）物流通道建设有序推进

为把武汉建成国家物流中心，武汉市政府近年来加大了通道建设力度。

一是快推进重大交通基础设施建设，武深高速武汉段、四环线西线工程全面开工建设，武汉新港江北铁路有序推进。2013年7月，武汉天河机场三期主体工程全面开工。作为湖北省最大的交通重点工程，湖北省政府相关部门在行政审批、资金、用地、搬迁等方面给予了全力支持，截至2013年年底，全部主体工程均开工建设，为2014年三期建设工程全面展开打下了基础。沪汉蓉客运专线全线贯通，以武汉为中心的"米"字形高铁网基本形成。武汉与国内主要大中城市间基本实现高速化出行，武汉与郑州、长沙、南昌、合肥等中部省会城市形成2小时交通圈，与北京、上海、广州、西安等城市形成4～5小时交通圈，与重庆、宁波、青岛、厦门等城市形成8小时交通圈。

二是加快提升口岸通关服务水平，实施分类通关，开展机场至东湖综合保税、东西湖保税物流中心、沌口出口加工区"空陆联运班车"试点。

三是拓展水陆空国际、国内大通道，发展武汉至广东"五定班列"、汉蓉集装箱循环班列，支持联邦快递、德邦、天地华宇等相继开通武汉至北上广等国内主要城市公路干线运输卡车航班。2013年开通了武汉—北京—洛杉矶、武汉—上海—旧金山5条国际（地区）航线，使武汉开通的国际（地区）航线达25条，武汉市成为中国中部地区通航美国（客运）的唯一城市。推进"江海直达"天天班、"泸汉台"近洋快班，开通"汉新欧"国际货运专列，初步形成相对完善的联系国际、国内物流通道体系。

（三）物流园区（中心）建设成效显著

近两年，武汉市以《武汉市现代物流业发展十二五规划》和《武汉市物流业空间发展规划（2012—2020年）》为引导，全面推进物流园区（中心）建设。截至2013年年底，武汉市物流园区基础设施建设完成投资54亿元，全市48个在建物流项目累计完成投资82.26亿元，较上年增长82%。

2013年，武汉市规划建设"六园、八中心"的园区（中心）道路建设完成投资57.76亿元，阳逻、空港、东西湖综合物流园园区道路更加完善和畅通，汉口北、郑店、常福、朱家湾、沙帽等物流园区（中心）路网及"七通一平”等基础设施建设加快推进。东西湖综合物流园保税物流园区、走马岭物流新城主干路网已基本形成，园区内已建成运营项目20个、在建项目4个、签约拟建项目12个，东西湖综合物流园成为国家物流示范基地。

武汉市物流园区（中心）的区位优势吸引了敦豪（DHL）、深国际现代综合物流港、普洛斯产业园（阳逻）、京东商城（阳逻）、越海华中供应链总部基地、圆通速递华中转运仓储物流中心、新加坡丰树产业园、安吉通用物流、中国智能骨干网、安捷物流中心、湖北圣恩汽车物流产业园、湖北宏桥医药配送中心、润恒农副产品（冷链）配送中心、宇培物流、恒阳化工物流等一批物流企业和项目分别落户东西湖、阳逻、天河空港、郑店、金口、朱家湾、沙帽、北湖等物流园区（中心），物流企业集聚速度加快。

（四）物流重点领域发展迅速

2013年武汉市在保税物流、港口物流、电子商务、医药物流等物流重点领域发展迅速。

第一，保税物流。东湖综合保税区封关运营；启动了武汉市新港空港综合保税区申报工作；2013年东西湖保税物流中心办理进出口货运总量、总货值及税收分别增长6.6%、3.6%和26.17%。

第二，港口物流。2013年武汉新港完成投资190.29亿元，同比增长20.41%，港口货物和集装箱吞吐量分别达到13237.8万吨和82.28万标准箱，同比增长6.05%和11.51%。

第三，电子商务。阿里巴巴、京东商城、1号店、腾讯、凡客诚品、当当网、卓越亚马逊和苏宁易购国内9大互联网巨头在武汉设立区域总部或大型配送中心，中百、武商等商贸龙头企业开发电子商务业务，实现实体店与网络销售融合发展，武汉已成为我国中部地区电子商务企业聚集地和快速发展地。

第四，医药物流。总投资12.8亿元九州通东西湖现代医药物流中心项目加速推进，华润新龙现代医药物流配送中心、南京医药湖北有限公司物流中心等项目投入运营，汉阳地区聚集了九州通、华润新龙、民生药业、阳康医药等100余家医药物流企业，武汉逐步形成中部地区医药研发、加工、销售和配送等供应链医药物流基地。冷链物流快速发展，2013年武汉市冷库容量超过52万吨，成为中部地区冷链物流中心。敦豪等国际知名快递物流企业落户武汉，顺丰、申通等国内知名快递物流企业在武汉设立的自动化分拨中心陆续建成或投入运营，推动了武汉市快递物流业的发展。

（五）加大物流企业引进和扶持力度

一是加大国内外知名物流企业引进力度。按照引进和培育并重的原则，武汉市制定了《引进物流龙头企业总部在汉落户的扶持政策》，有针对性地提出了9条引进扶持政策，吸引知名物流企业入驻武汉。截至2013年年底，共有28家企业加速布局武汉或加大在武汉的投资，宝湾、德邦、安得、苏宁等一批项目开工建设，中国智能骨干网、京东商城、敦豪（DHL）、深圳国际控股等一批知名物流企业相继签约，盖世理、沃尔玛等一批企业确定落户意向，平安集团、美国安博等一批企业加紧到武汉考察。截至2013年年底，武汉全市在建、签约、洽谈的物流项目140个、投资总额达1714亿元。

二是加大现代物流企业的扶持力度。2013年，武汉市争取中央和省预算投资资金、利用市现代物流业发展扶持资金支持汉正街蓝焰物流基地等12个重点物流示范项目建设，总投资达20.09亿元。按照“因企制宜、一企一策”的原则，制定了《扶持本地物流企业做大做强的实施办法》，首批确定了九州通、商贸控股、良中行三家企业作为重点扶持对象。针对不同类型的运输物流企业，制定专项政策予以扶持。例如，对航空货运企业，出台了国际、国内定期货运航班、发展货物中转业务等专项资金奖励办法；对重点快递企业、特殊行业货车进城，协调公安交管部门发放通行证1.8万张，保障市区揽收业务开展；支持武汉乐道物流申报国家公路甩挂运输试点；推荐中百配送、华融钢贸等17家企业纳入国家现代物流技术应用与城市共同配送试点示范。2013年武汉市新增A级物流企业16家，安得物流、诚通物流等6家企业入选湖北省第二批重点物流企业。截至2013年年底，武汉市A级物流企业达到98家，其中5A级6家，A级物流企业数量和质量在全国副省级以上城市中居前列。

承办2013（第十一届）中国物流企业家年会，武汉商贸国有控股集团有限公司、武汉捷利物流有限公司成为2013年中国物流杰出企业，武汉钢铁物流有限公司、武汉东西湖保税物流中心有限公司分别获2013中国物流创新奖和中国物流社会责任贡献奖，湖北盛辉物流有限公司被认定为中国物流实验基地。

（武汉市物流局）

2013 年银川市物流业发展情况

近年来，银川市委、市政府高度重视现代物流业发展，通过科学规划、政策支持、项目带动，全市物流业发展呈现出规模快速扩张、效益日趋显著，为全市经济和社会发展作出了积极贡献。

一、物流业运行情况

2013 年，银川市社会物流总额完成 2543 亿元，同比增长 13. 1% ，占宁夏回族自治区社会物流总额的 53. 5% ，增幅比上年同期回落 19. 3 个百分点。其中，全市工业品物流总额完成 1868 亿元，比上年增长 15. 4% ，占全市社会物流总额的 73. 4% ；农产品物流总额完成 18. 34 亿元，比上年增长 3. 7% 。

2013 年，银川市物流业增加值为 121. 16 亿元，同比增长 4. 6% ，增幅比上年同期回落 5. 9 个百分点。

2013 年，银川市社会物流总费用为 327 亿元，同比增长 4. 5% 。社会物流总费用与 GDP 的比率为 25. 7% ，远高于全国的 18% ，比前三季度增加 1. 2 个百分点。其中运输费、保管费、管理费分别增长 4. 2% 、5. 1% 和 7. 1% 。

2013 年，银川市物流相关行业固定资产投资额完成 64. 82 亿元，比上年增长 74. 3% 。银川市完成货运量 15277 万吨，同比增长 13% 。物流业已经逐步成为带动银川市经济发展的新增长极。

二、物流业发展情况

“十二五”以来，银川市委、市政府把现代物流业作为全市经济和社会发展战略重点之一，积极构建区域性物流中心，推动了银川市物流业规模总量迅速增长，物流基础设施逐步完善，物流企业竞争力日益增强。银川市先后被商务部列为全国“流通领域现代物流示范城市”、“现代物流技术应用和共同配送试点城市”，银川市获得国家和自治区各类物流扶持资金一亿余元。

2010—2012 年银川市社会物流总额年均增长速度为 34% ，物流相关行业增加值年均增长 11. 4% ，各种运输方式完成货运量年均增长 11. 8% ，物流相关行业固定资产投资额年均增长 18% 。全市从事仓储、运输、装卸、包装、流通加工、配送、快递、冷链、物流信息服务等业务的物流企业达到1300多家；物流园区（中心）共31家，占全区的52%；仓储面积达30余万平方米，冷藏保鲜库面积达10万平方米。

（一）聚集发展态势日益显著

一是大物流格局逐步显现，初步形成以银川综合保税区为主的外向型物流、以西夏国际公铁物流城为主的公铁联运物流、以宁夏海吉星国际农产品物流园为主的农产品物流、以西北现代供应链科技园区为主的商贸物流。二是推动宁夏众一物流中心、宁夏吉顺恒通物流中心等传统物流中心向综合性、信息化、一体化服务的物流中心转型。三是协调推进34个2013年计划投资48.8亿元的新建、续建现代物流项目建设。其中银川润恒农副产品（冷链）物流产业园一期、西北现代供应链科技园区（物美仓储物流中心）一期、西夏国际公铁物商务服务中心、银川陆港物流中心出口加工贸易区等重点园区项目均已建成。

（二）冷链仓储物流体系逐渐完善

一是大力推进冷链物流基础设施、技术应用、农产品冷链物流服务体系建设，鼓励恒源万福、新世纪等企业新建、改造32000平方米的冷藏保鲜库，全市冷藏保鲜库达10万平方米。二是鼓励宁夏交通国际物流港、宁夏金桥物流有限公司、宁夏众一物流中心等物流企业新建、改造2万平方米的仓储设施，全市仓储面积达20余万平方米。

（三）物流骨干企业培育成效显著

2013年银川市新增"2A"级以上物流企业4家，其中："4A"级物流企业1家、"3A"级物流企业1家、"2A"级物流企业2家。截至目前，全市共有"2A"级以上物流企业21家，其中"4A"级物流企业3家、"3A"级物流企业12家、"2A"级物流企业6家。全市重点培育的以华润万家、天天鲜、实德建材为代表的日用消费品、农产品、建材家具等商贸物流骨干企业35家。

（四）城市物流配送体系逐步完善

一是以现代物流技术应用和共同配送试点城市为依托和基础，培育银川同城社区配送、东桥电器、领鲜物流等5家商贸流通企业开展消费品、生鲜食品、家电等民生商品的共同配送。二是支持新百连超、华润万家、双宝等连锁超市企业新建5万平方米的商贸物流分拣、配送中心，提高商品配送率。三是指导新百便利店率先在西部地区开展快递包裹代收服务。四是进一步整合51890家政信息平台，推出城市货的叫车服务。

（五）行业物流蓬勃发展

一是全市快递行业发展迅速，快递企业注册数达到92家（含分公司），2013年，银川市单位与居民物品物流总额完成0.46亿元，同比增长4.5%。二是农产品物流进一步完善，推动北京华联、双宝、天天鲜等骨干流通企业在北环批发市场、四季鲜批发市场建设农产品分拣加工中心，新建10个一体化经营标准化菜市场，累计为企业争取1000万元的扶持资金。2013年银川市农产品物流总额比上年增长3.7%。三是集装箱运输量快速增长，2013年银川市集装箱吞吐量完成2.7万标准箱，同比增长10%。

（六）物流新技术应用和信息化建设进程加快

一是支持新百连超、东桥电器等企业建立企业物流信息管理系统，并应用条形码识别、无线射频识别（RFID）等电子信息技术。二是推动交通国际物流港建设北斗卫星货车动态监控管理公共信息服务平台项目、宁夏望远现代金属物流园物流信息管理平台项目应用物联网等新技术，实现网络可视化、货物实时跟踪、仓储智能化管理、“一卡通”式服务。三是ETC系统推广得到发展，基本覆盖银川市主要的高速公路进出口，进一步缓解高速公路拥堵，减少高速公路道口停留时间。

（七）现代物流人才队伍建设成果显著

截至2013年年底，宁夏回族自治区累计有1975人次参加了不同级别的物流师考试，有1438人取得了物流师证书。银川市有1387人取得了物流师证书，占宁夏回族自治区总数的96.5%。其中高级物流师70人，中级物流师577人，助理物流师740人。

三、物流业发展中存在的问题和解决对策

近几年在国家西部大开发政策的推动下，银川市物流业有了较快发展。但是，受固有问题的影响物流业发展后劲不足。比较突出的问题有：一是物流产业集中度与专业化、社会化程度偏低，物流功能体系不完善，龙头企业偏少，竞争力较弱。目前，银川市现代物流业处于初级阶段，大多数物流企业仍从事单一的运输、仓储服务，经营分散、效率较低、综合服务水平不够高。大部分物流企业注册资金比较低，年产值超2000万元的物流企业不多。物流专业化、组织化、社会化和信息化的程度较低。二是物流基础设施薄弱，如铁路专线少，收费高，车皮短缺，运能不足；航空货运能力总体较弱，货运航线网络尚待完善，运作模式仍处于初级阶段，货运信息资源分散等因素导致航空货运成本较高；虽然银川综合保税区已封关验收，但入园企业还较少。三是企业技术装备与信息化水平偏低。绝大多数的中小物流企业的信息传递方式落后，互联网技术没有得到推广和应用；公共物流信息平台建设相对滞后。

为推进银川市物流业快速发展，银川市应以“两区”建设为契机，结合银川市物流业发展的现状以及存在的问题，从物流资源配置、市场主体培育、国际化运营等方面进行统一部署、规范、调整、改革和创新，建立完善的区域物流中心。

（一）加快建设适应现代物流发展要求的综合运输体系

一是完善干线公路网络。做好面向各地区的延伸与衔接工作，加快与沿黄经济带和能源“金三角”、蒙陕甘等毗邻地区的快速通道建设；加快银川市内各产业基地、物流园区（中心）、货运场站等公路运输网络节点的高速货运通道建设，提高二级以上高等级公路在全市公路网中的比重，优化路网结构。

二是加快铁路建设步伐。推进各种联运方式，积极做好干支线铁路规划建设工作，构建西北铁路物流的重要枢纽。重点推进银川至连云港等国内沿海主要港口、经济发达城市之间的铁路货运“五定”班列。培育壮大银川与周边城市的城际货运班车。力争开通向西向东的国际货运班列。

三是完善航空货运网络。加快推进河东国际机场三期扩建工作，加快建设银川至中东、伊斯兰世界的对外空中快速货运通道。开辟并加密重点航空节点的货运航班，充分利用银川拥有“雅布赖”国际航线和河东机场国家一类口岸的优势，着力发展第三、第四、第五航权，逐步将银川打造成区域性国际航空枢纽。

四是整合、提升物流节点功能。依托银川优势产业和区位条件，强化资源整合，发挥区域中心城市、产业基地的物流集聚和辐射带动作用，推进以物流园区、物流中心为骨架的节

点设施网络建设，不断完善各中心节点的物流服务功能，实现物流发展的优势互补和高效联动。

（二）加强市场培育，增强物流业集聚发展

一是围绕全区优势特色产业，加快构建基于供应链管理的现代物流服务体系，鼓励各行业龙头企业采取改制、资产重组、战略合作、兼并和资产托管等形式，逐步剥离非核心物流业务，实施流程改造，降低物流成本，提高供应链整体市场竞争力，推动行业物流整体发展。

二是充分发挥银川西北地区重要的区域现代商贸物流中心、全国流通领域现代物流示范城市、跨境电子商务试点城市的作用，加快建设覆盖全区、辐射蒙陕甘毗邻地区的现代流通体系。鼓励流通业与物流业的融合发展，积极发展连锁经营、电子商务、商贸物流、网络购物等现代流通业态。鼓励物流企业向银川滨河新区、综保区、公铁物流城等支撑“两区”建设的载体集聚发展。

三是依托“现代物流技术应用和共同配送试点城市”，进一步完善城市物流配送体系建设，开展城镇密集带和毗邻区域的共同配送和统一配送，进一步促进商贸物流的社会化、专业化、网络化发展。探索以银川市为中心的沿黄城市群物流配送体系，增强对周边地区的影响力和辐射力。

四是培育社会化、专业化、网络化、信息化的大型第三方物流企业，不断提高企业一体化、专业化、综合性物流服务能力，积极引导企业对现代物流装备、信息技术的投入和推广应用。鼓励传统运输、仓储、货代等企业不断延伸服务链条，提高物流服务的附加值，用现代物流理念和运营管理技术提高自身服务能力，加快向第三方物流企业转型。

（三）提高产业集中度和专业化、社会化水平，扶持龙头与示范企业

一是加快资源整合重组，促进企业产业化升级。提升一批专业商品、货运市场，引导传统的仓储、运输企业向第三方物流企业过渡。

二是大力扶持龙头与示范物流企业。支持一批具有良好基础、实力较强的大型物流企业通过战略联盟，“强强联合”、兼并、重组等多种形式建立企业集团，广开国内外物流渠道，形成国际化、网络化物流企业。

三是引导龙头企业向园区集中。要通过政策引导，使一批专业物流龙头企业向物流园区及物流中心集聚，提高大中型产业园区、中心的服务水平和整体竞争力。

（四）加快物流信息化建设

一是加快建设物流园区、物流中心、批发交易市场等重点物流源点信息化建设，提高物流网络基础节点的信息化运营和管理水平，实施物流要素数字化工程，并以此为基础加快开展对重要物流市场源点的信息采集、传输和处理，建设全区物流基础信息资源库。

二是加快物流企业信息化建设步伐。鼓励企业根据自身业务范围和特点，加快主营业务信息系统的开发和应用，提高物流运作管理的信息化程度。鼓励企业采用自主开发、委托开发、系统租赁等方式加快内部物流信息系统的建设，并力争实现与客户信息系统的对接、共享；鼓励商贸物流企业推广应用自动化、智能化、标准化的运输、仓储、装卸、包装设备设施，提升物流管理服务水平；重点推动技术装备的标准化改造，鼓励商贸连锁企业通过购置托盘、仓储笼、叉车等物流设施设备提升仓储的利用率。

三是加快银川市物流公共信息平台建设。

建立以交通货运信息、物流供需信息、网上物流在线跟踪、物流政策法规、物流投资项目查询为主要内容的物流公共信息查询系统，为社会各界提供物流信息服务。建立以物流大通关为主要内容的物流电子政务信息系统，通过整合铁路、航空、交通、海关、检验检疫、税务、财政、商务等部门的信息资源，实现网上订舱与拼箱、分拨与配载，网上报关、联网核查与监管、电子退税。

（五）大力发展国际物流

一是加快口岸建设。制定口岸发展规划，不断升级口岸功能，提高口岸等级，完善口岸布局。紧紧抓住内陆开放型经济试验区建设的机遇，依托银川综合保税区的优势，重点发展口岸物流、仓储配送、保税监管、加工包装、信息等全程物流服务，加快国际物流优势资源向银川汇集。以EDI电子数据交换为核心，加快建设宁夏电子口岸，实现口岸功能向内陆延伸，实施“属地申报、口岸验放”，实现与全国重点口岸的信息互通和共享，努力将宁夏电子口岸建设成为具有一个“门户”入网、一次认证登录和“一站式”服务，集口岸通关执法管理及相关物流商务服务为一体的大通关统一信息平台。

二是加快培育具有国际化视野和服务能力的第三方物流企业。“引进来和走出去”相结合，大力培育发展适应全球采购、区域分拨、转口贸易业务要求的国际化物流龙头企业。积极引进国内外知名物流企业进驻银川设立总部或区域总部。

（银川市商务局）

第六部分

物流技术与装备

2013 年中国物流技术装备行业

2013 年我国物流技术装备行业在宏观经济的影响下，普通物流技术装备如叉车、托盘等产品需求增速减缓，物流机械化和自动化市场需求快速增长。

2013 年我国物流技术装备行业总体保持了快速增长势头，首先是以高架库、立体库、全自动化物流系统、物流配送中心、机械或自动化输送分拣系统为代表的物流系统机械与自动化设备的需求量在经济转型与产业升级的促进中猛增，生产继续保持近 30% 的增长速度，市场规模超过了日本、欧洲、美国等国家，使我国成为世界上最大的物流系统技术与装备市场。其次是受电子商务物流大发展的影响，物流自动化设备——智能终端自提货柜系统出现爆发增长态势，GPS 设备、快递手持终端设备呈现高速增长态势，输送分拣设备、物流拣选技术产品也呈现快速增长态势。云计算、物联网、大数据、移动互联网等信息技术在物流装备领域的应用，使一些新的技术与产品不断涌现，推动了物流装备行业的发展。

但是，受经济增长速度下降、物流企业经营压力增大、制造业发展趋缓等因素影响，普通物流装备产品的市场需求进入中速增长阶段。其中，叉车市场呈循环增长态势；托盘市场需求继续增长，但增长幅度已经进入一位数区间；工业货架市场在物流配送中心建设快速增长的带动下增长较快，但增长速度也从快速转为中速增长阶段。

一、叉车行业

我国叉车市场已经连续十多年实现了 30% 的高速增长，虽然 2009 年世界金融危机之后出现过短暂的负增长，但总体处于上升通道。我国是世界上最大的叉车生产制造基地，2011 年以来我国叉车的产销量一直在每年 30 万台左右，2013 年我国叉车行业开始进入循环上升的增长阶段，整体产量缓慢增长的态势。

2013 年我国机动工业车辆生产量相比 2012 年增长了 14% ，超出预期的 10% ，全年共销售 32.9 万台，其中，国内市场销售 24.2 万台、出口 8.7 万台，均创历史新高。2013 年我国机动工业车辆的总销量、国内市场销量和出口销量分别比销量最好的 2011 年增长了 6%、3.5% 和 13.8%。在世界机动工业车辆市场中，我国市场占有 1/4 的份额，继续位列世界第一大销售市场。

在市场占有率方面，2013 年，合叉与杭叉两家企业的生产量占比为 47%，生产量排名前五位的 5 家企业占比为 62%，大型企业继续保持了市场地位。在总销量中，内资企业占比为 84%、外资企业占比为 16%，内资企业的销量占比比上年提升了 2 个百分点。在国内市场中，内资企业占比为 86.5%、外资占比为 13.5%，内资企业的占比比上年提升了 2.2 个百分点。从车型来看，内燃叉车的占比仍为 77%、仓储叉车的占比继续为 12%，与上年相比没有多大变化。

随着全球经济趋缓，2013 年叉车国际市场开始复苏，全球叉车生产的订单量首次突破百万台大关，主要增长量来自美洲和亚洲，其中巴西的增长非常突出，美国的订单已经恢复到金融危机前的水平。

从统计数据看，未来一段时间内叉车行业不会再出现过去那种爆发式增长，但我国叉车生产量仍会稳步增长并呈现循环增长态势。

二、托盘行业

2013 年以来，我国托盘行业产销增长速度趋缓。木托盘受全球经济复苏的影响进出口增长好转，市场销售增长较快。塑料托盘销售状况一般，呈现低速增长态势。整体看，2013 年我国托盘产量呈现中速增长态势，年产量达到 2.28 亿片，同比增长 9% 左右。目前我国物流系统中各类托盘保有量为 9.1 亿片。

根据对托盘产量增长趋势分析，我国托盘产量由 2003 年的年产 3500 万片发展到 2013 年的年产 2.28 亿片，10 年间产量增长了 6.5 倍左右。根据目前的趋势，我国托盘保有量增长态势还将延续一段时间，但随着每年托盘更新量的增加，全国托盘总产量将逐步稳定。

目前，世界主要经济发达国家的标准规格托盘使用情况是：澳大利亚占比最高，占托盘总保有量的 95%；欧洲次之，占托盘总保有量的 70%；美国第三位，占托盘保有量的 55%；日本和韩国标准规格托盘占托盘总保有量的比例分别为 35% 和 26.7%。根据中国物流与采购联合会托盘专业委员会调查，我国标准规格托盘占托盘总保有量的比重在 23% 左右。

根据抽样调研分析，我国目前符合国家标准推荐的两类规格的托盘比例为 23% 左右，符合其他国际标准和各行业托盘标准的托盘占总量的 45% 左右，完全不符合任何标准的非标定制托盘比例占 32% 左右。

根据调研测算，在我国现有各类托盘总数中，木托盘所占的比例逐年下降，从 2003 年的占比 90% 下降到 2013 年的占比 80%，10 年间占比减少了 10%。2013 年，我国塑料托盘在各类托盘总数中所占的比例为 12%，与前 6 年相比增加了 4%。

三、货架市场

2013 年，受仓储业投资大幅增加的影响，我国货架市场需求整体上处于中速增长阶段。根据监测和不完全调查统计，2013 年全年我国货架市场出货量超过 55 亿元，同比增长 19%。其中，仓库改造及立体库建设的大型货架系统项目所占比重大幅增加，立体库（含一般立体仓库和自动化立体仓库）的货架预计占比超过 80%。

前几年我国物流装备行业的叉车、托盘、货架出现联动发展态势，普通的工业货架市场受叉车和托盘市场的快速增长的带动呈现增长。2011 年以来，叉车行业经过几十年的高速增长，平均增长幅度出现下降，受此影响，普通工业货架的增长也趋于缓和。但是，受产业转型升级的影响，物流机械化和自动化设备需求大幅增长，高架立体库的增长带动货架系统需求上升，因此，货架系统的增长速度高于叉车与托盘市场的增长速度。

2013 年在传统的货架需求领域，由于烟草行业物流配送工程建设项目不断涌现，对货架的需求稳定增长，是中高端货架市场的主力军；医药行业受新医改政策影响，医药配送中心建设步伐加快，医药企业与医药流通企业自动化立体库建设步伐加快，也成为货架需求的主要行业；随着人们生活水平的提高，服装行业与快速消费品行业对货架需求也日益增加。此外，机械、汽车、电子等行业也是货架的主要应用行业。

近两年，货架市场需求最具增长潜力的行业还有冷库建设、服装物流和物资管理领域。在冷库建设领域，近几年受食品安全影响，国家加快了冷链物流建设，冷库建设步伐加快带动了冷库系统的货架市场需求有较大幅度增长，已成为货架市场具有较大增长潜力和较高销售利润的新的赢利行业。在服装物流领域，服装企业配送中心建设这两年开始起步，对货架需求增长速度加快，未来也具有较大增长潜力。在传统的大宗生产资料企业的物资管理领域，面临企业物资管理向物流管理转型，四大宗生产资料生产企业规模大、物资采购与储存量大，故仓储改造与建设对货架的需求潜力巨大。

我国货架产地主要集中在长三角一带，在珠三角和环渤海也有一些货架企业，但所占比例还不高。近两年环渤海地区和华中地区的货架市场需求增长较快。

四、物流系统设备集成

2013 年是我国物流系统设备大发展的一年。2013 年伊始，很多物流系统工程项目纷纷开工，自动化立体库项目建设市场一片繁荣。据不完全统计，截至 2013 年 12 月，全国自动化立体库保有量超过 2200 多座。2013 年物流系统设备集成市场的需求增长速度超过 30%，年立体库建设超过 300 座以上。2000—2013 年我国物流系统市场需求增长情况见下图所示。

从自动化立体库建设规模来看，目前自动化立体库建设规模越来越大，自动化立体库平均货位超过 1 万个，高度超过 20 米，系统也越来越复杂，应用范围越来越广。

2013 年海外物流系统供应商继续加快本土化制造与生产，除核心部件外尽量采用国产设备，同时物流系统供应商的设备出口也开始增加。据不完全统计，目前全国物流系统集成商约 40 家，其中核心企业 10 多家，国内企业占一半左右，核心企业能够承包物流系统工程项目，掌握自动化立体库总体规划、机械电气控制、软件系统等全面技术，拥有专属的安装制造实体。

我国物流系统设备市场的繁荣带动了很多企业进入这一领域，加剧了领域中企业的竞争。总体看，新进入领域的物流系统集成供应商主要有如下几类：一是原来的物流系统规划与咨询企业，借助于自身多年的咨询经验，开始承接物流集成项目。比较有代表性的企业有伍强、达特、兰剑等企业；二是过去建设自动化物流系统较多的企业，具有本行业经验，也开始组建队伍进入该领域，代表性的企业有九州通等企业。三是过去从事货架系统生产与销售的部分企业。

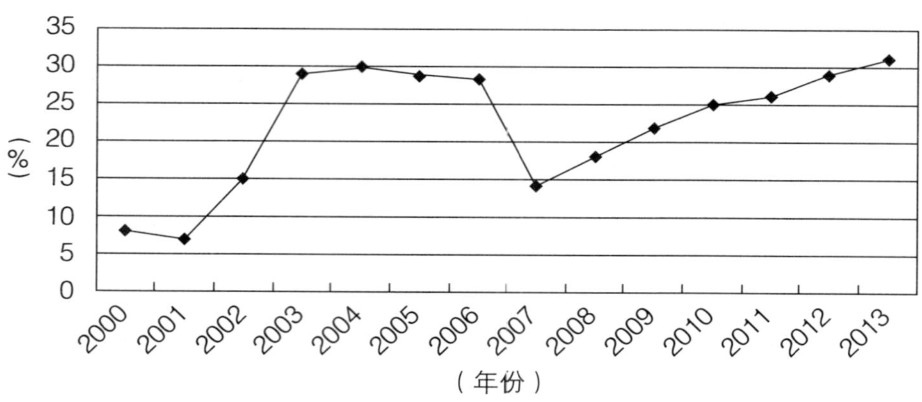

2000—2013 年我国物流系统市场需求走势

五、输送分拣设备

2013 年是电子商务大发展的一年，全年电子商务配送的包裹总数量突破 91 亿件。随着电子商务物流的发展，对物流输送预分拣的市场需求日益增长，输送分拣设备在物流系统中所占比例近年来有较大提升，市场需求增长较快。

用机械化和自动化的快速分拣技术，可以取代大量的人工分拣，同时还可以提高分拣的准确率、降低劳动成本。因此，随着劳动力成本的大幅上升，输送分拣设备需求上升，行业发展将提速。电子商务包裹配送有多品种、小批量、高频次特征，是推动快速分拣市场需求快速增长的基础。根据监测，2013 年我国输送分拣行业市场需求呈现高速增长态势，全年市场规模超过 37 亿元，增长 20% 以上。

传统的输送分拣设备应用的领域主要还是烟草、医药、流通、邮政、图书等，这些领域的输送分拣市场需求量占总需求的大部分比例，也是输送分拣需求增长比较稳定的领域。

（王继祥　中国物流技术协会）

2013 年中国工业车辆行业

2013 年，经过一年半的调整，工业车辆行业再次迎来了一个好年头，销售扭跌为升，国内市场和出口市场双双刷新历史最好纪录，形势好于预期。在国内外经济环境复杂多变的情况下，销售量能够实现超过 10% 的增长，主要得益于工业车辆产品的需求属性。在国内物流业进一步发展、用机器代替人工的大趋势下，工业车辆的需求量仍然处于较好水平。

根据中国工程机械工业协会工业车辆分会（以下简称工业车辆分会）2013 年采录汇总报告销售量数据显示：2013 年机动工业车辆销售达到 328764 台，与上年同期的 288662 台相比，增长了 13.89%；非机动工业车辆销售量为 1247040 台，与上年同期的 1363764 台相比，下降了 8.56%。2013 年机动工业车辆各月销售情况如表 1 所示。

表 1　　2013 年我国机动工业车辆各月销售情况　　单位：台

类别名称 / 月份	Ⅰ类	Ⅱ类	Ⅲ类	Ⅳ类 + Ⅴ类	Ⅰ～Ⅲ类电动叉车	Ⅰ+Ⅳ+Ⅴ类平衡重式叉车	Ⅰ～Ⅴ类工业车辆
	电动平衡重乘驾式叉车	电动乘驾式仓储叉车	电动步行式仓储叉车	内燃平衡重式叉车〔实心、充气轮胎〕			
1	2864	1155	3674	14988	7693	17852	22681
2	1713	876	1870	12653	4459	14366	17112
3	2898	1161	3913	28816	7972	31714	36788
4	2759	894	3532	23785	7185	26544	30970
5	2918	946	3874	22646	7738	25564	30384
6	2523	904	3732	20272	7159	22795	27431
7	2918	912	4092	20035	7922	22953	27957

续　表

类别名称 / 月份	Ⅰ类 电动平衡重乘驾式叉车	Ⅱ类 电动乘驾式仓储叉车	Ⅲ类 电动步行式仓储叉车	Ⅳ类＋Ⅴ类 内燃平衡重式叉车〔实心、充气轮胎〕	Ⅰ～Ⅲ类电动叉车	Ⅰ＋Ⅳ＋Ⅴ类平衡重式叉车	Ⅰ～Ⅴ类工业车辆
8	2819	453	4335	20533	7607	23352	28140
9	2931	702	4040	20058	7673	22989	27731
10	2688	486	3530	18841	6704	21529	25545
11	2981	582	4322	18622	7885	21603	26507
12	3327	642	4976	18573	8945	21900	27518
合计	33339	9713	45890	239822	88942	273161	328764

一、国内销售情况

2013 年我国叉车市场全年共销售机动工业车辆 243802 台，与上年的 214119 台相比，上升了 13.86%。中国市场的销售量占亚洲叉车市场销售量 394054 台的 61.87%，比上年上升了 3.02 个百分点，仍列亚洲第一位；占世界叉车市场总销售量 988781 台的 24.66%，比上年上升了 1.97 个百分点，继续位列世界第一大销售市场。下图为 2013 年我国国内市场各月销售机动工业车辆情况走势，从图中可以清楚地看到我国市场全年销售量的变化情况。

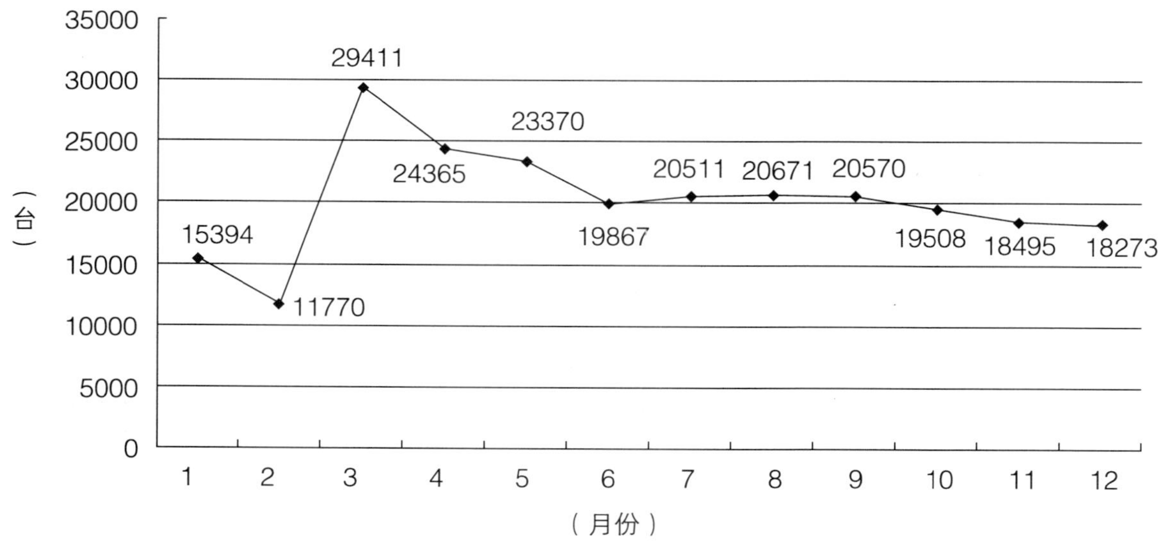

2013 年我国国内市场各月销售机动工业车辆情况走势图

二、出口情况

2013年我国机动工业车辆出口依然保持较好的增长，全年共出口机动工业车辆112703台，与上年的97786台相比，上升了15.25%。其中，电动叉车（含巷道堆垛机）出口为51288台，与上年的出口量43229台相比，上升了18.64%；内燃叉车（含集装箱叉车）出口为61415台，与上年的出口量54557台相比，上升了12.57%。2006—2013年我国机动工业车辆出口数量和出口额情况详如表2所示。

表2　　2006—2013年我国机动工业车辆出口数量和出口额情况

年份	出口数量		出口金额	
	数量（台）	同比增长（%）	金额（美元）	同比增长（%）
2006	26588	61.51	290735210	62.98
2007	48871	83.81	529515401	82.13
2008	60333	23.45	722682384	36.48
2009	27558	-54.32	309421396	-57.18
2010	47143	71.07	517832892	67.36
2011	84249	78.71	1014556246	95.92
2012	97786	16.07	1251750489	23.38
2013	112703	15.25	1369437533	9.40

2013年，我国向世界五大洲出口了机动工业车辆，其中，美洲占比为31.61%，亚洲占比为28.29%，欧洲占比为25.75%，非洲占比为9.17%，大洋洲占比为5.17%。在出口的51288台电动叉车（含巷道堆垛机）中，美洲占比为41.17%，欧洲占比为27.85%，亚洲占比为23.72%，大洋洲占比为4.46%，非洲占比为2.80%；在出口的61415台内燃叉车（含集装箱叉车）中，亚洲占比为32.11%，欧洲占比为23.99%，美洲占比为23.63%，非洲占比为14.49%，大洋洲占比为5.78%。2013年我国机动工业车辆出口世界各洲数量及占比情况如表3所示。

表3　　2013年我国机动工业车辆出口世界各洲的数量及占比情况

世界各洲名称	机动工业车辆		电动叉车		内燃叉车	
	数量（台）	占比（%）	数量（台）	占比（%）	数量（台）	占比（%）
亚洲	31884	28.29	12165	23.72	19719	32.11

续 表

世界各洲名称	机动工业车辆		电动叉车		内燃叉车	
	数量（台）	占比（%）	数量（台）	占比（%）	数量（台）	占比（%）
非洲	10336	9. 17	1437	2. 80	8899	14. 49
欧洲	29016	25. 75	14284	27. 85	14732	23. 99
拉丁美洲	15233	13. 52	3666	7. 15	11567	18. 83
北美洲	20395	18. 10	17447	34. 02	2948	4. 80
大洋洲	5839	5. 17	2289	4. 46	3550	5. 78
合计	112703	100. 00	51288	100. 00	61415	100. 00

2013 年我国共计出口非机动工业车辆（轻小型搬运车辆）1679595 台，与上年同期的 1686161 台相比，下降了 0. 39%。2013 年我国非机动工业车辆（轻小型搬运车辆）出口世界各洲的情况如表 4 所示。

表 4　2013 年我国非机动工业车辆（轻小型搬运车辆）出口世界各洲情况

世界各洲名称	轻小型搬运车辆出口情况	
	数量（台）	占比（%）
亚 洲	386311	23. 00
非 洲	48478	2. 89
欧 洲	654492	38. 97
拉丁美洲	129008	7. 68
北美洲	426151	25. 37
大洋洲	35155	2. 09
合 计	1679595	100. 00

三、进口情况

2013 年我国进口叉车及装有升降或搬运装置的工业车辆共计 12063 台，与上年的进口量 12970 台相比，下降了 6. 99%；进口金额为 301439716 美元，与上年的进口金额 321267736 美元相比，下降了 6. 17%。其中，电动叉车（含巷道堆垛机）为 7770 台，与上年的进口量 6660 台相比，上升了 16. 67%；内燃叉车（含集装箱叉车）为1117台（其中集装箱叉车7台），与上年的进口量1738台相比，下降了35.73%；未列名叉车4332台，与上年的进口量4572台相比，下降了5.25%。2006—2013年我国进出口工业车辆情况如表5所示。

表5　　2006—2013年我国进出口工业车辆情况

年份	进口情况		进口情况	
	数量（台）	同比增长（%）	金额（美元）`	同比增长（%）
2006	14938	0.12	285835052	19.70
2007	16549	10.78	347486220	21.57
2008	13807	−16.57	343233710	−1.22
2009	9652	−30.09	293627560	−14.45
2010	14644	51.72	389169560	32.54
2011	15632	6.75	368447853	−5.32
2012	12970	−17.03	321267736	−12.81
2013	12063	−6.99	301439716	−6.17

2013年我国分别从24个国家和地区进口机动工业车辆共计8887台。其中，欧洲占比为48.30%，美洲占比为21.63%，亚洲占比为29.70%，大洋洲占比为0.38%。在进口的7770台电动叉车（含巷道堆垛机）中，欧洲占比为52.23%，美洲占比为21.79%，亚洲占比为25.95%，大洋洲占比为0.04%；在进口的1117台内燃叉车（含集装箱叉车台）中，欧洲占比为20.95%，美洲占比为20.50%，亚洲占比为55.77%，大洋洲占比为2.78%。

从世界经济长远发展的角度和工业车辆产品的自身固有的需求特性、结合2013年我国机动工业车辆销售的情况，可以做出这样的判断：目前和未来一段时间，工业车辆市场不会再出现过去那种爆发式的大幅增长情况，稳步增长将是常态。

（张　洁　工程机械工业协会工业车辆分会秘书长）

2013 年中国物联网技术应用

根据相关统计数字显示，2013 年我国物联网产业规模已突破 6000 亿元，相比 2012 年我国物联网 3650 亿元的产业规模，增长了近 50% 。在具体行业应用的推动下，我国物联网行业正在由概念转变为刺激信息消费的重要组成部分。业内人士预测，到 2015 年物联网产业规模有望接近万亿元，年均复合增长率达到 35% 。其中智慧物流、智慧交通两大领域将占据整体产业规模近 20% 的比重。

2013 年多部委及地方政府纷纷出台多项政策推进物联网产业发展。物联网将在智慧物流、移动商务、食品溯源、智慧家居、智慧城市管理等领域广泛应用，这些领域建设将带动 IC 卡、RFID 电子标签、NFC 智能手机、移动 POS 机、软件平台等相关发展。

一、物联网在物流行业的发展环境

（一）政策环境

2013 年 1 月 9 日，工业和信息化部印发了《关于推进物流信息化工作指导意见》，其中很多促进物流信息化发展的措施都与物联网技术应用有关。2 月 17 日，中国政府网公布《国务院关于推进物联网有序健康发展的指导意见》（以下简称意见），提出到 2015 年突破一批核心技术，初步形成物联网产业体系。意见指出，将建立健全有利于物联网应用推广、创新激励、有序竞争的政策体系，抓紧推动制定完善信息安全与隐私保护等方面的法律法规。指导意见的出台标志着政策层面已经框定物联网产业的发展蓝图。

在物流智能化监管与追溯方面，意见指出要推进铁路、公路、水运、邮政、航空、海关、检验检疫、食品药品、烟草、安全监管、工商、税务、公安、商务等部门智能监管职能的建设和完善，开展危险化学品等重点领域物流的跨部门联动与监管信息化建设试点，有效实施流向跟踪、状态监控和来源追溯，规范危险品安全管理，提高对危险化学品等重点领域物流的联合监管能力。

在物流信息系统与实体网络系统融合方面，意见指出要推进跨行业物流信息的互联互通，支持跨行业综合物流信息平台发展，推进集装箱多式联运的可视化和智能化管理，促进铁路、公路、水运、航空等不同运输方式的连接，提高物品流动的定位、跟踪、过程控制等管理和服务水平。

在物流信息化和装备智能化领域，意见指出要推进自动识别、可视化等各类先进适用技术的应用，加快研究和制定物流信息技术、编码、安全、管理和服务标准，推广条码、射频识别等技术在仓储、配送、集装箱和冷链等业务中的应用标准。推进汽车及零部件、食品、药品、纺织品、农资和农产品等重点行业物流信息化应用标准体系逐步完善，重点支持电子标识、自动识别、信息交换、智能交通、物流经营管理、移动信息服务、可视化服务和位置服务等先进适用技术的研发和应用。支持重点企业开展第三代移动通信（3G）、3S（GNSS、GIS、RS）、机器到机器（M2M）、RFID 等现代信息和通信技术在物流领域的创新与应用。大力支持 TD－SCDMA 等移动通信技术和北斗导航等全球导航技术在物流管理中的应用。支持利用软件即服务（SaaS）、平台即服务（PaaS）、云计算等技术，开展物流信息技术服务平台建设试点，提高物流信息化关键共性技术研发、推广和应用水平。在装备制造、食品、药品、危险化学品、烟草等具有高附加值或需重点监管的行业，开展物联网应用试点。支持智能交通系统（ITS）、物流基地综合管理系统、智能集装箱管理系统、物流信息管理系统（LMS）以及海关特殊监管区域信息化管理系统等的开发和应用。

意见还提出了要加大物联网技术在物流行业应用的资金投入，并提出了一系列切实可行的措施。意见的出台为物流行业物联网技术的应用创造了良好的环境。

（二）产业环境

2013 年，随着电子商务物流的快速发展，现代物流系统正面临着巨大变革。电子商务已经将商流信息化，同时也与物流配送信息进行了无缝对接。但是，如何将网络信息与实体配送过程无缝对接是摆在电子商务物流领域的难题。由于电子商务物流近年来的高速发展，催生了商流、信息流与实体物流对接的技术变革需求和巨大的发展空间。目前我国包裹配送随着电子商务的发展已经突破了 91 亿件，巨大的市场空间已经引起了马云、柳传志、张瑞敏、王卫等企业大佬的关注，电子商务物流成为最大的热点，其中物联网技术应用推动电子商务物流的发展是热点中的焦点。

2013 年，随着劳动力成本的上升我国物流自动化获得巨大发展。物流自动化和智能化离不开物联网技术，因而带动了物联网技术的推广应用。2013 年我国陆续出台了诸多举措支持车联网建设，为物联网技术在物流行业应用创造了良好的环境。

在重大技术进展方面，我国北斗卫星定位于追踪技术已经开始全面进入民用领域，为推动北斗卫星定位追踪技术的应用，国家出台了一系列措施，包括在危险品运输等领域，要求运输车辆都必须强制安装兼容北斗的定位与追踪系统，实现可视化管理，推动物联网技术应用。

二、物联网技术在物流产业的应用现状

2013 年，在国家政策支持和推动下，我国物流行业的物联网技术逐步进入稳定、深化、高速发展阶段，全国采用物联网技术的物流行业市场规模接近 700 亿元。物联网技术应用所涉及三大产业板块都获得了巨大发展。在物流技术与装备领域，集成了机、光、电、传感器、自动控制系统、机器人等先进物流技术的

物流系统项目建设迅速增长，年增长率在30%以上；在物流信息系统与物联网系统融合领域，随着互联网技术不断发展，物流信息系统的系统化与网络化发展加快，推进了物流信息系统与电子商务的信息系统的融合、与企业的现代生产系统中的信息网络的融合、与商贸流通领域信息网络的融合，新的复合型实体网络与虚拟网络多元化结合的趋势呼之欲出；在车联网技术领域，所有车企、软件、平台、运营商、集成商、一线互联网公司都瞄准了车联网大数据，希望借助大数据帮助它们在竞争中掌握主动权。数据存储变得更便宜、数据处理变得更快，用于分析数据的算法和软件变得更加智能。

（一）智能化物流技术与装备应用现状

在物流领域，应用最普遍的物联网感知技术是RFID技术。根据对中国物流信息化优秀案例进行分析，有近85%的物流信息化案例中采用了RFID技术作为物流信息感知技术，RFID标签及智能手持终端产品被广泛地应用于传统物流装备，如仓储设备、输送设备、集装单元等，RFID技术主要用来感知定位、过程追溯、信息采集、物品分类拣选等。近几年，我国快递行业加大了手持终端设备的推广使用力度。以此提高快件在揽收、分拣、中转、派送中全程全网的监控力度，提高快件操作时效，让每一位客户都能通过实时查询，了解快件的在途情况及运行状态。手持终端设备应用应充分实现快递物品信息的一点录入、全程共享，为用户提供全程实时动态跟踪查询；实现处理信息、系统运行状况、业务运作质量的监控管理，同时为各级管理者提供真实、有效、及时的管理和决策支持信息，为业务的快速发展提供支撑。

根据调查，2013年我国快递行业手持终端扫描设备的增长超过60%，中国邮政速递、顺丰快递、韵达快递、全峰快递、圆通速递等快递企业的快递员都配备了手持终端扫描设备。通过这个设备，快递企业可以实现配送终端接货信息的实时上网，实现对配送货物的透明化管理和信息追踪。与传统物流技术装备如托盘、周转箱配套使用的RFID读写设备使用率更是高达50%，而且技术不断得到完善、更新。

根据调查，2013年我国电子标签拣选系统出货量增长35%以上。在物流拣选领域，电子标签作为物联网技术产品有着近75%的广泛应用。具体包括通过指示灯系统引导拣选的电子标签拣选系统；把订单拣选信息自动处理成语音系统，通过语音引导拣选的语音拣选系统；把拣选信息输入拣选小车的显示屏，用拣选小车引导拣选的智能仓储系统。

在可视化物流设备方面，通过视频传感器实时感知物流作业状况和仓库管理状况的物流中心视频管理系统在2013年增长也较快，增长速度超过30%以上。在先进的自动输送分拣系统和全自动化仓储系统中，红外感知技术、激光感知技术、RFID感知技术、二维码感知技术等各项物联网感知技术都得到了广泛应用。

借助于激光导引或磁条感知与导引的智能搬运机器人系统在自动化物流中心的应用也很多。根据调查结果显示，近两年我国物流行业在智能化物流技术应用中传感技术的增长率高达30%。特别是在仓储出入库的堆码垛方面，可以根据物流中心的信息指令（读写和语音）对货物进行智能的堆码垛的智能机器人系统增长最为快速。

2013年我国物流行业智能化物流技术中，发展最快的还有自动化仓库领域智能穿梭车以及高效货架系统。智能穿梭车货架系统与密集型货架相结合，可以大大提高仓储设施的空间利用率，借助于智能的穿梭车可以对密集货架最里面的货物进行智能的搬运出货，这在单品出货量较大的产品领域具有极强的竞争力，是最有效的新技术，所以普及应用速度很快，增长速度可达 100% 以上。2013 年我国物流企业推广应用各种物流网技术的情况如图 1 所示。

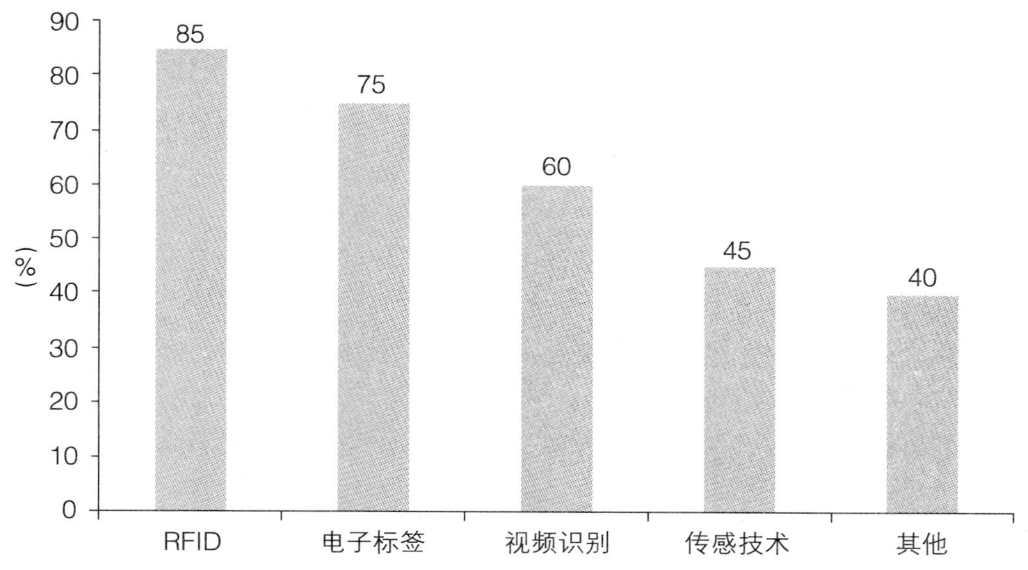

图 1　2013 年我国物流企业应用各种物联网技术的情况

综上所述，2013 年，在物流技术与装备领域发展最广泛的物联网技术包括 RFID 技术和电子标签，使用率都超过了 70%；而物流行业自动化与智能化发展最快的物联网技术是视频识别和传感技术，发展速度都超过了 30%；其他技术仓储领域应用的智能穿梭车、高效货架系统等也迎来了爆发式增长。

（二）物流信息系统与物联网系统融合应用现状

现代物流的特点就是系统化和网络化，物流配送的网络是实体网络；物流信息网络一般指虚拟的信息系统网络。随着互联网技术发展，物流信息系统的系统化与网络化发展很快，这一网络系统的信息都是电子化与数字化的信息，因此物流信息系统很容易与电子商务的信息系统融合，很容易与企业现代生产系统中的信息网络融合，也很容易与商贸流通领域的信息网络融合。物品的制造信息、商贸流通信息、电子商务交易信息，以及与这些信息相关的资金流信息都可以很方便地融合，统一地运筹和优化运算。但是，传统的物流系统是实际存在的网络结构，不能直接与虚拟的信息网络融合，而物联网技术的飞速发展给物流信息系统与物联网系统的优化融合带来了机遇。

自 2012 年开始，国内外企业意识到这一市场机遇，纷纷进入物流信息系统与物联网系统融合的新领域。从现代信息技术的巨头谷歌、电子商务的巨头亚马逊、世界物流巨头 UPS，到联想创始人柳传志、海尔前总裁张瑞敏以及阿里巴巴的马云相继把目光投向这一新领域。

2013 年电子商务的商务信息、商贸物流的流通信息、企业产品生产信息与物流实体网络配送信息已经开始尝试融合。在这一领域，目前最大的瓶颈是物流配送实体网络还不够智能化，物流基础设施智能化水平较低。要实现实体网络与虚拟网络充分融合，需要仓储系统的全面感知；建设智能仓储系统，需要配送环节全面感知；建设货运车联网系统，需要物流环节节点交接除全面感知；建立职能追溯与信息可视化系统，要在配送终端全面感知，建立终端智能配送系统。当然，仅仅全面建立物流实体网络的感知系统，实现实时与信息系统联网与融合还是远远不够的，还要借助于云计算、大数据等技术手段对物流的流向与流量进行全面优化，更要兼顾成本与技术应用的关系。因此，难度很大，任重道远，必将引发现代物流业革命。

根据对 2013 年我国物流信息系统案例的统计分析，国内物流系统采用互联网技术的占比达 89%；传统行业主要还是采用传统的局域网技术，占比约为 60%；采用单一无线局域网技术的占比为 72%；受电子商务以及国家对物联网技术推动的影响，采用物联网技术的比例明显增加，占比达到 33%（其中包括采用无线局域网、多架构网络技术融合的复杂系统），详细情况如图 2 所示。

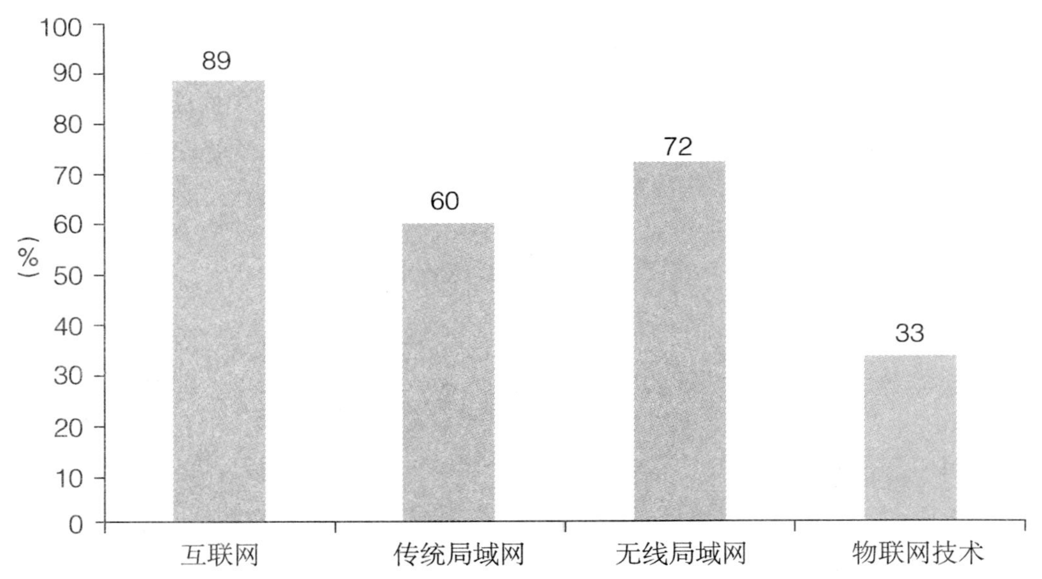

图 2　2013 年我国企业物流信息系统各类网络技术应用状况

（三）车联网技术应用现状

2013 年，随着新一代移动通信技术、云计算、物联网等新兴技术的快速发展，通信和网络融合引发汽车电子产业迈向智能化、智慧化的互联互通时代，以车联网为主的发展趋势正在汽车产业中快速发酵。但是，目前车联网发展仍处于初级阶段，而且车联网所涉及的产业链很长，包括汽车厂商、运营商、IT 厂商、软件厂商、内容提供商等，它们都想掌控更多的话语权和获得更多的利益。因此，如何平衡各方利益，将是保证车联网技术发展和市场推广的重要环节。同时，打破行业界线，尽快实现统一标准也成为车联网快速发展的关键之一。

2013 年是我国车联网揭开神秘面纱的一年，随着大数据时代来临，车联网技术应用的重点从原本的全球定位导航、智能通信响应领域逐渐向各级数据搜集、多层感知反馈领域转移。而对于智能交通、智能城市的快速发展，作为汽车最快捷、最方便的移动终端设备接口的云存储技术也得到了一定的发展（见图 3）。

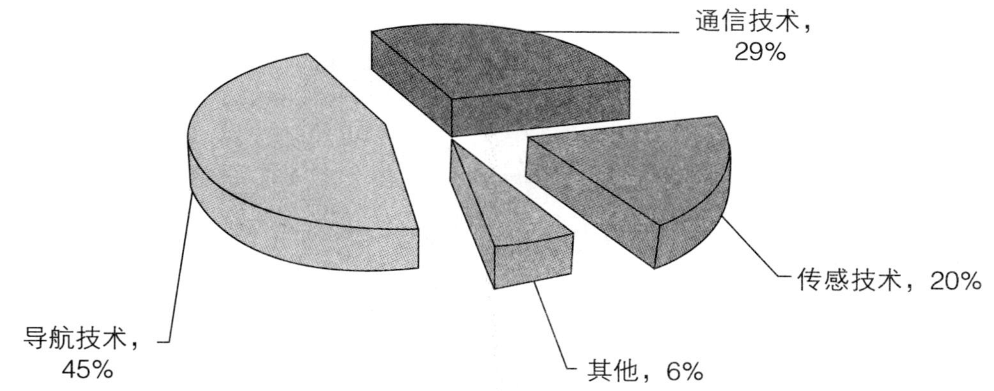

图 3　2013 年我国车联网各类技术实际应用占比情况

（吴菁芃　北京科技大学物流研究所、华夏物联网研究中心）

第七部分

政府采购

2013 年中国政府采购情况

2013 年，中国政府采购工作围绕党的十八大精神，极大转变管理理念和方式，提高政府管理和服务社会的效率，政府采购工作取得了明显成效。

一、政府采购总体情况

2013 年，我国政府采购规模为 16381.1 亿元，比上年增加 2403.4 亿元、增长了 17.2%。在货物、工程、服务三大采购对象中，服务类采购继续保持快速增长态势，同比增长 26.4%。

二、部分省市地方政府采购数据

全国政府采购信息统计情况显示，2013 年我国各地政府采购情况普遍好于上年。2013 年政府采购规模排名第一位的是广东省，采购规模为 1704.1 亿元（上年以 1232.69 亿元排名第二位）；排名第二位的是江苏省，采购规模为 1676.9 亿元（上年以 1450.25 亿元排名第一位）；排名第三位的是山东省采购规模为 1248.9 亿元（上年以 1073.42 亿元排名第三位）。2013 年我国部分省市地方政府采购情况（按采购规模排序）如下。

（一）广东省采购规模为 1704.1 亿元

2013 年，广东全省政府采购规模达 1704.1 亿元，同比增长 38.24%，实际采购金额与预算相比节约资金 118 亿元。其中，中小微企业分享合同金额 833.23 亿元。广东全省政府采购规模中，采购节能（节水）产品 274.9 亿元；占同类产品采购总额的 90.4%；采购环保产品 153.9 亿元，占同类产品采购总额的 85.9%。

（二）江苏省采购规模为 1676.9 亿元

2013 年，江苏全省政府采购规模达 1676.91 亿元，同比增长 15.6%，占全年财政一般预算支出的 21.7%，实际采购金额与预算相比节约资金 240.8 亿元，平均节支率为 12.6%。江苏省政府采购中心全年共组织 9 批次批量集中采购招标，实际采购额 5307.5 万元，节约资金 1589 万元，平均节支率达 23.04%。

（三）山东省采购规模为 1248.9 亿元

2013 年，山东全省政府采购规模达 1248.91 亿元，同比增长 16.4%，实际采购金额比采购预算节约资金 161.59 亿元，平均节支率为 11.5%，全省采购规模占公共财政支出的比重为 18.7%。其中，公开招标采购额为 1082.56 亿元，占总规模的86.7%。省级采购规模为118.57亿元，同比增加36.9亿元、增长45.2%。

（四）浙江省采购规模为983.8亿元

2013年，浙江全省政府采购规模达983.76亿元，同比增加148.13亿元、增长17.7%。其中，货物类政府采购规模为359.02亿元，占政府采购总规模的比重为36.5%；工程类政府采购规模为535.99亿元，占政府采购总规模的比重为54.5%；服务类政府采购规模为88.75亿元，占政府采购总规模的比重为9%。

（五）河南省采购规模为954.9亿元

2013年，河南全省政府采购规模达954.93亿元，同比增长30.6%，比采购预算节约资金131.41亿元。其中，工程类采购额为676.2亿元，占全省政府采购总规模的70.8%，节约资金89.69亿元；货物类采购额为218.28亿元，占全省政府采购总规模的22.9%，节约资金27.86亿元。

（六）广西壮族自治区采购规模为759.3亿元

2013年，广西壮族自治区全区完成政府采购预算832.32亿元，同比增加112.79亿元。实际采购规模为759.28亿元，同比增加125.04亿元，占全区财政支出的比重为23.79%，比上年增长2.4个百分点；实际采购金额比采购预算节约资金73.04亿元，平均节支率为8.78%。

（七）安徽省采购规模为711.1亿元

2013年，安徽全省政府采购规模为711.1亿元，比上年减少74.7亿元，同比下降9.5%。其中，货物类采购规模为124.2亿元，比上年增加17.1亿元，同比增长16%；工程类采购规模为554.2亿元，比上年减少99.4亿元，同比下降15.2%；服务类采购规模为32.8亿元，比上年增加7.7亿元，同比增长30.7%。由于2013年安徽全省工程采购项目减少，所以政府采购总规模下降了近一成。

（八）重庆市采购规模为631.4亿元

2013年，重庆全市政府采购规模达631.4亿元（含基建工程495亿元），同比增长7.5%。其中，市级采购规模为314亿元，完成年初计划的118%，同比增长12%。全市全年公立医疗机构、大专院校等重点行业采购额达6.1亿元。

（九）上海市采购规模为507.7亿元

2013年，上海全市政府采购规模达507.7亿元，同比增长17.3%；签订采购合同11.4万份，同比增长6.7%。其中，服务类采购额为107.9亿元，增幅达32.5%。

（十）河北省采购规模为445.4亿元

2013年，河北全省政府采购规模达445.4亿元，同比增加23.3亿元、增长5.5%，实际采购金额与预算相比节约资金41.1亿元，平均节支率为9.06%。其中，货物类采购额为136.6亿元，占总规模的比重为30.7%；工程类采购额为268.9亿元，占总规模的比重为60.4%；服务类采购额为39.9亿元，占总规模的比重为8.9%。

（十一）江西省采购规模为445.2亿元

2013年，江西全省完成政府采购预算506.72亿元，实际采购规模为445.19亿元，实际采购金额比采购预算节约资金61.53亿元，平均节支率为12.14%。其中，货物类采购额为113.38亿元、工程类采购额为315.73亿元、服务类采购额为16.08亿元。

（十二）湖南省采购规模为435亿元

2013年，湖南全省政府采购规模达435亿元，同比增长19.8%。湖北省全年通过协议银行和专业担保机构向中标中小企业办理合同融资业务202笔，贷款金额近3亿元，同比增长30%。

（十三）内蒙古自治区采购规模为413.8亿元

2013年，内蒙古自治区累计执行政府采购预算458.02亿元，实际采购规模为413.75亿元，实际采购金额比采购预算节约资金44.27亿元，平均节支率为9.67%。

（十四）湖北省采购规模为402亿元

2013年，湖北全省政府采购规模为402亿元，国库直接支付率达80%以上。其中，采购节能产品占同类产品半数以上，环保产品占同类产品的80%；中小企业获得的合同份额占采购规模的72%。

（十五）贵州省采购规模为326亿元

2013年，贵州全省政府采购规模达326亿元。其中，民营企业和中小企业分享合同金额217亿元，占全省政府采购规模的66.56%。贵州省政府采购明确要求预留30%以上份额给中小企业，其中小型和微型企业的比例不低于60%。

（十六）福建省采购规模为307.3亿元

2013年，福建全省政府采购预算368.09亿元，实际采购规模为307.27亿元，实际采购金额比采购预算节约资金60.82亿元。其中，货物类采购额为95.7亿元，占实际采购规模的31.15%；工程类采购额为186.98亿元，占实际采购规模的60.85%。

（十七）黑龙江省采购规模为290.4亿元

2013年，黑龙江全省完成政府采购预算319.03亿元，实际采购规模290.44亿元，同比增加27.02亿元、增长10.26%，实际采购金额比采购预算节约资金28.59亿元，平均节支率为8.96%。

（十八）云南省采购规模为288.5亿元

2013年，云南全省政府采购规模为288.48亿元，比上年的302.37亿元减少13.87亿元，实际采购金额比采购预算节约资金27.66亿元，平均节支率为8.75%。

（十九）天津市采购规模为227.3亿元

2013年，天津全市完成政府采购预算268.3亿元，实际采购规模为227.3亿元，实际采购金额比采购预算节约资金41亿元，平均节支率为15.3%。其中，全年完成工程类采购额123.5亿元，同比增加20.1亿元、增长19.4%。2013年，天津市政府采购节能环保产品采购金额达到32.1亿元，占同类产品比重为76.8%，占货物类比重为39.8%。

（二十）西藏自治区采购规模为184.5亿元

2013年，西藏全区政府采购规模为184.46亿元。其中，公开招标采购额为175.48亿元，占全区政府采购总规模的95.13%；节能、节水产品采购额为7.1亿元，占同类产品采购总额的93.32%；环保产品采购额为3.8亿元，占同类产品采购总额的62.7%。

（二十一）陕西省采购规模为156.9亿元

2013年，陕西全省完成政府采购预算172.2亿元，实际采购规模为156.87亿元。实际采购金额比采购预算节约资金15.33亿元，平均节支率为8.9%。

（二十二）甘肃省采购规模为81.5亿元

2013年，甘肃全省政府采购规模为81.45亿元，同比增长2.58%，实际采购金额与预算相比节约资金5.51亿元。其中，货物类采购额为57.86亿元，占全省政府采购总规模的71.04%；集中采购额为65.04亿元，占全省政府采购总规模的79.85%；中小微企业合同额为55.29亿元，占全省政府采购总规模的67.88%。

（年鉴编辑部整理）

2013 年中国政府采购工作

2013 年，是全面贯彻落实党的十八大精神的开局之年。这一年我国政府采购工作积极转变管理理念和方式，健全决策、执行、监督机制，提高了政府管理和服务社会的效率，工程类、服务类采购继续保持快速增长态势，政府采购服务类项目已从传统的专业服务快速向新型的商业服务和公共服务领域扩展，政府采购工作进入创新发展的新时期。

一、政府采购概况

2013 年，我国政府采购规模为 16381. 1 亿元，比上年增加 2403. 4 亿元，同比增长 17. 2% 。政府采购规模占全国财政支出和 GDP 的比重分别为 11. 7% 和 2. 9% ，实际采购金额与采购预算 18268. 1 亿元相比，节约资金 1887 亿元，节约率为 10. 3% 。

2013 年我国政府采购中工程类、服务类采购继续保持快速增长态势，占采购总规模的比重也逐渐增加。其中，货物类政府采购实现 4921. 1 亿元，较上年同期增长 12. 1% ；工程类政府采购实现 9925. 6 亿元，较上年同期增长 18. 5% ；服务类政府采购实现 1534. 4 亿元，较上年同期增长 26. 4% 。

（一）政府采购规模继续扩大

2013 年我国政府采购规模由 2003 年的 1659. 4 亿元增加到 16381. 1 亿元，年平均增长率为 1. 26% ，占财政支出的比重由 4. 6% 提高到 11. 7% ，如下图所示。2013 年我国政府采购规模是 2003 年政府采购规模的 9. 87 倍，11 年间政府采购总体规模不断扩大。

（二）政府采购节约资金效果明显

2013 年，各级财政部门进一步完善和深化政府采购制度改革，积极落实“稳增长、调结构、促改革、惠民生”的政策措施，在规范财政支出行为、提高财政资金使用效益、促进国家经济社会发展目标实现等方面取得显著成效。全年政府采购比上年节约财政资金 1887 亿元，节约率为 10. 3% 。自 2003 年至 2013 年的 11 年我国政府采购累计节约财政资金 9904. 1 亿元，平均节支率为 11. 15% 。具体情况如下表所示。

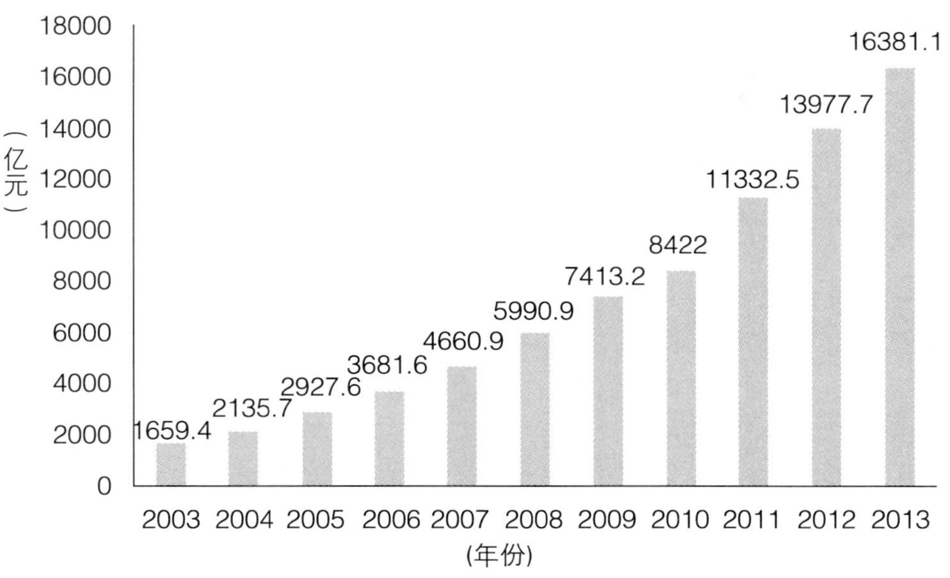

2003—2013 年我国政府采购规模增长情况走势

2003—2013 年我国政府采购节支情况统计

年份	政府采购预算金额（亿元）	政府采购实际金额（亿元）	节约资金额（亿元）	节支率（%）
2003	1856	1659. 4	196. 6	10. 6
2004	2406. 9	2135. 7	271. 2	11. 3
2005	3307. 8	2927. 6	380. 2	11. 5
2006	4122. 2	3681. 6	440. 6	10. 7
2007	5211. 4	4660. 9	574. 8	11
2008	6746. 5	5990. 9	755. 6	11. 2
2009	8320. 1	7413. 2	906. 9	10. 9
2010	9494. 9	8422	1072. 9	11. 3
2011	12900	11332. 5	1567. 5	12. 1
2012	15828. 5	13977. 7	1850. 8	11. 7
2013	18268. 1	16381. 1	1887	10. 3
合计	88462. 4	78582. 6	9904. 1	

（三）公开招标和集中采购仍占主导地位

2013 年，我国通过公开招标方式完成的政府采购规模为 13645.8 亿元，占采购总规模的 83.3%，公开招标方式仍占主导地位。

2013 年，我国政府集中采购规模为 10750.2 亿元，与上年相比分散采购的比重略有上升，但其占采购总规模的比重仍达 65.6%。各级财政部门、集采机构通过调整集采目录、推进批量集中采购、改进协议供货方式、加强区域联合采购等措施进一步优化集中采购模式，如财政部将批量集中采购范围扩大到便携式计算机等 9 个品目。一些地方也不断强化采购合同履约管理，保证批量集中采购制度的有效执行；积极探索批量集中采购和“大卖场”供货模式的衔接；对协议供货产品引入第三方电子指数进行价格监控，使总体价格低于市场价格，遏制了“高价”或“高标准”的采购行为。

2013 年 12 期中央国家机关批量集中采购项目的总规模达 2.9106 亿元，共采购台式机 69869 台，比上年有小幅增长；共采购打印机 17807 台，中标品牌和产品均比上年有所增加。

（四）绿色产品政府采购比例大幅提升

随着政府采购规模的不断增长，政府采购作为政策手段的职能日渐清晰，政府绿色采购的政策框架逐步确立，政府采购在推动经济社会可持续发展中积极的作用日益突出。2013 年，我国各级政府采购部门积极落实节能环保产品强制采购和优先采购政策，各地、各有关部门在采购中积极推行打印机可循环耗材代替原装耗材，变频空调替代定频空调，推进合同能源管理等服务项目的节能采购，政府绿色采购份额大幅提升。全年全国强制和优先采购节能产品规模达 1839.1 亿元，占同类产品比重的 86%，比上年同期增加 558.4 亿元，增幅达 43.6%；强制和优先采购环保产品规模达 1434.9 亿元，占同类产品比重的 82%，比上年同期增加 495.3 亿元，增幅达 52.7%。

（五）加大支持中小企业发展力度

近两年，为支持中小企业发展，国家财政加大了对中小企业的支持力度。中央财政一方面，通过产业技术研发资金和战略性新兴产业发展专项资金，支持中小企业发展；一方面，在政府采购中向中小企业特别是小型微型企业倾斜，支持中小企业特别是小型微型企业参与政府采购。截至 2013 年年底，中央财政通过产业技术研发资金和战略性新兴产业发展专项资金，安排 70.5 亿元支持参股设立 141 支创业投资基金，带动地方政府和社会资本投入近 320 亿元，对拓宽战略性新兴产业企业融资渠道发挥了重要作用，有力地支持了战略性新兴产业领域创新型中小企业发展。2013 年，各级财政部门认真贯彻执行《政府采购促进中小企业发展暂行办法》，采取降低门槛、价格扣除、鼓励联合体投标和分包等措施，大力支持中小企业特别是小型微型企业参与政府采购，并通过计划管理、合同管理、报告和公开制度、信息化建设等措施予以保障。全年政府采购合同授予中小企业的总采购额为 12454 亿元，占采购总规模的 76%。在授予中小企业的合同总额中，授予小微企业的采购额为 5765.3 亿元，占授予中小微企业总采购额的 46.3%。

二、新政引领政府采购创新发展

2013 年伴随政府相关政策的陆续出台，我国政府采购工作不断出现新的趋势，新政引导政府采购工作进入新的发展阶段。

（一）政府购买服务走向制度化

2013 年 9 月 26 日，国务院办公厅印发

《关于政府向社会力量购买服务的指导意见》（以下简称《意见》），明确提出到2020年，在全国基本建立比较完善的政府向社会力量购买服务制度，形成与经济社会发展相适应、高效合理的公共服务资源配置体系和供给体系，公共服务水平和质量显著提高。

《意见》规定，政府向社会力量购买服务的内容为适合采取市场化方式提供、社会力量能够承担的公共服务，突出公共性和公益性。教育、就业、社保、医疗卫生、住房保障、文化体育及残疾人服务等基本公共服务领域，要逐步加大购买服务的力度。非基本公共服务领域，要更多更好地发挥社会力量的作用，凡适合社会力量承担的，都可以通过委托、承包、采购等方式交给社会力量承担。

各地要按照公开、公平、公正原则，建立健全政府向社会力量购买服务机制，及时、充分向社会公布购买的服务项目、内容以及对承接主体的要求和绩效评价标准等信息，建立健全项目申报、预算编报、组织采购、项目监管、绩效评价的规范化流程。购买工作应按照《政府采购法》的有关规定，采用公开招标、邀请招标、竞争性谈判、单一来源采购、询价等方式确定承接主体，严禁转包行为。

2013年12月4日，财政部印发《关于做好政府购买服务工作有关问题的通知》，（以下简称《通知》）提出要处理好积极推进和制度建设的关系，做好相关政策的完善和相互衔接。既考虑当前政府购买服务工作的重点是鼓励和推进改革，在坚持大原则不变和透明预算的前提下，注重研究解决现行政府采购、预算编制、会计处理等技术性管理难题，必要时可适当作出政策调整，为政府购买服务工作的顺利推进创造条件；又兼顾长远，在实践中不断总结经验，注重体制机制建设，为将来建立购买服务制度打基础。《意见》和《通知》为政府购买服务走向制度化奠定了政策基础。

（二）厉行勤俭节约，遏制奢华采购

2013年11月25日，中共中央、国务院印发《党政机关厉行节约反对浪费条例》（以下简称《条例》），自发布之日起施行，1997年5月25日发布的《中共中央、国务院关于党政机关厉行节约制止奢侈浪费行为的若干规定》同时废止。

《条例》指出，党政机关采购货物、工程和服务，应当遵循公开透明、公平竞争、诚实信用原则。政府采购应当依法完整编制采购预算，严格执行经费预算和资产配置标准，合理确定采购需求，不得超标准采购，不得超出办公需要采购服务。严格执行政府采购程序，不得违反规定以任何方式和理由指定或者变相指定品牌、型号、产地。采购公开招标数额标准以上的货物、工程和服务，应当进行公开招标，确需改变采购方式的，应当严格执行有关公示和审批程序。列入政府集中采购目录范围的，应当委托集中采购机构代理采购，并逐步实行批量集中采购。严格控制协议供货采购的数量和规模，不得以协议供货拆分项目的方式规避公开招标。党政机关应当按照政府采购合同规定的采购需求组织验收。政府采购监督管理部门应当逐步建立政府采购结果评价制度，对政府采购的资金节约、政策效能、透明程度以及专业化水平进行综合、客观评价。加快政府采购管理交易平台建设，推进电子化政府采购。党政机关应当建立健全厉行节约反对浪费信息公开制度。除了依照法律法规和有关要求须保密的内容和事项外，政府采购文件、采购预算、中标成交结果、采购合同等情况应当按照及时、方便、多样的原则，以适当方式进行公开。《条例》提出的各项规定虽然仅限党政机关，但其对政府采购中倡导勤俭节约、遏制奢华采购、消除“涉公浪费”具有重大的示范作用。

（三）批量集中采购范围进一步拓宽

2013年8月21日，财政部印发《中央预算单位批量集中采购管理暂行办法》，决定自2013年9月1日起，列入国务院公布的《中央预算单位政府集中采购目录及标准》中的集中采购机构采购品目应当逐步实施批量集中采购，中央预算单位要严格执行批量集中采购相关规定。

2013年9月4日，财政部办公厅印发《关于中央预算单位实施批量集中采购工作的通知》，进一步明确了批量集中采购范围：中央预算单位采购满足办公需求的台式计算机、打印机、便携式计算机、复印机、传真机、扫描仪、复印纸、空调机和碎纸机，原则上全部纳入批量集中采购范围；用于科研、测绘等工作的专用台式计算机、便携式计算机也纳入批量集中采购范围。其中，台式计算机不包括低泄射计算机、无盘工作站、图形工作站、工控机；便携式计算机不包括移动图形工作站、加固型笔记本等特殊用途设备；空调机不包括用于机房、基站等特殊场所的空调机；打印机不包括便携式打印机等。政府采购批量集中采购范围进一步拓宽。

（四）优化政府采购品目，推进科学监管

2013年10月29日，财政部印发《政府采购品目分类目录》。与试用版相比，新目录细化、调整了部分品目，删除和新增了部分品目，进一步优化了政府采购品目。同时，新目录新增7个货物类、8个服务类、1个工程类共计16个品目，覆盖范围进一步扩大。

新目录还进一步细化了货物、工程和服务三大类中的部分品目。例如，在“B0601电子工程安装”下细化了“B060101雷达、导航和测控系统工程安装”、“B060102监控系统工程安装”、“B060103电子自动化工程安装”、“B060104电子设备工程安装”以及“B060199其他电子工程安装”。新目录使政府采购品目分类体系更加完整，操作适应性更强，更加有利于指导各地制定集中采购目录，有利于推进政府采购科学监管工作。

（五）非招标采购有了全国统一管理办法

2013年12月19日，《政府采购非招标采购方式管理办法》（财政部令第74号）发布，自2014年2月1日起施行。根据《政府采购法》规定的原则和范围，该办法全面、系统地规范了三种非招标采购方式：在一般规定中明确了达到公开招标数额标准的采购项目采用非招标采购方式的批准程序，谈判小组、询价小组的组成、职责和义务，保证金交纳与退还，选择符合资格条件供应商的方式，成交结果公告等内容；全面规范了三种非招标采购方式的整个流程，包括竞争性谈判采购方式的适用情形、具体程序、谈判要求、谈判文件可实质性变动的内容、确定成交供应商的标准，单一来源采购的公示要求、协商程序和情况记录，询价采购方式的具体程序和要求、确定成交供应商的标准等；在《政府采购法》规定的法律责任基础上，补充和明确了政府采购相关各方在非招标采购活动中的法律责任。使非招标采购工作有了全国性的统一管理办法

（六）公务接待会议费管理更加细化

2013年12月8日，中共中央办公厅、国务院办公厅印发《党政机关国内公务接待管理规定》，要求接待住宿严格在定点饭店或者机关内部接待场所安排，执行协议价格。2013年9月13日，财政部、国家机关事务管理局、中共中央直属机关事务管理局联合印发《中央和

国家机关会议费管理办法》，规定召开会议实行分类管理、分级审批，严格控制规模，并对不同类别的会议会期、参会人数和会议费开支等给予了明确限定。两个文件将公务接待会议费管理更加细化。

（七）全国统一电子化平台建设分步走

2013 年 1 月 31 日，财政部印发《全国政府采购管理交易系统建设总体规划》和《政府采购业务基础数据规范》，提出用 3 年左右的时间，力争于 2015 年年底初步建成全国统一的政府采购管理交易系统。

系统建设分为三步：第一步，启用中央本级管理交易子系统和全国共享基础数据库子系统，中央集中采购机构升级改造业务系统，实现与中央管理交易系统的互联互通。省级财政部门组织建设本省系统或升级改造相关系统，协调本省集中采购机构业务系统与本省管理交易系统的互联互通。第二步，全面运用中央本级管理交易各子系统，扩大各采购主体对系统的使用，特别是将中央集中采购机构相关业务迁移至中央本级执行交易子系统运行。省级财政部门协调本省集中采购机构系统向本省管理交易系统迁移整合。第三步，建立健全全国政府采购相关信息实时共享、共用机制，初步建成全国统一的电子化平台。

三、政府采购在探索中发展

（一）采购从为政府服务转向为民众服务

2013 年，我国政府采购在多年探索、实践的基础上从制度层面开始发生重大转变。最为显著的是政府采购范围从满足预算单位办公需要向为社会提供公共服务转变。一方面，政府采购中的一些传统项目采购规模缩减，如压缩一般公务车采购、严格执行双 18 政策、严控“三公”经费支出，使来自预算单位部分的采购规模不断缩减；大力倡导绿色办公、无纸化办公，使办公打印设备采购量减少；贯彻落实《关于党政机关停止新建楼堂馆所和清理办公用房的通知》，工程政府采购明显减少。另一方面，政府采购中民生支出项目和政府购买服务等明显增多，如新增政府采购保障房、流动人口检测管理服务购买、审计服务购买、资产评估服务购买、良种购买、农机具购置、中小学免费教材采购和文化下乡等项目。一缩一增体现了政府职能从满足预算单位办公需要向为社会提供公共服务的转变，政府采购开始更多更深入地介入到政府职能部门的履职中，真正发挥其积极的作用。

（二）GPA 谈判进入新阶段

从 2007 年年底开始，我国启动了加入《政府采购协议》（GPA）的谈判，迄今为止，已经提交了第四份出价清单，涵盖范围已从中央政府扩大到了部分省级地方政府。但由于我国政府采购与《政府采购协议》之间存在诸多差异，谈判进展难度较大，目前已进入关键阶段，且仍将持续一个较长的过程。

2013 年 11 月初，国务院成立 GPA 谈判工作领导小组，以加强对谈判工作的组织领导，推进专业化队伍建设，及积极稳妥推进 GPA 谈判工作全面深入开展。领导小组组长由张高丽副总理担任，领导小组办公室设在财政部，成员包括财政部、国家发展和改革委员会、商务部、解放军总后勤部等 24 个部门。

加入 GPA 是推动我国政府采购制度变革的重要契机，将对我国政府采购制度创新形成倒逼机制，加速推进我国政府采购规范化、透明化和与国际接轨的进程。

（徐小青　卢　婷）

第八部分

物流教育、科技、信息化、标准化

2013 年中国物流教育与培训

2013 年，在国家相关政府部门的重视和大力支持下，中国物流与采购联合会（以下简称"中物联"）围绕《国家中长期教育改革和发展规划纲要（2010—2020 年）》要求，会同行业企业和大专院校在物流教育与培训方面做了大量的基础性工作，为我国物流、采购与供应链人才培养做出了积极贡献。

一、2013 年我国物流行业人才培养工作发展状况

（一）学历教育规模不断扩大

2013 年中物联人才培养教育工程不断深入，在我国物流学科体系建设、教学改革、物流实验室和实训基地建设、校企合作、人才培养模式创新和国际合作等方面做了大量的工作，并取得了丰硕成果。从 2001 年到 2013 年，我国开办物流专业人才培养的本科院校已由 1 所发展到 443 所，高职院校由 2002 年 75 所发展到 954 所，中职学校由 2003 年的 33 所发展到 900 多所。2001 年以来，我国学历教育和职业教育累计为社会培养物流专业人才 200 多万人，极大地缓解了我国物流人才短缺的矛盾，为打造中国物流业的升级版提供了强大的人才支撑。

（二）行业职业资格认证成果显著

2013 年中物联物流师、采购师职业资格培训认证工作继续稳步发展，为社会培养了大量物流人才，为物流产业的快速发展提供了强有力的人才支撑。截至目前已培训认证物流师 54 万人。其中，高级物流师 3000 余人、物流师 40.5 万余人、助理物流师 11.9 万余人、物流员 1.3 万余人；采购师 6.4 万人，其中，注册采购师 1200 余人、高级采购师 1.2 万余人、采购师 5.1 万余人。

二、2013 年物流教育与培训工作发展呈现的特点

2013 年，在推进现代物流教育事业发展过程中，政府主管部门以及行业组织均发挥了重要作用。在发展物流职业教育、学历教育和社会普及教育方面，在探索构建中国物流职业教育体系、推进物流教育教学改革和提高人才培养质量等方面开展了积极卓有成效的工作，推动了物流学科建设和职业教育培训的规范

发展。

（一）基础性工作扎实推进

中物联与物流教指委、物流行指委共同多次组织针对我国物流人才需求、物流企业岗位设置及能力要求、院校物流专业开展情况等的专项调查和基础性研究工作，发布了《物流行业发展和人才需求报告》，为政府决策提供了科学依据；配合教育部制订了《高等学校物流类专业教学指导方案》《高等学校物流管理与工程类专业国家质量标准》《中等职业学校物流管理与服务专业教学标准》，为院校物流专业教学提供指导。中物联为推动教学改革，每年设立教改教研项目 100 多项，不断深化内涵，创新物流人才培养模式。

为满足物流产业升级对人才技能的新需求，2010 年中物联启动了“中国物流行业人才标准体系建设”项目，通过借鉴发达国家职业标准的建设经验，不断完善和深化物流师、采购师职业资格培训认证体系工作，编制《物流行业从业人员职业能力要求》《冷链物流从业人员职业资质》等一批行业标准，为提升企业人力资源管理水平和行业人才培养质量打下了坚实的基础。

（二）创新物流人才培养模式，搭建人才培养立交桥

坚持将职业能力要求与院校教育和职业培训深度融合，是职业教育的基本理念。2013 年，国家开放大学与中物联联合成立了国家开放大学物流学院，依托国家开放大学系统办学优势和中物联教育培训体系及行业资源，探索行业学院的办学模式，创新合作办学的组织形式和运行机制，面向物流行业从业人员开展中专、专科、本科学历继续教育和非学历继续教育，引入职业资格、学习单元和学分，并通过国家继续教育学分银行试点项目实现非学历继续教育和学历继续教育有效衔接。

（三）搭建广泛的交流平台

充分发挥物流教指委和物流行指委在物流教育和职业培训领域中的特殊作用，并通过开展教学研讨和全国大学生物流设计大赛、双师型骨干师资培养、全国职业院校技能大赛等活动为全国开设物流专业的本科、高职和中职院校与物流企业搭建了相互沟通、合作的平台。

（四）完善、规范的培训认证体系

物流师职业资格培训认证体系自 2003 年建立以来，已经形成了全国性的培训认证网络体系和严密的组织管理制度。目前，中物联正在修订行业从业人员职业能力要求标准，根据行业发展和企业要求更新培训教材、考试题库和大纲，不断完善、规范现有的培训认证体系。

（五）从业人员的职业培训稳步发展

2013 年，全国数万物流从业人员参加各种形式的培训学习，专业能力和技能水平得以提升，支撑了行业发展。工信部、人社部等政府部门委托行业组织，面向全国企业开展一系列项目培训，取得了良好的社会效应。

（六）对外交流试点逐渐扩大

随着我国与德国、英国、加拿大、韩国、新加坡等发达国家相关机构和院校合作的不断深入，走出去与请进来并举的交流活动日益活跃，推动了我国物流教育与国外接轨的步伐。2013 年教指委、行指委多批次派出由中、高职校长及物流学科带头人、专业老师赴国外分别进行不同专题的考察学习；一年一度的物流教学研讨和校企对接活动吸引了越来越多的国外专家来华交流，开展合作。此外，中物联积极与英国文化协会、英国物流技能协会合作，在国内中职院校开展了现代学徒制物流专业的试点工作。

三、物流人才培养工作的展望

物流产业的发展离不开物流教育和人才培养工作的支撑，物流学科建设和人才培养工作要紧跟产业发展不断地改革和创新。因此，今后一个时期的物流人才培养工作，将继续围绕物流职业标准体系的建设要求，积极发挥行业主导作用，不断创新物流人才培养模式，完善培训和认证体系，依托物流院校、省市物流行业协会和社会培训机构，做大做强全国培训认证网络，不断提高我国物流业从业人员的职业能力，服务产业升级，助力人才培养。

人才培养工作重点是：进一步整合物流企业、行业协会资源，借鉴国外的先进经验，尽快完成行业标准、教学标准的制定工作，深化产教结合、校企合作，促进物流人才培养质量的提升。

（一）制定《国家物流产业中长期人才发展规划》，指导并规范物流人才的培养工作

兼顾职业教育与职业培训，鼓励企业加大对在职员工的培训和继续教育投入，依托物流院校的全国网络、师资、教学和实训资源优势，加快建设面向职业、面向人人、面向终生的继续教育体系。

（二）创新行业指导工作机制，适时调整优化人才培养结构

政府主管部门、行业、企业设立职业教育对接机构，制定行业职业教育发展规划，建立人才需求预测机制，制定相关专业标准和课程标准，指导院校及时调整专业设置。

（三）政策指导，加大投入，深化校企合作体制机制

有关部门应尽快出台相关优惠政策，调动物流行业企业参与物流教育的积极性；地方政府、发改委、财政部继续加大投入，支持校企共建教育集团，形成人才共育、过程共管、成果共享、责任共担的合作办学体制机制。

（四）深化国际交流与合作，充分发挥行业组织在教育和人才培养工作中的引领作用

要继续与各国行业组织和教育机构加强合作，学习发达国家在教育和人才培养工作中的先进经验，加强在标准制定、课程引进、项目合作、师资培训和合作办学等领域合作。

（中物联教育培训部）

2013年中国物流科技

中国物流与采购联合会一直致力于推动和引导物流行业科技创新，开展专项物流科技奖励工作以便挖掘和推广优秀科研成果应用于物流实践。中国物流与采购联合会科学技术奖已经成为挖掘我国现代物流行业优秀科技成果、引导物流行业科技创新的旗帜。评审委员会认为，获奖项目能够反映物流行业科技发展的趋势，体现行业科技水平。

2013年中国物流与采购联合会科学技术奖办公室共收到申报项目223项，评选出获奖项目72项，其中科技进步奖一等奖11项、二等奖25项、三等奖36项。获奖项目在节能环保、公共服务平台建设、物联网技术、危化品信息化建设、云技术应用和冷链、汽车和电商物流领域装备创新几个方面比较突出，展示了行业科技发展的趋势。

一、节能环保是物流科技创新的新主题

效率和节能是当代自动化设备、自动化物流仓储设备研发的两大主题。《高效节能型动态立体仓储系统》项目采取动态的自动化仓储、存取工艺方法，使用穿梭车、载货提升机、换层提升机作为存取货设备，与传统的巷道堆垛机作为存取货设备的工艺方法比较，是一种创新型自动化立体仓库技术。该项目设计开发了新型的立体仓库货架、新型穿梭车、载货提升机、换层提升机等，具有系统高效、节能特性，这些设备属于填补国内空白的系统工程设施。该项目设计开发了集成控制系统、计算机管理调度系统，并且在背景项目的建设中实现了超高效率的进出库工艺能力，远远超过传统的巷道堆垛机工艺方案能力。

随着汽车工业的不断发展，废旧轮胎处理所引发的环保问题日益突出，废轮胎的处理已成为国内外迫切需要解决的资源再生和环境保护问题。《废橡胶制复合微纤维胶粉生产免充气力车胎技术》项目，应用新技术突破了传统的废轮胎、废纤维综合利用的生产工艺，提高了废轮胎、废纤维附加值，废轮胎不再只局限于生产橡胶粉、再生橡胶、燃料油及炭黑。这一自主研发的技术先将废轮胎无害处理，再利用专有技术生产免充气空心轮胎，拓宽了废轮胎综合利用的范围，提高了废轮胎、废橡胶、废纤维的利用率。此项新技术在生产工艺上无须脱硫，具有完全回收、无污

染、工艺简化、耗能低等显著特点，达到了国际领先水平。不仅减少了生胶的用量，同时又减少了橡胶助剂的用量。有效地降低了成本，减少了对环境的污染。

二、公共服务平台建设不断完善

“国际大交通运输信息智能公共服务平台”是国内首个以系统性创新的方式集成了国际大交通的运力与运价信息的综合服务平台，能够为国际商贸用户和物流服务商提供包括运力与运价的双向电子商务服务、地图信息服务、认证服务、支付与金融业务担保等大交通运输综合智能服务。在基础信息收集方面，该项目实施单位建立和积累了全球160多个国家和地区的物流服务商的会员基础信息，信息平台所提供的运力服务信息已经涵盖了全球198个国家和地区的相关信息，包括海、陆、空、铁大交通下的多种运输运价服务，特别是填补了近60个国家进口运价服务的空白。目前，系统共积累了运价服务信息20多万条（含航线信息）。自“国际大交通运输信息智能公共服务平台”上线商用以来，已经为在线用户提供超过百万次查询服务，完成了一万多份订单服务。同时，为国家间高端的经贸活动提供了数十次专业资讯服务，周期性地发布了数十份运价数据分析报告，为客户创造数亿元的服务价值。

三、物联网技术应用日益深入

目前，物联网技术已广泛应用于交通运输、装备、仓储等方面。随着信息技术更高层次的应用，物联网将是实现铁路信息化、智能化的重要组成部分。“基于物联网的铁路运输信息资源整合及共享技术研究”项目将物联网技术运用到铁路信息资源整合与共享领域，提出了基于物联网的铁路运输业务体系，建立了物联网技术在铁路运输领域的应用架构，设计并提出了物联网环境下铁路信息资源整合与共享的模式、共享机制和方案；构建了基于物联网的铁路信息技术体系；设计了基于物联网的铁路信息平台结构，最终实现了铁路信息资源集成整合与高度共享。为铁路信息资源的整合与共享指出了新思路和新的技术方法。

“基于物联网的商品信息追溯系统”项目致力于解决物流过程中商品信息追溯的需求问题。该项目对每件商品建立一个独立的电子档案，连接商品生产、检验、监管、流通和消费各个环节，从而实现对每件具体商品的全过程信息追溯。信息追溯系统的应用范围涵盖了整个生产流通链条，成功实现了将信息追溯到具体产品，并实现从商品出厂到消费者之间的全过程信息追溯。目前，该系统已经广泛应用于酒类、食品等商业生产及流通领域。首先，可实现食品安全控制。对蔬菜、瓜果、粮、油、酒水等食品的出厂、流通全程监控，可有效解决不合格食品或假冒食品进入市场的问题，对食品安全控制起到重要作用。其次，可降低物流成本。对物流全程监控和有效合理调配，不但将物流损耗降到最低，并将物流效率大大提升，对降低物流成本起到一定作用。再次，可进行风险预警处理。该系统广泛应用之后，可对库存不足、生产过量、区域调配等提供风险预警及处理方案。最后可进行数据统计，对货物的生产量、物流量、市场分布、运输车辆、运输周期、运输半径等全方位数据精确统计。

物联网技术与应用专业委员会开展的2013年度中国物流业物联网技术与应用调研发展报告的几大重点调研领域中，冷链物流领域采用物联网技术的企业占不到50%，电子商务物流领域中民营企业的物联网技术应用比例超过 50%，医药物流领域物联网技术应用比例在 62% 左右，危化品物流领域物联网技术应用的比例高达 78%，是几个行业领域中最注重技术应用的。通过分析主要影响物流企业投入物联网技术的主要制约因素依次包括：技术与产品性能因素、管理人员素质员因素、企业发展布局因素和资金因素。联网技术在我国物流行业具有广阔的行业应用需求，因各细分市场、各地区发展并不均衡，整体来看，我国物联网技术在物流行业的应用仍处于初级阶段，技术、标准、产品及市场并不成熟，迫切需要政府部门在物联网技术应用的基础设施方面加大投入和支持，使之真正成为一个泛在网络，服务于行业。

四、危化品物流信息化建设能力大幅提升

随着工业化进程的不断加快，我国的危化品物流已拥有巨大的市场潜力和良好的发展环境。据统计，我国石油和化工产品已达 4 万余种，巨量化工品从工厂生产到用户消费的产业链条中，其运输和仓储的安全问题、物流效率和应急处理等问题日渐突出，信息化和物联网技术的应用对于提升危化品物流的安全性起到了极大的保障作用。

以国内最大的石化产品生产商和供应商中国石化为例，其化工产品的销售范围不仅遍布国内各个省份，而且已经扩展到国外市场。在化工销售公司化工品贸易的过程中，随着竞争的日趋激烈，业务的发展创新，出现了换货这一独特的业务模式。换货业务的实质是改变产品物流方向，就是将商流上指定的资源送到非商流指定的目的地，实际送达的目的地由换货需求来确定。与普通物流订单商流、物流统一的作业方式不同，换货业务在不改变商流的情况下，通过改变物流流向，达到满足客户需求或者节省物流费用的目的。由此产生了换货前后的运价差异，以及作为货物接收方，在商流预计收货量和物流实际收货量上的差异。换货业务通过内部、外部资源及客户的统一调拨，实现了化工品物流的全局优化。但换货业务涉及多种资源类型和流向类型，换货业务管理难度极大，必须借助信息化的强有力支撑，建设一套先进高效的信息系统，以便换货业务精细化、智能化管理。由中石化化销公司自主开发的“换货业务平台”结合业务需求和各生产基地的情况，通过优化算法，以客户为中心实现了产品换货的快速定量、定价、定时等功能，并保障了产品的“进”“出”平衡，在保障生产和销售平衡的同时，大幅降低了区域间的物流配送，有效降低了物流成本，同时也降低了物流环节中的危险因素。

i－Tank 危化品罐区储运管理系统，采用 SCADA 控制方式，不仅可以实时采集现场数据，对工业对象进行本地或远程控制，进行全面、实时监视，为生产、调度、管理提供必要的数据，还能对车辆的信息进行管理。危化品智能储运是集成传感器技术、通信技术、信息化技术和智能化技术，充分融合仓储管理系统（WMS）和运输管理系统（TMS）及其他业务管理系统，有效管理危化品物流系统中的人、车、货、路、库等元素，使危化品货物在仓储和运输过程中的产、供、销、配、用全生命周期更加协调统一及自动化，从而极大提升过程的安全性及运行效率。

五、冷链、汽车和电商物流领域装备原始创新和集成创新效果显著

随着我国冷链物流的快速发展，由于能源

价格的不断增长及国家相关行业法规的进一步完善，冷库提高了对保温系统节能环保和防火安全的要求。目前在国内所使用的冷库和低温加工配送中心的保温系统中，使用PU喷涂所构成的保温系统，在防火安全、节能环保和耐久性等方面都无法全面满足大型现代冷库和低温加工配送中心的更高要求。“新型复合冷库保温系统的生产工艺及产品应用”项目的研发成功，无论在节能、防火还是美观方面都大大领先于传统材料。此系统应用于钢结构冷库特别是低温库和低温加工配送中心，改变了由PU夹芯板一家独大的局面，在工艺方面，从挤塑板的生产到热复合生产再到双面饰面层的在线复合、全自动化流水生产线，填补了国内外空白。

在汽车装备领域，中长途物流运输发展迅速，货主和卡车用户对车辆提出了更高的要求。以前传统中长途运输车型很多是由8×4车型简单演化而来，并没有针对运输特点重新设计，因此存在整车动力性差、油耗高、安全性低等问题，在车身上存在卧铺窄、驾驶室空间小、舒适性差等缺点。由安徽江淮汽车研发的“江淮中长途物流运输系列重型载货车”针对市场反馈该类车型中普遍存在的动力不足、制动力不足、技术水平不高等多问题（进口的重型卡车虽然技术水平较高，但价格贵，另外难以适应国内的使用状况，在我国虽有一定市场，但销售量不会很大），在产品设计初期就做了充分调研，了解市场的需求，优化设计并积极寻找市场资源，使得整车性能和价格能够满足中长途物流运输市场的需求，具有良好的性价比。

电子商务市场的兴盛有效带动了物流、支付等有关产业链的发展，电子商务、快递、第三方支付开始呈集成化方向发展的态势。“安全智慧的信融终端研发及应用”项目的研发成功很好地解决了这个问题。该终端的研发和应用提高了电子商务环境下货物从下达订单、分拣、发货、运输到最终配送等各个物流活动环节的运作效率，高效配合第三方支付服务，满足了不同客户对物流服务及支付方式的多样化需求，改善了电子商务、快递、第三方支付三者合作运营的商业环境，优化了三者协作模式以及利益分配机制，实现了物流、金融两大行业的有效对接和业务流程的交互。本项目将对物流企业、电子商务企业和第三方支付企业的发展有重要的促进作用，能够完善中国现代化物流支付体系，满足新兴经济发展日益增长的物流支付需求，降低整个社会的交易成本。

六、云技术在物流信息化领域中被广泛采用

目前，最简单的云计算技术在网络服务中已经随处可见，例如搜寻引擎、网络信箱等。在物流信息化领域应用云技术，可以大大提高信息的透明性、交互性，以及信息的监控和追踪。

“天津港远航散货码头公司全智能云码头信息系统”项目专门针对散货码头管理研发的一套全新的码头信息化协同管理综合平台，使整个业务流程形成一个完整循环链，信息共享流通，各个部门和外界人员能获取到相关业业务的具体信息状态。本项目在国内同行业中处于领先地位，物流领域中弥补了一项空白。其先进性表现在：缩短机械的无效作业时间，减少码头机械的噪声污染；提高作业效率，降低运输车辆和接卸设备的无序等候时间和随意运转所造成的排放污染；缩短船舶的卸船时间，减少码头水域的燃油泄漏污染；码头和货场闸

口不再有拖车排队现象，与远航堆场相关的道路上塞车、扬尘现象也大为改观。

“基于云平台的 RFID 智能安全保温周转箱在医院院内物流中的推广应用”项目是根据医药领域的实际需求，通过云端架构的 Paas 平台，利用先进的无线传感器网络技术、RFID 射频技术、无线通信技术、GPS/LBS 定位技术升级改造的新型智能安全保温周转箱的应用项目，同时也是 2013 年 6 月 1 日新版 GSP 实施后，国内首个冷链药品物流在医院大规模试点的成功案例。通过以 RFID 智能安全保温箱为载体的物联网设备终端在院内药品冷链运输管理云端服务的应用项目，使药品冷链过程中的信息化水平大大提升，全面追踪记录药品从药房出库到病区收药整个流通环节，极大提高了药品运输环节的安全性，提高了药品运输效率，保证了患者用药安全，提升了医院的管理水平，同时药品质量安全信息得以透明化，也为食品及药品的物流过程及全供应链溯源安全信息采集与监管提供了数据支持。此外，该项目在提供专业的机具及信息服务基础上，通过目前大数据时代云服务的方式，为行业部门提供专业级服务，在公有云或混合云模式下，解决了多领域技术融合的难题，更加合理化分配了硬件资源，同时为医院及药品监管部门提供公共服务接口，大大节省了专网系统的运营及维护成本，同时以更加透明的方式服务大众，为新版 GSP 的实施提供了有力的技术保障。

因此在新的背景下，我国现代物流业的科技创新对物流业发展的促进作用将主要表现在：一是通过物联网技术和大数据实现智能物流。将新一代信息技术应用于物流业，实现物流的自动化、可视化、可控化、智能化和网络化，可以有效提高资源利用效率和城市生产力水平，与此同时，随着移动互联网络环境的不断优化，物流全流程的跟踪得已有效实现，尤其对于冷链物流、危化品物流等专业物流领域的意义重大。二是“嘀嘀”模式打开物流信息化平台建设新思路。由于信息不对称，在出租车市场中存在已久的“打车难，空载多”矛盾同样存在于我国物流行业运输环节中，于是“嘀嘀”模式引发了物流业界的新思考。我国有 3000 余万名卡车司机，他们目前每一车运力资源的对接，大多会通过信息中介（车场黄牛）来实现交易。数据显示，2013 年我国社会物流总费用中，运输费用占比达 51%，其中公路运输费用占运输费用的比重为 3/4 即 3.8 万亿元，如此巨大的市场引发了物流业界采用“嘀嘀”模式建设信息化平台的新思路，如四川的物流 QQ、安徽合维运通的路歌管车宝等。但借鉴打车模式的同时还要充分考虑如何解决二者的关键性不同点，如付费模式、发票（营改增）、时效性等。三是科技创新将极大促进物流供应链一体化。物流企业贯穿供应链上下游，掌握各类渠道资源，向供应链一体化服务平台转型具有先天优势。未来一部分物流企业将加快延伸服务链条，承接企业物流业务，提供供应链增值服务，有效整合商流、信息流、物流和资金流，实现向供应链一体化服务商转型，进而加速推动我国现代物流业的“升级版”。

现代物流业的发展离不开科技的支撑，依托科技创新和技术进步，构建“体系完整、结构合理、经济高效、技术先进、安全可靠、绿色环保”的物流体系，是物流业持续发展的重要保证。

（刘宇航　中国物流与采购联合会物联网技术与应用专业委员会秘书长）

2013 年中国物流信息化

2013 年，我国物流业出现了趋稳向好、转型升级的新局面。受到经济大环境的影响，物流企业在信息化相关领域的投资率较前两年有所下降，但在工信部印发的《关于推进物流信息化工作的指导意见》的指引下，我国物流信息化建设的整体推进情况还是非常令人满意的。

一、国家对物流信息化工作高度重视

2013 年，国务院及各部委相继出台了一系列文件，明确了加强物流信息化的总体方向。

2013 年 2 月 5 日，国务院发布了《关于推进物联网有序健康发展的指导意见》，明确提出要推动物联网应用示范，促进经济发展，对工业、农业、商贸流通、节能环保、安全生产等重要领域和交通、能源、水利等重要基础设施，围绕生产制造、商贸流通、物流配送和经营管理流程，推动物联网技术的集成应用。积极利用物联网技术改造传统产业，促进产业升级。

2013 年 4 月 2 日，国家发展改革委联合发出通知，要求推广传化“公路港”物流经验，通知要求地方政府有关部门要加强城市总体规划，统筹多式联运需要，科学布局交通、物流及仓储用地，合理配套公共服务用地，支持“公路港”发展；要积极研究制定交通运输物流公共信息平台标准、跨区域物流信息平台接口规范，促进物流信息的互通和共享；要加大对“公路港”平台项目新增建设用地，利用存量土地，基础设施、公共信息平台建设资金扶持等方面的政策支持力度。

2013 年 9 月 30 日，国家发改委等十二部委联合发布了《关于印发全国物流园区发展规划的通知》，通知明确提出要推动物流园区信息化建设，整合物流园区现有信息资源，提升物流园区信息服务能力。

2013 年 1 月 7 日，工业和信息化部印发了《关于推进物流信息化工作的指导意见》，明确了到“十二五”末期，初步建立起与国家现代物流体系相适应和协调发展的物流信息化体系，为信息化带动物流发展奠定基础的发展目标。

提出提高全社会物流信息资源开发利用水平，提高政府部门物流服务和监管的信息化水平，提高物流行业和物流企业的信息化水平，提高企业物流信息化和供应链管理水平，加快物流信息化标准规范体系建设，加快物流信息化军民结合体系建设，推进物流相关信息服务业和信息技术创新与发展七项主要任务。

2013 年 6 月 6 日，交通运输部发布了《关于交通运输推进物流业健康发展的指导意见》，在主要任务中明确提出要积极推进信息化建设。

一是要加快推进交通运输物流公共信息平台建设。发挥好交通运输物流公共信息平台的作用，进一步深化对平台建设、运营和管理模式的研究。完善平台基础交换网络，加快推进跨区域、跨行业平台之间的有效对接，深入推进东北亚物流信息服务网络（NEAL－NET）建设。依托平台开展物流园区信息联网工程建设。

二是要推进行业信息系统建设。加快完善铁路、公路、水路、民航、邮政等行业信息系统，推进互联互通，增强一体化服务能力。制定行业物流信息采集、交换、服务等标准，强化与相关领域信息标准的对接。鼓励车联网、船联网技术的开发和推广应用。深化交通电子口岸、港口集装箱多式联运和内河航运综合信息服务等系统建设。

2013 年 9 月 24 日交通运输部发布了《关于推进交通运输信息化智能化发展的指导意见》，提出了推进信息化智能化发展的八项主要任务：一是加强信息化智能化发展统筹规划，二是加强业务流程优化和管理模式创新，三是加强信息数据的采集、管理与应用，四是加强重点应用领域信息系统建设，五是加强智能交通技术集成创新和试点示范，六是加强可持续发展体制机制建设，七是加强信息化智能化标准体系建设，八是加强网络与信息安全保障体系建设。

二、物流企业信息化发展的基本情况

2014 年 6 月，工业和信息化部信息化推进司发布了《2013 年物流信息化监测报告》，该报告用数据反映了物流企业信息化建设的基本情况，下面转引部分内容说明 2013 年我国物流企业在信息化方面的概况。

（一）物流信息化投资率有所回落

2013 年，受经济大环境的影响，全国物流企业在信息化相关领域的投资率较前两年有所下降，在参与调研的企业中只有 38.14% 在当年进行了信息化投资。其中，7.69% 的企业信息化投资率不足 1%，23.08% 的企业信息化投资率介于 1% ～5%，38.46% 的企业信息化投资率为 5% ～10%，7.69% 的企业信息化投资率在 10% ～15%，同时，约有 20.08% 的样本企业投资率超过 15%。

目前物流企业进行信息化建设要么选择外包形式，要么选择自主开发的形式。外包信息化建设能获得更为专业的系统建设和系统集成方案，成熟度较高，而自主研发的信息化系统则对自身业务流程的需求更为熟悉，针对性更强。在本次调查的企业样本中，选择外包服务和自建信息系统的企业差别不大，分别占样本企业的 42.86% 和 40%。

（二）信息平台/门户网站大多用于信息发布

在样本企业中，超过 85.71% 的企业建有自己的门户网站/信息平台。其中，76.67% 的门户网站/信息平台的用途仍是单纯地发布信息，只有 23.33% 的企业将电子交易纳入其中并逐步推广应用，这一数据较上年略有上升，信息平台的作用由单纯的信息发布逐渐向电子交易等多种形式拓展。

（三）物流信息集成日渐成为建设重点

在样本企业中有70.97%的企业将构建信息平台（内部信息处理、OA、增值业务）作为信息化建设的重点，其余企业的信息化建设重点或是软件开发、RFID/RF/GIS/GPS/条码等信息技术的应用，或是数据分析、数据挖掘。

（四）资金和人才问题持续制约企业物流信息水平提升

调查结果显示，较2012年有44.5%的样本企业认为信息化人才短缺是制约企业物流信息化发展的主要原因，认为缺少资金、行业标准缺失是制约企业物流信息化建设的主要问题的企业，分别各占24.44%。

（五）条码、电子标签等技术应用率继续上升

2013年，条码和电子标签等信息技术在物流业务中的应用率继续提升。其中，条码应用率达到58.21%，较上年增长了4.9%；电子标签应用率达到38%，较上年增长了10.44%；电子单证应用率为48.85%，与上年相比略有下降（见图1）。数据表明，条码和电子标签等信息技术在物流企业中的应用日益广泛。

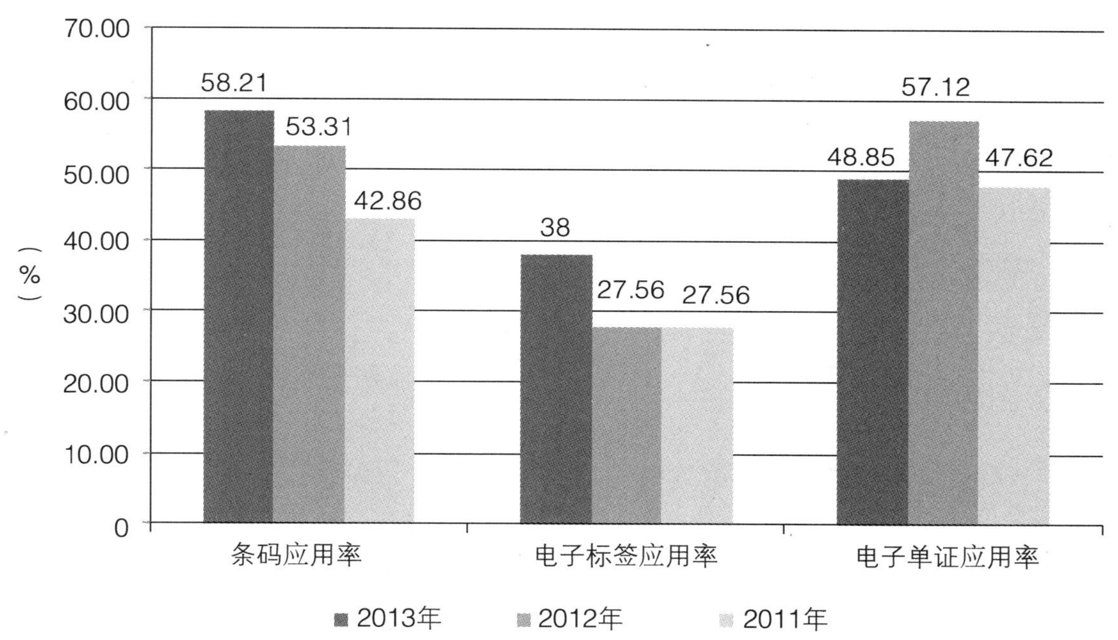

图1　2011—2013年我国物流企业条码、电子标签、电子单证应用率统计

（六）物流软件得到普及应用

图2是样本企业使用CRM、ERP、SCM、PM、WMS、TMS和车辆追踪系统七种物流业务管理软件的占比示意。从图2可以看出，近年来物流软件在企业的应用率逐步提升，应用种类更加丰富，不同软件之间的均衡性更加明显。这说明企业应用物流软件更加注重软件与业务的切合度及与企业未来发展的相关性。

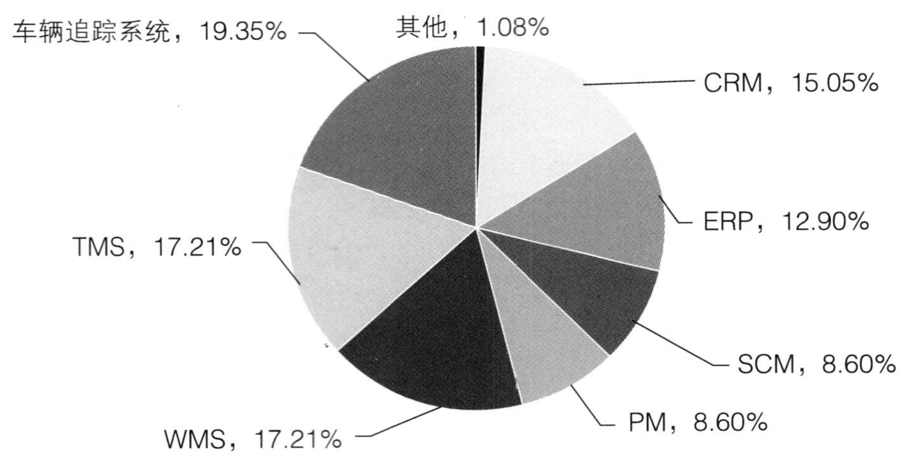

图 2　样本企业应用物流业务管理软件的占比示意

（七）信息交换方式逐渐以信息化交换为主导

图 3 是样本企业 2011—2013 年信息交换方式的统计情况，从图 3 不难看出，以 EDI（电子数据交换）和互联网等为代表的信息化交换方式逐渐成为物流企业与外部主体业务信息交换的主导方式。信息交换方式的改变直接影响着物流业务进行中信息交换速率和准确度的提升。

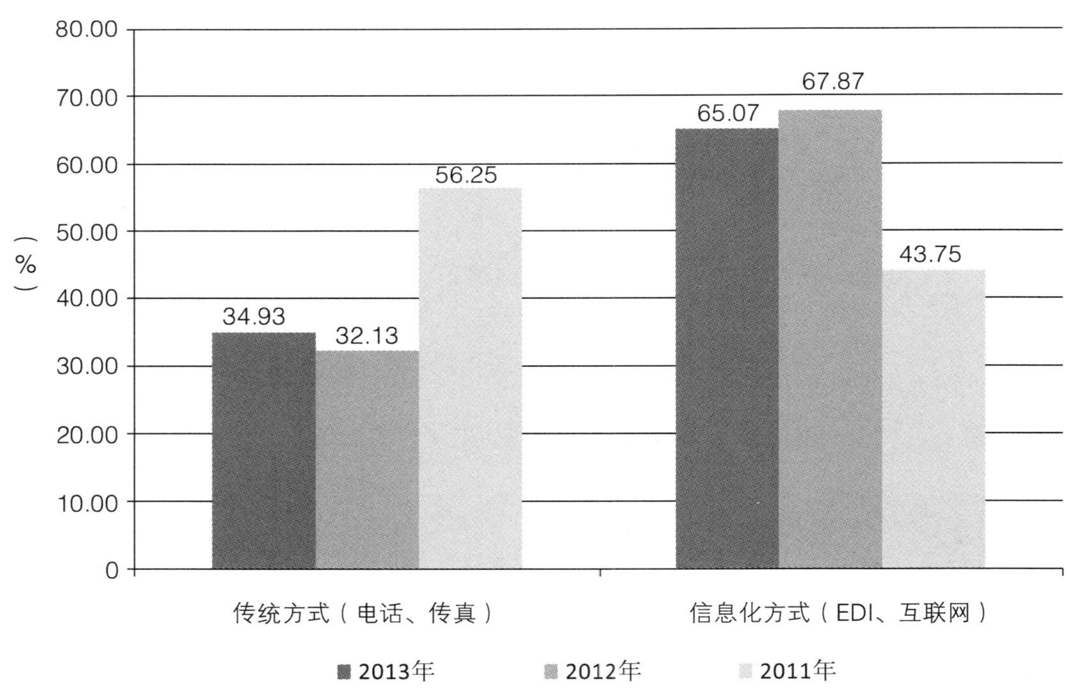

图 3　样本企业 2011—2013 年信息交换方式的统计情况

（八）订单（运单）准时率

在样本企业中，有超过 86.67% 的企业订单（运单）准时率超过 70%，其中企业订单（运单）准时率超过 90% 的企业占比达到 70% 左右。数据表明，随着市场竞争日益激烈，企业仍需继续加大信息化建设力度，以提高订单（运单）准时率，满足客户需求。

（九）车辆追踪水平

在样本企业中，有 87.38% 的企业实现了对自有车辆的追踪，其中，有 61.11% 的企业自有车辆追踪率达到 100%。有 68.46% 的企业实现了对委外车辆的追踪，其中，有 66.67% 的企业对外部车辆的追踪率超过了 50%，26.67% 的企业对外部车辆的追踪率达到了 100%。

（十）全程透明可视化率

在样本企业中，有 63.64% 的企业全程透明可视化程度超过了 50%，有 36.36% 的企业全程透明可视化能力达到 100%。

（十一）物流软件企业的服务形式多元化

调查表明，系统开发与系统集成已成为近年来物流软件服务提供商的重点服务形式，分别占比 47.62% 和 33.33%。其中，独立开发物流软件的软件提供商占比达到 77.78%，与合作企业共同开发物流软件的软件提供商占比为 16.67%。数据表明我国物流软件/系统服务的专业化趋势逐渐增强，模块化、规模化生产逐渐成为物流软件提供商的发展方向之一。

（十二）仓储、运输和库存类管理软件市场普及率较高

图 4 显示了样本企业研发的仓储、运输、客户管理、采购、库存 5 种应用普及率较高的物流信息管理软件的占比情况。从图 4 可以看出，仓储和运输信息管理软件的市场普及率最高，分别占比达 22.73% 和 20.46%。

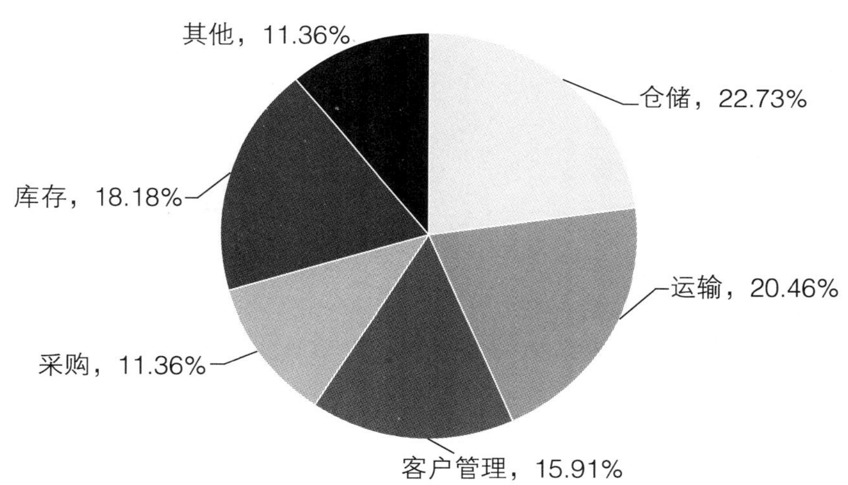

图 4　样本企业研发的软件占比情况

三、物流企业实施信息化案例

以下案例说明物流企业通过实施信息化建设提升了物流效率。

（一）产业物流以流程透明化为基础，通过流程优化和提高管控能力提高效率，并融合增值服务来提升效益

1. 产业物流信息化以流程透明化为基础，通过流程优化和管控来提高物流效率

一汽物流（成都）有限公司通过实施系统信息化管理，改造优化主业务流程，打造了全国最先使用 RFID 射频技术的整车仓储定位管理。以 LVCS（车辆定位仓储管理系统）为载体，整合 SAP－R3（一汽大众生产管理 ERP）的主要功能模块。以满足整车仓储的要求，进行入库不停车库位分配、车辆仓储定位管理和业务人员操作管理的全过程跟踪式信息化物流服务体系。此系统对内为一汽大众 60 万辆仓储发运车提供了信息支持，也为全员绩效考核提供了数据支撑，使入库效率提高了 40%，备车效率提高了 35%。通过此系统的实施，一汽物流（成都）有限公司每日出车量能提高 35%。

广东中烟应用的唯智运输管理系统，利用现代信息技术和物联网技术，以运输业务流程为主线，对公司本部、各卷烟厂、合作生产单位的物流业务进行全面的梳理和优化，在全公司搭建一套集运输计划、运输调度、运输作业、费用管理、服务考评、资源管理、报表管理等功能于一体的专业物流管理系统，通过搭建规范化、集中化的物流业务模型和物流 KPI 指标体系，全面运用信息化手段整合广东中烟成品、原料、物资、配香、零配件、半成品、广告品等运输业务，同时利用系统的灵活性和简便性提升整体工作效率，满足企业物流的全程可视化、关键节点可控化、信息共享化、运作协同化的需要，最终实现烟草物流效益最大化、效率最高化、综合成本最低化的目标。

2. 供应链与电子商务的融合发展是产业物流发展的方向

商康医药网将电商、电销、金融、现代物流四大板块进行有机融合，创造了独具特色的商康模式，为医药电子商务设计了一套 BtoBtoBtoC（生产企业—商康医药网—药品销售企业—亚健康人士）的平价药品批发解决方案，同时结合全洲“11211”工程（垂直医药电商平台＋全洲物流港＋医药终端网络与配送网络＋OEM 工厂＋呼叫中心），形成医药供应链与电子商务有机结合的新业态。医药供应链与医药电子商务的分销整合，充分利用信息技术将电子商务与传统的医药分销产业相结合，通过互联网将上下游合作企业之间的内部局域网进行有效对接，将从生产到销售的整个过程进行有效整合，从而优化供应链环节和物流路径。

电子商务企业结合自身发展状况，通过自建物流、建立联盟、外包服务等多种方式建设自己的物流体系，以使物流成为差异化竞争的利器，而不是发展的瓶颈。宝洁天猫商城物流中心通过实施 FLUX WMS，提高其订单执行的效率和准确率，优化物流中心的订单执行过程，提高仓储拣货配送的速度和执行效率，带来的是客户满意度的稳定提升和物流服务成本的清晰可控，使得物流成为宝洁天猫旗舰店的竞争优势，对于电商行业的发展及正在寻求仓储物流解决方案的诸多电商企业都有很大的借鉴意义。

3. 商业智能技术的应用为产业物流发展的决策提供了依据

开滦国际物流公司随着多年信息化的深入

发展，各软件系统积累了海量的财务数据和物流业务数据资源。如何整合数据并进行深入挖掘，为管理层经营决策提供支持、为经济运行提供分析与预警、为供应链上下游企业共享数据，从而实现相互协同，公司经认真分析，认为建立 BI 领导决策支持系统是必然的选择。通过 BI 领导决策平台的数据挖掘、展现和分析工具，快速获取与关键业绩指标相关的业务数据，从多个层次、多维度对业务数据进行 OLAP（联机分析处理）分析，揭示指标运行质量，有效及时地反映企业运营状况和发展趋势，为集团管理层决策提供准确、及时、全面的信息依据。

江苏飞力达国际物流股份有限公司（以下简称“江苏飞力达”）开发了商业智能平台。首先，通过商业智能平台整合公司分散的货代系统、仓储系统、运输系统、财务系统、人事系统等系统，构建单一视图管理。摆脱传统的手工汇总，多人多口径，进而实现系统自动整合分析，统一口径，统一展现形式，从而减少人为差错，提高了数据准确率。其次，商业智能平台能够构建稳定的战术智能，逐步转向运营智能。战术智能指的是做报表来展示目前公司发生了什么情况，做分析来找发生这些情况的原因，做预测来关注未来将会发生什么情况，运营智能则是做到正在发生什么及希望发生的情况，让事件朝着预想的方向去发展，进而内控优化管理，目标性地快速赢利。再次，商业智能平台推动着江苏飞力达战略使命的转变，即从第三方物流服务演变成第三方物流管理，通过建设该平台，着重将战略指标从财务层面、市场与客户层面、内部流程、学习与成长四个维度进行分解和量化跟踪，解决跟踪过程中发现的问题，优化服务质量的同时形成一套行之有效的管理模式。

（二）向供应链发展是物流公共信息平台的发展方向，融合电子商务使平台充满活力

1. 供应链物流信息平台发展迅速

易网通开放式供应链物流信息平台定义为面向物流服务构架的供应链物流信息平台，其含义包括两方面，一方面为供应链物流服务，即站在供应链物流纵向一体化的角度，实现货物生产、流通、销售关联环节的物流信息及应用整合，另一方面指面向服务构架的开放式接入集成平台应用，通过提供业务和技术上的支持，实现整合区域性供应链物流资源，提升区域物流产业信息化应用层次的目标。

易网通电子网络（深圳）有限公司针对不同的物流链业主提供了相应的基于开放式的供应链物流信息平台应用，惠及深圳关区近千家物流企业的供应链物流横纵向一体化应用。业务涵盖零部件供应、加工制造、第三方物流（仓储、运输、配送）、物流园区、保税区、港口码头等物流价值链企业，包括实施内部及供应链物流一体化业务，例如针对第三方物流企业提供的仓储上、下游企业外包物流业务链信息的集成应用，加工贸易货主企业与海关、货运代理、船公司、港口码头等海关物流业务链信息的集成应用，物流园区仓储与物流租仓企业、终端货主及海关等政府机构的物流管理链的信息集成应用等。该平台在物流行业多个领域的应用已经取得了一定的效应。

国家交通运输物流公共信息平台 1 + 3N 的整体构架及近几年在交换基础网络、标准化软件和外部系统接入方面的建设成果，从三方面解决了互联中存在的问题，帮助供应链公司快速打通物流链信息渠道。以华东医药供应链公司为主的供应链通过枢纽进行互联，让原本传统的供应链实现了信息化互联，通过应用枢纽标准单据和软件，有效管理整个供应链，监管下游物流企业，提高整条供应链效率。通过整合把原来要手动处理的业务流程改为自动化、信息化的业务流程，使供应链公司可以及时了解货物的节点信息，同时加强对承运商的掌握，以及通过 KPI 指数对承运商考核。同时，对承运商而言，大量单据录入工作的减少和单据的及时交换也带来了巨大的好处。

2. 物流电子商务平台是发展趋势

中国外运综合物流业务订单管理系统主要通过互联网服务于仓储、运输、货代等各类综合性物流公司和货主。系统为这些服务对象提供了统一的接单服务窗口，通过线上和线下集中接受货主的物流订单委托，并根据货主的要求，将订单分拆分发给仓储信息系统、运输信息系统、货运代理系统等各作业层面的物流信息系统，同时接收各操作系统的操作状态反馈，并通过与应用门户集成、短信消息服务等方式，为他们提供快捷、透明的“一站式”服务。

新钢铁现货电子交易平台采用自主开发的“新钢 e 资源共享交易系统”，是国内首家采用“云计算”“群概念”“交易圈”“商圈”“交易网络”等的第三代电子商务平台。该平台在实现大宗现货电子交易的同时，又体现出国内独有的两种服务模式：无处不在的企业现货电子交易平台和企业之间的资源共享。新钢铁的服务包括钢铁现货资源在线发布、资源共享、现货在线交易、钢铁加工服务代理、钢铁物流配送服务代理、在线支付与信用管理、钢铁企业专业信息化建设、专业钢铁行业 ERP 软件产品提供、电子商务人才培养与研究等以钢铁行业为基础的全供应链服务与运营。新钢铁现货电子交易平台解决方案的推出有利于我国钢铁流通市场体制的长远发展，通过对信息流、资金流、商流和物流的资源整合，平台实现了消费终端与产品供应端的无缝对接，减少了流通环节，合理配置产业链资源，实现了对钢铁供应链提供物流（连锁仓库、运输、加工、配送）、信息化（软、硬件服务、电子商务）、融资担保三位一体化的服务，引领钢铁产业向现代化转型升级。

3. 云服务在物流信息平台的应用越来越广泛

大西南物流云服务平台是通过互联网络、物联网和云计算技术及其他信息系统建立起来的智慧型服务平台。立足物流行业，面向多个领域提供供需信息服务。具有“公共、公益、公信”的特性，又具有物联网独特的商业模式。建设大西南物流云服务平台，可促进企业服务竞合、资源整合和业务融合，推动“专业市场 + 现代物流 + 电子商务”一体化模式的发展。有利于打造产业链，延伸供应链，提升价值链，做好增值链。另外，大西南物流云服务平台可以通过信息流把握业务流，通过“信息流 + 业务流”融合“人流 + 商流 + 物流 + 资金流”，从而构建成怀化与大西南区域“供需、增值、一站式”的智慧型服务平台。有利于推动两型社会建设，推动经济发展方式转变和加快农村与城市数字化建设，实现信息化与智慧化服务。最终实现社会效益、经济效益和生态效益齐存并进。

基于北斗技术的电商快递运输过程透明管理云服务平台是易流专门针对电商快递企业的物流运输环节而搭建的物流信息化管理系统，该系统通过应用“运输过程透明管理”的现代物流管理理念，旨在为传统物流行业提供一个全新的物流管理操作方法。系统通过现代信息技术手段，把物流运输过程中的“人、车、货”信息展现在互联网上，做到运输过程信息的“实时、在线、透明、可控”，真正做到优化物流运输过程，提高物流运输效率的目的。

（三）云平台等新技术推动物流信息化的快速发展

在云平台上，所有的物流公司、代理服务商、设备制造商、行业协会、管理机构、行业媒体，法律结构等都集中云整合成资源池，各个资源相互展示和互动，按需交流，达成意向，从而降低成本，提高效率。

通过对物流行业各方面基础需求的分析，以及对现阶段国内物流行业信息化现状的把握，可以把物流云计算服务平台划分为物流公共信息平台、物流管理平台和物流园区管理平台三个部分。这三个部分有各自适合的作用层面，物流公共信息平台针对客户服务层，它拥有强大的信息获取能力；物流管理平台针对用户作业层，它可以大幅度提高物流及其相关企业的工作效率，甚至可以拓展更大范围的业务领域；物流园区管理平台针对决策管理层，它可以帮助物流枢纽中心、物流园区等管理辖区内的入驻企业，帮助它们进行规划和布局。

（四）物流信息化是电子商务的必然要求

从阿里的"菜鸟"网络到苏宁的物流云平台再到京东的自建物流体系，不难看出，电子商务的竞争就是物流的竞争，也就是物流信息化应用效果的竞争。电子商务通过信息技术可以方便迅速地收集和处理大量信息，使供应商、制造商、销售商、客户及时得到准确的数据，制订切实可行的需求、生产和供货、销售计划。建立电子商务体系，物流需要及时处理信息、跟踪客户订单执行、进行有效的采购管理、存货控制及物流配送等系统服务，促进供应链向动态的、柔性的、虚拟的、全球网络化的方向发展，提高物流的持续竞争优势。

（五）大数据挖掘技术极大地提升了物流信息化的发展水平

互联网数据中心发布的《中国大数据技术与服务市场2012—2016年预测与分析》显示，大数据的市场规模将于2016年增长到6.17亿美元，复合增长率将达到51.4%，市场规模将增长近7倍。2013年2月5日，国务院出台了《推进物联网有序健康发展的指导意见》，从政策层面正式把大数据纳入物联网产业领域。大数据时代，数据已经变成比肩人、财、物的战略资源，如何管理及应用这种资源是每个政府部门和企业都要学习的新技能。

经过多年的发展，物流企业都积累了海量的财务数据和物流业务数据资源，同时还有上下游企业的共享数据。如果物流企业希望通过整合数据并进行深入的数据挖掘，为领导经营决策提供支持、为经济运行提供分析与预警、为供应链上下游企业共享数据从而实现相互协同，就要对杂乱无章的原始数据进行分类整理，运用数据挖掘技术分析我们需要的信息，为领导经营决策提供依据，切实提升我国物流信息化发展水平。

（晏庆华　中国物流与采购联合会网络事业部）

2013 年中国物流标准化

一、标准制修订与研究工作

（一）标准制修订情况

1. 新立项标准

2013 年经国家标准委批准立项，由全国物流标准委归口管理的国家标准共计 7 项。其中，6 项标准为制定标准项目，1 项标准为修订标准项目。具体情况如表 1 所示。

表 1　2013 年国家标准委批准立项的国家标准计划项目

序号	计划编号	项目名称	标准性质	制修订
1	20130297 –T –469	铁矿石仓储服务规范	推荐	制定
2	20132698 –T –469	煤炭仓储服务规范	推荐	制定
3	20132699 –T –469	煤炭仓储设施设备配置与运营基本要求	推荐	制定
4	20132700 –T –469	棉花仓储服务规范	推荐	制定
5	20132701 –T –469	棉花运输服务规范	推荐	制定
6	20132702 –T –469	汽车整车出口物流标识规范	推荐	制定
7	20132703 –T –469	物流园区分类与基本要求	推荐	修订

2013 年经国家发展改革委批准立项，由中国物流与采购联合会提出、全国物流标准化技术委员会归口管理的行业标准共计 11 项。其中，7 项为制定标准项目，4 项为修订标准项目。具体情况如表 2 所示。

表 2　　2013 年国家发改委批准立项的行业标准计划项目

序号	标准项目名称	制修订	标准性质
1	浓缩果汁（果酱）物流箱通用技术要求和试验方法	制定	推荐
2	制冷压缩机可循环共用物流包装通用技术要求及试验方法	制定	推荐
3	家电零部件物流周转箱规格尺寸及技术要求	制定	推荐
4	货运车管从业资质	制定	推荐
5	冷链物流从业人员职业资质	制定	推荐
6	酒产品物流信息追溯管理要求	制定	推荐
7	非危险货物复合式塑料中型散装容器	制定	推荐
8	乘用车物流质损判定及处理规范	修订	推荐
9	乘用车运输服务规范	修订	推荐
10	乘用车水路运输服务规范	修订	推荐
11	乘用车仓储服务规范	修订	推荐

上述新立项的国家标准和行业标准将在 2015 年前完成。

2. 新发布标准

从 2011 年开始至 2013 年，全国物流标准化技术委员会连续三年对我国已发布的物流国家标准、行业标准、地方标准进行收集整理，截至 2013 年年底，已发布的现行有效物流相关标准共计 798 项，其中由全国物流标准化技术委员会提出并归口管理的标准 74 项。2013 年我国发布新标准情况如下：2013 年 12 月 31 日，经国家标准委批准、由全国物流标准化技术委员会提出并归口管理的 8 项物流国家标准正式发布（见表 3），这些标准将于 2014 年 7 月 1 日开始实施。目前这 8 项物流国家标准均已正式出版发行。

表 3　　2013 年新发布的物流国家标准

序号	标准号	标准名称	发布日期	实施日期
1	GB/T 19680—2013	物流企业分类与评估指标	2013－12－31	2014－7－1，代替标准 GB/T 19680—2005
2	GB/T 30331—2013	仓储绩效指标体系	2013－12－31	2014－7－1
3	GB/T 30332—2013	仓单要素与格式规范	2013－12－31	2014－7－1

续 表

序号	标准号	标准名称	发布日期	实施日期
4	GB/T 30333—2013	物流服务合同准则	2013－12－31	2014－7－1
5	GB/T 30334—2013	物流园区服务规范及评估指标	2013－12－31	2014－7－1
6	GB/T 30335—2013	药品物流服务规范	2013－12－31	2014－7－1
7	GB/T 30336—2013	物流景气指数统计指标体系	2013－12－31	2014－7－1
8	GB/T 30337—2013	物流园区统计指标体系	2013－12－31	2014－7－1

在上述8项物流标准中，有5项为国家标准委发布的《全国物流专项规划》中列入专项规划的重点标准项目。8项新发布的物流国家标准的主要内容简要介绍如下。

（1）《物流企业分类与评估指标》（GB/T 19680—2013）。本标准是2005年3月23日正式发布，并于同年5月1日正式实施的国家标准。标准规定了物流企业的分类原则、物流企业类型与评估指标，适用于物流企业的界定、分类与评估，也适用于物流企业的规范与管理。标准自颁布实施以来，通过中国物流与采购联合会的A级物流企业综合评估工作得到了全面贯彻实施。伴随着A级物流企业评估工作的持续有序推进，对物流产业和物流企业健康发展的指导作用日益显著，正在成为社会各界了解和评判一个物流企业的重要依据。随着经济和社会的发展，原标准中的评估指标体系也出现了一些新问题，存在着落后于实际发展、界定的范围过于局限等情况。为了便于更加科学有效地开展物流企业分类评估工作，使之为我国物流产业和国民经济的发展服务，中国物流与采购联合会于2008年向国家标准化管理委员会提出标准的修订申请，并于2009年经国家标准化管理委员会批准，列入2009年第一批国家标准制修订计划。

本标准修订的基本原则主要是依据现阶段物流企业发展的现状和未来发展趋势，结合当前物流行业的发展环境，以及社会、经济发展对物流企业提出的新要求，以物流企业的客观实际为基础，在继续保持现行国家标准的大框架和大类别的基础上，在细节及具体操作流程上以微调为总原则，导向为辅，进行调整和补充解释说明。为了使新旧标准能够有效衔接，物流企业评估工作能够持续合理地推进，中国物流与采购联合会目前正在依据新标准制定相关的实施细则。

（2）《仓储绩效指标体系》（GB/T 30331—2013）。本标准是由全国物流标准化技术委员会提出并归口，经国家标准化管理委员会批准，列入2010年国家标准制订计划的国家标准项目。标准规定了仓储活动绩效管理中仓储绩效指标体系设立的基本原则、仓储绩效指标体系、可测量的关键绩效指标（KPI）及绩效评价方式，适用于仓储经营活动的绩效评价。服务与绩效是企业管理的两大重要方面，服务质量关系企业的形象与声誉、客户对企业的认可，作业绩效与经济效益是企业自身发展的根本，二者相互关联、相互影响，本标准将与《仓储服务质量要求》（GB/T 21071—2007）国家标准形成配套标准，为仓储企业提升服务质量、提高效益提供技术支撑。

（3）《仓单要素与格式规范》（GB/T 30332—2013）。本标准是由全国物流标准化技术委员会提出并归口经国家标准化管理委员会批准列入 2010 年国家标准制修订计划的项目。标准规定了仓单类型、要素、印制与填写要求，适用于仓储活动中使用的普通仓单，质押融资业务、期货交易中的可流转仓单等。

仓单是仓储保管人对存货人所交付的仓储物品进行验收之后出具的权利凭证。我国 1995 年修订的《中华人民共和国担保法》首次出现“仓单”概念，实际仓储服务业务中至今沿用“入库单”与“出库单”。随着我国国民经济与物流产业的快速发展，产生期货交易与动产质押融资后，“仓单”才在这两个领域普遍使用，但至今没有专门的仓单标准。由于法律概念与实际单据脱节，且没有仓单标准，直接影响仓储服务与质押监管业务的规范发展。本标准的制定对于促进我国现代仓储业及其与商品交易、金融和资本交易等市场的健康发展，保障相关各方的合法权益，维护社会经济秩序，具有重要意义。

（4）《物流服务合同准则》（GB/T 30333—2013）。本标准是由全国物流标准化技术委员会提出并归口，经国家标准化管理委员会批准列入 2010 年国家标准制修订计划的项目。本标准规定了物流服务合同的基本要求、条文编排和主要内容，规定了物流服务合同的基本构成要素、物流服务内容的条款设计、物品验收内容、费用与结算表述、违约条款设计、不可抗力处理及保险的约定等物流服务合同的各主要方面和关键事项，适用于企业编写，包括运输、储存、装卸、搬运、包装、流通加工、配送、信息处理及方案设计和规划等主要的物流服务合同文件。

第三方物流从产业特征上决定了物流服务的开展过程涉及更多的利益相关方，不仅是物品的供方、需方、物流服务提供方，还常常牵涉具体运作过程中更多环节上的相关方，物流服务合同作为体现物流服务各当事方的权利义务关系的协议，约束了物流服务契约关系设立、变更、终止的全部内容，是处理物流服务民事关系中一切事宜的依据，一个科学合理的物流服务合同才能更好地保护合同各当事人的合法利益，并在意外情况下提供明确的解决方案以避免纠纷。而目前在物流服务过程中出现纠纷，并在纠纷发生后无法根据合同准确划分责任及相关赔偿，对纠纷解决不力，其中一个很重要的原因归结为物流服务合同标的描述不准确、内容约定不完整、履行条款不完善、责权表述不清晰、意思表达不明确等。本标准的发布对于规范物流服务合同行为，减少物流服务过程中的法律纠纷和由此产生的损失，保护物流服务合同相关方合法权利，从而进一步规范我国物流市场，创造良好的市场竞争环境，引导物流行业的健康有序发展具有重要意义。

（5）《物流园区服务规范及评估指标》（GB/T 30334—2013）。本标准是由全国物流标准化技术委员会提出并归口，经国家标准化管理委员会批准列入 2009 年国家标准制修订计划中的项目。本标准主要规定了物流园区的基本要求、服务保障要求和服务提供要求，给出了物流园区的评估指标，本标准与《物流园区分类与基本要求》（GB/T 21334—2008）、《物流园区统计指标体系》（GB/T 30337—2013）两项国家标准形成物流园区的系列标准，适用于对物流园区的服务与管理。

当前，我国物流园区的发展正处于初级阶段，物流园区的规划、建设和运作尚未形成理想的成熟模式，一些物流园区正在开始发挥集中基础设施、集聚物流资源、集约物流业务的作用，提高了物流运作的组织化和社会化程度，但是，在用物流园区的物流服务水平不高、运行效率低下、运营成本高等问题也较为突出。物流园区的规范运营需要政府部门的引导、行业组织的自律和物流园区自身的科学管理，标准制定的目的在于为政府部门、行业组织和园区自身提供一种科学导向、规范运营和提升服务的可测量工具，通过本标准的实施来推进我国物流园区的规划、建设和运作的规范化进程，促进物流园区发挥"集中基础设施、集聚物流资源、集约物流业务"的社会功能。

（6）《药品物流服务规范》（GB/T 30335—2013）。本标准是由全国物流标准化技术委员会提出并归口，经国家标准化管理委员会批准列入2009年国家标准制修订计划的国家标准项目。本标准规定了药品物流服务的基本要求，仓储、运输、配送、装卸搬运、货物交接、信息服务等作业要求，以及风险控制、投诉处理、物流服务质量的主要评价指标，适用于药品流通过程中的药品物流服务。药品生产过程中涉及的药品物流服务亦可参照执行。

随着社会经济的快速发展和人民健康意识的日益提升，药品流通行业获得了长足发展，市场规模持续扩大，发展水平逐年提升，社会作用不断增强。但是，由于长期实行以药补医体制，以及准入门槛较低、行业规划管理欠缺、市场竞争不充分等因素，导致药品流通行业流通组织化、现代化水平较低，现代医药物流发展相对滞后，管理水平、流通效率和物流成本与发达国家相比存在很大差距等问题。2012卫生部审议通过了《药品经营质量管理规范》（以下简称《规范》），并于2013年6月1日起正式施行，《规范》是药品经营管理和质量控制的基本准则，要求企业应在药品采购、储存、销售、运输等环节采取有效的质量控制措施，确保药品质量，《药品物流服务规范》国家标准充分参考了新修订《规范》，是对《规范》要求的补充和细化。

（7）《物流景气指数统计指标体系》（GB/T 30336—2013）。本标准是由全国物流标准化技术委员会提出，经国家标准化管理委员会批准列入2010年国家标准制修订计划的项目。本标准规定了物流景气指数统计指标体系的概念、基本原则及体系框架，给出了物流景气指数统计指标的内涵及指数计算方法，适用于全国、区域、行业的物流运行统计监测和预警。本标准为我国物流景气指数调查和编制提供技术支撑和工作规范，为科学地反映物流业整体运行状况、发展趋势、周期性特征，实现对物流行业发展及对经济运行状况的定量判断、动态监测和预测预警，从而为推动我国物流统计工作更好地适应我国现代物流业发展和与国际接轨提供技术保障。

（8）《物流园区统计指标体系》（GB/T 30337—2013）。本标准是由全国物流标准化技术委员会提出并归口，经国家标准化管理委员会批准列入2010年国家标准制修订计划的项目。本标准规定了物流园区统计指标体系设计基本原则与体系框架，以及物流园区运营基础类指标和运营状况类指标的构成，适用于各类物流园区经济活动的统计和管理。通过对物流园区统计指标体系进行规定，为我国物流园区的统计提供技术支撑，使统计数据能全面、客观地反映我国物流园区的运行特点和经营效益，使各地区、各部门的物流园区统计工作进一步规范，从而更好地支持物流园区的管理，促进我国现代物流业的发展。

3. 2013年已报批和通过审查的标准

2013年，由全国物流标准化技术委员会提出并归口的15项标准中，已向国家标准委报批的国家标准项目有11项，经全国物流标准化技术委员会组织专家审查通过的国家标准项目有4项（见表4）。这15项标准中，有11项为国家标准委发布的《全国物流专项规划》中列入专项规划的重点标准项目。

表4　2013年已报批和通过审查的标准项目

序号	标准计划编号	标准名称	完成情况
1	20061424 –T –469	联运通用平托盘 性能要求	已报批
2	20061425 –T –469	联运通用平托盘 试验方法	已报批
3	20080042 –T –469	人造纤维车载物固定装置	已报批
4	20091369 –T –469	汽车物流服务评价指标	已报批
5	20091370 –T –469	汽车整车物流质损风险监控要求	已报批
6	20100333 –T –469	低温仓储作业规范	已报批
7	20100340 –T –469	模压平托盘	已报批
8	20100342 –T –469	木质平托盘	已报批
9	20100343 –T –469	汽车物流术语	已报批
10	20100345 –T –469	汽车零部件物流 塑料周转箱尺寸系列及技术要求	已报批
11	20100348 –T –469	塑料箱式托盘	已报批
12	20091371 –T –469	水产品冷链物流服务规范	审查通过
13	20100330 –T –469	仓储货架使用规范	审查通过
14	20100336 –T –469	阁楼式货架	审查通过
15	20100361 –T –469	自动化立体仓库安装、维护与保养	审查通过

2013年，全国物流标准化技术委员会重点开展了专业物流领域统计、物流单证、托盘共用、化工物流、钢铁与钢筋加工配送物流、家电物流、粮食物流，以及药品、餐饮冷链物流等标准的研制工作。有46项国家标准和23项行业标准正在制定，这些标准计划于2014年至2015年完成。

（二）标准基础性研究

近年来，专业类的物流标准研究取得了一定突破，从2009年开始，中国物流与采购联合会相继承担了国家质监总局的“冷链物流等重点物流领域关键技术研究”（200910254）和“家电物流等重点物流领域关键技术研究”（201010242），研究的关键技术标准涵盖了冷链物流、汽车物流、医药物流、家电物流、钢铁物流、化工产品物流、应急物流等重点的专业领域物流，也包括了物流单证、物流统计、托盘共用系统等基础性、公共性的关键技术标准研究。通过课题的研究，建立了专业物流的子标准体系，梳理了物流领域的标准化问题，并完成了40多项关键技术标准的研制。

2013年，重点开展了煤炭、铁矿石等重要矿产品、棉花和粮食等大宗资源性产品的物流标准现状的调研和标准的研制工作，通过研究完成了8项国家标准的草案，提出了今后4个专业领域的物流标准工作重点。大宗资源性产品的生产流通是一个复杂的过程，其全过程都涉及物流活动，但我国目前还没有关于这些产品的科学、合理、完善的物流规范，因此，在这些产品的生产流通过程中引入物流标准化思想，建立服务规范对提高物流环节的服务质量，促进该产业的可持续发展具有重要意义。

二、标准实施情况

（一）物流企业评估

中国物流与采购联合会依据国家标准《物流企业分类与评估指标》（GB/T 19680—2005）开展标准的实施贯彻工作，截至2013年年底，参与评估的企业达到近3000家。企业通过评估活动，提高自身的核心竞争力，行业通过评估活动发现和培育了一大批标杆企业，这些企业成为了我国物流企业的典范。随着各省市地方参与评估的企业数量和质量的不断增加和提升，形成了占区域内产业主导地位的物流产业集群，从而引领和带动了区域的物流产业规范、健康发展，标准的实施与企业、行业的发展形成了良性循环。更有一些大的集团企业开始通过参与评估，通过标准来规范旗下的分子公司。2013年随着铁路货运组织的改革，铁路企业开始面对改革带来的市场竞争、业务创新、经营拓展等新的挑战，一些铁路局如上海铁路局等原先的管理机构开始参加到评估中来，通过标准与评估活动来梳理企业的经营、管理综合服务体系，提高自身的服务能力。

（二）专业领域的标准化活动

2013年，全国物流标委会与中国物流与采购联合会冷链物流专业委员会一起对已正式实施的《药品冷链物流运作规范》《冷链物流分类与基本要求》《食品冷链物流温度追溯管理要求》三项国标进行多次宣贯，中国物流与采购联合会冷链物流专业委员会在其所有会议中开设标准分论坛，特别是在国际冷链物流峰会中举办国际标准交流会，推动我国冷链标准逐渐与国际接轨。

中物联托盘专业委员会积极开展新国标的宣贯工作，通过每月一期的《中国托盘信息》媒体信息发布的方式进行托盘标准的解读，在行业会议上进行标准宣传。通过参加国家商务部、国家标准委的托托共用试点建设，共同推进我国托盘共用系统的建立和发展，提高标准托盘的市场占有率，推动物流标准化和现代化水平。

2013年，中物联汽车物流分会应汽车物流会员企业的需求，为推动相关企业间标准的一致性形成企业联盟标准，与汽车物流领域的包装服务商共同发起“中国汽车零部件物流标准化推进”的倡议。依据国家标准开展了汽车零部件物流KPI对标活动，根据统计结果，树立了行业标杆企业。

这些专业领域的标准化活动，将标准与专业领域内的活动相结合，既增强了企业对标准的认识，带动企业运用标准化管理手段提高核心竞争力，同时也带动了行业的有序发展。

三、物流标准化发展新思路

2013年，国家标准化管理委员会提出要进一步深化标准化体制改革，充分发挥市场和社会的作用，对于不涉及公共利益的标准，实现从“以政府为中心，以政策为导向”向“以市场为中心，以需求为导向”的转变新思路。

按照新思路，标准工作开始探索转型升级。一方面，开展标准化体制与机制、标准制修订与实施效果评估；另一方面，进行专题调查研究。调研面向物流的相关管理部门和协会、物流企业、科研机构、大专院所，以发放调查问卷的形式进行。调查内容包括现行标准化的体制和机制、标准的需求、标准的制修订管理、标准的宣传贯彻、标准的实施反馈、企业标准化建设、行业企业对协会标准的需求，以及美国、德国、日本、韩国等国家的标准化工作模式，对我国物流标准化工作的启示。根据调研结果归纳提出了目前标准化工作存在的问题及对策。

第一，从体制和机制等深层次来看，我国的标准品种单一，且均是以国家标准化管理部门或行业主管部门等政府部门为主导制定发布的标准（包括国家标准、行业标准、地方标准），这种机制下发布的大量推荐性标准，一是缺乏竞争力；二是标准化管理部门、标准制定机构和标准应用主体之间的责、权、利不平衡，无法建立起有效的激励、约束与改进机制；三是现有标准体系的条块分割难以形成跨行业、跨领域，与市场需求相结合的综合标准；四是存在工作效率低、技术适应性滞后等缺陷，严重影响标准的实效性与先进性。

未来的标准化发展方向：政府标准将向涉及安全、节能环保等国家强制性标准和涉及基础性、公共利益性的公共标准发展，让政府标准与政府的监管相结合。推荐性标准解决的是某一行业、专业领域的效益和利益的协调一致，是通过市场机制来调节的，是建立在市场经济基础上的一种自律行为，因此推荐性标准的制修订及管理逐步走向通过协会或非政府组织等协调主体来主导，通过协会或非政府组织来协同局部利益、维护企业利益，这也使未来行业协会和非政府组织真正能发展行业的引导和反作用作用。

第二，从标准的制定来看，来自汽车物流、冷链物流、铁路运输企业三大专业领域的企业认为，标准制修订存在的问题主要有三点：一是现有的标准不适用、缺乏可操作性、标准要求过低；二是标准的制定周期过长，发布的标准落后于行业发展；三是没有适用的标准等问题。再深层的分析也与我们制定的标准层级有关，目前的物流标准中国家标准多于行业标准，定性的标准、大而全的标准过多，针对专业领域的专业物流标准少，而物流本身是服务业，个性化服务和增值服务是物流服务的特点，制定专业领域的、针对具体活动的、解决行业共同关注热点问题的标准应是今后提高标准实施效果的一个重要方向。

第三，从标准的实施情况来看，缺乏实施标准的专业人才、不知标准如何在企业实施，和缺乏配套的监管和管理手段用与不用没有差别、对企业扩大市场没有实际作用两方面的问题比较突出。所以标准的实施与贯彻要分层次、分类别，采用不同的手段来开展标准化的应用工作，将标准化的实施贯彻工作真正通过政府监管、行业协会发展和专业服务、企业的实际需求相结合，才能使标准更有生命力。

（中国物流与采购联合会物流标准委员会）

2013 年中国物流与供应链领域科技文献发表情况

本文通过对 SCI、EI、SSCI 等 11 个检索数据库 2013 年国内外物流与供应链相关文献的发表情况进行统计，并与 2012 年的相关数据进行对比，得出 2013 年国内外在物流与供应链领域的科技研究情况。对比数据显示，2013 年国内外物流与供应链领域科技文献数量总体平稳，但在部分数据库中呈减少趋势，我国的物流科研水平与国外物流业发达国家之间的差距正在不断缩小。

一、2012—2013 年相关文献数据库中文献和项目情况统计

以下数据均系 2014 年 6 月 30 日检索所得，检索范围为 2012—2013 年所发表的物流与供应链相关科技文献。根据检索条件，汇总 SCI - E、EI、SSCI 等数据库的相关信息得出的结果如表 1 所示。

表 1　2012—2013 年相关文献数据库中物流与供应链领域相关科技文献和项目统计

数据库名称	2012 年相关文献数量（篇）	2013 年相关文献数量（篇）	同比增长（%）
SCI	1089	1267	16.34
EI	6783	7036	3.7
SSCI	742	745	0.4
自然基金网	117	128	9.4
国家哲学社会科学规划办公室	8	17	112.5
中国高校人文社会科学信息网	83	59	-28.9
中国学术期刊网络出版总库	4128	4276	3.6

续 表

数据库名称	2012 年相关文献数量（篇）	2013 年相关文献数量（篇）	同比增长（%）
中国优秀硕士学位文献全文数据库	1111	830	-33.9
中国博士学位文献全文数据库	83	59	-40.7
中国重要报纸全文数据库	2488	3636	46.1
中国重要会议文献全文数据库	117	98	-19.4

二、SCI 文献库统计分析

（一）检索条件

在 Web of Science 数据库中，以“logistics”或“supply chain”为检索条件，以标题为检索范围，勾选 SCI－E 数据库，得到 2012 年和 2013 年的 SCI 文献收录情况。其中，2013 年 SCI 文献为 1267 篇，比 2012 年的 1089 篇增长了 16.35 个百分点，这一增长率比 2012 年的增长率有明显上升。检索统计表明 2012 年和 2013 年文献中用英文撰写的比例分别为 96.88% 和 97.16%。可见，物流相关学者及科研人员（母语非英语）的英文实力已达到一个很高的水平，这为物流的学术研究提供了一个国际化的交流平台，为各国物流业在世界范围内互相交流、共同发展打下了坚实基础。

（二）作者单位及地区

2013 年文献发表数量最多的机构是香港理工大学（25 篇），其发表数量小幅度超过第二名加利福尼亚大学（20 篇），第三名是印度理工学院（15 篇），第四名是宾夕法尼亚州高等教育联邦制大学（Pennsylvania Commonwealth System of Higher Education Pcshe）（15 篇），第五名是中原大学（14 篇），并列第六名的是中国科学院（13 篇）、佛罗里达州立大学（13 篇）和台湾大学（13 篇）。同时，其他国内大学也拥有可观的文献输出，说明国内大学对于物流领域的科研项目投入有所增加，可量化成果丰硕，对推动国内物流业的发展起到了积极作用。2012—2013 年 SCI 数据库中文献发表数量前十位数据统计如表 2 所示。

从表 2 中可以看出，近两年美国依然在物流研究领域独占鳌头，其文献发表数量在 SCI 中占据了近 1/4 的比重。中国在排名上仅次于美国，文献发表数量以几倍优势多于排名相对靠后的国家/地区，走在了物流科研的最前端。2013 年与 2012 年相比，中国发表的文献数量增长率高达 21.20%，与处于领先地位的美国相比差距也不断缩小，2013 年中国发表文献的数量占比与美国仅差 2.76 个百分点，而这一差距在 2012 年为 5.514 个百分点。由此可见，中国近两年在物流研究领域的发展较快，这也间接反映了中国物流行业发展态势的蓬勃兴盛，其规模、速度、质量、模式都出现了跨越式的增长，对中国成为世界第二大经济体发挥了重要的支撑作用。另外，物流业作为服务业的重要一环，也得到了政府和社会的高度关注。随着国务院有关物流业“国八条”及“十二五”针对物联网等政策的进一步落实，依托互联网和信息技术的快速发展和物流配套设备的不断完善，中国物流业的信息化和现代化水平一定会得到进一步提高。物流产业结构也逐步从以简单的仓储、运输为主，转向更多、更全面的物流过程管理、物流信息管理及物流系统设计等，新兴的第三方物流企业亦会迅速崛起。此外，中国作为世界第一大发展中国家，其强烈的社会责任感使得国内物流业需要在绿色物流、逆向物流方面做出努力，由此催生的学术研究也会进一步深入。

表2　2012—2013年SCI数据库中文献发表数量前十位数据统计

排序	2012年			2013年		
	国家和地区	文献数量（篇）	占比（%）	国家和地区	文献数量（篇）	占比（%）
1	美国	267	24.52	美国	312	23.96
2	中国	200	18.37	中国	276	21.20
3	中国台湾地区	69	6.34	英国	87	6.68
4	加拿大	65	5.97	中国台湾地区	78	5.99
5	德国	56	5.14	加拿大	70	5.38
6	印度	55	5.05	德国	70	5.38
7	英国	50	4.59	印度	61	4.69
8	伊朗	47	4.32	伊朗	60	4.61
9	伊朗	36	3.533	西班牙	46	4.299
10	法国	32	3.140	意大利	42	3.925

（三）发表期刊分布

SCI在2013年发表的文献中，收录最多的来自期刊《国际生产经济学杂志》（International Journal of Production Economics），共82篇，占文献总数的7.946%。收录了来自《国际生产研究杂志》（International Journal of Production Research）的相关文献67篇，占文献总数的6.492%，位居第二。排名第三的是期刊《国际先进制造技术杂志》（International Journal of Advanced Manufacturing Technology），共收录了31篇，占文献总数的3.004%。另外，收录量超过20篇的期刊还有《欧洲运筹学》（European Journal of Operational Research）、《工程数学问题》（Mathematical Problems In Engineering）、《计算机与工业》（Computers Industrial Engineering）、《清洁器生产杂志》（Journal of Cleaner Production）、《应用数学模拟》（Applied Mathematical Modeling）和《生产进度控制》（Production Planning Control）。

三、EI 文献库统计分析

（一）检索条件

在 Ei Village 中以“logistic”或“supply chain”为关键字，以“Subject/Title/Abstract”为检索项，检索 2013 年的文献发表情况，共检索到 7036 篇文献资料，其中，中国有 2204 篇，位居第一；美国有 1340 篇，位居第二；德国有 359 篇，位居第三（见表3）。与前几年相比，中国依然保持一种在物流科研上的高度热情，文献发表量近几年一直保持在第一名，并与第二名的美国保持有比较大的距离，这在一定程度上能够反映中国对物流这个新兴产业的高度重视，并且在物流领域内有了属于自己的权威。

表 3　　2013 年 EI 文献库各国发表关于物流和供应链文献数量统计

排序	国家名称	关于物流和供应链的文献数量（篇）
1	中国	2204
2	美国	1340
3	德国	359
4	英国	349
5	法国	242

以关键字“logistic”或“supply chain”并且作者地区为“China”为检索条件，以“Subject/Title/Abstract”为检索项，时间跨度为 2012—2013 年进行检索，检索到文献 2204 篇。表 4 为 2012 年与 2013 年 EI 文献库中中国作者文献发表情况的对比，从这些数据可以看出，中国的物流产业发展日趋完善，不断升级，一些初期初级的研究文献已经饱和，需要向更高级的层面进军，文献研究也是逐渐从量向质改变。

表 4　　2012 年和 2013 年 EI 文献库中中国作者文献发表情况对比

年份	EI 中的文献数量（篇）	中国作者的文献数量（篇）	占比（%）
2012	6783	2063	30. 41
2013	7036	2204	31. 32

（二）作者单位及地区

分析 2013 年的各大高校文献数量可知，北京交通大学经济管理学院排名第一，共发表了 43 篇文献；第二名是北京交通大学交通运输学院，共发表了 38 篇；第三名是华中科技大学管理学院，共发表了 27 篇。与 2012 年对比可知，中国各高校的物流科研水平逐渐相近，文献篇数差距逐渐缩小，分布更加均匀（见表 5）。

表 5　　2012—2013 年 EI 文献库中物流相关文献发表数量统计

排名	2012 年		2013 年	
	作者单位	文献数量（篇）	作者单位	文献数量（篇）
1	西南交通大学物流运输学院	43	北京交通大学经济管理学院	43
2	华中科技大学管理学院 香港理工大学工程学院	23	北京交通大学交通运输学院	38
3	北京交通大学交通运输学院	17	华中科技大学管理学院	27
4	华南理工大学工商管理学院	16	西南交通大学物流交通学院	22
5	电子科技大学经济管理学院	16	武汉科技大学	19
6	东南大学交通学院	13	中国科技大学管理学院	16
7	大连海事大学交通管理学院	13	重庆大学	13
8	四川省综合交通重点实验室	12	华北电力大学经济管理学院	12
9	哈尔滨工业大学管理学院	12	华南理工大学工商管理学院	12
10	重庆大学经济与工商管理学院	11	浙江大学管理学院	12

（三）发表期刊分布

在 EI 文献库 Refine Results 版块的期刊分布中可以发现，2013 年期刊《应用力学和材料学》（Applied Mechanics And Materials）中收录的文献最多，有 356 篇，排名第一；期刊《先进材料研究》（Advanced Materials Research）收录文献 288 篇，排名第二；期刊《国际生产研究杂志》（International Journal of Production Research），收录文献 150 篇，排名第三；期刊《国际生产经济学杂志》（International Journal of Production Economics）收录文献 147 篇，排名第四；期刊《计算机科学丛书》（Lecture Notes In Computer Science）收录文献 129 篇，排名第五（见表 6）。

表 6　　EI 文献库 2013 年期刊收录文献数量统计

排名	期刊名称	文献数量（篇）
1	《应用力学和材料学》Applied Mechanics and Materials	356
2	《先进材料研究》Advanced Materials Research	288
3	《国际生产研究杂志》International Journal of Production Research	150
4	《国际生产经济学杂志》International Journal of Production Economics	147
5	《计算机科学丛书》Lecture Notes In Computer Science	129

四、SSCI 文献库统计分析

（一）检索条件

以 2013 年为检索截止时间，在 SSCI 数据库中以“物流”或“供应链”为关键词进行检索，得到的文献数量为 775 篇，较之 2012 年的 742 篇，同比增长 4.26%。

（二）作者单位及地区

2013 年物流文献发表前五的机构分别是香港理工大学（15 篇）、宾夕法尼亚州高等教育联邦制大学（Pennsylvania Commonwealth System of Higher Education Pcshe）（15 篇）、佛罗里达州立大学（13 篇）、密歇根州立大学（12 篇）、宾夕法尼亚州立大学（12 篇）。对比 SSCI 的统计数据可知，排名第一的香港理工大学不论是在自然科学还是社会科学领域的物流研究成绩都十分突出，展现了其在物流科研方面的雄厚实力，为国内外物流研究起到了模范带头作用。2012—2013 年 SSCI 文献库中物流相关文献发表数量统计如表 7 所示。

从表 7 中可以看出，美国在社会科学领域的物流研究处于龙头地位，中国（内地）、英国、中国台湾地区则处于第二层次。而我国内地 2013 年科研输出势头迅猛，文献数量增长率高达 35%。但总体而言，距离美国还有很大差距。因此，我国仍需进一步提升物流相关技术，调整产业结构，规范行业管理，向世界领先水平靠拢。

表 7　2012—2013 年 SSCI 文献库中物流相关文献发表数量统计

排名	2012 年		2013 年	
	国家和地区	文献数量（篇）	国家和地区	文献数量（篇）
1	美国	241	美国	246
2	中国（内地）	122	中国（内地）	135
3	英国	74	英国	85
4	中国台湾地区	45	中国台湾地区	49
5	德国	40	德国	48
6	加拿大	34	澳大利亚	37
7	荷兰	31	印度	31
8	西班牙	29	荷兰	29
9	瑞典	28	法国	26
10	澳大利亚	27	加拿大	25

（三）发表期刊分布

在 SSCI 文献库中，收录物流相关文献数量超过 20 篇的期刊有：《国际生产经济学杂志》（International Journal of Production Economics），共计收录文献 56 篇，占文献总数量的 7. 226%；《国际生产研究杂志》（International Journal of Production Research）收录文献 40 篇，占文献总数量的 5. 161%；《供应链管理国际期刊》（Supply Chain Management An International Journal）收录文献 36 篇，占文献总数量的 4. 645%；《国际实物分销与物流管理》（International Journal of Physical Distribution Logistics Management），共计收录文献 26 篇，占文献总数量的 3. 355%。

五、中国期刊全文数据库文献统计分析

（一）中国学术期刊网络出版总库文献库

在中国知网（http：//www. edu. cnki. net）收录的数据库中找到中国学术期刊网络出版总库，以“物流”和“供应链”为关键词，并选择中英文扩展检索项进行检索，分别检索 2012 年和 2013 年的文献发表情况，其中一些有代表性的学科涉及物流和供应链相关内容的文献情况如表 8 所示。

检索可得，2013 年中国学术期刊网络出版总库中的相关文献有 4276 篇，而 2012 年同一时期有相关文献 4128 篇，与 2012 年相关刊物出版物流或供应链文献的情况相对比，2013 年有相关文献增加的趋势。

通过检索文献作者及其单位的相关数据得出排名如表 9 所示，由表 9 可知 2013 年各高校物流与供应链相关文献的篇数都比较平均，这说明中国内地高校在这一领域的研究比较一致，这些高质量的文献为活跃中国物流领域的理论研究增添了活力，也为中国发展现代物流奠定了足够的理论基础。其中，上海海事大学以 30 篇的文献数量位居第一名，其后是清华大学 28 篇、华中科技大学 27 篇、天津大学 26 篇、同济大学 25 篇、上海交通大学 23 篇。

表 8　2012—2013 年中国学术期刊网络出版总库不同学科中物流和供应链相关文献数量统计

学科类别	2013 年相关文献数量（篇）	2012 年相关文献数量（篇）
宏观经济管理与可持续发展	1583	1508
企业经济	900	950
工业经济	821	810
贸易经济	582	476
计算机软件及计算机应用	353	300
交通运输经济	148	152
公路与水路运输	89	102

表 9　发表相关文献篇数在 20 篇以上的中国内地高校排名

排名	高校名称	文献数量（篇）
1	上海海事大学	30
2	清华大学	28

续 表

排名	高校名称	文献数量（篇）
3	华中科技大学	27
4	天津大学	26
5	同济大学	25
6	上海交通大学	23

文献中关键字代表了物流科研的主趋势，表10反映了2012年和2013年相关文献中排名前十的关键字词频出现情况。从表10可以看出，2012年和2013年的相关词频出现情况变化不大，供应链、物流、电子商务字词出现的频率仍靠前。

表10　中国学术期刊网络出版总库中2012—2013年相关文献关键词排名统计

2012年		2013年	
关键词	词频	关键词	词频
供应链	765	供应链	844
物流	737	物流	719
电子商务	100	电子商务	142
数据流	79	对策	69
物联网	63	物联网	68
对策	56	农产品	68
管理	55	数据流	44
中小企业	49	中小企业	43
信息化	42	RFID	38
农产品	42	管理	37

（二）中国优秀硕士、博士学位文献库

1. 中国优秀硕士学位论文全文数据库

在中国期刊全文数据库（http://www.cnki.net）中，选择中国优秀硕士学位论文全文数据库，以“物流”“供应链”为关键词，它们的逻辑关系为“或者包含”，分别检索2013年和2012年相关文献的情况，得到2013年发表相关文献数量排名前十的高校情况（见表11）。得到企业管理文献332篇、管理科学与工程文献465篇、计算机应用技术文献67篇、交通运输规划与管理文献30篇，等等。

表 11　2013 年中国优秀硕士学位论文全文数据库中物流和供应链领域文献发表数量统计

排名	高校校名	发表文献数量（篇）
1	上海交通大学	99
2	华东理工大学	83
3	电子科技大学	82
4	华南理工大学	79
5	吉林大学	78
6	大连海事大学	66
7	山东大学	63
8	华中科技大学	54
9	天津大学	45
10	大连理工大学	42

2. 中国博士学位论文全文数据库

在中国期刊全文数据库（http：//www.cnki.net）中，选择中国博士学位论文全文数据库，以“物流”“供应链”为关键词，它们的逻辑关系为“或者包含”，分别检索 2013 年收录的相关文献的情况，得到管理科学与工程文献 48 篇、企业管理文献 11 篇、农业经济管理文献 3 篇等。2013 年中国博士学位论文全文数据库中物流、供应链相关文献发表数量位居前五位的高校如表 12 所示。

表 12　2013 年中国博士学位文献全文数据库中物流和供应链相关文献发表数量统计

排名	高校名称	发表文献数量（篇）
1	北京交通大学	10
2	华南理工大学	8
3	华中科技大学	7
4	天津大学	6
5	吉林大学	6

3. 中国重要会议论文全文数据库

在中国期刊全文数据库（http：//www.edu.cnki.net）中，进入中国重要会议论文全文数据库，分别检索 2013 年和 2012 年收录的会议文献情况，其中检索以“物流”“供应链”为关键词，它们的逻辑关系为“或者包含”。

检索得到2013年和2012年中国重要会议上发表的文献中出现频率位居前五名的主要关键词（具体情况见表13和表14）。从表13和表14不难看出，2013年和2012年中国重要会议上发表的文献中出现频率位居前五名的主要关键词是完全一样的，说明2013年中国国内对物联网、供应链、物流园区、电子商务和物流的研究探讨情况与2012年保持同一水平。

表13　　2013年中国重要会议发表的物流与供应链相关科技文献关键词统计

排名	关键词	词频
1	物联网	10
2	供应链	9
3	物流园区	6
4	电子商务	6
5	物流	5

表14　　2012年中国重要会议发表的物流与供应链相关科技文献关键词统计

排名	关键词	词频
1	物联网	10
2	供应链	9
3	物流园区	6
4	电子商务	6
5	物流	5

4. 中国重要报纸全文数据库

在中国期刊全文数据库（http：//www.edu.cnki.net）中，进入中国重要报纸全文数据库，分别检索2013年和2012年的文献情况，其中检索以“物流”“供应链”为关键词，它们的逻辑关系为“或者包含”。检索得到的结果是2012年发表的相关文献有2844篇，2013年发表的相关文献3636篇。其中，2013年和2012年发表于物流和供应链相关的文献排名前十位的报纸如表15所示。从表15可以看出，2013年发表的关于物流与供应链的文献有所上升，上升幅度为28%左右。其中，现代物流报仍位居第一。对比2012年，《东莞日报》和《医药经济报》退出了前十名的行列，而《中国商报》和《证券日报》挤进了前十名的行列。

表 15　　2012—2013 年刊载物流与供应链相关的文献数量统计

排名	2012 年		2013 年	
	报纸名称	刊载数量（篇）	报纸名称	刊载数量（篇）
1	现代物流报	99	现代物流报	407
2	中国经营报	88	北京商报	91
3	第一财经日报	87	中国经营报	87
4	中国邮政报	86	中国邮政报	87
5	北京商报	72	第一财经日报	77
6	21 世纪经济报道	72	中国商报	75
7	东莞日报	59	中国证券报	72
8	国际商报	53	21 世纪经济报道	65
9	中国证券报	49	国际商报	65
10	医药经济报	46	证券日报	60

六、国家自然基金网统计分析

在网站 http：//isis. nsfc. gov. cn 项目检索中，以项目为主题词为“物流”或“供应链”为检索条件检索 2012 年和 2013 年国家自然基金网批准项目。剔除不相关课题检索结果如表 16 所示。其中，物流项目数增长幅较大，供应链项目数略有减少，项目数总体增长率达到 41.03% 。

表 16　　国家自然基金网 2012—2013 年获批项目数

物流项目数（个）		供应链项目数（个）		项目数合计（个）		项目数增长率（%）		
2012 年	2013 年	2012 年	2013 年	2012 年	2013 年	物流	供应链	合计
30	43	87	85	117	128	43. 33	-2. 30	9. 40

七、国家社科基金项目统计分析

在网站 http：//www. npopss - cn. gov. cn 2013 年国家社科基金年度项目公布列表中，可以检索到立项的物流或供应链的一般项目（见表 17）。从表 17 中可以看出，2013 年国家社科基金支持物流项目数不变，而 2013 年的供应链项目数大幅增加。

表 17　　2012—2013 年国家自然基金批准的物流和供应链项目统计

物流项目数（个）		供应链项目数（个）		项目数合计（个）		项目增长数（个）		
2012 年	2013 年	2012 年	2013 年	2012 年	2013 年	物流项目	供应链项目	合计
4	4	4	13	8	17	0	9	9

八、教育部人文社会科学一般项目统计分析

在网站 http：//sinoss. net 中公布的《2013 年教育部人文社会科学研究一般项目（规划基金项目、青年基金项目、自筹经费项目）立项一览表》里，搜索与“物流”或“供应链”有关的一般项目（包括一般项目中的青年基金项目），结果如表 18 所示。从表 18 得出，2013 年一般项目数较 2012 年有较明显减少，而供应链项目数较 2012 年也有一定幅度下降。2013 年一般项目增长率为 -35. 09%。

表 18　　2012—2013 年教育部人文社会科学一般项目的批准情况

	物流项目（个）		供应链项目（个）		项目合计（个）		项目增长率（%）		
	2012 年	2013 年	2012 年	2013 年	2012 年	2013 年	物流项目	供应链项目	合计
一般项目	21	8	36	29	57	37	-61. 90	-19. 44	-35. 09
青年基金项目	11	5	15	17	26	22	-54. 55	13. 33	-15. 38

（范琳琳　韩文娟　刘　尹　陈　慧　俞　伟　蒋长兵　浙江工商大学）

晋能集团煤炭物流贸易版块简介

新合并重组成立的晋能集团，依托原山西煤炭运销系统的煤炭销售网络、营销队伍和国内国外客户市场优势，坚持按照供应链管理和现代服务业理念，对传统的煤炭经销模式进行大胆改革创新，实现煤炭采购、仓储加工、运输销售于一体的煤炭物流产业链，形成年煤炭物流贸易量3亿～4亿吨的能力，打造山西煤炭贸易物流产业的“巨无霸”。

近年来，集团积极推进铁路和公路煤炭物流体系建设，在目前拥有战略装车点20个、年发运能力5000万吨的基础上，进一步做好站点、通道整合优化与建设，统一规划布局，形成覆盖山西，通达四邻，服务全国，连通世界的现代铁路物流贸易服务体系。“十二五”期间，将新增孝龙物流园区、平舒集运站、东方长宏集运站、阴火铁路专用线4个（条）重点物流专线，同时规划建设张台铁路、阴火铁路、东田良集运站、豫北煤炭物流储配基地、日照港煤炭物流园、太原地区铁路货运中心和大同公司矿区运煤通道等数个重点项目，进一步提升了通道能力。

公路煤炭贸易将建设以忻州五保高速、青银高速太旧段、青兰高速长邯段、晋中319省道、晋城333省道5条物流示范通道，发挥内联煤矿、外接市场、对接煤炭超市及储配中心，重点服务于专业化运输车队的载体作用；在煤炭主产地、市场集散地或公路、铁路叠加的交通枢纽地布局建设22座煤炭超市及煤炭储配中心，吞吐能力为7280万吨/年；通过提供货源，提供业务，提供服务，吸引和加盟整合社会车辆，形成掌控上游资源和下游市场的三级物流配送体系，实施由煤矿到终端用户、发煤站、省内电厂的一级配送，矿点到煤炭超市、储配中心的二级配送，煤炭超市、储配中心到小散客户的三级配送，形成现代化的煤炭物流贸易体系。

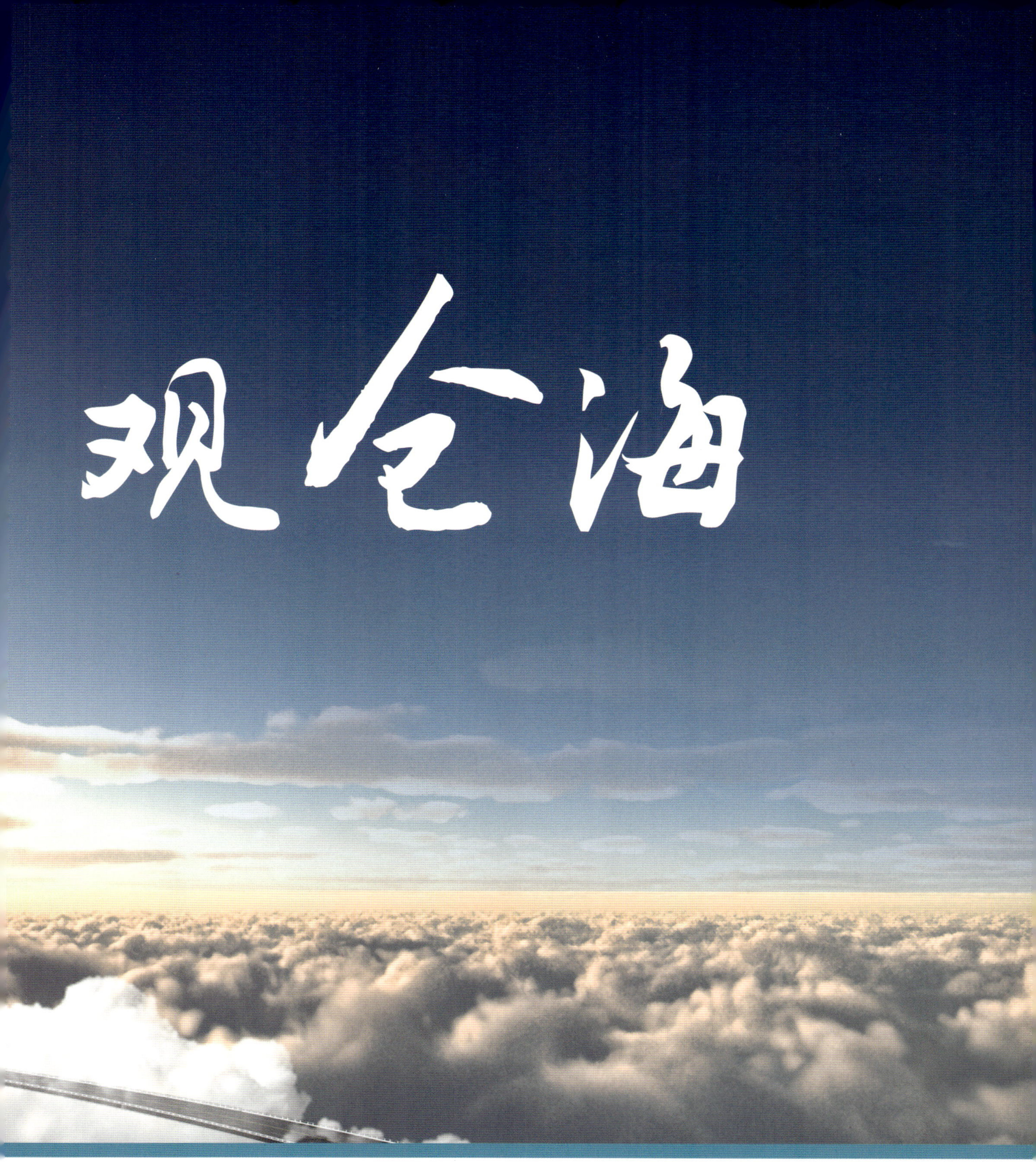

中国远洋物流有限公司

——务实，协调，创新，进取

中国远洋物流有限公司（以下简称中远物流）成立于2002年1月8日，由中远集团全资控股，是居中国市场领先地位的国际化第三方物流企业，是中国历史最久、规模最大、实力最强的船务代理企业之一。

中远物流定位于“整合的物流服务提供商”，以做“最强的物流服务商、最好的船舶代理人”为目标，秉承“服务客户最优，回报股东最大”的经营理念，在电子、化工、航空、石化电力、核能核电、会展物流领域为国内外客户提供全程物流解决方案，提升供应链管理品质；为全球国际贸易商提供海运和空运货代服务，为海内外船东提供中国港口的船务代理服务，实现客户价值最大化。

中远物流在中国设立了8家区域公司400多个业务分支机构，与40多家海外国际货运代理企业签订了长期合作协议，在美洲、亚洲、欧洲设有多家海外公司和代表处，形成了遍及中国、辐射全球的服务网络系统。

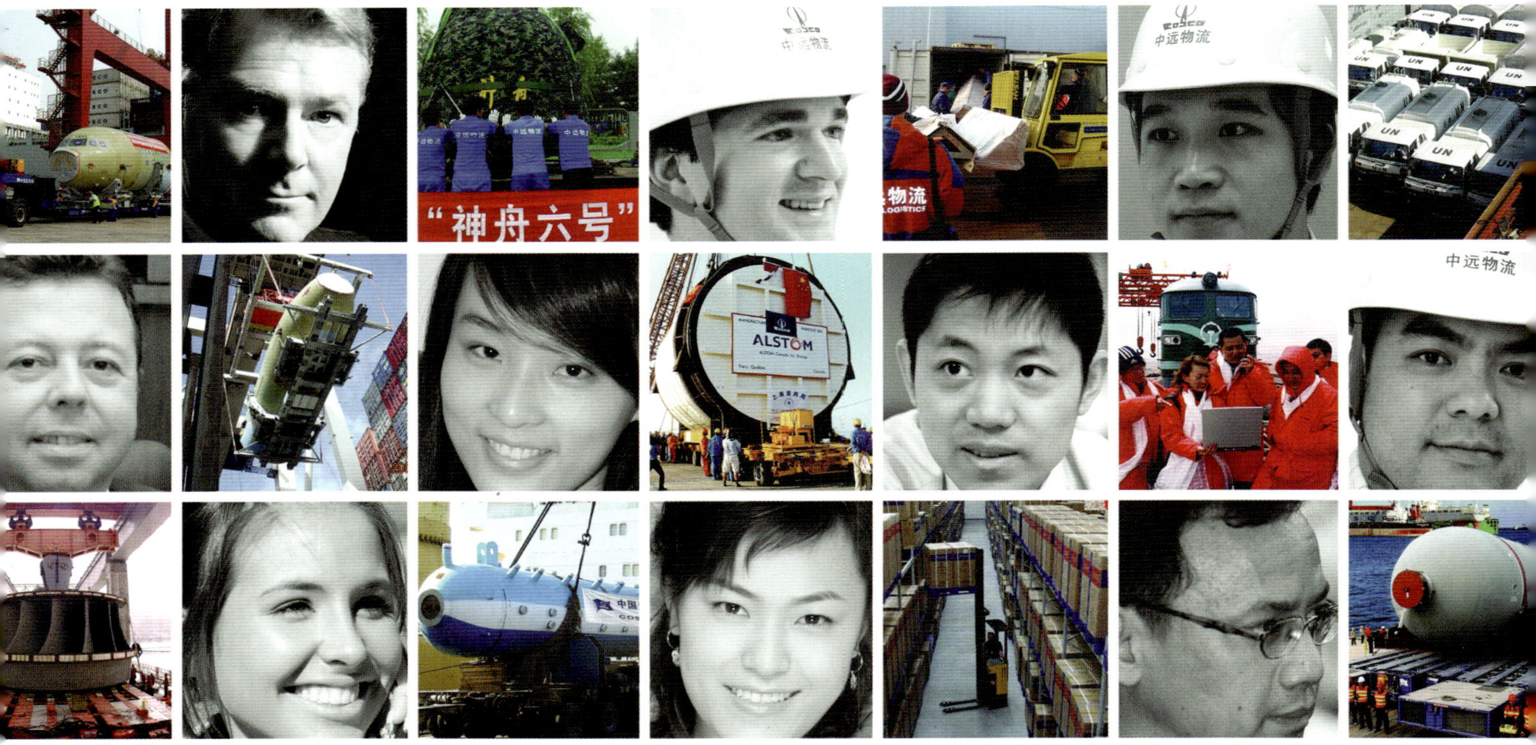

国际化，中远物流与您同行

中远物流拥有和控制4000余辆各类运输车辆，大件运输车辆506轴线，14000多载重吨。在中国运营300多个堆场、危险品库、冷库、立体自动化分拨中心和海关监管库、保税库，在北美、西亚、西欧拥有各类仓储和运输资源，是中国最具实力的陆上运输和仓储企业之一。中远物流是国内少数拥有核心技术的物流企业，自主研发的“公路大件运输决策系统”、“大件货物滚装上下船计算机模拟系统”、“飞机大部件跨洋运输技术”、“多式联运—大集中货运主干信息系统”等物流技术获得了4项国家级专利和4项科技进步成果奖。在推广通用物流信息技术的基础上，自主研发综合物流管理信息系统、配送中心信息系统和船代、货代业务等专业信息系统，建立了安全快捷的数据交换和电子商务平台。中远物流建立了完善的企业管理体系，通过英国BSI的ISO 9000（2008）、ISO 14000（2004）和OHSAS18000综合管理体系认证，与中国人民大学合作开发并应用客户完全满意度测评系统（TCSS），寻求规范化管理和个性化服务、标准化流程和多样化需求的结合，形成了自我约束、改进、创新、发展的循环管控机制。

作为中远集团全球契约的首批履约成员单位，中远物流从产品责任、安全、环境等方面关注企业社会责任的实施，倡导绿色物流的环保理念，在行业内率先实施HSE管理体系，将可持续发展与企业的整体管理体系融合起来，每年投入巨资对运输车辆和物流设备进行更新和改造，以满足生态环境对车辆的特殊要求，促进环境和企业的和谐发展。

中远物流的努力和业绩得到了客户和社会的认可，从2003年到2009年，中远物流连续六届获“中国物流百强企业”榜首荣誉；中国货运业大奖最佳物流公司综合服务、流程管理、响应能力、网络覆盖等各奖项第一名；2005年位列中国首批9家5A级物流企业榜首；2006年英国《劳氏亚洲航运物流》“中国最佳物流企业”；“2006—2007年度中国物流最具影响力企业”榜首；“2007—2008年度中国物流企业杰出贡献奖、最具社会责任感企业”榜首。2009—2013年，获得中国国际物流节组评的“物流经典解决方案奖”、“中国物流杰出企业”、“中国物流业品牌价值百强企业”等多个奖项。

中国远洋物流有限公司（中国外轮代理有限公司）

地址：北京市朝阳区八里庄北里220号中远物流大厦　邮编：100025
电话：010-51568000
传真：010-51568000

网址：www.cosco-logistics.com.cn，www.penavico.com.cn
免费服务热线：8008105158/8008105156
邮箱：service@cosco-logistics.com.cn

北京福田智科物流有限公司

品牌愿景：致力于成为行业领先的整体物流解决方案提供商

核心价值观：热情　创新　永不止步；团队第一　个人第二

品牌定位：专注客户物流竞争力的“智慧物流”领导品牌

品牌口号：承载重托　成就价值

品牌价值：智领科技、信赖服务、卓越效益

品牌个性：专业的、睿智的、真诚的、可信赖的

南光物流有限公司

——根植澳门 联动内地 做强主业

南光物流有限公司（以下简称南光物流）是央企南光集团的二级企业，有着悠久的历史，长期以来对澳门经济发展起着推动作用，为完成国家交付的任务做出贡献。

经多年发展，南光物流在澳门和珠海设立了南光展览工程有限公司、珠海通宇物流有限公司、珠海保税区南光物流有限公司、珠海市南光报关有限公司和珠海环通仓储物流有限公司5家全资企业，拥有澳门最大的内港码头、公共服务型物流仓储设施以及跨境货运车队，凭借在粤澳地区的综合物流竞争实力，积极推进业务模式的转型升级，涉及空运、海运、展览搭建以及文创领域，利用现代化的物流信息系统，发展形成了仓储配送、保税仓储、陆路跨境运输、会展物流、展览工程、船舶出入境澳门代理、保险代理、海陆空联运等综合物流服务体系，为广大客户提供快捷、安全、准确、定制化和一体化的综合物流服务。南光物流在澳门特区政府产业适度多元化的方针指引下，大力推进会展物流和会展搭建的发展，取得了较好的经济和社会效益。2013年继续出色地完成第三届中国（澳门）国际汽车博览会、游艇展及公务机展的主场物流和主场搭建总承包任务，社会影响巨大。

南光物流在“十二五”规划指引下，建立了澳门城市配送体系，将物流业务延伸到珠海及内地其他地区，在珠海保税区、珠澳跨境工业区和珠海高栏港等地建立了大型物流基地，通过配套齐全的“一条龙”综合物流服务建立起内地与澳门便捷、高效的物流通道；南光物流在新一轮的发展规划中制定“根植澳门、联动内地、做强主业”的发展战略，通过在资源整合型的供应链物流、冷链物流、保税物流以及第三方物流等领域的研究探索，构建城市采购与配送物流体系与运营平台，构建粤澳跨境综合物流及产业链延伸服务平台，打造成为粤澳跨区域最具竞争力、最有实力的综合物流服务商。

南光物流期望与广大合作伙伴共同发展物流事业。

北京长久物流股份有限公司

北京长久物流股份有限公司（以下简称长久物流）注册资本1.62亿元，服务团队数千人，总部设在北京。

长久，由汽车物流而生，因中国汽车产业发展而繁荣，经过20多年的专业积累，目前已经发展成为国内最大的第三方汽车物流服务商之一。长久物流始终专注汽车行业，以“至诚、志专，致远”的核心价值观为指导，凭借良好的信誉及服务质量、遍布全国的广泛网络资源、强大的运力管理及调度能力和先进的信息系统为客户提供全方位的汽车物流服务。

目前，长久物流的业务范围已从整车运输及仓储拓展至零部件物流、进出口物流及物流增值服务等业务。为大众、奔驰、宝马、丰田、福特、马自达、日产、一汽集团、东风集团、中国长安、北汽集团、广汽集团、奇瑞汽车等全球大型汽车集团及旗下企业提供专业的物流服务。同时长久物流也提供跨欧亚国际铁路多式联运和海铁联运服务，正式进入大众集团全球供应商体系。年发运整车规模达170万台，年产值超过25亿，与多家乘用车及商用车企业建立了稳固的合作关系。

长久物流拥有全国最广泛的公路运输网络，遍布东北、华北、华东、华南、华中、西南6大汽车产业集群地。除总部以外，业务中心及办事处多达30多处。在固守公路运输优势的同时，公司积极探索其他运输方式，与奇瑞汽车和大连港共同注资3亿元组建中世国际物流有限公司。

呈上启下，继往开来，长久物流将在全球化的浪潮下逐步提升公司在全球范围内的供应链管理运营能力和物流网络覆盖。优先考虑调整运输工具和运输方式及物流方案设计，逐步成为业内领先的物流服务提供商。

第九部分

部分优秀物流企业经典案例

恩施烟厂的物联网仓储管理信息系统

一、企业简介

（一）开发企业简介

中远网络物流信息科技有限公司（以下简称“中远物流”）是中远集团下属的IT旗舰公司，也是从事物流信息化的专业公司。中远物流自1997年进入物流信息化领域后，承担了中远集团特别是中远物流的信息化服务工作，承接了集团外的运输和物流企业以及大中型生产企业的有关供应链和物流系统信息管理平台解决方案的咨询、设计与研发项目，已为不同行业企业提供了大量优秀物流解决方案。

（二）应用企业简介

湖北中烟工业有限责任公司恩施卷烟厂（以下简称“恩施烟厂”）是2006年经国家烟草专卖局批准成立、隶属于湖北中烟工业有限责任公司的非独立法人卷烟生产企业。

二、项目背景

在国家烟草专卖局确定的“以信息化带动烟草行业现代化建设”的总方针指引下，烟草行业初步形成了“数字烟草”的信息化建设格局。由于恩施烟厂原有的ERP仓储管理系统缺乏自动化的操作功能，管理效能已不能满足恩施烟厂不断扩大的生产规模要求，因而导致成品卷烟仓储管理的低效无序的情况日益严重。

“数字烟草”倒逼烟草生产企业对原有的仓库仓储管理信息系统进行升级改造。为改善仓储管理效能，恩施烟厂曾计划建自动化立体仓库，但考虑到这一方案的可行性和适用性差，故改请中远物流帮助其建设“物联网仓储管理信息系统”（以下简称“系统”）。

中远物流基于对恩施烟厂仓储物流管理现状以及信息化需求的分析，提出要实现仓储物流作业过程的信息化、仓库管理的数字化、统计分析的多样化，必须建设一个先进的一体化的仓储物流管理信息系统，并与现有ERP系统进行有效对接。同时，针对成品卷烟仓库的作业，采用基于物联网技术的先进数据采集方案，通过无线网络和蓝牙通信技术实现仓储管理信息系统和现场作业设备（如手持设备、叉车车载电脑、RFID设备等）以及现场作业设备间的有效实时交互，清晰地体现物联网从应用层、网络层到现场传感和控制层的体系架构，从而完成一体化的仓储物流管理过程，实现提高仓储作业效率、降低人员劳动强度、优化成品卷烟仓储管理水平、提升成品卷烟仓储数据的准确性和及时性的目标。

三、系统简介

（一）系统总体蓝图

系统的总体蓝图如图 1 所示。

（二）系统总体物联网架构

根据物联网经典三层架构体系，系统的物联网架构如图 2 所示。

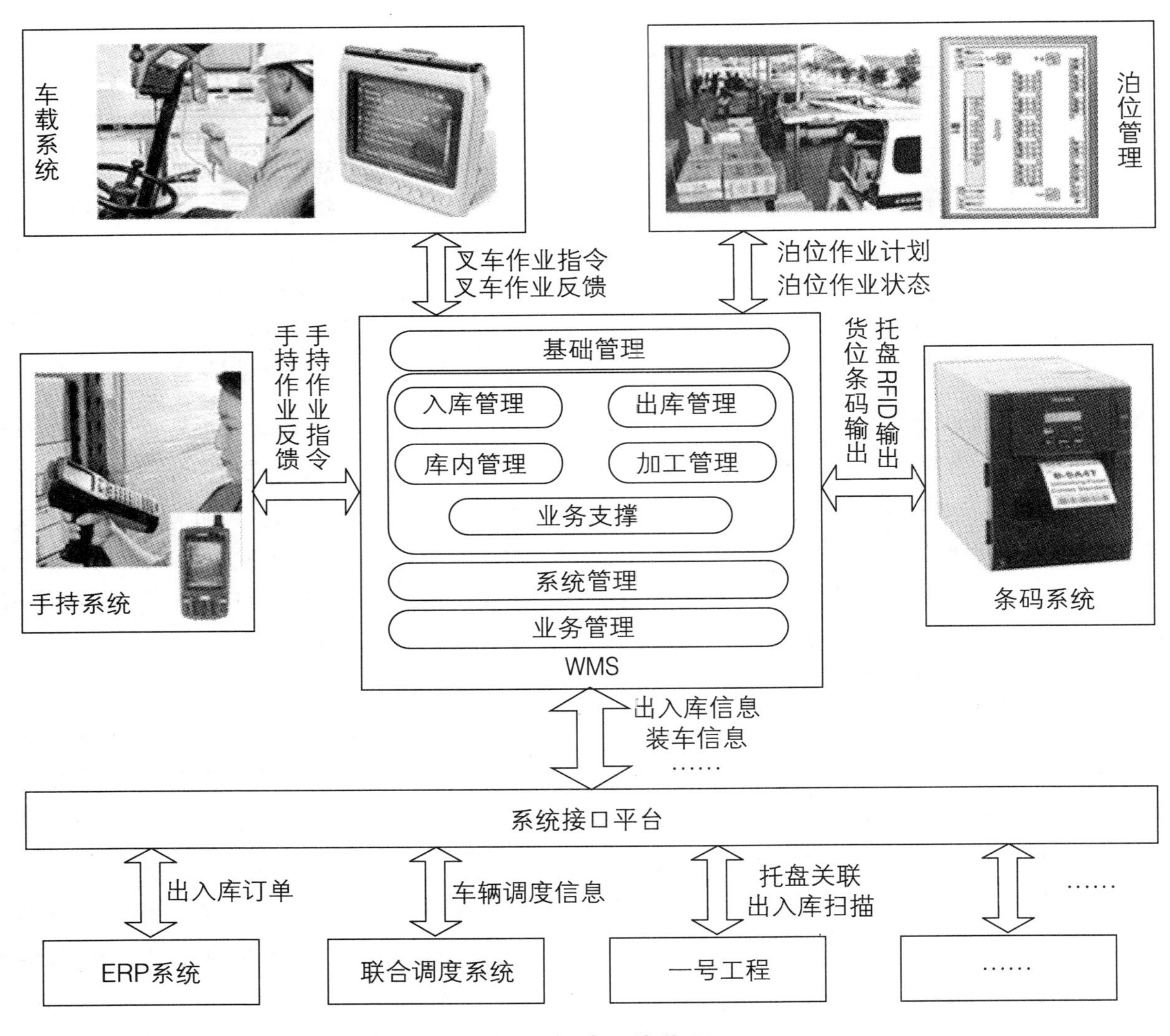

图 1　系统总体蓝图

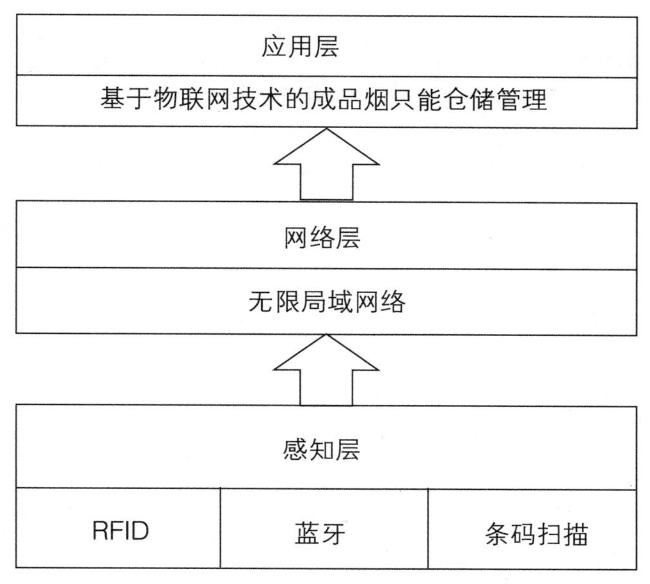

图2　系统物联网架构

系统在物联网的感知层主要应用了RFID技术、蓝牙技术和条码扫描技术。RFID技术主要应用于成品卷烟托盘，可以实现将数字化托盘和托盘上的30箱成品卷烟的信息进行关联并管理；蓝牙技术主要应用于智能叉车，实现安装于叉臂上的RFID读写器和智能叉车车载终端的通信，该技术的应用代替了以前智能叉车的有线设计，解决了数据线缆容易被叉车机械装置绞断的问题；条码扫描技术主要用于扫取成品卷烟外包装箱上的货物国际条码、"一号工程"码和库位代码信息。

系统在网络层使用了无线局域网，实现了在成品卷烟仓库内无线网络信号的全覆盖和在园区内无线网络的部分覆盖。通过感知层和网络层物联网技术的应用，在应用层构建了基于物联网技术的成品烟智能仓储管理系统，实现了包括数字化托盘一次扫码整托盘出入库、智能叉车管理等物联网应用，提高了仓储运作效率，提升了仓储管理水平。

（三）系统功能架构

系统功能架构如图3所示。

（四）系统数据架构

系统的数据架构主要以物流行业和软件行业的数据标准、数据质量、数据功能，以及数据安全标准为基础，物理结构按应用数据库存储、备份库存储两个部分进行划分。

1. 应用数据库存储

应用数据库存储是系统的数据存储核心，用于为业务系统功能提供数据来源。采用数据来源层、业务主题层和功能服务层的三层结构设计。

（1）数据来源层。由于数据来源不同，故数据采集的周期、事务控制、访问频度差异较大，因此，在获取数据的时候，首先根据数据的来源进行类型划分，以优化数据存储。

（2）业务主题层。数据在按照数据来源进行细分后，根据系统业务环节又进一步细分为入库数据、库存数据、出库数据等多项业务主题数据并存储，为业务功能实现提供细分数据。

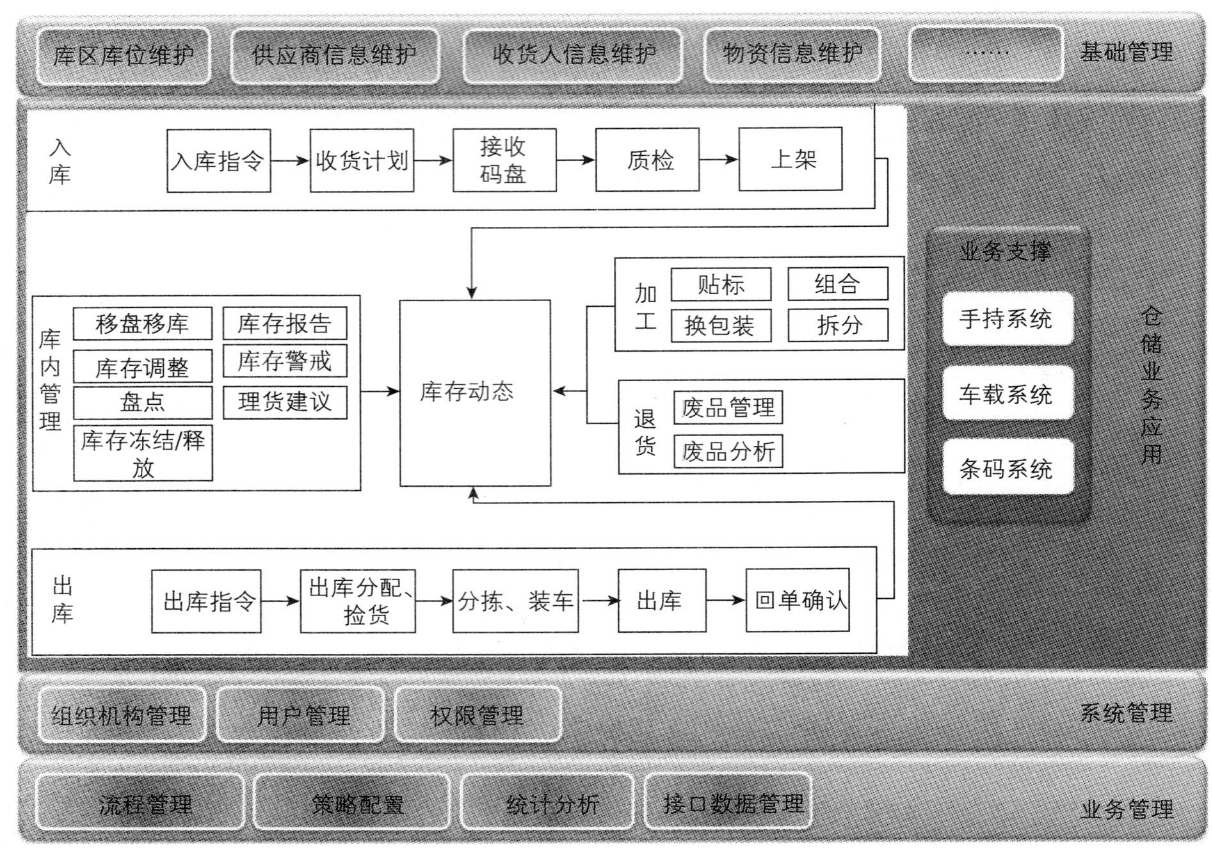

图3 系统功能架构

（3）业务功能层。在实现按业务主题进行数据存储划分后，系统根据业务的具体展现功能，对存储在各主题范围内的数据进行抽取，并根据数据的要求进行清洗加工，最后通过具体业务功能进行数据应用，同时要对应用的数据进行审计。此外，系统可以对外部大数据进行分析和获取。

2. 备份库存储

系统为保证在数据层面的安全，根据应用数据库的数据信息，对数据按照生命周期可以分为生产数据、历史数据，将采用数据同步技术把数据按历史数据及实时生产数据进行归档存储，以保证应用数据库的安全。

（五）系统集成架构

由于系统存在与外部应用系统及设备的交互，为保证系统应用功能的实现，需要系统通过数据交换平台与企业内部系统和企业外部系统进行集成。系统集成架构如图4所示。

本项目涉及与企业内部的NC系统、EAS系统、成品打扫码系统、联合调度系统的数据集成以及与企业外部的国家局网上交易系统、国家局准运证系统、一号工程等相关行业系统的数据集成，此次数据集成具有集成系统多，数据范围广泛，集成技术复杂等特点。

（六）系统网络架构

系统的网络设计采用集中部署方式，确保所有应用和数据都在恩施烟厂得到统一，各种操作指令和操作数据都能在数据中心和下面仓库之间实时交互，不需要数据同步，系统部署和实施都相对简单、清晰；由于下面仓库中没有部署服务器，统一访问数据中心的系统，所以对网络的带宽和稳定性要求较高。

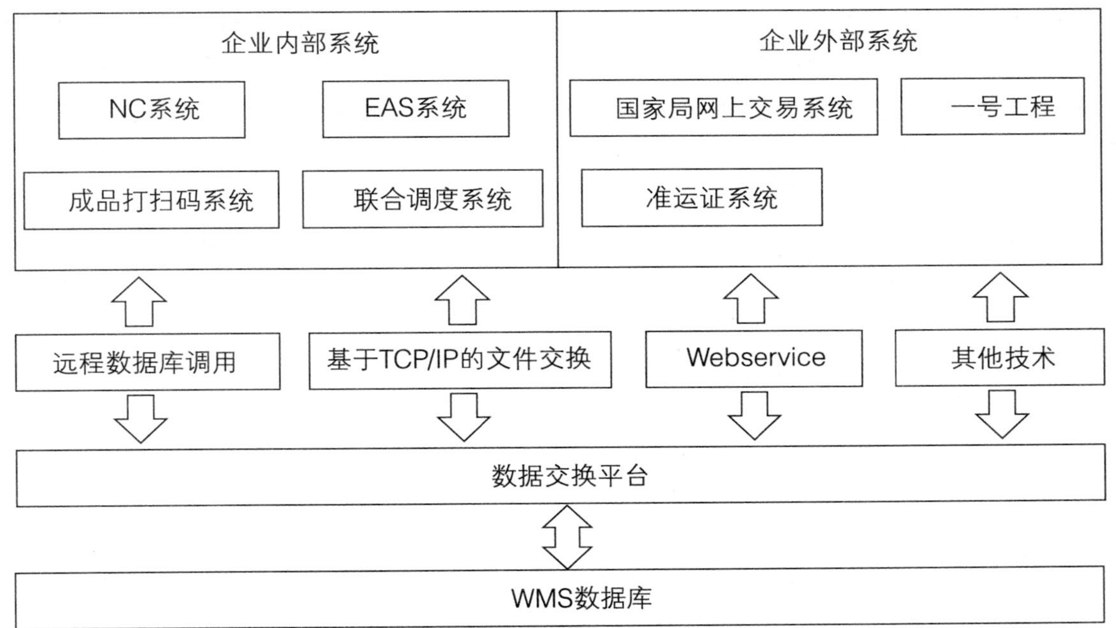

图4　系统集成架构

四、效益分析

中远物流为恩施烟厂设计开发的系统已经在施恩烟厂成品库成功地实施，取得了显著的经济效益、管理效益和社会效益。

（一）经济效益

1. 库存和资金占用率降低

施恩烟厂成品库通过系统的应用，实现了整体层面成品烟仓储信息的有效整合，明显提升了仓储操作速度和工作效率。例如：提高了物品出入库过程中的识别率和出入库效率；缩减了盘点周期，提高了数据实时性；实现了对库存物品的可视化管理等，从而使成品烟的平均库存明显下降，大幅度降低了资金占用率。

2. 产量和销量有效提升

系统与ERP系统的有效对接，实现了真实的市场信息的采集、分析和处理，为准确、及时、有效地提供物流服务提供了保障。因此，恩施烟厂运用系统提高了生产效率，增强了企业的市场竞争能力，从而提升了恩施烟厂的整体销量。

3. 费用降低

通过系统的成功实施，恩施烟厂的整体物流运行效率提升了，整体仓储各环节之间的衔接速度和有效性提高了。同时，通过对公司整体物流信息的有效把控，实现了整体物流资源的有效配置，有效降低了恩施烟厂的管理和物流费用。

（二）管理效益

过去恩施烟厂成品库业务流程的管控和库存精细化管理（包括详细的库位管理、成品批次管理和作业人员管理等）的作业方式基本上以目视为主，系统实施后，通过条码、RFID的数据采集手段和严谨的作业流程管控，使得成品库管理实现了精细化，大大提高了库存管理的准确性，使成品烟的仓储管理水平上升。

（三）社会效益

系统在恩施烟厂实施成熟后，基于WMS系统功能设计的高度可配置和可移植特性，可对湖北中烟其他各烟厂及相关仓库统一部署，并进行个性化配置，以适应各烟厂及仓库的不同作业流程及管理要求。同时，可在湖北中烟建立省级WMS管理平台，与各烟厂WMS实时交互数据，并可按需要建立统一的接口平台，与湖北中烟其他省级系统完成对接和统一管理。

（中国物流与采购联合会网络事业部）

长久物流的高端车3G可视化运输管理系统

一、企业简介

北京长久物流股份有限公司（以下简称“长久物流”）是吉林省长久实业集团有限公司的核心子公司，是国内规模最大的汽车物流民营企业之一，业务涵盖汽车供应链中的整车物流、零部件物流、进出口物流及物流增值服务多领域，可为客户提供汽车行业专业的物流规划、运输、仓储、配送等服务。长久物流在全国设有多家全资、控股子公司，业务网络达40余处，形成了以华北、东北、华东、华南、西北、西南为基地的全国大循环汽车物流资源网络布局。长久物流的乘用车和商用车综合运输能力达150万辆，服务团队数千人，每年创造的产值超过20亿元。经过20年的专业积累，长久物流通过一整套严谨、科学的物流管理体系和运营流程，在业内赢得了广大客户的高度赞誉。

二、项目背景

随着我国人民生活水平的提高，国内汽车消费呈现多元化的趋势，高端国际品牌汽车的消费日趋增长。面对国内消费市场高端国际品牌整车进口旺盛的物流需求，长久物流深感责任与压力，决心要做进口高端汽车物流服务的专业汽车物流服务提供商，并希望通过自主研发新型高端运输设备增强自身的核心竞争力，实现运输车的批量化升级优化，快速顺应目标市场的需求，形成与竞争对手抗衡的实力。为解决进口高端汽车运输业务运营中的问题，长久物流自主研发了高端车3G可视化运输管理系统（以下简称可视化系统）。

三、可视化系统的主要解决方案

长久物流的可视化系统主要解决方案如图1所示。

（一）可视化系统的技术应用

1. 多种技术融合的无线车载可视化传输

可视化系统利用公共TDSCDMA/WCDMA/CDMA2000无线数字移动通信网络完成视频图像的实时传输，同时将本地地理信息系统、无线移动通信、本地视频监控和计算机网络有机地融合为一个整体，构建成一套集应急联动、视频监控以及指挥调度等功能于一体的微型可移动无线监控指挥管理系统。

车载3G视频服务器采用嵌入式实时多任务操作系统和高性能凌动CPU处理器，系统调度效率高，代码固化在FLASH中，系统运行更加稳定可靠。产品集成GPS模块、3G模块、视频采集编码模块，具有友好的人机界面，车载3G视频服务器采用H.264视频编码和先进的网络丢包容错技术，确保流畅的视频效果。

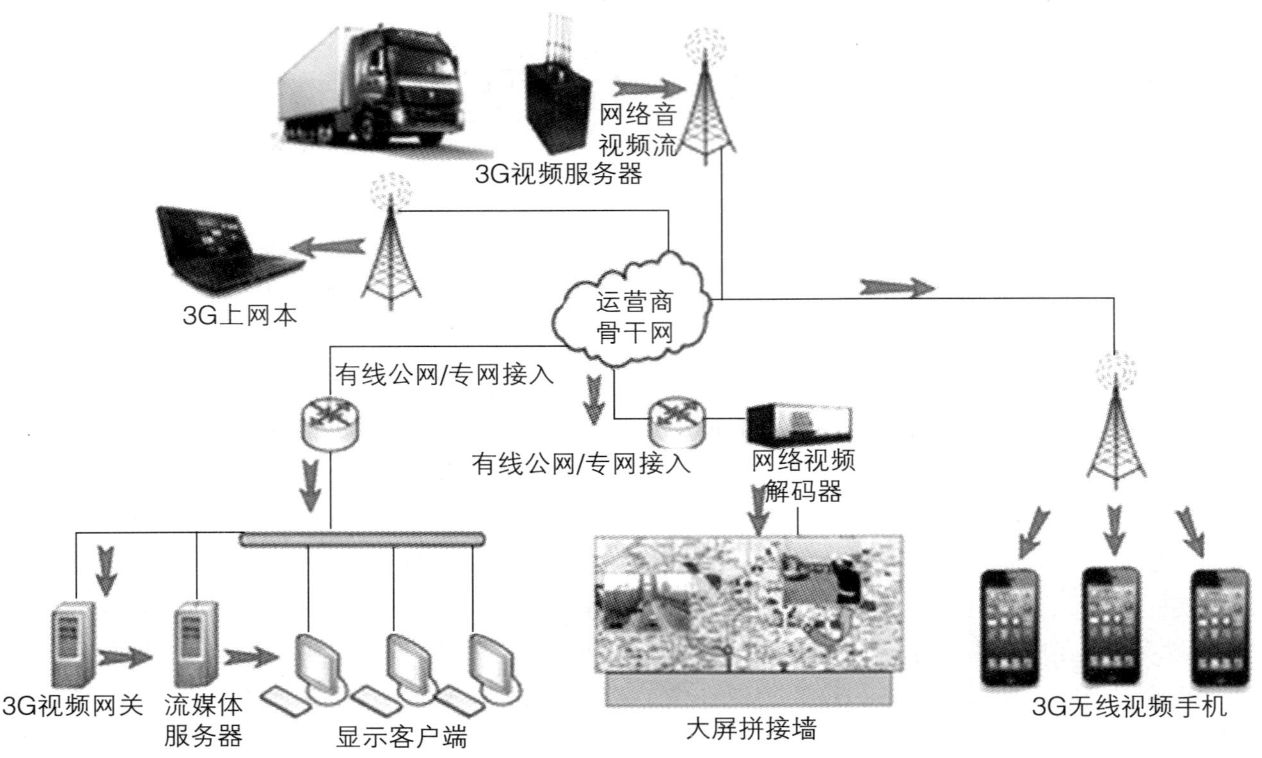

图1 可视化系统的主要解决方案

2. 车载3G视频服务器实现功能

对流动车体内、车体周边进行可控制的视频监控并利用TDSCDMA/WCDMA/ CDMA2000 3G公网传输；本地存储图像；对摄像机云台进行控制；远程调用图像；远程流媒体服务器存储图像。

（二）信息技术的推进

1. 在途车辆跟踪监控

长久物流采用GPS和GIS技术的结合实现对发运过程中商品车的状态信息进行实时跟踪，以便及时掌握运输车辆的运行状况，从而对运输车辆进行监控与动态调度。GPS、GIS系统的运用主要有这样几点功能：一是车辆实时跟踪及历史行程跟踪；二是车辆监控，报警受理；三是车辆指挥调度。

2. 运输车辆动态路径调度

借助GPS和GIS技术实时动态显示运输车辆所处的位置，当运输车辆发生故障、路况变化或车辆位置变化时采用动态的路径优化策略，实现对运输工具的实时导航和调度。

（三）信息系统优化

1. TFS 系统升级 TMS 系统

为了提高工作效率，优化现有信息管理系统，长久借鉴国内外先进理念及技术，结合长久自身业务特点，在原有 TFS 系统基础上开发适合企业特征的 TMS 系统，从而提高了物流的生产效率、降低了物流成本。TMS 功能对标与 TFS 功能对标比较如图 2 所示。

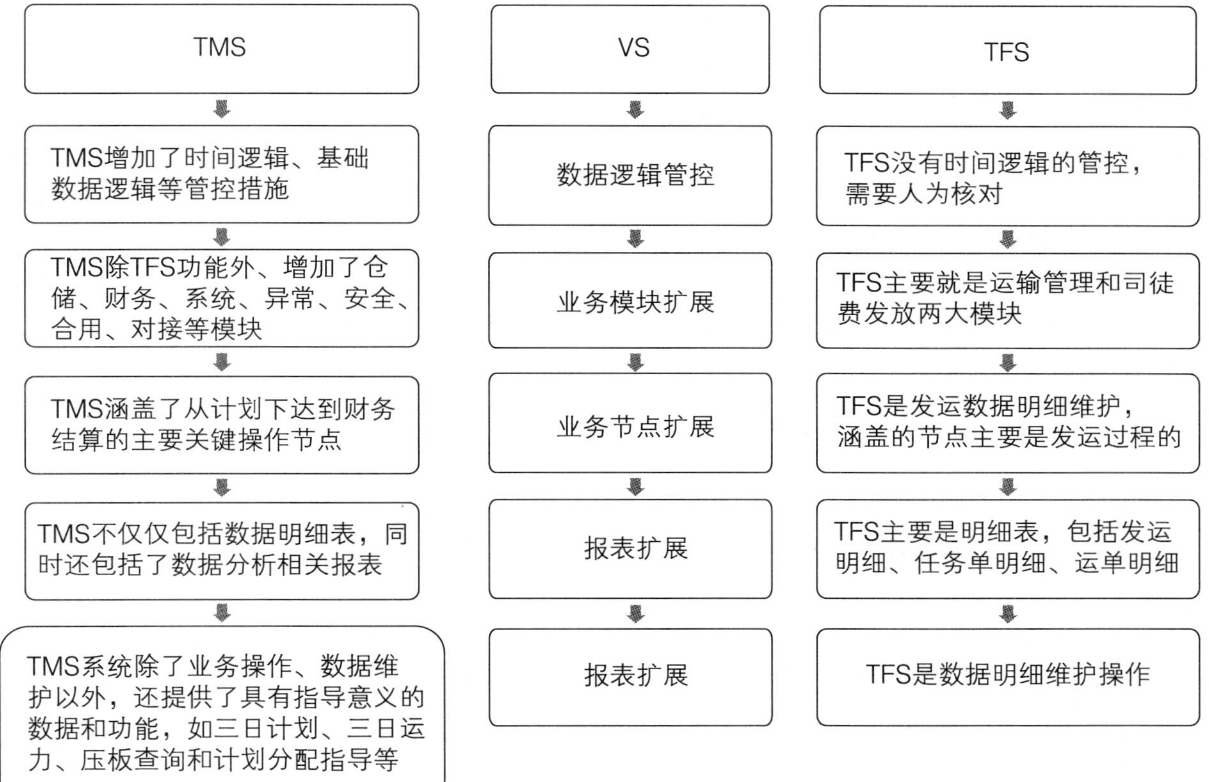

图 2　TMS 功能对标与 TFS 功能对标比较

2. GPS 系统升级可视 3G 可视视频监控系统

现有 GPS 系统和无线手持移动数据终端等高科技配套设施，在信息平台的统一调配管理下，可实现实时高端车起运及交付信息传输，充分满足客户各项高品质的物流需求。长久为了进一步提升现有的物流服务质量，避免高端车在装车过程中的刮蹭及划伤，实时看到司机是否疲劳驾驶，商品车的车况监督等细致问题。通过反复测试，采用设备技术较先进的 3G 可视视频监控系统，让客户能够实时在系统中看到车辆的在途情况，大大提升了客户的满意度。

四、效益评估

（一）提高了工作效率、降低了运营成本

可视化系统的实施有效提高了商品车司机

及管理人员的工作效率、降低了工作强度，实现高端车运输的安全性，并将质损率降低到几乎为零。可视化系统的自动化作业减少了因人为操作不当而造成的损失，减少高端商品车因装卸过程的磕碰造成的损失约 10 万元，同时节省了操作时间和运营成本。可视化系统的实施，使长久物流可以将高端商品车的运输情况通过互联网开放给客户，提升了客户的满意度。

可视化系统属于国内、外首创的先进技术，此项技术的实现，有效填补了国内高端商品车运输技术的空白。同时，有效地实现了高端车运输的安全性，减少高端车因装卸过程的磕碰造成的损失万余元，质损率低到几乎为零。有效降低了运营成本，提高了企业经济效益。

（二）提升了企业的竞争力

可视化系统的实施对长久物流原有业务流程带来了巨大的影响，催生了新的管理方式。供应链通过物流、信息流和资金流的集成把各类相关的供应商、生产厂家、用户集成在一个统一的系统中，为提高效率、降低成本、实施企业全球化发展战略开辟了一个全新的道路。

可视化系统提升了长久物流的市场竞争力，凭借规范的操作规程、灵活的运作流程、良好的服务态度、高品质的服务水平，多次承担迈巴赫、宾利、劳斯莱斯、兰博基尼等高端品牌商品车的全国销售巡展、试驾活动，全程保障了活动车辆运输的安全、快速、及时。

五、推广意义

完善的物流基础设施和高效的物流信息平台是发展现代物流的核心要素，长久物流在利用基础设施和信息平台提高企业运营效率、降低成本、增进客户服务质量的同时，对行业信息系统建设起到了积极的推动作用。

对物流行业而言，可视化系统可大大降低制造业、物流业等各行业的物流成本，提高企业的赢利。可视化系统的关键技术诸如物体标识及标识追踪、无线定位等新型信息技术应用，能够有效实现物流的智能调度管理、整合物流核心业务流程，加强物流管理的合理化，降低物流消耗，最终降低物流成本。

对生产企业而言，可视化系统将为企业的物流系统、生产系统、采购系统与销售系统的智能整合打下基础，而网络的整合必将产生智慧与智慧供应链的融合，企业物流完全智慧地融入企业经营之中，打破工序、流程界限，打造智慧企业。

对消费者而言，可视化系统提供的货物源头自助查询和跟踪等多种服务，尤其是对奢侈品牌商品车的实时跟踪与查询，能够让消费者随时掌握车辆位置及状态，在让消费者放心的同时增加消费信心、促进消费，最终对整体市场产生良性影响。

（中国物流与采购联合会网络事业部）

中寰公司的北斗物流云服务平台

一、企业简介

中寰卫星导航通信有限公司（以下简称“中寰公司”）成立于2004年，是中国领先的商用车联网服务提供商，也是中国航天科技集团公司旗下专业从事卫星导航定位信息商务运营及车辆远程信息服务的高新技术企业。多年来中寰公司凭借丰富的客运、货运和危险品运输的行业服务经验，以“政府监管”“物流服务”和“行业应用”三大业务板块服务于行业市场，见证并推动了中国商用车联网产业的发展与成长。中寰公司的优质、高效、稳定的车辆管理平台已成为其赢得客户的核心竞争力。

二、北斗物流云服务平台

北斗物流云服务平台是中寰公司融合物联网、云计算、无线通信、智能交通、地理信息等先进技术，为广大物流企业和物流车辆提供车辆监控、车辆调度、运单管理、空车配货、货物跟踪、路况天气等服务的平台。中寰公司希望物流企业通过该服务平台达到车辆出行更加安全、物流运作更加高效、物流车主收入更上一层楼的目的。

北斗物流云服务平台的总体运作架构如下图所示。

三、北斗物流云服务平台推广实施的措施

中寰公司推广北斗物流云服务平台的过程并不顺利，初期阶段没有得到企业的认可和接受。中寰公司通过对企业进行走访调查，了解到其中的主要原因：一是中小物流企业信息化改造一般需要购买订单管理系统、车辆管理系统等多种物流业务管理软件以及服务器、网络设备、车联网终端等硬件设备，一次性投入较高，使很多中小物流企业望而却步；二是中小企业缺乏专业的信息管理人员，在应用北斗物流云服务平台时需要更加专业的人员操作，而专业人员对薪资、企业规模等方面具有较高要求，中小型物流企业很难招到这样的人员，专业人员的缺乏阻碍了中小物流企业信息化的进程。

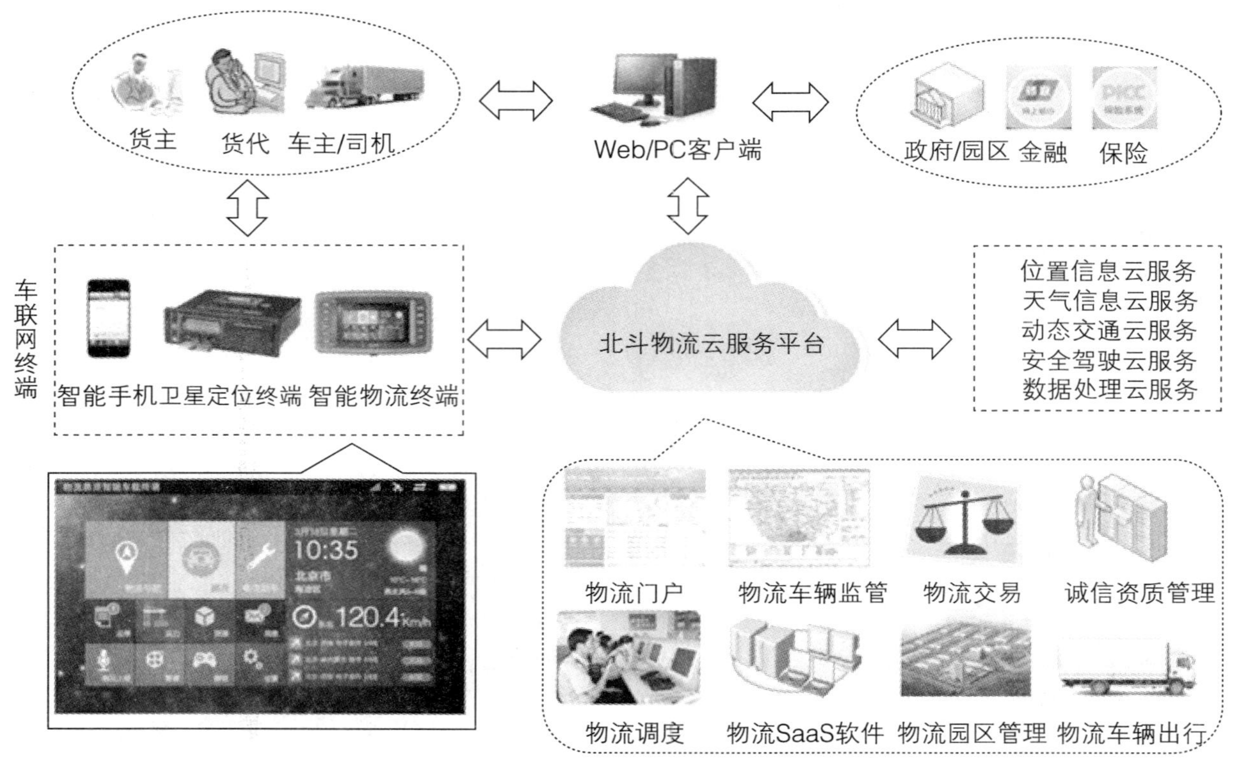

北斗物流云服务平台的总体运作架构示意

为解决北斗物流云服务平台在推广中遇到的问题，中寰公司经过研讨分析，有针对性地制定了下述应对方案。

一是免费向物流企业提供标准化在线管理软件。为了解决中小物流企业信息化改造一次性投入较高的问题，中寰公司开发了北斗物流云标准化在线管理软件，免费提供给物流企业使用。该软件采用云架构模式，免除了物流企业在服务器、网络设备等硬件设备上的投入，同时避免了软件升级维护的支出，用户只需要通过浏览器就可以使用一整套的物流业务管理软件。

二是提高软件易用性、加强用户培训。考虑到中小物流企业缺乏专业信息管理人才，中寰公司提高了北斗物流云服务平台所有软件的功能性，使用户不需要专业技能，实现傻瓜化操作，降低了用户使用的门槛。同时中寰公司加强了对用户的培训，并在重点物流园区建立服务站，定期组织用户现场培训，不定期上门为客户提供服务支持。

三是打造真实诚信的第三方物流交易平台。在帮助物流企业解决内部管理问题的同时，中寰公司还研发了第三方物流交易平台解决物流企业业务拓展难题。通过与交通运管部门合作，中寰公司又建立了专业的物流企业、从业人员、物流车辆数据库，这些数据既可以帮助货主选择物流公司，又能帮助物流公司选择社会闲置运力。为了解决平台信息真实、有效性问题，北斗物流云服务平台与政府运政管理系统对接，所有加入北斗物流云服务平台的企业、车辆和人员均经过运管部门认证，从源头上保证平台用户的真实性，杜绝虚假企业的加入，增强了北斗物流云服务平台的权威性。同时，中寰公司建立了企业、人员的诚信档案和交易评价机制，动态管理企业和人员信用。

四、实施效果

物流企业使用北斗物流云服务平台后，在工作效率、客户满意度等多方面有了较大提升。具体情况见下表。

物流企业应用北斗物流云服务平台前后对比

	应用前	应用后
单据填写	手填，费时费力	单据套打，轻松便捷
车辆调度	人工调车，高耗低效	系统调车，低耗高效，节约70%话费
货物跟踪	电话询问，查询不便，结果不准确	系统监控，准确快捷，节约90%以上话费
路线优化	凭经验	系统规划，合理高效
运力积累	50辆左右	100000辆以上
服务流程	不规范，较随意	标准化
货物安全	无法监控，无保险	系统监控，在线投保
信用评价	无法评价	交易评价，信用积累
统计报表	人工统计	平台自动统计
客户满意度	较低	较高

五、北斗物流云服务平台的推广意义

作为国家“十二五”规划中北斗卫星应用产业规模化的重点项目，北斗物流云服务平台将为北斗系统民用市场的开发创造条件、积累经验，促进我国自主卫星导航应用的产业化发展；有利于政府主管部门掌握行业动态、提升政府服务和决策能力；有利于企业加快物流信息化进程，降低整体物流成本，提高物流企业服务水平。

（中国物流与采购联合会网络事业部）

中烟公司的供应链追踪与溯源技术

一、企业简介

浙江中烟工业有限责任公司（以下简称“中烟公司”）由浙江中烟工业公司改制而成。中烟公司的业务包括：烟草制品的生产、销售，烟用物资、烟机零配件的经营，烟叶进口和卷烟出口业务，与烟草制品生产销售相关的生产经营，多元化经营和资产经营等。中烟公司拥有杭州、宁波两家卷烟厂和“利群”“大红鹰”“雄狮”三大品牌。2012 年，中烟公司共生产卷烟 267.3 万箱，实现销售收入 512.70 亿元，实现税利 304.48 亿元。中烟公司效益总量在烟草行业中排名第 6 位，单箱税利在烟草行业中排名第 3 位。

二、项目背景

国家烟草专卖局国烟办〔2005〕632 号和国烟办综〔2012〕603 号文件明确提出行业信息化的长期战略是实现烟草产业与信息化相融合，其中，推进科技物流建设、提升行业供应链信息化管理水平是重点，打造中国烟草供应链物流体系是基础，企业信息化与行业信息化一体化是目标。在此目标下，重点提升行业垂直管理下的纵向管控能力，提升行业横向供应链上的协同能力，同时要不断加强技术创新与物流业务的深度融合，深入开展精益烟草供应链管理工作，扎实推进行业卷烟生产经营决策管理系统的拓展。

中烟公司积极响应国家及行业提出的信息化建设要求，构建精益烟草供应链体系。过去浙江中烟的物料管理是以物料品名为对象进行的，但开展内外部质量追踪追溯则需要以出现问题的单个物料为对象对出现质量问题的产品进行影响范围的定位。因此需要以最小包装单元的物料为管理对象，并通过信息系统进行必要的收、发、存物流信息管理。

为满足供应链跟踪与质量追溯的要求，中烟公司启动了支持烟草全供应链的全物料单件批次追踪与溯源关键技术及应用项目（以下简称“批次管理”）。批次管理从整个供应链的不同环节划分为原烟批次管理、供应商批次协同、仓储调运批次管理、生产过程批次管理、成品销售批次管理等部分；从整体支撑角度划分为批次定义与条码标准管理、大数据多维度应用、全程质量跟踪与追溯管理等功能模块。

（一）批次管理总体目标

中烟公司的批次管理其实质是实现物料的单件管理。中烟公司通过基于最小包装单元的批次管理，将实现四大目标。一是满足精确的质量跟踪与追溯；二是提高企业精细化管理水平，实现管理与业务的外部延伸；三是提升生产过程防差错能力；四是挖掘质量、工艺、技术和管理，甚至卷烟吸味风格、市场反映与加工过程关系的多维度大数据应用。

（二）批次管理总体技术架构

1. 系统逻辑架构

批次管理信息平台系统的逻辑架构如图1所示。

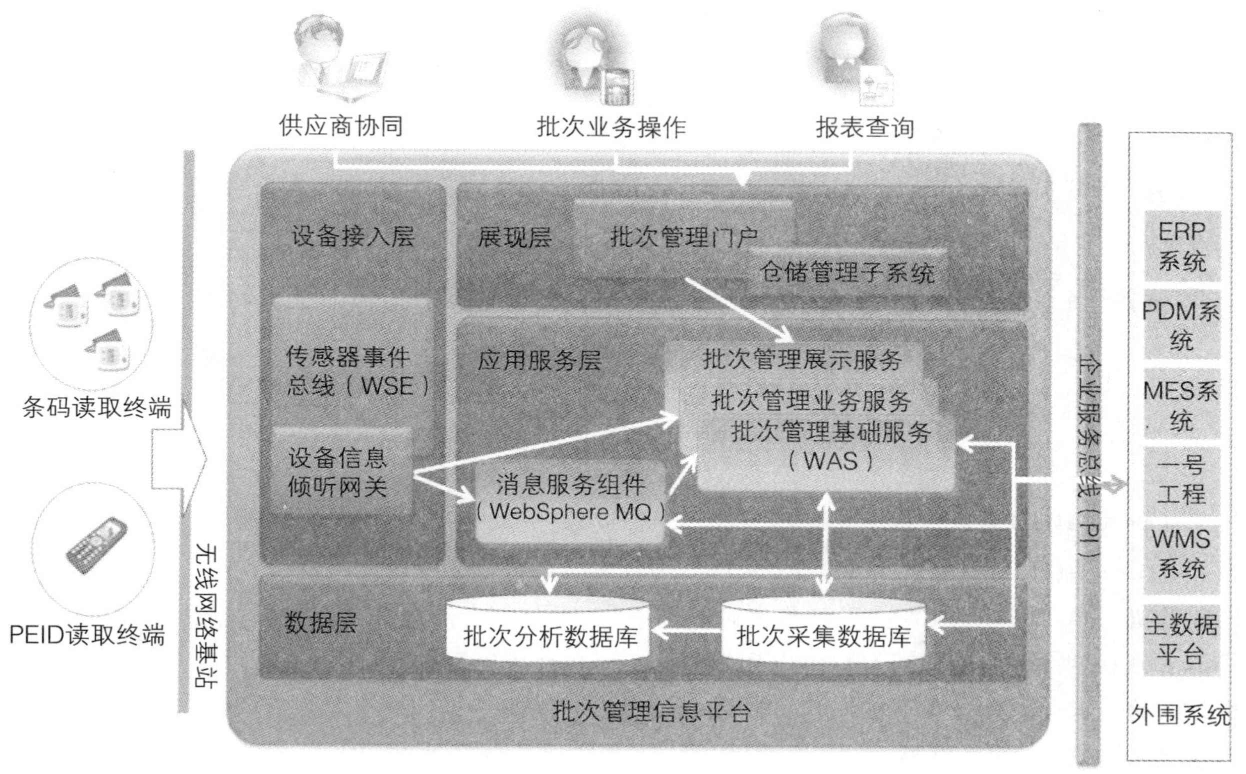

图1　批次管理信息平台系统的逻辑架构

批次管理信息平台的主体实质上遵循了J2EE典型的三层架构，分为数据层、应用服务层和展现层。此外，为整合批次业务外延应用（主要用于物资仓储批次管理环节）的RF手持终端批次信息采集又划出设备接入层，以便集中管理RF手持终端及未来可能出现的更多的数据采集设备或传感器设备等。

2. 系统物理架构

批次管理信息平台系统的物理架构如图2所示。

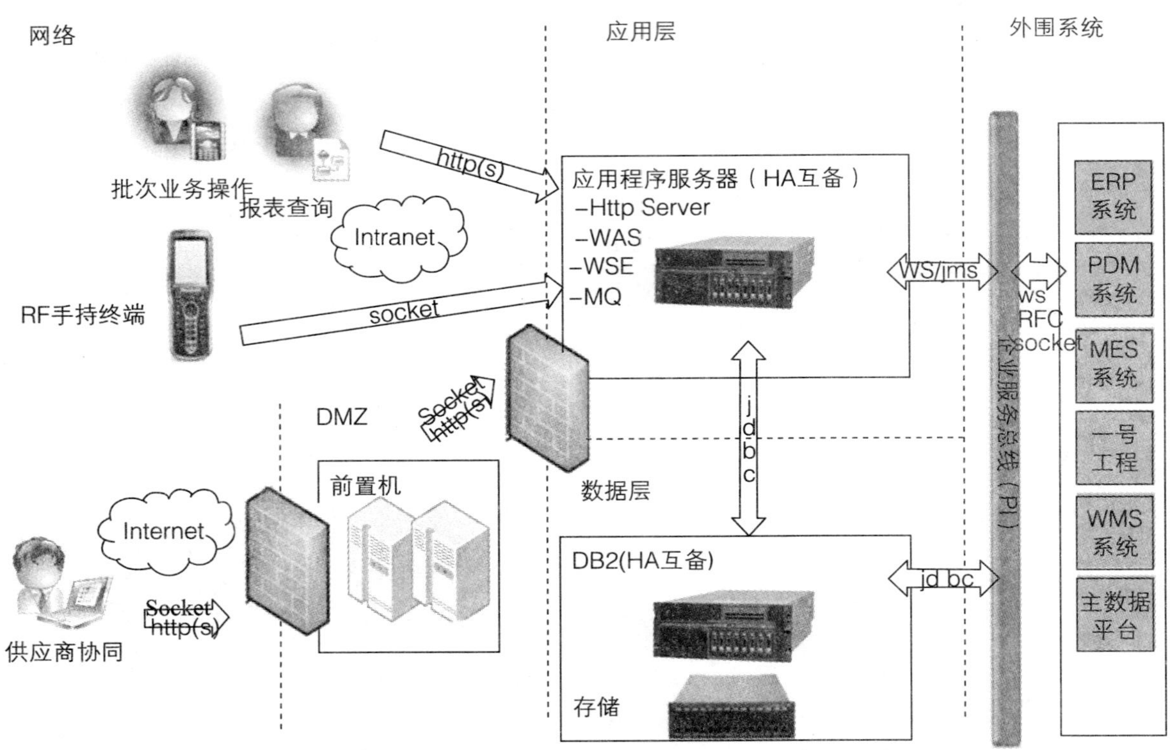

图2　批次管理信息平台系统的物理架构

从物理架构层面看，系统终端用户如果来自外部 Internet（供应商），需要通过 DMZ 中的前置机（PC 服务器级别，建议两台做 HA）将请求分发给特定的应用或端口，以满足安全性方面的要求；如果是内部的用户，可以通过有线或无线的 Intranet 环境直接访问应用程序服务器。

3. 系统集成架构

批次管理信息平台系统的集成架构如图 3 所示。

图 3 中的集成技术架构，主要体现为：

（1）原则上，中烟公司内部的应用系统部署，均需要支持 Web Service，通过 Web 服务接口的方式通过 XI 实现异构系统的集成；

（2）采用服务的方式进行异构系统的传输，而非直接访问对方数据库，提高效率的同时，也降低的技术风险；

（3）中烟公司与外部系统集成，则根据具体要求确定服务方式；

（4）采用数据总线方式提高了架构的扩张性、数据的重用性、维护的便利性。满足系统集成平台拓展性、集成性、安全性与开放性的要求。

三、主要科技创新

（一）构建了一个基于 SNP 的全供应链批次管理模型

为提升供应链管理精细化程度与业务信息的追溯能力，中烟公司利用批次管理，用信息手段记录和区别物料最小包装单元，提出烟草行业基于最小包装单元（SNP）的全供应链批次管理模型，物料和成品批次管理以最小包装单元包实现最小颗粒度管理，为全供应链的产品追踪奠定了基础，由此实现真正意义上的基于 SNP 的全程供应链的单件物料批次追踪与溯源，填补了国内的空白。

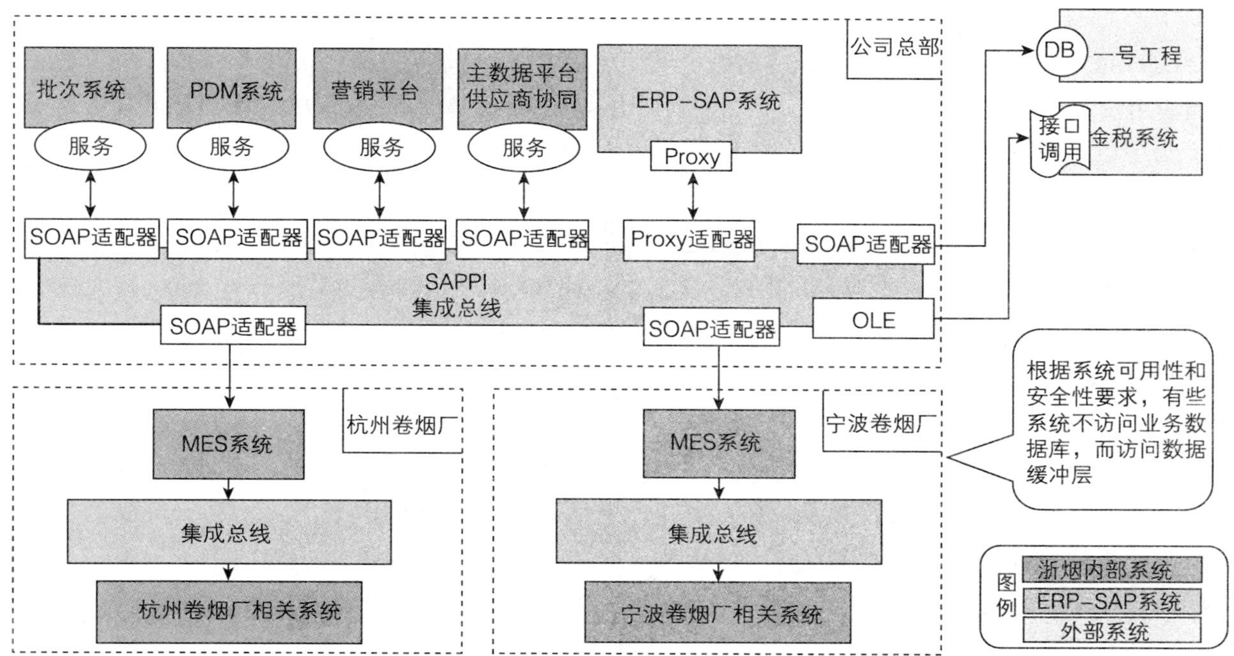

图 3　批次管理信息平台系统的集成架构

（二）提出了基于 SNP 的全供应链精确跟踪与追溯方法

基于产品结构静态因素（包括产品物料组成及加工工艺）和动态因素（包括生产时间、组成物料批次、加工工艺的实际参数），提出了一种追踪 BOM 模型，用以描述最终产品批次与其原料、辅料和半成品批次的组成关系，并把物料关系及卷烟生产流程各个加工工艺、活动及参数联系起来，为产品的追踪和溯源的实现提供了先决条件。

在物料追踪过程中，为了提高匹配精度，批次管理把物料的领取和工序的加工都缩小到某个车间或机台进行考虑，在基于时间的追踪匹配上配合以空间因素来进行约束，分析不同车间或机台的时间交叉点，提高了匹配精度。在此基础上，提出一个基于三维视图的物料追踪模型，并以此模型对问题进行形式化定义，在生产过程中获得产品的追踪 BOM，设计了物料追踪和溯源算法。

（三）设计了一套基于混合数据系统技术和批次导航地图的批次搜索方法

在上述基于 SNP 的全供应链批次管理模型和物料精确追踪方法的基础上，从具体应用的层面上，设计了一套切实可行的基于混合数据系统技术和批次导航地图的批次搜索方法。

批次搜索、跟踪与溯源界面具备展现批次

跟踪与溯源结果及作为查询入口的双重功能。每个批次主体的批次搜索、跟踪与溯源主界面均具备批次主体列表、向前追溯功能树、向后跟踪功能树及批次附加信息功能树四大模块。该搜索方法贯通了产品全生命周期信息，并且提高了产品追踪效率。

（四）集成了基于 RFID 电子标签的数字化仓储应用技术

为了克服传统卷烟仓储管理系统的缺点，批次管理充分利用了超高频 RFID 技术，结合金属介质对超高频 RFID 电子标签的影响因素，提出了一种超高频 RFID 电子标签用于金属表面的解决方案，设计了安装于托盘上和一种地埋式货位标签，标签总体性能达到国内领先水平。

在应用中，生产仓储中的每个托盘上安装一个 RFID 电子标签，对托盘电子标签的信息进行数据采集和实时处理，攻克了基于多层楼库的托盘货位化仓储全程信息自动感知技术难题，自主研发出一套基于 RFID 的货位化管理方案，实现了在楼房型仓库中实行托盘货位化管理的模式。并结合 WMS 应用到仓储物流的各个环节，研发了基于 RFID 的数字化仓储管理系统，为烟草工业企业实现对各种物流资源的实时跟踪和及时履行采购、销售订单，提高物流资源的跟踪、定位和管理水平，提升烟草制造企业物流自动化水平和整体运作效率提供了新思路和新手段。

四、实施效果

（一）应用及推广情况

批次管理支撑平台于 2012 年 12 月 16 日上线试运行，整体运行基本正常。已有将近 60 家材料供应方、20 家复烤企业和本企业 7 个部门共计 420 个用户在使用。

（二）效益分析

1. 直接经济效益

一是库存和资金占用率明显降低。批次管理执行后，供应商到货时间精确控制，到货准确，库存管理有计划执行，提高了仓库的有效利用率。同等条件下相当可减少 5000 平方米左右外租库，按每平方米 150 元每年租，每年可节省租库费用为 75 万元。以往库存资金占用 1 个亿以上，通过批次精细化库存管理后，物资周转周期平均下降 2 天，库存资金可控制在 8000 万元以内，至少节省 2000 万元库存资金占用。

二是产品销量明显提升。项目通过对直接、真实的市场信息的采集、分析和处理，为准确、及时地管理决策提供了重要的数据依据，使得企业能够根据真实的、可靠的市场信息，快速及时地做出正确的市场决策，并第一时间贯彻执行。同时该成果的运用提高了客户服务的满意度和产品忠诚度，增强了企业产品的市场竞争能力，提升了浙江中烟的整体销量。据初步估算，从 2012—2013 年一年时间内，本项目成果为浙江中烟累计新增销售收入 28.83 亿元，净资产收益率从 10.05% 提高至 10.49%，新增税收 19.63 亿元，新增利润 6.12 亿元。

三是质量管控成本明显降低。批次管理成功实施后，中烟公司的质量管理从以往的事后追踪到目前的事中控制，由被动转变为主动，大大降低了不合格品产生和流向市场，从而降低了企业的质量管控的成本。内部质量缺陷导致的翻仓处理数量由 2012 年的 2724425 件下降到 2013 年的 1884310 件，按 1% 的比率计算，问题烟约减少了 8401 件，外部质量投诉由 2012 年的 12654 包下降到 2013 年的 3767 包。

按照公司平均生产成本 825 元/件计算，总计将减少成本损失约 695 万元。投诉次数由 2012 年的 1952 次下降到 2013 年的 1376 次。

从合作供应商角度来分析，自中烟公司实行了严格的批次精细化管理之后，投料量的控制得到加强，过程质量的控制水平得到提高，不合格品的产生减少，质量追溯效率得到提高，库存资金占用和库存品报废风险减少，保守估计综合降低费用占销售额的 0.2%。批次管理成品已经在 60 家合作供应商推广使用，从 2012 年到 2013 年的一年时间内，中烟公司与 60 家供应商的销售发生额约为 35 亿元，因此推算出合作供应商在质量管控方面总计节约成本 700 万元。

2. 间接经济效益

批次管理的成功应用所产生的间接经济效益可体现在以下几个方面。

一是提升管理精细化以及供应链的管理效率。供应链管理的策略不可或缺的是从原辅材料采购、存储、成品生产到销售的信息管理，即让信息流与物流尽可能保持一致，批次管理系统有助于提高精细化管理水平和发现最高效率的方法，实现高效生产、存储与配送。浙江中烟实施批次管理以后，物料管理从物料名称管理细化到最小包装单元按供应商、版本进行管理；库位管理从楼层管理（约 120 个库位）细化到垛位管理（5165 个垛位）；生产过程实现了事中控制、事前防差错、按指定批次投料以及有缺陷材料全过程关注等。工作效率有了明显提升，例如，对质量问题材料或成品追溯从原先至少半天以上缩减到 30 分钟以内；库位盘点从原先两天缩减到目前的半天等。因此批次管理不仅能提升公司内部管理水平，改善企业形象，提高全体员工的自信心与自豪感，对外还可提高客户对企业的信任程度。

二是提高了员工素质和企业的凝聚力。批次管理使管理人员学到了许多新知识、新技术和新方法，进而提高他们的技能素质。同时，批次管理信息系统的共享与交互，使部门之间、管理人员之间的联系更紧密，加强相关部门与人员的协作精神，提高企业的凝聚力。

三是提高了质量控制水平。中烟公司成品烟在国家烟草品牌有很高的知名度，特别是利群，销售量在卷烟单品牌销售前 10 名之列，品牌价值巨大。批次管理系统精度越高，公司越容易定位和解决产品的质量问题，帮助公司减少次品的生产和销售，从而维护企业的公众形象和降低成本，提升与保护企业的品牌价值。

3. 社会效益

（1）响应了《消除烟草制品非法贸易议定书》跟踪和追溯的要求。追踪追溯平台是有效监管烟草制品供应链各环节手段，响应了 2013 年 1 月 10 日中国政府代表在日内瓦世界卫生组织总部签署的《消除烟草制品非法贸易议定书》第 8 条跟踪和追溯的要求。

（2）促进供应商内部管理水平提升。以批次管理为手段，对供应商提出了更精细的管理要求，加强了供应商生产过程管理，促进供应商自身管理水平的提升，实现了供需双赢。

（3）以产品差异化扩大市场。中烟公司通过分析批次管理系统提供的数据，差异化自有产品，如味道、颜色、形状、包装等，强化企业形象，提升客户认知度，从而扩大市场。

（中国物流与采购联合会网络事业部）

中国邮政速递物流的跨境电商服务平台

一、企业简介

中国邮政速递物流股份有限公司（以下简称“公司”），是中国邮政集团公司旗下最新整合组建的、专业经营和管理全国邮政速递物流业务的大型国有现代综合快递物流企业。公司拥有员工 15 万余人，专用揽收、投递（配送）、运输车辆 3 万余台，业务范围遍及全国 31 个省（自治区、直辖市）的 2800 多个县市，通达包括港、澳、台地区在内的全球 200 余个国家和地区，营业网点超过 4.5 万个。

公司主要经营国内速递、国际速递、合同物流等业务，国内、国际速递服务涵盖卓越、标准和经济不同时限水平和代收货款等增值服务，合同物流涵盖仓储、运输等供应链全过程，拥有享誉全球的“EMS”特快专递品牌和国内知名的“CNPL”物流品牌。

公司依托中国邮政，逐步建立起了覆盖全国、遍布城乡的现代快递物流服务体系。构建起了由飞机、火车、汽车等组成的全国性综合、立体干线运输网，拥有覆盖全国的现代速递物流集散中心和网络处理平台，组建有“全夜航”自主航空快速网，拥有 26 架飞机、42 条国内和国际航线。公司建有功能强大的速递物流邮件综合信息处理平台，可实现各类邮件全流程信息化处理和全过程实时动态跟踪查询。此外，依托中国邮政综合信息网的电子邮政子系统（网上支付、认证系统）、金融子系统可实现网上订货、网上支付等功能。

二、项目背景

随着全球经济一体化的推进以及跨境电子商务环境的不断完善，跨境电商已成为电子商务领域新的增长点。我国作为发展迅速的全球新兴市场之一，已经显示出在跨境电商进出口方面的强劲市场需求。数据显示，截至 2013 年我国跨境电商平台企业已有 5000 家，实现出口额 2.7 万亿元，占跨境交易额的 88.2%，实现进口额超过 700 亿元，占比仅为 11.7%。最为重要的是，透过数据显示出了跨境电商寄递的出口包裹有 50% 以上是通过中国邮政渠道发往国外。公司正在为国内 1 万多家典型电商企业提供商品出口寄递服务，成为电商出口包裹的主要通道。

面对新的业务需求，公司从战略层面认识理解近几年国家陆续出台的积极鼓励跨境电商业务发展的政策内涵，认识到跨境电商市场是公司在电子商务领域做大做强的难得的机会，是公司走向国际化的切入点。因此，公司必须要抓住这一政策机遇和市场机会，利用独有的资源建设一个为电商业务提供综合服务的平台，解决与跨境电子商务相关的清关、代缴关税、退税结汇、退货、代收货款、信息查询等几个重点物流环节的技术问题。这些环节是用户重点关注的环节，也是邮政提升国际寄递服务水平的关键。

因此，公司开始建设打造“跨境电子商务服务平台”（以下简称平台）。

三、信息化解决方案

（一）平台建设目标

通过建设平台实现与电商平台、支付平台、海关商检、运输渠道及仓储企业系统对接，多方协同作业、信息共享，利用企业、商品、用户等信息备案，快件自动合成清单、集中向海关申报，将跨境电商业务的全程信息对政府与海关透明化，实现全程信息可视、可溯、可控，同时取得结汇联、退税联，为广大跨境电子商务企业零售进出口提供一站式操作和服务便利。

另外，平台为出口中小企业提供端到端的解决方案，整合了公司多个国际业务创新产品，如以中邮“在线发运系统”为统一客户订单接入模块，提供E邮宝、E速宝、E特快及香港快递等多种时效和线路产品，以“中邮海外仓”为统一海外仓储服务模块，为客户提供美国、澳洲、英国等多地境外远程仓储管理服务，以“中邮集货转运”模块为客户提供境外包裹集货“一票到底”进口运输和配送、境内包裹集货出口运输和境外落地配，以及基于海关“监管保税仓”进口的仓储和配送。中国邮政作为万国邮联成员单位，目前已参与了多个跨境电商的试点城市的业务运营，邮政产品作为B to C进出口试点推广，并与各口岸成立相关的海关监控区域或保税仓及外贸资质机构，为外贸企业提供全方位的跨境服务。

（二）平台总体方案

平台以信息系统为载体，连接跨境贸易电子商务企业和通关监管各相关监管机构和物流企业，实现跨境物流的全程监管，并通过物流服务全流程无缝衔接“客户到用户”的交付。平台系统集成了多方数据交换，为客户和物流作业提供进口、出口业务管理功能，为海关商检提供直接的审批、间接的系统集成监管等功能，并对外提供多方面的标准接口，允许接入订单、物流状态、支付信息、国检、外汇、国税等跨境电商相关数据信息，为客户提供海外仓、运输及配送等国际物流服务。平台采用全国大集中的方式，依托互联网和邮政综合网，构建了一个功能齐全、架构先进、统一化的信息系统。

平台系统主要由以下三个部分构成，如图1所示。

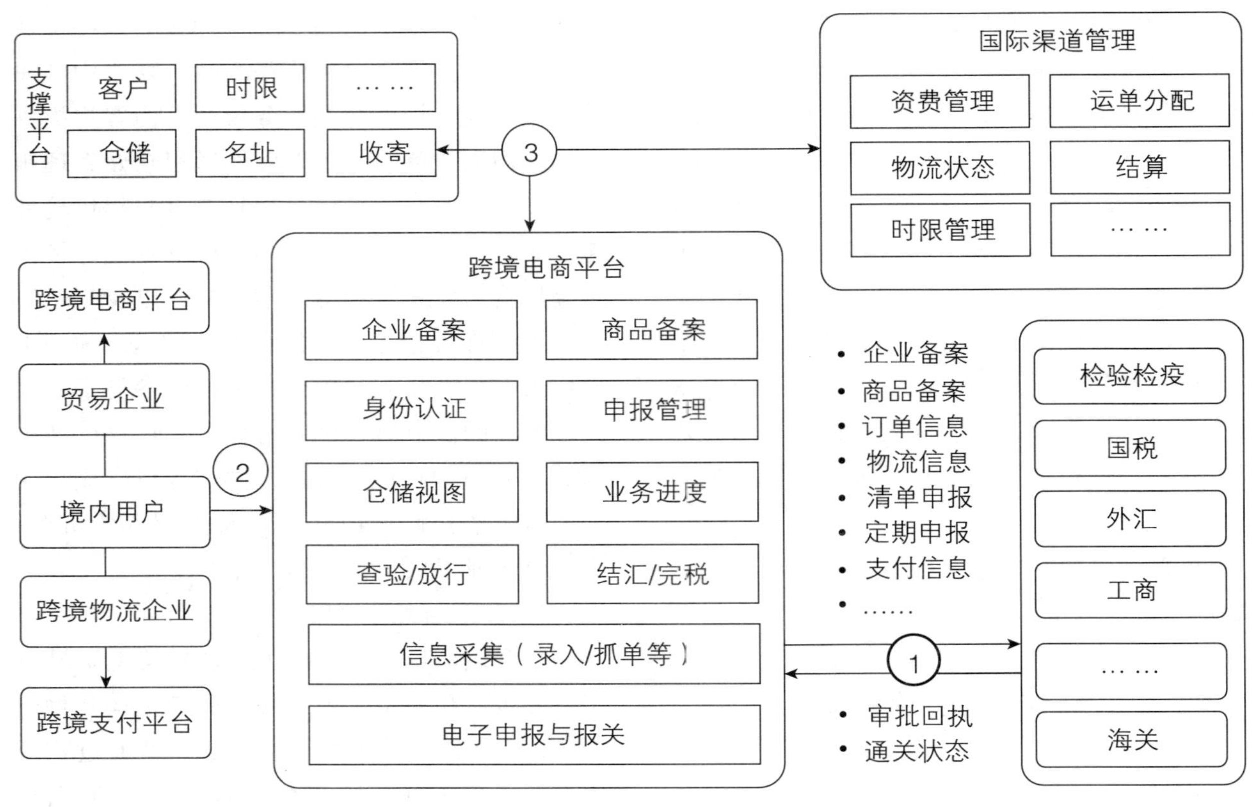

图 1　平台系统关系构成

第一部分是与海关系统接口进行报关部分。平台需要与各地海关系统及检验检疫系统进行接口数据互换，主要接口有备案接口、清单接口、报关接口、放行接口、进仓接口、进境接口、装载接口、账册接口，与税务、外汇管理局等进行完税信息的接口数据互换。按海关属地建设的部分报关辅助系统，如出口邮件查验辅助系统、进口快件查验辅助系统、进口邮件征税系统等，需要与各系统进行接口，取得报关辅助信息。

第二部分是与电商接口进行数据交换部分。平台通过接口可以取得境内电商、境外电商的订单信息、物流信息及支付信息；直接与电商订单数据接口平台进行数据交换，取得订单信息、物流信息及支付信息；或通过代理货运公司转入业务，也可以与代理货运公司进行接口数据交换，以取得订单信息、物流信息及支付信息。

第三部分是内部系统部分。平台需要从速递统系统取得邮件收寄信息，从 Shipping 发运系统取得运单信息及报关信息，平台对接仓储系统等监管仓内部使用仓储系统的实时仓储数据，已用于进行报表及相关申报，实现进出口邮件的全程查询。因此，需要与境内外合作企业的邮件投递处理系统进行对接，取得境外邮件的投递信息及境内非邮的投递信息。

（三）平台系统功能架构

平台系统主要支持跨境电商业务，涵盖跨境电商出口业务 B to C、进口业务 B to C、保税 B to B to C 进出口，以及仓储和发运等服务。系统使用范围包括：公司相关工作人员、海关商检、进出口业务的电商企业、电商消费者及第三方物流和服务机构，实现企业内外部作业环节高度协同的供应链物流服务体系，为客户提供全面的、可定制的物流、关务和信息服务。平台系统功能架构如图2所示。

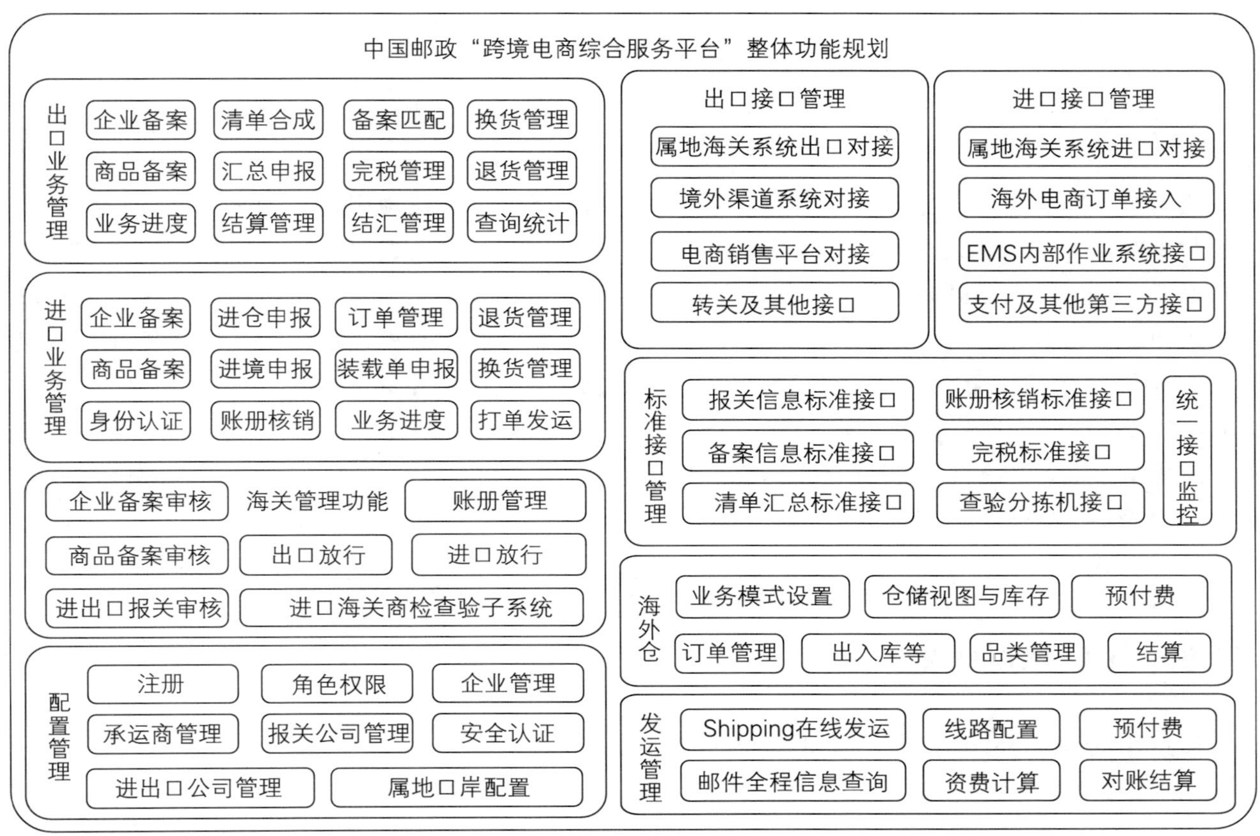

图2 平台系统功能架构

（四）平台系统技术特点

平台系统利用互联网来构建系统网络，采用B/S技术架构。WEB服务器（Linux + Tomcat 7）和数据库服务器（Oracle 11G）部署服务器区，各使用单位中通过客户端浏览器的方式来操作、访问系统。采用B/S技术架构，Spring + Struts2 + Hibernate技术构建系统，面向服务的技术来构建应用，充分保证了系统的可移植性和复用性，快速适应企业生产、管理模式的变化，最大限度地保证企业的投资。

1. 采取统一、集中的方式建设

平台系统遵循统一化、集中化的标准建设，避免了信息孤岛的存在。这种方式极大地方便了用户，生产用户避免了多系统登录、切换的操作；管理用户则只需通过一个系统，即可对所有业务进行跟踪、监控和管理分析。此外，统一集中的平台节省了企业内部各系统间接口开发的工作量，大幅提高了开发效率，提高了对市场和客户需求的响应速度。

2. 基于SOA的软件架构

平台系统采用SOA架构，敏捷改进业务流程、快速集成现有系统、最大化重用物流业务服务、提高系统开发速度和降低系统开发成本，建设出具有良好兼容性和可扩展性的信息系统，从而保证物流运作的高效进行。

3. 应用国际领先的B to B网关实现客户数据交换

为了统一跨境电子商务服务平台与客户系统的数据交换，平台系统采用了国际领先的B to B数据网关。借助所拥有的高性能转换器，网关可快速进行数据映射，并可执行高速EDI/XML转换，从而大大加快与客户系统的接口调测时间，为客户提供更快更优质的服务。此外，跨境电子商务服务平台还定义了一套标准化的客户接口，客户只需部署接口客户端即可高效地获取其货物信息。

四、平台项目成果

通过平台项目的建设，以信息系统为手段，实现了跨境电商进出口企业货品申报、电子数据比对、风险预警、查询统计、商品追溯等服务，提高了海关监管力度。以平台为媒介，实现了跨境电商企业、海关、物流企业等各业务主体多方协同作业、信息共享、合作共赢。

平台项目建设定位于“国内领先、国际一流”的目标，是邮政对国家政策的积极响应及有效落实，广泛地引入了国际先进的机构、技术和工具。平台建设的成功，将在技术支撑和引领业务发展上进一步促进国际快递、贸易及物流信息化水平的发展，为共同降低社会物流总成本、促进外贸发展做出贡献。

（中国邮政速递物流股份有限公司）

标准化服务 一体化运营
——国药物流的多仓运营体系

一、公司简介

国药集团医药物流有限公司（以下简称“国药物流”）于2004年5月注册成立，注册资本3亿元人民币，是国药控股股份有限公司的全资子公司。

自成立以来，国药物流的经营规模不断扩大，经济运行质量不断提高，赢利能力持续增长，现已发展为中国最大的药品、医疗保健产品的供应链服务提供商，拥有并经营中国最大的药品配送服务网络。截至2013年年底，国药物流已在北京、上海、天津等十几个城市建立了现代化物流中心。

国药物流核心物流业务包括进口保税物流、药品物流、器械物流、冷链物流、零售物流、院内物流、临床试验物流和各类个性化的医药物流解决方案。当前，国药物流正着力打造基于“合规、专业、高效”的全国多仓运营体系，力争成为中国医药健康物流产业最具知名度的物流交付公司。

二、项目背景

面对国家医改和制药企业发展带来的服务需求变化，国药物流未雨绸缪，按照供应链管理的优化原理，推出全国多仓运营服务模式，将客户多个工厂的产品根据销售预测安排库存到就近仓库，再根据实际销售订单的收货地址安排最近的仓库发货。这种全国多仓运营模式可以有效缩短订单周期，减少重复运输，节约管理资源，提升服务效率。

国药物流2007年正式启动多仓运营服务模式。2012年12月，国药物流获得国家食品药品监督管理总局备案认可、上海食品药品监督管理局颁发的全国联网运营许可证书，该证书明确全国联网运营业务，覆盖国药物流分布在全国的16个主要物流中心。拥有全国联网药品第三方物流运营资质后，国药的客户只需和国药物流总部签约，即可把产品存放在国药的16个物流中心。如新业务需要新增使用物流中心，也只需要由货主完成质量审计即可进行操作，为客户的业务发展提供了很大的便利。

三、国药物流的全方位保障体系

为确保"合规、专业、高效"的多仓运营质量和效率，国药物流建立了全方位的"标准化服务、一体化运营"的保障体系。

（一）质量保障体系

1. 一体化垂直管理的质量体系架构

针对全国多仓运营模式，国药物流建立了国药控股质量总部领导决策、国药物流质量部监督指导、各分库落实执行的三级质量管控体系，质量工作自上而下，垂直管理，确保了药品物流全过程的安全、可控。

国药物流建立了冷链质量管理专项小组，负责货主全程冷链监控和管理。

2. 行之有效的质量管理体系文件

质量管理制度是日常管理与作业的依据与标准，物流总部一方面制定统一的标准化质量管理体系文件，并下发16个物流中心；另一方面严格执行，定期检查，确保多仓运营按照统一的标准收货、验收、储存和发货，确保药品质量。

3. 质量管理人员总部备案机制

各库区质量人员是质量管理制度的监督执行者，因此，质量管理人员的选择与任用至关重要。物流总部为加强对质量管理人员的管理，建立了质量管理人员总部备案机制。即各库区质量管理人员的资质要符合法规要求并经过公司审核、备案，并参加统一培训，此外，各库区质量管理人员变动必须经过物流总部审核同意。

4. 内部检查、认证准入机制

物流总部对加入多仓运营的各分库均进行严格筛选，并建立了内部审核检查、认证准入的管理机制，即物流总部设有内部认证检查专家库，对要加入多仓运营的各分库展开认证检查，通过检查的分库才允许加入多仓运营与管理。此外，国药物流会定期或不定期对全国各分库进行跟踪检查，确保各项质量管理制度能够得到有效执行。

（二）信息保障体系

国药物流信息保障体系的核心是"赛飞（SAVE）"供应链管理服务云平台。

赛飞供应链管理服务云平台，以实现国药物流以冷链为代表的合规经营保障管理以及供应链全局可视化管理，实现供应链上下游计划与业务执行的紧密协同以及全网分拨配送运输的一体化运营及优化，实现国药物流可复制整体高效的标准化运营目标。在企业管理方面，实现组织间协同，沟通更有效，管理更畅通，从企业全局出发，对经营效益进行分析，准确下达经营决策；在客户服务方面，客户使用统一平台，提供对于整个供应链全局的可视化和可跟踪性，达到顺畅整个供应链，降低物流运作成本、缩短订单付款周期，提升客户服务水平的目的。

赛飞供应链管理服务云平台与国药物流集中部署的WMS系统、TMS系统、冷链温湿度监控系统、冷链作业管理系统共同构成了国药物流一体化信息系统核心服务体系，为国药物流全国多仓运营提供了技术保障。

（三）标准化保障体系

为保障全国一体化和多仓运营，国药物流自建了标准化保障体系。2012年11月国药物流牵头成立了国药控股全国物流技术标准化管理委员会（以下简称国药物流标委会）。

2013年，国药物流标委会编制了由技术标准子体系、管理标准子体系、工作标准子体系和服务标准子体系组成的较为完善的国药物流标准体系。

该标准体系共有 47 个标准，基本涵盖了医药物流运营、服务的各个方面，以及仓储、运输、温湿度监控等环节，保障了国药物流标准化、一体化的全国多仓高质量、高效率运营。

为使已颁布标准的落地实施，国药物流标委会定期组织 18 家成员单位的人员进行专题培训，开展标准化体系认证工作。

为保障全国多仓运营冷链物流的质量，国药物流标委会成立了由标委会成员单位骨干和冷链技术人员组成的冷链技术小组，该小组的成员和特邀的国际知名制药企业专家一起，定期对冷链技术小组成员单位进行冷链验证、管理、操作标准化等专业培训。此外，冷链技术小组内部还定期进行工作交流，以便及时发现问题及时解决问题，确保 47 个标准执行无障碍。

（四）供应链解决方案

为保障全国多仓运营高效顺畅，国药物流专门设立了供应链解决方案部门，制定了一系列多仓运营的供应链解决方案。

1. 网络规划解决方案

国药物流的供应链网络规划综合考虑了客户多种业态的现状，同时考虑了供应商的分布和发展，考虑了未来战略布局及需求分布，所以，它是一个站在全局角度有利于整体发展的物流网络规划，对提升国药物流多仓供应链效率、降低总体物流成本有实际意义。

2. 运输规划解决方案

运输优化是在保证货物流向合理的前提下，以最少的运输环节、最佳的运输路线、最低的运输费用把货物运至目的地，从而达到降低运输成本、节约运输资源、缩短运输时间、加快物流速度的目的。国药物流的运输规划包括零担、整车拼装优化，满足多时间窗的多点提送优化和返程空驶资源优化等。

3. 多级库存优化解决方案

实施多级库存优化的最终目的是使供应链库存成本最小。国药物流的多级库存优化策略是在结合各业态供应链要求的前提下，综合考虑成本、服务水平、采购和运输时间等条件，对供应链中的多层级库存进行优化。经过优化实现成本和效率的最佳组合，其中包括库存分布策略和补货策略等。

4. 配送中心规划解决方案

通过对各配送中心进行需求分析、流程设计、能力规划、总体布局、设备选配与设计等工作，国药物流构建了由多个储区、多种储存和拣选方式、多种设备配置、作业方式和信息系统组成的复杂的物流系统，从而提高了各配送中心作业的准确率、缩短了交货时间、提高了交货频次、增强了履行紧急订单的能力。

5. 院内物流解决方案

院内物流解决方案是国药物流针对其与医院、医疗机构的战略合作项目制定的物流方案，它包括药品、耗材供应链整体设计，医院药库、药房规划布局设计，定制开发的药品和耗材的院内物流信息系统，医院内物流作业运营管理，如药库托管、社会化门诊药房、院内配送等一整套方案；是国药物流适应新医改环境对药品、器械耗材供应管理的模式创新。

四、多仓运营服务方案

（一）多仓运营服务方案的设计原则

国药物流设计多仓运营服务方案的设计原则主要依据以下五方面的要素要求。

第一是距离因素。物流中心与药厂的距离决定了提货速度和提货成本；物流中心与下游客户的距离决定了服务响应水平和运输成本。

第二是需求因素。物流中心周边客户的需求量影响响应速度；同时物流中心辐射范围的需求越大，不仅配送距离越短，采用的运输工具也发生变化，可以最大程度实现陆路运输和整车运输，降低运输成本。

第三是风险管控。选取的物流中心具备服务相应产品的能力和经验，有效保障产品安全和服务水平，避免重大风险发生。

第四是供需优化。考虑制药企业供应链策略，平衡库存量、库存周转和相应速度三大元素，使总成本最优。

第五是规模优化。单体客户和国药物流其他客户之间资源共享和规模效应，使客户在国药物流平台上实现成本最优。

（二）多仓运营方案举例

以下是国药物流为国际某知名制药企业（以下以“×××”代替）设计的多仓运营方案简述。

为取得成本和效率的最佳方案，国药物流优先选取了上海、北京、沈阳和广州四个物流中心作为×××产品的仓储及转运中心。其中，沈阳仓库作为冬储仓库，在每年的 11 月至第二年的 3 月使用，其他仓库的使用根据区域需求预测和销售数据的实时变化具体挑选最经济的物流中心。

国药物流设计的多仓运营服务方案中的库存和配送策略简述如下。

第一，根据需求对产品进行 ABC 分类，对需求量不同的产品，给予不同的关注度，进行资源的合理配置。

第二，根据不同的产品，制定不同的补货策略。需求量大的产品，根据其历史需求时段分布，分次提货；需求量小的产品，集中在需求时段统一提货，从而降低了平均库存水平，提高库存周转率。该公司产品平均库存周期达到了 12 天左右。

第三，补货策略更接近真实的需求，有效地削减了牛鞭效应，为工厂的计划安排提供了直观依据。

第四，四仓协作保证了产品的直运，减少了在途的损耗。

第五，四个物流中心所在城市进行冷链配送时，全部使用冷藏车或冷链周转箱，尽量减少冷包的使用。

（三）多仓运营创造良好效益

国药物流启用多仓运营模式后取得了良好的管理和经济效益，具体表现在以下几个方面。

1. 缩短了订单响应时间

启用多仓运营模式后，由于更靠近销售区域，平均的订单响应时间 50% 均控制在 24 小时以内。

2. 降低了运输成本

对于药品冷链物流来说，一般都要求 48 ~ 72 小时送达客户手中。使用单仓运营，会有 40% ~50% 的空运比例；使用多仓运营模式能大幅降低空运的比例，从而降低运输成本。

3. 降低了运输破损率

由于货品在途时间减少、空运比例降低，运输中的破损率能够控制在 0. 01% 以内。

4. 保持业务连续性

当一个物流中心受到洪水、台风、地震等不可抗力事件或是恰遇重大活动（如奥运会、世界杯等）以及特殊事件（如信息系统瘫痪等）影响时，其余各个物流中心仍旧可以进行跨区域覆盖配送，保证客户业务无间断运营。

5. 订单集并，降低了管理成本

把多个工厂的产品集并到区域物流中心后，可以减少订单数量，从而有效降低管理成本。

6. 保证特殊温度要求药品的运输质量

对于温控要求在 2°C ~ 8°C 的产品和冬季怕冻等有特殊温度要求的药品，多物流中心的选用有助于通过缩短在途时限和使用保温班车的方式，保证药品的运输质量。

7. 加快了药品召回速度

当遇到药品有质量问题需要召回时，多物流中心操作将有助于缩短药品退货库内的时间，降低风险。

（国药集团医药物流有限公司）

中铁现代物流：打造国内领先的专业化港口物流服务提供商

中铁现代物流科技股份有限公司（简称“中铁现代物流”）是由世界500强企业中国铁路物资股份有限公司（简称“中国铁物”）控股的国有大型第三方物流公司，成立于2002年，注册资本1.18亿元。中铁现代物流以钢材为主的大宗生产资料综合物流服务为核心、铁路物流和金融物流服务为特色，大力发展供应链一体化综合物流业务，拥有基础物流、港口物流、铁路物流、金融物流、钢铁物流、煤炭物流、机电接运七大业务板块，业务范围涉及钢材、煤炭、矿石等大宗生产资料、快速消费品、汽车等诸多领域。

中铁现代物流总部设在北京，经过十多年的积极探索和努力，在大连、北京、天津、青岛、南京、上海、武汉、合肥、长沙、鹰潭、广州、成都、重庆、昆明、西安、太原和呼和浩特等主要枢纽城市设有18家分子公司，控制协调遍布全国的1500多个配送中心及作业部，依托先进的物流信息系统支持，形成了以枢纽城市为核心、覆盖全国、延伸国际的物流网络体系。

一、开展港口物流业务的背景

2011年年初，面对蓬勃发展的国内和国际航运市场，同时依托即将开展的中国铁物非洲矿业铁矿石项目国际海运业务，中铁现代物流审时度势，在原来基础物流板块海、水运及港口货代业务基础上，从公司战略发展的高度研究成立了港口物流事业部，并将其定位为公司的新兴潜力业务。港口物流事业部的成立是中铁现代物流实施中国铁物“走出去”战略迈出的关键一步。

2011年12月，非洲矿业塞拉利昂铁矿石项目正式开始商业运营，在全球租船市场激烈竞争的情况下，中铁现代物流为项目提供了当月签约、当月租船、当月装运及当月组团赴现场监装的高效供应链集成服务。

2012年3月1日，由中铁现代物流承揽的非洲矿业塞拉利昂铁矿石第一艘CAPE船顺利抵达京唐港，标志着中铁现代物流港口物流业务实现了新突破，填补了中铁现代物流远洋运输业务的空白，是中铁现代物流发展国际海运业务的重要里程碑，同时，中铁现代物流为国内开辟了一条新的国际铁矿石海运航线，从进口国际铁矿石等层面来讲具有十分重要的战略意义。至此，中铁现代物流开始了港口物流业务大力开展特别是国际海运业务蓬勃开展的新征程。

二、依托国际海运业务，有效延伸港口物流服务

自开展非洲矿业国际铁矿石国际海运业务以来，中铁现代物流逐步积累了丰富的国际海运经验，促使其把国际海运能力建设作为开拓国际化物流业务的重要突破口。利用这一发展契机，中铁现代物流与国内和国际大船东直接签署了战略合作协议，并在确保足够的运力和有竞争力的运价机制基础上，不断探索尝试引进租船新模式，为自身进行船舶管理、掌控船舶资源打下了坚实基础。

依托国际海运业务，中铁现代物流的业务触角逐步向国内海运、港口货代、国际船代等港口物流延伸，经营范围从铁矿石延伸至钢材、煤炭等大宗生产资料领域，港口物流业务逐步形成一体化综合物流服务模式，形成了“一主两翼”的战略发展思路，即打造“海水运、船货代业务一体化综合物流服务模式”。目前，通过中国铁物系统内业务，中铁现代物流在国际海运、船货代方面快速成长，并已取得国际船代等相关资质，加上公司在内河水运等方面的业务积累，中铁现代物流在江海联运、海水联运方面已经开始尝试业务衔接。未来中铁现代物流将依托中国铁物在铁路方面的优势资源，进一步打通多式联运的边界，开展公、铁、水一体化多式联运业务。

2013 年，中铁现代物流成为日照国际铁矿石交易中心的指定物流代理商，为全面参与该项目的物流运作、配合该项目的顺利实施，中铁现代物流在日照国际铁矿石交易中心内部建立起物流服务专职部门，并对所辖相关港口的货代流程进行全面梳理，确保在港口的实物交割安全、有效，同时积极开发一手货代业务，并加强对港口相关增值服务提供商的管控。通过成为日照国际铁矿石交易中心指定物流代理商，中铁现代物流进一步延伸了铁矿石贸易业务，充分发挥了自身的资源优势和服务优势，进一步带动船货代业务一体化综合物流服务模式的发展，港口物流综合服务能力得到全面提升。

三、完善港口网络布局，开辟国际航运新领域

在中铁现代物流网络战略规划的指引下，中铁现代物流港口物流业务已在国内重点港口实现了资源整合，初步完成了港口物流网络布局，并在立足国内港口物流业务的基础上，不断开辟国际航运新领域。

中铁现代物流以各港口、口岸为基地，重点跟进中国铁物矿产业务、煤炭业务、钢轨出口业务等产品流向和需求节点集聚的战略基地型港口，着力培养与港务局、海关、商检、海事等紧密的伙伴关系，通过新建、整合码头等集散地，购置或融租海运资源，整合保税仓库、交割仓库、海关监管仓库和堆场等方式，掌控港口基地资源和船舶运输资源；通过对铁路系统内部其他的业务合作港以签订业务合作协议的方式，获取所需物流资源，最终形成了重点港口服务配套、关键港口控制资源的局面。

在加强港口资源整合的同时，中铁现代物流不断完善港口物流经营网点布局，增强对供

应链关键节点的控制，强化自身核心竞争力，有效防控经营风险。目前，中铁现代物流已相继在北京、大连、天津、青岛、上海、广州、昆明、长沙以及武汉等多个港口城市成立了港口物流基地，在全国19个重要港口成立了26个港口作业部，初步建立起了辐射五大港口群和长江沿线的港口物流网络。

此外，中铁现代物流积极拓展国际化大客户，如积极参与深圳联力国际进口智利铁矿石国际海运的竞标，为中铁十七局海外项目设计完整的海外物流方案，并与美国嘉吉海运公司、德国奥登道夫航运公司、日本NYK邮船公司等建立了合作关系，这些举措为中铁现代物流充分参与国际海运业务奠定了坚实的基础。中铁现代物流的协同作用也从服务链条后端的单纯物流服务，不断延伸到国际业务的开发、贸易谈判等环节，全方位的服务功能逐渐显现。

四、强化技术创新，加强业务风险防控

创新、诚信、协作、进取是中铁现代物流的企业精神，创新是中铁现代物流可持续发展的生命线，正是坚持在技术、管理和经营上不断创新，中铁现代物流才取得了快速发展。

中铁现代物流在进行货物装卸的过程中发现，现有散货船运载钢卷无任何装置，部分进口钢卷采用使用钢带、三角木或木方进行简易固定，不能满足特殊钢卷的装载需求。尤其该类特殊钢卷根本无法保证小型船舶在海上的安全运输，也无法实现小型船舶的江海直达运输，大型船舶双层压载运输方式，在运输过程中，因钢卷互相摩擦、挤压，钢卷尤其是薄板钢卷的货损率很大、损伤亦很严重。

在这种行业难题下，中铁现代物流发明了“2000吨级以下船舶运载特殊钢卷的装置”，该装置使得小型船只运载特殊钢卷具备了可行性，而且大大降低了货损率，由于该装置采用了双层压载运输方式，防止运输过程中的倒塌，大大增加了航运过程中的安全性。该装置于2014年7月16日获得国家知识产权局颁发的实用新型专利证书。

随着港口物流业务的大力开展，中铁现代物流不断建立健全港口物流管理制度体系，加强和完善港口物流运营管理和监督，确保港口物流经营安全。一是根据业务发展需要，对现有管理制度等进行修订，逐步建立完善港口物流业务操作规范和规章制度，对港口物流业务模式、操作流程、风险防控等方面进行明确界定；二是加强业务巡查，采取分子公司自查与总部抽查相结合的方式，确保各项措施的执行，并通过强化港口物流业务培训，在港口物流流程制定、管理控制、业务跟踪以及人员的责任心等诸多环节对业务风险节点进行掌控；三是按照“上收下放”的管理原则，逐步把在总部的港口物流业务操作职能下放到分子公司，总部行使指挥、管理、监督、考核职能，各分子公司承担港口物流具体的操作功能，确保管理的标准化、统一化和高效执行力，在港口物流业务运作中优化管控模式，实现总部与分子公司联动。

中铁现代物流将借助国际航运逐步回暖的趋势，拓宽港口物流业务范围，做强做大国际海运业务，打造国内领先的专业化港口物流服务提供商。

（孟 真 中铁现代物流科技股份有限公司）

精益物流超市设计
——亿博物流咨询的中联重科精益物流超市设计项目

一、企业简介

（一）亿博物流咨询

成都亿博物流咨询有限公司（以下简称“亿博”）是国内知名的专业物流咨询公司之一。亿博一直致力于物流领域的理论探索和实践推广，目前在电子商务、城市物流、物流设施、物流战略、供应链管理、物流产业等领域具有丰富的项目经验和精湛的技术实施能力。

亿博长期为政府及大中型企业提供咨询服务，已成功运作 300 多个大中型咨询项目，业务遍布全国各地，不仅取得了丰硕的理论研究成果，更取得了宝贵的实践应用成果，亿博在能源、钢铁、汽车、装备制造、烟草、医药、食品、服装等行业积累了丰富的项目经验，具备坚实的供应链解决方案实施能力。

（二）中联重科环卫机械公司

中联重科环卫机械公司（以下简称“中联环卫”）是中联重科股份有限公司（以下简称“中联重科”）旗下专业从事环卫环保设备研发、制造和营销的事业部，主要生产道路清扫机械、清洗机械、垃圾收运机械、市政养护设备、除冰雪设备、垃圾压缩站成套设备、垃圾填埋场成套设备和餐厨垃圾收运与处理装备等产品，并提供城市垃圾收运与处置、农村垃圾收运与处置、生活垃圾资源化利用、餐厨垃圾资源化利用等系统解决方案和技术。

二、项目背景

在我国产业转型升级与结构调整的政策推动下，工程机械制造、装备制造等制造行业日趋成熟和壮大，这些行业对于供应链物流运作能力提升的需求也更加迫切。

中联重科从业务规模到企业内部运营管理在行业中都处于龙头地位，但由于行业特点所致，企业内部物流运作能力较低，为了提高物流运作效率，降低物流成本，适应公司精益生产体系，中联重科邀请亿博为其提供物流解决方案设计。亿博在项目实施前，对中联环卫的仓储物流现状进行了长时间的实地调研，发现中联环卫仓储物流主要有如下一些问题。

一是仓库运作效率较低。中联环卫仓库运作在入库、分拣配料以及仓库管理上效率低下，具体表现在：无月台库房的卸货，多数物料入库时无检验，入库无信息化支持，包装未标准化，入库时拆包存储，库房无功能区域设置，通道拥堵，无货位优化设计，入库路径烦琐，分拣及配料设备设计人机功效低，配料批量与批次未有序管理，库存盘点效率低，管理混乱。

二是仓库柔性管理能力不足。中联环卫在应急响应能力和灵活性方面较差，具体体现在：仓储运作流程粗糙，信息化支持较弱，库房数量较多，分散分布，库房内布局不合理。

三是仓储运作成本较高。中联环卫在物料和设备损耗、人工成本方面的花费较高，仓储物流设施的利用效率较低，具体体现在：包装标准化程度低，装卸及搬运设备合理化程度低，设备利用率低，人力利用率低，设施空间利用率较低，仓储物流存储设备选配合理性低，导致设施利用率低。

四是面对生产的服务质量较差。中联环卫在物料配送的齐套性和及时性上较差，具体体现在：物料供应齐套性差，分拣配料准确性差，生产缺件严重，信息化水平较低。

针对中联环卫的问题和需求，亿博提出了“精益物流超市设计”方案，意在帮助中联环卫实现生产物料从入库、存储、拣选到产线供应的精益化管理，大幅度提升生产效率。

三、精益物流超市设计方案

精益物流超市设计基于对物料的物料属性分析、出入库分析、产能分析、流量预测等，采用“集中与分散”的设计原则和“推式分拣”与“拉式分拣”相结合的分拣模式，以及面向存储的暂存区设计和面向生产的存储区设计相结合的仓库布局，对中联环卫的仓储进行系统、科学、合理地设计。

（一）精益物流超市项目框架及实施思路

亿博精益物流超市方案主要依照精益制造的基本思想，即“只在需要的时候，按需要的量，供给需要的原料，生产需要的产品。”从供应商送货、入库、库存、拣选到产线供应环节出发，在布局、流程、设备选型、信息化构建上进行精细化的规划设计，实施框架如图1所示。

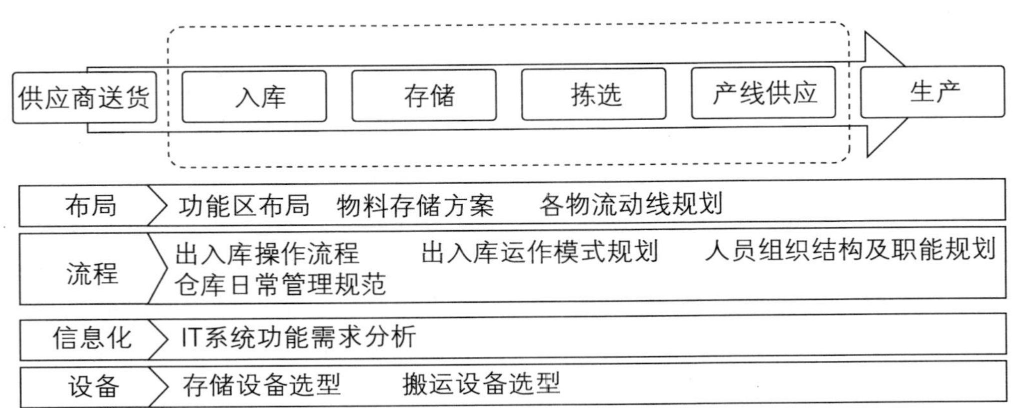

图1 精益物流超市实施框架

亿博从中联重科环卫公司的实际情况出发，按照如下八个步骤的思路实施项目：步骤一，现状分析及问题梳理；步骤二，环卫仓库运作数据分析；步骤三，环卫物流超市限制条件；步骤四，环卫物流超市模拟仿真设计；步骤五，仓库布局设计；步骤六，仓储运作流程优化设计；步骤七，仓储组织架构及管理制度优化；步骤八，仓储设备选型。

（二）实施精益物流超市的条件

制造企业实施精益物流超市需要具备一定的基础条件，在信息系统、供应商管理、设备配置，以及人员岗位分工等方面协调配合。

第一是信息系统支持，包括货位管理模块、分拣配送支持模块和库存预警模块；第二是供应商管理，包括供应商到货批次批量管理、供应商到货时间管理和供应商评价；第三是设备配置，包括搬运设备分区域分作业配置、存储设备按照存储策略分配；第四是人员配置，包括入库上架人员分区域安排、分拣人员分区域安排、配送人员安排和账务分区域安排。

（三）实施精益物流超市方案的流程

亿博精益物流超市方案的实施流程大致分为四个阶段：第一阶段是设备采购及布置；第二阶段是物料上架；第三阶段是试运行及优化；第四阶段是管理规范化。流程图如图2所示。

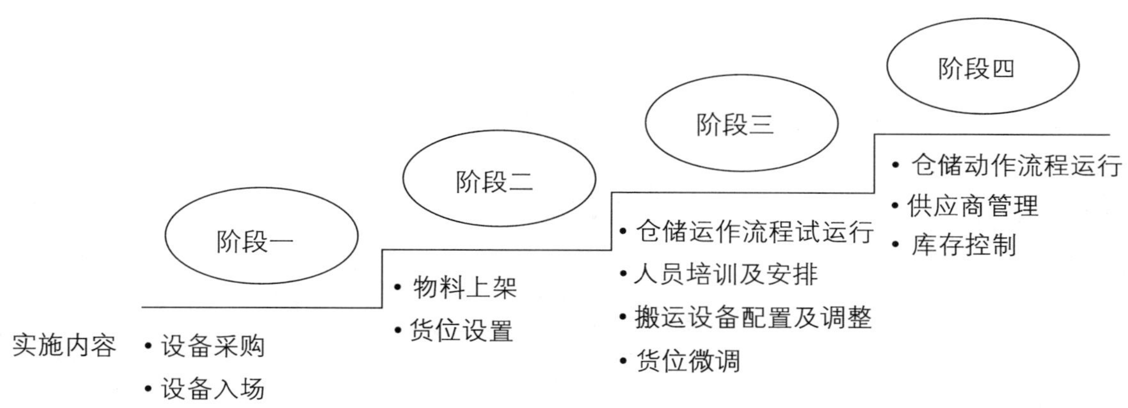

图2 精益物流超市的实施流程

（四）项目实施效果

中联环卫通过亿博团队实施精益物流超市项目后，仓储物流及运作得到极大的改变，与中联环卫精益生产节拍同步，彻底解决了制约精益生产线工位物料精确供应的问题。实施效果主要体现在以下五个方面。

一是分拣配送运作模式设计方面：采用批量分拣和单台套分拣相结合的模式，满足不同工位生产需求；配送信息传递推拉结合，分拣单和看板配合指导分拣配送作业。

二是保管存储设备选用方面：根据对物料的分析结果和精益管理需求选择合适的存储设备，如满足物料先进先出原则，则选用流利式货架。

三是物料分类及存储策略设计方面：根据物料生产需求和出入库频率以及物料基本属性对物料进行分类；在物料分类基础上采用分区存储策略，在分区存储基础上采用随机存储策略。

四是可参观性设计方面：注重目视化管理和仓库美观性以及齐套性。

五是人员、设备配置方面：人员分区域分工种安排，专业化程度高；设备分区域分作业进行配置。

设计效果和项目实施后仓库现状如图 3 和图 4 所示。

图 3　仓库设计效果

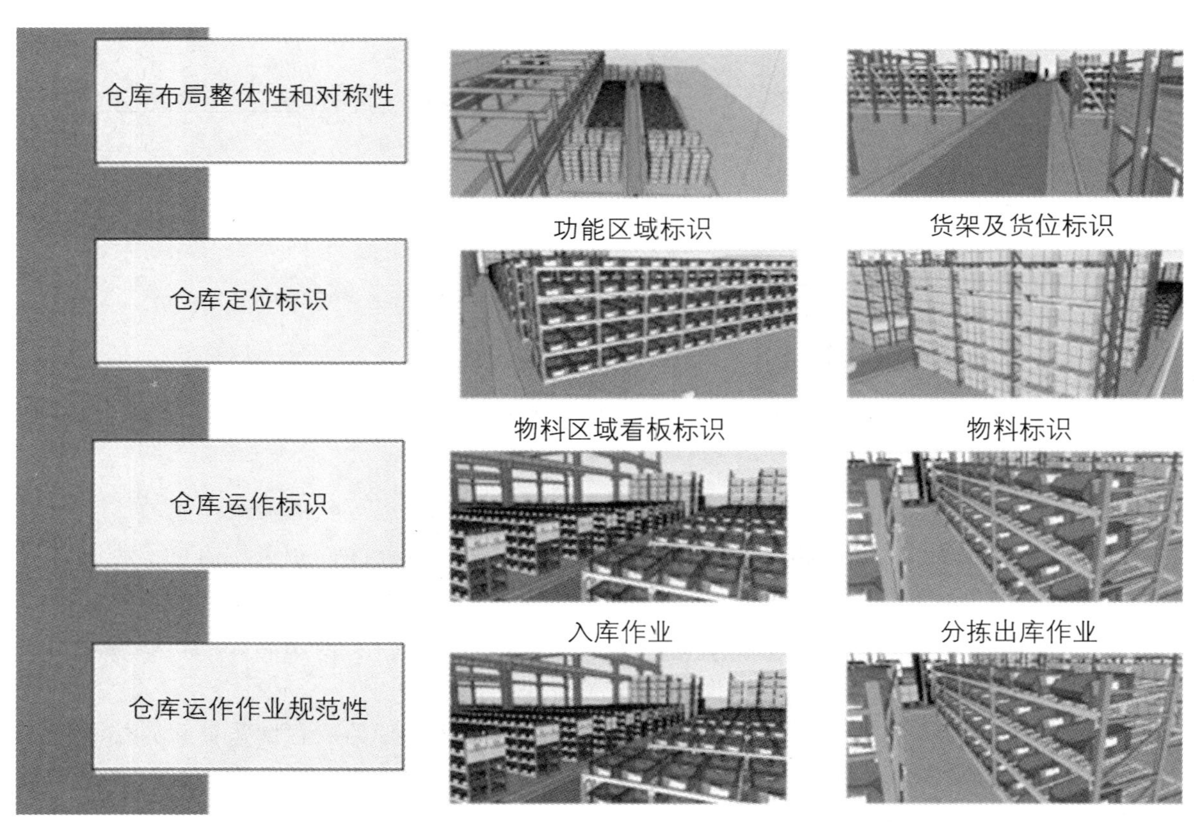

图 4　项目实施后仓库现状

四、制造企业推行精益物流的意义

精益生产起源于日本丰田汽车公司，其基本思想是“彻底杜绝浪费”。精益生产又延伸出精益设计、精益制造、精益物流等精益生产管理体系。

精益物流是运用精益思想对生产物料活动进行管理，其基本原则一是从顾客的角度而不是从企业或职能部门的角度来研究什么可以产生价值；二是按整个价值流确定供应、生产和配送产品中所有必需的步骤和活动；三是创造无中断、无绕道、无等待、无回流的增值活动流；四是及时创造仅由顾客拉动的价值；五是不断消除浪费，追求完善。

精益物流的实施改变了企业采购原有的传统模式，给企业提出了新要求。

第一，采取小批量采购策略。企业生产对原材料和外购件的需求是不确定的，而精益物流就是要消除原材料和外购件库存，因此，要采取小批量采购。

第二，确定供应商的选择标准。对供应商的选择不能再按原比价原则确定，而是要和供应商建立相互信任、相互支持、共同获益的战略伙伴关系。供应商不仅要准时、按质、按量供应原材料和外购件，而且要积极参与制造商的产品开发设计过程；同时，制造商也要帮助供应商提高产品质量和劳动生产率，降低供货成本。

第三，要求交货的准时性。精益物流一个重要特点是要求交货准时，这是精益生产的前提条件。交货准时取决于供应商的生产和运输条件，因此，供应商要提高生产的可靠性和稳定性，减少延迟交货或误点情况的发生，还要重视运输过程，确保运输安全、准确、及时。

第四，从供应商源头保证采购质量。实施精益物流后，企业的原材料库存减少甚至为零。为保证企业生产经营的顺利进行，采购物资的质量必须从供应商源头抓起，确保原材料和外购件的质量。

第五，采购信息交流及时、准确。供需双方建立战略合作关系，企业的生产计划、库存、质量等各方面的信息都必须传递及时，以便出现问题能够及时处理。只有双方快速的双向信息交流，才能保证准时、按量供应所需的原材料和外购件，而且充分的信息交换可以增强供应商的应变能力。

（成都亿博物流咨询有限公司）

中国物流金融服务平台应用与发展

一、中国物流金融服务平台应用企业简介和项目背景

中物华商国际物流股份有限公司（以下简称“公司”）是国家发改委、商务部、中国物流与采购联合会和北京市商委重点联系企业。主要提供基于制造业、工程、国际贸易和国内贸易的全供应链综合物流服务，致力于成为最值得信赖的供应链集成服务商。

公司技术力量雄厚，拥有一系列资质：货物进出口资质、自理报检单位资质、中国民用航空运输销售代理业务国际一类货运和国内二类货运资质、粮食收购许可证、道路运输经营许可证、预包装食品流通许可证、酒类流通许可证、煤炭经营资格证等。

公司拥有完善的实体平台和网络平台，坚持网络化发展战略，在加拿大、中国香港等设有境外分支机构；在上海、安徽等地设有8家分、子公司；并已开始启动曹妃甸国际物流园的建设。该项目是公司独立运作的大型物流项目，总占地3855亩，将建设成为功能齐全，设施先进，涵盖“三大平台、十大中心、两大基地”的装备物流园，并拥有4个10万吨级的码头。公司正在打造在全国范围内的基于分、子公司以及物流基地的实体平台。同时正在构建生产资料以及消费品的电子商务平台，并构建独具特色的物流金融平台。

二、中国物流金融服务平台的创立背景

近年来，物流业与金融业的融合愈加深化，物流金融业务取得了突飞猛进的发展，市场规模迅速扩大，截至2012年已达到3万亿元的规模。

然而，该业务在迅速崛起的同时，也暴露出了一系列的问题，特别是2012年以来华东地区连续爆发多起虚开仓单、重复质押等危机案件，给银行业、物流企业等造成重大损失，出于风险的考虑，众多银行与物流企业都缩减了业务规模，使得中小企业融资难的问题更加突出。因此，亟须一个有效的方案和途径来解决该业务存在的上述突出问题。

在中国银行业协会、中国物流与采购联合会联合支持下，中国仓储协会等战略合作伙伴

的共同努力下，中国物流金融服务平台成功构建。该平台是国内首家全国性第三方银行业融资担保品管理信息平台。

三、中国物流金融服务平台的主要功能

（一）解决银企之间的信息不对称问题

2012—2013 年，因大量仓单重复质押导致华东钢贸危机风险的出现，由于联保互保，该类风险在钢贸行业内迅速传导，其根本原因是银行与物流企业之间的信息不对称，中国物流金融服务平台的投入使用可以有效地解决信息不对称的问题。

（二）提高物流金融业务信息化建设水平

现阶段物流金融业务的电子信息化程度不高，该平台的投入使用可以有效地促进物流金融业务的信息化建设，同时以该平台为蓝本设立物流金融业务的信息化标准，推出软件设计和运营咨询服务。

（三）建立全国统一的业务风险监控体系

作为第三方的物流金融业务的平台，统一收集各类数据，设立风险监管指标，提供风险解决方案，实现对整个物流金融业务的全过程管理，规避物流金融业务风险。

（四）提供物流金融业务迅速发展的通道

因为中小企业普遍缺少不动产作为抵押物，所以在解决中小企业融资难的问题时，物流金融就成为重要举措。通过该平台的全过程管理和增值服务功能，可以有效地规避该类业务的风险，消除当前物流金融各参与方的风险困惑，促进物流金融业务的迅速发展，有利于解决中小企业融资难的问题。

（五）强化物流金融业务的行业管理效力

两个国家级行业协会的联合支持，由中国仓储协会作为战略合作伙伴，使得该平台在多个相关行业内具有广泛的影响力，从组织架构和管理形式上，形成了由与国际接轨的行业协会组建的登记公示平台，有利于市场化信息数据的采集与运作并形成相应的商业模式。参照欧美地区成功的动产质押融资登记公示经验，有利于提升平台的公信力，并有利于提升并强化银行业和物流业等物流金融业务的行业管理效力。

（六）参与制定物流金融业务的国家标准与行业标准

中国物流金融服务平台一开始就站在标准制定与实施的战略高度，实现金融业和物流业的风控对接。平台项目组全程参与了物流金融业务中的一个国家标准（《担保存货第三方管理规范》）和两个行业标准（《动产质押监管服务规范》、《动产监管企业评估指标》）的制定及实施，并严格将其作为平台自身相关落地服务的标准执行。

四、中国物流金融服务平台的风险管理系统

中国物流金融服务平台致力于通过涵盖事前、事中、事后的全过程管理和增值服务，通过六大功能系统（存货担保登记系统、智能仓储管理系统、仓单流转交易系统、在线融资服务系统、增值服务系统、质物资产处置系统）为物流金融业务主要风险提供有效解决方案。

（一）信用风险管理

物流金融的信用风险，通过对监管企业和出质企业建立“失信人”名单来解决。

（二）权属风险管理

借款人提供的质押动产，通过有公信力的渠道证实是合法取得所有权的担保品。

（三）价值风险管理

价格波动带来的市场风险，通过提供实时市场动态信息来预警。

（四）操作风险管理

物流与金融操作流程不规范而引发的操作风险，通过建立统一的流程标准来化解。

（五）意外风险管理

质押物在保管期内需要足额的保险，且保证投保受益人是银行。

（六）保管风险管理

质押物押给银行后，由银行委托第三方物流监管方进行保管，并对保管过程进行有效跟踪。

（七）处置风险管理

帮助银行在处置不良质押物时，提高处置效率，缩短处置时间。

（八）法律风险管理

重复质押带来的法律风险，通过有公信力的平台登记和公示来进行管理 。

五、中国物流金融服务平台的应用效果

中国物流金融服务平台自试运行以来取得了实际效果。

对于银行来说，多家银行的质押融资信息通过本平台进行公示，实现了跨行跨地区的信息共享，有效解决了存货担保品重复质押给多个银行的问题。银行在每一笔新增贷款中，贷前阶段进行查询，确定拟质押存货没有重复质押的风险；贷中阶段进行登记，向他行公示自己的质权人身份；贷后阶段进行风险防控，如果出现质押纠纷，通过申请查询证明打印，作为诉讼举证材料之一。

对于仓储监管企业来说，道德风险的门槛也被大大提高，所有可能的不良操作信息都会被平台的预警机制提前征测到，同时通过平台的失信人名单公示，将仓储监管企业的失信企业及失信员工，都在平台上进行公示（前提是法院的判决书认定失信）。

对于借款人（货主）来说，道德风险的门槛也被大大提高，借款人与仓储监管企业或监管员进行串通、恶意重复质押给银行的行为被平台监测，可以即时向银行进行预警。同时通过平台的失信人名单公示，将借款人（货主）的失信企业及失信员工，都在平台上进行公示（前提是法院的判决书认定失信）。

（邝冬蓓　中物华商国际物流股份有限公司　中国物流金融服务平台运营总监）

嘉诚的“嵌入式全程供应链一体化管理”模式

广州市嘉诚国际物流股份有限公司（以下简称“公司”）是一家与制造企业达成深度两业联动，为大型制造企业提供嵌入式全程供应链一体化管理的第三方综合物流服务商，成立于2000年。公司服务领域涵盖制造企业的原材料物流、生产物流、成品物流以及逆向物流等制造企业供应链运作的全过程。

公司自成立以来，从传统的货物仓储、运输业务起步，在承接大型制造企业物流业务外包过程中，通过业务模式创新和技术研发，逐步形成了成熟的嵌入式全程供应链一体化管理的嘉诚物流服务运营模式（以下简称嵌入管理）。嵌入管理已成功运用于世界500强企业——松下电器，并逐渐推广至国内大型日化、汽车零部件制造企业，例如广州浪奇、广州华轮等。嵌入管理不但使公司获得持续快速的发展，也极大地提高了制造企业的生产运营效率和企业产品竞争力。

一、嵌入管理的运营模式

嵌入管理物流运营如图1所示，具体说是将物流服务嵌入到制造类企业原材料采购、产品生产、配送、销售及售后服务各个环节，与制造企业达成深度联动，通过合理的全程供应链一体化物流流程设计，集成供应链的各个环节，提供“一站式”全程物流服务，实现原材料物流、成品物流以及逆向物流的循环对流运输和往返配载；合理规划相关联的原材料仓储，就地加工半成品；并根据配送料件的具体情况合理运用多种物流管理技术，实现客户生产流水线材料配件的JIT物流配送；最后通过代理销售整合成品分销物流。通过全程供应链一体化管理，帮助制造业客户减少物流环节，降低物流成本，缩短制造周期，实现“零”库存管理。

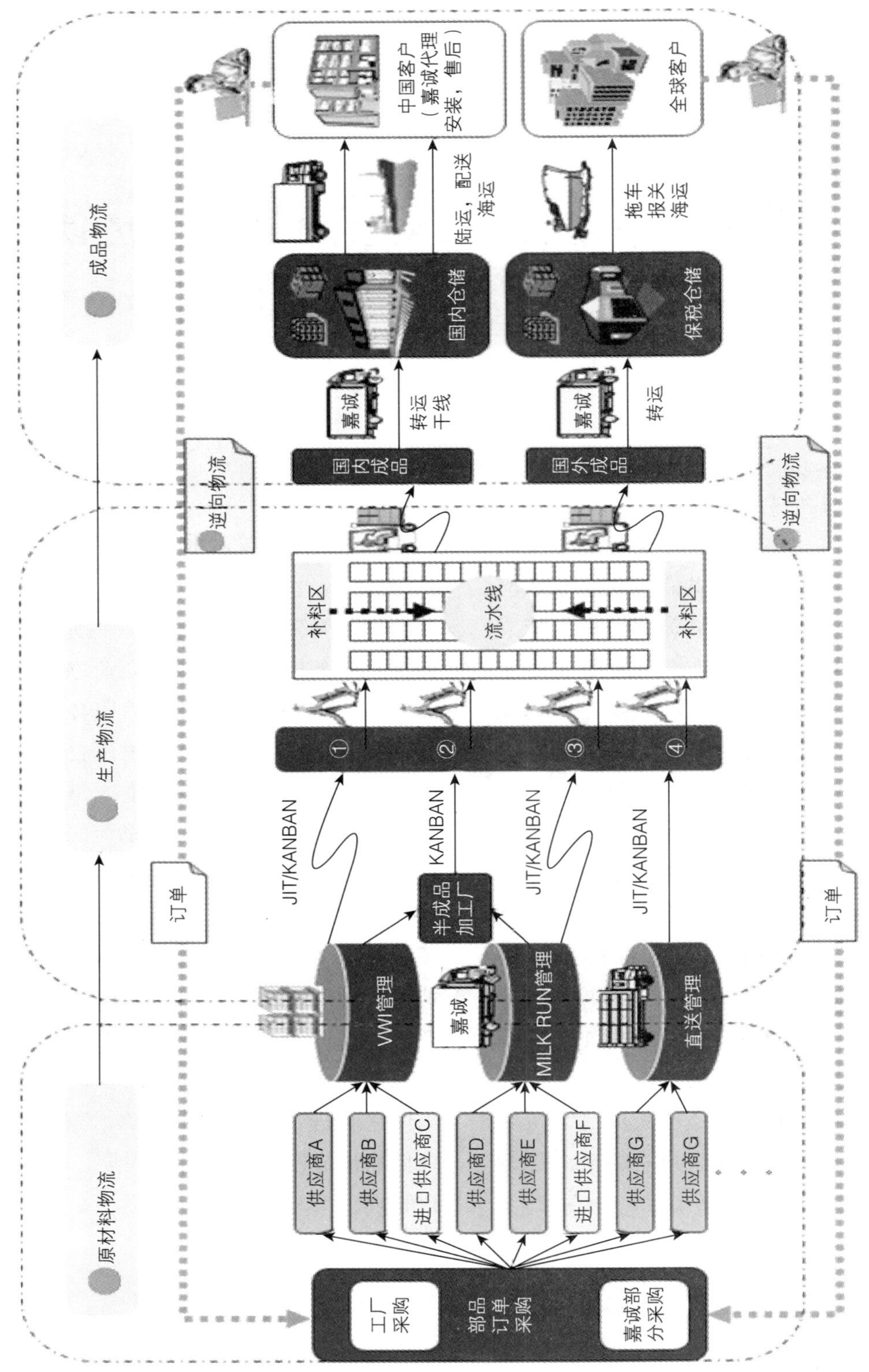

图1　嵌入管理的物流运营模式示意

二、嵌入管理的物流服务模式

嵌入管理的物流服务模式是：在原材料采购阶段提供采购物流服务，在生产物料调达过程中提供 KANBAN + JIT 模式的生产物流服务，在产品销售环节提供成品物流服务，在产品售后环节及生产环节提供逆向物流服务。

（一）采购物流服务

采购物流服务是指为制造类企业（以下简称“企业”）提供原材料采购、运输和配送。公司为企业提供的采购物流服务可分为国际采购和国内采购。

国际采购流程。企业下达采购订单给公司并委托公司代为境外采购，公司将运达境内的货物运到保税仓库根据企业生产计划，批量先后出仓报关，实现企业生产线上原材料的 JIT 配送。公司在提供该项服务的过程中可以协助企业进行“零”库存管理，实现当天的生产计划，在保证安全库存量的前提下消减原材料库存，以集中申报、快速通关保证原材料及时配送到生产线，优化生产流程。

国内采购流程。企业可以直接向原材料供应商下达订单，或由公司代理采购后采用两种方式运送到公司的 VMI 仓库：对于距离公司 VMI 仓库较远的供应商，由供应商自行将材料送达公司的 VMI 仓库；对于距离公司 VMI 仓库较近的供应商，由公司统一派车采用 MILKRUN 模式，按照路线规划，一次性派车依次从各个供应商处取货后运到公司的 VMI 仓库。原材料进入 VMI 仓库后要根据企业不同生产线的需求对原材料进行分拣、归整，再依据制造类企业的生产计划按需采用看板管理和 JIT 配送模式运送到制造类企业生产线上。公司提供该项服务同样可以协助企业按需采购，在保证安全库存量前提下消减原材料库存，同时由于采用 MILKRUN 运输模式，将传统多次分别运输改为一次性整体运输，可以相应降低运输成本。

（二）KANBAN + JIT 模式的生产物流服务

公司通过进驻客户生产现场，在生产线的前后两端直接提供生产物流服务，以保证生产线前端的原材料及时补给以及后端产成品的收纳入库或转运。在 KANBAN 调达模式下，客户原材料补给的指令通过 EDI 传送到 VMI 管理系统，系统根据要求安排原材料物流，以 VMI 库存管理为核心，辅以 MILKRUN 模式把原材料按时、按需、按量送达至生产线上，实现生产线上部品的 JIT 配送；在生产流水线的产成品下线端，公司提供包装、捆包、贴标等服务。在生产线的上述物流服务，实现了物流服务与制造企业客户生产现场的无缝对接，辅助以公司与客户的信息系统对接，准确核实物料、产品的纳入和输出数量。公司能够根据客户的生产特点提供贴身的生产物流服务，有助于优化企业生产流程。

（三）成品物流服务

客户的成品下线后，首先经过企业的成品仓库中转，经过一次物流干线运输至公司在全国各地的外部成品仓，再经二次物流进行区域配送将货物运送至各级经销商指定的仓库。对于国际成品物流而言，客户产品下线后由公司的车辆转运到出口成品仓，经过报关、专业装柜和短距离运输至码头，再由船公司运输到海外。

公司在提供成品物流业务过程中，制造商的出口信息和国内销售信息会通过公司的物流信息平台第一时间反馈给制造类企业，使制造类企业可以根据销售情况预测客户需求，相应制订生产计划。

（四）逆向物流服务

公司提供的逆向物流服务主要是将原材料不良品、包装品由制造商运送回原材料供应商，将商品退货、检测维修品和报废品运送回制造商的物流。在逆向物流服务中，公司通过合理规划，实现对流运输，与原材料物流和成品物流有机整合，实现了资源的充分利用。

三、特色物流服务及增值服务

在全程供应链的不同阶段，公司运用相应的物流功能和增值服务，与制造企业客户密切合作，实现物流与原材料采购、制造生产、销售，以及售后服务等环节的无缝衔接。

（一）特色运输服务

公司具有较强的运输整合规划和运输设备技术研发的能力，能够提供物流方案及线路的优化组合和设计，综合运输优化策略的实施主要考虑到成本、速度、品质三个方面，涵盖的主要因素为：公司通过多个客户成品、原材料及回收物流货物的订单加上线路系统分析自动组合，可准确选择恰当或专用车型，再运用装卸电脑系统模拟装卸以充分提高装载率，结合循环对流运输的科学运输方式，减少中间环节和浪费，达到降低成本、提高效率、保证品质的运输服务。通过上述物流方案及线路的规划组合，公司已经形成了成熟的 MILKRUN 和保税物流运输运营模式。

1. 牛奶取货（MILKRUN）

公司根据珠三角等经济发达地区成品销售地与原材料制造地域重合度较高的特点，设计最优的 MILKRUN 循环运输管理方案（如图 2 所示），实现“成品出，部品回”，确保车辆满载，降低运输成本。

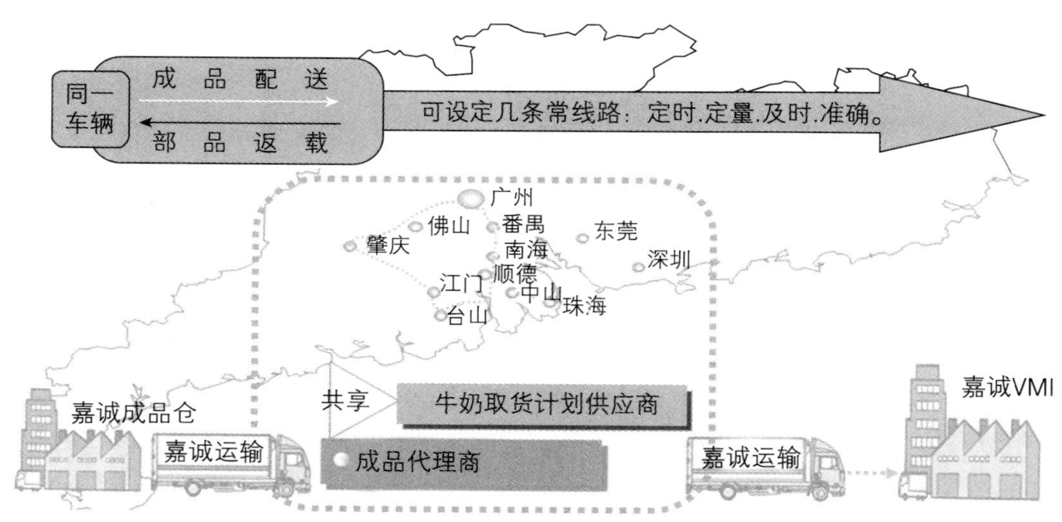

图 2 MILKRUN 循环运输管理方案示意

2. 保税物流运输

公司根据保税物流中心内的进口原材料和出口成品运输整合，充分利用海关便利的通关政策优势，设计了保税物流运输方案（如图 3 所示），提高了运输效率，降低了运输成本。

完成品工厂
生产线
生产线
生产线
生产线
A工厂
B工厂
C工厂
D工厂
嘉诚
嘉诚
嘉诚
JIT配送
企业资产入库
保税港区
半成品/部品入仓操作
半成品纳入/JIT输出业务代理
电子报进
电子报出
提前退税
嘉诚南沙
国际VMI
保税仓
供应商资产
完成品/部品国内/出口对应
出口监管仓库业务代理
嘉诚南沙
出口监管仓
嘉诚
南沙码
头内堆
存CY
南沙港
南沙港
南沙港
A供应商
B供应商
C供应商
D供应商
嘉诚
嘉诚
海外供应商
国内供应商
海外客户
再输出

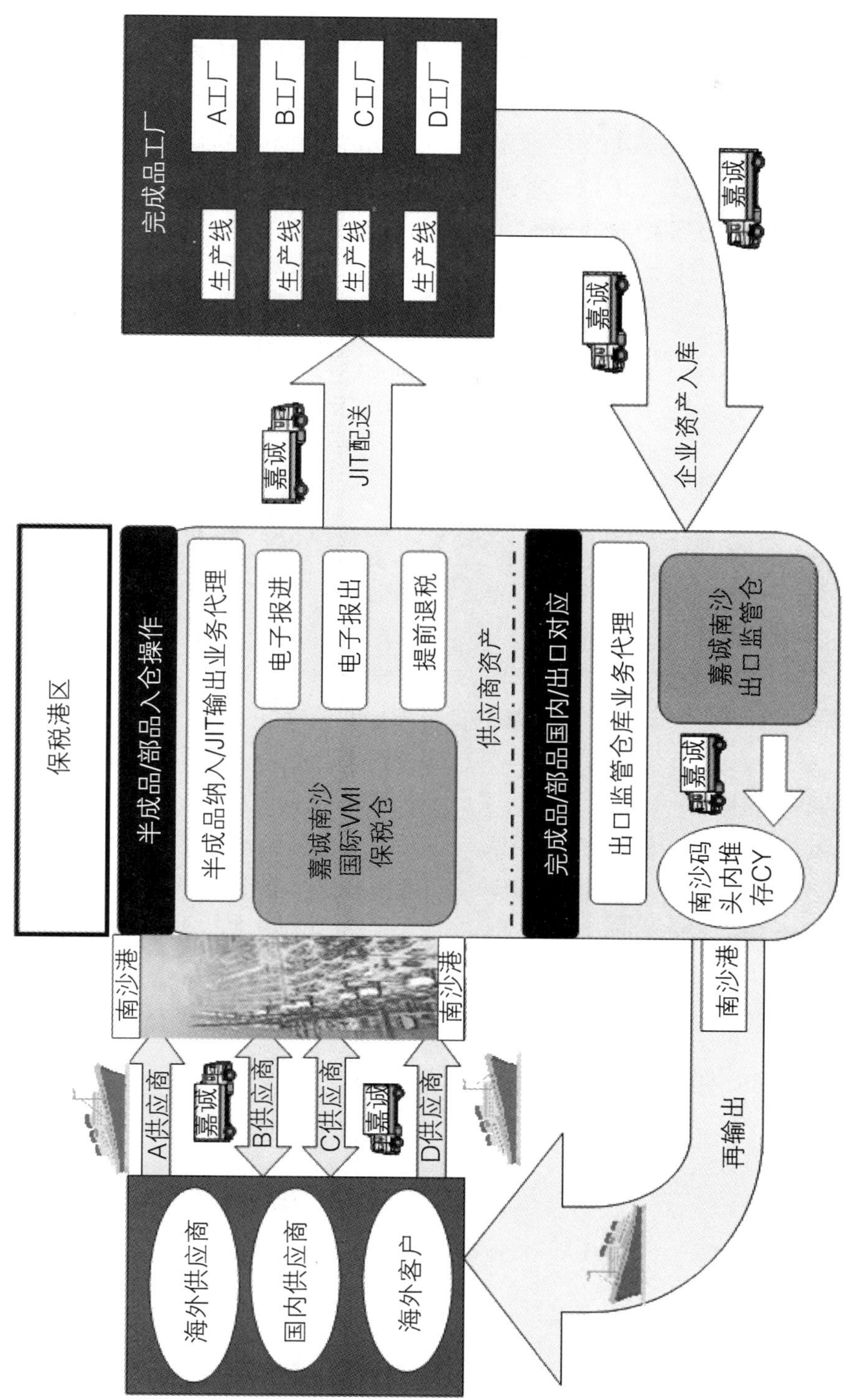

图3 保税物流示意

（二）特色仓储服务

公司可以全面承揽从入库到出库的各项业务，并可提供配套的流通加工服务。在主要全程供应链服务客户区域公司设置了 VMI 部品仓、国际、国内成品仓以及保税、出口成品仓等多种功能仓库。其中，VMI 部品仓是全程供应链一体化管理过程中连接原材料物流与生产物流的关键节点，通过 VMI 库存管理技术，由供应商、客户和第三方物流企业共同管理库存，借助 WMS 仓库管理系统实现对应多品种、小批量货物所必需的“单件管理”，信息互通，按时、按量、按需实现客户生产线所需料件的及时调达（JIT）。

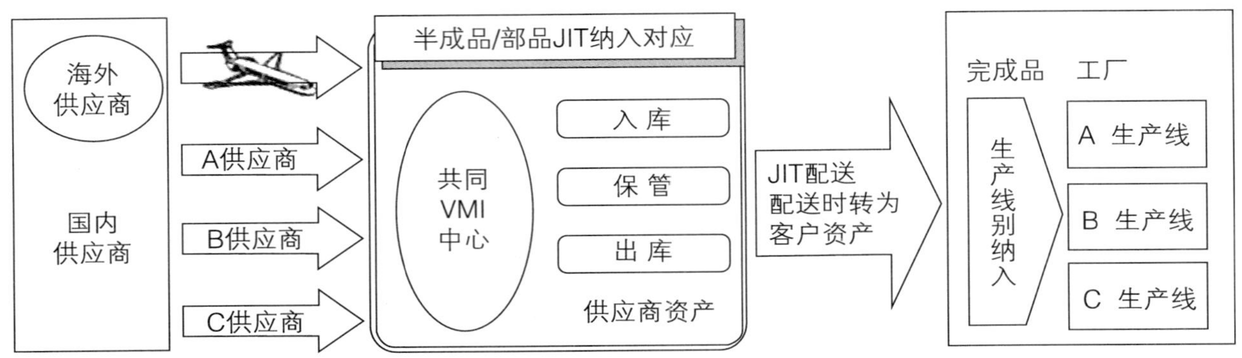

图 4　VMI 仓储管理运营示意

（三）流通加工及增值服务

公司提供可以提升客户供应链价值的一系列增值服务，充分运用两业联动理念，对四大主营物流板块（原材料物流、生产物流、成品物流、逆向物流）中各环节的部分原材料及成品提供流通加工服务，如半成品组装、包装、贴标、捆包下线、检测、分拣、指定交货单、标签发行、维修等，为客户提供经济、高效、灵活、便捷的增值服务，促进销售，维护商品质量和提高物流效率。

（黄活泼　广州市嘉诚国际物流股份有限公司战略企划部高级经理）

中国内陆港模式的创建与运营

一、中国内陆港模式简介和创建背景

西安国际港务区是陕西省委省政府、西安市委市政府调整产业结构，转变经济发展方式，提升现代服务业发展水平，打造内陆地区开发开放战略高地的创新举措，是中央深入实施西部大开发战略和《关中—天水经济区发展规划》中明确支持发展的重点区域。

西安国际港务区位于西安市主城区东北部灞河和渭河之间的三角洲地带，规划控制区面积120平方公里，规划建设区面积44.6平方公里。园区规划八大功能分区（集装箱作业区、综合保税区、国内贸易区、综合服务区、居住配套区、应急物流园区、产业转移承接区、城乡统筹建设区），借助西安铁路集装箱货运中心站、西安综合保税区、西安公路港的功能叠加效应，通过将沿海的港口口岸服务功能内移至西安，实现公（路）、铁（路）、空、海等多式联运的便捷、高效运转，从而有效发挥西安的交通枢纽优势，提高物流效率，降低物流成本，以大物流带动服务业的大发展，推动产业聚集和提升。西安国际港务区的产业发展定位是建设“中国最大的国际内陆港和黄河中上游地区最大的商贸物流集散中心，打造现代服务业新城”。

随着西安铁路集装箱中心站和西安综合保税区的建成投运，内陆企业梦寐以求的“港口后移、就地办单、海铁联运、无缝对接”的梦想在西安变成了现实，陕西由此步入了“有港口服务功能的时代”。随着园区的基础设施和各类入区企业项目的积聚，西安国际港务区正在为陕西打造一个在全国有较大影响的对内对外开放的“国际内陆港”新名片，为陕西改善招商引资基础环境、有效承接国际和东部沿海地区的产业转移提供了坚实的支撑平台。

二、中国内陆港的创立背景

西安处于全国的地理几何中心，承东启西，贯通南北，是国家东西南北交通干道的交汇枢纽。而陕西、西安的外向型经济的发展对“港口”功能的需求日益迫切，需要借助“港”来促进内陆地区经济产业结构调整，承接东部产业转移。更重要的是国家西部大开发的战略，为“造港”提供了得天独厚的政策环境。

2008年开始的全球经济危机加速了这一“建港”进程。2008年，陕西省委省政府和西安市委市政府设立新团队——西安国际港务区管委会，要求其在不沿江、不沿海、不沿边的西安发展建设中国大型国际陆港、打造特大商贸物流新城和全球商贸物流中心。经过三年的努力，西安国际港务区的各项工作进展迅速，2010年，园区升级为国家级开发区，成为国家新时期西部大开发战略的重要组成部分；2010年，西安铁路集装箱中心站顺利建成并投入运营；2011年2月14日，西安综合保税区的成功获批进一步完善了“国际内陆港”的功能。

三、中国内陆港的主要功能

（一）解决内陆地区外向型经济发展平台缺乏的劣势

由于地处内陆，西安市及周边地区企业发展外向型经济，以及吸引境外、东部地区外向型企业进行产业转移在交通、信息、渠道、平台、人才等方面具有天然劣势，中国内陆港的建成投运在相当程度上优化了内陆地区在交通、渠道、平台等方面的劣势环境，使得当地外向型的经济企业发展对外业务、东部地区企业向西产业转移都有了可以借助的平台和渠道，从而有效优化西安及周边地区外向型的经济发展环境。

（二）推进向西开放及丝绸之路经济带建设进程

陕西省是国家实施西部大开发战略的桥头堡，又是丝绸之路经济带的新起点，在推进西部大开发战略实施及共建丝绸之路经济带中，陕西省区位交通优势明显，理应发挥更大的带动促进作用。中国内陆港的建成投运，有助于发挥西安的节点性、聚集性、辐射性作用。2013年11月28日、29日，西安国际港务区分别开行了西安至哈萨克斯坦的“长安号”集装箱货运班列和整车货运班列。“长安号”国际货运班列构筑了面向中亚、欧洲等地区的物流大通道；12月28日，“长安号”国际货运班列被国家作为“中欧快车”第一班开往中亚。“长安号”国际货运班列和西安综合保税区是陕西、西安落实丝绸之路经济带战略构想的重要抓手。

（三）调整产业结构，转变经济发展方式，提升现代服务业发展水平

中国内陆港以现代服务业为特色，将探索社会经济一体化新路径，着力打造城乡统筹协调发展先导区，承担“以大物流带动大服务，以大服务升级大产业，以大产业推动大城市，为大城市开创大未来”的光荣使命，以“国际陆港大运营，项目建设大推进，产城融合大发展，开放型经济大跨越”为主线，夯实“六大百亿产业组团”，推动建成一座现代化、生态化、国际化、宜商宜居的东部新城。

（四）提供商贸物流业务迅速发展的通道

物流在现代经济发展中的重要作用不言而喻，中国内陆港借助西安铁路集装箱货运中心站、西安综合保税区、西安公路港的功能叠加效应，通过将沿海的港口口岸服务功能内移至西安，实现公（路）、铁（路）、空、海等多式联运的便捷、高效运转，从而有效发挥西安的交通枢纽优势，提高物流效率，降低物流成本，以大物流带动服务业的大发展，推动产业聚集和提升。

（五）参与制定内陆港的国家标准与行业标准

中国内陆港建设一开始就站在创新模式与

引领内陆地区内陆港发展的战略高度，实现内陆地区创建内陆港平台对接沿海、沿边港口、口岸的夙愿。中国内陆港建成投运以来，除发挥了引领内陆地区外向型经济发展的巨大作用，更在带动内陆地区争相建设内陆港、联合发展内陆港事业方面起到了积极作用。2014 年 5 月 16 日，“中国港口协会陆港分会第一届第一次会员大会暨中国陆港发展研讨会”在丝绸之路起点城市西安举行，中国港口协会陆港分会由此成立，中国港口协会陆港分会的成立意味着作为港口新形态的内陆港正式结成了“发展联盟”，国内蓬勃发展的内陆港事业从此有了自己的组织、人才及理论保障，中国内陆港发展迎来新纪元。

四、中国内陆港的主要支撑项目

（一）西安铁路集装箱中心站

西安铁路集装箱中心站是全国铁路系统 18 个中心站之一，是新亚欧大陆桥在中国西部的重要节点，其东联郑州中心站，西接兰州中心站，南靠重庆、成都中心站，北临包头、呼和浩特集装箱专办站，地处西北，具有联东进西、承南起北的功能作用，区位优势十分明显和突出。

西安铁路集装箱中心站投资总额 3.5 亿元，项目于 2010 年 12 月 1 日正式开通运营，由集装箱作业区、快运作业区、特货装运作业区、整车货物作业区四部分组成。项目远期每年将实现集装箱总运量 1724 万吨，快运行包总运量 82 万吨，特货小汽车总运量 18 万台，整车总运量 350 万吨。

（二）西安综合保税区

西安综合保税区于 2011 年 2 月 14 日经国务院批准设立，总体规划用地 6.18 平方公里。作为高度开放的特殊经济区域，综合保税区具有保税物流、保税仓储、保税加工、商品展览展示、检验检测、口岸物流等功能，它整合了海关所有特殊监管区域的功能政策，是目前开放层次最高、优惠政策最多、功能最齐全的海关特殊监管区域。综保区借助起保税物流及口岸功能，以及西安铁路集装箱中心站、西安公路码头等具有强大运力项目的有效叠加，实现沿海港口服务功能内移、就地办单的大通关功能。

（三）西安公路港

西安公路港项目是西安国际港务区三大支撑平台之一，是国家大型公路交通运输枢纽项目和现代综合物流园区项目，同时也被国家交通运输部列为“十二五”交通运输发展规划重点建设项目，被陕西省交通运输厅列为《西咸国家公路运输枢纽总体规划》中的重要场站之一。项目以信息交易为核心，以公路运输为依托，与国际物流和多种运输方式相链接，立足西安、服务西北、辐射新亚欧大陆桥，成为实现公（路）、铁（路）、海、空多式联运和公路物流有机衔接的综合交通枢纽。

（四）西安华南城

西安华南城首期建筑面积约 400 万平方米，项目旨在打造以交易市场为核心的超大规模现代综合商贸物流园，规划总建筑面积 1750 万平方米。在功能布局上分为交易展示区、生产性服务配套区、生活服务配套区三部分。交易展示区是核心组成部分，主要为纺织服装、电子、皮革皮具、五金、化工、机电、建材装修及装饰、汽车及汽车用品、医药及保健品、农副产品与土特产、农用机械设备及配件、小商品等十二大行业门类的产品进行展示交易。西安华南城是国家级关中—天水经济开发区启动开发的领头羊。项目建成后，将大幅度改善西安及中国西部地区的产业配套环境，为中国西部地区承接东部沿海与国际的产业转移、发展创新型制造业，提供重要的创业配套支持，并为降低企业经营成本和交易成本、提升陕西产业竞争力发挥重要作用。

（五）西北出版物物流基地

西北出版物物流基地是目前西北乃至全国最大的出版物集散平台，集现代信息流、商流、物流、资金流和综合服务功能于一体，由出版物展示交易采购中心、物流运营中心区、物流仓储租赁区、综合服务区、教学仪器设备博览中心区和公益文化休闲区六大区域组成。该项目的建设填补陕西及西北、西南地区大型现代出版物物流长期缺位的空白，在经营链条上成功搭建起一个全新的“出版物集散地”，开创国内大型图书文化产业新型业态经营模式的先河。

（李　钊　西安国际港务区宣传办主任　西安国际港务区西部现代物流产业发展研究院院长）

创新发展 转型升级
——山东盖世国际物流集团的成功之路

山东盖世国际物流集团（以下简称“盖世集团”）由济南市历城区华山街道盖家沟村投资组建。1997年开始以30万元资金、300亩土地起步，涉足配货站及物流园区建设和运营。2005年，盖世集团由村办企业成功改制为股份制民营企业，从此走上了科学化、正规化的发展道路。

目前，盖世集团已发展成为以物流业为核心的大型综合性的物流企业，资产总额达100亿元，拥有济南、济阳、齐河三个大型物流基地，常温仓储面积150万平方米，冷库容量达20万吨。盖世集团拥有的盖世物流园是全国规模最大的综合性物流园区之一，入驻国内外知名企业1000余家，园区依托入驻企业形成覆盖全国的运输网络与区域配送网络。回顾盖世集团的发展历程，可以自信地说，盖世集团的成功之路，就是创新发展转型升级之路。

一、充分利用交通区位优势，建设物流产业集聚区

盖世集团坐落在济南主城区北大门，位于济青高速公路零点立交桥周边，六条高速、四条国道纵横贯穿。立体化、枢纽型的综合交通运输体系为现代物流业发展提供了重要的基础保障。盖世物流集团从1997年以交通场站起步运营以来，借助独有的交通区位优势，逐步探索出一条独特、成功的物流园区建设发展道路，盖世集团也由此逐步发展成为大型综合性物流企业。

盖世集团从发展伊始便有明确的定位，即服务于济南市，成为济南市最大的物流产业集聚区，作为济南市长途运输向市内配送的重要周转节点，为制造业企业、商贸流通企业打造高品质的仓储中心、配送中心以及综合服务中心。正是这一明确定位适应了济南及其周边地区的物流运输需求，使得盖世集团迅速成长起来。

如今盖世集团已经形成了以仓储物流、商贸物流、冷链物流、农产品物流和第三方物流为主的物流产业集聚区。

二、建设综合型物流园区，凸显集聚效应

集团建设的是综合型物流园区。这是由于

综合物流园区能最大限度上满足物流的各种需求，形成物流体系的集成。

综合物流园区所构成的物流承载与配送体系，是中心城市的血脉，经过15年的发展，盖世集团成功打造了一个物流公共服务平台，园区及周边地区，形成了以物流业为主导的现代物流产业集群。由于园区引领了物流产业的集聚发展，促进了物流企业的整合，促使济南市物流产业，特别是社会配送物流业在全国率先实现了由以配载为主的传统运作方式向与网络物流配送的跨越。经过多年的运作，园区客户群体结构发生了巨大的变化，数千家配载业户逐步由中远、华宇、德邦等700余家国内外知名企业所取代，实现了园区客户层次的提升。

盖世集团集合与物流相关的配货、仓储、加工、运输等环节，集聚了各类物流信息、人才、物资、设施，实现了各大物流企业、物流需求客户的自发乃至自觉整合，从而有效推进了现代物流业的效应最大化。同时，为提供配套齐全的一站式服务，盖世物流园区配套建设了宾馆、写字楼、信息中心、加油站、超市、汽修厂、消防站等综合服务设施，引进了公安、消防、交通、工商等政府职能部门驻站服务，使园区具备了更加完善的综合性物流服务平台功能。

三、实现园区建设经营的“可复制”和“多园协同”

随着盖世集团业务量的急剧增长，原有的物流服务设施已经不能适应业务增长的需求，“转型升级”和“模式复制”成为盖世集团持续发展的核心命题和根本动力。

基于此原因，盖世集团以高起点规划建设山东盖世冠威（德州齐河）、山东盖世济北（济南济阳）两个物流园区，这两个园区是在复制济南老园区模式的基础上建设的，三个园区之间“多园协同”、信息共享、资源共享。同时，盖世集团积极与国内外知名物流企业集团合作与资源共享，在国内进一步规划建设新的物流节点，为客户提供更加周到、便捷、高端的物流服务。迅速建立起的新物流园区吸取了原有园区的经验，充分利用品牌的影响力，广泛联系新老客户，新的物流园区与老园区在信息共享、管理一体化等“软”层面上“多园协同”，形成了规模效应递增的良好局面，而在地理位置上的分散，使得物流园区克服了原有的交通、用地等的限制，实现了整个园区的新飞跃。

四、全面推进信息化建设，打造数字化物流园区

盖世集团一直注重信息化建设，充分利用和引进各种先进计算机技术、互联网技术和信息技术，推进企业运营快速、健康发展。不仅实现了物流、信息流、资金流的统一，而且形成了对物流资源的整合，优化物流资源配置，降低社会物流运营成本，提高物流资源利用率。

盖世集团自2005年起累计投资约5000万元，已建成了覆盖集团的企业级大型计算机网络系统、服务器机房、信息大厅、大屏幕等硬件设施，铺设了企业集团信息化的“高速公路”，依托公司计算机网络基础搭建的OA协同平台，建立了资源共享、信息交换、业务协同的工作机制和模式，建成了应用支撑与集成环境，形成盖世集团公司办公应用基础，实现在盖世集团公司内部各部门之间的业务沟通和

信息资源共享，日常工作都可通过互联网实现互通互联，便于随时随地处理审批各种事项。

按照公司信息化发展方针盖世集团信息化建设已进入信息化建设战略第三阶段，公司正在着手建设包括集团 ERP 系统、完善现代物流信息综合平台等内容的数字化物流园区项目，数字化物流园区项目主要由一体化整合平台、公共信息服务平台、物流作业管理平台、企业经营管理平台及智能化配套支持平台等部分组成。一体化整合平台打造一体化应用体系，统一访问入口，保护用户已有投资；公共信息服务平台整合物流信息资源，提供多样化的增值服务，形成新的经济增长点；物流作业管理平台包括仓储管理、配送管理、货运市场管理、运输管理、车辆管理、货物追踪平台等，实现业务流程再造，提升物流作业自动化，实现业务迅速扩张；企业经营管理平台包括综合管理系统，提升经营管理敏感度，辅助支持决策分析；智能化配套支持平台包括智能停车、泊位引导、资源调度管理等智能化配套管理系统，提升园区智能化水平，辅助现代化园区建设。

盖世集团数字化物流园区项目通过搭建符合园区“外强、内扩”业务战略的一体化平台，推动实现园区公共服务一体化、经营管理标准化、物流作业自动化、配套支持智能化，抓住园区物流管理的各个环节，建立科学、便捷、高效的应用系统，面向园区、企业、公众、政府等各层人员，打造支撑业务演化的、统一标准规范的数字物流园区，充分整合园区内外信息资源，重组流程，打通业务环节，提升管理服务，提高物流园区的市场竞争力和品牌影响力。目前，盖世集团的数字化物流园区项目首期建设已经完成，盖世集团被列为济南市历城区首批信息化和工业化融合重点示范企业。

五、具有清晰明确的转型升级发展思路

展望未来，物流业态将发生一系列转变，转型升级将成为行业发展主题。概括来说，物流园区建设必须走科学发展的路子，在充分挖掘现有仓储潜力的同时，进行业务模式改革，努力开发新的业务类型，实现多元化协同经营，这将是物流园区未来发展的主要方向。

盖世集团下一步发展总的指导思想是：继续坚持“内强、外扩”的发展战略，走产业链延伸发展的路子，加快数字化园区建设，稳步推进网络规模扩张，做大做强物流园区运营这一主导产业，构建以济南为中心的盖世物流网络系统。延伸发展第三方物流、电子商务物流、金融仓储业务三个板块，打造四大业务板块协同发展的产业体系，形成拥有全国网络的大型物流企业集团。

第一，突出物流园区经营板块的龙头地位，将第三方物流、电子商务物流、金融仓储业务作为转型升级的主导方向，逐渐优化业务板块。

盖世集团将逐步实现以投资为先导，向输出管理和品牌为先导过渡，通过培育核心竞争力，形成以物流园区经营为主导，以第三方物流、电子商务物流、金融仓储业务为新增长点的现代物流产业体系，充分利用集团品牌优势和客户资源优势，力争在第三方物流方面有所突破，同时推进冷库与银行增值服务合作项目的开展，积极开发与电子商务相关的物流业务，在电商物流方面争取有所作为。

第二，按照“一个基地、四个中心”（即物流总部基地和管理服务中心、采购交易中心、信息服务中心、金融结算中心）建设的总

体要求，优化盖世物流网络布局。一是改造提升盖家沟物流园区。按照“一个基地、四个中心”建设的总体要求，完善配套设施，提升品牌形象，构建济南北大门商务办公中心，提高核心园区的竞争能力。二是加快推进齐河、济阳物流园区建设发展，为核心园区的全国物流总部基地建设腾出发展空间。三是在综合考虑业务网络发展需要、区位交通条件、发展基础、发展潜力等多方面因素的基础上，进一步促进业务网络的延伸发展，打造济南都市圈物流网络，进而建设全省物流网络。

盖世集团将采取定向开发、综合提升的策略，通过以上各重点任务环节的推进，完成转型升级任务目标。

（盖忠琳　山东盖世国际物流集团有限公司总经理）

宝湾的物流园区网络

一、公司简介

宝湾物流控股有限公司（以下简称“宝湾物流”）是深圳赤湾石油基地股份有限公司与中国南山开发（集团）股份有限公司共同投资成立的以投资物流行业、商贸行业及相关投资咨询，仓储代理，机械设备租赁，国内货运代理，货物装卸、分拣业务，物流信息、商务信息咨询，国内贸易为经营业务的专业公司，成立于2011年7月，注册资本5亿元。

母公司深圳赤湾石油基地把多年来在海洋油气资源开发专业物流服务领域积累的丰富经验，创新运用于公共型综合物流服务领域，建立了宝湾物流品牌。如今，宝湾物流已发展成为行业领先的国际物流园区开发商和运营商。

二、宝湾的物流园区网络

多年来宝湾物流以专业的视角不断在全国主要物流枢纽城市、配送节点城市和热点经济区域的中心城市加快仓储物流园的建设开发步伐，已先后在上海、深圳、广州、昆山、天津、成都、廊坊、沈阳、合肥、南京、南通、武汉、镇江、无锡、长沙、重庆、西安、咸阳、常州、江阴20个经济热点城市规划、建设和管理着27个高端化、现代化综合物流园区；规划用地总规模超过7500亩，建成高端仓储设施达到150万平方米；在建及已签约物流仓储设施面积约200万平方米，已初步形成了辐射全国、覆盖中国沿海、长江沿线和铁路干线的高效物流园区网络。

在宝湾物流的物流园区网络中，有以下13个非常具有代表性的物流园。它们无论从地理位置方面看还是经济区域方面看，都处于非常重要的网络节点。

（一）南京宝湾国际物流园

南京宝湾国际物流园是宝湾物流布局长三角地区的重要物流园区之一。目前，已建成并投入运营，被南京市政府选为南京市江宁区重点物流企业与重点物流项目，享有南京市政府的大力支持。

（二）武汉宝湾国际物流园

武汉宝湾国际物流园是即合肥宝湾国际物流园后在中部热点经济区域的又一重要物流园区，与在建的武汉阳逻宝湾国际物流园形成同城高效物流网络。

（三）南通宝湾国际物流园（一期）

南通宝湾国际物流园是宝湾物流在长三角网络布局的重要组成部分，与已建成运营的南京宝湾、昆山宝湾、上海（宝山）宝湾、上海（松江）宝湾及在建的无锡宝湾、镇江宝湾组成了宝湾物流在长三角的物流园区网络，全方位覆盖了长三角主要物流枢纽节点城市和热点经济区域的中心城市。

（四）合肥宝湾国际物流园

合肥宝湾国际物流园是安徽省 861 计划重点建设项目和合肥市 1346 计划重点建设项目，是安徽省第一个商贸物流综合体项目。

（五）成都新都和成都龙泉宝湾国际物流园

成都新都宝湾国际物流园（简称“新都宝湾”）和成都龙泉宝湾国际物流园（简称“龙泉宝湾”）构成了宝湾物流在川渝地区的同城仓储物流网络。

（六）廊坊宝湾国际物流园

廊坊宝湾国际物流园是京津走廊上一座大规模现代化物流园区，毗邻北京市经济开发区、北京天竺空港开发区、天津市武清经济技术开发区和天津空港经济区，紧邻多条高速公路和国道，可方便直达北京城区和天津城区，此外，廊坊铁路货运站、天津港、天津滨海国际机场和北京首都国际机场均处于廊坊宝湾的交通网络内。

（七）天津宝湾国际物流园

天津宝湾国际物流园是环渤海经济圈的首座现代化物流园区，地处滨海新区的中心地带，毗邻天津经济技术开发区、天津港保税区、海河下游工业区，紧靠天津港，并紧邻京津塘、唐津、津塘高速和西中环快速路等多条主干运输公路，全方位辐射整个环渤海地区。

（八）上海（宝山）宝湾国际物流园和上海（松江）宝湾国际物流园

上海（宝山）宝湾国际物流园（简称“上海宝湾”）和上海（松江）宝湾国际物流园（简称“明江宝湾”）是宝湾物流在长三角经济区的重要布局。上海宝湾是母公司投资兴建的第一座大型现代化物流园，也是国内首家以健康、安全、环保理念管理的新型物流园，被视为上海地区从事城市配送和国际进出口业务的最佳场所之一。

（九）昆山宝湾国际物流园

昆山宝湾国际物流园位于上海与苏锡常两大经济圈的连接点，毗邻上海国际汽车城和昆山经济技术开发区，全方位覆盖了苏州市中心和上海市中心，辐射范围内涵盖昆山高铁站、上海火车站、虹桥机场、浦东国际机场及多个港口，太仓浏家港港口、上海国际海港、洋山深水港和张家港港口。

（十）广州宝湾物流园和深圳宝湾国际物流园

广州宝湾物流园和深圳宝湾物流园是宝湾物流布局珠三角经济区的重要园区，地处交通枢纽地带，可有效辐射珠江三角洲地区新兴城市广州、珠海、东莞、佛山、中山、惠州等。

三、标准化流程管理及服务

宝湾物流在全国各地建设并运营了 27 个物流园区，并进行着规范统一的管理与服务。因此，只要客户身处宝湾物流的物流园网络中，无论在哪个园区都可以得到规范、标准的物流服务。

（一）质量保障管理体系

从宝湾物流发展之初，就参照国际现代化仓库标准和系数，制定了《宝湾物流园项目规划设计手册》。手册内对仓库的整体建筑、结构、排水、消防、电气设备等进行了严格的规划，保证了宝湾物流的每栋仓库均达到国际高标准。

（二）标准化流程管理制度

宝湾物流对园区的管理建立了极其严格的标准化管理流程，保证了各园区管理的严谨性和服务的一致性，包括但不限于《宝湾物流园消防设备维护工作细则》《客户入驻管理作业流程》《客户装修管理作业流程》《客户报修管理作业流程》及《客户退租管理作业流程》等制度。

（三）标准化的园区解决方案

1. 标准设施开发

宝湾物流选择主要物流枢纽和城市配送中心等战略节点城市及经济热点城市，规划建造符合国际高标准仓库指标和系数及《宝湾物流项目规划设计手册》，可为来自国内外优秀的第三方物流供应商、制造商、批发商、零售商、运输公司和电子商务企业提供高效、安全、优质的物流仓储设施。

2. 定制仓储设施

宝湾物流通过自有的、专业的物流设施规划团队和项目开拓团队，根据客户的个性化需求，选择合适的地点专业规划物流园区，并定制、开发、建设和管理客户专用的物流仓储设施。

（四）标准化及多元化的服务

1. 物流核心业务

以宝湾仓储物流园为中心的干线运输与城市配送。

2. 物流租赁业务

包括物业租赁（仓库、办公楼、宿舍楼等）和设备租赁（叉车、托盘、货架、拖车等）。

3. 供应链延伸业务

库存管理（库存信息查询、缺货预警、供应商管理库存等）和仓储操作（进出库装卸、理货、搬运等）。

4. 物流增值业务

包括分拆、分拣、贴标签、流通加工、包装、组装等。

以天津宝湾国际物流园以下称天津园区的管理与服务为例，天津园区秉承母公司深基地健康、安全、环保的管理理念和体系，采用了一系列的绿色环保措施，牢固树立了“安全、环保、健康”的理念和意识。天津园区内配备有完善的中水再利用系统，利用一座大型蓄水池，保证中水全部有效再利用，目前天津园区55000余平方米绿植已全部用中水灌溉，每年可减少18000吨自来水消耗，同时，实现了污水零排放。2012年，天津宝湾被天津市人民政府评为“节水型单位”，并获得政府奖励基金。天津园区152422平方米仓库全部实现白天自然采光。仓库屋顶和墙壁均安装采光带，做到白天不开灯也能满足仓储作业需求，仅此一项天津园区仓库每年可节约用电269万度，每年可节约标准煤330吨。此外，天津园区的仓库墙壁和屋顶全部采用75毫米厚超细玻璃丝绵毡保温层，棉毡内侧粘贴带加强筋线的聚丙烯白色薄膜防护，有效隔绝外部太阳辐射热量的同时达到降低仓库内温度的目的。配合仓库两侧的对流通风窗，最大程度上降低了室内的环境温度，仓库内温度在5°C至26°C，不安装采暖降温设备即可满足一般货物对仓库的温度要求，此一项每年可节约2160万度电及标准煤2654吨。

天津园区每个仓库均规划有电叉车充电区，保障入驻客户在今后使用电叉车时的方便。客户入驻前期便向客户宣传采用绿色能源装卸车辆的诸多好处和天津园区的硬件配套，从车辆运营成本上引导客户选用绿色电动叉车。目前，天津园区装卸车辆绿色电动化普及率达到79%，有效地减少了向大气排放细颗粒（$PM_{2.5}$）污染物，每年减少标准煤使用量110吨。

天津园区仓库货物通道做到每11米一樘卷帘门，在硬件设施方面保证货物装卸运输的路程最优化，最大程度减少装卸过程的燃油消耗量。并且，园区仓库货物周转箱全部采用可循环、可自然降解材质制作，保证货物周转箱全生命周期绿色无污染。

综上所述，天津园区的仓库每年可节约标准煤3089吨，每100平方米仓库可节约标准煤2吨以上。

作为行业领先的国际物流园区开发商和运营商，宝湾物流在全国高标准仓储设施规模中位居第二。基于宝湾物流的物流业务规模和增长潜力，2011年，母公司深基地被深圳市交通运输委员会评为“深圳市重点物流企业”。2012年和2013年，宝湾物流连续被中国物流与采购联合会评为“中国物流杰出企业”。并在2013年，分别获得“中国电子商务仓储服务20强”称号和“中国物流创新奖”。宝湾物流已经成为享誉全国的著名物流品牌。

（宝湾物流控股有限公司）

天顺的专业化一站式综合型供应链服务模式

一、企业介绍

新疆天顺供应链股份有限公司（以下简称“公司”）于2008年12月成立，注册资本5600万元。经过数年发展，公司经济规模逐年提升。2013年，公司总资产达到3.71亿元，总收入达到5.47亿元，实现净利润3170.63万元。

公司作为提供供应链整体解决方案的综合型物流供应链服务商，是国家AAAA级物流企业之一。

公司主要从事大宗货物和大件货物的第三方物流业务，并提供相应的供应链管理、物流园区经营及物流金融监管等服务，能够为客户提供包括供应链方案设计、物流、供应链流程管理、仓储、采购、分销、物流金融监管等在内的专业化、一站式的综合型供应链服务。经过几年发展，公司的市场运作体系逐步完善，主要服务于能源、建材、钢铁、矿业、农业等行业，客户主要是疆内上市公司及知名大型企业；已初步形成了覆盖新疆全境，辐射全国的物流服务网络，业务发展呈平稳增长态势。

二、服务模式创新经验介绍

（一）专业化一站式综合型供应链服务模式的构建

经过不断实践探索，公司逐步形成了供应链物流一体化的服务模式。

公司的主要业务是大宗货物的第三方物流。通过物流信息管理平台和严密的调度管理，能够对客户的物流服务需求作出迅速反应，并设计出优化的解决方案，将多客户任务的物流业务有机地组合在一起，有效提高物流车辆的使用效率，从而降低服务成本。进一步促进更多的客户将物流业务外包给公司，使公司业务规模呈稳定的上升趋势。

公司根据新疆区域资源丰富的经济特点和业务发展需要，投资建设了新疆天顺综合物流配送中心，为公司第三方物流业务发展提供运营的实体平台。即为客户提供了交易平台和运作场地的支持，也为公司稳定了客户资源；二是通过物流园区的管理和运作，为以物流金融监管为核心业务的供应链一体化服务提供运作场所；为客户供应链管理提供了便利，大大提高公司的经营效率，为公司进一步拓展供应链物流一体化服务创造有利条件。促进公司的业务模式由单一的第三方物流服务模式转型为供应链物流一体化服务模式。

公司现已形成以第三方物流业务为基础，以物流园区运营为支撑，以供应链物流一体化服务为拓展方向的业务结构，各项业务相互依存、相互促进，有机配合。客户只需将物流业务委托给公司，即可享受一体化物流服务项目，以口碑效应聚集更多的客户。公司通过供应链物流服务模式的构建，实现资源的共享，增加公司的服务功能，创新服务品种，是一种具有抗风险能力和竞争力的稳定业务模式，使得公司在市场竞争中处于有利地位。专业化一站式综合型供应链服务体系的构建如图 1 所示。

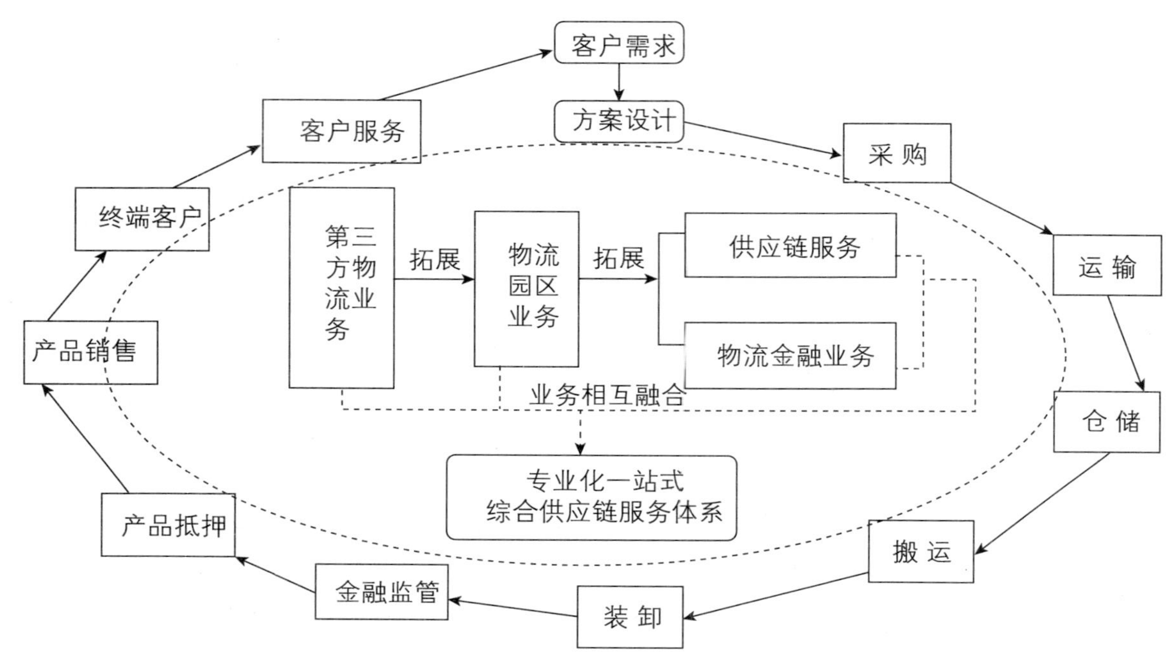

图 1　专业化一站式综合型供应链服务体系的构建

（二）信息化支撑体系建设

公司从 2009 年就开始着手搭建符合自身业务特点及战略规划要求的物流信息管理系统平台（如图 2 所示），目前正在使用的信息系统有天顺物流管理集成系统（含大宗、快运和车辆管理）、天顺物流金融管理系统（含仓储）、网络智能 OA 办公系统、金蝶财务系统、视频监控系统、公司门户网站、BI 智能转换和分析平台等应用系统，这些应用系统已经通过技术接口处理，形成了公司独特的信息平台，有效地支撑了公司各业务之间的协同和运转，实现了数据共享，并促进了公司业务模式的成功转型。其中，自主研发的新疆天顺物流管理系统 V2.0、新疆天顺快运管理系统 V1.0 等六项已获得国家软件著作权。

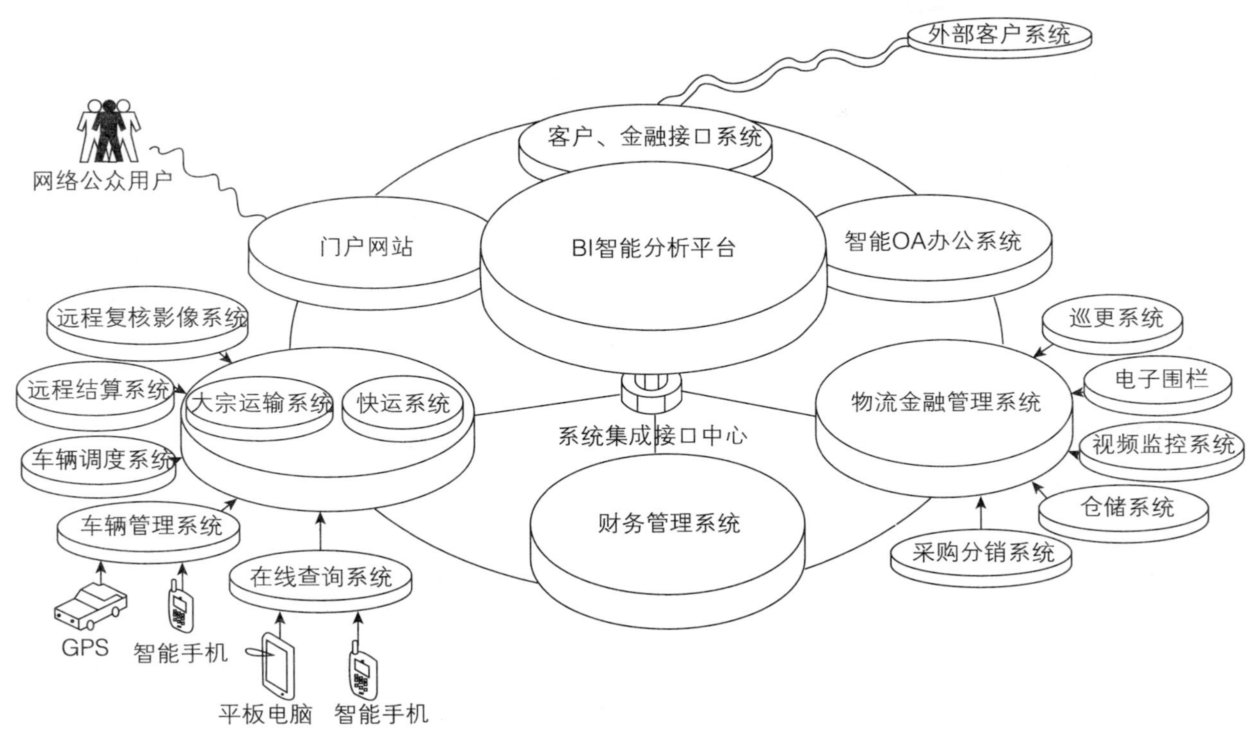

图2　天顺物流信息管理系统平台

1. 天顺物流管理集成系统

紧贴公司第三方物流业务，精细化管理每单运输业务，合理调度运输工具，利用物联网技术，可视化监控物流运输全过程，将合同、接单、运输、对账、票据处理、结算、报表等功能进行有效集成，使商流、物流、信息流、资金流在此系统中融为一体，并对部分客户进行端口开放，实现内外部物流信息共享，为货主企业及社会承运商提供了信息管理支持。此系统目前已成为具有天顺特色的物流管理信息系统。

2. 天顺物流金融管理系统

紧贴供应链融资、物流金融监管和物流园区仓储业务，合理管理动产融资及仓储监管动态信息。此系统以合同管理为主线，以仓储管理为原型，以货物进出库为过程，以警戒线为杠杆调节，以人防＋物联网技术（视频监控、电子围栏、巡更系统）为科学安全管理手段，对物流金融监管业务的整个过程进行管理。系统对紧密合作的金融机构、融资企业进行端口开放，实现信息共享，方便多方查阅和监督。

3. BI智能转换和分析平台

公司内部建立了很多管理系统（如前述），但每个系统不是孤立存在，而是通过接口进行数据共享，如财务系统与业务系统数据共享，运输系统与车辆定位系统数据共享，财务、业务系统与OA报表系统数据共享等。这些管理系统使公司能更好地利用各个系统沉淀的私有大数据，打造企业私有云，挖掘实用数据，建立公司级的BI智能分析平台，以便总览公司经营情况，为公司决策层提供数据分析支持。

未来，公司在物流信息化方面不仅为公司的长远发展提供科学管理工具，还将利用现代物流信息平台为物流行业贡献更多的社会责任，在现有信息平台的基础上努力打造一个公共供应链管理平台。

三、应用效果

首先，公司建立的以第三方物流为核心，同时提供包括采购和分销等供应链环节在内的供应链管理服务、物流园区经营及物流金融监管服务的供应链物流一体化服务模式，实现四大业务板块的相互融合、共同发展的局面，实现了资金流、物流、商流和信息流的有机结合，进而实现公司由单纯的物流服务商向综合型供应链服务商的转变，使供应链各环节实现多赢的局面。

其次，通过信息化平台的综合应用，一是提高了工作效率，降低了数据差错率。如将财务人员每天将成千上万的单据信息手工录入财务系统变成了一键式按钮操作；将远在几千公里外的单据信息，通过影像系统进行实时传输；将多个分、子公司的资金账户从分散式管理变成集中式平台化管理等。二是规范化业务运作流程，制式化业务运营。如通过系统设置期间运输单价，复核业务和数据正确性，在多个重要节点设置控制权限，避免违规操作发生。三是降低成本，提高利润率。四是提高公司内部整体业务管控能力，使所有业务单元信息在一个平台上汇集，统一汇总，统一分析。五是提高公司整体实力，增强与客户的黏性。通过与客户的信息系统直接对接，共享信息，在信息传递上实现相互依赖，共生共存；通过开放系统用户端，为无信息化建设小型客户提供信息系统服务，使客户依附公司发展壮大。

最后，通过服务模式的创新，实现资源和市场的扩张，为企业发展提供更大的空间。公司在取得的经济效益方面，近三年（2011—2013年）的营业收入复合增长率达到21.91%；净利润复合增长率达到15.32%。随着经营规模的进一步扩大，公司缴纳的各项税收将能稳步增长，为公司进一步发展壮大打下良好的基础。

四、未来规划

未来公司将在专业化一站式综合型供应链服务模式的基础上，打造供应链联盟系统。专业化一站式综合型供应链服务模式的构建是公司基于自身业务的发展而转型的服务模式，是单一公司的内部行为，要使此模式长期稳定地发展下去，除完善内部各种管控机制外，还需扩大此模式的应用范围，将其扩展成一个公共的社会供应链联盟体系——即以物流园区为支点，以资源发布平台为基础和纽带，收集、展示供应链各个环节的资源信息；利用第三方物流业务打造运输车辆联盟；利用采购分销业务，整合上下游企业资源，打造采购分销联盟；利用供应链核心企业地位，打造供应链金融联盟；将上述“三个联盟 + 一个平台”进行统一管理，有效匹配，实现信息共享。解决货运找不到车，车找不到货运，想采供的物资不知在何处，成品不知道销售给谁，供应链环节已经匹配却没有资金支持等难题。

（新疆天顺供应链股份有限公司）

安全、高效的依维柯 Stralis Hi – Way

一、Stralis Hi – Way 整体情况

新 Stralis Hi – Way 是依维柯重返中国市场的代表产品。

Stralis Hi – Way 具有广泛的集成化功能，可降低车队运营成本，是目前同类产品的佼佼者。Stralis Hi – Way 全新设计的驾驶室体现了科学技术创新发展的趋势。从 IVECONNECT 系统、驾驶室人体工程学设计到可调节座椅设计，从车辆材料选择到各种色彩的运用，无一例外地围绕提高工作质量、确保运营收益而设计。此外，依维柯公司提供的技术支持和服务，以及驾驶员培训项目同样是以保证安全驾驶和高效益作为最终目标。

1. 外观与动力设计

新 Stralis Hi – Way 与上一代产品相比，不仅从外观上看整体造型更加时尚化，而且还有很多细节上的改变，如车灯的外部增加了车灯清洗功能及装饰配件、保险杠中部的进气口设计成为蹬车踏板，踏板表面的防滑材料进一步提升了驾乘人员的安全系数。

Stralis Hi – Way 的动力设计十分丰富，此次选用了 Cursor10 发动机，排量为 10.3 升，最大输出功率可在 2100 转时达到 420 马力（309 千瓦），最大输出扭矩可在 1050～1550 转时达到 1900 牛米，尾气排放达到国 4 排放标准。ZF 12AS – 1930 TO 手自一体变速箱，后桥速比美驰 MS13 – 175X 单级减速桥，速比为 3.08。由于 Stralis Hi – Way 采用先进的轻量化设计，使其以整车 8.7 吨的总重成为欧洲同马力（420 马力）重卡车型的领跑者。

2. 高配车型内饰

为了使长途运输工作不再枯燥、无聊，Stralis Hi – Way 驾驶室内配备了比较齐全的娱乐系统。如中控台上的 7 英寸液晶触摸显示屏可用于播放 CD 与收音机，出色的音质效果，可以缓解驾驶员的无聊情绪，提高工作愉快感。

Stralis Hi – Way 的挡位操作面板十分简便，驾驶员只需按下相应按钮就可以实现换挡操作。

3. 高安全性

Stralis Hi – Way 的制动系统非常灵敏，安全性高。除双级减速后桥类型系列以外，制动系统均配备盘式制动器，而且带有 EBS 制动系统的车型具有辅助制动功能，正是这些先进的

安全系统提升了驾驶的安全性，使运输工作更加轻松且富有成效。

4. 高质量服务

Stralis Hi - Way 可为用户提供完整而有竞争力的运输方案，即改进的油耗及性能比率、更大的可信度及剩余价值和在可支付费用范围内提供即时、高效的协助。

二、鹏程运输公司偏爱 Stralis Hi-Way

鹏程运输公司（以下简称鹏程运输）是专为红塔集团、红云红河集团承运省内外卷烟的专业运输公司，由于业务的专业性需要，对运输装备的选用十分挑剔。

首先，鹏程运输地处云南，当地的多雨天气、国道的路面条件和运输业务特性，使该公司在选择运输装备的时比较慎重，更关注细节。Stralis Hi-Way 强劲的轮胎抓地力，使鹏程运输公司偏爱它。因为轮胎抓地力有助于车辆行驶在湿滑路面时减少发生打滑事故的危险。

其次，鹏程运输的业务遍及全国各地，考虑到全国各地的路况特别是边远地区的路况特点差异较大，如边远山区路面起伏如同搓板，行驶时异常颠簸易给驾乘人员、车辆和货物带来的损伤。Stralis Hi-Way 的减震功能使鹏程运输格外青睐它，因为，特有的减震功能可以大大降低颠簸带来的损伤。

最后，无论从企业的成本角度，还是从绿色环保角度，Stralis Hi-Way 的低油耗性能非常满足鹏程运输的要求。以 Stralis Hi-Way 行走路线为例，从玉溪出发至北京，经历雨天、山路、堵车等各种复杂情况后平均油耗为 26.5 升/百公里。

鹏程运输公司购置了依维柯 Stralis Hi-Way，通过实际运营的检验，Stralis Hi-Way 的整体性能完全满足了鹏程运输公司的业务需要，得到了乘驾人员的一致好评。

三、依维柯的全面服务

从产品研发到售后服务，依维柯载重车竭尽所能为客户实现效益最大化、成本最小化，及时高效地帮助客户解决问题。配合不同客户的多样化需求，依维柯提供灵活多元的服务类型：远程指导维修服务，现场救援服务，大客户现场技术支持等。

依维柯还根据不同行业类别及客户情况提供度身定制的专业服务。如交车前检验（PDI）、车辆保养服务、车辆保修服务、现场服务，由资深技术人员提供相应解决方案。

保修服务严格遵循依维柯的全球标准，为客户提供精确与贴心的支持和帮助。依维柯的保修服务也会为客户带来更多保证，在保修范围内的所有工作将由专业的技术人员来完成，且所有的配件均为依维柯高品质的纯正原装配件。

（李　钝　依维柯（中国）商用车销售有限公司进口商用车销售市场总监）

打造升级版现代物流园区

盖氏邦晔物流有限公司（以下简称“公司”）投资建设的盖氏邦晔物流园区位于山东聊城经济技术开发区，于2010年4月开工建设，规划占地1200亩，建筑面积80万平方米，总投资15亿元。定位于打造集运输、仓储、加工、配送、信息处理等功能与一体的，现代化、生态化、信息化的大型综合性物流平台。

盖氏邦晔物流园区被列为山东省重点建设项目、山东省服务业重点建设项目，聊城市、区级重点项目。公司现为中国物流与采购联合会常务理事单位、中物联物流园区专委会副主任单位、中物联应急物流专委会常务理事单位，于2013年通过ISO 9001质量管理体系认证，被山东省经信委评为“Ⅲ级物流园区”，被中国仓储协会评为“中国五星级仓库”“中国仓储服务金牌企业”和“仓储业转型升级示范企业”，2014年被评为“中国5A级物流企业”“中国优秀物流园区”。

盖氏邦晔物流园区启动之初即高起点规划、高标准建设，在运营过程中精准度招商、专业化运营。凭借自身的管理优势和客户资源优势，盖氏邦晔物流园区得到快速发展。

一、交通区位优越，产业基础雄厚

山东聊城位于冀鲁豫三省交界，不仅是辐射和带动中原经济区发展的战略重地，而且也是中国重要的交通枢纽和内陆口岸。京九铁路、邯济铁路、济馆高速公路在此交汇，良好的交通区位优势为聊城盖氏邦晔物流园区发展奠定了坚实的基础。

山东聊城的经济综合竞争力在中原经济区的30个省辖市中排名前三，是全国重要的农产品生产、农副产品深加工和出口基地，同时拥有发达的装备制造业、汽车工业、化学工业、有色工业、食品产业、精纺产业、生物产业、新能源汽车等产业集群。聊城辖区内有香港华润、鲁西化工、中通客车、东阿阿胶、信发铝业、泉林纸业、时风集团、山东凤祥、希杰生物等各领域知名企业。强大的产业优势成为盖氏邦晔物流园区加快发展的推动力。

二、快速健康发展，多种业态联动

在各级政府和社会各界的关怀帮助下，借助得天独厚的交通区位优势和雄厚的产业基础，盖氏邦晔物流园区发展迅速。在短短四年内，园区完成建筑面积40万平方米，建成仓储中心、货运周转中心、冷链物流中心、建材物流中心、综合服务中心等大型专业物流设施。截至2013年年底，盖氏邦晔物流园区成功引进各类商家600余家，全面承接聊城各大型企业的物流业务，和格力电器、昆仑电子、海尔电器、百大三联、美的电器、德邦物流、龙大肉食、雨润食品、凤祥食品、鲁阳型材、正大钢材、海螺型材、豪门铝材、友谊不锈钢等知名客户建立了战略合作伙伴关系。

按照前瞻性的战略规划，公司在盖氏邦晔物流园区内整合了仓储、冷链物流、城市配送、货运周转、五金建材、商务办公、餐饮住宿等经营业态，不断促进传统物流业务转型升级，极大地提升了盖氏邦晔物流园区的综合配套服务能力。

（一）仓储中心

盖氏邦晔物流园仓储中心建筑面积15万平方米，依照国家标准《通用仓库等级》最高标准建设，于2013年被评为中国五星级仓库。仓库管理方面，采用先进的射频扫描系统，对仓储内货物的进出及库存进行有效的管理，保证货物流向的准确度。仓储区内全部采用电子监控和现代消防设施，保安24小时值班，确保商户货物存放安全。目前，邦晔物流园仓储中心已成为山东聊城仓储物流的龙头。

（二）货运周转中心

盖氏邦晔物流园货运周转中心是目前聊城面积最大、功能最全、运量最大的货运市场，建筑面积8万平方米，配备24小时安保、电子监控室、消防管道等配套设施。该物流园已有百余家第三方物流公司入驻经营，已开通聊城至全国各大中城市专线1000余条，扭转了聊城以往零散物流配货的混乱模式，极大地提高了运输效率，缓解了城市交通压力。

（三）冷链物流中心

盖氏邦晔物流园冷链物流中心总规划库容10万吨，定位于打造聊城规模最大、设施最好、服务最优的冷链物流平台。现为聊城食品冷链物流定点联系企业，位列聊城低温仓储行业之首。目前已建成投入使用低温冷库1万吨，引进了凤祥集团、龙大集团、正大集团、内蒙古小肥羊、金锣等知名企业。

（四）五金建材物流中心

五金建材物流中心是聊城市物流园区重点建设项目，也是聊城市、区两级政府重点培育的市场。五金建材物流中心致力于构建规模化、品牌化、配套化的五金建材物流集散中心，成为“名、特、优、新”产品的物流集散地。经营产品涵盖工业五金、装饰五金、家居建材、水暖机电、玻璃型材、管材等，交易范围辐射冀鲁豫三省。中心于2013年12月20日正试营业，目前已有鲁阳型材、正大钢材、海螺型材、豪门铝材、友谊不锈钢等300余家商户入驻经营。

（五）综合服务中心

综合服务中心集餐饮、办公、住宿、会议等功能于一体，为广大客户提供全方位的服务。

三、推进信息化建设，服务管理再升级

公司自建立伊始充分认识到信息化建设在

现代物流行业竞争中的重要性，把信息化建设放在公司发展的重要位置，在信息化建设方面制定了整体规划和分步实施的总原则。经过几年快速发展，公司投入大量资金用于信息化建设，现已建立了公司企业级计算机网络系统、物流信息处理中心、电子监控系统、服务器机房等，形成了物流管理服务信息化系统平台。

（一）数字化园区管理系统

公司结合园区现状及发展需求，开发出适合园区应用的数字化园区管理系统，主要分为内控模块和外延模块两部分。通过系统应用，利用计算机、网络、通信、人工智能等技术，对园区内各类信息进行量化，进而量化园区的运营过程、管理过程和服务过程，以提高企业管理水平，实现园区的服务最优化，为客户提供更便捷、贴心的物流服务。

（二）电子订单管理平台

电子订单管理平台的主要功能是通过统一订单提供用户整合的一站式供应链服务，订单管理能够使用户的物流服务得到全程的满足。订单管理平台是物流管理链条中不可或缺的部分，通过对订单的管理和分配，使仓储管理和运输管理有机结合，稳定有效地实现物流管理中各个环节充分发挥作用，使仓储、运输、订单成为一个有机整体，满足物流系统信息化的需求。

（三）第三方仓储作业平台

第三方仓储作业平台通过使用条码管理系统，对仓储各环节实施全过程控制管理，并可对货物进行货位、批次、保质期、配送等实现条形码标签序列号管理，对整个收货、发货、补货、集货、送货等各个环节的规范化作业，并且可以根据客户的需求制作多种统计报表。条码技术与信息技术的结合帮助企业合理有效地利用仓库空间，以快速、准确、低成本的方式为客户提供最好的服务。

（四）客户货物跟踪查询平台

客户货物跟踪查询平台运用 GPS、GIS、3G、Web 等技术，通过计算机、手持终端可以查询包括始发地、目的地、收货人、预计到达时间、货物状态等信息，并可供导出，方便客户掌握货物运输状况，确保货物安全和运输效率。

（五）办公信息管理系统

公司的办公信息系统包括 OA 办公系统、资产管理系统、绩效管理系统、财务电算化系统、公司网站等部分，以适应目前快速发展的企业办公需求，建立现代化企业办公体系。

通过公司现有的信息化建设设施，进一步增强了市场信息管理能力和市场竞争力，满足了物流园区信息化建设的实际需求以及公司业务不断发展的需要，为接下来更深层次、更大规模的信息化建设搭建了坚固台阶，还可为国家提供及时可靠的物流相关信息，促进第三方物流积极发展。

四、探索转型升级，形成园区特色

公司致力于现代物流产业升级，在传统物流业快速发展的基础上积极探索二次创业和转型升级，积极实现物流园区与物流配送的一站式服务和一体化发展。经过几年的摸索，逐渐形成了发展特色。

一是综合服务能力。园区不但经营业态涵盖仓储、运输、加工、配送、信息交易、商贸物流等，还建设有商务宾馆、大型智能停车场、商贸物流城等设施，可以为交易客户提供一站式、一条龙的物流服务。此外，为与客户共发展，公司即将推出客户物流金融和物流规划设计等综合服务。园区全面的物流综合服务能力可以为客户节约物流成本，提高物流效率，发挥了对地区经济一、二产业的润滑剂和助推剂作用。

二是“仓储＋城市配送＋电子商务”业务。即与当地大型商超客户进行战略合作，运用信息技术全面承接客户的从厂商到销售终端的物流供应链业务。由此大大地提高了传统物流的利润水平，同时也促进了客户的配送效率提高，达到了双赢的局面。通过不断摸索整合，该运营模式将作为公司未来的发展重点。

五、发挥社会效益，构建宏伟蓝图

盖氏邦晔物流园整合了聊城当地物流资源，发挥出物流基地的集聚效应和辐射效应，极大地提升了聊城当地的现代物流水平，据统计2013年盖氏邦晔物流园区货物吞吐量达500万吨，货值超过230亿元，交易额突破130亿元。园区开通聊城至全国各大中城市货运专线1000多条，带动当地就业5000余人，发挥了良好的经济效益和社会效益。

以物流业为主导的第三产业的快速发展，为地方经济“转方式、调结构”提供了源源不断的发展动力。“物流兴邦”，盖氏邦晔物流园的成功，对于提高区域经济综合竞争力、推进聊城现代物流的发展发挥了重要作用，已成为助力地方经济发展的强力引擎。

公司将充分发挥优势企业的示范带头作用，加大与现有产业的联动作用，在电子信息平台的构建、物流效率的提升等方面做出实际贡献。一是打造商贸物流总部基地，服务于各大商贸企业及电商企业，不断整合商贸物流、电子商务和城市配送业务，辐射整个冀鲁豫地区。二是建设全国盖氏邦晔物流网络节点，力争三年内完成省内布局，五年内完成国内布局，推行物流园区和物流配送的一站式服务和一体化发展。与此同时，促进聊城市物流业和其他地方产业共同发展，积极引领物流管理理念的转变，为山东省乃至全国物流行业的崛起做出更大贡献，力争早日实现“服务八方、物流天下”的宏伟蓝图。

（山东聊城盖氏邦晔物流有限公司）

第十部分

物流综合

2013 年中国物流行业十件大事

1. 习近平总书记考察物流企业，新一代领导集体重视物流业发展。

2. 国务院批准设立中国（上海）自由贸易试验区，保税物流和国际物流迎来发展新机遇。

3. 国家发改委等 12 部门联合发布《全国物流园区发展规划》，确定 99 个城市为物流园区布局城市。

4. 中国铁路总公司成立，原铁道部行政职责划入交通运输部，铁路系统实现政企分开。

5. 中国物流景气指数（LPI）发布，预测分析我国物流业运行趋势又添新指标。

6. 交通运输部发布首个集高速公路和普通公路于一体的《国家公路网规划（2013—2020）》。

7. 铁路运输业和邮政业纳入营业税改征增值税试点。

8. 传化公路港、林安物流、卡行天下、安能物流等多种商业模式推动公路货运市场平台整合。

9. 网上购物市场井喷式发展，推动电商物流网络体系建设，阿里巴巴成立“菜鸟网络”，大型电商企业全面开放物流平台，提升物流社会化水平。

10. 物流业成为资本投资热点，多家产业基金投资物流行业，新一轮兼并重组热潮涌动。

（中国物流与采购联合会）

2012 年中国物流企业 50 强排名

根据国家发展改革委、中国物流与采购联合会《社会物流统计核算与报表制度》的要求，中国物流与采购联合会组织实施了重点物流企业统计调查，根据调查结果，提出了中国物流企业 50 强排名。

2012 年物流企业 50 强主营业务收入共达 7807 亿元，同比增长 12.1%。在 50 强物流企业中，主营业务收入排名第一位的是中国远洋运输（集团）总公司，收入为 1587.8 亿元；排名第 50 位的收入为 20.3 亿元，同比增长 8%（见下表）。

根据物流企业物流业务收入统计调查数据排序，是一项公益性的活动。我们希望通过中国物流企业 50 强排名，客观真实反映物流企业改革发展成果，引导我国物流企业做大做强，提高我国物流业竞争力。

2012 年中国物流企业 50 强排名表

排名	企业名称	物流业务收入（万元）
1	中国远洋运输（集团）总公司	15878032
2	中国海运（集团）总公司	6536349
3	开滦集团国际物流有限责任公司	5885201
4	中国外运长航集团有限公司	5758718
5	中铁物资集团有限公司	4414756
6	河北省物流产业集团有限公司	3912548
7	中国石油天然气运输公司	3323420
8	厦门象屿股份有限公司	2911783
9	中国物资储运总公司	2900321

续　表

排名	企业名称	物流业务收入（万元）
10	福建省交通运输集团有限责任公司	2162290
11	顺丰速运（集团）有限公司	2031654
12	河南煤业化工集团国龙物流有限公司	2021684
13	中铁集装箱运输有限责任公司	1396205
14	云南物流产业集团有限公司	1264167
15	朔黄铁路发展有限责任公司	1130361
16	安吉汽车物流有限公司	1042755
17	北京康捷空国际货运代理有限公司	961203
18	嘉里物流（中国）投资有限公司	952744
19	中石油北京天然气管道有限公司	918137
20	中国国际货运航空有限公司	822294
21	中铁快运股份有限公司	774197
22	中国石油化工股份有限公司管道储运分公司	728697
23	五矿物流集团有限公司	712960
24	重庆港务物流集团有限公司	693581
25	德邦物流股份有限公司	617131
26	中铁现代物流科技股份有限公司	610835
27	浙江物产物流投资有限公司	592708
28	武汉商贸国有控股集团有限公司	525076
29	江西京九物流有限责任公司	471722
30	中外运敦豪国际航空快件有限公司	410122
31	郑州铁路经济开发集团有限公司	390100
32	一汽物流有限公司	384965
33	联邦快递（中国）有限公司	367079
34	重庆长安民生物流股份有限公司	344330
35	国电物资集团有限公司	330116
36	青海省通达物流有限责任公司	328461

续 表

排名	企业名称	物流业务收入（万元）
37	广东省航运集团有限公司	327346
38	山西太铁联合物流有限公司	304471
39	中创物流股份有限公司	302131
40	天地国际运输代理（中国）有限公司	300827
41	青岛福兴祥物流股份有限公司	281549
42	浙江省八达物流有限公司	256561
43	南京长江油运公司	248494
44	南京新干线物流有限公司	239840
45	中信信通国际物流有限公司	229670
46	北京市邮政速递物流有限公司	221429
47	新时代国际运输服务有限公司	219115
48	北京长久物流股份有限公司	215708
49	湖南星沙物流投资有限公司	214905
50	中铁特货运输有限责任公司	203452

（中国物流与采购联合会　中国物流信息中心）

物流企业综合评估第十五批、第十六批 A 级物流企业名单

第十五批 A 级物流企业名单（共 301 家）

5A 级物流企业（13 家）：
港中旅华贸国际物流股份有限公司
内蒙古明华能源集团有限公司
江苏连云港港口股份有限公司
浙江物产物流投资有限公司（4A 升 5A）
浙江顺丰速运有限公司
浙江省邮政速递物流有限公司
环宇物流（福建）有限公司
福建汇丰物流有限公司（4A 升 5A）
河南中原铁道物流有限公司（4A 升 5A）
国药控股湖北有限公司（4A 升 5A）
广西玉柴物流集团有限公司
成都中铁西南国际物流有限公司（4A 升 5A）
贵州贵铁物流有限公司
4A 级物流企业（79 家）：
北京顺丰速运有限公司
西上海汽车服务股份有限公司
上海无忧物流配送有限公司
上海普天物流有限公司
上海岳锋国际物流有限公司
民生物流有限公司（3A 升 4A）
重庆重铁物流有限公司
承德市风驰物流有限公司
唐山海港华贸物资经销有限公司
山西万昌商贸有限公司
山西大秦物流有限公司
内蒙古鄂尔多斯物流有限公司（3A 升 4A）
鞍钢汽车运输有限责任公司
长春市华阳储运有限公司
长春市大众物流装配有限责任公司
延边长白山物流有限公司
张家港市金港物流中心有限公司（3A 升 4A）
江苏一联物流有限公司
江苏戚伍水产发展股份有限公司
太仓武港码头有限公司
南通汽运实业集团有限公司川港飞鹤物流分公司
南通江虹信息科技有限公司
昆山市海联仓储运输有限公司（3A 升 4A）
江苏海晨物流有限公司
常熟威特隆仓储有限公司
江苏融达再生资源加工配送有限公司

淮安忠义物流有限公司
淮安市吉安物流有限公司
浙江顺天物流有限公司（3A 升 4A）
广深物流有限公司
宁波市江北永发运输公司
浙江飞达物流有限公司（3A 升 4A）
宁波余慈物流有限公司（3A 升 4A）
宁波市美家亮国际物流有限公司（3A 升 4A）
福建飞跃物流有限公司（3A 升 4A）
福建省交通建设投资有限公司
福建万集物流有限公司（3A 升 4A）
厦门志捷国际货运代理有限公司（3A 升 4A）
厦门中贸国际货运代理有限公司
高安市新瑞物流有限公司
山东晟绮疏港国际物流有限公司（3A 升 4A）
山东高密恒丰粮库有限公司
高密市永平再生资源有限公司
山东沂蒙优质农产品交易中心有限公司
淄博保税物流有限公司
淄博金泰铁路储运有限公司
烟台交运集团货运有限公司
河南中博物流有限公司
洛阳铁路运通集团（上海）贸易有限公司（3A 升 4A）
河南省鸿泰物流有限公司（3A 升 4A）
宁波郑宜兰能源有限公司
河南省邮政速递物流有限公司
枝江市白银纺贸有限责任公司
宜昌圣洁商贸物流有限公司
湖北襄阳东国家粮食储备库（2A 升 4A）
湖北襄阳国家粮食储备库
武汉市商业储运有限责任公司（3A 升 4A）
武汉市大道物流有限责任公司（3A 升 4A）
华润新龙医药有限公司
湖南省衡缘物流有限公司
郴州市金煌物流有限公司
聚宝金昊农业高科有限公司（3A 升 4A）
岳阳科德商贸有限公司
湖南金叶众望科技股份有限公司
华润湖南瑞格医药有限公司
广东精准德邦物流有限公司
中山市锐鹰物流有限公司
顺丰航空有限公司
深圳市德邦物流有限公司
中通信息服务有限公司
深圳速必达商务服务有限公司
广州市盛辉物流有限公司
广州市德邦物流服务有限公司
攀枝花钢城集团汉风物流有限公司（3A 升 4A）
佳欣物流投资有限公司
云南天马物流有限公司（3A 升 4A）
陕西恒顺物流有限责任公司
甘肃国储物流有限责任公司
宁夏银铁平汝实业有限公司

3A 级物流企业（153 家）：

鸿讯物流有限公司
北京汇天力物流有限公司
顺丰速运（天津）有限公司
天津全程德邦物流有限公司
上海泓明国际货运有限公司
上海精准德邦物流有限公司
上海德邦物流有限公司
上海华联超市物流有限公司
重庆市河牛滚装船运输有限公司
河北尚锋物流有限公司
兴隆县汇丰物流配送有限公司
秦皇岛日月星物流有限公司
河北省邮政速递物流有限公司唐山市分公司
山西汽运集团迎泽物流有限公司

通辽成大冷藏运输有限公司
通辽市国强物流有限公司
通辽四方物流有限公司
吉林省金正物流有限公司
黑龙江海安现代物流股份有限公司
张家港保税区沿江运输有限公司
江苏鑫力国际物流有限公司
宿迁交通物流有限公司
常熟日新中外运运输有限公司
张家港市虎翼车业服务有限公司
太仓万方国际码头有限公司
高邮市红太阳物流有限公司
高邮市诚信物流有限公司
南通鑫鑫医药药材有限公司
南通庆堂春医药有限公司
南通双和食品有限公司
南通九环实业有限公司
江苏景瑞农业科技发展有限公司
江苏嘉安食品有限公司
江苏通联农资连锁有限公司
江苏和盛农资连锁有限公司
南通通强物流有限公司
南通江东物流有限公司
南通纪氏金属材料有限公司
张家港驰乐汽车配件有限公司
苏州爱乐美实业有限公司
昆山张大千绿色物流有限公司（2A 升 3A）
昆山市交运仓储有限公司（2A 升 3A）
江苏澳翔物流有限公司
扬州远安物流有限公司
扬州申通快递有限公司
仪征上汽赛克物流有限公司
扬州第一运输有限公司
苏州永顺宏船舶服务有限公司
昆山中汇物流有限公司
昆山亚东安顺达集运物流有限公司（2A 升 3A）
南通远航运输有限公司
南通九洲大件起重运输有限公司
江阴中远物流有限公司（2A 升 3A）
舟山润联国际集装箱储运有限公司
浙江鲁氏物流有限公司
浙江松茂船务有限公司
浙江绍广物流有限公司
浙江恒逸物流有限公司
杭州日通物流有限公司
杭州德邦货运代理有限公司
杭州萧邦物流有限公司
浙江舟山中集国际集装箱货运有限公司
台州市东北物流有限公司
浙江长兴田川物流有限公司
顺丰速运（湖州）有限公司
嘉兴顺丰运输有限公司
嘉兴市邦达物流有限公司
浙江路网物流有限公司（2A 升 3A）
浙江中外运有限公司金华分公司（2A 升 3A）
浙江鼎发物流有限公司
宁波万力食品有限公司
余姚市姚江物流有限公司
宁波志成德邦物流有限公司
宁波市宇达物流有限公司
宁波安迅达国际物流有限公司
宁波市镇海新世纪运输有限公司
慈溪市联众家电物流有限公司
余姚市鑫天地货运有限公司
巢湖皖维物流有限公司
福鼎市晖达物流有限公司
福建金胜物流有限公司
福建省东山县东海岸保税仓储物流中心有限公司

泉州高时物流有限公司
晋江恒安运输有限公司
晋江市路成达物流运输有限公司
福建嘉丽物流有限公司
恒泰祥（福建）物流有限责任公司
泉州顺丰运输有限公司
福建德志物流有限公司
石狮市顺裕物流有限公司
福州顺丰速运有限公司
万全仓储（福州）有限公司
华夏（厦门）物流有限公司
厦门华贞辉物流有限公司
航都（厦门）国际货运代理有限公司
厦门捷递物流有限公司
厦门港务物流保税有限公司
江西乾峰实业发展有限公司
山东泰华食品股份有限公司
烟农临沂配送有限公司
顺丰速运（济南）有限公司
青岛德邦物流有限公司
青岛顺丰速运有限公司
烟台市供销石油公司
山东省烟台市果品总公司
中海石油（龙口）基地物流有限公司
烟台交运集团龙口运输有限公司
烟台金利达物流有限公司
蓬莱安邦油港有限公司
河南全领域物流有限公司
郑州德邦物流有限公司
漯河市中远运输有限公司
枣阳市方氏物流有限公司
襄阳市广友食品有限公司
湖北省十堰亨运集团物流有限公司
十堰兆泰物流有限公司
湖北元大粮油科技有限公司
湖北正英实业集团股份有限公司
武汉威伟机械设备实业有限公司
应城市锦程物流有限责任公司
武汉市德邦物流有限公司
武汉船发国际货运有限公司
武汉竹叶山中环商贸城有限公司
永州邦联物流有限责任公司
永州市金桔尔物流有限公司
湖南中电物流有限公司
湖南省惠尔物流有限公司
湖南湘平高速航运有限公司
湖南华绿生物科技有限公司
岳阳国联物流发展有限公司
湖南长盛科技开发有限公司
佛山市南海金叶物流有限公司
广州市德辉物流有限公司
广东世纪捷飞物流有限公司
广西物资集团桂林储运总公司
四川南方凯路物流有限责任公司
四川峨眉山峨胜物流发展有限公司
四川佳祥物流有限公司
泸州唐氏运业有限公司
成都全程德邦物流有限公司
贵州勇拓黔图物流发展有限责任公司
贵州山水物流有限公司
云南云辉货运有限公司
云南东方物流有限公司（2A 升 3A）
云南新为物流有限公司
咸阳兴源汽车运输有限公司
旬阳县祥和运输有限公司
旬阳县捷荣运输有限公司
陕西润海物流有限公司
宁夏恒源同达冷链物流有限公司
国药控股宁夏有限公司
新疆顺通物流有限公司

新疆九洲恒昌物流有限公司

2A 级物流企业（53 家）：

上海泓明供应链有限公司

上海九州通物流有限公司

中国镇江外轮代理有限公司（1A 升 2A）

常州外轮代理有限公司（1A 升 2A）

杭州众用汽车运输有限公司

杭州恒佳运输有限公司

杭州准点物流有限公司

浙江旺通物流有限公司

浙江景宁畲乡物流有限公司

慈溪市浒山镇顺发货物托运处

宁波晨客隆超市有限公司

宁波金星港通物流有限公司

福建阳光物流有限公司

漳州烟草物流有限公司

龙岩鑫叶物流有限公司

龙岩市龙州物流配送有限公司

宁德市烟草物流有限公司

赣州雁达货运有限公司

河南大禹物流有限公司

老河口市大通物流有限公司

宜城万景实业有限公司

十堰鹏程达物流有限公司

监利农佳农贸有限公司

湖北经纬国际货运有限公司

武汉思凯物流有限责任公司

湖南中庆物流有限公司

湖南科通电气设备制造有限公司

湖南昭华物流有限公司

泸州隆盛物流有限公司

四川立博物流有限责任公司

名山县运发物流有限公司

四川省雅洲府物流有限公司

四川明宇物流有限公司

四川君诚投资有限公司

四川吉星物流有限公司

成都市汇翔实业有限公司

四川驹马运输有限公司

宣威市大力商贸有限公司

曲靖市富翔物流有限公司

汉中群峰工贸有限责任公司

陕西红太阳仓储有限公司

甘肃省金属物资储运供销总公司

甘肃省皋兰物资储运石化工贸总公司

青海国储物流有限公司

宁夏英力特物流有限责任公司

石嘴山市顺安隆运输有限公司

宁夏富海物流有限公司

海原县昌浩工贸运输有限公司

石嘴山市齐协力运输有限公司

银川市天地快运物流

哈密顺顺通物流有限公司

新疆天顺供应链哈密有限责任公司

新疆生产建设兵团奎屯储运有限公司

1A 级物流企业（3 家）：

安吉鑫盛物流有限公司

宁波保税区金铭国际贸易有限公司

厦门市快行线物流有限公司

第十六批 A 级物流企业名单（共 382 家）

5A 级物流企业（25 家）：

中信信通国际物流有限公司（4A 升 5A）

北京京铁经贸发展中心

河北冀铁集团公司（4A 升 5A）

唐山市佳源贸易发展有限责任公司（4A 升 5A）

鑫辰（集团）有限公司（4A 升 5A）

大连沈铁港口物流集团有限公司（4A 升 5A）

大连港股份有限公司

沈阳铁道物流集团有限公司（4A 升 5A）

中铁物资集团东北有限公司（4A 升 5A）

长春市亚奇物流有限公司（4A 升 5A）

长春欧亚集团股份有限公司

江苏金陵交运集团有限公司（4A 升 5A）

江苏飞力达国际物流股份有限公司（4A 升 5A）

林森物流集团有限公司（4A 升 5A）

国药控股江苏有限公司

淮矿现代物流有限责任公司（4A 升 5A）

正本物流有限公司（4A 升 5A）

立晨物流股份有限公司（4A 升 5A）

武汉港务集团有限公司

湖南星沙物流投资有限公司（4A 升 5A）

广州市卓志物流服务有限公司（4A 升 5A）

广东广通物流发展有限公司（4A 升 5A）

广东新邦物流有限公司

陕西煤业化工物资集团有限公司

陕西红光钢铁物流有限责任公司（4A 升 5A）

4A 级物流企业（131 家）：

北京京铁实业开发总公司

珠海市吉泰物流有限公司

京铁物流有限公司

招商局物流集团（天津）有限公司

天津大无缝物流发展有限公司

上海慧全国际物流有限公司（3A 升 4A）

上海万家物流有限公司（3A 升 4A）

上海新大洲物流有限公司（3A 升 4A）

上海邦达隆飞物流有限公司

上海物贸生产资料物流有限公司（3A 升 4A）

上海厚谊俊捷国际物流发展有限公司

河北新武安钢铁集团物流有限公司

河北省邮政速递物流有限公司

晋城运盛物流有限公司（3A 升 4A）

通辽铁盛商贸（集团）有限公司

大连环东物流有限公司

大连集装箱码头物流有限公司

沈阳铁道金属物资有限公司

沈阳铁道煤炭集团有限公司

大连中铁外服国际货运代理有限公司

本溪钢铁（集团）国贸腾达有限公司

中铁铁龙集装箱物流股份有限公司沙鲅铁路分公司

宁波营港利信物流有限公司

营口汇丰物流有限公司

华能营口港务有限责任公司

营口鞍钢国际货运代理有限公司

营口新港矿石码头有限公司

吉林市统泰物流有限公司

吉林省冬晨国际物流有限公司

吉林省国际仓储运输有限公司

江苏大众医药物流有限公司

江苏太运集团有限公司

江苏新宁现代物流股份有限公司

中国外运长江有限公司张家港分公司

吴江经济技术开发区公共型保税仓库有限公司

南通吉华物流有限公司

南通江东物流有限公司（3A 升 4A）

南通化学危险品运输有限公司

中国供销集团南通供销产业发展有限公司

南通汇晟物流有限公司（3A 升 4A）

南通苏中医药物流有限公司

江苏中运物流有限公司（3A 升 4A）

国药控股盐城有限公司

淮安交运危货运输有限公司

江苏燕进石化有限公司

江苏武进港务有限公司
江苏景瑞农业科技发展有限公司（3A 升 4A）
浙江大恩物流有限公司（3A 升 4A）
长兴永畅物流建设开发有限公司
上虞市信诚物流中心（3A 升 4A）
台州市东北物流有限公司（3A 升 4A）
台州市路桥亿通物流中心有限公司（3A 升 4A）
义乌市扬翔国际货运代理有限公司（3A 升 4A）
浙江集海物流有限公司（3A 升 4A）
浙江世锋物流有限公司（3A 升 4A）
浙江金斯顿物流有限公司（3A 升 4A）
浙江商翔物流有限公司
舟山豪舟物资仓储有限公司（3A 升 4A）
浙江恒晖海运有限公司
浙江任氏物流有限公司
宁波港东南物流有限公司
宁波市一洲货运有限公司
合肥安得物流有限公司
安徽顺丰速运有限公司
芜湖市海洋物流有限公司
芜湖楚江物流有限公司
马鞍山市运捷运输有限责任公司
安徽飞腾国际物流有限公司
安徽阜阳临沂商城投资发展有限公司
亳州市天运物流有限责任公司
福建运杰物流有限公司（3A 升 4A）
中国福州外轮代理有限公司（3A 升 4A）
福建金马物流有限公司（3A 升 4A）
狮鑫物流（福建）有限公司（3A 升 4A）
福建兄弟物流有限公司（3A 升 4A）
厦门市东万晟贸易有限公司
厦门盛辉物流有限公司
永进（厦门）国际物流有限公司（3A 升 4A）
江西三志物流有限公司
江西省高安汽运集团玲波汽运有限公司
江西江龙集团鸿海物流有限公司
赣州国盛铁路实业有限公司（3A 升 4A）
山东鲁中煤炭储备物流有限公司
山东万邦国际物流有限公司（3A 升 4A）
山东浩阳物资有限公司
莒县通达物流有限公司
济南永昌物流有限公司
山东京博物流中心有限公司
山东新星集团有限公司
山东捷丰国际储运有限公司（3A 升 4A）
青岛天驰仓储有限公司
烟台恒邦物流有限公司
蓬莱京鲁渔业有限公司
河南省阳光物流发展有限公司（2A 升 4A）
河南省豫锋物流有限公司（3A 升 4A）
河南众品生鲜物流有限公司（3A 升 4A）
郑州长通实业有限公司
河南亿星实业集团有限公司
襄阳光彩国际物流产业投资有限公司
湖北丰庆源粮油集团有限公司
枣阳市方氏物流有限公司（3A 升 4A）
荆州市长江物流有限公司
荆州市荣盛物流有限公司
宜昌恒信物流有限责任公司
湖北天元物流发展有限公司
武汉阜旺物资有限责任公司
湖南安迅物流运输有限公司
湖南晟通科技集团物流有限公司
湖南顺丰速运有限公司
湖南豫湘工贸有限公司
衡阳市雁城物流园有限公司
珠海港物流发展有限公司
深圳市递四方速递有限公司

深圳市凯依克物流有限公司
广东孟源物流有限公司
广州市万发物流有限公司
广州轻出集团有孚供应链管理有限公司
广西柳州物资储运贸易总公司（3A 升 4A）
海口三顺物流服务有限公司（3A 升 4A）
成都双流国际机场航空地面服务有限公司
四川九州通科创医药有限公司
云南宏星物流股份有限公司
云南中畅物流有限公司
西安锦绣物流有限公司
延安利源物流有限公司（2A 升 4A）
甘肃省商业储运股份有限公司
宁夏回族自治区邮政速递物流有限公司
新疆蓝天石油化学物流有限责任公司
新疆大动脉物流有限公司
新疆九洲恒昌物流有限公司（3A 升 4A）
中铁物资集团新疆有限公司

3A 级物流企业（163 家）：

万达杰诚国际物流（北京）有限公司
北京埃瑞普物流有限公司
中新通现代物流有限公司
上海丹捷国际物流有限公司
上海盛辉货运有限公司
上海亨利达国际物流有限公司
重庆鼎康物流有限公司
重庆川江船务有限公司
重庆港湾储运有限公司
唐山百货大楼集团银河物流有限责任公司
中国外运河北唐山公司
山西三毛物流有限公司
山西金海升物流有限公司
晋城市苗匠物流园区发展有限责任公司
大连乾瀚国际物流有限公司
鞍钢矿山汽车运输有限公司
中国外运辽宁有限公司营口分公司
营口宏通物流有限公司
营口中成物流有限公司
五矿物流（营口）有限公司
营口港兴仓储有限公司
营口永祥物流有限公司
吉林融宇医药物流有限公司
长春市凯旋物流有限责任公司
无锡中外运物流有限公司
江苏省新世纪盐化集团化工物流有限公司
无锡统急物流有限公司
无锡储运有限公司
无锡天原物流有限公司
江阴兴澄储运有限公司
丹阳市飓风物流股份有限公司
昆山聚力货运有限公司（2A 升 3A）
苏州华诚国际物流有限公司
常熟市巨邦仓储投资有限公司
江苏天合国际物流有限公司
江苏金力鸿国际物流有限公司
昆山全诚物流有限公司
昆山瀚宇国际物流服务有限公司
昆山市豪顺物流有限公司
昆山新宁物流有限公司
昆山市北方货物运输有限公司
海安燕信化学品物流有限公司
海安腾龙物流有限公司
南通威隆国际商贸有限公司
启东绿色田园农副食品有限公司
南通中友食品有限公司
南通银鑫食品有限公司
中央储备粮如东直属库
如东县新光棉花实业有限责任公司
南通顺港仓储有限公司
扬州邦勤运输有限公司

南京德邦物流有限公司

浙江驰骋物流有限公司（2A升3A）

华东医药供应链管理（杭州）有限公司

杭州新方向物流有限公司

浙江省邮政速递物流有限公司湖州市分公司

上虞作明联运有限责任公司

上虞市捷达物流有限公司

绍兴万邦国际货运代理有限公司

台州市新阳光货物运输有限公司

浙江安畅物流有限公司（2A升3A）

浙江吉纳物流有限公司

义乌天虎快递有限公司

宁波汉陆物流有限责任公司

宁波恒海航运有限公司

宁波远成物流发展有限公司

安徽骏杰物流有限公司

安徽华运物流（集团）有限责任公司

阜阳市翔达物流有限公司

黄山腾达物流发展有限公司（2A升3A）

铜陵市鸿越物流有限公司

安徽靖童科技农业发展有限公司

合肥长运运输有限公司

铜陵市华德实业有限责任公司

福建蓝海物流有限公司

福建飞远城市配送有限责任公司

福建星胜丰物流有限公司

宁德市烟草物流有限公司（2A升3A）

福鼎市振威物流有限公司

福建省福鼎市大顺物流有限公司

泉州市泉港区爱德利运输有限公司

嘉顺物流（福建）有限公司

聚善堂（福建）医药集团有限公司

福建省大东石油化工有限公司

福建裕华石油化工有限公司

龙岩市闽盛物流有限公司

龙岩鑫叶物流有限公司（2A升3A）

厦门世邦集运有限公司

厦门市海骏达物流有限公司

厦门市捷利顺国际货运代理有限公司

厦门象屿物流配送中心有限公司

厦门中集海投集装箱服务有限公司

正新（厦门）物流有限公司

厦门金龙汽车物流有限公司

厦门正旸物流有限公司

江西长兴物流有限公司（2A升3A）

南康洪鑫物流有限公司

国投山东临沂路桥发展有限责任公司

临沂市宇顺物流有限公司

临沂临工物流有限公司

山东泰运物流有限公司

淄博盛世百川物流有限公司

青岛吉安达汽车运输有限公司

龙口市港恒仓储有限公司

烟台市利隆油脂有限责任公司

河南省甲乙丙丁物流有限公司

漯河中农物流有限公司

湖北银丰仓储物流有限责任公司

襄阳市真美达物流有限公司

宜城市万洋棉业有限公司

老河口市大通物流有限公司（2A升3A）

湖北锦龙物流园有限公司

福娃集团有限公司

宜昌华维物流有限责任公司（2A升3A）

湖北巨驰实业有限公司

恩施鹏程物流有限公司

恩施自治州易事通汽车运输有限责任公司

湖北顺丰运输有限公司

武汉天地龙翔货物运输有限公司（2A升3A）

武汉新动力燃料有限责任公司

长沙县长湘物流有限公司
长沙万里物流有限公司（2A 升 3A）
湖南大典重工机械有限公司
湖南省通信产业服务有限公司物流分公司
宁乡县辰龙物流有限公司
湖南长株潭国际物流有限公司
湖南江南物流有限公司
江门市安捷物流有限公司
珠海亿邦达运输有限公司
潮安县彩丰物流有限公司
汕头市瑞发货运有限公司
广东裕安物流有限公司
深圳均辉华惠国际货运有限公司
深圳市捷安国际运输有限公司
深圳市诚安通物流配送有限公司（2A 升 3A）
深圳市软通供应链股份有限公司
广州市权智物流有限公司
南宁云鸥物流有限责任公司
桂林骏达运输有限公司
海南石华运输服务有限公司
四川铁通公铁物流股份有限公司
南充恒生仓储物流有限公司
四川省旺平物流有限公司
泸州华储物流有限公司
四川德诚物流集团有限公司
红河州顺通物流有限公司
大理沧龙物流有限公司（1A 升 3A）
云南远泽物流有限责任公司
陕西朝阳物流有限公司
陕西东海实业有限公司（2A 升 3A）
陕西通汇汽车物流有限公司
陕西瑞德宝尔矿山工程股份公司
西部机场集团航空地勤（西安）有限公司
陕西美达物流有限公司
甘肃省通信产业服务有限公司物流营销分公司
兰州天奇物流集团有限公司
兰州酒钢宏顺物流有限公司
宁夏骏富物流有限公司
新疆维吾尔自治区棉麻公司乌鲁木齐棉麻站
自治区棉麻公司大河沿二级站
新疆维吾尔自治区棉麻南疆公司
新疆维吾尔自治区棉麻公司阿克苏棉麻站
新疆维吾尔自治区棉麻公司巴楚棉麻站

2A 级物流企业（59 家）：

上海宏福货运代理有限公司
营口振岐物流有限公司
中国外运辽宁营口公司
营口中联理货有限公司
营口港蓬船务工程有限公司
营口海星物流有限公司
营口中理外轮理货有限责任公司
吉林省银保动产质押咨询有限公司
昆山市华泰物流有限公司
昆山新大陆运输有限公司
金峰货运有限公司
扬州市四联运输有限公司
扬州第五汽车运输有限公司
无锡市亚太运输有限公司
浙江凯鸿物流有限公司
缙云县武业物流有限公司
浙江汇鑫海运有限公司
浙江金宇物流股份有限公司
浙江方元物流有限公司
安吉鑫诚物流有限公司
嘉兴市凯港化工储运有限公司
嘉兴市港区通达运输有限公司
嘉兴市港区四海运输服务有限公司
嘉兴市安荣物流有限责任公司

浙江汇丰物流有限公司
长兴远华物流有限公司
宁海恒旺食品配送中心
黄山市永驰物流有限公司
六安市三方物流有限责任公司
六安市满天星贸易有限责任公司
莆田市达宇物流有限公司
厦门九州通医药有限公司
南康小松物流有限公司
山东盛安物流有限公司
山东宏德物流有限公司
博源（湖北）实业集团股份有限公司
武汉市鑫锋物流有限责任公司（1A 升 2A）
武汉顺胜佳运物流有限公司
武汉恒鑫达物流有限公司
武汉市硚口区汉正街客运中心
武汉市硚口区神通运输有限公司
长沙建庄物流有限公司
深圳市神舟环球物流有限公司
佛山市鼎昊物流有限公司
广西桂华物流有限公司
广西物资集团贵港储运贸易总公司
四川路威特物流有限公司
四川省同盛物流有限责任公司
四川富强物流有限公司
成都中亚国际物流有限公司
云南省通信产业服务有限公司物流分公司
云南即时送物流有限公司
陕西金亿通商贸有限公司
甘肃黄羊河集团物流有限责任公司
宁夏盐池县永生物流服务有限公司
宁夏吉顺恒通物流有限公司
永宁县新华物流有限公司
新疆维吾尔自治区棉麻公司博乐棉麻站
库尔勒银星物流有限责任公司

1A 级物流企业（4 家）：

营口海博国际船舶代理有限公司
青岛汉宇国际物流有限公司
深圳市森海诺物流供应链有限公司
汉中市秦通运输有限责任公司

2012 年下半年通过复核的 A 级物流企业名单（共 201 家）

5A 级物流企业（14 家）：

东方国际物流（集团）有限公司
西上海（集团）有限公司
重庆公路运输（集团）有限公司
开滦集团国际物流有限责任公司
内蒙古巴运汽车运输有限责任公司
包头华通物流（集团）有限公司
通辽市第一运输有限公司
安得物流股份有限公司
福建省交通运输集团有限责任公司
山东盖世国际物流集团有限公司
中创物流股份有限公司
湖南全洲医药消费品供应链有限公司
湖南金霞粮食产业有限公司
广东省航运集团有限公司

4A 级物流企业（72 家）：

中信信通国际物流有限公司
同方环球（天津）物流有限公司
天津市交通集团滨海有限公司
天津丽兴园物流发展有限公司
上海商业储运有限公司
上海中石化工物流股份有限公司
上海旭富国际物流有限公司
上海市长途汽车运输有限公司
上海东方久信集团有限公司
大航国际货运有限公司

中国石油集团川庆钻探工程有限公司重庆运输总公司
河北邯钢附企巨恒物流有限公司
山西同元实业集团有限公司
内蒙古华通现代物流集团有限公司
通辽市通粮物流有限公司
大连铁越集团有限公司
长春市中远快运有限公司
林森物流集团有限公司
江苏大明金属制品有限公司
江苏澳洋顺昌股份有限公司
江苏亚东朗升国际物流有限公司
江苏河海运输股份有限公司
苏州得尔达国际物流有限公司
江苏神龙物流有限公司
江苏澳洋医药物流有限公司
江苏长江石油化工有限公司
南通大地物流有限公司
南通中远物流有限公司
浙江中通通信有限公司
杭州三里洋物流有限公司
迅捷物流集团有限公司
宁波富邦物流有限公司
安徽省徽商金属物流有限公司
安徽电信器材贸易工业有限责任公司
合肥朝阳物流有限公司
安徽春天物流有限公司
安徽省邮政速递物流有限公司
淮矿现代物流有限责任公司
福建省宏捷物流有限公司
江西省邮政速递物流有限公司
山东佳怡物流有限公司
山东瑞康医药股份有限公司
烟台海通联合发展有限公司
烟台安德水产有限公司
龙口海达物流有限公司
河南宇鑫物流有限公司
河南金辉物流有限公司
武汉长江沙鸥植物油有限公司
湖北大通互联物流股份有限公司
武汉武钢集团汉阳钢厂
湖北盛辉物流有限公司
荆州市鑫泰达物流有限公司
葛洲坝集团物流有限公司
湖北全诚物流有限公司
武汉钢铁集团交通运输有限责任公司
武汉兴达汽车物流有限责任公司
湖南省京阳物流有限公司
长沙畅通物流有限公司
伟鸿食品有限公司
湖南鸿胜物流有限公司
广东秦粤物流有限公司
深圳市恒路物流股份有限公司
广州市商业储运公司
中捷通信有限公司
广州市新邦物流服务有限公司
四川眉山顺达汽车运输有限责任公司
云南新储物流有限公司
延安市汽车运输（集团）有限责任公司
陕西贝斯特物流有限公司
陕西红光钢铁物流有限责任公司
新疆天顺供应链股份有限公司
新疆亚欧大陆桥煤炭运销有限责任公司

3A 级物流企业（77 家）：

北京远成物流有限公司
北京泛太物流有限公司
北京国商物流有限公司
天津市东丽区联合运输有限公司
天津远成物流快运有限公司
上海化学工业区物流有限公司

上海百联配送实业有限公司
上海乐惠物流有限公司
上海复闽仓储有限公司
上海康芸物流发展有限公司
上海市纺织运输公司
上海外高桥国际物流有限公司
上海全胜物流有限公司
上海外轮代理浦东有限公司
石家庄远成物流有限公司
秦皇岛龙腾运输集团有限公司
内蒙古中储物资储运有限责任公司
内蒙古老哈河粮油工业有限责任公司
通辽大华物流有限责任公司
吉林省顺风物流有限公司
南京大件起重运输集团有限公司
无锡高新物流中心有限公司
昆山世远物流有限公司
苏州快而捷物流有限公司
金华市经纬货运有限公司
杭州杭锅运输有限公司
浙江富阳口岸国际物流有限公司
浙江诚信物流有限公司
浙江五星物流有限公司
浙江兴一物流有限公司
浙江省长兴县长运船务有限公司
长兴顺达汽运有限公司
浙江新颜物流有限公司
义乌国联物流有限公司
义乌市扬翔国际货运代理有限公司
浙江鸿汇医药物流有限公司
浙江尊龙物流有限公司
远成物流股份有限公司金华分公司
浙江天虹物流有限公司
义乌市长航国际物流有限公司
宁波海联物流有限公司
宁波恒胜物流有限公司
宁波龙星物流有限公司
宁波宏达货柜储运有限公司
宁波芦城国际物流有限公司
宁波市环集国际物流有限公司
宁波市环北物流有限公司
宁波英特药业有限公司
宁波港铃与物流有限公司
浙江万信物流有限公司
浙江兴港国际货运代理有限公司
福建八方迅通物流有限公司
福建九州通医药有限公司
福建运杰物流有限公司
江西大龙物流有限公司
江西赣西物流有限公司
德州锦华物流有限公司
烟台连峰商贸有限公司
漯河宏运汽车运输集团有限公司
武汉市江天金属材料有限公司
湖南中飞物流有限公司
湖南畅达物流有限公司
岳阳市海纳物流有限公司
深圳市佳捷现代物流有限公司
广东鑫昌物流有限公司
广西桂网物流有限责任公司
泸州君安物流集团有限公司
四川省通信产业服务有限公司物流分公司
泸州市天润实业有限责任公司
泸州三友物流运输集团有限公司
云南成华运输吊装有限公司
玉溪市鹏程运输有限公司
青海省物产化工有限责任公司
青海省物产民爆器材专卖有限公司
宁夏原野物流有限责任公司
宁夏李旺实业发展有限公司

新疆金属材料有限责任公司

2A 级物流企业（34 家）：

天津中远物流有限公司

上海南华国际物流有限公司

无锡中远物流有限公司

苏州中远物流有限公司

南通远通货柜储运有限公司

南通新轮国际储运有限公司

中国南京外轮代理有限公司

中国江阴外轮代理有限公司

常熟外轮代理有限公司

浙江长兴申兴物流有限公司

浙江三特生态渔业发展有限公司

浙江中道物流有限公司

长兴金钉子物流有限公司

浙江捷通国际货运代理有限公司

义乌市倍力货物运输有限公司

嘉兴市伟盛国际货运代理有限公司

中国台州外轮代理有限公司

嘉兴中远物流有限公司

嘉兴外轮代理有限公司

宁波鲁甬佳物流有限公司

宁波新盟国际船务有限公司

安徽中远物流有限公司

青岛港湾国际物流有限公司

卓尔宝沃勤武汉物流有限公司

武汉市润华物流有限责任公司

武汉市创捷平安达物流有限公司

武汉日昱物流有限公司

长沙长远物流有限责任公司

衡阳白沙洲物流园有限公司

岳阳市运来物流有限公司

成都诚信达物流有限公司

四川回春堂药业连锁有限公司

四川遂宁市全泰堂药业有限公司

凉山烟草运输有限责任公司

1A 级物流企业（4 家）：

中国丹东外轮代理有限公司

镇江远港物流有限公司

泰州联合国际船舶代理有限公司

宁波保税区上善仓储有限公司

2013 年上半年通过复核的 A 级物流企业名单（共 150 家）

5A 级物流企业（3 家）：

黑龙江省五洲华宇恒业物流有限公司

黑龙江农垦北大荒物流集团有限公司

招商局物流集团有限公司

4A 级物流企业（9 家）：

北京福田物流有限公司

天津安达拓领物流有限公司

上海云峰集团化工有限公司

内蒙古北方风驰物流港有限公司

江苏亚邦医药物流中心有限公司

中港物流（厦门）有限公司

烟台市农业生产资料总公司

山东康诺盛世医药有限公司

青海世全物资集团有限公司

3A 级物流企业（104 家）：

北京首发物流枢纽有限公司

北京嘉和嘉事医药物流有限公司

北京海丰宝物流有限公司

北京春溢通物流有限公司

天津市东丽区魏王储运有限公司

上海精裕捷星物流有限公司

上海新发展国际物流有限公司

必胜（上海）食品有限公司

上海远成物流发展有限公司

上海大中物流有限公司

上海吴泾冷藏有限公司
上海麒麟物流有限公司
河北顺邦物流有限公司
中国外运秦皇岛公司
内蒙古庆元建材市场有限责任公司
吉林省陆港物流有限公司
长春汇丰实业有限公司
长春锦程世航国际物流有限公司
吉林省航天仓储有限责任公司
长春千锤纸业有限公司
黑龙江省成运储运有限公司
靖江市万事鑫联运有限公司
苏州工业园区报关有限公司
扬州市天成国际集装箱货运有限公司
昆山市钧隆危险品物流有限公司
昆山宝湾国际物流有限公司
苏州工业园区航港物流有限公司
江苏安邦物流有限公司
杭州畅宇物流有限公司
浙江名捷物流有限公司
湖州广和物流有限公司
嘉兴远方物流有限公司
长兴天顺物流有限公司
浙江海洲国际货运代理有限公司
浙江高通物流有限公司
浙江金瑞国际货运代理有限公司
浙江国利国际货运代理有限公司
浙江万国国际货运代理有限公司
义乌市金隆国际货运代理有限公司
浙江鲲鹏国际货运代理有限公司
杭州信实物流有限公司
杭州亚星物流有限公司
浙江天啸物流中心有限公司
温州市鹿富物流有限公司
浙江弘祥国际货运代理有限公司
义乌中远国际货运代理有限公司
宁波市舜发国际物流有限公司
宁波大港（新世纪）货柜有限公司
宁波保税区高新货柜（现代物流）有限公司
慈溪天地物流有限公司
慈溪市附海镇枢纽货运站
浙江定邦全球供应链有限公司
宁波兴合货柜有限公司
浙江宝瑞医药有限公司
浙江旭日国际货运代理有限公司
宁波金洋化工物流有限公司
宁波安达危化品国际物流有限公司
宁波人丰运输有限公司
安徽通华物流有限公司
安徽长风物流有限公司
福州大榕树物流有限公司
福州商业储运公司
福建华威现代物流有限公司
福州烟草物流有限公司
泉州烟草物流有限公司
厦门象屿胜狮货柜有限公司
厦门福慧达果蔬股份有限公司
潍坊潍柴顺达物流有限公司
山东思锐佳顺物流有限公司
郑州好易家商贸有限公司
中核（郑州）储运贸易公司
河南省亚通物流有限公司
河南省旭安隆物流有限公司
开封市第二运输总公司
武汉华超运贸有限公司
武汉长江智能物流股份有限公司
武汉中江实业有限责任公司
武汉圣泽捷通物流有限公司
湖北安欣物流有限责任公司

湖北信通通信有限公司
武汉市芳华物流有限公司
武汉汇通物流网络有限公司
武汉市圣达物流有限责任公司
湘电集团湖南物流有限公司
益阳湘运集团有限责任公司
湖南空港实业股份有限公司航空货运分公司
湖南涟钢物流有限公司
广州特兰富力运输有限公司
洋浦天雨物贸有限公司
成都大西南铁路储运有限公司
四川东立达物流有限责任公司
眉山市姜氏物流有限公司
四川川橡天发物流有限责任公司
凉山州金叶运输有限责任公司
贵州金叶物流运输有限公司
云南昆明交通运输集团有限公司
云南恒捷物流有限公司
陕西永丰仓储有限公司
陕西天地合和出版物物流发行有限公司
西安卓昊物流有限公司
青海朝阳物流有限公司
石嘴山市骊达工贸有限公司
宁夏众一物流有限公司
宁夏陆港物流有限责任公司

2A 级物流企业（28 家）：

张家口通泰物流中心有限公司
黑龙江省建恒物流有限公司
江苏金贸世纪国际物流有限公司
杭州淳安千岛湖中集物流有限公司
湖州大地物流有限公司
宁波港东南物流货柜有限公司
宁波保税区广盛物流有限公司
宁波出口加工区物流中心有限公司
宁波佰盛物流有限公司
宁波浙金钢材有限公司
安徽海通物流股份有限公司
青岛天人物流集团有限公司
中国烟台外轮代理有限公司
黄冈市宏骏物流有限公司
武汉市佳利物流有限责任公司
武汉石码物流有限公司
武汉市天天达货物运输有限责任公司
武汉市汉渝物流有限公司
武汉市泰保物流有限公司
郴州市宏顺物流有限公司
郴州东汇宏力混凝土有限公司
肇庆市致美物流有限公司
深圳市益嘉物流有限公司
攀枝花市冰点营销配送有限公司
四川凌云物流有限公司
中国水利水电第五工程局有限公司机电物资中心
陕西宝顺仓储物流管理有限公司
宁夏金桥物流有限公司

1A 级物流企业（6 家）：

宁波盛悦化工有限公司
宁波保税区海盛仓储有限公司
宁波丰盛食品有限公司
宁波航港物流有限公司
武汉市捷安达物流有限责任公司
武汉市西北物流有限公司

2013 年下半年通过复核的 A 级物流企业名单（共 146 家）

4A 级物流企业（4 家）：

利丰供应链管理（中国）有限公司
南京远方物流集团有限公司

德州资通国际物流集团有限公司
广东远翔物流实业有限公司
3A 级物流企业（107 家）：
北京京城工业物流有限公司
天津市益民实业集团有限公司
天津中远国际航空货运代理有限公司
天津博达集团有限公司
上海联达物流有限公司
上海中远物流重大件运输有限公司
阿尔卑斯物流（上海）有限公司
重庆瑞驰物流有限公司
河北润丰物流有限公司
保定保运物流有限公司
河北大华国际物流集团有限公司
开鲁县慧通物流有限责任公司
开鲁县有银食品贸易有限责任公司
扎鲁特旗正达粮油贸易有限公司
吉林省金河物流运输有限公司
哈尔滨电机物流有限责任公司
大庆市神舟物流集团有限公司
昆山华东国际物流服务有限公司
苏州工业园区伟创国际物流有限公司
常熟金狮物流有限公司
常熟市科宏储运有限公司
常熟华坤仓储有限公司
大正信（张家港）物流有限公司
浙江浙金物流有限公司
浙江英特物流有限公司
长兴县小浦竹山潭建材中转站
浙江诚毅国际物流有限公司
中国舟山外轮代理有限公司
浙江嘉鸿国际货运代理有限公司
杭州永良物流有限公司
平湖市亚太物流有限公司
绍兴市集亚物流基地有限公司
浙江百灵国际货运代理有限公司
浙江海西供应链有限公司
浙江航空开发总公司
浙江统冠物流发展有限公司
浙江中坤东方物流有限公司
宁波长胜货柜有限公司
宁波市阿六食品有限公司
浙江雨中雨水产有限公司
余姚市东方国际物流有限公司
宁波外代新华国际货运有限公司
宁波外代新扬船务有限公司
宁波黄金物流有限公司
安徽蓝宇物流有限公司
黄山斯普蓝帝物流有限公司
福建省四通物流集团
福建中闽物流有限公司
鸿昌（福建）物流有限公司
厦门火炬集团物流有限公司
厦门锦集物流有限公司
厦门陆港物流有限公司
叶水福物流（厦门）有限公司
山东载信物流有限公司
中盐青岛盐业有限公司
青岛师帅国际物流有限公司
青岛长运集团有限公司
山东永盛国际货运有限公司
青岛中远国际航空货运代理有限公司
烟台福昊物流有限公司
烟台德华物流有限公司
烟台瑞通物流有限公司
烟台齐畅工贸有限公司
河南省裕华惠宝商贸有限公司
湖北泓通达物流发展有限公司
湖北鑫园商贸有限公司
襄阳市中合物流有限责任公司

枝江市安宁汽车运输有限责任公司
枝江市兴港装卸运输有限责任公司
武汉市副食品商业储备有限公司
武汉恒钢物流发展有限公司
武汉山绿冷链物流有限公司
武汉四方交通物流有限责任公司
长沙市大唐物流有限公司
湖南嘉业物流有限公司
湘乡万里行物流有限公司
湖南湘潭汽车运输总公司
湖南铁顺物资有限公司
长沙恒广物流有限公司
长沙市科联物流有限公司
长沙好运来运输服务有限公司
湖南龙骧洪鑫物流有限责任公司
广州市黄埔区通达储运有限公司
广州市广石物流有限公司
广州市新易泰物流有限公司
广州长运全程物流有限公司
广州中远国际航空货运代理有限公司
广东申通物流有限公司
广州市凯宇物流服务有限公司
广州广汽木村进和仓储有限公司
广西翁氏八达物流有限责任公司
中国第二重型机械集团德阳万路运业有限公司
德阳华荣大件运输有限公司
泸州市东南德物流有限责任公司
泸州迎瑞物流有限公司
泸州市叁陆运业有限公司
四川农资集团蜀龙物流有限公司
毕节地区黔金叶货物运输有限责任公司
云南快达航空物流有限公司
云南省外贸万达运输公司
陕西东运物流有限公司
招商局物流集团西安有限公司
陕西康龙快运有限责任公司
甘肃省木材总公司（西北物资市场）
甘肃天马物流股份有限公司
青海省邮政速递物流有限公司
宁夏伊品生物科技股份有限公司

2A 级物流企业（34 家）：

北京大荣物流有限公司
上海锦路物流有限公司
上海汇尔华实业有限公司
沧州稳达供物流有限公司
大庆福瑞邦医药有限公司
大庆市铁邦物流有限公司
昆山安凯物流有限公司
连云港丰苑物流有限公司
浙江省中集物流有限公司
浙江德瑞物流有限公司
浙江陆港物流发展有限公司
宁波天翔货柜有限公司
宁波保税区港龙仓储有限公司
宁波保税区华东进口商品市场开发有限公司
宁波太平国际贸易联运有限公司
宁波中亚国际集装箱储运有限公司
宁波中陆联合物流有限公司
安徽省水利物资股份有限公司
安徽辉隆集团新安农资有限公司
湖北商友商贸有限公司
武汉市富大物流有限公司
武汉万顺公路货运服务有限公司
湘潭金启航物流有限公司
湖南金海农产品有限公司
湖南金顺物流仓储有限公司
合江县速腾物流运输有限公司
眉山同盛物流有限责任公司

自贡三辰实业有限公司
云南达广商贸有限责任公司
云南陆航物流服务有限公司
甘肃省化轻材料有限责任公司
酒泉市酒嘉国际物流有限公司
乌鲁木齐世纪华程物流有限公司
新兴铸管（新疆）物流有限公司

1A 级物流企业（1 家）：

宁波长运集装箱储运有限公司

（中国物流与采购联合会评估办）

第十一批、第十二批物流企业信用评价A级信用企业名单

第十一批物流企业信用评价A级信用企业名单（共42家）

AAA级信用企业为（排名不分先后）

广州中信信通物流有限公司
上海青旅国际货运有限公司
陕西恒顺物流有限责任公司
甘肃省万达实业总公司
江苏悦达物流有限公司
鞍钢汽车运输有限责任公司
南平烟草物流有限公司
鑫辰（集团）有限公司
甘肃省木材总公司
河南中原铁道物流有限公司
唐山百货大楼集团银河物流有限责任公司
上海中石化工物流股份有限公司
湖北省邮政速递物流有限公司
新疆天顺供应链股份有限公司
泰利物流集团有限公司
安徽通华物流有限公司
湖北楚元石化物流有限公司
湖南省衡缘物流有限公司
湖北盛辉物流有限公司
郑州铁路经济开发集团有限公司
武汉乐道物流有限公司
湖北长城物流有限公司
广州风神物流有限公司
漯河市四方物流有限责任公司
上海新大洲物流有限公司
华中物流有限公司
甘肃天马物流股份有限公司
江苏连云港港口股份有限公司
安徽徽运物流有限公司
新疆天业（集团）有限公司
浙江川山甲物资供应链有限公司

AA级信用企业为（排名不分先后）

中冶美利物流有限公司
浙江恒逸物流有限公司
江苏盛泽物流有限公司
山西万昌商贸有限公司
青岛金世纪实业有限公司
青岛华骏仓储有限公司
安徽蓝宇物流有限公司
聊城交运集团千千佳物流有限责任公司
中铁联合物流（迁安）有限责任公司

甘肃省兰州物资供应站

大理沧龙物流有限公司

第十二批物流企业信用评价 A 级信用企业名单（共 37 家）

AAA 级信用企业为（排名不分先后）

浙江省八达物流有限公司

大汉物流股份有限公司

甘肃省物产集团有限责任公司

青岛华骏投资集团有限公司

黑龙江中信物流储运股份有限公司

湖南一力股份有限公司

宁波港集装箱运输有限公司

南京长安民生住久物流有限公司

招商局物流集团湖南有限公司

镇江惠龙长江港务有限公司

郴州市金煌物流有限公司

浙江九龙国际物流有限公司

荆州市长江物流有限公司

中山市物资集团有限公司

宁波天地物流有限公司

宁波港东南物流有限公司

广东广通物流发展有限公司

云南泛亚物流集团有限公司

武汉钢铁物流有限公司

江西蓝海物流科技有限公司

湖南鸿胜物流有限公司

湖南金霞粮食产业有限公司

湖南星沙物流投资有限公司

美集物流（北京）有限公司

AA 级信用企业为（排名不分先后）

广东华正道物流集团有限公司（原广州市华正道物流有限公司）

武汉东西湖保税物流中心有限公司

青岛宝骏钢铁有限公司

宁波广博赛灵国际物流有限公司

中国外运陆桥运输有限公司

临沂东立物流有限公司

北京建工物流配送有限公司

漯河金道物流有限公司

漯河广通运输有限公司

宁波市兴州物流运输有限公司

宁波兴集物流有限公司

宁波市一洲货运有限公司

中铁特货汽车物流有限责任公司

（中国物流与采购联合会行业部）

2013 年度“中国物流示范基地”“中国物流实验基地”名单

中国物流示范基地（4 家）

正本物流有限公司

迁安市北方钢铁物流产业聚集区

湖南一力股份有限公司

武汉东西湖保税物流园

中国物流实验基地（10 家）

湖北盛辉物流有限公司

贵州笑哈哈商贸物流城有限公司

中信信通国际物流有限公司

沧州渤海新区物流产业聚集区

山西万昌商贸有限公司

丰城市商贸物流城

青岛华骏物流园

吉林省香江物流有限公司

新疆天业（集团）有限公司物流公司

四川通宇物流有限公司

（中国物流与采购联合会行业部）

第八批推进流通现代化全国重点批发市场名单

惠龙港国际钢铁物流股份有限公司

兰格钢铁电子交易市场

辽宁省海城市西柳服装市场

沈阳钢材中心批发市场

甘肃省物产集团天水物流园

天马物流陇中物流园

甘肃省木材总公司（西北物资市场）

甘肃省物产集团兰州物流配送中心

甘肃省物产集团河口物流园

甘肃省物产集团皋兰物流园

东莞市江南农副产品综合批发市场

广州市红棉国际时装城

广东乐从钢铁世界

广州市湛隆广源汽配广场

广东塑料交易所股份有限公司

广州市广大皮具商贸城市场经营管理有限公司

广州站西鞋城

佛山中国陶瓷城

兴发广场

广州鱼市场

（中国物流与采购联合会生产资料市场专业委员会）

2013年度中国物流与采购联合会科学技术奖获奖项目主要完成单位及完成人名单

序号	等级	项目名称	完成单位	项目完成人
1	一等奖	RFID技术在战储物资物流管理系统中的应用	中国人民解放军后勤学院、中国人民解放军总装备部军械技术研究所、上海中京电子标签集成技术有限公司	徐东、王宗喜、刘志、李良春、崔彦平、王爱玲、钱鲁锋、孙兵、赵蕾、罗磊、冀京秋
2	一等奖	国际大交通运输信息智能公共服务平台	清华大学（计算机系／清华信息科学与技术国家实验室／智能技术与系统国家重点实验室）、北京运力集科技有限公司、宁波自由港网络科技有限公司、北京腾逸科技发展有限公司	杜宏林、徐华、何国西、张寅、孙红丽、康勐、刘辉、刘英华、杨睿尘、高文宏、黄琼
3	一等奖	面向产业集群的供应链集成服务系统创新技术开发与实践	浙江中捷环洲供应链集团股份有限公司、天津大学	宋国安、刘伟华、胡奇俊、林丽、沈银萍、易志娇、江晓霞、曾水平、阮云英、戴加静、刘松涛

续 表

序号	等级	项目名称	完成单位	项目完成人
4	一等奖	高效节能型动态立体仓储系统	云南财经大学、昆明腾威机电有限公司	冉文学、李严锋、宋志兰、王家鹏、徐帮辉、王小帆、金桂根、解琨、张丽娟、王志伟、杨国敏
5	一等奖	全国物流统计数据库管理平台	北京久其软件股份有限公司、中国物流信息中心	李海峰、涂江平、李忠强、赵伯韬、杨著军、丁智、陈经维、刘宇航、郭鑫、闫旭
6	一等奖	快递服务标准关键问题研究	中国标准化研究院	柳成洋、曾毅、曹俐莉、李涵、王世川、侯非、杨朔、万福军、张雨辰、张隋
7	一等奖	面向供应链服务的物流中心关键技术与应用	武汉理工大学、北京起重运输机械设计研究院	李文锋、陆大明、张煜、陈定方、陈涤新、毕娅、曹玉莲、徐庆才、钟叶、梁晓磊、祖巧红
8	一等奖	新型复合冷库保温系统的生产工艺及产品应用	青岛浩铭节能科技有限公司、北京物资学院	卜庆浩、姜旭、刘汉斌、邵蕊
9	一等奖	智能物流系统关键技术研究及应用	北京物资学院	朱杰、翁心刚、李俊韬、郭奕崇、阎芳、刘同娟、唐恒亮、刘涛
10	一等奖	通用弹药成套化物流保障关键技术与设备	中国人民解放军总装备部军械技术研究所、中国人民解放军军事交通学院	高飞、李良春、葛强、王韶光、牛正一、张文亮、李勤真、刘仲权、许森、翟俊伟、刘长亮

续 表

序号	等级	项目名称	完成单位	项目完成人
11	一等奖	废橡胶制复合微纤维胶粉生产免充气力车胎技术	江苏江昕轮胎有限公司	王明江、刘立志、周惠兴、薛以柏、刘章生、张希敬、王峰、万波、马庆丽、张文强、周超
12	二等奖	不确定环境下供应链物流计划决策优化与应用	苏州科技学院、鲁东大学、德国多特蒙德工业大学（TU Dortmund）、烟台瑞通物流有限公司、苏州工业园区安华物流系统有限公司	邵举平、马天云、翁卫兵、吴丽华、贾海成、徐国泉、杨传明、薛今晨、孙延安
13	二等奖	海洋石油辅助物流装备研发	大连中集物流装备有限公司	倪建生、曹飞、王忠连、庞连军、李长英、高扬、李志刚、万里新、曹凯
14	二等奖	仓库管理系统	山东荣庆物流供应链有限公司	郑全军、许琦、谢建宏、张爱华
15	二等奖	城市交通运输瓶颈的技术创新与对策研究	北京物资学院	倪东生、王成林、张博、金海水、陈喜波、倪雪、陈金木
16	二等奖	物流选址与规划模型应用的创新技术	美欧物流（北京）有限公司	荀卫、刘丁平、隋耀光、郑子林、江维、修龙、齐向东
17	二等奖	基于 AGV 技术的工厂物流管理系统的开发与应用	东风汽车有限公司、东风日产乘用车公司、广州风神汽车有限公司	杨峰松、庹鹏刚、万明勇、雷震、罗国昌、陈军燕
18	二等奖	基于行业知识库的金属物流综合业务管理平台	安徽省徽商金属物流有限公司、安徽省徽商职业学院、安徽审计职业学院	祁荣、王兴伟、刘放、孙华、王凯、李从春

续 表

序号	等级	项目名称	完成单位	项目完成人
19	二等奖	基于物联网的铁路运输信息资源整合及共享技术研究	北京交通大学	王喜富、沈喜生、刘子玲、秦予阳、张文瀛、雷翔、刘丽
20	二等奖	江淮中长途物流运输系列重型载货车	安徽江淮汽车股份有限公司	周福庚、陈刚、邹琳、景俊鸿、何山、王凯峰、刘鸿志
21	二等奖	危险化学品智能储运物联网系统	西安定华电子有限公司、西安交通大学	李守凯、楼纪洋、张岩、何国西、刘鹏、杨银行
22	二等奖	连云港口岸公共信息平台	连云港电子口岸信息发展有限公司	刘磊、乔智、金郴彬、朱卫新、李秀鹏、戴永利、张岩
23	二等奖	天津港远航散货码头公司全智能云码头信息系统	天津安洁新力科技有限公司、天津港远航散货码头有限公司	陈晓兵、李军、乔勇、仇立新、文兵、刘永强、杨国庆、崔波、付强
24	二等奖	面向车联网应用的异常油耗监控及油耗分析	上海航盛实业有限公司	尹占威、郭正光、辛志晓、万佳驹、何绪佳、苏沫予、刘晓狄
25	二等奖	汽车零部件运输管理核心信息系统（TMS）应用研究	广州风神物流有限公司	何俊亮、吴荣树、胡云、罗德权、李艳艳、曾庆林、余娟
26	二等奖	安全智慧的信融终端的研发和应用	中电百达兴南京科技有限公司、中国电子器材总公司	赵惟、赵亮、李长力、潘以挺、郭达、赵峰涛、张文瀛、周晓波、沈渃
27	二等奖	CKD 中心仓储优化项目	长春一汽国际物流有限公司	于洪、张萌、高跃峰、王军程、龚淑玲、郑洪涛、袁勇、郭城、田原媛

续 表

序号	等级	项目名称	完成单位	项目完成人
28	二等奖	唯智上汽通用五菱出厂物流管理平台	唯智信息技术（上海）有限公司、上汽通用五菱汽车股份有限公司	宾剑峰、袁竑、郭水萍、裴庆、陈梦槐、范赟、刘成云
29	二等奖	铁路突发事件应急救援决策支持系统的研究与应用	兰州交通大学、乌鲁木齐铁路局	李小平、蒋兆远、唐士晟、谯泽珍、李晶、赵建华、马勇
30	二等奖	物流配送中心自动化系统集成方案及技术装备开发应用	普天物流技术有限公司	赵汝熊、刘庆岩、宋召卫、李军、丁小波、徐翼、陈光辉
31	二等奖	千万规模电能计量器具集中检定柔性输送技术及成套装备	江苏省电力公司电力科学研究院、南京航空航天大学、江苏方天电力技术有限公司	黄奇峰、徐晴、蔡奇新、沈秋英、刘建、郭兴昕、张健
32	二等奖	柔性配送中心构建模式研究与应用	北京物资学院	王成林、张旭凤、张耀荔、孙卫华、姚志英
33	二等奖	均衡化模型在汽车零部件厂内物流中的设计及应用	武汉东本储运有限公司、华中科技大学、武汉昀谷信息技术有限公司	蒋晖、徐贤浩、王琳、刘玲、张喆、吴勇、邹碧攀
34	二等奖	金驹物流园钢材电子商务平台技术方案	徐州工程学院、江苏金驹物流投资有限公司	张中强、陈嘉莉、陈建明、张晶、李思伟、卢松泉、张兵
35	二等奖	物流车辆过程管理系统	广州广日物流有限公司	张世良、成铨、魏嘉良、张凌、张双
36	二等奖	柳州市公路货物运输统计调查方法改革与试点研究	广西工学院	郭红霞、邵铭、袁浩浩、张成安、周坚和、栗庆耀、蒋联源、姚博炜、邓力、李昌继、陈微微

续 表

序号	等级	项目名称	完成单位	项目完成人
37	三等奖	“十二五”物流管理专业规划教材《物流标准与法规》	解放军军事交通学院、天津大学、天津铁道职业技术学院	王海兰、赵道致、刘士通、孟军、滕国智
38	三等奖	第三方鲜活农产品物流信息平台研发	上海农业信息有限公司	朱铁峰、杨张兵、高益、张炬、石达祺
39	三等奖	实用型报关与国际货运专业教材	南华工商学院现代物流研究中心、南华工商学院国际经济与贸易系、厦门海关电子口岸数据中心	杨鹏强、李齐、林青、丁行政、郑海棠
40	三等奖	基于3G的出租车辆应用GPRS信息管理及计费系统研究	黑龙江财经学院（原哈尔滨德强商务学院）	唐友、文雪巍、黄巍、郎莫波、张继成
41	三等奖	《第三方物流》教材	上海海事大学	骆温平
42	三等奖	百营钢铁物流园物联网解决方案	石家庄中晟易通科技有限公司	蔡啸、杨瑞、苑伟、张彦普
43	三等奖	城市突发事件应急保障物流体建设研究	中国人民解放军空军勤务学院	郑金忠、李昊、耿广龙、乔丽、徐常凯
44	三等奖	服务供应链管理	天津大学、国家发展与改革委员会经济运行调节局	刘伟华、刘希龙
45	三等奖	亚邦仓储管理系统	常州亚邦三方物流有限公司	刘月娟、李克俭
46	三等奖	东航物流产地直达项目	东方航空物流有限公司、上海东航快递有限公司	朱益民、陶钧、宗伟
47	三等奖	基于供应链管理的企业物流风险预警研究	北京物资学院	刘永胜、沈小静、王燕
48	三等奖	甩挂运输运营组织与智能调度关键技术研究与示范应用	北京中交兴路供应链管理有限公司	张彤、胡道生、宋晓达

续 表

序号	等级	项目名称	完成单位	项目完成人
49	三等奖	基于物联网的钢铁物流综合服务平台	湖北钢易科技有限公司	吕忠、张国虎、石宏、沈启星
50	三等奖	基于物联网的商品信息追溯系统	万信方达科技发展（北京）有限责任公司、北京中物联物流规划研究院	高海伟、李锦莹、斯家华、纪寿文、乔红
51	三等奖	基于云平台的 RFID 智能安全保温周转箱推广应用（简称）	南京三宝物流科技有限公司	辛柯俊、封伟、房栋、王永来、印朝鹏
52	三等奖	邯郸国际陆港项目规划	邯郸国际陆港有限公司	高天水、谷春林、杨大力、贾辉
53	三等奖	昆明新机场货运区工程总包（EPC）项目	中国中元国际工程公司、云南建工第五建设有限公司、云南建工安装有限公司	夏战锋、姜亚洲、王永明、王先、侯旭
54	三等奖	乘用车轮胎配送新模式构建与应用研究	广州风神物流有限公司	章信开、罗春龙、吴本坚、张源、陈超
55	三等奖	镍矿防粘四瓣抓斗的研制	天津港第五港埠有限公司	皮云生、陈玉宝、石少兴、付永刚、张宁
56	三等奖	重复性项目工期、成本和资源优化方法	华北电力大学	张立辉、邹鑫、乞建勋、黄元生、李星梅
57	三等奖	中国移动物流在途货物管理系统	中国移动通讯集团辽宁有限公司、中国移动通信集团公司	张亚超、陈欢、李辉、史宁
58	三等奖	甩挂运输操作技术与方法	北京航空航天大学、山东省交通运输厅	李红启、高洪涛
59	三等奖	以信息系统为载体的市场营销管理模式创新	民航快递有限责任公司	张志鹏、王艟、成荣、王梓、张狄

续　表

序号	等级	项目名称	完成单位	项目完成人
60	三等奖	物联网与现代物流	北京交通大学	王喜富、沈喜生、刘子玲、秦予阳、张文瀛
61	三等奖	基于物流价值链及 SCOR 模型的物流企业流程再造	广西中信国际物流有限公司、华中科技大学、武汉昱谷信息技术有限公司	孔祥宁、梁科佳、徐贤浩、朱莉萍、李明
62	三等奖	物流中心仓储物流管理系统（海实 Lexsol L7）	厦门海实科技有限公司	汪冰、杨枫、欧靖、曾源淦、曾达
63	三等奖	物通数字化仓储物流管理系统 V1.0	四川物通科技有限公司、重庆大学、成都国储物流有限公司	唐廷元、董晓华、帅兵、袁梁、罗翼鹏
64	三等奖	新型人力货物搬运车驱动装置研究与开发	淮阴工学院	周凌云、周君、陆昌龙、王志文、赵钢
65	三等奖	新一代的柔性托盘	无锡美捷现代物流科技有限公司	刘明
66	三等奖	一体化订单管理及物流电商应用解决方案	上海锐特信息有限公司	陈丽园、伍惠忠、朱剑川、许志涛、林磊
67	三等奖	基于物联网技术供应链系统	深圳技师学院	郑志军、肖顶革、资道根、王铁牛、刘东卫
68	三等奖	玉帛进出口物流协同管理软件	上海玉帛软件有限公司	王玉学、陈艳兵、乔金生、张新建
69	三等奖	中国联通物流行业应用技术系列规范等 4 项 企业标准	中国联合网络通信有限公司集客部、联通研究院	田文科、李广聚、成洁、张云勇、王炯、房秉毅、王智明
70	三等奖	城市家电物流配送系统的开发与应用	柳州桂中海迅物流股份有限公司	张晓、苏庆强、张红星、卢小群、谢文权

续　表

序号	等级	项目名称	完成单位	项目完成人
71	三等奖	一站式智能骨干物流集成服务平台	佛山市商桥物流有限公司、深圳市商桥物流有限公司、上海市商桥物流有限公司	陈风雨、陈磊、吴易达、李悦民
72	三等奖	协同管理、生产、配送一体化服务	广东锐捷物流有限公司	宫伟军、郭勇刚、丁泳波、苗云飞、李强

（中物联科技奖励办公室）

2013 中国物流十大年度人物

（以姓氏笔画为序）

于新建　渤海轮渡股份有限公司总经理
王永成　神华物资集团有限公司董事长
付　超　大汉物流股份有限公司副董事长
邢慷弟　上海外高桥物流中心有限公司党委书记
陈丽园　锐特信息技术有限公司总裁
陈少华　浙江飞达物流有限公司董事长
金跃良　中铁物资集团有限公司董事长
周丹华　广东华正道物流集团有限公司总裁
梅书荣　武汉钢铁物流有限公司总经理
梁伟华　中国物流有限公司董事长兼总经理

（中国物流与采购杂志社）

2012—2013 年“宝供物流奖”及“宝供物流奖奖学金”获奖名单

“宝供物流奖”获奖项目名单

一等奖

1. 现代物流管理（国家级精品立体化课程）

获奖者：李严锋

工作单位：云南财经大学物流学院

2. 打造与国际市场接轨的飞机制造业精益物流供应链

获奖者：别家昕

工作单位：中航临港国际物流（上海）有限公司

3. 沿海钢厂绿色低碳物流技术集成与创新

获奖者：侯海云

工作单位：鞍钢股份鲅鱼圈钢铁分公司物流中心

二等奖

1. 一汽大众奥迪品牌 CKD 中心仓储优化项目

获奖者：高跃峰

工作单位：长春一汽国际物流有限公司

2. SLC 关检务操作平台系统

获奖者：石磊

工作单位：上海畅联国际物流股份有限公司

3. 我国物流人才相关问题研究（含《建设浦东航运服务业高层次创新创业人才生态区》《关于建立上海国际航运人才孵化园的建议》《航运物流人才胜任力模型构建研究》）

获奖者：瞿群臻

工作单位：上海海事大学经济管理学院

4. 区域物流生态系统及其协同发展研究——基于复杂性科学视角

获奖者：周凌云

工作单位：淮阴工学院交通工程学院

5. 湖南省物流公共信息平台

获奖者：黄友森、文振华、邓子云、杨晓峰等

工作单位：北京机械工业自动化研究所/湖南现代物流职业技术学院

三等奖

1. 第三方物流在动产融资监管业务中的权责分析及风险防控

获奖者：廖鑫凯

工作单位：厦门中远物流有限公司福州分公司

2. 申通决策分析和业务预警系统

获奖者：邱成

工作单位：申通快递有限公司

3. 国际大交通运输信息智能公共服务平台

获奖者：杜宏林

工作单位：北京运力集科技有限公司

4. 物通数字化仓储管理系统

获奖者：唐廷元

工作单位：四川物通科技有限公司

5. 开放式供应链物流信息平台

获奖者：黄慧

工作单位：易网通电子网络系统（深圳）有限公司

6. 物流配送中心自动化系统集成方案及技术装备开发应用

获奖者：赵汝雄、宋召卫、陈琳

工作单位：普天物流技术有限公司

7. 物流术语标准探究

获奖者：尚卫东

工作单位：商业科技质量中心

8. 农产品流通跟踪追溯系统研究与应用

获奖者：王晓平

工作单位：北京物资学院

9. 专著《城市环境中虚拟共同配送系统构建研究》

获奖者：杨浩雄

工作单位：北京工商大学商学院

10. 物流金融风险测度技术及应用

获奖者：何娟

工作单位：西南交通大学供应链金融服务创新研究所

“宝供物流奖奖学金”获得者名单

序号	学校名称	申请人姓名	备注
1	北京交通大学	卜宪政、王超（硕士研究生）	
2	中山大学	崔钦泉、傅宁豪	
3	浙江工商大学	鲍福光（硕士研究生）、丁飞	
4	华中科技大学	周玮、王莲	
5	南京财经大学	陈秋杰、万冬艳（硕士研究生）	
6	东南大学	吕斌、王新平（博士研究生）	
7	北京邮电大学	何晓、齐硕	
8	解放军后勤学院	金峰（博士研究生）、赵翼彬（硕士研究生）	
9	华东交通大学	李婷婷、成成（硕士研究生）	
10	武汉理工大学	刘敏（硕士研究生）、陈珏	
11	长安大学	刘阳（硕士研究生）、苏照淦	
12	北京物资学院	谢广营（硕士研究生）、王珀	

续　表

序号	学校名称	申请人姓名	备注
13	西南财经大学	王提、孙苗	
14	大连海事大学	曹荻、匡祺骥	
15	天津大学	葛美莹（硕士研究生）、李媛（博士研究生）	
16	浙江大学	李磊、陈宇轩	
17	山东交通学院	郭学晓、陈晓静	
18	北京工商大学	周泽南、方亚男（硕士研究生）	
19	上海海事大学	王佐昊、何婵（硕士研究生）	
20	兰州交通大学	孙洋、沙涛	
21	中南财经政法大学	陆丹、郭琳	
22	广东商学院	李昆鹏（硕士研究生）、李嘉敏	
23	山东大学	王文蕊（博士研究生）、金雨佳	
24	华南理工大学	周洁玥、石平（硕士研究生）	
25	中南林业科技大学	朱兆朋（硕士研究生）、潘永婷（硕士研究生）	
26	江西财经大学	袁舒贤、赫爽	
27	吉林大学	龙书玲、李实（硕士研究生）	
28	同济大学	黄超逸、李伯文	
29	湖南商学院	王亚、章芙蓉	
30	武汉大学	龙华（博士研究生）、李喆（博士研究生）	

（中国物流发展专项基金宝供物流奖办公室）

2013 年全球物流发展动态

一、2013 年全球物流业回顾

（一）物流业市场规模

根据国际知名咨询机构美国 Armstrong & Associates 统计，2013 年全球物流业市场规模约为 8.03 万亿美元。其中，美国物流业市场的规模高达 1.39 万亿美元，约占全球物流市场规模的 17.3%，位居世界第一位；中国物流业市场规模约为 1.22 万亿美元，约占全球物流市场规模的 15.2%，位居世界第二位；日本物流业市场的规模约为 5460 亿美元，占全球物流市场规模的 6.8%，位居世界第三位；德国物流业市场的规模约为 3131 亿美元，占全球物流市场规模的 3.9%，位居世界第四位；巴西、法国、印度等国物流业市场规模位列其后。如图 1 所示。

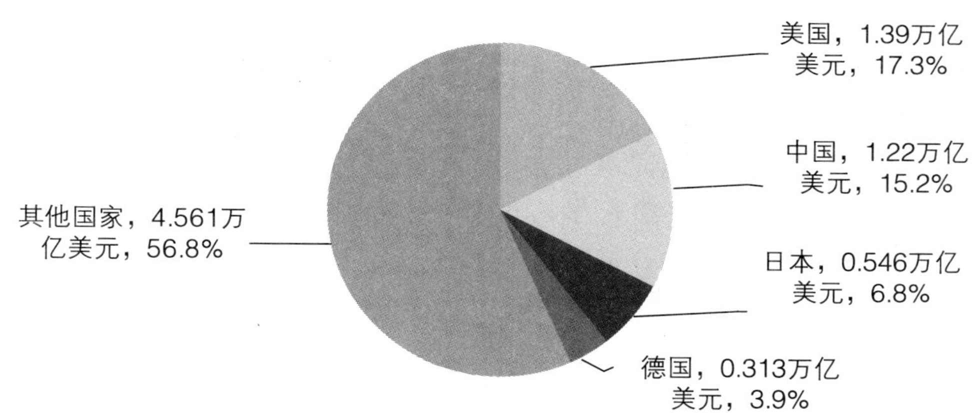

图 1　2013 年全球物流业市场规模（按国家划分）①

① 图 1 资料来自：《The Logistics Report 2014》，Armstrong & Associates，2014。

从主要区域来看，2013 年亚太地区物流业市场规模为 2.65 万亿美元，占全球物流市场规模的 30.3%，是全球最大的物流市场。中国是亚太地区最大的物流市场，几乎占据了该地区一半的市场份额，印度、越南市场也在不断发展，预计未来 10 ~ 15 年全球物流业的发展仍将以亚太地区为重心。北美地区物流业市场规模为 1.74 万亿美元，占全球物流市场规模的 21.7%；欧洲地区物流业市场规模为 1.63 万亿美元，占全球物流市场规模的 20.3%（见图 2）。

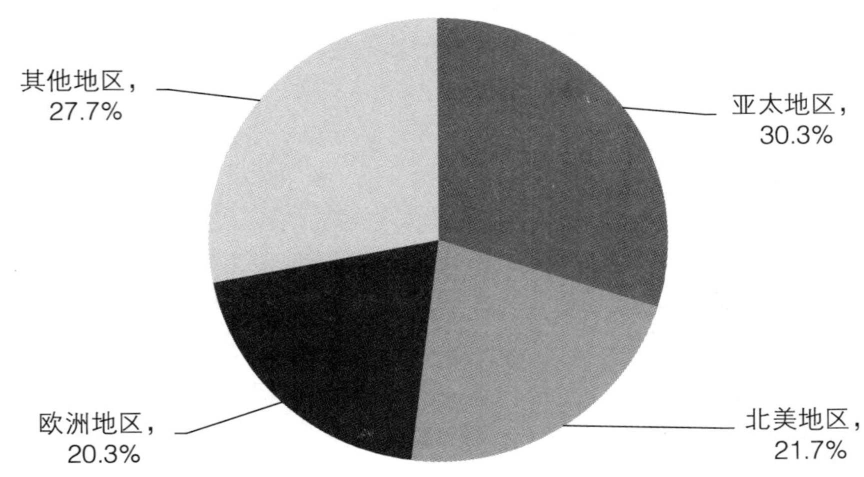

图 2 全球物流业市场规模按地区划分①

行业分布方面，根据 Datamonitor 的统计，目前全球现代物流市场总额中，占比位居前五位的产业分别是零售业、消费电子工业、汽车产业、高新科技产业和医药业。其中，零售业的市场份额约为 64.0%，其次是汽车、消费电子工业、高新科技产业和医药业，它们的市场份额分别为 13.0%、13.0%、7.0% 和 4.0%。

（二）物流业竞争力

据世界银行 2014 年最新发布的全球物流业竞争力指数（The Logistics Performance Index，LPI）排行榜显示（见表 1），德国位居榜首，芬兰、比利时分列第二位和第三位，英国排名第四位，新加坡居第五位，美国列第九位，中国香港、中国台湾和中国大陆分列第十五位、第十九位和第二十八位。从最新排名上看，发达国家依旧占据着物流行业的领先地位，以中国为代表的发展中国家进步明显，但仍存在差距。

① 图 2 资料来自：《The Logistics Report 2014》，Armstrong & Associates，2014。

表 1　　2013 年全球物流业竞争力排行榜①

国家和地区	排名	得分	百分制
德国	1	4.12	100
荷兰	2	4.05	97.6
比利时	3	4.04	97.5
英国	4	4.01	96.6
新加坡	5	4.00	96.2
瑞典	6	3.96	94.9
挪威	7	3.96	94.8
卢森堡	8	3.95	94.4
美国	9	3.92	93.5
日本	10	3.91	93.4
中国香港	15	3.83	90.5
中国台湾	19	3.72	87
中国	28	3.53	81.1

（三）物流总成本

以美国为例，2013 年美国的物流成本占 GDP 的比重下降到 8.2%（见图 3）。这表明美国物流行业增长速度缓于 GDP 的增长速度。与其他贸易伙伴国相比，美国物流成本占 GDP 的比重表现出彩。经济增长迟缓使这一比重低于正常值。但是近三年供应链行业在生产力、设备利用率及库存管理方面有长足的进步，这些改善有助于降低物流成本占 GDP 的比重。

以日本为例，根据国际货币基金组织研究统计，2013 年日本物流成本占 GDP 的比例为 8.5%，比上年下降了 2%。目前，库存成本取代了运输成本，成为日本物流成本管理的重要环节。因此，仓储成本的降低是导致日本物流总成本占 GDP 比例下降的最主要原因。

（四）公路货运业

2013 年，美国公路货运业收入比上年增加了 1.6%，公路货运量比上年增长了 6.1%。全年货运量时增时减，较为波动，面临的问题较大。一方面由于开销增加以及增加司机的高昂成本，使 2013 年美国公路货运业运力下降了比上年 2.5%；另一方面部分公路货运公司的倒闭，导致行业内减少了 21775 辆货运车辆，这一数字比 2010 年与 2011 年的总和还多。

2013 年，俄罗斯的公路货物运输量为 5.62 亿吨，较上年增加 21%，约占全部货运量的 70%。但据俄罗斯联邦国家统计局的数据，2013 年亏损最严重的行业企业恰恰也是公路货

① 表 1 资料来自：《LPI Report 2014》，世界银行，2014。

运领域的企业，其比例高达61%，远远高于2012年的亏损比例57.7%。

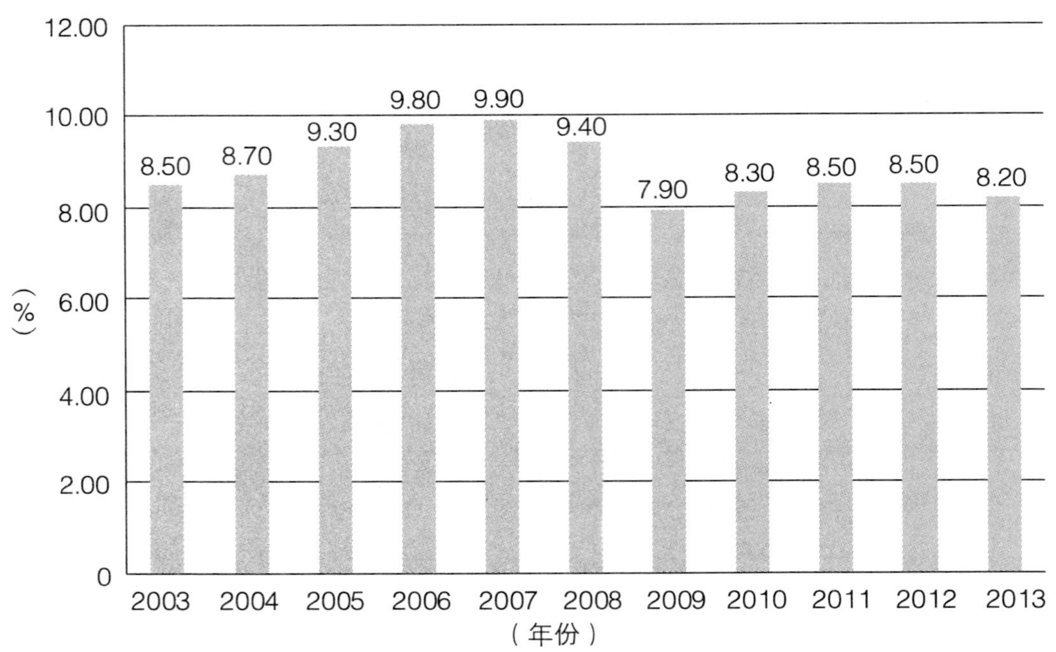

图3 2003—2013年美国物流总成本占GDP的比重

资料来源：第25次《美国物流年报》，美国供应链管理专业协会（CSCMP），2014年6月。

（五）铁路货运业

俄罗斯传统货物运输业的基础仍是铁路货运。在货物周转量上，能够与铁路运输相提并论的只有管道运输。但自2012年下半年以来，俄罗斯的铁路货物周转量呈现下降趋势。2013年，俄罗斯铁路货物装载量为12.37亿吨，较上年下降2.8%；货物周转量为21958亿吨公里，比上年下降1.2%；考虑到货车的空驶率，货物周转量为28128亿吨公里，比上年增长1.1%。

2013年，德国境内铁路货运量为3.737亿吨，比上年增加760万吨，增长幅度为2.1%；运能为1126亿公里吨，比上年增加2.3%。货物平均铁路运输里程为301公里，比上年增加0.2%①。

2013年，美国铁路运输成本增加了4.9%，与2012年增速持平。每吨英里一级铁路货运收入从3.760美元增长到3.961美元，增幅为5.3%。全年铁路货运量增加了8.1%，是近年来的最高值。但铁路货运量的增长速度远远快于行业运力增长的速度。因此，2013年美国的铁路货运业仍在继续扩大资产投资项目，增加运力，缓解瓶颈压力。

① 数据来自：德国联邦统计局网站（www.destatis.de），2014年3月20日。

（六）集装箱海运业

2013 年，全球新集装箱船交付量 139 万标准箱，和 2012 年相比，提升了 9.6%。截至 2013 年年底，全球集装箱船队总规模达到 1728 万标准箱，同比增长 5.8%。目前世界上最大的 20 家远洋货运公司现在控制着超过 80% 的海洋运力，远远高于前几年的 55%。这一变化让他们拥有更大的市场定价权。Alphaliner 发布的 2013 年全球前 20 大集装箱班轮公司运力排名情况，如表 2 所示。

表 2　　2013 年全球前 20 大集装箱班轮公司运力排名

排名	船公司	运力（标准箱）	份额（%）
1	马士基集团	2619921	14.8
2	地中海航运	2363600	13.3
3	法国达飞	1504865	8.5
4	长荣	835694	4.7
5	中远集运	785234	4.4
6	赫伯罗特	730016	4.1
7	美国总统轮船	645850	3.6
8	韩进海运	630868	3.6
9	中海集运	596479	3.4
10	商船三井	550896	3.1
11	东方海外	467808	2.6
12	日本邮船	459155	2.6
13	汉堡南美	450476	2.5
14	阳明海运	388231	2.2
15	太平船务	373073	2.1
16	川崎汽船	343947	1.9
17	现代商船	335485	1.9
18	以星综合航运	328471	1.9
19	阿拉伯联合国家轮船	277152	1.6
20	智利南美轮船	263169	1.5

资料来源：中港网（http：//www.chineseport.cn/）。

具体到国家来看，2013 年俄罗斯国际海洋货物运输量持续增长。2009—2013 年，俄罗斯国际物流海洋货物运输市场规模约增长了 22%。2013 年 1—9 月俄罗斯沿波罗的海各港口货物周转量同比增长 3.8%，为 1.604 亿吨，干货转运量 6090 万吨，同比增长 7.6%，液体货物转运量 9950 万吨，同比增长 1.6%。

2013 年，德国的内河年货运量在 2 亿吨以上，约占全国货运总量的 1/4，其中最重要的水路是承担了大约 2/3 内河航运的莱茵河。

2013 年美国港口业务增长态势良好，但是速度缓慢。在西海岸，长滩港以及塔科马港正在经历两位数的增长，洛杉矶港的集装箱货运量比上年减少了 2.6%，西雅图港的货运量已连续四年出现大下滑，下降了 15.5%。在东海岸，查尔斯顿港以及诺福克港的货运量分别比上年提高了 5.6% 与 5.7%。纽约/新泽西港的货运量比上年下降了 1.1%。

港口方面，目前全球共有 1500 万标准箱以上的港口共 8 个，2000 万标准箱以上的港口 4 个，3000 万标准箱以上港口 2 个。根据中港网发布的“2013 年全球 10 大集装箱港吞吐量统计排名”（见表 3），包括中国香港港在内的中国港口共包揽七席，余下的第二、第五、第九名分别由新加坡港、韩国釜山港、阿联酋迪拜港摘得。这表明中国港口在全球集装箱运输地位中的分量继续加大。据中港网测算，2013 年全球前 10 大集装箱港共完成箱量 20428 万标准箱，全球 10 大集装箱港“俱乐部”入门门槛已提高到 1300 万标准箱。

表 3　2013 年全球前 10 大港口集装箱吞吐量

名次	港口名称	集装箱吞吐量（万标准箱）		同比增幅（%）
		2013 年	2012 年	
1	上海港	3361.70	3252.90	3.34
2	新加坡港	3260.00	3166.00	2.90
3	深圳港	2327.80	2294.13	1.46
4	香港港	2228.80	2311.00	-3.60
5	釜山港	1765.00	1703.00	3.70
6	宁波—舟山港	1732.68	1617.50	7.12
7	青岛港	1552.00	1450.00	7.00
8	广州港	1530.92	1474.36	3.83
9	迪拜港	1363.00	1327.00	2.71
10	天津港	1300.00	1230.00	5.69

资料来源：中港网（http：//www.chineseport.cn/）。

（七）航空货运业

2013 年，全球航空货运市场呈现缓慢稳定回升，全球货运吨公里（FTK）比 2012 年增加了 1.4%。其中，中东地区货运增速达到了

12.8%，位居第一，其次为拉丁美洲，与2012年同比增长了2.4%，之后依次为欧洲和非洲，与2012年同比分别增长了1.8%和1%。需要注意的是，亚太地区与2012年同比下降了1%。2013年全球货运载运率为45.3%，与2012年45.2%的水平接近。

货运机场方面，根据国际机场协会（ACI）公布的2013年全球机场货运量最新排名（见表4）来看，中国香港的赤腊角机场连续四年（2010—2013年）蝉联全球机场货运量第一，2013年运输总量更创新高，达到415.61万吨，全年同比增长2.3%；美国孟菲斯机场紧随其后排名全球第二，2013年货运总量达到413.79万吨；上海浦东机场以年货运量292.85万吨排名全球第三，但货运量较2012年同比下降了0.3%。在全球前10大机场货运量排名中，亚洲机场占据了半壁江山，其中阿联酋的迪拜机场货运量增速达到6.8%；美国机场占据三席，仍保持航空货运强国地位；法国巴黎机场与德国法兰克福机场占有剩下两席，同2012年比，呈现出回升趋势。

表4　2013年全球前10大机场货运量

名次	机场名（国家）	运输总量（万吨）	同比增幅（%）
1	香港赤腊角机场（中国）	415.61	2.3
2	孟菲斯机场（美国）	413.79	3.0
3	上海浦东机场（中国）	292.85	-0.3
4	仁川机场（韩国）	246.44	-3.3
5	迪拜机场（阿联酋）	243.56	6.8
6	泰德·史蒂文斯安克雷奇机场（美国）	242.11	-1.7
7	路易斯维尔机场（美国）	221.61	2.2
8	法兰克福机场（德国）	209.45	1.4
9	巴黎戴高乐机场（法国）	206.92	-3.8
10	成田机场（日本）	201.98	0.7

资料来源：国际机场协会（http：//www.aci-asiapac.aero/）。

二、全球物流与供应链发展的新趋势

（一）技术创新与供应链管理加速融合

技术的不断进步使得供应链专家们受益匪浅。从成熟的应用软件到无线设备、智能手机、iPad以及其他各种设备，它们都在变得日益小型、廉价和便携。先进的技术同样会在未来以同样的方式影响着供应链的发展。许多在过去可以花数周时间才做出的管理决策，现在必须在同一天的数小时，甚至是几分钟内完成，而在不远的未来这可能需要在数秒内做出。为了让供应链的管理者们可以更快地做出科学决策，技术将使整个行业以及员工获取大量数据，并快速地分析数据，然后利用这些信息做出最合适的决策。

以库存管理为例，仓储管理系统（WMS）的出现曾迟于云计算，但一切将要改变；基于云或以云为基础将成为决策制订的重点考虑因素。新一代的WMS供应商目前已创建了大量基于云的解决方案，如Snapfulfill和LogFire。这些供应商的产品已经上市，并为复杂的大型配送中心提供强大完善的云方案。Accellos也已经开始提供基于云的WMS了。

再如全球健康卫生护理领域的领导者、总部位于美国得克萨斯州达拉斯市郊的金佰利公司，为了创造一个需求导向型供应链，金佰利开始了一项试点项目，对软件供应商Terra Technology公司的软件进行试用，旨在将需求信号纳入北美供应链的运作当中。这项试点非常成功，2010年金佰利购买并且实施了Terra Technology公司多企业需求感应解决方案。起初，金佰利只利用该软件自带的内部数据进行预测。然而，从2011年开始，它便开始使用实际的零售数据指导产品补给和生产。

总部位于爱尔兰都柏林的英格索兰公司是一家价值140亿美元的跨国公司，主要为工业、商业和住宅市场提供产品和服务。最近采用了一套基于Ultriva软件的门户系统。它提供了一个包括供应商、承运人和第三方物流公司在内的所有供应链参与者透明的信息库，有效地解决了信息不对称问题。这一系统可以显示库存的情况，对于货物到底是在供应商的仓库里，还是在运输途中，还是在工厂内都一清二楚。供应链主管麦克·史密斯（Michael Smith）认为，供应商可以及时了解正在中转的货物信息，需求供给的平衡，零部件的使用情况以及使用状况。如果货车送达货物时间晚了两个小时，他们也能第一时间知道。自门户系统成立以来，英格索兰公司特灵品牌的库存周转有了明显的改善，库存水平也明显降低。同时，生产商与供应商之间的联系也更加紧密。史密斯（Michael Smith）说：“对于我们来说，多亏了这个门户系统，让我们现在拥有了一个集成的供应链。”

（二）低碳供应链将得到更为广泛的认可和推广

在过去的几年中，世界的商业机会已经开始向环境可持续方面倾斜。如今，到处都是“绿色”的：不管规模大小的企业都在宣传、推广他们的环保举措，各地的政府都颁布了更加环保的法规，科技公司也在推出新的碳排放分布软件。当然，如果一个可持续的发展计划要获得更长久的价值的话，那么这个计划需要用更加广阔、多元素的方式来将环境作为一个整体，而不是单独部分进行考虑。相关的供应链组织也需要提出有关发展一个全面的环保计划的建议，以创造一个可持续发展的商业模式，而不仅仅只是减少温室气体的排放。

第一，让“绿色”成为企业自身文化的一部分。加拿大咨询公司Stratos在2007年里的一项研究表明，那些一流的企业不仅仅是考虑一些短期的议题和挑战（比如温室气体排放），而是将一些更高层次的可持续性任务和要求纳入其长期战略中。Stratos的研究观察了来自不同行业的七个公司在可持续发展领域的最佳实践。这七个公司分别是：信息交流领域的加拿大贝尔公司和沃达丰公司，能源领域的荷兰皇家壳牌和森科尔公司，制造领域的惠普公司，财务服务领域的温室信贷公司，以及采矿领域的力拓矿业集团。报告中指出，这些公司将可持续发展战略与企业整体原则、价值观、商业战略紧密结合起来。

第二，将环保计划向下传递。成功传递的公司可以通过在员工的 KPI（关键绩效考评）中加入环境考量的因素，显示出管理层的重视。Stratos 的调查表明有几家知名企业都将可持续性置于 KPI 评分表或者仪表板的显著位置，以确保可以得到最高层级的重视。

第三，发掘投资回报。一些公司并不看重短期的收益，而是更加关注可持续性带来的长期的回报，比如增加了品牌的影响力和顾客忠诚度、减少了大量用于善后的开销。生产商 3M 公司早在 30 年前就意识到了事前预防远比事后清理要更节约成本。在这种思路的指引下，3M 不仅减少了 22 亿磅的污染排放，更是为第一年的环保工程节约了 10 亿美元。

三、全球物流业的未来展望

随着亚洲消费能力的持续增长和产业转型升级的不断深化，同时由于美国新能源的良好前景和运输成本的下降，全球制造业回归美国及墨西哥的趋势将有所体现，全球化设计、制造和消费的格局将进一步明晰。对于企业的物流和供应链而言，伴随着层出不穷的极端天气事件，加之国际恐怖主义、突发事件的影响，全球供应链风险变得日益复杂和严峻。如何最大限度地发挥技术创新，强化企业在全球供应链的弹性和应变能力，成为跨国企业供应链发展的关键。

［王国文　王文博　曹　璐　综合开发研究院（中国·深圳）物流与供应链管理研究所］

2013 年美国物流发展报告

一、总体经济形势

2013 年，美国经济复苏势头较为稳固，个人消费稳定增长，财政赤字减小，批发和零售有所恢复，制造业保持扩张，进出口逆差缩小，价格基本稳定。但在就业、房地产、财政、金融等领域，一些不确定、不稳定因素依然存在，新的增长动力尚不明朗，实现自主、稳定、平衡增长尚需时日。

2013 年，美国全年进出口货物贸易总额为 39104. 1 亿美元，同比增长 0. 8% 。其中，进口额为 23315. 2 亿美元，同比下降 0. 2% ，比金融危机以来的最低值（2009 年 5 月，1511 亿美元）上升了 47. 8% ；出口额为 15788. 9 亿美元，同比上升 2. 1% ，比金融危机以来的最低值（2009 年 4 月，1243 亿美元）上升了 55. 0% ；进出口货物贸易逆差为 7526. 2 亿美元，同比下降 4. 7% 。

2013 年，美国失业率由 7. 8% 下降至 7. 0% （2013 年 1 月为 7. 9% ），比金融危机以来失业率的最高值（2009 年 10 月）下降了 3% ；总失业人口为 1090 万（其中包括 37 万临时失业人员，大部分是受第四季度政府关门影响的联邦雇员），其中长期失业（27 周或更长时间）人数为 410 万，占总失业人口的 37. 3% 。尽管全年失业率下降，但新增就业岗位平均数量仍低于 2012 年的数值，未就业人数达到近年来的顶峰，从而导致美国就业参与率的再次下降。

2013 年，美国家庭净资产保持持续增加，继 2012 年上升了 9. 5% 后，2013 年又增加了 13. 4% 。这是有记载以来的最高值。但实际上 2013 年只有最上层 7% 的家庭有明显可观的财富增长（大部分增长主要得益于美国股价走高），剩下 93% 的家庭并没有享有同等速度的家庭净资产增长。真正的中等家庭收入过去五年呈持续减少的态势（家庭财富主要以房产形式存在，而非投资。2013 年美国房价仍旧比峰值低 26% ）。美国四口之家联邦贫困线的标准是年收入 24000 美元以下。按实际价格计算，目前典型美国家庭的收入，从 2012 年的家庭收入均值 51100 美元下降至 2013 年的 51017 美元，低于 1989 年的水平。复苏疲弱限制了美国人的消费能力。金融危机后美国穷人增加财富的机会变得越来越渺茫，贫富差距拉大。

第二，将环保计划向下传递。成功传递的公司可以通过在员工的 KPI（关键绩效考评）中加入环境考量的因素，显示出管理层的重视。Stratos 的调查表明有几家知名企业都将可持续性置于 KPI 评分表或者仪表板的显著位置，以确保可以得到最高层级的重视。

第三，发掘投资回报。一些公司并不看重短期的收益，而是更加关注可持续性带来的长期的回报，比如增加了品牌的影响力和顾客忠诚度、减少了大量用于善后的开销。生产商 3M 公司早在 30 年前就意识到了事前预防远比事后清理要更节约成本。在这种思路的指引下，3M 不仅减少了 22 亿磅的污染排放，更是为第一年的环保工程节约了 10 亿美元。

三、全球物流业的未来展望

随着亚洲消费能力的持续增长和产业转型升级的不断深化，同时由于美国新能源的良好前景和运输成本的下降，全球制造业回归美国及墨西哥的趋势将有所体现，全球化设计、制造和消费的格局将进一步明晰。对于企业的物流和供应链而言，伴随着层出不穷的极端天气事件，加之国际恐怖主义、突发事件的影响，全球供应链风险变得日益复杂和严峻。如何最大限度地发挥技术创新，强化企业在全球供应链的弹性和应变能力，成为跨国企业供应链发展的关键。

［王国文　王文博　曹　璐　综合开发研究院（中国·深圳）物流与供应链管理研究所］

2013 年美国物流发展报告

一、总体经济形势

2013 年，美国经济复苏势头较为稳固，个人消费稳定增长，财政赤字减小，批发和零售有所恢复，制造业保持扩张，进出口逆差缩小，价格基本稳定。但在就业、房地产、财政、金融等领域，一些不确定、不稳定因素依然存在，新的增长动力尚不明朗，实现自主、稳定、平衡增长尚需时日。

2013 年，美国全年进出口货物贸易总额为 39104.1 亿美元，同比增长 0.8%。其中，进口额为 23315.2 亿美元，同比下降 0.2%，比金融危机以来的最低值（2009 年 5 月，1511 亿美元）上升了 47.8%；出口额为 15788.9 亿美元，同比上升 2.1%，比金融危机以来的最低值（2009 年 4 月，1243 亿美元）上升了 55.0%；进出口货物贸易逆差为 7526.2 亿美元，同比下降 4.7%。

2013 年，美国失业率由 7.8% 下降至 7.0%（2013 年 1 月为 7.9%），比金融危机以来失业率的最高值（2009 年 10 月）下降了 3%；总失业人口为 1090 万（其中包括 37 万临时失业人员，大部分是受第四季度政府关门影响的联邦雇员），其中长期失业（27 周或更长时间）人数为 410 万，占总失业人口的 37.3%。尽管全年失业率下降，但新增就业岗位平均数量仍低于 2012 年的数值，未就业人数达到近年来的顶峰，从而导致美国就业参与率的再次下降。

2013 年，美国家庭净资产保持持续增加，继 2012 年上升了 9.5% 后，2013 年又增加了 13.4%。这是有记载以来的最高值。但实际上 2013 年只有最上层 7% 的家庭有明显可观的财富增长（大部分增长主要得益于美国股价走高），剩下 93% 的家庭并没有享有同等速度的家庭净资产增长。真正的中等家庭收入过去五年呈持续减少的态势（家庭财富主要以房产形式存在，而非投资。2013 年美国房价仍旧比峰值低 26%）。美国四口之家联邦贫困线的标准是年收入 24000 美元以下。按实际价格计算，目前典型美国家庭的收入，从 2012 年的家庭收入均值 51100 美元下降至 2013 年的 51017 美元，低于 1989 年的水平。复苏疲弱限制了美国人的消费能力。金融危机后美国穷人增加财富的机会变得越来越渺茫，贫富差距拉大。

美国经济复苏的成果在 2014 年会变得更加明朗。作为生产服务业，物流行业具有较强的经济敏感性，宏观经济的波动将会直接对物流行业造成影响。美国经济的企稳回升，将为物流行业的发展奠定基础。

二、物流业发展的基本情况

（一）物流业总成本

物流行业表现的好坏是经济是否增长的一个有力指标。2013 年，美国商业物流成本增加到 1.39 万亿美元（见图 1），相比 2012 年，增加了 310 亿美元，提高了 2.3%，相对于 2012 年 3.4% 的增幅已经有明显的下降。

2013 年，美国的库存持有成本增长了 2.8%，库存水平有小幅增长。所有的商业库存水平（农业、采矿、建筑、服务、制造、批发、零售贸易）均高于经济衰退期的最高点，比 2012 年增加了 3%，达到 2.5 万亿美元；由于货运量偏小，运价增幅不大，加之维持运价的压力较大，本年度美国的运输费用仅增加了 2.0%。

库存持有成本并不仅仅是由库存货物的价值决定的，同时还受库存占压资金的利息的影响。美联储的商业票据率就是用来测量库存占压资金的利息构成。年度商业票据率从 2012 年的 0.11% 下降到 2013 年的 0.09%。高库存及低利率使得库存成本的利息降低了 22.6%。在正常的利率条件下，库存增加本应该使库存费用上涨。例如，如果用 2007 年 5.07% 的利率去替换现在的利率，库存成本将增加 1280 亿美元。而这又将改变物流成本占 GDP 的比重，使其位于 8.2% ~9.05%。这一影响与美联储突然中止刺激经济的项目的影响相当。

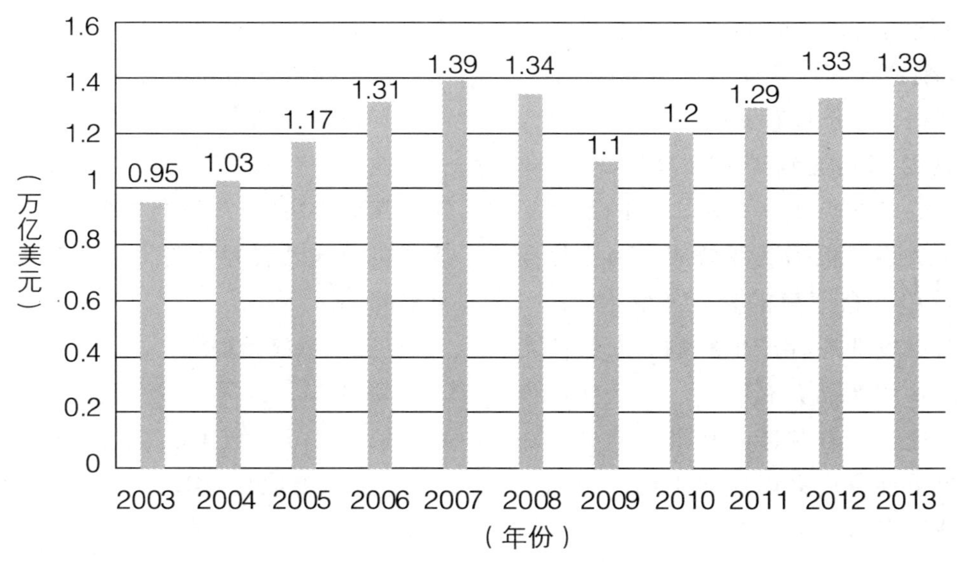

图 1　2003—2013 年美国商业物流成本走势

2013 年，美国仓储成本增加了 5.6%。仓库租费上涨，增加的存货量填满了可用仓储空间。2013 年第四季度美国仓库需求尤其强劲，创历史新高，这意味着仓储业复苏迹象逐步明显。新的仓储设施的建设增加了仓储空间，但是库存率也在攀升。

2013 年，美国运输成本比上年增加了 2.0%，所有运输方式都有小幅的创收。货运量（按吨位计算）有所增长，增速高于货运次数和货运收入（货运公司收入主要用于测量承运人成本）的增长速度。尽管 2013 年有 8 个月运价达到了 3 年来的最高值（年中表现最佳），但是运价仍旧疲软，行业运力间歇性出现紧缩。此外，恶劣天气以及货运量的季节性增长更导致了运输行业出现的一些问题。随着公路货运业破产率的增加，司机薪酬的提高、公路货运司机的短缺、设备和维修成本的上涨等问题的出现，使公路货运公司陷入了困境。

2013 年，全美零售、批发和制造三个业态的库存均有所攀升，但最大的涨幅来自于零售库存，同比增长了 6.2%。批发库存只增长了 2.7%，而且大部分的增长来源于第四季度（由于零售商预测第四季度将会迎来节日销售旺季）。尽管制造业呈上升趋势，但目前生产库存还趋于平缓，生产库存只有 2.1% 的增长。

在经济衰退期间达到 1.49 的巅峰后，美国零售存销比稳定在 1.26～1.28，表明销售和库存维持平衡关系。根据滴漏效应，当零售商不再下新的订单、仓库里的货物不再售出时，这一效应会对批发业库存产生影响。而消费者和零售商仍旧希望产品会有库存，且正在连夜运送的途中。这意味着制造商和批发商必须在供应链前端提早准备产品以应对市场需求，而问题是对于消费者行为的预测并没有以往那样直接有效。表现在数字上就是美国零售存销比在 2013 年的前四个月呈增长态势。由于销量滞后、库存暴涨，4 月存销比达到了 1.3；5 月的销量见长，库存增长放缓；之后存销比一路跌到 1.28，10 月又回升到 1.29。

（二）公路运输业

2013 年，作为运输成本最大的组成部分，美国公路货运业收入比上年增加了 1.6%，是近几年收入最低值之一；城际公路运输成本比上年增长了 1.8%，城内公路运输成本比上年增长了 1.2%。2013 年，美国公路货运量比上年增长了 6.1%。全年货运量时增时减，较为波动，一直处在一个脆弱的平衡中。

目前，美国的公路货运业困难重重。一方面，由于开销增加以及司机增加的高昂成本，导致 2013 年美国的公路货运业运力下降了 2.5%。另一方面，因部分公路货运公司的倒闭，导致公路货运行业内减少了 21775 辆货运车辆，这比 2010 年与 2011 年的总和还多。鉴于这种情况，承运人预计在 2014 年将大幅度提高公路货运运价，运价增幅可以达到 5%～8%。另外，根据新的联邦汽车运输安全管理局（FMCSA）限定司机服务时长条例（HOS），将有可能降低运力水平，因为这些新规直接关系着货运司机的数量。由于岗位要求越来越高而工资减少，越来越多的货运司机选择离开这个行业。潜在的货运司机必须综合考虑这些问题，然后再决定要不要选择这一职业。因而货运司机短缺已成为公路货运业必须直面的头等重要问题。

（三）铁路运输业

2013 年，美国铁路货运基础设施、设备和人员条件良好。全年铁路运输成本比上年增加了 4.9%，增速与 2012 年持平。每吨英里一级铁路货运收入从 3.760 美元增长到 3.961 美元，增幅为 5.3%；吨英里货运量收入同样也在增加，保持在 1.7 万亿美元左右。全年的铁路货运量比上年增加了 8.1%，是近年来的最高值；多式联运量增加了 10.6%。但是，来自公路货运业的强势竞争导致 2013 年铁路运价下降。

另外，由于铁路货运量的增长速度远远快于行业运力增长的速度，因此2013年美国铁路货运业仍在继续扩大资产投资项目，增加运力，缓解瓶颈压力。

（四）海洋运输业

2013年，全球海洋货运量有所增加，业绩有所提升，但发展仍旧缓慢。与此相同，2013年美国水路货运业的成本比2012年增加了4.5%，扭转了上一年的下行态势。为了降低运营的成本，相对较新的旧式货柜船目前正面临退休的处境，转而被装载20英尺标准箱的货柜船所取代。减速航行是目前全球通用的标准。承运人也减少了船舶停靠或挂靠的次数。货主不得不面临货运时间延长，到货时间不定等情况的出现。

在经历了2012年的价格战后，2013年海洋货运行业内主要公司纷纷形成联盟，以拉高低迷的运价、提高投资回报率、减少高昂的资本投入。事实上，目前世界上最大的20个海洋货运公司控制着超过80%的海洋运力，远远高于前几年的55%。这一变化让他们拥有更大的市场定价权。但同时小型货船订单量也正在增加，这些小型货船的运营效率更高，可以用于一些无法停靠大货柜船的港口。

整体来说，2013年美国港口业务呈缓慢增长态势，但进出口的表现均不佳。在西海岸，长滩港以及塔科马港的货运量呈两位数的增长，但洛杉矶的集装箱货运量却比上年减少了2.6%。近年来，承运人对不同港口的选择已经影响了长滩港—洛杉矶港的货运量。西雅图的货运量已连续四年出现严重下降，下降了15.5%。在东海岸，查尔斯顿港以及诺福克港的货运量分别比上年提高了5.6%和5.7%。纽约/新泽西港的货运量则比上年下降了1.1%。2013年美国主要港口的货运量情况如下表所示。

2013年美国主要港口的绩效水平统计

港口名称	货运量（标准箱）		同比增长（%）
	2013年	2012年	
洛杉矶港	7868582	8077714	-2.6
长滩港	6730573	6045662	11.3
纽约/新泽西港	5467347	5529908	-1.1
萨凡纳港	3033727	2966213	2.3
奥克兰港	2346528	2344392	0.1
诺福克港	2223532	2105887	5.6
休斯敦港	1950071	1934845	0.8
塔科马港	1891568	1711289	10.5
查尔斯顿港	1601367	1514587	5.7
西雅图港	1592753	1885680	-15.5

（五）内河航运业

2013 年第一季度和第四季度全美的内河航运业仍然表现强劲。第一是煤炭内河运输量全年相对比较平稳，但增长速度略低于 2012 年。第二是石油和化工产品的内河运输量全年有所增长，在 2013 年 10 月达到了最高值。第三是受恶劣天气影响，农产品的内河运输量下降至 2010 年以来的最低值。但是由于世界范围内对美国谷物需求的急骤增加，使得谷物内河运输量在第四季度创新高。

另外，2013 年度对于全美航运业来说，最大的新闻就是水源改革及发展法案（WRRDA）的通过。这个法案得到了美国两党的一致同意，并由总统签署通过。该法案旨在修复港口和水闸控制系统。法案包含了精简机构、减少论证报告数量、提高工程进度等条例，还对港口货运系统进行了大规模的财务调整，重新启动闲置项目，以释放 180 亿美元的闲置自有资金，大大提高了项目流程的监管和透明性。

（六）管道运输业

2013 年，美国石油管道运输量有小幅上升，但是运价的调整并不足以大幅提高货运收入。管道运输业仍在美国政府管控的范围内。

（七）航空货运业

2013 年，美国航空货运业收入比上年增长了 3.1%，总货运量比上年下降了 2.2%。其中，国际货运量降幅为 1.4%，2013 年全美国内货运量降幅为 0.1%。国内货运航线里程比上年增长了 2%，但是国际航线里程比上年减少了 3.9%。美国航空货运业将长期面临运力过剩、收益下降的问题。客机机舱载货量增加，货运收益预计可达 65%，这大大侵蚀了航空货运公司一部分业务，因此各大航空公司正在努力抢占这块市场。

（八）第三方物流行业

2013 年，美国货运代理收入比上年增长了 4.2%。据 Armstrong & Associates 物流公司调查，2013 年全美第三方物流公司的收入增长了 3.2%，比 2012 年的 5.9% 的增长速度有较大降幅。当然，由于服务商普遍不愿意进行新投资，或改变现有状况，第三方物流行业在全球都面临着缓慢增长的局面。

国内运输管理业虽然在美国第三方物流行业中占比较少，但成为了 2013 年增长最快的部分，年净收入达到了 7.1%，略低于上一年的 9.2%。指定车型及司机的合同车队（DDC）收入继续增加，2013 年增幅为 3.6%。2003—2013 年美国第三方物流市场规模如图 2 所示。

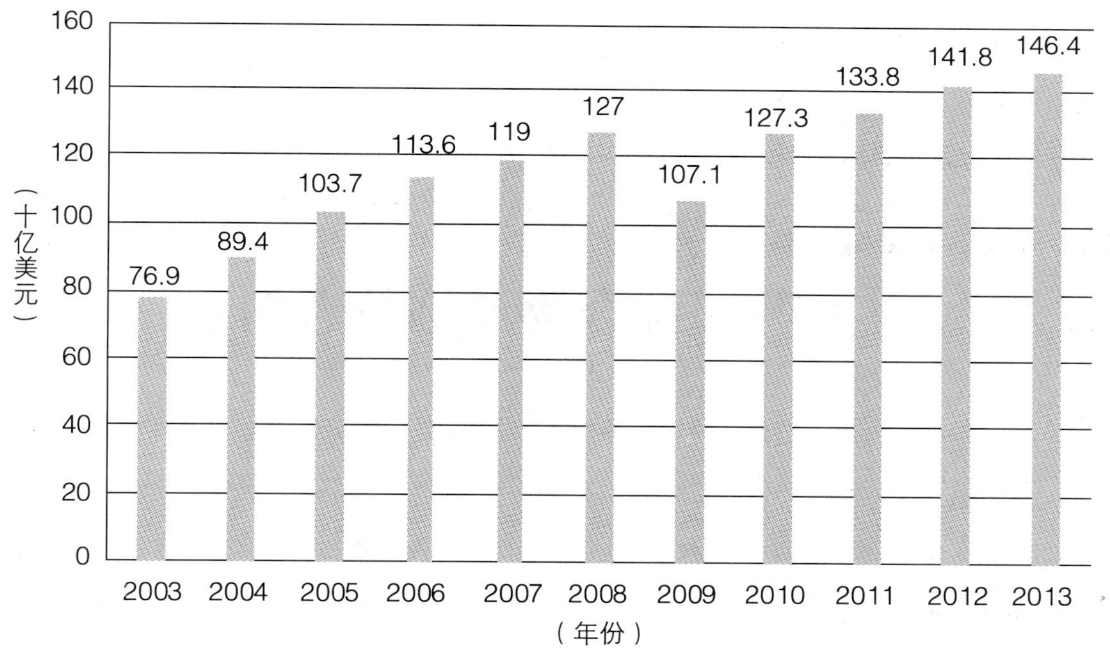

图 2 2003—2013 年美国第三方物流市场规模

三、总结

从经济角度看，2013 年美国经济绝对不是表现好的一年，但绝对是标志性的一年。虽然现阶段全球经济表现并不显著，但是，消费者信心指数（Consumer Confidence Index）上升、零售销售额回升、住房建设工程也在增加；就业情况也有好转，新增就业岗位持续增加，领取失业保证金的人数也在减少；货运业保持着冲劲，货运业的健康发展对于整体经济的复苏是一个利好。所有的迹象表明，美国的货运业正在缓慢好转，而整体经济形势也会渐入佳境。

注：本文图标资料均引自第 25 次《美国物流年报》。美国供应链管理专业协会（CSCMP），2014 年 6 月，华盛顿。

［王国文　王文博　曹　璐　综合开发研究院（中国·深圳）物流与供应链管理研究所］

日本的《综合物流施策大纲》

从20世纪60年代开始，日本政府相继出台了各项物流政策。但是，由于当时负责物流产业宏观管理的政府部门主要包括国土交通省、经济产业省、内阁府、公正交易委员会、警察厅、总务省、外务省、财务省、厚生劳动省、农林水产省、环境省等多个部门，导致政出多门，内容也各不相同。这种状态一直持续到20世纪90年代。随后，日本政府为了改变这种政出多门、各自为政的局面，于2001年1月实施了“省厅整合”，即把原来的1府22省厅整合为1府12省厅。此举使各省厅之间在物流政策制定与实施的合作方面，变得更加紧密。目前，日本政府根据现代物流的特点，以国土交通省和经济产业省的行政部门为核心，形成了协调一致的物流行政体制，制定了综合、一体化的物流政策，实现了各项管理工作及各个环节的有机结合与有效衔接。其中，国土交通省主要负责运输方式政策的设计及计划制定，区域运输、城市配送的规划与协调，仓储市场准入及物流基础设施等方面的管理工作；经济产业省主要负责物流产业政策、标准、结构、布局和发展战略等的制定。

为加快培育和提升日本物流业的国际竞争力，日本自1997年开始每四年制定一次《综合物流施策大纲》。1997年的《综合物流施策大纲（1997年）》，是日本政府制定的第一个综合物流施策大纲。1997—2013年日本的《综合物流施策大纲》已经进行了五次的制定工作。

一、《综合物流施策大纲》的制定

日本政府针对其物流发展的不同阶段，自1997年开始由经济产业省和国土交通省每四年共同制定一次《综合物流施策大纲》，由内阁会议通过并颁布。截至2013年日本已分别于1997年、2001年、2005年、2009年和2013年制定了五次《综合物流施策大纲》。五次《综合物流施策大纲》的相关信息如下表所示。

日本五次《综合物流施策大纲》的相关信息

大纲名称	审议通过时间	实现目标的时间	具体目标
综合物流施策大纲（1997 年）	1997 年 4 月 4 日	1997—2001 年	1. 提供亚洲太平洋地区最为便利和最具竞争力的物流服务 2. 以不影响产业竞争力的物流成本提供优质的物流服务 3. 建立能够应对与物流相关的能源问题、环境问题、交通安全问题等的物流系统
综合物流施策大纲（2001 年）	2001 年 7 月 6 日	2001—2005 年	1. 构建一个高度且整体有效率的、面向 21 世纪、与日本经济社会相适应的新的物流系统 2. 建立一个具有国际竞争力的物流市场 3. 创建一个能够减轻环境负荷的物流体系和循环型社会，所构建的能够减轻环境负荷的物流体系要对循环型社会做出贡献
综合物流施策大纲（2005 年）	2005 年 11 月 15 日	2005—2009 年	1. 建立低成本、快捷、无缝的国内国际一体化的物流系统 2. 建立绿色与环境融洽的环保型物流系统 3. 建设重视需求方的高效物流体系 4. 建设确保国民生活安全安定的物流体系
综合物流施策大纲（2009 年）	2009 年 7 月 14 日	2009—2013 年	1. 实现支持全球化供应链的高效物流系统 2. 实现减少环境污染的绿色物流系统 3. 实现安全可靠的物流系统

续 表

大纲名称	审议通过时间	实现目标的时间	具体目标
综合物流施策大纲（2013 年）	2013 年 6 月 25 日	2013—2017 年	1. 构建高效物流体系，成为支撑国民生活及产业活动的重要功能 2. 进一步努力减轻环境负荷的影响 3. 致力于完善安全、安心的物流体系

资料来源：《日本国土交通省报道发表资料》。

《综合物流施策大纲》作为日本物流业的纲领性政策文件，已成为引导日本物流业发展的指导性文件。每一次制定的《综合物流施策大纲》不仅制定了日本物流业下一个四年的发展规划及目标，而且还对上一次《综合物流施策大纲》所确定的目标进行全面评价，客观总结其实施四年之后的效果。随着每一次《综合物流施策大纲》的制定和实施，日本物流活动变得更加顺畅、有序，效率不断提高。显而易见，在推进《综合物流施策大纲》实施的进程中，日本政府部门主动与行业协会及企业进行协调、沟通、合作的模式，对《综合物流施策大纲》的落地起到了非常重要的积极作用。

二、《综合物流施策大纲》的内容

（一）《综合物流施策大纲（1997 年）》

《综合物流施策大纲（1997 年）》把 2001 年作为实现阶段性目标的时间，以“降低物流成本、提高物流服务水平”为宗旨，明确了日本物流业发展的目标，并从放宽规制、完善基础设施、物流系统升级、政府部门协调促进机制及政府援助等角度出发制定了相应的政策。《综合物流施策大纲（1997 年）》特别提到了各机构、各部门合作的政策推进体制，指出要推动各政府机关、地方团体、物流业者与货主联合起来采取物流现代化措施，共同制定综合交通系统，形成整体效应，并通过竞争促进物流市场活性化。

1. 《综合物流施策大纲（1997 年）》的意义

《综合物流施策大纲（1997 年）》是日本第一部系统的物流政策，是日本物流业发展的转折点，是国际化、信息化对物流业发展要求的必然反映，是日本物流现代化、纵深化发展的指南，对于日本物流业发展具有非常重要的历史意义。

2. 《综合物流施策大纲（1997 年）》的具体目标

（1）提供亚洲太平洋地区最为便利和最具竞争力的物流服务。

（2）以不影响产业竞争力的物流成本提供优质的物流服务。

（3）建立能够应对与物流相关的能源问题、环境问题、交通安全问题等的物流系统。

（二）《综合物流施策大纲（2001 年）》

《综合物流施策大纲（2001 年）》延续了《综合物流施策大纲（1997 年）》的计划进度，把 2005 年作为实现目标的时间，以国土交通省和经济产业省为中心，归纳意见并讨论后最

终制定形成。《综合物流施策大纲（2001 年）》提出了一系列具体的实施措施，主要包括物流一体化、信息化、标准化，改进商业惯例，推进单元装载化，实现港口 24 小时开放制，实行申办手续电子化和一站式服务，降低运输工具单位耗能的对策；推进各种运输方式的转换，提高卡车运输效率，降低卡车废气排放量，构筑静脉物流系统、构建循环型社会的对策；防止事故发生、确保物流安全的对策；构筑能够满足国民需求的物流体系，把物流通畅化纳入城区建设规划，确保远洋船通行安全的对策，将仓库业由准入许可制转为登记制，废除仓库收费事前申请制等内容。

1.《综合物流施策大纲（2001 年）》对《综合物流施策大纲（1997 年）》的评价

（1）在提供亚太地区最具便利性和竞争力的物流服务方面，成效并不显著。

（2）在降低物流成本方面，与亚洲地区的先进港口相比，与港口使用相关的费用仍然偏高。

（3）在构建能源、环境、交通安全友好型物流系统方面，还要面对削减大气污染物排放、保护地球环境、构建循环型社会等新的课题。

2.《综合物流施策大纲（2001 年）》的具体目标

（1）构建一个高度且整体有效率的、面向 21 世纪、与日本经济社会相适应的物流系统。

（2）建立一个具有国际竞争力的物流市场。

（3）创建一个能够减轻环境负荷的物流体系和循环型社会，所构建的能够减轻环境负荷的物流体系要对循环型社会做出贡献。

（三）《综合物流施策大纲（2005 年）》

《综合物流施策大纲（2005 年）》不仅制定了日本物流业之后四年的发展规划，而且为加快绿色物流的发展，还针对日趋严重的地球温室效应问题，单独就环境保护问题从两个方面制定了物流业发展的环境政策。一方面，提出要解决全球变暖及大气污染问题；另一方面，提出要构建循环型社会的静脉物流系统。《综合物流施策大纲（2005 年）》在继续强调重视顾客、实现高效率低成本国内外物流一体化的基础上，着重提出了进一步建设确保国民生活安全与安定、环保节能的绿色物流的重大目标，指出要促进企业选择合理化的运输方式，以减轻环境负荷。《综合物流施策大纲（2005 年）》明确了物流业发展的基本方向，即适应经济与社会全面发展的需要，推动物流与其他产业和消费市场共同发展。同时，还提出要缩短物流对生产、流通和消费造成的距离。

1.《综合物流施策大纲（2005 年）》对《综合物流施策大纲（2001 年）》的评价

（1）企业在主要的、能产生高效益并取得主要竞争力的业务上还存在问题。

（2）在新型服务模式不断发展的背景下，物流企业所提供的服务需要进一步完善。

（3）物流业劳动力不足的压力等需要进一步解决，企业对社会责任还不够重视。

2.《综合物流施策大纲（2005 年）》的具体目标

（1）建立低成本、快捷、无缝的国内国际一体化的物流系统。

（2）建立绿色与环境融洽的环保型物流系统。

（3）建设重视需求方的高效物流体系。

（4）建设确保国民生活安全安定的物流体系。

（四）《综合物流施策大纲（2009 年）》

《综合物流施策大纲（2009 年）》提出，要构筑具有国际竞争力的物流市场，创建一个能够减轻环境负荷的物流体系和循环型社会。《综合物流施策大纲（2009 年）》指出，随着企业供应链的全球化，必须降低以亚洲为中心的分散型企业网点间的运输成本，在维持较高安全水平的同时实现物流的高效化也成为重点课题。《综合物流施策大纲（2009 年）》，综合性地总结了改善日本与亚洲各国物流合作项目以及对日本报关制度进行持续性重新评价的措施。同时，决定将以前一直由政府相关部门负责人实施的跟踪体制改为由产业界代表参加的官民合作形式。另外，还特别决定对依据大纲制定的综合物流措施实施推进计划，根据需要每年进行修订，强化了措施的实施体制。

1. 《综合物流施策大纲（2009 年）》对《综合物流施策大纲（2005 年）》的评价

（1）在“实现高速、无缝且价格低廉的国内国际一体化物流”方面，在经济构造不断走向全球化的大环境下，日本企业在最适宜的地区开展生产和销售，减少了不必要的库存，在全球范围内进行供应链管理，进一步实现了高速、无缝且价格低廉的物流服务，推动了各项措施的实施。

（2）在“实现绿色物流等高效率环保型物流”方面，今后还要从供应链整体出发减少环境负荷。

（3）在“实现重视需求方的高效物流系统”方面，在满足消费者多样化需求的同时，有效避免了交通堵塞及环境问题等的发生，并推进了各项措施的实施。

（4）在“实现确保国民生活安全和安定的物流系统”方面，能在大规模灾害发生时，确保安全运输的应急物流，但强化信息安全等方面的问题还有待解决。

2. 《综合物流施策大纲（2009 年）》的具体目标

（1）实现支持全球化供应链的高效物流系统。

（2）实现减少环境污染的绿色物流系统。

（3）实现安全可靠的物流系统。

（五）《综合物流施策大纲（2013 年）》

1. 《综合物流施策大纲（2013 年）》

2013 年以前的四次《综合物流施策大纲》，整体内容上仅仅是政策的罗列，而且存在政策实施时的优先顺序不明确等问题。甚至，一些政策未能在计划期间达到预期效果。前四次《综合物流施策大纲》的实施，在提高物流效率方面取得了一定的成效。但是，在实施过程中也出现了一些问题：一是在强化物流服务的国际化竞争力方面存在着不足；二是以往的大纲中需要重点解决的问题不明确；三是缺乏推进政策快速实施的力度。

基于以上原因，日本制定了第五次《综合物流施策大纲》，即《综合物流施策大纲（2013 年）》。《综合物流施策大纲（2013 年）》特别提出了“作为经济重建与成长的支撑，构建完善的物流体系”等内容。明确提出在国内外物流中要消除“浪费、非效率、非均等化”等问题；在整体上，要把建立最优化物流体系作为发展目标；通过提高政策的综合性、一体化，提高物流效率。同时，提出要强化货主与物流业界以及相关者之间的相互合作关系。另外，根据在 2011 年 3 月 11 日发生的东日本地震与大海啸时，物流在灾后物资运送以及灾区重建过程中发挥的显著作用，在《综合物流施策大纲（2013 年）》中，总结了日本应急物流的功能、应急物流的重要性等内容，对今后日本应急物流的发展方向进行了总结。

2.《综合物流施策大纲（2013年）》的方向目标及推进体制

（1）方向目标。以支持日本经济强势增长和经济振兴为目标，推进物流系统建设；取消国内和国际物流不合理、浪费、无意义的部分，实现物流整体优化，并以此作为推进目标和发展方向，要采取以下措施，把2017年作为实现目标的时间，通过探讨开展推广。

一是构建高效的物流体系，成为支撑国民生活及产业活动的重要功能。具体内容包括：促进日本的物流系统向亚洲物流圈扩展；加强物流基础设施建设，提高物流效率，提升日本的区域竞争力；强化物流人才的培养与教育，推进物流业的发展；推进货主和物流企业的合作，提高物流效率、调整物流行业结构；构筑保障国民生活的物流系统。

二是进一步努力减轻环境负荷的影响。

三是致力于完善安全、安心的物流体系。具体内容包括灾害应急物流系统，社会资本的正确管理和使用，物流安全和物流效率的兼容，确立安全的运输系统、确保安全的物流体系。

（2）推进体制。针对今后推进的具体物流实施方案，应制定工作计划并制作工作进度表，按照PDCA的管理方法，安排合适的推进速度并进行管理。

《综合物流施策大纲（2013年）》具体内容包括以下三个方面。一是要致力于构建支撑产业活动与国民生活的高效的物流体系。二是要致力于进一步降低环境压力。三是要致力于建立安全、安心的物流体系。

3.《综合物流施策大纲（2013年）》的主要内容

（1）构建支撑产业活动与国民生活的高效的物流体系。

一是要促进日本物流体系向国际化方向的发展。随着日本在亚洲进行的高质量物流体系的推进，通过支持、强化对外投资活动，提高日本各产业的国际竞争力，提高亚洲物流业整体质量，为亚洲经济的增长做出贡献。

二是完善并有效利用物流基础设施，同时提升日本区域竞争力。为了强化日本在全球供应链中承担的重要作用，并提高日本物流网络系统的国际竞争力，需要完善并有效利用物流的基础设施。为此，要致力于日本国际物流基础设施的建设、构建并完善日本物流体系。

三是加强货主与物流企业之间的相互配合，调整日本物流产业结构，实现物流的效率化。通过加强货主之间、货主与物流企业之间的合作，调整日本商业中的一些通用的做法，提升物流系统整体运营的效率。同时，需要修订相应的政策规定，优化日本物流产业的整体结构。

四是通过物流业的发展，提高日本国民的生活质量。针对多样化的市场需求，一方面，要继续提高物流效率；另一方面，需要减少各个环节低效率的部分。同时，需要进一步面对由于人口减少导致的日本社会少子化、老龄化等问题，以及随着日本地区结构的变化所带来的与日本国民生活相关联的各种物流问题。

五是培养各类物流人才。在确保培养的人才能够应对物流多样化发展的同时，需要培养能够支撑日本物流业进一步发展的高端物流人才，以此强化日本物流业的竞争力。

（2）进一步降低环境压力。从减少物流的环境压力着手，进一步推进日本物流的效率化。同时，积极引进环境友好型运输车辆等措施。

（3）建立安全、安心的物流体系。

一是进一步推进物流领域的灾害防治措

施。保障灾害发生时，完善将援助物资送达到灾民手中的应急物流体系。通过完善应急物流系统，确保在灾害发生后，推进能够快速进行基础设施的重建，以及规划制定、进行事前准备的措施启动。另外，尽量减少对灾区以外区域的不利影响。

二是通过合理的物流管理体系，有效地利用社会资本。为了保障社会资本的安全、安心，在措施上要注意对其社会资源及资本进行高效的运营管理，以及合理的利用。

三是兼顾安全保障与物流的效率化。近年来，国际物流对反恐的要求度提高，因此在确保物流效率性的同时，实施为提高其安全性的相关措施。

四是运输安全的保障。努力实现输送安全，构筑安心、安全、可靠性较高的物流系统。

《综合物流施策大纲（2013 年）》的制定，考虑到日本物流的国际化发展和物流在应对灾害问题、安全问题等方面的新作用。同时，也考虑到解决道路、桥梁等与物流基础设施老化的对策，考虑到今后日本物流的发展，以及在政策层面的应对问题。总之，物流的“效率化”要从狭义向广义拓展，需要再次明确其市场定位。

三、结论

近 20 多年来日本政府根据本国物流的发展情况，不断制定新的物流政策。以前，实现物流效率化是日本物流业发展的主要课题之一。近年，为了应对经济全球化的发展，构建安全、安心的物流体系得到日本全社会的普遍重视。今后，日本的《综合物流施策大纲》在物流发展中发挥的作用会不断加强，其社会关注程度也会越来越高。随着四年一次的《综合物流施策大纲》的出台和实施，物流活动将变得更加顺畅、有序，效率将不断提高。日本物流体现了安全、快速、便利、绿色的服务标准，物流业成为维持日本经济社会正常运行最基本的保障条件之一。

（姜　旭　北京物资学院）

建设现代化综合能源集团

2014年及今后一段时期，集团将坚持“稳中求进、稳中求好、稳中有为”的总基调，以十八届三中全会精神为指针，按照省委、省政府综改试验区的总体部署，全面深化企业改革，全面推动企业战略发展，继续把煤炭、电力做强，把贸易物流做实，把多元产业做优，以增加企业效益为中心，以增强企业风险防控为重点，在精细化管理上下功夫，在提高干部职工素质上做文章，创新驱动，务实发展。坚持晋能办矿理念、六大阶段性目标和“三个五”工作要求不动摇，抓好煤矿安全生产，实现“一落实、双建设、双达标”。以增强集团活力、控制力、影响力为核心，完善集团“板块化、公司化、专业化、市场化”的体制机制，通过组织实施全面计划管理、全面预算管理、全面质量管理，全面提升企业管理质量。

晋能集团将进一步深化改革，打造以“融入、聚力、务实、创新”为核心的企业文化，不断提升企业综合实力，为山西经济和社会发展，为全面实现小康社会做出新的更大的贡献！

毅德物流 HYDOO LOGISTICS

全国城市布局，打造全智能仓储物流平台，服务全国企业商户

毅德物流，毅德控股旗下企业，作为中国现代化物流平台整合运营商，依托集团全国布局优势，致力于打造中国领先的一体化电子商务平台、全智能仓储物流平台。通过建设管理服务中心、信息交易中心、零担快运中心和配套服务区等功能中心的物流园区，与大型综合商品交易平台、金融贷款服务平台、商贸会展服务平台、商会行业总部聚集平台、电子商务聚集平台，云基地大数据智慧平台相互配套、相互补充，为全国企业商户提供现代化智能物流服务。

四大资源整合，全面降低物流成本

通过整合“物流服务、物流设施设备、物流需求、电子商务”四大资源，打造“以信息交易为核心、以公路运输为依托、以物流配送为基础、以电商发展为方向”的服务平台。

为入驻园区的第三方物流企业及广大企业提供“省际配送、城际配送、城市配送、农村配送”的一站式服务的同时，推动物流产业发展，优化和促进社会分工合作体系，通过资源集聚，整合全国物流资源，建立高效物流通道，为企业商户降低经营成本，助力城市经济快速提升。

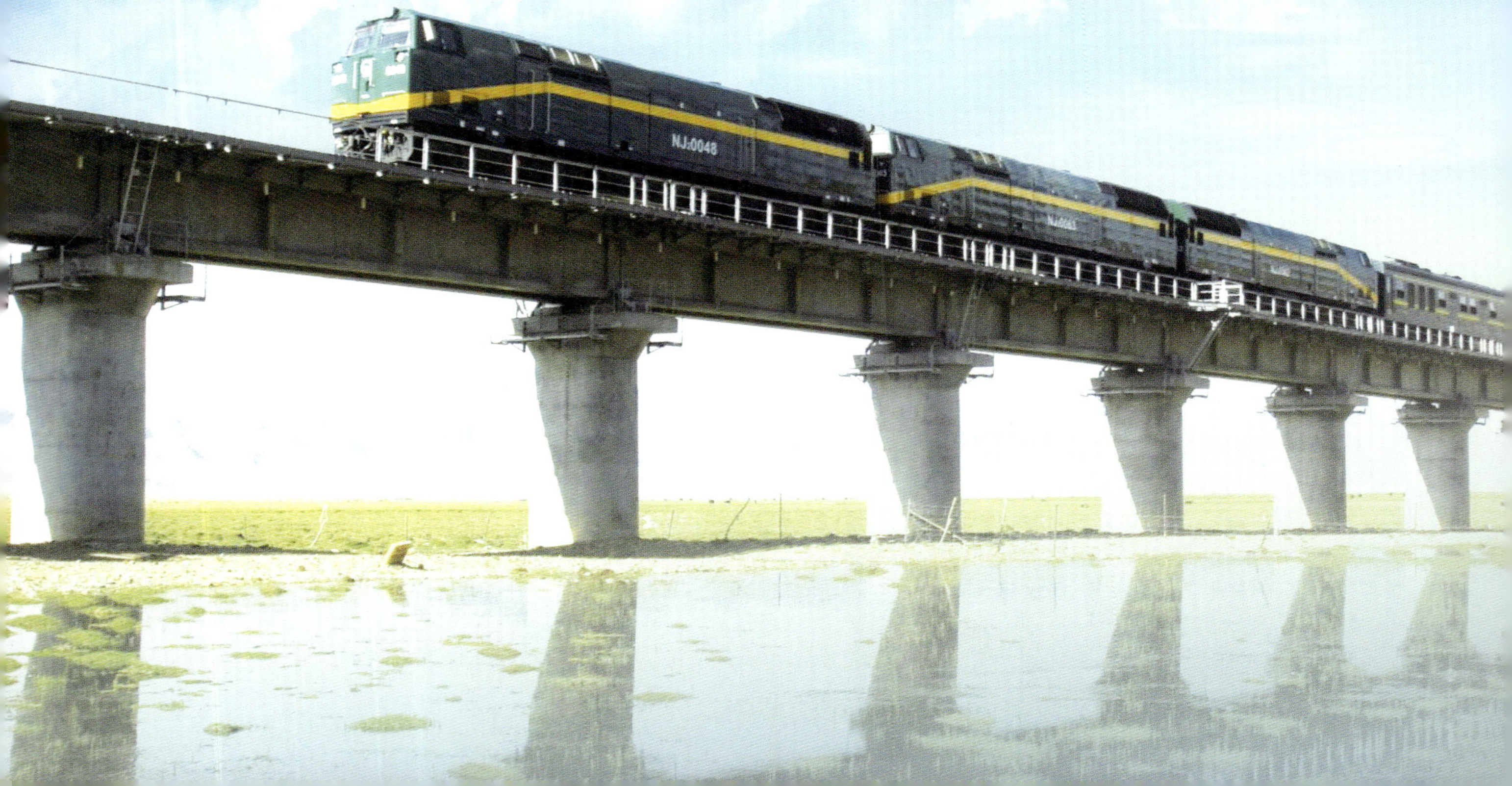

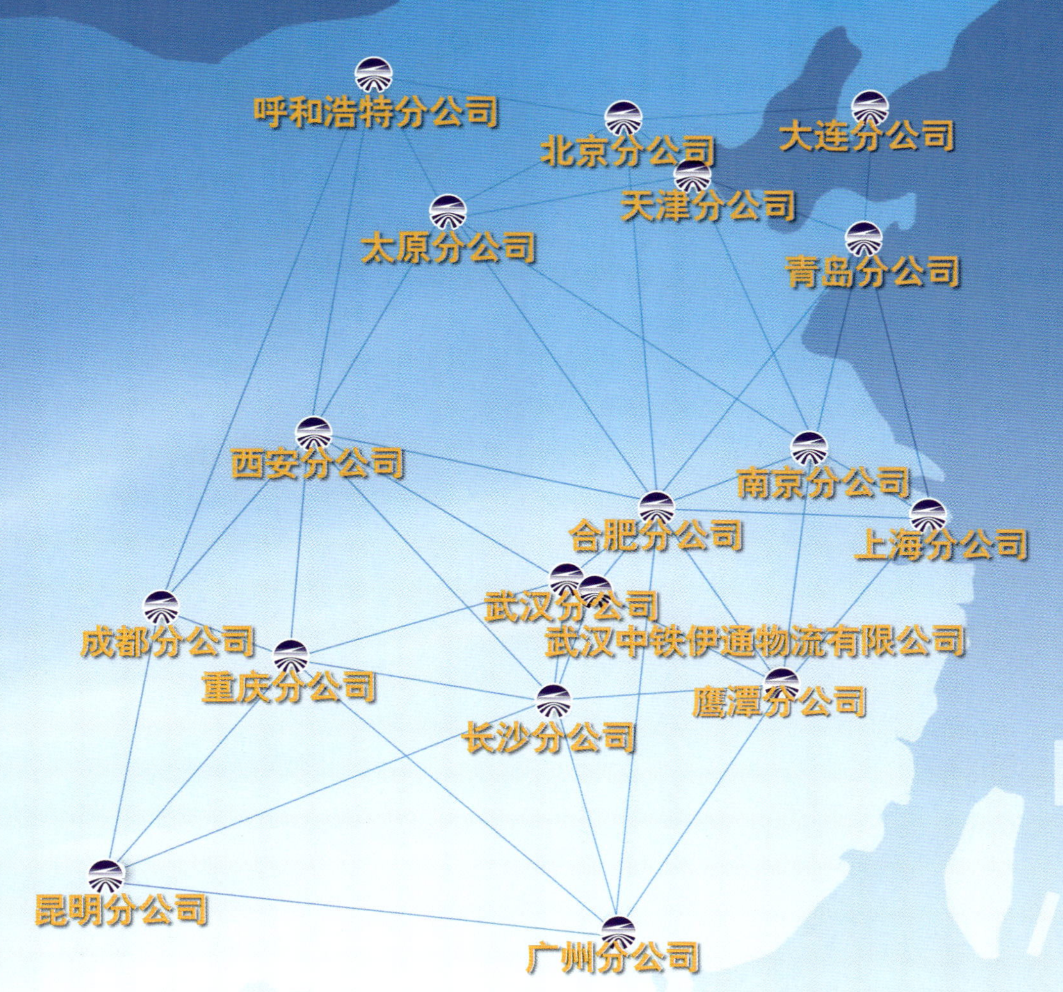

沟通产需 创造价值

www.crml.com.cn

普天物流技术有限公司
Potevio Logistics Technology Co., Ltd.

地址：北京市海淀区海淀北二街6号普天大厦
邮编：100080　　传真：010-62418000
电话：010-62418060　网址：www.putianwl.com

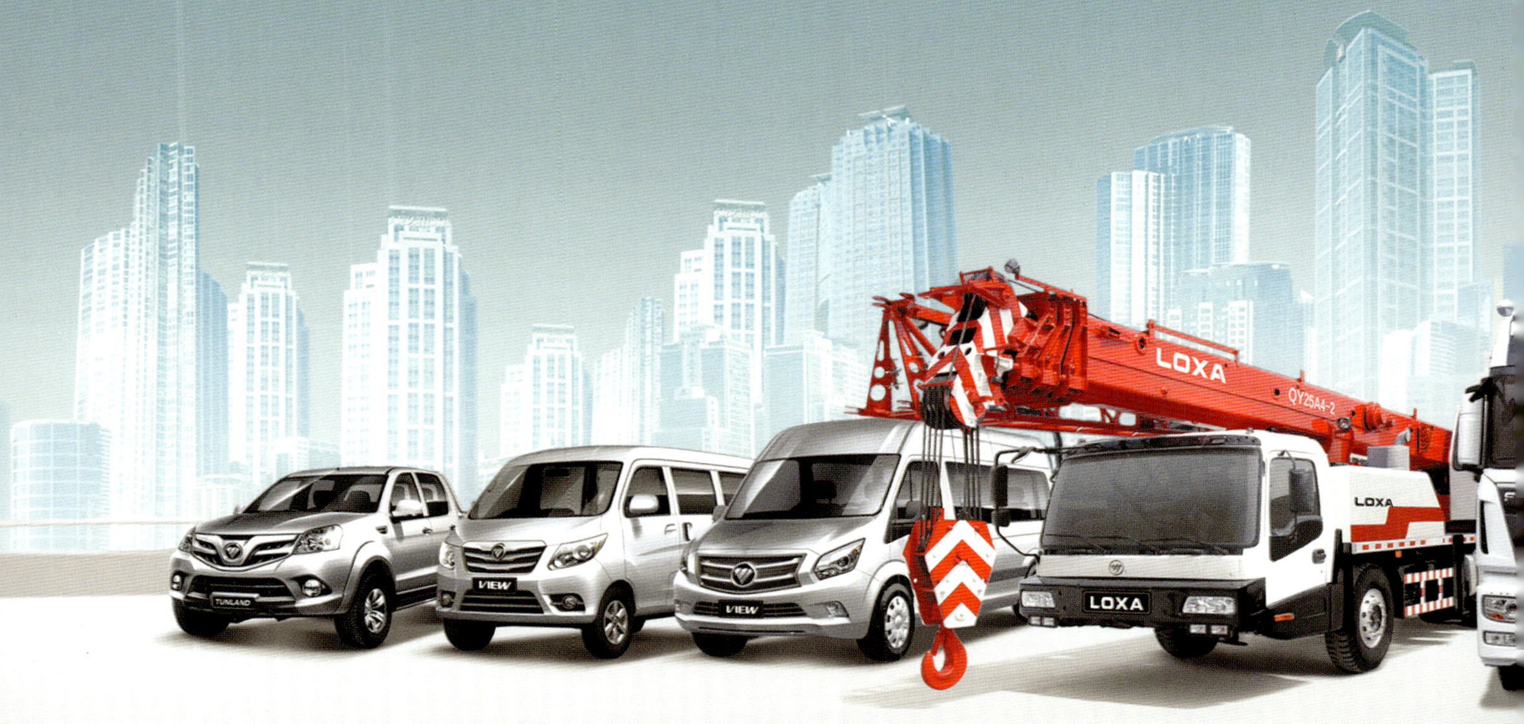

同时通过精益物流改善、流程优化、成本控制等策略，推动生产物流运营升级，及时、精准地为客户提供入厂零部件的仓储与配送上线；在供应物流方面，从融资需求、器具设计、运输仓储一体化、专线运输等角度，进行新业务模式设计，为客户提供多样化、个性化的供应物流增值产品。同时，依托属地工厂，整合属地资源，为主机厂供应商提供一体化的供应物流整体解决方案；在第三方物流业务方面，建立了丹阳集货中心、江苏宏福物流园等大型集散中心，构建制造业与物流业两业联动的新型供应链联盟，并借助资源平台优势，建立了行业开发、区域性开发及办事处运营的三级业务管理体系，实现了业务网点对接。为客户建立适合其发展的售后物流运作模式，提供完善的售后件的仓储及全国配送业务和科学的管理方法及先进的信息技术支持。

经过多年不懈努力，北京福田智科物流有限公司在物流界收获了众多荣誉，公司先后被评为“中国物流百强企业”、“中国汽车物流行业十大影响力品牌”、全国通用仓储企业 50 强、品牌价值百强企业、中国物流业与制造业联动发展杰出示范企业，“仿真系统在生产物流中的应用”荣获中国物流与采购联合会汽车物流分会颁发的“汽车物流行业创新奖”。

近年来，北京福田智科物流有限公司抓住新的发展机遇，不断提升专业化水平，正式启动了面向未来的“2020战略规划”，秉承“低成本、高效率、专业化”的客户服务宗旨，到 2018 年，公司年营业收入将达到 50 亿元，逐步实现业务全球化，引领汽车行业供应链发展及标准制定，致力于成为行业领先的整体物流解决方案提供商，为中国物流事业做出更大的贡献。

Logistics
iFOTON
福田智科物流

广州市商业储运公司

About Us

发展方针

下功夫做强

科学地做大

立足于做长

广州市商业储运公司始创于1953年，隶属于广州百货企业集团有限公司，是国家最早认定的“发展商品物流配送重点企业”之一，是国家4A级物流企业、广东省现代物流龙头企业、高新技术企业、广东省诚信示范企业。目前公司拥有经营用地面积超过100万平方米，各种类型仓库面积约52万平方米，包括高储位货架仓、恒温仓、保税仓和第三方监管仓等，拥有连接京广的铁路专用线，自有营运车辆超过260台，可调配社会车辆超过1000台；在广州及珠三角设立了多个大型物流运作网点，构建了以广州为中心，以珠三角为依托，辐射华南面向全国的物流运作网络。

公司持续坚持“先人一步”的服务理念，全力打造华南地区领先供应链服务商。公司推行ISO 9001:2008国际质量标准体系，自主研发了供应链服务综合信息管理平台，率先在行业内应用物联网技术向客户提供供应链一体化服务，涵盖现代仓储、运输配送、物流金融、国际货代、保税物流、物流策划与信息咨询等，为制造业、商贸业以及新兴的电子商务型企业提供了专业服务，成功为国内外多家知名品牌企业提供全方位、多层面、高效能的一体化服务，持续为员工创造幸福，为客户创造价值，为社会创造财富。

FedEx
FedEx

FedEx®
Express

北京长久物流股份有限公司，在汽车物流行业有22年的服务经验。公司涵盖汽车供应链中的整车物流、零部件物流、进出口物流及物流增值服务等业务，为大众、奔驰、宝马、丰田、福特、马自达、日产、一汽集团、东风集团、中国长安、北汽集团、广汽集团、奇瑞汽车等全球大型汽车集团及旗下企业提供专业的物流服务。同时长久物流也提供跨欧亚国际铁路多式联运和海铁联运服务，正式进入大众集团全球供应商体系。

长久物流出众的汽车物流服务能力，得到了客户乃至行业的高度认可。被中国物流与采购联合会评为5A级物流企业； 并荣获“汽车物流创新奖”，“汽车零部件物流KPI标杆企业”，“中国物流社会责任贡献奖”等多项殊荣。公司已经通过ISO 9001：2000标准质量管理体系认证和ISO 14001：2004环境管理体系认证，建立了系统的质量和环境管理保障体系。2008年长久物流中标“奥运火炬传递”核心车辆承运项目，成为北京奥运火炬传递全程物流服务唯一指定承运商。

长久，由汽车物流而生，因中国汽车产业发展而繁荣，目前已经发展成为国内最大的第三方汽车物流服务商之一。

长久物流合作伙伴

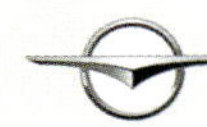

行天下长久远
长久物流
CHANGJIU LOGISTICS

INTRODUCTION OF SINSA LOGISTICS
星沙物流简介

湖南星沙物流投资有限公司成立于1999年，注册资金1亿元，是一家现代化物流服务型企业，公司下辖“湖南广发隆平高科技园创业服务有限公司”、“长沙广发隆平标准厂房开发有限公司”、“湖南省星沙物流储运有限公司”、“邵东星沙物流股份有限公司”等子公司；公司主要经营范围有：物流金融服务、物流咨询服务、三方运输服务、物流信息服务、物流基础设施投资管理、标准厂房投资运营。

公司董事长、总经理尹国杰先后被评为：全国物流行业劳动模范、“湖南省十大优秀物流师”、“湖南省工商界百位诚信人物”；担任中国物流与采购联合会常务理事、湖南省物流与采购联合会常务副会长、湖南省促进现代物流业发展领导小组专家委员会副主任、湖南省物流标准化技术委员会副主任，以及湖南商学院、中南林业大学物流学院客座教授等社会职务。2013年12月，尹国杰董事长荣膺“第十二届湖南十大杰出经济人物”，成为历届评选以来我省物流行业领域唯一获奖者。

多年来，公司坚持从自身实际出发，紧紧围绕公司发展战略和方针目标，按照持续有效协调发展的总要求，依法经营、稳步发展、争创效益、积极纳税，认真履行着基本社会责任；公司时刻牢记所承担的使命和责任，在加快企业发展的同时，积极履行应尽的社会慈善与道德责任，大力支持和参与慈善公益事业。

公司经过多年的发展，始终以“德”为先、坚持社会主义文化价值观，通过多元文化的融合、实践、创新，是企业综合实力得到了发展，使企业综合实力得到了发展，使“德致”文化成为了星沙物流的鲜明特征，以文化品牌为基石，促进了企业品牌的提升和发展。

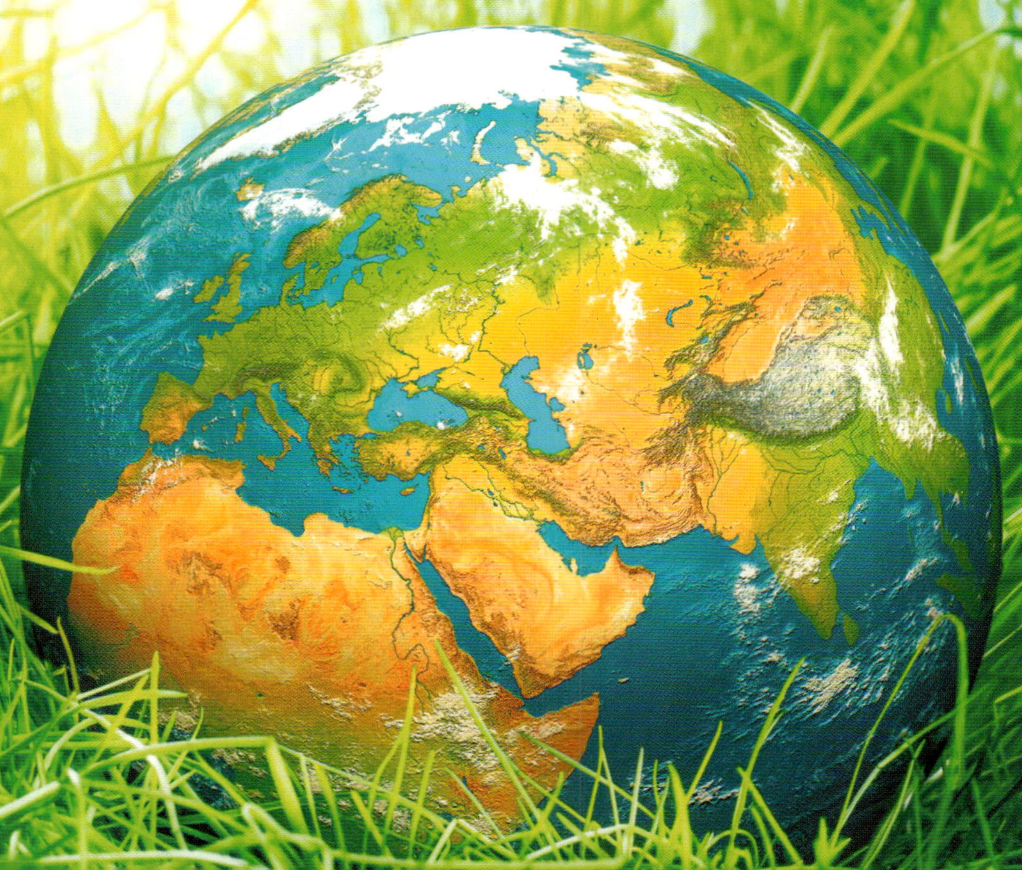

企业荣誉 HONORS OF THE COMPANY

荣誉是对过去的肯定，成功是对未来的进取

多年来，公司坚持从自身实际出发，紧紧围绕公司的发展战略和方针目标不放松，坚持依法经营、稳步发展、争创收益、积极纳税认真履行社会责任，时刻牢记企业使命，获得广泛的认可和肯定。

在取得成绩的同时，我们不忘履行社会职责，积极参与慈善公益事业来回馈社会，加快企业发展来回馈广大客户。

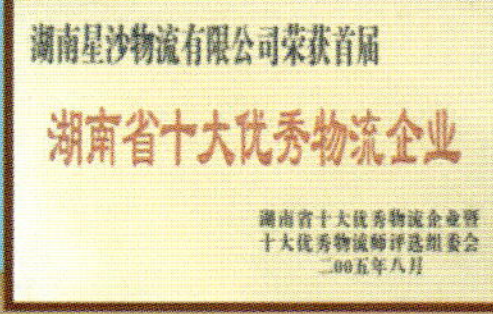

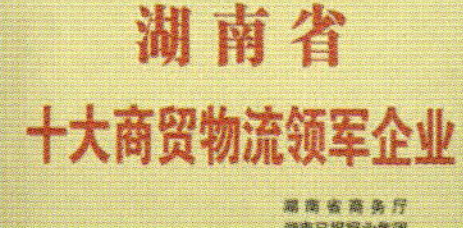

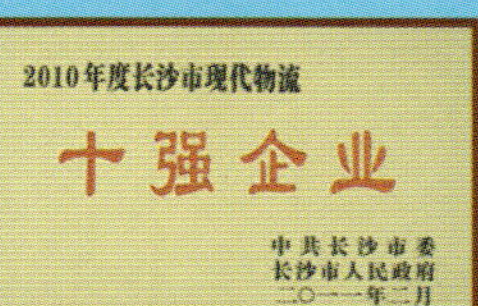

长沙市芙蓉区

创业基地

中共长沙市芙蓉区委员会
长沙市芙蓉区人民政府
二〇一一年元月

二〇一一年度

两型示范企业

中共长沙市芙蓉区委员会
长沙市芙蓉区人民政府

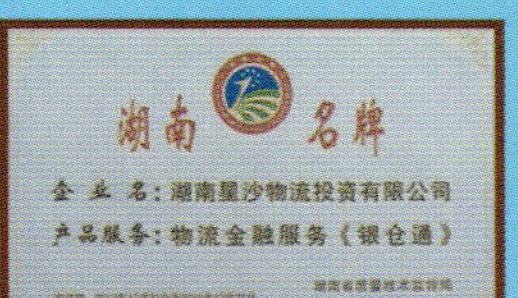

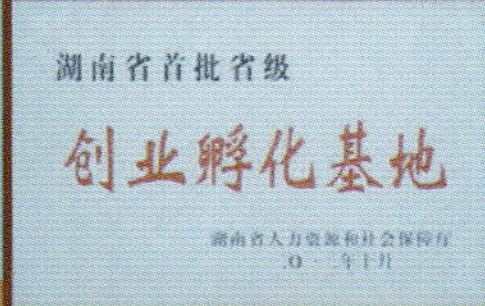

香港咨询处：
香港九龙尖沙咀广东道15号港威大厦永明金融大楼22楼2205-07室
Suites 2205–07, 22/F Sunlife Tower, The Gateway, 15 Canton Road, TST, HK
电话 Tel:852-3188 3118　　传真 Fax:852-3188 1323

集团总部地址：
中国深圳市龙岗区平湖华南大道一号（邮编：518111）
No.1 Hua Nan Main Road, Pinghu, Longgang District, Shenzhen, PRC
电话 Tel:86-755-2849 8888-8108　传真 Fax:86-755-6126 6518

深圳•华南城

规划总建筑面积260万平方米
计划总投资额80亿元人民币

南宁•华南城

规划总建筑面积488万平方米
计划总投资额120亿元人民币

南昌•华南城

规划总建筑面积428万平方米
计划总投资额100亿元人民币

西安•华南城

规划总建筑面积1750万平方米
计划总投资额200亿元人民币

哈尔滨•华南城

规划总建筑面积1200万平方米
计划总投资额200亿元人民币

郑州•华南城

规划总建筑面积1200万平方米
计划总投资额200亿元人民币

合肥•华南城

规划总建筑面积1200万平方米
计划总投资额200亿元人民币

重庆•华南城

规划总建筑面积1350万平方米
计划总投资额200亿元人民币

中国新兴交通物流总公司是中国通用技术(集团)控股有限责任公司所属中国新兴（集团）总公司的全资子公司，为中国物流与采购联合会常务理事单位、北京物流协会副会长单位。

企业概况

中国新兴交通物流总公司是一家跨地区、跨行业的国有综合服务物流企业，为国家4A级综合服务型物流企业，注册资金2亿元。在全国众多省会、重点城市设有分支机构，拥有港口、仓库、货场、铁路专线站台等多处综合物流基地。与多家大型工业企业、冶金矿产企业和交通运输企业建立了战略合作伙伴关系。公司根据现代企业管理制度的要求，创新了管理模式，对所有业务进行流程再造，建立了完善的风险控制系统，实现了“信息化、模块化”的管理，形成了一套符合现代企业制度要求的管控体系，建立了ISO 9001质量管理认证体系，并通过认证。

中国新兴交通物流总公司具备多种独有资质和运输手段，可以从事道路运输、集装箱运输、近洋国际运输、长江及国内沿海各港间货物运输、航空货运代理、粤港公路运输，新疆、黑龙江、广西、昆明陆路口岸运输及服务，在内蒙古、河北、北京、上海、海南、福建设有物流仓储基地，自有及整合社会车辆1000余台。公司的经营范围涵盖炉料、煤炭物流供应链、运输仓储、制药、房屋租赁等领域，主营业务划分为综合物流板块、煤炭物流板块、工业原材料板块和医药板块，作为中央企业具备明显的品牌优势。

公司以发展现代物流为己任，以科学管理为手段，以高素质人才队伍为基石，通过为大型工业企业提供生产所需的基础性物流服务，为终端客户提供一体化的物流集成解决方案，致力于国家物流产业振兴规划建设，成为不断做大做强的综合性、多功能的交通物流企业。公司将秉持“物通天下”的理念，打造集“实体化、专业化、特色化、区域化、国际化”于一身的国内一流的商品供应链服务商。

公司愿与社会各届同人“价值共创、价值共享”，携手打造中国新兴交通物流总公司的辉煌明天！

服务类型

标准设施开发：宝湾物流选择主要物流枢纽城市和战略节点城市的配送中心，规划建造符合国际高标准的通用型物流仓储中心。

定制仓储设施：宝湾物流通过自有的、专业的物流设施规划和项目开拓团队，根据客户的个性化需求，为客户选择合适的地点专业规划、开发定制、建设与管理客户专用的仓储物流园区。

多元化增值服务：

物流核心业务：以宝湾仓储物流园区为中心的干线运输与城市配送。

物流租赁业务：物业租赁（仓库、办公楼、宿舍楼等）与设备租赁（叉车、托盘、货架、拖车等）。

供应链延伸业务：库存管理（库存信息查询、缺货预警、供应商管理库存等）与仓储操作（进出库装卸、理货、搬运等）。

物流增值业务：流通加工（分拣、分拆、贴标签）、包装、组装等。

服务优势

- 全方位覆盖环渤海经济区、长江三角洲经济区和珠江三角洲经济区；
- 连接全国主要铁路、公路、海港、空港、电子商务中心的战略物流网络；
- 经验丰富、业绩出色的物流设施开发建设和运营管理团队；
- 为客户提供高品质、高附加值的全方位物流解决方案；
- 卓越的市场品牌及良好的市场声誉，赢得各地政府的信赖和支持。

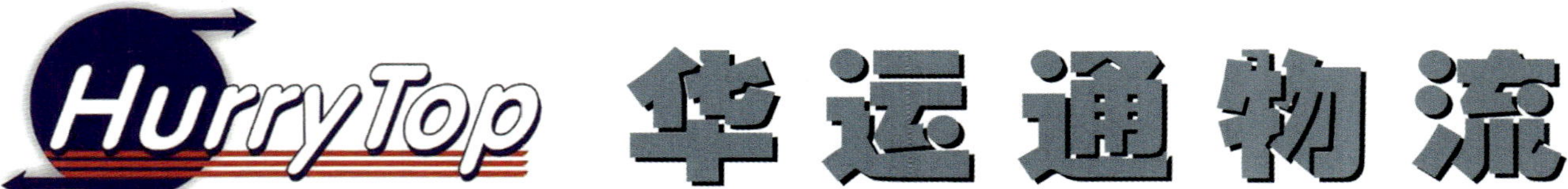

CNL
China Network Logistics

上海华运通仓储配送有限公司，成立于2005年，前身是华运通物流有限公司（1999年注册）。2007年被香港China Network Logistics Limited(以下简称CNL)并购后，成为港商独资企业。注册资金为3627万元人民币，投资总额约1亿元人民币。此后，CNL又先后并购了上海辉鹏物流有限公司与上海虎运物流有限公司，并成立了上海华运通供应链管理有限公司。其战略目标是通过资本运作来整合国内物流服务市场，创建一个大型物流企业，在2～3年后实现海外上市。公司是业务范围涵盖企业合同物流、国际货运代理、外贸分销的大型综合型供应链服务企业。CNL旗下的三个知名品牌为"华运通 HurryTop"、"华运通.达 华运通·达"、"飞鹏"。

华运通是国内知名的第三方物流企业之一。在全国建立了由30多个分公司或办事处组成的物流网络，业务覆盖了除西藏以外的所有地区，为包括宝洁、飞利浦、联合利华、卡夫、丰田、汉高、埃尔夫、普利司通等在内50多家500强企业及立白、风帆等20多家国内著名企业提供全方位的供应链服务。

公司提供的服务内容涉及原材料物流、成品物流、分销物流、售后服务/备品备件物流、危险品物流等。华运通针对不同行业，提供家电、食品、饮料、日化、化工、冷冻冷藏等全套解决方案。

公司的所有业务均建立在国内领先的LMS系统上（Logistics Management System），包括仓库管理系统（WMS）、运输管理系统（TMS）及物流信息交换平台LIS（Logistics Information Exchange Platform），对运作进行实时管理。系统均基于WEB网络，提供良好的用户接口，随时接受客户查询和监控。

华运通有着一批同行业中引以为豪的管理队伍。公司业务骨干均在物流领域有着多年的实践经验，公司管理层绝大数拥有硕士以上学历，平均年龄38岁，是一个充满朝气和活力的团队。

华运通矢志成为中国优秀的成功供应链服务提供商。

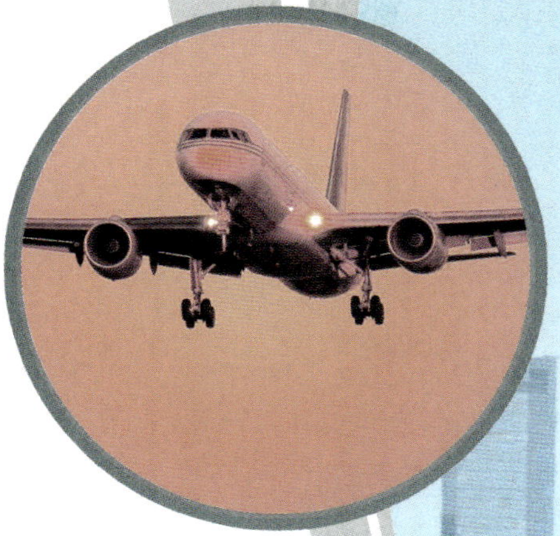

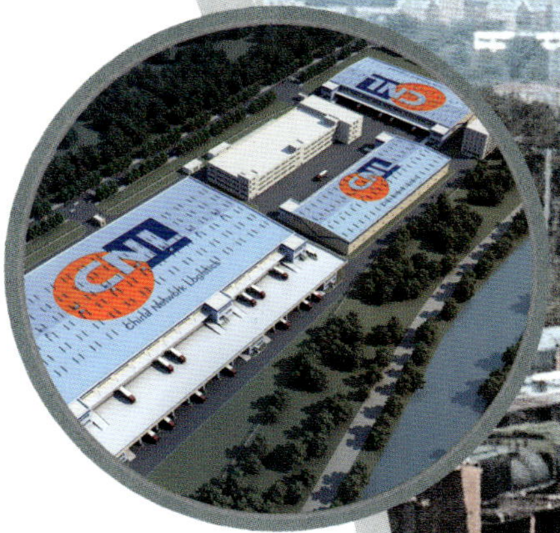

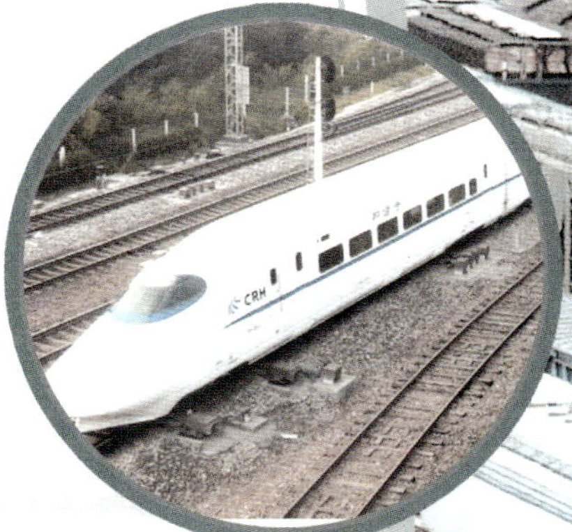

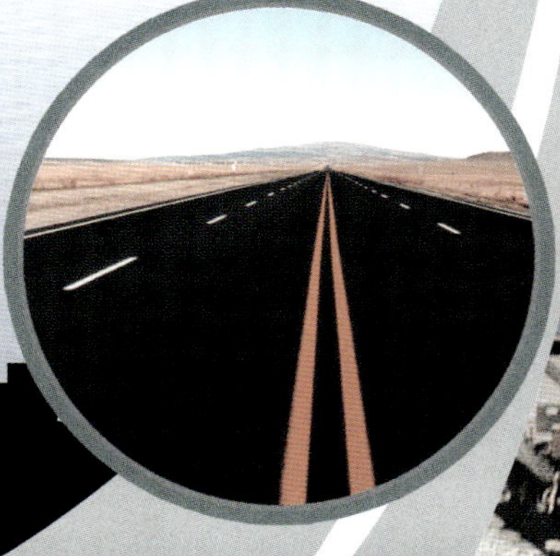

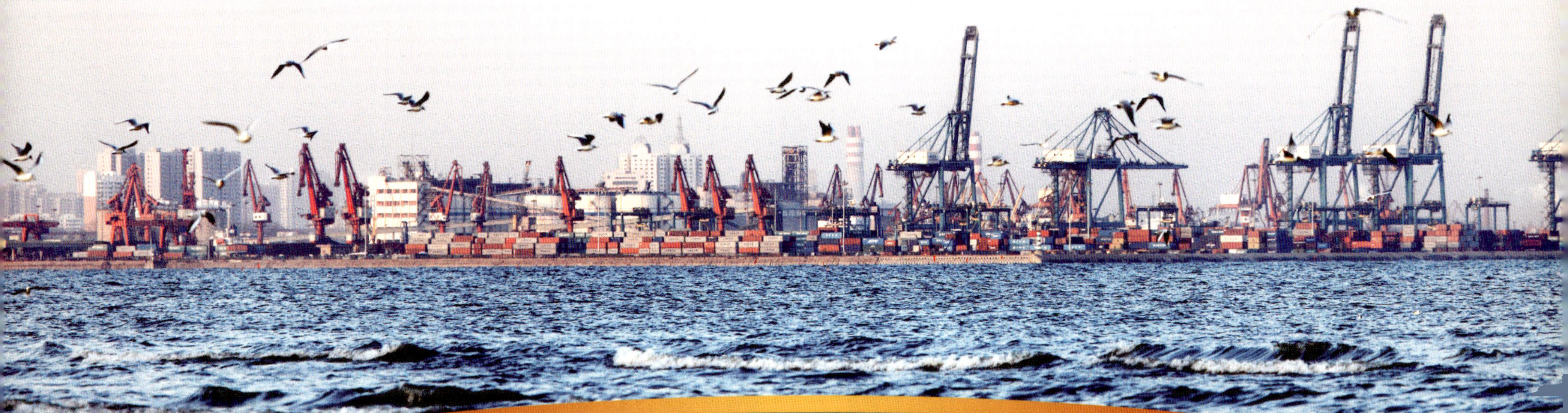

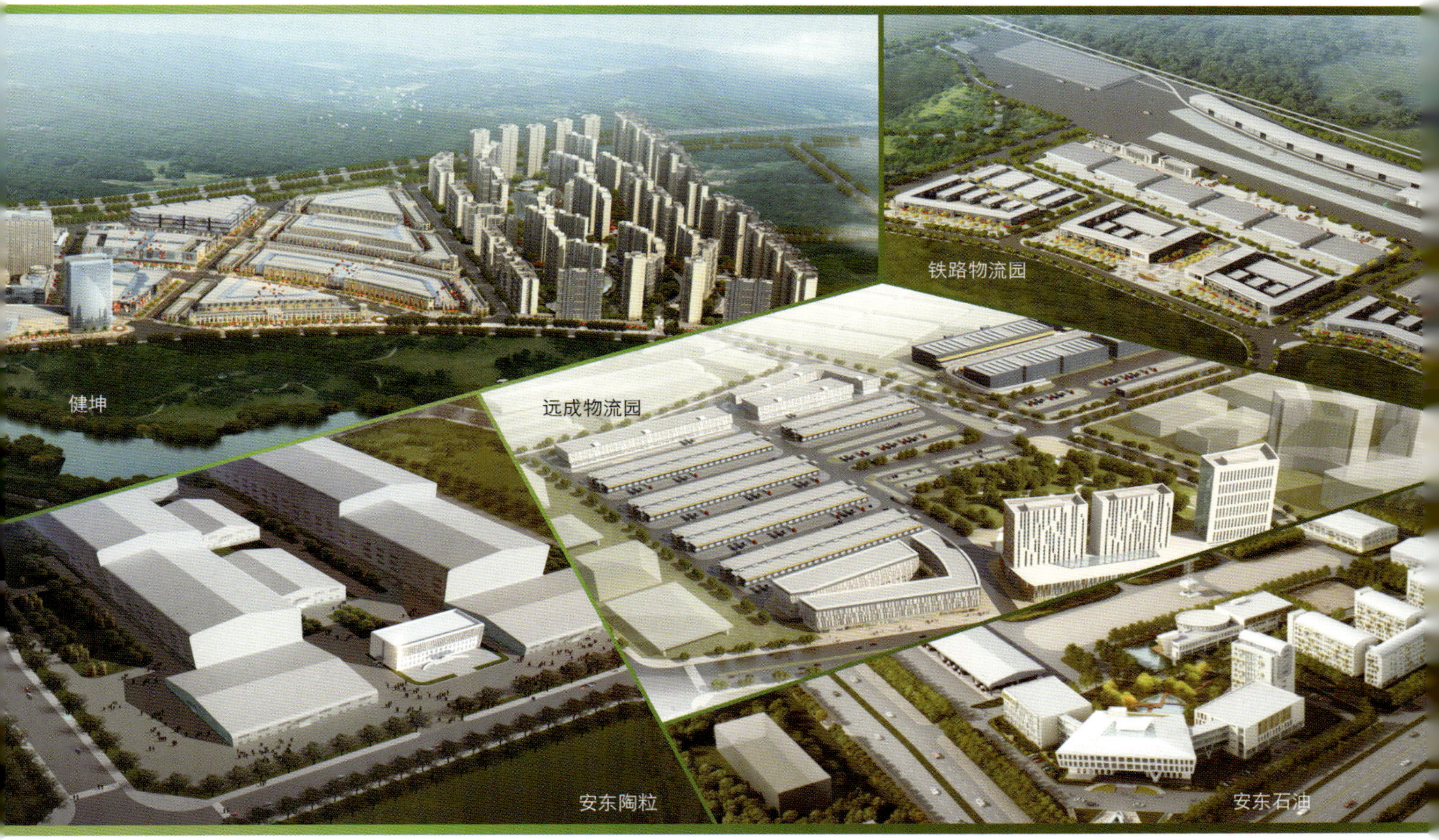

广州市嘉诚国际物流股份有限公司

广州市嘉诚国际物流股份有限公司（以下简称公司）成立于2000年，2010年10月改制为股份制企业，注册资本1.128亿元。公司是一家与制造企业达成深度两业联动，为大型制造企业提供嵌入式全程供应链一体化管理的第三方综合物流服务商，服务领域涵盖了制造企业的原材料物流、生产物流、成品物流及逆向物流等供应链全过程。

公司自成立以来，从传统的货物仓储、运输业务起步，在承接大型制造企业物流业务外包过程中，通过业务模式创新和技术研发，逐步形成了成熟的嵌入式全程供应链一体化管理的嘉诚物流服务运营模式。目前公司已经实现了松下空调、广州浪奇、华南橡胶等大型制造企业的全程供应链一体化管理，并承接了杭州松下、万宝压缩机、日立冷机、住友电工等知名制造企业的主要供应链环节的物流服务，建立了长期的战略合作关系。

为顺应国家大力发展国际物流、保税物流和商贸物流的趋势，公司投资了5亿元人民币建设13.8万平方米的天运南沙多功能国际物流中心，是广东省现代产业500强项目。天运南沙多功能物流中心坐落在广州南沙保税港区的保税物流园区内，与南沙港区一期、二期码头无缝连接实现区港联动；天运南沙多功能物流中心目前不管在硬件和软件建设方面都代表了当今物流行业的最高国际水准。整体总建筑面积13.8万平方米，其中仓库面积为12万平方米，辅助办公写字楼面积1.8万平方米，集装箱装卸平台192个。该物流中心是一栋两层带双循环车道现代化立体物流仓库，配套邻接库房的商务办公楼。

多年以来，公司致力于为区域和产业的产业升级、技术创新和节能环保等方面贡献自己的力量，所取得的成绩和所做出的贡献也得到了各个方面的充分肯定，并获得了一系列荣誉：国家AAAA级物流企业、全国制造业与物流业联动示范企业、全国物流行业先进集体、高新技术企业、“2013年中国物流创新企业”、“2012年中国物流杰出企业”、广州市重点现代物流企业、广州市首批总部企业之一。

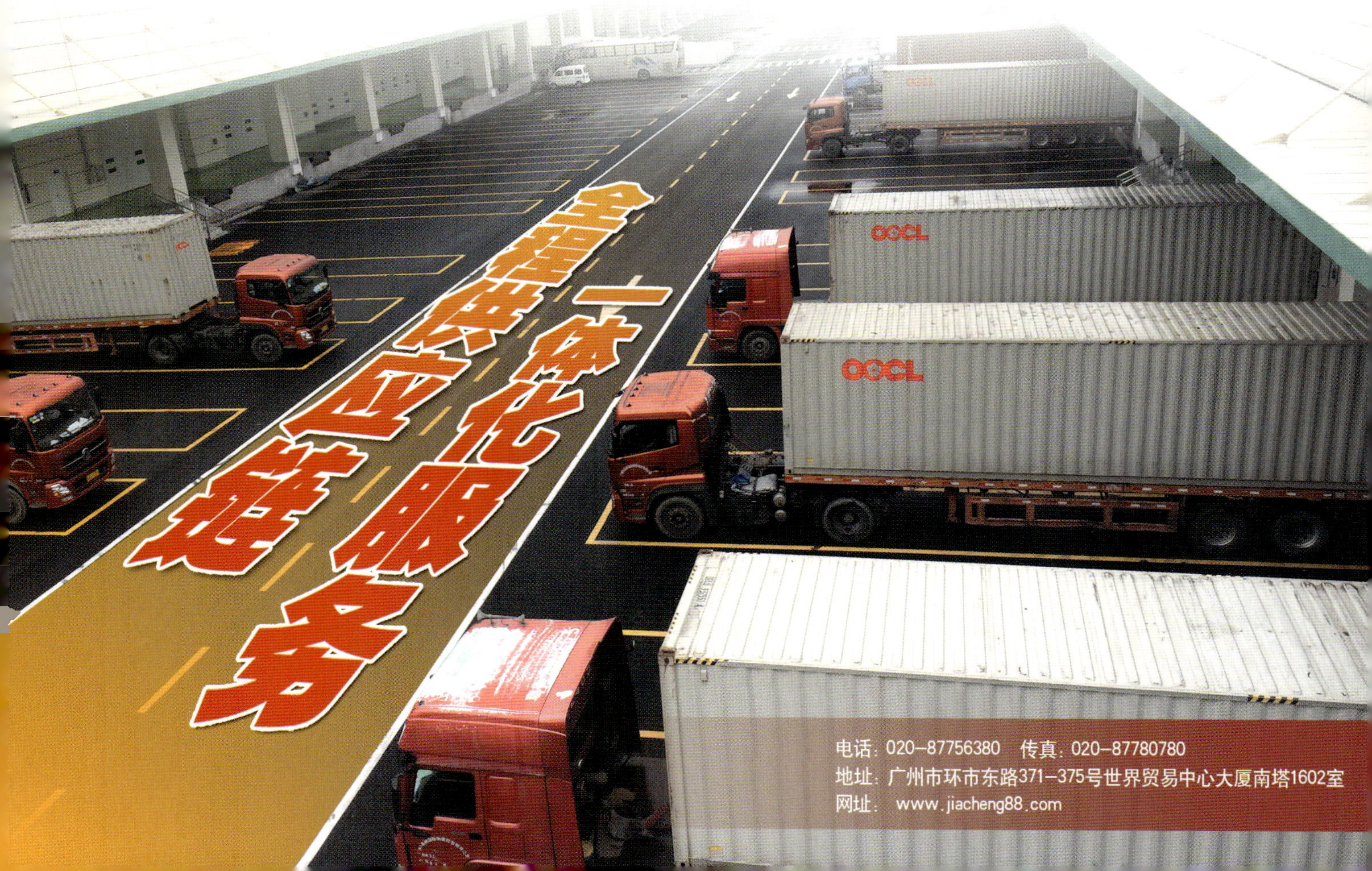

全程供应链一体化服务

电话：020-87756380　传真：020-87780780
地址：广州市环市东路371-375号世界贸易中心大厦南塔1602室
网址：www.jiacheng88.com

玖隆钢铁物流园位于江苏省张家港市，地处长三角经济带核心，由世界500强企业沙钢集团牵头，国内外知名钢铁制造加工流通企业及相关行业龙头共同组建。园区以建设绿色、便捷、智能、诚信、共赢的现代化钢铁物流园为目标，被列为“江苏省‘十二五’重点项目”、“江苏省物流业发展重点建设工程”、“省级重点物流园”，于2011年全面启动建设。

玖隆钢铁物流园计划投资约300亿元，规划占地面积5~6平方千米，分两期建设。目前，一期3200亩项目已基本建成，并已于2014年通过国家5A级钢铁流通企业认证。玖隆钢铁物流园坚持以“集聚优势、做优服务、创造价值、引领市场”为发展理念，紧紧围绕“发展钢铁大物流，建设钢铁大超市”的战略定位，立足华东、面向全国、融入国际，重点打造钢铁物流“信息中心、交易中心、结算中心、价格中心、加工中心”五大中心，全力建设辐射国内国际市场的“仓储配送、延伸加工、电子商务、保税物流、融资担保、综合服务”六大配套平台。同时，玖隆钢铁物流园正在国内外生产消费集聚区域布点，打造“一个中心、一片网络”的国际流通体系，通过5~10年的发展，可望形成年营业收入超2500亿元的现代化钢铁产业交易集聚区。

JIULONG LOGISTICS

推动产业转型升级

发展诚信高端物流

地址：江苏省张家港市锦丰镇锦绣路1号玖隆物流园　**电话：**0512-58953599 58568156　**传真：**0512-58568173　**网址：**www.e9656.com

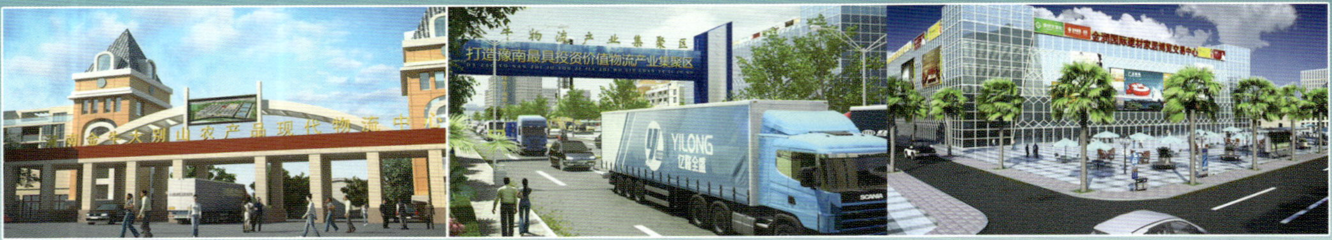

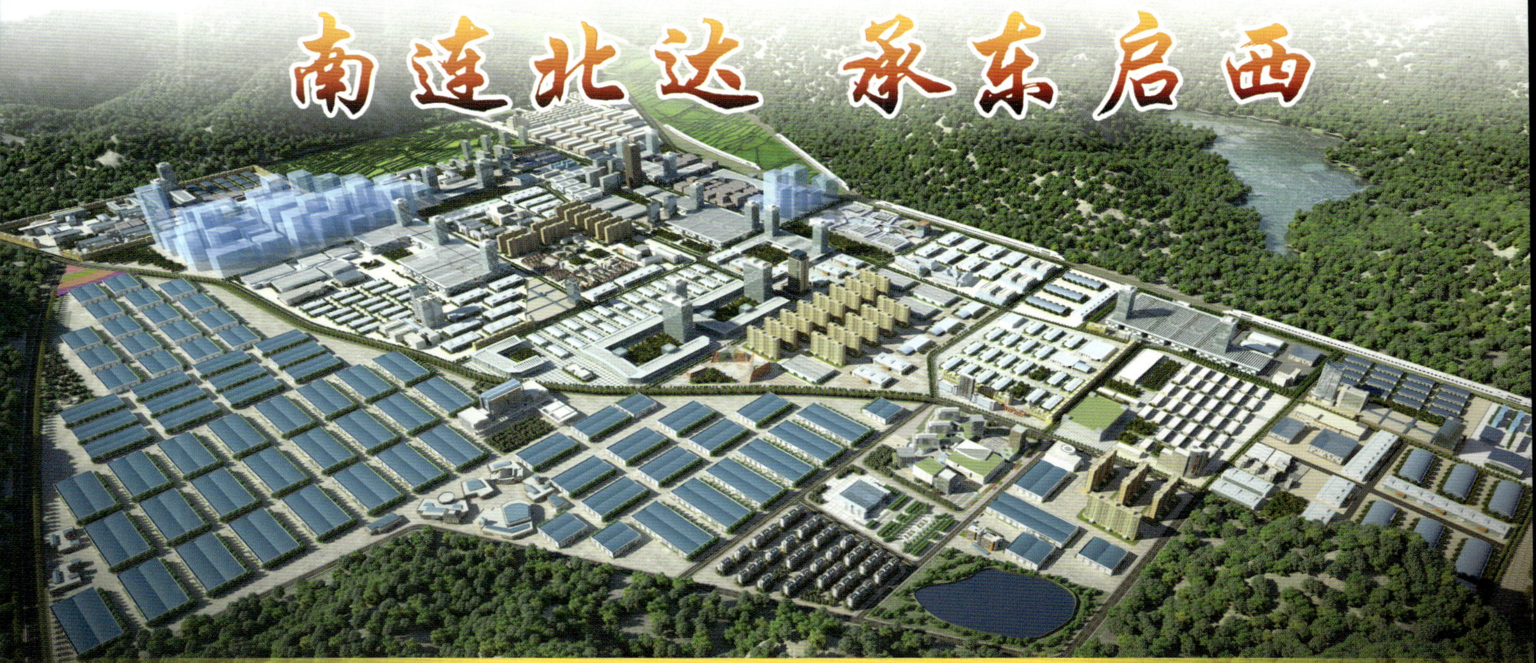

南光物流

南光物流有限公司（以下简称南光物流）是央企南光集团的二级企业，有着悠久的历史，长期以来对澳门经济发展起着推动作用，为完成国家交付的任务做出贡献。南光物流在“十二五”规划指引下，建立了澳门城市配送体系，将物流业务延伸到珠海及内地其他地区，在珠海保税区、珠澳跨境工业区和珠海高栏港等地建立了大型物流基地，通过配套齐全的“一条龙”综合物流服务建立起内地与澳门便捷、高效的物流通道；南光物流在新一轮的发展规划中制定“根植澳门、联动内地、做强主业”的发展战略，通过在资源整合型的供应链物流、冷链物流、保税物流及第三方物流等领域的研究探索，构建城市采购与配送物流体系与运营平台，构建粤澳跨境综合物流及产业链延伸服务平台，打造成为粤澳跨区域最具竞争力、最有实力的综合物流服务商。

南光物流在资源不断扩大与整合优化的基础上，以“服务最优、成本最低”的经营理念，竭诚为海内外客户提供快捷、安全、准确、定制化和一体化的综合物流服务。

南光物流有限公司全体同人
真诚地希望与大家合作
实现我们之间的共同理想和双赢目的

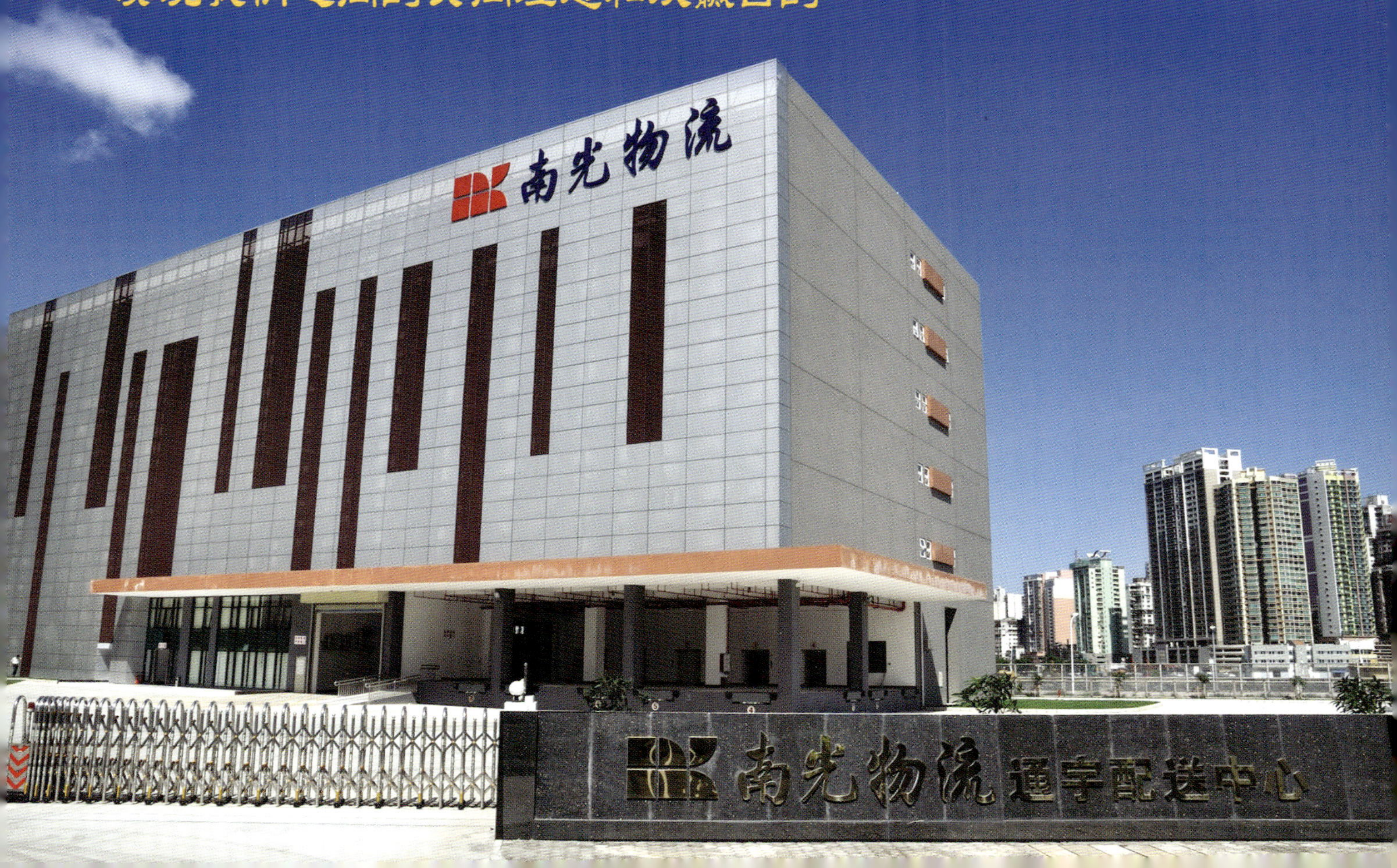

南光物流

南光物流 通宇配送中心

江西蓝海物流科技有限公司

厚德载物 流畅天下

江西蓝海物流科技有限公司（AAAA 物流企业）成立于 2006 年，属国有企业江西新华发行集团有限公司全资子公司。注册资金 10612 万元。为中国物流与采购联合会理事单位、中国交通运输协会装备委员会理事单位、江西省交通运输与物流协会副会长单位。

主要经营范围：普通货运，国内贸易，广告，物流媒体，物流技术咨询，货物装卸，搬运服务，货物仓储，供应链服务，运输代理服务，进出口贸易，陆路国际货运代理等。公司下设江西新华物流有限公司（AAA 物流企业）和江西蓝海供应链管理有限公司两个子公司及六个相关职能部门。公司现有员工 220 人，管理人员占 15% 左右，大专以上学历占 80% 以上。2012 年荣获中国交通运输协会颁发的“2012 年全国先进物流先进企业”、2013 年荣获商务部颁发“典型调查统计企业”、中国物流与采购联合会颁发“企业信用评价 AAA 级信用企业”、江西省商务厅颁发“江西省重点商贸物流企业”等称号。

上饶物流中心鸟瞰图

抚州物流中心鸟瞰图

南昌物流中心鸟瞰图

宜春物流中心鸟瞰图

九江物流中心鸟瞰图

2010 年

公司承接并运营江西省物流公共信息平台项目，着力打造省内物流产业发展的公共平台。2012 年，公司实施现代出版物流港项目，投资 6.7 亿元建立全省 9 个地市级物流分拨中心，逐步构建全省乃至全国无盲点的网络和服务。公司通过江西省物流公共信息平台、现代出版物流港及全国新华书店“一网通”物流协作网等重点工程项目的建设与运营，打造实体物流与在线物流融合互动的产业发展平台，努力打造成为集成传统仓储、运输、配送服务，扩展现代供应链、进出口贸易、国际陆路运输代理、物流金融等内容的现代综合物流服务商。

www.tf56.com

传化公路港物流简介

欢迎关注
官方微信

构建全国公路物流网络体系

传化公路港定位于物流平台整合运营商，致力构建全国10枢纽60基地600节点智能公路港网络化运营体系，是**通过集聚与整合物流需求资源、物流服务资源和物流设施设备资源，并为其提供一个包括“基础性的物流设施”、“线上线下互动的物流信息交易服务”和“商务配套服务”的一个综合性、公共物流平台**。其运营有效拉伸了公路物流短板，完善了城市物流功能，提升了区域经济运行质量。同时，节约了城市用地、改善了城市环境、提升了城市形象。

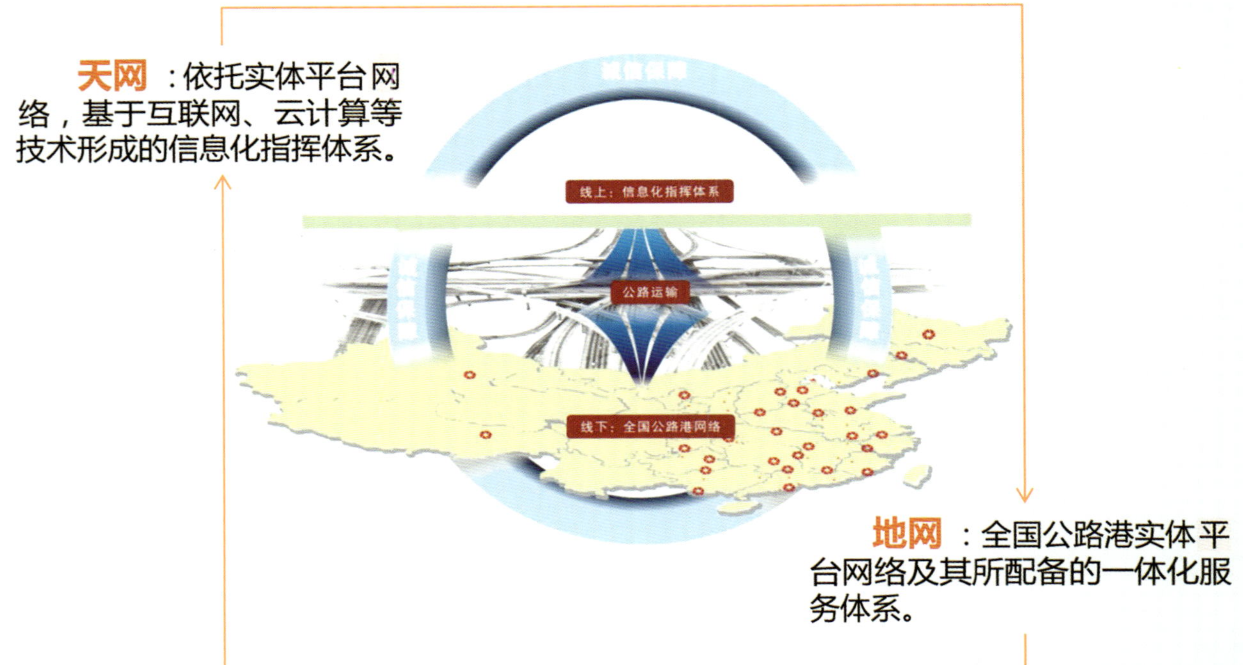

从2003年杭州成功运营公路港1.0版，到2009年前后成都和苏州成功运营公路港2.0版，如今，传化公路港已开启 “智能公路港”3.0版的打造。**传化“智能公路港”网络运营体系，通过“天”、“地”两张网的搭建，服务于公路运输的主体，实现路港快线、信息交易、城市配送等公路物流整合功能。**而且，经过多年的努力，传化公路港建立起了一套平台特有会员诚信安全交易体系，确保平台内实现规范、稳定、繁荣的市场环境。

目前，传化公路港除了在杭州、成都和苏州等城市成功运营，在建的有富阳和青岛两个项目，并在沈阳、天津、济南、重庆、南充、衢州、宿迁、无锡、泉州布点。

传化公路港物流集团

地址：浙江杭州萧山经济技术开发区　　电话: 0571-82878307　　传真：0571-82602525

承载历史 承接使命

2004年4月15日，由国家九部委联合验收的上海外高桥保税物流园区正式封关运行，这是国家促进国际港航产业与现代物流产业联动发展的先行先试示范区，设定了园区国际采购、国际配送、国际转口、国际贸易的四大功能，代表着我国对外开放和贸易便利化战略的保税物流进入了创新发展时期。经过十年的运行，上海外高桥保税物流园区已经成为全国保税物流的排头兵，在开发建设、招商引资、功能创新、服务管理等方面提升了我国保税物流的新水平，在国际港航界和物流界树立了良好的市场形象。累计引进中外物流企业40家，境外物流企业占70%，贸易公司60家，累计吸引外资5亿美元。国际前20位的跨国物流企业有50%进驻园区。园区坚持集约化经营，提高自主创新能力，创新国际采购业务、国货复进口业务、国际转口业务的新模式，成为国际跨国物流企业在国际上的重要经营网络和供应链管理的重要节点。随着功能深化和营运结构的日趋完善，园区的产业能级呈现发展的新空间。自2004年试营运以来至2013年，年进出区货值突破1000亿美元；年海关关税突破100亿人民币；年实际外贸进出口额突破200亿美元。据海关统计，园区各项综合指标占全国物流园区50%以上，引领全国保税物流发展的新趋势。

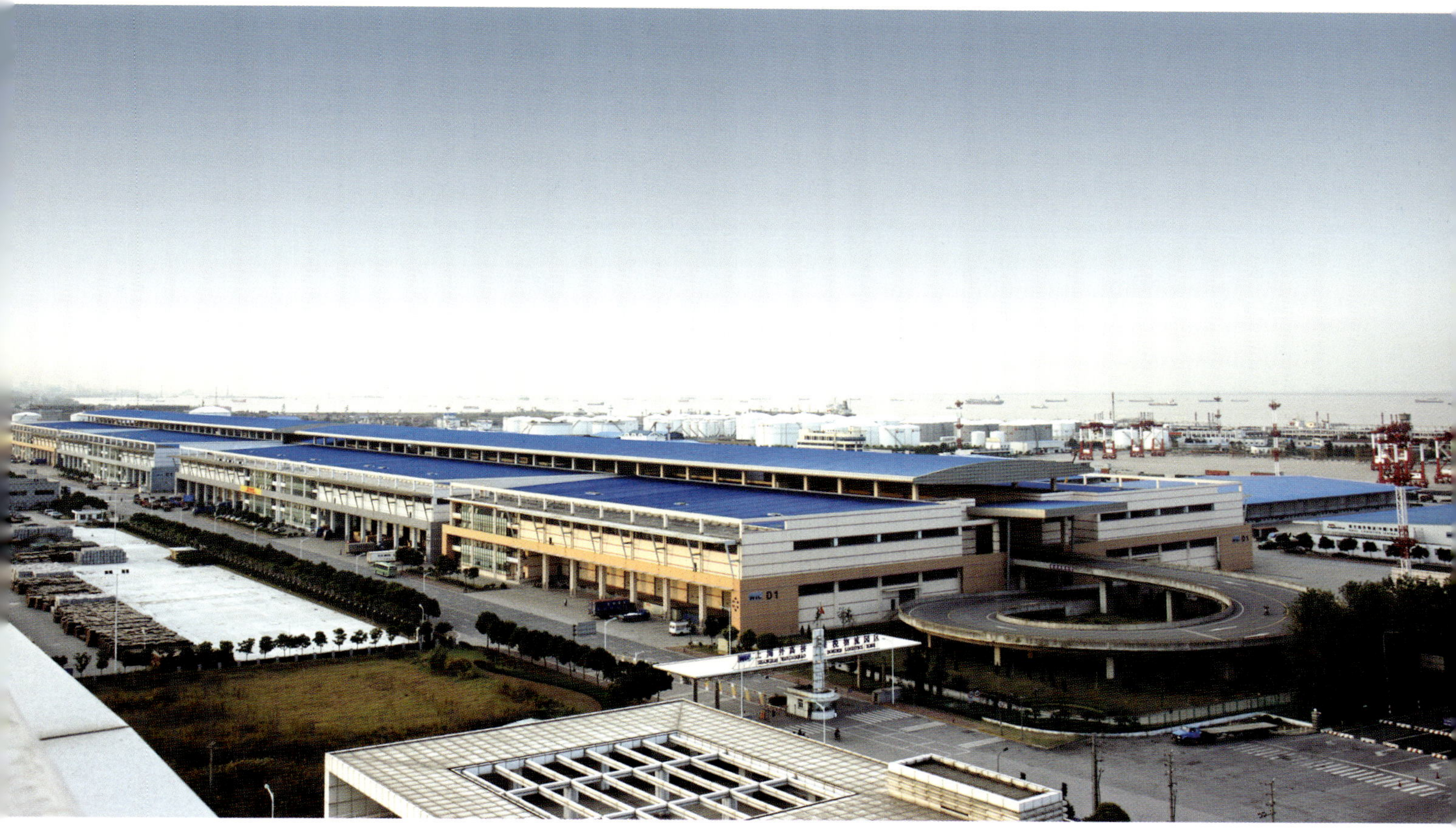

上海外高桥物流中心有限公司

www.wblz.com.cn

联系电话：021-38751008

货畅惠龙 易通天下

惠龙易通国际（以下简称惠龙）位于长三角腹地，南接京沪铁路，北临长江主航道，处于长江运河“十字黄金水道”交汇处，公路位于润扬长江公路大桥出口处，是沪宁、宁通、京沪、沿江、宁杭5条高速公路和沿江高级公路、312国道、机场快速通道的集点。项目规划占地1500亩，长江岸线1180米，建设5000吨至7万吨码头10座，铁路接卸货站1座，总投资30亿元人民币。

惠龙通过水铁公多式联运的集散平台、现货交易平台、ERP信息化平台等八大服务平台打造物流供应链，完成公用码头向物流贸易港的创新转型，拥有海关公共保税和出口监管仓库各一座，是上海期货交易所螺纹钢、线材、热卷全国大型的期货交割库，同时也是大连商品交易所胶合板、纤维板指定期货交割库，年货物吞吐量近1000万吨，被国务院发展研究中心、中国物流与采购联合会、中国钢铁工业协会认定为“中国钢铁物流运营模式及其支撑技术标准实验示范基地”。

在物流贸易港的基础上，通过PDA加IC卡收发货无纸化系统、客户异地开单系统、商品出库RFID扫描报警系统等十大信息化系统相互配合，逐步建成可在全国复制的标准化智能大宗商品物流基地。2013年已成功引进商贸企业263户，实现开票销售512亿元。目前惠龙依托自身智能物流基地的支撑，着力打造大宗商品在线交易和货运集配两大电子商务平台，实现升级创新。

惠龙引入了世界级计算机软件、信息、工程技术和人才，以云计算技术为基础，协同整合电信、保险、银行三大运营商，打造建设成以平台作为主承运人的货物集中配送电子商务平台。利用空驶车船运力帮助货主承运货物，实现空驶运力与货源在线智能配对，实现事故在线理赔、费用在线结算，形成无地域、时间、对象、运量限制的新型智能物流业态，帮助货主减少30%的运费支出，增加空驶车船的运输收入，节能减排。该平台被中国物流与采购联合会和镇江市人民政府作为大宗商品交易与流通模式的创新典范，成为中国经济新的增长极研究课题。中央电视台《新闻联播》、《朝闻天下》等栏目多次深度采访报道。

荣誉

中国AAAA级物流企业、 中国物流AAA级信用企业、中国生产资料电子交易创新型市场、中国生产资料创新型市场、全国重点批发市场、江苏省认定物流企业技术中心、江苏省企业创新先进单位、江苏省电子商务示范企业、江苏省现代化服务业集聚区、江苏省重点物流基地、2012年度中国最具人气钢铁物流园、2013年度中国钢铁物流园50强第二名、2013年中国物流与采购信息化优秀案例奖。

惠龙依靠交易与物流运作的互动，最终实现了资本经营与业务经营的良性互动与完美结合，企业成功上市。成为全球领先的大宗商品物流基地和国际采购平台以及中国货物集中配送运输的电子商务平台。

惠龙易通国际物流股份有限公司 www.hletong.com 地址：江苏省镇江市金桥大道88号 电话：0511-85898888

SWIRE COLD CHAIN LOGISTICS
太古冷链物流

太古冷链物流简介

太古冷藏仓库有限公司（以下简称太古冷藏）隶属太古集团，太古集团是一个高度多元化的集团，经营各式各样具环球规模的商业活动。旗下的冷藏业务为全球第三大冷链物流服务供应商，业务遍及美国、澳大利亚、中国、越南及斯里兰卡，拥有超过60座冷库。

太古冷藏正在中国建立一个完整的冷链物流网络，致力为中国食品行业提供世界顶尖的温控仓储与冷链物流服务。

太古冷藏在华所建仓库均能按照客户的不同需求提供-25摄氏度~15摄氏度的多温区仓库存储、分拣及各类型需要温控环境的增值服务。

太古集团是香港最大、历史最悠久的集团之一。其成员公司还包括：国泰航空、港龙航空、太古饮料、太古地产、太古资源、太古汽车、太古糖业等。

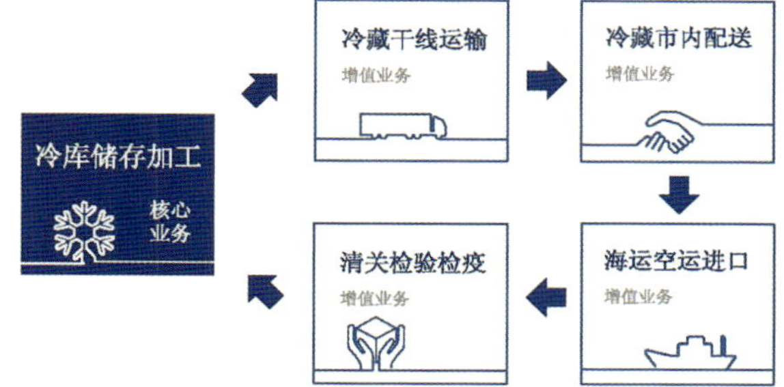

上海冷库

位于上海市奉贤区海港综合经济开发区，距离市区60千米，距离洋山港保税区（上海自贸区）15千米。

廊坊冷库

位于廊坊经济技术开发区，距离北京市中心（天安门广场）约50千米，距离天津港约120千米。

- 上海冷库东邻临港新城和浦东机场，西接奉贤中心和杭州湾大桥，北靠郊环线高速公路和上海市区，南挨洋山港保税区和浦东铁路线，海陆空三位一体，交通网络便利，覆盖上海市区及长三角周边地区。依托洋山港和自贸区的区位优势，可有效对接海内外进出口冷冻冷藏食品业务。
- 太古冷链物流上海冷库和廊坊冷库总容量均为50000托板，合计4万吨。上海冷库还辅以500平方米的包装加工车间。
- 上海冷库和廊坊冷库均分为7个独立库房，可按客户的不同需求提供-25摄氏度~15摄氏度的多温仓库。
- 除冷冻冷藏间外，上海冷库和廊坊冷库还设计有0~4摄氏度的3300平方米的制冷缓冲间（穿堂）和专业的装卸作业平台，确保装卸和进出库作业环节的全程冷链。
- 上海冷库和廊坊冷库均拥有拥有30个卸货平台，使用液压升降平台、充气式门封、滑升门、倒车指示灯，满足不同情况下的运作。

WHG
Weihai Port Group Co.,Ltd.
威海国际物流园发展有限公司
Weihai International Logistics Park Development Co., Ltd
威海国际物流园是威海港集团全资子公司，注册资金1亿元，规划占地95.38万平方米，规划总投资17亿元人民币，是一座集保税、场站、第三方物流、仓储、配送、运输、货代等服务功能于一体的综合服务型临港物流园区。
WHG
Weihai Port Group Co.,Ltd.
威海国际物流园发展有限公司
Weihai International Logistics Park Development Co., Ltd
广阔的土地资源、优越的港口集疏运优势、先进的信息化系统、专业的物流管理团队，可为客户提供“全物流链管理，一站式收费”的贴心服务。
欢迎国内外各界合作伙伴来这里共同建设和经营物流园，实现共求发展，互利共赢。
威海国际物流园

电话：0631－5589801
传真：0631－5589801
www.whilz.com
地址：威海临港区经济技术开发区福州路11号

武汉东西湖保税物流中心

2013年，武汉东西湖保税物流中心招商引资签约项目协议投资总额达到103亿元，其中签约物流项目8个，总投资额30.7亿元，用地面积1133亩，获得各界认可，被评为“全国物流示范基地”、“2013中国最佳物流园区”。

科学选址，坚持规划先行

我们以保税物流中心为核心，依托东西湖物流产业基础，规划了19平方千米的园区范围，聘请专业机构在对市场调研及论证的基础上充分发挥当地的区位优势，完成了物流产业发展规划，编制了物流园区详规，为物流产业的长远发展奠定基础。

我们坚持按规划功能区布局项目，不轻易改动规划，对不符合入园条件的企业，坚决不予入园。并逐步建成电子商务与快递、现代物流区域总部、多式联运、保税物流四个版块。

优化产业，突出发展重点

招商引资的重点集中在规划确定的以电子商务与快递、现代物流企业总部、保税物流、多式联运四个产业目标上。一是形成了以京东、苏宁易购、顺丰、中邮、圆通为代表的电子商务和快递板块。二是引进以DHL、天地华宇大区总部、德邦物流华中区总部、盛辉物流华中区总部为代表的现代物流总部聚集区。三是铁路集装箱中心站、多式联运码头与武汉新港对接，形成铁水联运优势。铁路口岸的建成使“汉新欧”国际班列常态化成为可能。通过与天河机场联动，使保税物流中心成为“虚拟空港”，大力建设铁、水、公、空齐发力的综合立体物流枢纽。四是充分利用保税物流中心功能，引进全球商品采购中心、法国西南之屋，带动国际贸易企业集聚。

加大投入，推动基础设施建设

一是投资3亿元完成征地拆迁及农工安置工作，引进铁路集装箱中心站。二是投入近4亿元建成了武汉东西湖保税物流中心、公路口岸及联检大楼项目。三是投入20多亿元完善园区道路基础设施建设。目前园区“七横十二纵”的路网主骨架已基本贯通，“七通一平”同步实施到位。

提档升级，强化功能集聚

园区具有优越的保税物流基础设施和进出口通关条件，完成了铁路集装箱中心站、公路口岸和保税物流中心的建设。一是铁路口岸已经建设完成，即将封关运行，为“汉新欧”国际班列常态化运行创造了条件。二是充分利用汉江转运码头将武汉新港与铁路集装箱中心站对接，形成铁水联运优势。三是推动保税物流中心与天河机场联动，使保税物流中心成为“虚拟空港”。四是联合武汉新港和出口加工区，以“一区三园”申报武汉新港空港综合保税区（暂定名），提升园区对外开放功能。申报资料经省政府批准已上报国务院待批中。

做好服务，提升园区软环境

一是通过开展体育比赛、企业沙龙等活动，使企业在园区有家的感觉。二是成立专班为企业提供一条龙服务，从企业入驻到企业经营过程中遇到的困难，再到快速发展过程中的正确引导，确保企业发展壮大和园区的可持续发展。并不断提高服务质量，改善园区投资软环境，打造“七通一平”，使企业享受信息灵通、资金融通、人才流通、服务沟通、政策畅通、法制顺通、生活便通、服务扁平的全新环境。

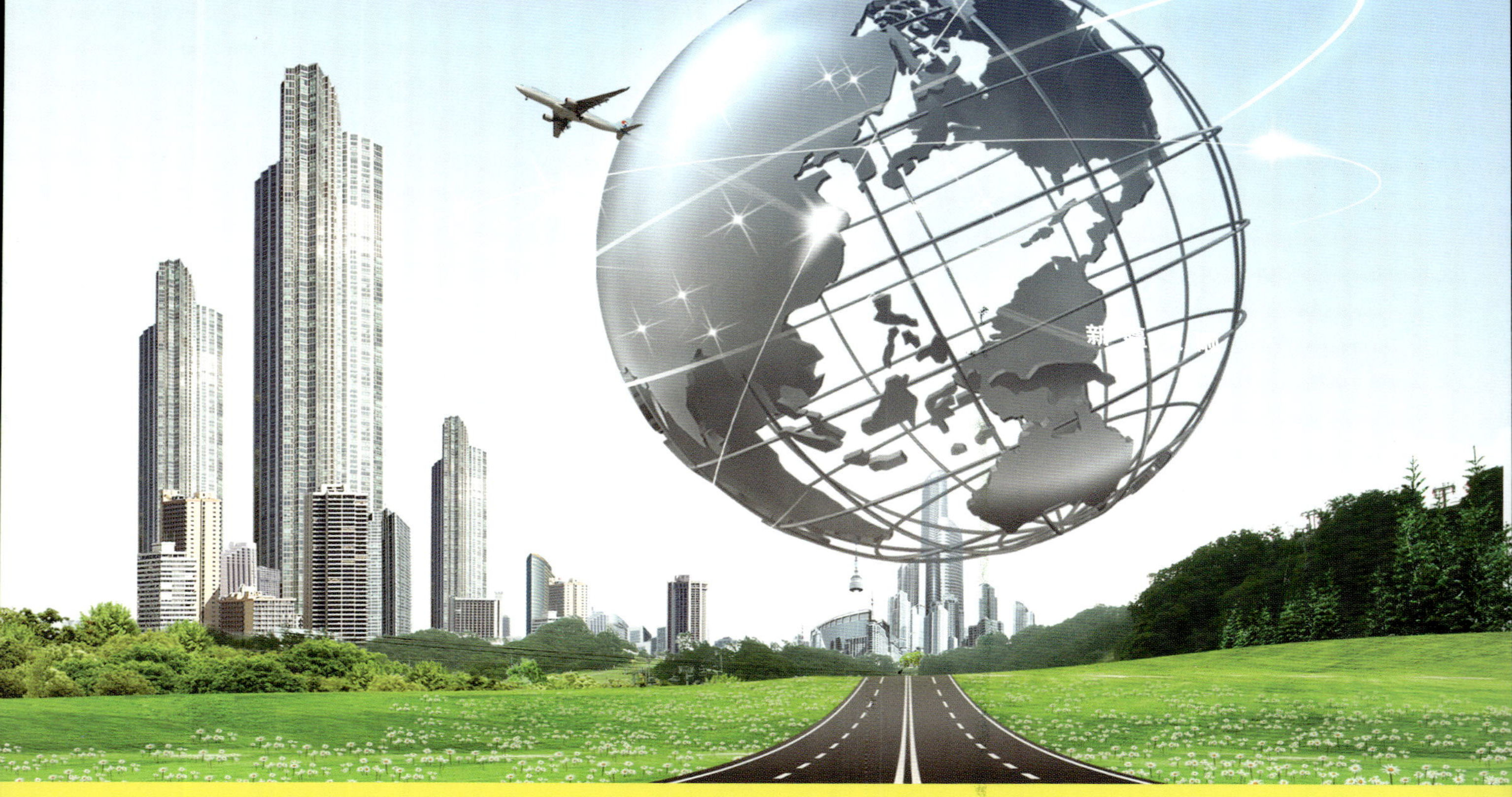

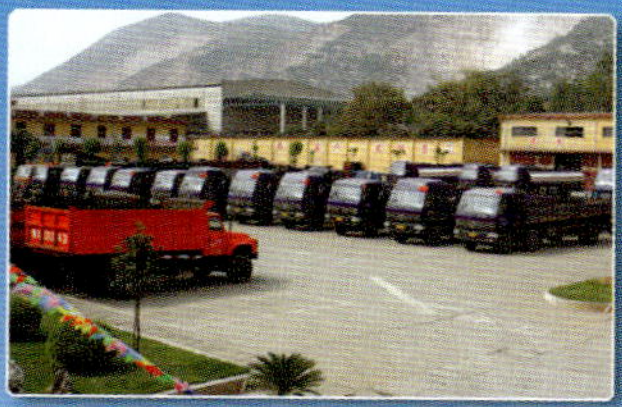

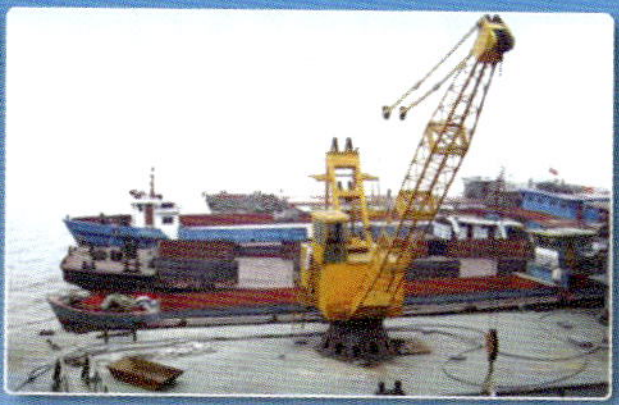

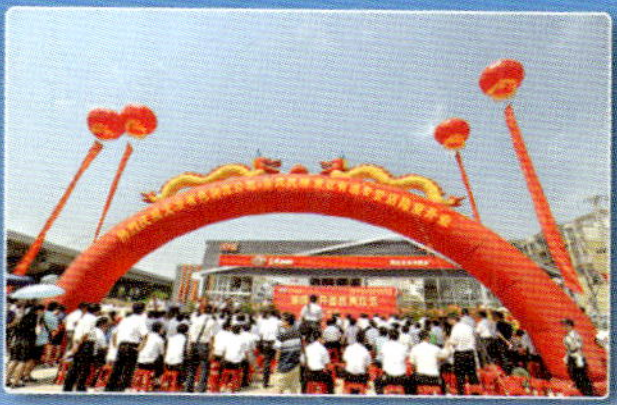

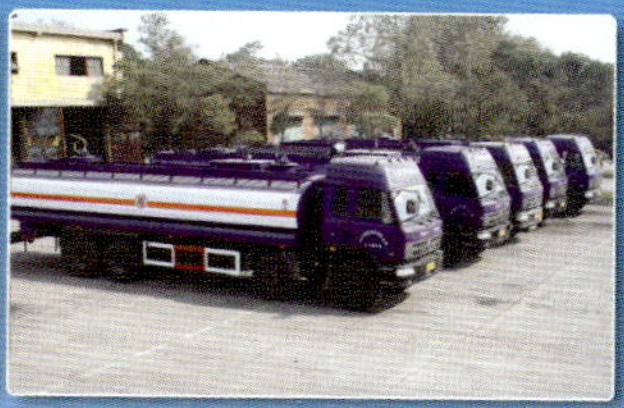

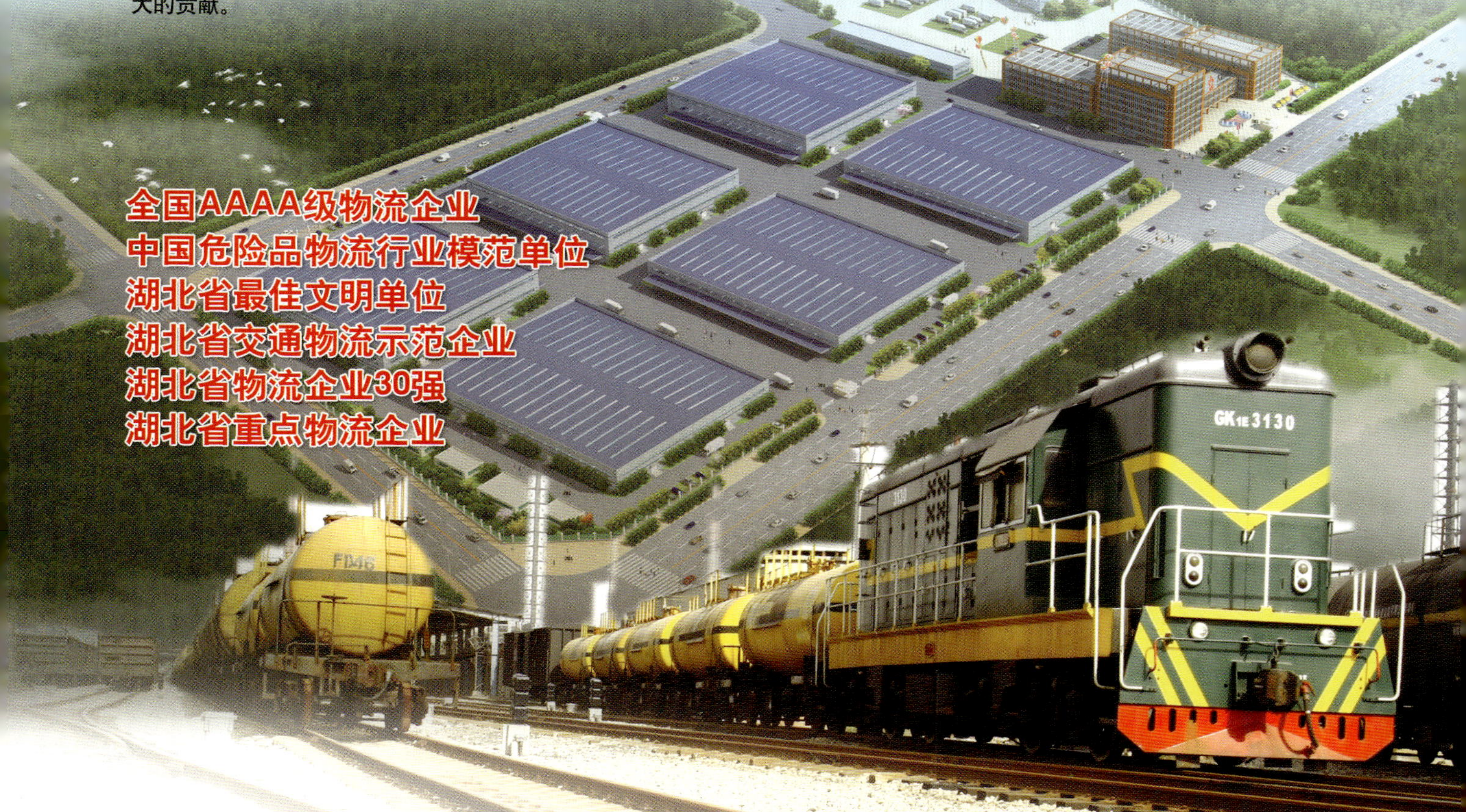

中国物流有限公司
CHINA LOGISTICS CO.,LTD

安全 高效 准确 规范

北大荒物流集团

BEIDAHUANG LOGISTICS GROUP

北大荒物流集团（以下简称集团），是国家AAAAA级物流企业、全国物流行业先进集体，具有完善的信息网络、配送网络、基地网络和一批具有实际经验、高素质专业人才的综合性、多功能的现代物流企业，是国内物流领域中服务功能最为齐全的物流企业之一。

集团下设客运、货运、仓储、加工、冷链物流、粮食物流、港口中转、集装箱运输、危险品运输、物流装备制造、信息指挥中心等20多个专业化子公司及分公司，在京津唐、长三角、珠三角、东北亚、中西部地区拥有五大物流中心，在省内拥有六大物流园区，配送网络遍布全国，并在各中心城市及港口和发达地区设有分支机构。

集团拥有28条铁路专用线，总长度近2万延长米，总仓储能力60余万吨，可调配使用铁路散粮运输车500辆；作为全省道路运输企业中规模最大、标准最高、安全性能最好的危险品运输车队之一，负责全垦区54座油库，197个加油站的成品油配送任务，保证了服务区域成品油的日常需求和战略储备，同时，集团还配有冷藏、LNG等各类公路运输车，车辆全部安装GPS卫星定位系统；集团与大连、北良、营口、锦州和宁波等港口建立了长期合作伙伴关系，可使用固定仓容40余万吨；集团现拥有463条客运专线，其中跨地区线路达300多条，管理各类客车556辆，所有车辆均配备现代化智能信息管理系统；集团下属的物流装备制造公司，其产品在功能、性能及稳定性等方面，均达到甚至超过世界先进水平，并获得多项技术专利；集团正在建设一座集客运、货运、专业运输为一体的现代化信息指挥中心，形成覆盖垦区、辐射全国的物流信息平台。

经过北大荒物流人几年的不懈奋斗，集团在国内物流领域享有较高声誉，已通过ISO 9001:2000质量管理体系认证；被中国物流与采购联合会评为AAAAA级物流企业、国家道路运输二级资质企业、全国物流行业先进集体；被中国消费者协会授予“诚信、维权单位”；全国首批物流企业税收试点单位之一；通过了安全生产标准省级一级企业的资质评定；被评为“中国食品物流行业50强”企业、“十年来对物流行业最具贡献50家物流企业”，是中国物流采购与联合会常务理事单位、黑龙江省道路运输协会副会长单位；先后被中共黑龙江省委员会、黑龙江省人民政府授予“文明单位”等各项光荣称号。

集团预计到2015年，完成“六大”物流园区、百个重要物流节点及配送网点网络建设，打通垦区粮食外运大通道，健全统一高效的物流信息平台，形成原材料与产成品物流紧密结合，产区与销区路路、路铁、路海、铁海通道紧密对接，适应现代化大农业和城乡一体化建设的现代化物流服务体系，形成黑龙江垦区覆盖全国的流通大动脉。建成集成化、专业化、个性化功能齐全的第三方物流产业，将北大荒物流打造成全国知名的物流企业集团。

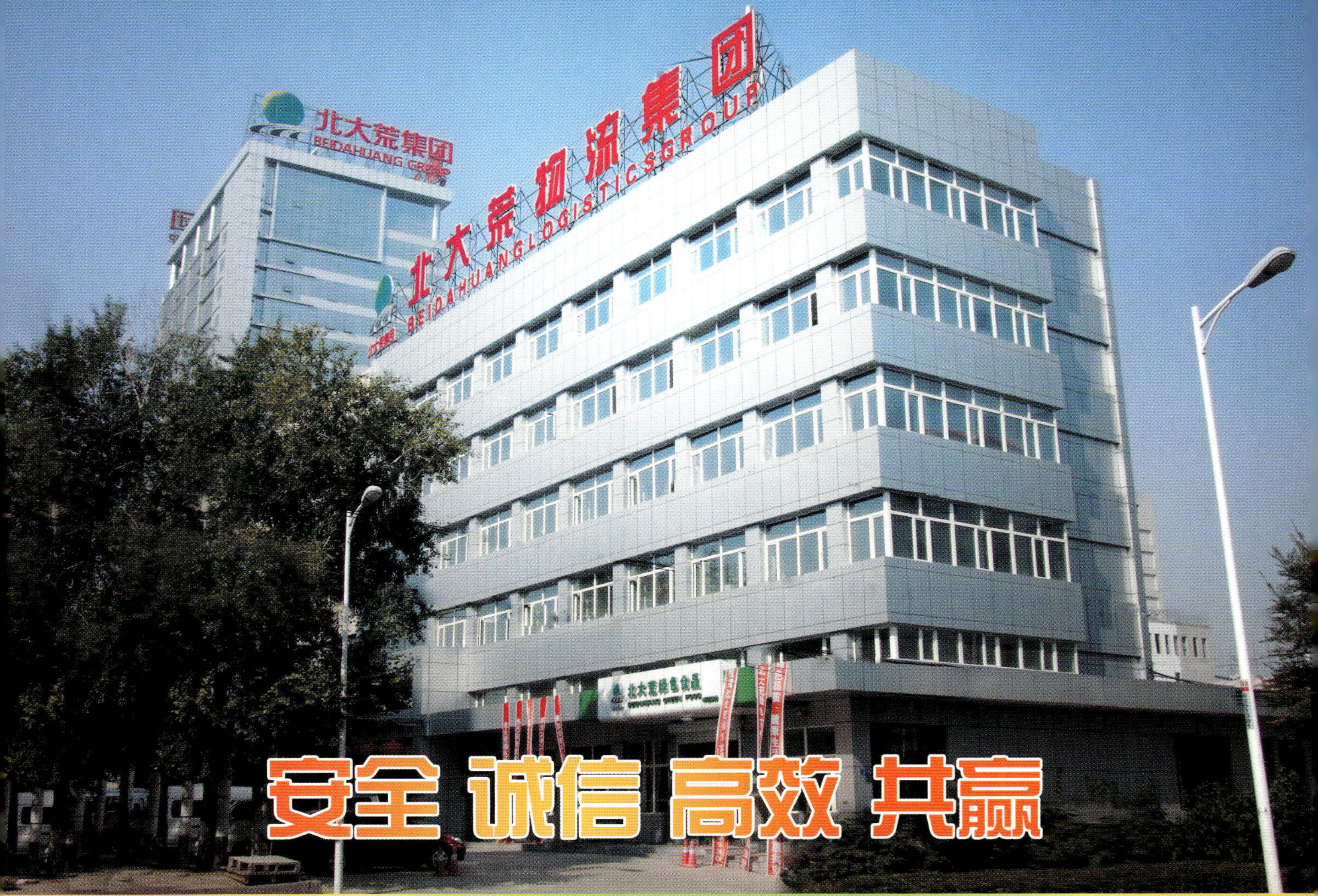

安全 诚信 高效 共赢

地　址：黑龙江省哈尔滨市香坊区香电街65号　　联系电话：0451-55399535
网　址：www.bdhwl.com　　传　真：0451-55399555

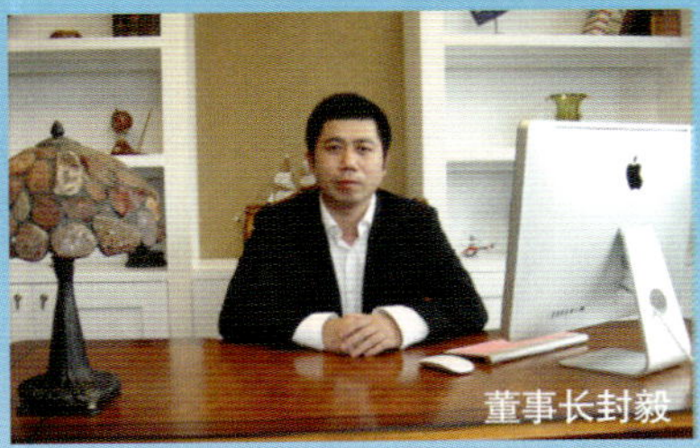

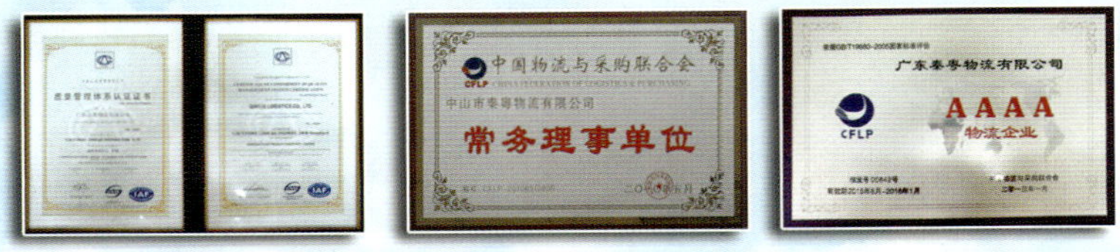

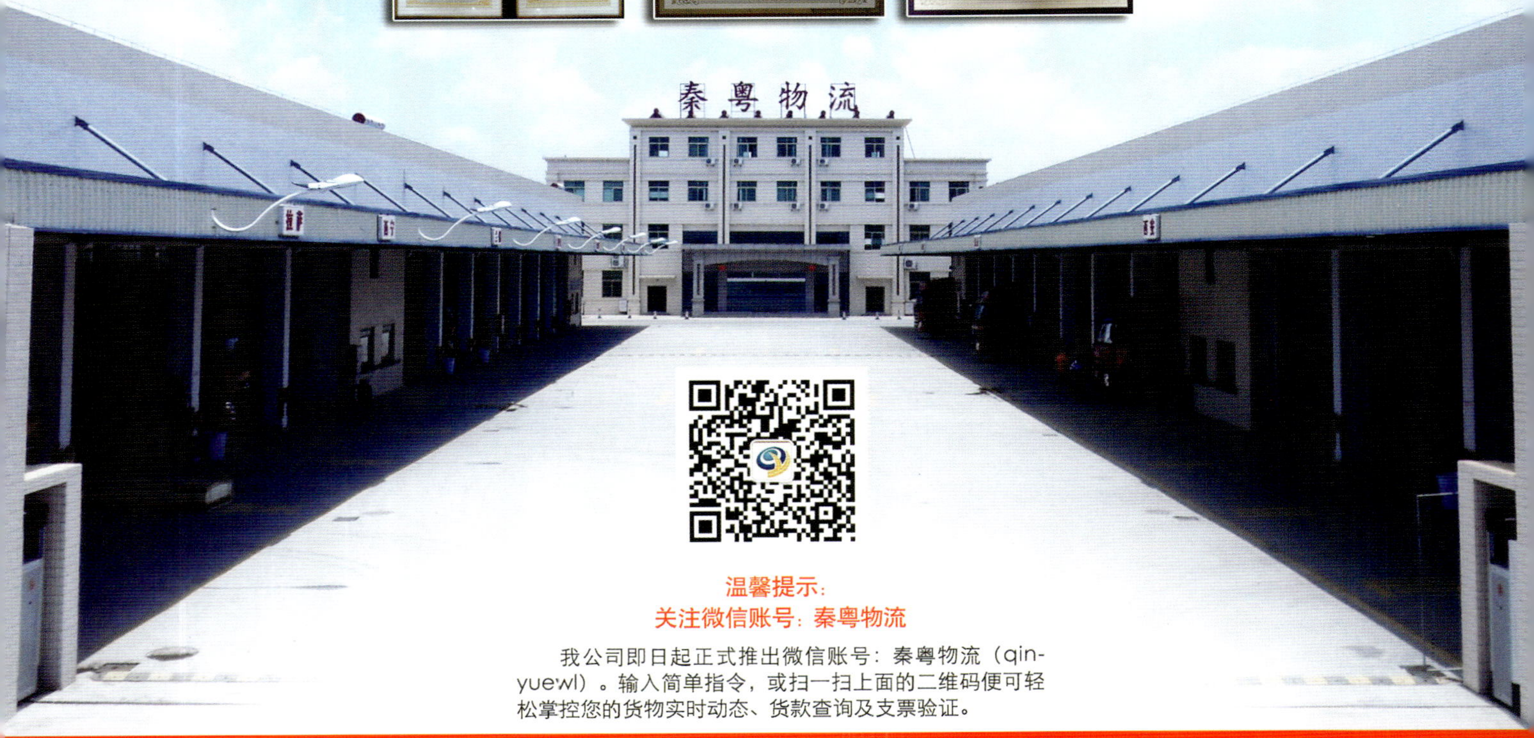

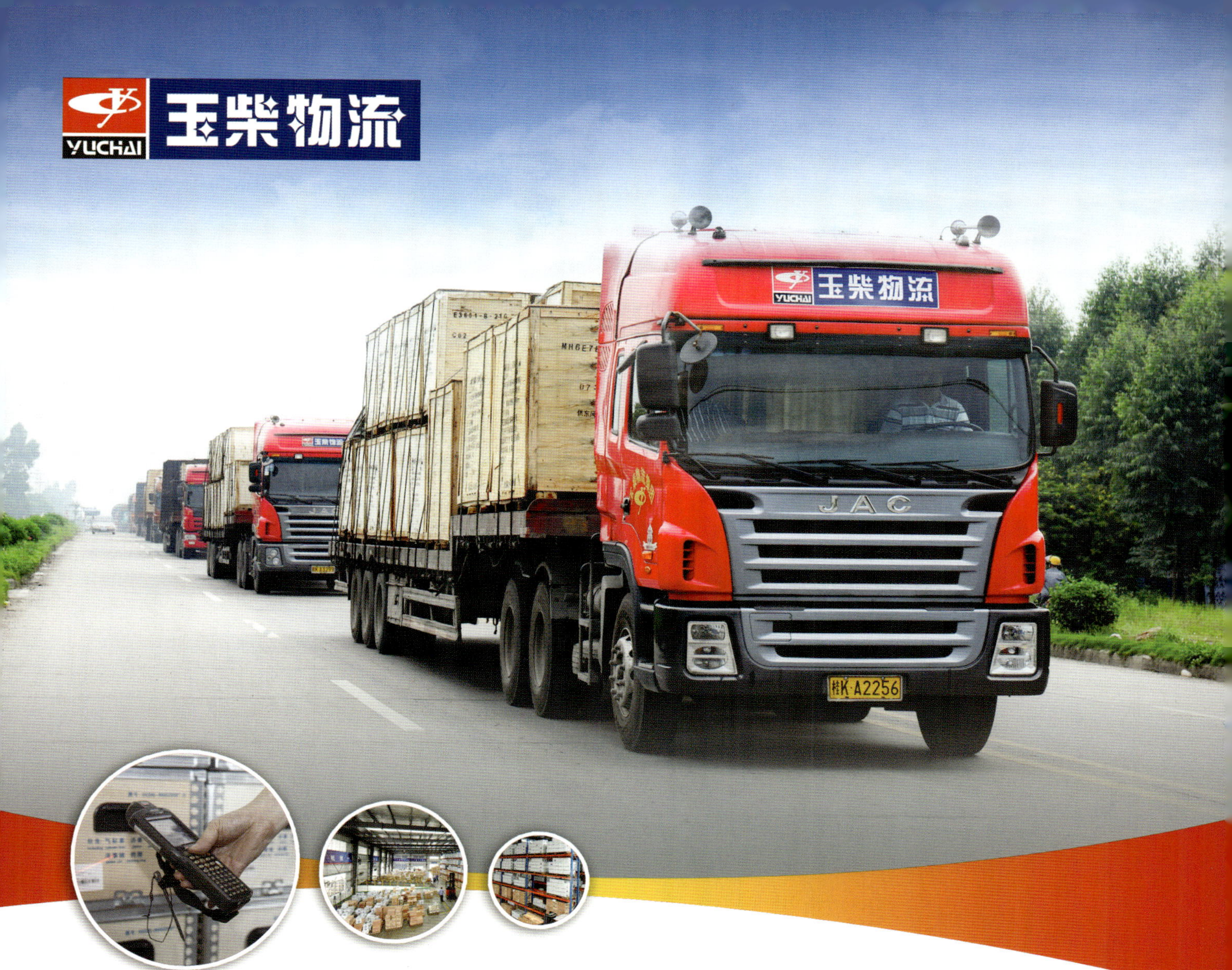

《中国物流年鉴》(2014)
广告提供单位

中国物流年鉴

2014（上册）

CHINA LOGISTICS YEARBOOK 2014

中国物流与采购联合会编

图书在版编目（CIP）数据

中国物流年鉴．2014：全2册/中国物流与采购联合会编．—北京：中国财富出版社，2014.10
ISBN 978－7－5047－5384－7

Ⅰ.①中…　Ⅱ.①中…　Ⅲ.①物流—中国—2014—年鉴　Ⅳ.①F259.22－54

中国版本图书馆CIP数据核字（2014）第226901号

策划编辑　张　茜　　**责任印制**　何崇杭
责任编辑　曹保利　禹　冰　颜学静　徐　宁　孙妍峰　　**责任校对**　饶莉莉　杨小静

出版发行　中国财富出版社（原中国物资出版社）
社　　址　北京市丰台区南四环西路188号5区20号楼　　**邮政编码**　100070
电　　话　010－52227568（发行部）　　010－52227588转307（总编室）
010－68589540（读者服务部）　　010－52227588转305（质检部）
网　　址　http://www.cfpress.com.cn
经　　销　新华书店
印　　刷　北京华正印刷有限公司
书　　号　ISBN 978－7－5047－5384－7/F·2239
开　　本　880mm×1230mm　1/16　　**版　　次**　2014年10月第1版
印　　张　43　**彩色印张**　5.5　　**印　　次**　2014年10月第1次印刷
字　　数　1206千字　　**定　　价**　480.00元（全2册）

《中国物流年鉴》（2014）编委会

尹国杰　湖南星沙物流投资有限公司董事长
古堂生　广西玉柴物流集团有限公司董事长
邢慷弟　上海外高桥物流中心有限公司党委书记
伍茂辉　广东物资集团公司董事、副总经理、党委委员
刘　伟　宝湾物流控股有限公司董事长
刘占芳　中国国际货运代理协会副会长
刘秉镰　南开大学校长助理，经济与社会发展研究院院长、教授、博导
刘景福　中物华商国际物流股份有限公司董事长
江　健　北京福田智科物流有限公司总经理
孙　军　中国远洋物流有限公司总经理
杨传德　普洛斯投资管理（中国）有限公司中国区总裁
李　浪　成都蚂蚁物流有限公司董事长
李　敏　河北港口集团有限公司总经理、副董事长、党委副书记
李天明　云南浩宏物流有限公司董事长
李光甫　国药控股股份有限公司副总裁
李国庆　河北省物流产业集团有限公司总裁
李国辉　澳门货运协会会长
李德海　河南中原铁道物流有限公司总经理
何　磊　成都市物流协会秘书长
何明珂　北京工商大学国际交流与合作处处长、教授、博导
汪　鸣　国家发展和改革委员会综合运输研究所副所长、研究员
沈绍基　中国仓储协会会长
宋远方　中国人民大学商学院副院长、教授、博导
宋耀征　国家统计局贸易外经统计司司长
张　历　玖隆钢铁物流有限公司总经理
张　俊　上海华运通仓储配送有限公司总裁
张东风　郑州铁路经济开发集团有限公司总经理
陈立生　威海国际物流园发展有限公司总经理
陈嘉良　联邦快递（中国）有限公司中国区总裁
金跃良　中铁物资集团有限公司党委书记、董事长
周建亚　武汉商贸职业学院物流学院名誉院长

郑会友　香港物流协会会长
郑松兴　华南城控股有限公司联席主席、执行董事
单玉晓　济南铁路经营集团有限公司总经理
单朝兰　普天物流技术有限公司总经理
房新胜　青岛铁路经营集团有限公司董事长、总经理
赵希和　江西新华发行集团有限公司副总经理、江西蓝海物流科技有限公司总经理
胡铭超　中国西部现代物流港管理委员会党工委书记、管委会主任
钟荣钦　台湾物流协会秘书长
施文进　惠龙易通国际物流股份有限公司董事长
姜超峰　中国物资储运协会会长
贺先仁　大汉物流股份有限公司总经理
郭戈平　中国连锁经营协会会长
郭鹤立　甘肃省物产集团有限责任公司总经理、党委书记
高艺林　广州百货企业集团有限公司副总经理、广州市商业储运公司总经理
陶启明　中国新兴交通物流总公司总经理
梅书荣　武汉钢铁集团物流有限公司总经理
黄　平　广州嘉诚国际物流股份有限公司董事、总经理
黄有方　上海海事大学校长、教授、博导
盖守岭　山东聊城盖氏邦晔物流有限公司董事长
盖忠琳　山东盖世国际物流集团有限公司总经理
梁玉峰　中共信阳市浉河区委常委、区政府常务副区长
梁伟华　中国物流有限公司董事长、党委书记
韩　松　西安市人民政府副市长、中共西安国际港务区工作委员会书记
韩继志　国家粮食局政策法规司副司长
谢　勤　成都亿博物流咨询有限公司总经理
赖展京　南光物流有限公司董事长
蓝宝生　太古冷链物流（上海）有限公司董事总经理
翟玉峰　武汉东西湖保税物流中心有限公司董事长、总经理
薄世久　北京长久物流股份有限公司董事长

特别支持单位

中国邮政速递物流 CHINA POSTAL EXPRESS & LOGISTICS

中国邮政速递物流股份有限公司

中国远洋物流有限公司 COSCO LOGISTICS

中国远洋物流有限公司

IVECO

依维柯（中国）商用车销售有限公司

武钢物流

武汉钢铁集团物流有限公司

西安国际港务区 XI'AN INTERNATIONAL TRADE & LOGISTICS PARK

西安国际港务区管理委员会

Hydoo 毅德控股

毅德控股集团

Potevio 中国普天

普天物流技术有限公司

Logistics FOTON 福田智科物流

北京福田智科物流有限公司

南光物流有限公司

FedEx Express 联邦快递

联邦快递（中国）有限公司

华南城控股有限公司

传化公路港物流有限公司

惠龙e通 WELLONG ETOWN

惠龙易通国际物流股份有限公司

晋能集团

《中国物流年鉴》（2014）

主　　　办　中国物流与采购联合会
承　　　办　《中国物流与采购》杂志社
主　　　编　何黎明
副　主　编　崔忠付　蔡　进　贺登才
编辑部主任　刘乃杰
编辑部副主任　徐小青
编　　　辑　崔　冬　卢　婷　罗　楠　朱贝特　杜　林　贾　丽
发　　　行　高　威
广告设计　阳光设计工作室

联系方式
编　辑　部　010－68392774　010－68392214（兼传真）
邮　　　箱　xxq6429@163.com　luting9083@163.com
　　　　　　gwrshk@126.com　zgwlnj@126.com
发　　　行　010－68391021　010－63738995　010－68392214
传　　　真　010－83203997

《中国物流年鉴》（2014）供稿者

（按姓氏笔画排序）

卫晓菁　马增荣　王　武　王　倩　王　涛　王文浩　王文博　王国文　王国清　王树青　王能民
王继祥　文德华　厉方奎　田　征　冯耕中　邝冬蓓　巩向玮　曲弓志　朱华斌　朱建清　刘　尹
刘　丽　刘长庆　刘宇航　刘伟华　刘晓峰　刘清利　刘缨缨　汤筠伟　许　磊　孙　雨　孙　敏
孙立凡　闫　宁　闫　鸣　闫淑君　李　钊　李　岩　李　钝　李　捷　李全林　李惠红　吴　勇
吴菁芃　何民爱　沈　玲　张　洁　张晓东　张彩霞　陆晓东　陈　洋　陈　慧　陈忠涛　邵　迈
武美艳　范琳琳　周雪松　柏心杨　赵　楠　孟　真　胡向东　俞　伟　洪　涛　姜　旭　秦玉鸣
顾国祥　夏　坚　晏庆华　徐　勇　高旭宏　黄活泼　曹　璐　龚卫峰　康佳霖　盖忠琳　韩文娟
韩兆轩　蒋　炜　蒋长兵　程阳春　焦　飞　鲁　泽　谢宝贵　谢雨蓉　谢满华　谭颜铭　樊一江
穆宏宇　薛尚泉　戴凯林

国家发展和改革委员会、国家统计局、国家发展和改革委员会综合运输研究所、北京市投资促进局、吉林省运输管理局、江苏省经信委、福建省经信委、江西省发改委、江西省统计局、江西省交通运输与物流协会、山东省经信委、湖北省交通运输厅物流发展局、陕西省物流与采购联合会、宁夏回族自治区商务厅生产服务业处、长春市发改委、晋中市统计局、南京市统计局、常州市经信委、苏州市发改委、南通市经信委、盐城市发改委、扬州市发改委、宁波市服务业综合发展办公室、青岛市交通运输委、莱芜市统计局、武汉市物流局、银川市商务局、中国仓储协会、中国连锁经营协会、中国国际货运代理协会、中国金属流通协会、中国粮食行业协会、中国散装水泥推广发展协会、中国木材与木制品流通协会、中国物流技术协会、工程机械工业协会工业车辆分会、河北省现代物流协会、吉林省物流与采购联合会、广西物流与采购联合会、重庆市物流与供应链协会、四川省现代物流协会、中国物流信息中心、中物联汽车物流分会、中物联冷链物流专业委员会、中物联物联网技术与应用专业委员会、中物联网络事业部、中物联物流标准委员会、中物联科技奖励办公室、中物联行业部、中物联评估办、中物联生产资料专业委员会、宝供物流奖办公室、上海国际航运研究中心、华夏物联网研究中心、北京科技大学物流研究所、综合开发研究院（中国·深圳）物流与供应链管理研究所、西安市商用信息系统分析及应用工程实验室、北京交通大学、西安交通大学、上海交通大学、天津大学、北京工商大学、上海海事大学、大连海事大学、北京物资学院、山东交通学院、山东轻工职业学院、解放军后勤学院、东方海外有限公司、兰格集团、中国邮政速递物流股份有限公司、国药集团医药物流有限公司、中铁现代物流科技股份有限公司、成都亿博物流咨询有限公司

编辑说明

一、《中国物流年鉴》（以下简称《年鉴》）是中国物流与采购联合会主办、《中国物流与采购》杂志社承办的大型文献性工具书。自2002年出版发行至今，《年鉴》发行量和发行范围不断扩大，得到业界广泛好评。为使《年鉴》越办越好，我们将继续提高《年鉴》的编辑质量，使其更具权威性、可读性和资料性，成为业界人士查询、引用、论证、存档不可或缺的“工具”。

二、2013年是我国物流业发生重大变革的一年。习近平总书记、李克强总理先后考察物流企业，汪洋副总理召集部分城市市长举行座谈会研究城市物流发展问题，我国物流业发展得到新一届中央领导集体的高度关注；国务院批准设立中国（上海）自由贸易试验区，保税物流和国际物流迎来发展新机遇；国家发改委等12部门联合发布《全国物流园区发展规划》，确定99个城市为物流园区布局城市；中国铁路总公司成立，原铁道部行政职责划入交通运输部，铁路系统实现政企分开；中国物流景气指数（LPI）发布，预测分析我国物流业运行趋势又添新指标；交通运输部发布首个集高速公路和普通公路于一体的《国家公路网规划（2013—2020）》；铁路运输和邮政业纳入营业税改征增值税试点；传化公路港、林安物流、卡行天下、安能物流等多种商业模式推动公路货运市场平台整合；网上购物市场井喷式发展，促进电商物流网络体系建设，阿里巴巴成立“菜鸟网络”，大型电商企业全面开放物流平台，提升物流社会化水平；物流业成为资本投资热点，多家产业基金投资物流行业，新一轮兼并重组热潮涌动；商务部加大了共同配送试点城市的推进工作，中国城市物流配送得到专项资金支持；国务院出台“国六条”及跨境电商支持政策，跨境物流和电子商务物流迎来了加快发展的新机遇；供应链金融、单元化物流等新的物流理念得到推广，新的经营模式不断涌现；智能穿梭车和无人机快递等世界最先进技术开始在物流业探索应用……物流业的变化是社会经济发展的必然趋势，更是行业加快发展的真实写照。客观真实地记录下这些变化是《年鉴》义不容辞的使命。

2014版《年鉴》在框架结构和主体内容上延续2013版的风格，并在求真务实地反映行业发展变化的基础上，继续加大数据图表的内容，继续扩充地区物流的篇幅，使《年鉴》更具可读性、资料性，成为社会了解行业发展的窗口。

三、2014 版《年鉴》的组稿、编纂工作得到了国家发改委、商务部、交通运输部、国家统计局等中央部委和部分省市自治区政府部门、物流行业社团，相关行业协会，中国物流信息中心、全国物流标准化技术委员会等机构，以及中国邮政速递物流股份有限公司、中铁现代物流科技股份有限公司、中远网络物流信息科技有限公司、中物华商国际物流股份有限公司、中烟商务物流公司等知名企业的大力支持，对此我们表示衷心的感谢。

四、对不符合《年鉴》编辑要求的来稿，编辑人员做了谨慎认真的删改，由于时间原因这部分稿件来不及请作者核校，希予见谅。

五、因编辑部人员水平有限，如有不妥之处，恳请批评指正。欢迎大家继续对 2015 版《年鉴》的组稿和编辑工作给予支持！

《中国物流年鉴》编辑部

2014 年 8 月 18 日

前　言

2013 年，我国国民经济运行稳中有进，物流运行总体平稳。全年全社会实现社会物流总额 197.8 万亿元，按可比价格计算，同比增长 9.5%，增幅比上年回落 0.3 个百分点；实现社会物流总费用 10.2 万亿元，同比增长 9.3%，增幅比上年回落 2.1 个百分点；社会物流总费用与 GDP 的比率为 18.0%，与上年基本持平。全年物流业增加值为 3.9 万亿元，按可比价格计算，同比增长 8.5%，增幅比上年回落 0.7 个百分点。物流业增加值占 GDP 的比重为 6.8%，占服务业增加值的比重为 14.8%，物流业发展的需求基础持续巩固。

2013 年，习近平总书记等新一代领导集体重视物流业发展，物流业在国民经济中的基础性、战略性地位进一步提升。全行业抓住机遇，顺应转变发展方式的要求，坚持以质量和效益为中心，充分发挥市场主体活力，加快效率提升、创新驱动，释放改革红利，实现了平稳健康发展，呈现出一系列新的特点：总体运行趋稳向好，细分市场深度调整；多业联动继续深化，跨界竞合渐成趋势；平台整合初见成效，物流网络下沉发展；各类资本投向物流，兼并重组热潮涌动；区域物流结盟发展，国际物流面临机遇；信息化加大投入，技术装备加快升级；基础工作稳步推进，行业服务能力进一步增强；交通运输管理体制改革，物流政策环境改善。但是，我们也要看到我国物流业运行还存在较大下行压力，社会物流成本依然较高，物流运作方式粗放、物流服务附加价值低、区域和城乡物流发展不平衡、人才短缺日益严重、技术应用水平薄弱、行业诚信缺失和资源环境负担较重等问题还很突出，促进物流业发展的各项政策措施有待落实。因此，全行业要认真贯彻党的十八届三中全会精神，以市场为导向、以改革开放为动力、以质量和效益为中心，积极探寻转型升级的突破口。要以联动融合为突破口，推动产业物流转型升级；以配送体系建设为突破口，做大做强民生物流；以平台整合为突破口，完善物流网络布局；以信息化为突破口，推动物流业创新发展；以落实现有政策为突破口，进一步营造物流业发展的政策环境，通过培育产业核心竞争力，全面打造中国物流“升级版”。

中国物流与采购联合会作为行业社团组织，将积极探索新时期行业协会组织方式和运作模式改革，努力营造有利于物流业健康发展的政策环境，发挥好桥梁纽带、行业自律和服务引领作用，团结广大会员企业，为全面深化改革、打造中国物流“升级版”做出新的贡献。

《中国物流年鉴》是中国物流与采购联合会主办、《中国物流与采购》杂志社承办的大型文献性工具书。十几年来，《中国物流年鉴》坚持用数据和事实反映物流业发展变化的轨迹、记录我国物流业发展的历程，赢得了业界好评。面对我国物流业不断发展变化的新形势，《中国物流年鉴》将继续以求真务实、严谨负责的态度做好资料收录工作。同时，真诚地希望业界同人提出宝贵意见，使其越做越精、越做越好。

何黎明

二〇一四年八月十五日

目 录

上 册

第一部分 物流政策法规

第二部分　物流统计

第三部分　物流产业

第四部分　行业物流

下 册

第五部分 地区物流

第十部分 物流综合

第一部分

物流政策法规

2013年发布的物流相关重要政策

国务院及国务院办公厅发文

国务院办公厅关于印发降低流通费用提高流通效率综合工作方案的通知

（国办发〔2013〕5号　2013年1月11日）

各省、自治区、直辖市人民政府，国务院各部门、各直属机构：

《降低流通费用提高流通效率综合工作方案》（以下简称《工作方案》）已经国务院同意，现印发给你们，请认真贯彻执行。

各地区要加强组织领导，切实落实“米袋子”省长负责制、“菜篮子”市长负责制，确保各项政策措施落到实处，确保《工作方案》顺利实施。发展改革委要会同有关部门适时组织联合督查组开展专项督查。

降低流通费用　提高流通效率综合工作方案

为贯彻落实《国务院关于深化流通体制改革加快流通产业发展的意见》（国发〔2012〕39号），降低流通费用，提高流通效率，发展改革委会同工业和信息化部、公安部、民政部、财政部、国土资源部、住房城乡建设部、交通运输部、农业部、商务部、人民银行、审计署、税务总局、工商总局、统计局、银监会制定以下综合工作方案：

一、降低农产品生产流通环节用水电价格和运营费用

规模化生猪、蔬菜等生产的用水、用电与农业同价。农产品批发市场、农贸市场用电、用气、用热与工业同价。农产品批发市场、农贸市场用水，在已按要求简化用水价格分类的地区，执行非居民用水价格；在尚未简化分类的地区，按照工商业用水价格中的较低标准执行。农产品冷链物流的冷库用电与工业用电同价。鼓励类商业用水、用电与工业同价。以上措施于2013年6月30日前执行到位，工商业用电同价措施与调整销售电价同步实施。

二、规范和降低农产品市场收费

清理经营权承包费，加强成本调查核算，降低农产品批发市场、农贸市场和社区菜市场摊位费收费标准。政府投资建设或控股的农产品批发市场、农贸市场和社区菜市场收费，实行政府指导价，由地方政府按保本微利原则从低核定收费标准。农产品批发市场、农贸市场、社区菜市场摊位实行实名制管理，规范经营者转租转包行为。全面实施收费公示制度，除合同列明并在市场醒目位置公示的收费项目外，市场经营主体不得收取任何其他费用。农产品批发市场、农贸市场要开设专门区域，供郊区农户免费进场销售自产鲜活农产品。利用价格调节基金，支持降低农产品生产流通成本。

三、强化零售商供应商交易监管

清理整顿大型零售企业向供应商违规收费，规范促销服务费。制定零售商供应商公平交易管理的法规。零售商向供应商的收费项目、收费标准、服务内容、限制条件等，须与供应商协商确定，并在醒目位置明确标示。零售商不得向供应商收取标示以外的任何费用，不得对交易条件相同的供应商制定差别收费标准。零售商收到供应商货物后应及时付款，禁止零售商恶意占压供应商货款。成立零售商、供应商相关行业组织。规范零售商供应商工作人员行为，严厉打击商业贿赂。

四、完善公路收费政策

严格执行鲜活农产品运输绿色通道政策，将免收通行费措施落实到位，结合实际完善适用品种范围。从严审批新的一级及一级以下公路和独立桥梁、隧道收费项目。逐步推进西部地区取消政府还贷二级公路收费工作。深入推进收费公路专项清理，降低偏高的车辆通行费收费标准，抓紧修订《收费公路管理条例》，完善通行费形成机制。规范收费公路经营者行为，加快推广省（区、市）内“联网收费、统一经营”模式。加强对政府还贷公路通行费收支情况的审计，确保通行费收入全额用于偿还贷款和养护管理。

五、加强重点行业价格和收费监管

加强对公用事业、公益性服务中提供延伸服务的收费监管，规范清理供水、供电、供气、供热、铁路、邮政等行业经营者在设施建设、运行、维护、使用过程中收取初装费、维修费、材料费、检验费、代理费、设备（线路）使用费等费用，简化、归并收费项目，公示收费标准。禁止有关部门和物业公司在政府制定的价格之外加价或者加收其他费用。规范商业银行收费行为，改善银行卡受理环境，提高银行卡普及率，尽快实施优化和调整银行卡刷卡手续费标准方案。规范电信经营者价格行为，促进电信资费水平进一步降低。

六、加大价格监督检查和反垄断监管力度

加强价格监管力量，组织开展专项检查，监督各项价格收费政策执行情况，重点检查不执行政府定价、政府指导价，违反明码标价规定，在标价之外加收其他费用的行为，以及滥用市场支配地位、滥用行政权力、达成垄断协议等价格垄断行为。继续保持对哄抬价格、捏

造散布涨价信息等价格违法行为的高压打击态势。

七、完善财税政策

开展农产品增值税进项税额核定扣除试点，完善农产品增值税政策，继续对鲜活农产品实施从生产到消费的全环节低税收政策，将免征蔬菜流通环节增值税政策扩大到部分鲜活肉蛋产品。2013年1月1日至2015年12月31日，免征农产品批发市场、农贸市场城镇土地使用税和房产税。抓紧落实提高小型微型企业增值税和营业税起征点政策，减轻流通业小型微型企业税收负担。加快推进营业税改征增值税试点，完善试点办法，降低交通运输业税收负担。加快农村市场和农产品流通基础设施建设。

八、保障必要的流通行业用地

城市人民政府在制定调整土地规划、城市规划时，要优先保障农产品批发市场、农贸市场、社区菜市场和便民生活服务网点用地。严格控制将社区便民商业网点改作其他用途。鼓励地方政府以土地作价入股、土地租赁等形式支持农产品批发市场建设。鼓励各地选择合适区域、时段，开辟免摊位费、场地使用费、管理费的早市、晚市、周末市场、流动蔬菜车等临时交易场所和时段市场，其用地可按临时用地管理。

九、便利物流配送

完善运输超限的不可解体物品车辆管理办法，引导物流企业合法装载，规范交通运输领域执法行为。制定城市配送车辆管理指导意见，为配送车辆进入城区道路行驶提供通行便利。鼓励发展统一配送、共同配送、夜间配送，降低配送成本。

十、建立健全流通费用调查统计制度

建立流通费用统计制度，在运输、仓储、保管、配送、批发、零售等环节，健全企业收支情况和价格调查的统计方法和手段。建立收费公路经营主体收费标准、收费金额等情况的统计、监测制度，制定收费公路信息公开办法，全面、准确掌握收费公路的收费情况。统计部门要进一步加大流通费用统计工作力度，加强与发展改革、商务、交通运输、农业等部门在流通领域价格、收费、成本调查等方面的配合协调。

国务院关于推进物联网有序健康发展的指导意见

（国发〔2013〕7号 2013年2月5日）

各省、自治区、直辖市人民政府，国务院各部委、各直属机构：

物联网是新一代信息技术的高度集成和综合运用，具有渗透性强、带动作用大、综合效益好的特点，推进物联网的应用和发展，有利于促进生产生活和社会管理方式向智能化、精细化、网络化方向转变，对于提高国民经济和社会生活信息化水平，提升社会管理和公共服务水平，带动相关学科发展和技术创新能力增强，推动产业结构调整和发展方式转变具有重要意义，我国已将物联网作为战略性新兴产业的一项重要组成内容。目前，在全球范围内物联网正处于起步发展阶段，物联网技术发展和产业应用具有广阔的前景和难得的机遇。经过多年发展，我国在物联网技术研发、标准研制、产业培育和行业应用等方面已初步具备一定基础，但也存在关键核心技术有待突破、产业基础薄弱、网络信息安全存在潜在隐患、一些地方出现盲目建设现象等问题，急需加强引导加快解决。为推进我国物联网有序健康发展，现提出以下指导意见：

一、指导思想、基本原则和发展目标

（一）指导思想。

以邓小平理论、“三个代表”重要思想、科学发展观为指导，加强统筹规划，围绕经济社会发展的实际需求，以市场为导向，以企业为主体，以突破关键技术为核心，以推动需求应用为抓手，以培育产业为重点，以保障安全为前提，营造发展环境，创新服务模式，强化标准规范，合理规划布局，加强资源共享，深化军民融合，打造具有国际竞争力的物联网产业体系，有序推进物联网持续健康发展，为促进经济社会可持续发展做出积极贡献。

（二）基本原则。

统筹协调。准确把握物联网发展的全局性和战略性问题，加强科学规划，统筹推进物联网应用、技术、产业、标准的协调发展。加强部门、行业、地方间的协作协同。统筹好经济发展与国防建设。

创新发展。强化创新基础，提高创新层次，加快推进关键技术研发及产业化，实现产业集聚发展，培育壮大骨干企业。拓宽发展思路，创新商业模式，发展新兴服务业。强化创新能力建设，完善公共服务平台，建立以企业为主体、产学研用相结合的技术创新体系。

需求牵引。从促进经济社会发展和维护国家安全的重大需求出发，统筹部署、循序渐进，以重大示范应用为先导，带动物联网关键技术突破和产业规模化发展。在竞争性领域，坚持应用推广的市场化。在社会管理和公共服务领域，积极引入市场机制，增强物联网发展的内生性动力。

有序推进。根据实际需求、产业基础和信息化条件，突出区域特色，有重点、有步骤地推进物联网持续健康发展。加强资源整合协同，提高资源利用效率，避免重复建设。

安全可控。强化安全意识，注重信息系统安全管理和数据保护。加强物联网重大应用和系统的安全测评、风险评估和安全防护工作，保障物联网重大基础设施、重要业务系统和重点领域应用的安全可控。

（三）发展目标。

总体目标。实现物联网在经济社会各领域的广泛应用，掌握物联网关键核心技术，基本形成安全可控、具有国际竞争力的物联网产业体系，成为推动经济社会智能化和可持续发展的重要力量。

近期目标。到 2015 年，实现物联网在经济社会重要领域的规模示范应用，突破一批核心技术，初步形成物联网产业体系，安全保障能力明显提高。

——协同创新。物联网技术研发水平和创新能力显著提高，感知领域突破核心技术瓶颈，明显缩小与发达国家的差距，网络通信领域与国际先进水平保持同步，信息处理领域的关键技术初步达到国际先进水平。实现技术创新、管理创新和商业模式创新的协同发展。创新资源和要素得到有效汇聚和深度合作。

——示范应用。在工业、农业、节能环保、商贸流通、交通能源、公共安全、社会事业、城市管理、安全生产、国防建设等领域实现物联网试点示范应用，部分领域的规模化应用水平显著提升，培育一批物联网应用服务优势企业。

——产业体系。发展壮大一批骨干企业，培育一批“专、精、特、新”的创新型中小企业，形成一批各具特色的产业集群，打造较完善的物联网产业链，物联网产业体系初步形成。

——标准体系。制定一批物联网发展所急需的基础共性标准、关键技术标准和重点应用标准，初步形成满足物联网规模应用和产业化需求的标准体系。

——安全保障。完善安全等级保护制度，建立健全物联网安全测评、风险评估、安全防范、应急处置等机制，增强物联网基础设施、重大系统、重要信息等的安全保障能力，形成系统安全可用、数据安全可信的物联网应用系统。

二、主要任务

（一）加快技术研发，突破产业瓶颈。

以掌握原理实现突破性技术创新为目标，把握技术发展方向，围绕应用和产业急需，明确发展重点，加强低成本、低功耗、高精度、高可靠、智能化传感器的研发与产业化，着力突破物联网核心芯片、软件、仪器仪表等基础共性技术，加快传感器网络、智能终端、大数据处理、智能分析、服务集成等关键技术研发创新，推进物联网与新一代移动通信、云计算、下一代互联网、卫星通信等技术的融合发展。充分利用和整合现有创新资源，形成一批物联网技术研发实验室、工程中心、企业技术中心，促进应用单位与相关技术、产品和服务提供商的合作，加强协同攻关，突破产业发展瓶颈。

（二）推动应用示范，促进经济发展。

对工业、农业、商贸流通、节能环保、安全生产等重要领域和交通、能源、水利等重要基础设施，围绕生产制造、商贸流通、物流配送和经营管理流程，推动物联网技术的集成应用，抓好一批效果突出、带动性强、关联度高的典型应用示范工程。积极利用物联网技术改造传统产业，推进精细化管理和科学决策，提升生产和运行效率，推进节能减排，保障安全生产，创新发展模式，促进产业升级。

（三）改善社会管理，提升公共服务。

在公共安全、社会保障、医疗卫生、城市管理、民生服务等领域，围绕管理模式和服务模式创新，实施物联网典型应用示范工程，构建更加便捷高效和安全可靠的智能化社会管理和公共服务体系。发挥物联网技术优势，促进社会管理和公共服务信息化，扩展和延伸服务范围，提升管理和服务水平，提高人民生活质量。

（四）突出区域特色，科学有序发展。

引导和督促地方根据自身条件合理确定物联网发展定位，结合科研能力、应用基础、产业园区等特点和优势，科学谋划，因地制宜，有序推进物联网发展，信息化和信息产业基础较好的地区要强化物联网技术研发、产业化及示范应用，信息化和信息产业基础较弱的地区侧重推广成熟的物联网应用。加快推进无锡国家传感网创新示范区建设。应用物联网等新一代信息技术建设智慧城市，要加强统筹、注重效果、突出特色。

（五）加强总体设计，完善标准体系。

强化统筹协作，依托跨部门、跨行业的标准化协作机制，协调推进物联网标准体系建设。按照急用先立、共性先立原则，加快编码标识、接口、数据、信息安全等基础共性标准、关键技术标准和重点应用标准的研究制定。推动军民融合标准化工作，开展军民通用标准研制。鼓励和支持国内机构积极参与国际标准化工作，提升自主技术标准的国际话语权。

（六）壮大核心产业，提高支撑能力。

加快物联网关键核心产业发展，提升感知识别制造产业发展水平，构建完善的物联网通信网络制造及服务产业链，发展物联网应用及软件等相关产业。大力培育具有国际竞争力的物联网骨干企业，积极发展创新型中小企业，建设特色产业基地和产业园区，不断完善产业公共服务体系，形成具有较强竞争力的物联网产业集群。强化产业培育与应用示范的结合，鼓励和支持设备制造、软件开发、服务集成等企业及科研单位参与应用示范工程建设。

（七）创新商业模式，培育新兴业态。

积极探索物联网产业链上下游协作共赢的新型商业模式。大力支持企业发展有利于扩大市场需求的物联网专业服务和增值服务，推进应用服务的市场化，带动服务外包产业发展，培育新兴服务产业。鼓励和支持电信运营、信息服务、系统集成等企业参与物联网应用示范工程的运营和推广。

（八）加强防护管理，保障信息安全。

提高物联网信息安全管理与数据保护水平，加强信息安全技术的研发，推进信息安全保障体系建设，建立健全监督、检查和安全评估机制，有效保障物联网信息采集、传输、处理、应用等各环节的安全可控。涉及国家公共安全和基础设施的重要物联网应用，其系统解决方案、核心设备以及运营服务必须立足于安全可控。

（九）强化资源整合，促进协同共享。

充分利用现有公共通信和网络基础设施开展物联网应用。促进信息系统间的互联互通、资源共享和业务协同，避免形成新的信息孤岛。重视信息资源的智能分析和综合利用，避免重数据采集、轻数据处理和综合应用。加强对物联网建设项目的投资效益分析和风险评估，避免重复建设和不合理投资。

三、保障措施

（一）加强统筹协调形成发展合力。

建立健全部门、行业、区域、军地之间的物联网发展统筹协调机制，充分发挥物联网发展部际联席会议制度的作用，研究重大问题，协调制定政策措施和行动计划，加强应用推广、技术研发、标准制定、产业链构建、基础设施建设、信息安全保障、无线频谱资源分配利用等的统筹，形成资源共享、协同推进的工作格局和各环节相互支撑、相互促进的协同发展效应。加强物联网相关规划、科技重大专项、产业化专项等的衔接协调，合理布局物联网重大应用示范和产业化项目，强化产业链配套和区域分工合作。

（二）营造良好发展环境。

建立健全有利于物联网应用推广、创新激励、有序竞争的政策体系，抓紧推动制定完善信息安全与隐私保护等方面的法律法规。建立鼓励多元资本公平进入的市场准入机制。加快物联网相关标准、检测、认证等公共服务平台建设，完善支撑服务体系。加强知识产权保护，积极开展物联网相关技术的知识产权分析评议，加快推进物联网相关专利布局。

（三）加强财税政策扶持。

加大中央财政支持力度，充分发挥国家科技计划、科技重大专项的作用，统筹利用好战略性新兴产业发展专项资金、物联网发展专项资金等支持政策，集中力量推进物联网关键核心技术研发和产业化，大力支持标准体系、创新能力平台、重大应用示范工程等建设。支持符合现行软件和集成电路税收优惠政策条件的物联网企业按规定享受相关税收优惠政策，经认定为高新技术企业的物联网企业按规定享受相关所得税优惠政策。

（四）完善投融资政策。

鼓励金融资本、风险投资及民间资本投向物联网应用和产业发展。加快建立包括财政出资和社会资金投入在内的多层次担保体系，加大对物联网企业的融资担保支持力度。对技术先进、优势明显、带动和支撑作用强的重大物联网项目优先给予信贷支持。积极支持符合条件的物联网企业在海内外资本市场直接融资。鼓励设立物联网股权投资基金，通过国家新兴产业创投计划设立一批物联网创业投资基金。

（五）提升国际合作水平。

积极推进物联网技术交流与合作，充分利用国际创新资源。鼓励国外企业在我国设立物联网研发机构，引导外资投向物联网产业。立足于提升我国物联网应用水平和产业核心竞争力，引导国内企业与国际优势企业加强物联网关键技术和产品的研发合作。支持国内企业参与物联网全球市场竞争，推动我国自主技术和标准走出去，鼓励企业和科研单位参与国际标准制定。

（六）加强人才队伍建设。

建立多层次、多类型的物联网人才培养和

服务体系。支持相关高校和科研院所加强多学科交叉整合，加快培养物联网相关专业人才。依托国家重大专项、科技计划、示范工程和重点企业，培养物联网高层次人才和领军人才。加快引进物联网高层次人才，完善配套服务，鼓励海外专业人才回国或来华创业。

各地区、各部门要按照本意见的要求，进一步深化对发展物联网重要意义的认识，结合实际，扎实做好相关工作。各部门要按照职责分工，尽快制定具体实施方案、行动计划和配套政策措施，加强沟通协调，抓好任务措施落实，确保取得实效。

国务院办公厅关于印发深化流通体制改革加快流通产业发展重点工作部门分工方案的通知

（国办函〔2013〕69号　2013年5月30日）

国务院有关部门：

《深化流通体制改革加快流通产业发展重点工作部门分工方案》（以下简称《分工方案》）已经国务院同意，现印发给你们，请认真落实。

有关部门要认真贯彻落实《国务院关于深化流通体制改革加快流通产业发展的意见》（国发〔2012〕39号）精神，按照《分工方案》的要求，将涉及本部门的工作进一步分解和细化，抓紧制定具体落实措施。同一项工作涉及多个部门的，牵头部门要加强协调，部门间要主动密切协作。商务部要认真做好统筹协调、督促检查工作。工作落实中的重大问题及时向国务院报告。

深化流通体制改革加快流通产业发展重点工作部门分工方案

一、加强现代流通体系建设

（一）依托交通枢纽、生产基地、中心城市和大型商品集散地，构建全国骨干流通网络，建设一批辐射带动能力强的商贸中心、专业市场以及全国性和区域性配送中心。（商务部、发展改革委、交通运输部、农业部、供销合作总社。列第一位者为牵头部门，下同）

（二）推动大宗商品交易市场向现货转型，增加期货市场交易品种。（商务部、证监会按职责分工负责）

（三）优化城市流通网络布局，有序推进贸易中心城市和商业街建设，支持特色商业适度集聚，鼓励便利店、中小综合超市等发展，构建便利消费、便民生活服务体系。鼓励大型流通企业向农村延伸经营网络，增加农村商业网点，拓展网点功能，积极培育和发展农村经纪人，提升农民专业合作社物流配送能力和营销服务水平。支持流通企业建立城乡一体化的营销网络，畅通农产品进城和工业品下乡的双向流通渠道。（商务部、农业部、工商总局、供销合作总社）

（四）大力发展第三方物流，促进企业内部物流社会化。加强城际配送、城市配送、农村配送的有效衔接，推广公路不停车收费系统，规范货物装卸场站建设和作业标准。（发展改革委、商务部、交通运输部、工业和信息

化部按职责分工负责）

（五）加快建设完整先进的废旧商品回收体系，健全旧货流通网络，促进循环消费。（商务部、发展改革委、工业和信息化部、供销合作总社）

二、积极创新流通方式

（六）大力推广并优化供应链管理，鼓励流通企业拓展设计、展示、配送、分销、回收等业务。（商务部、工业和信息化部、发展改革委按职责分工负责）

（七）加快发展电子商务，普及和深化电子商务应用，完善认证、支付等支撑体系，鼓励流通企业建立或依托第三方电子商务平台开展网上交易。创新网络销售模式，发展电话购物、网上购物、电视购物等网络商品与服务交易。（商务部、发展改革委、工商总局、工业和信息化部、农业部、供销合作总社按职责分工负责）

（八）统筹农产品集散地、销地、产地批发市场建设，构建农产品产销一体化流通链条，积极推广农超对接、农批对接、农校对接以及农产品展销中心、直销店等产销衔接方式，在大中城市探索采用流动售卖车。（发展改革委、商务部、农业部、粮食局、供销合作总社按职责分工负责）

（九）鼓励商业企业采购和销售绿色产品，促进节能环保产品消费，支持发展信用消费。（财政部、发展改革委、商务部、工业和信息化部按职责分工负责）

（十）围绕节能环保、流通设施、流通信息化等关键领域，大力推进流通标准应用。推动商品条码在流通领域的广泛应用，健全全国统一的物品编码体系。（质检总局、商务部）

三、提高保障市场供应能力

（十一）支持建设和改造一批具有公益性质的农产品批发市场、农贸市场、菜市场、社区菜店、农副产品平价商店以及重要商品储备设施、大型物流配送中心、农产品冷链物流设施等，发挥公益性流通设施在满足消费需求、保障市场稳定、提高应急能力中的重要作用。（发展改革委、商务部、农业部、粮食局、供销合作总社按职责分工负责）

（十二）完善中央与地方重要商品储备制度，优化储备品种和区域结构，适当扩大肉类、食糖、边销茶和地方储备中的小包装粮油、蔬菜等生活必需品储备规模。（发展改革委、商务部、财政部、粮食局按职责分工负责）

（十三）强化市场运行分析和预测预警，增强市场调控的前瞻性和预见性。加强市场应急调控骨干企业队伍建设，提高迅速集散应急商品能力，综合运用信息引导、区域调剂、收储投放、进出口等手段保障市场供求基本平衡。（发展改革委、商务部、农业部、财政部、粮食局按职责分工负责）

四、全面提升流通信息化水平

（十四）将信息化建设作为发展现代流通产业的战略任务，加强规划和引导，推动营销网、物流网、信息网的有机融合。鼓励流通领域信息技术的研发和集成创新，加快推广物联网、互联网、云计算、全球定位系统、移动通信、地理信息系统、电子标签等技术在流通领域的应用。（工业和信息化部、商务部、发展改革委、粮食局）

（十五）推进流通领域公共信息服务平台建设，提升各类信息资源的共享和利用效率。（商务部、发展改革委、工业和信息化部、粮食局）

（十六）支持流通企业利用先进信息技术提高仓储、采购、运输、订单等环节的科学管理水平。鼓励流通企业与供应商、信息服务商加强合作，支持开发和推广适用于中小流通企业的信息化解决方案。（商务部、发展改革委、工业和信息化部、粮食局、供销合作总社）

（十七）加强流通领域信息安全保障。（工业和信息化部、公安部）

五、培育流通企业核心竞争力

（十八）积极培育大型流通企业，支持有实力的流通企业跨行业、跨地区兼并重组。支持中小流通企业特别是小微企业专业化、特色化发展，健全中小流通企业服务体系，扶持发展一批专业服务机构，为中小流通企业提供融资、市场开拓、科技应用和管理咨询等服务。（商务部、发展改革委、农业部、粮食局、供销合作总社）

（十九）鼓励发展直营连锁和特许连锁，支持流通企业跨区域拓展连锁经营网络。（商务部、供销合作总社）

（二十）积极推进批发市场建设改造和运营模式创新，增强商品吞吐能力和价格发现功能。推动零售企业转变营销方式，提高自营比重。（商务部、发展改革委、农业部、粮食局、供销合作总社按职责分工负责）

（二十一）支持流通企业建设现代物流中心，积极发展统一配送。（发展改革委、商务部、粮食局、供销合作总社按职责分工负责）

（二十二）加强知识产权保护，鼓励流通品牌创新发展。（商务部、工商总局、质检总局）

六、大力规范市场秩序

（二十三）加强对关系国计民生、生命安全等商品的流通准入管理，形成覆盖准入、监管、退出的全程管理机制。（商务部、工商总局、质检总局、公安部、工业和信息化部、食品药品监管总局、粮食局按职责分工负责）

（二十四）充分利用社会检测资源，建立涉及人身健康与安全的商品检验制度。加大流通领域商品质量监督检查力度，改进监管手段和检验检测技术条件。细化部门职责分工，堵塞监管漏洞。（质检总局、工商总局、商务部、公安部、粮食局）

（二十五）建立健全肉类、水产品、蔬菜、水果、酒类、中药材、农资等商品流通追溯体系。（商务部、农业部、供销合作总社）

（二十六）依法严厉打击侵犯知识产权、制售假冒伪劣商品、商业欺诈和商业贿赂等违法行为。加强网络商品交易的监督管理。规范零售商、供应商交易行为，建立平等和谐的零供关系。（商务部、发展改革委、公安部、工商总局、质检总局）

（二十七）加快商业诚信体系建设，完善信用信息采集、利用、查询、披露等制度，推动行业管理部门、执法监管部门、行业组织和征信机构、金融监管部门、银行业金融机构信息共享。（商务部、发展改革委、公安部、工商总局、质检总局、人民银行、银监会）

七、深化流通领域改革开放

（二十八）建立分工明确、权责统一、协

调高效的流通管理体制，健全部门协作机制，强化政策制定、执行与监督相互衔接，提高管理效能。加快流通管理部门职能转变，强化社会管理和公共服务职能。在有条件的地区开展现代流通综合试点，加强统筹协调，加快推进大流通、大市场建设。（商务部、发展改革委、粮食局）

（二十九）消除地区封锁和行业垄断，严禁阻碍、限制外地商品、服务和经营者进入本地市场。（商务部、税务总局会同发展改革委、工商总局等部门负责）

（三十）严厉查处经营者通过垄断协议等方式排除、限制竞争的行为。（发展改革委、工商总局等部门按职责分工负责）

（三十一）鼓励民间资本进入流通领域，保障民营企业合法权益，促进民营企业健康发展。（商务部、发展改革委）

（三十二）进一步提高流通产业利用外资的质量和水平，引进现代物流和信息技术带动传统流通产业升级改造。支持有条件的流通企业"走出去"，通过新建、并购、参股、增资等方式建立海外分销中心、展示中心等营销网络和物流服务网络。（发展改革委、商务部按职责分工负责）

（三十三）积极培育国内商品市场的对外贸易功能，推进内外贸一体化。（商务部牵头）

八、制定完善流通网络规划

（三十四）制定全国流通节点城市布局规划，做好各层级、各区域之间规划衔接。（商务部牵头）

（三十五）科学编制商业网点规划，确定商业网点发展建设需求，将其纳入城市总体规划和土地利用总体规划。乡镇商业网点建设纳入小城镇建设规划。各地制定控制性详细规划和修建性详细规划时应充分考虑商业网点建设需求，做好与商业网点规划的相互衔接。完善社区商业网点配置，新建社区（含廉租房、公租房等保障性住房小区、棚户区改造和旧城改造安置住房小区）商业和综合服务设施面积占社区总建筑面积的比例不得低于10%。严格社区商业网点用途监管，不得随意改变必备商业网点的用途和性质，拆迁改建时应保证其基本服务功能不缺失。各地可根据实际发布商业网点建设指导目录，引导社会资金投向。（住房城乡建设部、商务部、国土资源部）

九、加大流通业用地支持力度

（三十六）按照土地利用总体规划和流通业建设项目用地标准，在土地利用年度计划和土地供应计划中统筹安排流通业各类用地。鼓励利用旧厂房、闲置仓库等建设符合规划的流通设施，涉及原划拨土地使用权转让或租赁的，经批准可采取协议方式供应。鼓励各地以租赁方式供应流通业用地。支持依法使用农村集体建设用地发展流通业。依法加强流通业用地管理，禁止以物流中心、商品集散地等名义圈占土地，防止土地闲置浪费。（国土资源部、商务部、住房城乡建设部、发展改革委、农业部）

（三十七）制定政府鼓励的流通设施目录，对纳入目录的项目用地予以支持。（商务部、国土资源部、住房城乡建设部、发展改革委）

十、完善财政金融支持政策

（三十八）积极发挥中央政府相关投资的促进作用，完善促进消费的财政政策，扩大流通促进资金规模，重点支持公益性流通设施、农产品和农村流通体系、流通信息化建设，以及家政和餐饮等生活服务业、中小流通企业发展、绿色流通、扩大消费等。（发展改革委、财政部、商务部、农业部、工业和信息化部、粮食局、供销合作总社按职责分工负责）

（三十九）鼓励银行业金融机构针对流通产业特点，创新金融产品和服务方式，开展动产、仓单、商铺经营权、租赁权等质押融资。改进信贷管理，发展融资租赁、商圈融资、供应链融资、商业保理等业务。充分发挥典当等行业对中小和微型企业融资的补充作用。拓宽流通企业融资渠道，支持符合条件的大型流通企业上市融资、设立财务公司及发行公司（企业）债券和中期票据等债务融资工具。引导金融机构创新消费信贷产品，改进消费信贷业务管理方式，培育和巩固消费信贷增长点。（人民银行、银监会、发展改革委、商务部、证监会按职责分工负责）

十一、减轻流通产业税收负担

（四十）在一定期限内免征农产品批发市场、农贸市场城镇土地使用税和房产税。将免征蔬菜流通环节增值税政策扩大到有条件的鲜活农产品。加快制定和完善促进废旧商品回收体系建设的税收政策。完善并落实家政服务企业免征营业税政策，促进生活服务业发展。落实总分支机构汇总纳税政策，促进连锁经营企业跨地区发展。积极推进营业税改增值税试点，完善流通业税制。（财政部、税务总局）

十二、降低流通环节费用

（四十一）抓紧出台降低流通费用综合性实施方案。优化银行卡刷卡费率结构，降低总体费用水平，扩大银行卡使用范围。加快推进工商用电用水同价。切实规范农产品市场收费、零售商供应商交易收费等流通领域收费行为。（发展改革委、人民银行、银监会、商务部、粮食局）

（四十二）落实好鲜活农产品运输“绿色通道”政策，确保所有整车合法装载运输鲜活农产品车辆全部免缴车辆通行费，结合实际完善适用品种范围。（交通运输部、发展改革委、财政部、商务部）

（四十三）深入推进收费公路专项清理，坚决取缔各种违规及不合理收费，降低偏高的通行费收费标准。从严审批一级及以下公路和独立桥梁、隧道收费项目。按照逐步有序的原则，加快推进国家确定的西部地区省份取消政府还贷二级公路收费工作进度。（交通运输部、发展改革委、财政部、监察部、国务院纠正行业不正之风办公室）

十三、完善流通领域法律法规和标准体系

（四十四）推动制定、修改流通领域的法律法规，提升流通立法层级。抓紧修订报废汽车回收管理办法，积极推动修改商标法、反不正当竞争法、广告法和消费者权益保护法等法律，研究制定典当管理、商业网点管理、农产品批发市场管理等方面的行政法规。全面清理和取消妨碍公平竞争、设置行政壁垒、排斥外地产品和服务进入本地市场的规定。（法制办、商务部、发展改革委、公安部、工商总局、农业部、质检总局、粮食局）

（四十五）积极完善流通标准化体系，加大流通标准的制定、实施与宣传力度。（质检

总局、商务部）

十四、健全统计和监测制度

（四十六）加快建立全国统一科学规范的流通统计调查体系和信息共享机制，不断提高流通统计数据质量和工作水平。加强零售、电子商务、居民服务、生产资料流通等重点流通领域的统计数据开发应用，提高服务宏观调控和企业发展的能力。（统计局、商务部、发展改革委、粮食局、供销合作总社）

（四十七）扩大城乡市场监测体系覆盖面，优化样本企业结构，推进信息采集智能化发展，保证数据真实、准确、及时，加快监测信息成果转化。（商务部、粮食局）

十五、加强组织领导

（四十八）建立由商务部牵头的全国流通工作部际协调机制，加强对流通工作的协调指导和监督检查，及时研究解决流通产业发展中的重大问题。（商务部牵头）

部委发文

工业和信息化部关于推进物流信息化工作的指导意见

（工信部信〔2013〕7号　2013年1月7日）

各省、自治区、直辖市及计划单列市、副省级省会城市、新疆生产建设兵团工业和信息化主管部门：

为贯彻落实《国民经济和社会发展十二五规划纲要》《国务院办公厅关于促进物流业健康发展政策措施的意见》（国办发〔2011〕38号）、《电子商务“十二五”发展规划》（工信部规〔2011〕556号）等，充分发挥信息化支撑和引领现代物流发展的重要作用，促进经济发展方式转变和产业结构优化升级，现提出以下意见。

一、深刻认识推进物流信息化工作的重要性和紧迫性

物流是贯穿经济发展和社会生活全局的重要活动。信息化正在全面渗透和融合到物流活动中，成为现代物流最重要的核心特征和时代特征。

推动物流信息化发展，对促进现代物流的科学发展和加快转变经济发展方式，具有重要意义。有利于加快物流运作和管理方式的转变，提高物流运作效率和产业链协同效率，促进供应链一体化进程；有利于解决物流领域信息沟通不畅、市场响应慢、专业水平低、规模效益差和成本高等问题，提高企业和产业国际竞争力；有利于实现资源的有效配置，提高节能减排水平、减轻资源和环境压力，促进绿色物流的发展；有利于支撑现代物流和电子商务等现代服务业的发展，促进产业结构的调整，加速新型工业化进程。

经过多年努力，我国物流信息化取得了重要进展，物流信息化应用范围不断扩大，应用水平不断提高，物流信息资源开发利用能力逐步增强，初步显现了一定的经济效益和社会效益，为进一步加快发展奠定了较好基础。工业物流信息化不断深化，供应链管理和协同水平逐步提升，智能化发展趋势日益明显；企业物流和物流企业的信息化应用蓬勃发展，物流信

息化和电子商务集成发展成为新趋势；物流信息平台建设和运营模式不断创新，信息流对业务资源的调配能力不断提升；铁路、公路、水运、航空、邮政等重点行业基本实施了信息化管理，并在各自系统内部形成了有特色的信息服务体系；物流相关信息服务业和信息技术不断创新发展，应用范围不断扩大。

与此同时，我国物流信息化还存在着一些突出问题。一是重点物流行业的信息资源开发利用不足，信息采集和交换水平较低，不同运输方式、不同运输主体之间的信息交流不畅。二是物流企业和企业物流的信息化发展不平衡，尤其是大量小型企业物流信息化水平较低，难以满足专业化物流服务的需求。三是先进信息技术在物流行业的应用和推广水平较低，自主创新和产业支撑能力不强，物流设施设备的自动化、智能化程度和物品管理的信息化水平较低。四是物流信息标准制定和应用的整体水平亟待提高。

当前，经济全球化深入发展，新一轮信息技术变革正在兴起，国内工业化、信息化、城镇化、农业现代化日益深入发展，经济结构转型加快，为我国物流信息化发展带来了新的机遇和动力。各级工业和信息化主管部门要进一步提高认识、拓宽思路、务求实效，因地制宜地推进物流信息化发展。

二、指导思想和基本原则

（一）指导思想

坚持以邓小平理论、“三个代表”重要思想、科学发展观为指导，以国民经济和社会发展的重大需求为导向，以物流信息技术的有效应用为切入点，以物流信息资源的开发利用为主线，以体制机制创新为动力，以物流信息化标准体系和现代信息技术产业为支撑，以提高全社会的物流效率和效益为宗旨，发挥军民结合互促共建的积极作用，营造良好的政策环境，推动物流信息化普及与深化，促进现代物流健康发展。

（二）基本原则

——政府营造环境，市场配置资源。发挥政府在物流信息化基础设施建设、技术创新应用、标准制定、规划投入和政策支持等方面的推动作用，提高行政监管和公共服务水平。以企业为主体，通过市场配置资源，形成物流信息化的持续发展能力。

——加强统筹规划，推进协同联动。统筹物流信息化协调发展，合理布局重大项目。强化跨部门、跨行业、跨地区的物流信息化协同工作机制。

——立足需求导向，注重应用实效。从需求出发，选准物流信息化工作的切入点，突出应用，急用先行，注重可操作性和实效性，避免盲目建设和铺张浪费。

——坚持以点带面，保证持续发展。面向物流信息化发展的全局，突出重点，突破难点，远近结合，开展试点示范，树立典型标杆，加快普及推广。总结经验教训，探索有效的推进模式，建立科学的评价体系，保障全面可持续发展。

——保障信息安全，提高开放效率。正确处理加快发展与保障安全、开放信息与保守秘密、开发利用与规范管理的关系，综合运用管理手段和技术手段，创建安全高效的物流信息资源开发利用环境。

三、发展目标

到“十二五”末期，初步建立起与国家现

代物流体系相适应和协调发展的物流信息化体系，为信息化带动物流发展奠定基础。推进工作分两个阶段实施，第一阶段主要通过试点示范引导，初步探索建设物流信息化体系的有效途径；第二阶段在总结和推广前期经验的基础上，促进先进信息技术在物流领域广泛应用，使物流信息资源得到较为充分的开发利用，物流运作和管理水平得到明显提高，物流信息服务体系基本形成。

——电子政务系统中的物流信息资源开发利用水平得到显著提高，铁路、公路、水运、邮政、航空、海关、检验检疫、食品药品、烟草、安全监管、工商、税务、公安、商务等政府部门的物流信息服务和监管能力全面加强。

——铁路、公路、水运、航空和邮政等重点物流行业的电子单证得到广泛应用，基本实现物流信息协同，促进多种运输方式的联动。

——物流企业和企业物流的信息化水平显著提高，供应链管理水平大幅度提升，物流全程可视化服务能力明显提高，社会化服务能力显著增强。

——物流设施、设备的自动化、智能化和网络化水平大幅度提高，物品全生命周期管理得到较为普遍的应用。

——物流信息化标准体系基本形成，关键的基础性标准、重点行业应用标准和服务规范的制定和宣贯成效显著。

——涌现一批成功运营的物流信息平台，初步形成覆盖全国的物流信息联动网络；专业化物流信息服务业实现规模化发展。

——物流信息化军民互促共建成效显著，在应急物流等领域形成较为成熟的军民合作模式和典型示范。

——信息技术在物流活动中的创新应用水平和支撑保障能力明显提高。

——物流信息化的法律法规体系和安全体系基本健全。

四、主要任务

（一）提高全社会物流信息资源开发利用水平

推动相关政府部门、重点物流行业、企业、军队等不断提高物流信息资源开发利用水平。运用行政机制、市场机制和公益机制，促进物流信息的科学采集、有效利用、深度开发、有序交换和安全管理。全面推进物流信息采集的标准化、电子化、自动化和智能化，确保信息及时、准确、完整。全面推进各主体加强物流信息资源的集成应用。推进相关联主体的物流信息资源开放互联，以价值链为依托，以标准为支撑，处理好安全与协同的关系，鼓励采取多种方式实现物流信息的互通交换，贯通信息链条，促进信息流、物流和资金流的联动和协同，提高物流的效率效益和服务水平。

（二）提高政府部门物流服务和监管的信息化水平

——推进铁路、公路、水运、邮政、航空、海关、检验检疫、食品药品、烟草、安全监管、工商、税务、公安、商务等部门电子政务系统中物流相关服务与监管职能的建设和完善。推动道路运输危险品监管平台和邮政业监管信息平台等公共信息平台建设，提高政府部门的物流服务和监管能力。开展危险化学品等重点领域物流的跨部门联动与监管信息化建设试点，有效实施流向跟踪、状态监控和来源追溯，规范危险品安全管理，提高对危险化学品等重点领域物流的联合监管能力。

——加快建设和完善全国统一的公路、航道、港口、营运车辆及船舶动态信息、运输业户、营业性驾驶员、船员、身份信息和危险化学品等基础数据库，按照公平、公正、公开的原则，规范信息资源的社会开放服务，提高社会化、市场化开发利用水平，促进诚信体系建设，为政府部门、企业和社会公众提供更好的决策支持和信息服务。

——促进系统间必要的互联互通。进一步完善电子口岸等跨部门物流监管和服务平台的建设，着力实现跨境、跨区域、跨行业、跨部门、跨企业的数据交换，提高协同服务和监管水平。

——提高政府部门应急信息处理和资源调度能力，促进重点生产、运输和流通行业与政府应急信息的互联互通，提高应急物流保障能力。

（三）提高物流行业和物流企业的信息化水平

——加快推动铁路、公路、水运、航空、邮政货运、管道运输等多种运输方式及仓储等企业物流信息系统、行业物流信息平台的建设。提升运输、仓储等基础设施及港口、机场、货运站场等交通枢纽的信息化水平，支撑物流基础设施的高效运行。

——推进跨行业物流信息的互联互通，支持跨行业综合物流信息平台发展，着力促进多式联运和国际物流发展。推进集装箱多式联运的可视化和智能化管理，促进铁路、公路、水运、航空等不同运输方式的连接，提高物品流动的定位、跟踪、过程控制等管理和服务水平。

——重点支持有实际需求、具备可持续发展前景的物流信息平台建设。推进全国各物流区域、节点城市、交通枢纽、物流园区和经济园区的物流信息平台建设，促进物流信息的跨区域开放、交换和有效利用。支持面向中小企业的社会化物流管理和信息服务平台发展。

——充分发挥核心物流企业对行业资源的整合能力，打通物流信息链，推进全程透明可视化管理，提高专业化物流服务水平。提升物品拣选、传送、识别和储存设备的自动化水平，提高各种交通运输工具和集装箱、托盘等集装单元化器具的智能化管理水平，优化供应链全程管理方式，缩短物流响应时间，提高物品可得率和资金周转率，降低平均库存水平和物流总成本，提高客户满意率和供应链的整体竞争能力。

（四）提高企业物流信息化和供应链管理水平

——在原材料、装备、消费品和电子等重点行业，选择若干有影响力的主制造商，利用信息化提升企业物流的作业和管理水平，提高企业物流的及时响应能力，促进精益生产和服务，并带动产业链上下游协同联动，提升供应链物流信息化发展水平，增强整个供应链的管理和运作能力。

——推动制造、商贸企业与物流企业信息互通、联动发展，增强企业专业化能力，提高物流社会化服务水平，提高生产、流通和物流企业的及时响应能力，提高产业链运作效率。

——推进煤炭、钢铁、粮食等行业电子商务与物流信息化集成健康发展，重点依托工农业商品集散市场，促进现代流通体系建设。开展网络零售与物流配送一体化服务建设试点，提高网络零售配送效率，改善消费者体验。

——推进自动识别、可视化等各类先进适用技术的应用，提升从研发设计、生产制造、采购供应、分销配送、售后服务、再制造直至报废回收的产品全生命周期管理水平。提升农产品、食品、药品等事关广大人民群众健康和安全的重点领域物流信息化水平，提高冷链物流信息管理和质量保证水平。

（五）加快物流信息化标准规范体系建设

——加快研究和制定物流信息技术、编码、安全、管理和服务标准。研究推广产品与服务分类代码、物流单元编码、托盘编码等物流信息分类编码标准，物流数据元、物流单证等物流信息基础标准，条码和射频识别（RFID）等物流信息采集标准，信息系统接口、信息交换规范等物流信息交换标准，物流业务流程等物流信息管理标准。

——研究推广条码、射频识别等技术在仓储、配送、集装箱和冷链等业务中的应用标准。推进汽车及零部件、食品、药品、纺织品、农资和农产品等重点行业物流信息化应用标准体系逐步完善。

——促进数据层、应用层和交换层等物流信息化标准的衔接，推动物流信息化标准体系建设。

——支持行业协会、重点龙头企业、物流信息服务企业、高等院校、科研机构参与物流信息标准的制定和宣贯工作。

（六）加快物流信息化军民结合体系建设

结合军事物流和民用物流的优势与特点，探索物流信息化军民共建互促机制。借鉴军事物流物品统一编码的成熟经验，促进整体物品编目体系建设和实施工作。提高物流信息共享水平，合理配置物流资源，探索军民结合的物流发展模式。推动联动机制建立，发挥军事物流的快速响应优势，提升社会应急物流的运行效率。通过共建互补，在物流信息采集、处理和利用以及物流监管领域有效提升技术和管理水平。

（七）推进物流相关信息服务业和信息技术创新与发展

——以应用带动技术创新和产业发展，通过政策和资金支持，带动信息服务企业、电子商务企业、电信运营企业、软硬件厂商和系统集成企业积极参与物流信息化建设。重点支持一批物流信息服务企业创业、创新和做大做强。支持以信息化带动供应链金融等服务创新。

——积极推进物联网、云计算等新技术在物流领域的应用。重点支持电子标识、自动识别、信息交换、智能交通、物流经营管理、移动信息服务、可视化服务和位置服务等先进适用技术的研发和应用。支持重点企业开展第三代移动通信（3G）、3S（GNSS、GIS、RS）、机器到机器（M2M）、RFID等现代信息和通信技术在物流领域的创新与应用。大力支持TD－SCDMA等移动通信技术和北斗导航等全球导航技术在物流管理中的应用。支持利用软件即服务（SaaS）、平台即服务（PaaS）、云计算等技术，开展物流信息技术服务平台建设试点，提高物流信息化关键共性技术研发、推广和应用水平。在装备制造、食品、药品、危险化学品、烟草等具有高附加值或需重点监管的行业，开展物联网应用试点。支持智能交通系统（ITS）、物流基地综合管理系统、智能集装箱管理系统、物流信息管理系统（LMS）以及海关特殊监管区域信息化管理系统等的开发和应用。

——加强信息安全技术创新和应用，研究和实施物流信息安全管理办法，加强物流信息安全体系建设。

五、保障措施

（一）加强组织保障

在国家信息化领导小组的领导下，依托全国现代物流工作部际联席会议的协调机制，加强物流信息化推进工作的部门协同，研究协调物流信息化发展的有关重大问题和政策，落实和强化政府部门对物流信息化发展的宏观指导。在各司其职、各负其责的基础上，加强相关部门在政策规划制定、重大项目审理、标准规范制定等方面的协调配合，形成合力。各地要相应建立协调推进工作机制，充分发挥相关行业协会、龙头企业、相关信息企业、中介组织、高等院校和专家队伍等在推进物流信息化工作中的积极作用。

（二）建立健全相关政策法规

在贯彻落实现有政策的基础上，针对当前发展中出现的新情况和新问题，进一步研究制定促进物流信息化发展的有关政策。着力研究影响物流信息化发展的税收、收费、投融资、信用和监管等方面的政策问题。加强对物流信息化法律法规的研究，贯彻落实相关法律法规，为物流信息化发展创造良好的法制环境。

（三）加大资金投入力度

加强对物流信息化的投入，重点支持物流信息化应用试点示范、物流公共信息服务、标准规范制定与应用、关键共性技术开发、重大装备研制、重大政策研究、基础理论研究等工作，支持政务系统中物流信息资源的公益性开发利用，支持面向中小企业的物流信息化建设。倡导地方政府设立专项资金。注重发挥政策性金融机构的作用。鼓励和引导社会资金投入，支持以市场主导方式开展物流信息化建设工作，探索有利于物流信息化发展的长效投融资机制。

（四）加强物流信息化水平评价工作

依托科研机构、行业协会和中介组织，加强研究物流信息化水平评价指标体系，开展科学有效的持续性评价工作。建立和完善物流信息化评价机制，由点到面逐步扩大评价数据采集范围，逐步形成政府指导、企业自我评价和社会中介评价相结合的互动机制，增强物流信息化发展的内在动力，提升物流信息化发展水平。研究探索物流信息化发展指数。研究编制物流信息化发展年度报告。

（五）加强国际合作

鼓励企业加强国际交流与合作，借鉴国外物流信息化先进经验和管理办法，通过物流信息化提升国际竞争力。鼓励企业及相关机构积极参与物流信息化国际标准的制修订工作。加强国际物流的公共信息服务和信息安全管理，营造安全高效的国际物流发展环境。跟踪研究国际物流信息化发展动态，促进我国物流信息化整体水平的提高。

（六）加大宣传与人才培养力度

加大物流信息化宣传力度，提高全社会对物流信息化的认识水平和参与意识。加强物流信息化的理论研究和学术交流，发展多层次教育体系和继续教育体系，加强与国外物流信息化教育与培训机构的合作，采取多种形式，加快培养既懂物流业务又懂信息化的融合型人才。落实和完善人才使用、交流、奖励等政策，健全人才培养机制，创造良好的人才队伍建设环境。

商务部关于加快国际货运代理物流业健康发展的指导意见

为贯彻落实《国务院办公厅关于促进物流业健康发展政策措施的意见》（国办发〔2011〕38号）和《服务贸易发展“十二五”规划纲要》（商服贸发〔2011〕340号），推动国际货运代理物流业持续健康发展，现提出以下指导意见。

一、重要意义

国际货代物流业是我国现代物流产业的重要组成部分，也是生产性服务业和服务贸易的重要组成部分，涉及环节多，产业链条长，行业规模大。改革开放以来，国际货代业在服务对外经济贸易、吸引外资、扩大就业、发展现代物流业等方面发挥了积极作用。“十二五”时期是我国全面建设小康社会的关键时期，新形势下，必须从贯彻落实科学发展观的战略高度，准确把握国际货代物流业的内在规律和发展趋势，充分发挥国际货代物流业的应有作用，把其作为促进服务贸易发展的一项长期工作抓紧，抓好，抓出成效。

二、基本状况

改革开放以来，国际货代物流业发展迅速。截至2011年年底，在商务主管部门备案的国际货代企业已达2.7万多家，从业人员超过200万人。行业经营范围日益拓展，新型业态不断涌现，从最初的收发货人代理到运输合同的当事人再发展到目前的第三方物流供应商，从改革开放前仅是外贸运输的一项专营性业务发展成为跨部门、跨行业、跨地区，承载货物流、信息流、资金流的综合服务业，涌现了一批在国内外市场具有较强竞争力的国际货代物流企业。但总体来看，我国国际货代物流业与发达国家相比，存在着规模较小、服务功能分散、经营模式相对落后、专业服务能力较弱等问题，与全球货物贸易运量第一大国的地位不相称，影响行业发展的机制体制方面的一些问题还有待解决。

三、指导思想

以邓小平理论、“三个代表”重要思想和

科学发展观为指导，以科学发展观为主题，以加快转变经济发展方式为主线，深化货代物流业作为现代服务业和服务贸易的行业意识，通过着力完善体制机制，构建政策支撑体系，引导企业“走出去”参与国际合作和竞争，不断提升行业发展的质量和水平。

四、基本原则

坚持管理改革和制度创新。破解行业发展难题，不断完善管理体制和行业机制；坚持市场主导、政府引导，注重以企业为主体，发挥市场在行业资源配置中的基础性作用；坚持分类指导，实行有序竞争，明确各自发展方向，实现中小货代企业服务专业化、大中型货代企业货代物流化，真正做到“大”有实力，“小”有活力。

五、发展目标

“十二五”期间，国际货代物流业要在转变方式、提高质量的同时，实现规模以上企业营业额年均增长 12% 左右。通过并购重组、扶优选强，打造若干个主营业务突出、经营模式先进、海外网络健全、具有较强竞争力的大型国际物流企业。培育一批功能完善、设施完备、资源整合能力强的大中型物流商。推动形成一支品牌效应突出、业务优势明显的中小型专业货代商队伍。基本形成结构合理、业态多样、服务优质、竞争有序的国际货代物流市场。

六、主要任务

（一）完善行业管理制度。完善行业准入、备案委托、企业运行与退出机制、后续管理、提单责任保险等方面的规定。将企业备案工作委托给货代行业组织办理，充分发挥中国国际货运代理协会（以下简称货代协会）及地方货代行业组织的作用。

（二）引导行业“转方式，促转型”。对传统的中小货代企业，引导其从过多依靠代理人向独立运输服务商转变，细分市场和产品，走专业化经营之路，向专业、精细、特色、创新方向发展；对大中型货代物流企业，鼓励其加大资产设施投入，拓宽经营范围，完善优化网络布局，拓展国内外业务，强化人才培养，通过内部资源整合和外部并购重组，做大规模，做强主业，加快向现代物流企业转型。

（三）优化市场环境，关注中小企业发展。落实国务院有关扶持小微企业发展等各项政策，协商有关部门研究解决服务雷同、税负重、竞争力弱等问题的办法。依托保税区、物流园区、商贸功能区等综合性公共服务平台，重点做好专业服务、培训人才、减负增效工作，实现信息共享、资源整合。

（四）鼓励企业“走出去”。研究制定完整系统的促进货代物流企业“走出去”的政策措施，支持企业扩大海外经营，加快网络建设，鼓励投资并购海外物流设施，引导相关企业整合资源，打造旗舰，跻身国际市场，参与国际竞争。

（五）创新经营模式，开拓新兴市场。鼓励企业参与服务外包、工程物流、保税物流、国际采购等国际物流服务及多式联运、物流金融等高端服务，提高行业利润率和市场竞争力。鼓励企业科技创新、开发新业态，支持企业引入经国际认证且成熟的运输服务方式，扶持企业在做好风险控制的前提下，开发潜力较大的非洲、中东、中亚、拉美、东盟、南太等发展中国家和新兴经济体市场。

（六）全面提升行业信息化水平。加强规划和引导，推动实体运营网络与无形信息网络的有机融合。鼓励行业信息技术的研发和集成创新，加快全球定位系统、地理信息系统、电子标签及物联网、云计算等高端信息技术的推广与应用。鼓励企业与供应商、信息服务商加强合作，加强信息安全保障。

（七）夯实行业发展基础。建立健全行业规范，制定行业标准，采取有效措施，加大宣传贯彻力度。研究在完善企业业务备案的基础上，进一步健全行业统计制度，建立国内外行业信息采集发布、运行平台。鼓励行业组织进行资信评级，建立诚信档案，推进行业信用体系建设。

（八）加强行业组织建设。按照《国务院办公厅关于加快推进行业协会商会改革和发展的若干意见》要求，建立健全各地货代行业组织，充分发挥行业组织的服务、协调、自律作用，以加快能力建设为核心，从拓宽服务范围、改进工作方式、提升人员素质、加大工作考核等方面，切实做好促进货代行业组织改革和发展的各项工作。

七、保障措施

（一）明确部门职能。商务主管部门是国际货代物流业的主管部门。要切实加强对国际货代物流业的组织领导，充实工作力量，创新工作思路，寓管理于服务之中，着力完善行业法规、规划及政策，加强宏观指导，逐步建立统一、开放、竞争、有序的行业市场。

（二）实施人才战略。鼓励通过在职学习、脱产深造、外部竞聘等多种形式，加强业务培训，提高从业人员素质；鼓励企业加强校企合作，参与中高级职业院校国际货代物流学科研发；探索建立国际货代师职业认证资格制度，努力造就一批业务精、素质高、懂理论的国际货代行业人才队伍。

（三）健全工作机制。在继续强化行业内定期协商机制的同时，加强与海关、质检、外汇管理、交通运输（含民航、邮政）、铁路、工商、税务、财政、工信、保监、银监等部门的沟通，探索多部门联合工作机制，协调解决行业发展中的重大问题。

（四）建立重点企业联系制度。商务主管部门指导货代行业组织，探索建立国际货代物流行业重点企业联系制度，就政策制定、行业转型升级、市场运行监测、重大项目实施等问题，加强沟通协调。

（五）加强理论研究。支持有关大专院校、专业研究咨询机构开展对国际货代物流理论和实务的创新研究，探讨开展行业产学研结合的思路和做法。

（六）增进国际交流。加强与全球货代物流组织的交流与合作，学习知名跨国物流商的经营理念和管理经验。鼓励行业组织和企业增进与其他相关国际组织、国家（地区）的业务交流和理论探讨。

各地商务主管部门和国际货代行业组织要根据本地区、本行业的具体情况，按照指导意见确定的目标、任务和相关原则，制定符合自身实际的发展规划及政策措施，建立切实可行的工作机制，明确职责，扎实推进各项工作，促进我国国际货代物流业快速健康发展。

2013 年 1 月 16 日

财政部 商务部关于印发中央财政促进服务业发展专项资金管理办法的通知

（财建〔2013〕4号 2013年1月17日）

各省、自治区、直辖市、计划单列市财政、商务主管部门，新疆生产建设兵团财务局、商务局：

为了加强中央财政促进服务业发展专项资金（以下简称专项资金）管理，充分发挥专项资金使用效益，根据《中华人民共和国预算法》《国务院关于加快发展服务业的若干意见》（国发〔2007〕7号）、《国务院办公厅关于搞活流通扩大消费的意见》（国办发〔2008〕134号）、《国务院关于深化流通体制改革加快流通产业发展的意见》（国发〔2012〕39号）等有关文件，我们制定了《中央财政促进服务业发展专项资金管理办法》，现印发你们，请遵照执行。

附件：中央财政促进服务业发展专项资金管理办法

附件：

中央财政促进服务业发展专项资金管理办法

第一章 总则

第一条 为了加强中央财政促进服务业发展专项资金（以下简称专项资金）管理，充分发挥专项资金使用效益，根据《中华人民共和国预算法》《国务院关于加快发展服务业的若干意见》（国发〔2007〕7号）、《国务院办公厅关于搞活流通扩大消费的意见》（国办发〔2008〕134号）、《国务院关于深化流通体制改革加快流通产业发展的意见》（国发〔2012〕39号）等，制定本办法。

第二条 本办法所称专项资金是指中央财政从公共财政预算资金中安排的专项用于支持商贸流通领域服务业项目建设和发展的资金。

第三条 专项资金由财政部门会同商务主管部门管理。财政部门会同商务主管部门负责专项资金分配，加强监督检查和绩效评价。商务主管部门会同财政部门负责业务指导和项目管理，对项目建设实施情况进行绩效评价。

第四条 专项资金实行中央对地方专项转移支付，中央财政将专项资金切块下达到省（自治区、直辖市、计划单列市、兵团，以下简称省），由各省在本办法规定范围内，自主确定专项资金支持重点，统筹将专项资金安排到具体项目，并按照商务部会同财政部发布的有关业务指导文件加强项目管理，接受财政部、商务部监督检查和绩效评价。

第五条 专项资金管理遵循公开、公正、规范、科学运作和注重效益原则，资金分配和使用情况向社会公示，接受有关部门和社会监督。

第二章 专项资金分配

第六条 专项资金按照社会消费品零售总额、第三产业增加值、第三产业就业人数、区域发展差异以及专项资金使用绩效等因素分配。具体分配办法：

某省专项资金分配额 = 年度专项资金总规模×［20%×该省社会消费品零售总额×该省地区差别系数/Σ（各省社会消费品零售总额×各省地区差别系数）+20%×该省社会消费品零售总额增长率×该省地区差别系数/Σ（各省社会消费品零售总额增长率×各省地区差别系数）+20%×该省第三产业增加值×该省地区差别系数/Σ（各省第三产业增加值×各省地区差别系数）+20%×该省第三产业增加值增长率×该省地区差别系数/Σ（各省第三产业增加值增长率×各省地区差别系数）+20%×该省第三产业就业人数×该省地区差别系数/Σ（各省第三产业就业人数×各省地区差别系数）］

地区差别系数分东、中、西部地区，分别为1、1.3、1.5。其他分配因素以国家统计局上一年发布的统计数据为准。其中，计划单列市、新疆生产建设兵团以省统计局上一年发布的统计数据为准。

专项资金分配与绩效评价结果挂钩，对绩效评价不合格的省份，视情扣减下年度专项资金分配额。对预算执行严重滞后及专项资金管理出现重大违规违纪问题的，加大专项资金扣减力度直至收回已安排专项资金。扣减或收回的专项资金用于奖励其他绩效评价合格的省。

第三章 专项资金使用

第七条 专项资金分配到省后，应按照项目法管理，在以下范围内确定支持重点，集中财力支持项目建设、改造和发展：

（一）民生商贸服务业项目，包括家政服务、大众化早餐工程、社区商业等；

（二）与生产流通直接相关的服务业项目，包括生产生活资料商贸物流、酒类流通追溯、品牌促进、电子商务、屠宰企业升级改造及屠宰监管技术系统等；

（三）与节能减排、环境保护相关的服务业项目，包括：再生资源回收利用、报废汽车回收拆解、二手车流通、旧货流通、流通领域节能减排和绿色低碳流通体系建设等；

（四）与公共服务直接相关的项目，包括：市场监管、市场监测、商贸服务行业统计、应急调控等；

（五）其他经财政部、商务部确认的商贸流通领域服务业项目。

第八条 专项资金以补助、以奖代补和贴息等方式安排到具体项目。其中：

采取补助方式的，除必须由财政负担的公益性项目外，对单个项目补助额不超过项目总投资的 30%；

采取以奖代补方式的，按照先建设实施后安排补助的办法，用于对已竣工验收项目予以补助，对单个项目补助额不超过项目总投资的 30%；

采取贴息方式的，对上年实际发生的银行贷款利息予以补贴。贴息率不得超过同期中国人民银行发布的一年期贷款基准利率，贴息额不超过同期实际发生的利息额，贴息年限最长不超过 3 年。

第九条 项目单位应加强专项资金使用管理。专项资金主要用于项目建设、设备购置安装、信息系统开发、品牌展览推介、家政服务及公共服务岗位培训、应急调运运费、市场监测统计费用等与项目建设实施直接相关的支出，不得用于征地拆迁、车辆购置以及人员经费、设施维护等经常性开支。不符合规定支出范围的，不得纳入项目总投资。

采取以奖代补方式的，可用于上述支出归垫。

采取贴息方式的，主要用于补偿与上述支出相关的银行贷款利息。

第十条 专项资金应与地方资金、中央财政其他资金统筹使用。对中央财政其他资金已支持的项目，专项资金原则上不再安排。

第十一条 专项资金实行专款专用，专账核算。专项资金纳入财政预算管理，但不得用于平衡本级预算。

第四章 预算执行与专项资金支付

第十二条 各省应积极采取措施，提早确定年度支持重点，加强项目储备，深化项目前期工作，保证项目实施进度，加快预算执行。

第十三条 各省财政部门应于中央财政下达专项资金（以预算文件印发日为准）3 个月内将专项资金预算分解下达到具体项目，并会同同级商务主管部门将有关情况报送财政部、商务部备案。备案内容包括：本省专项资金支持重点、具体项目清单、项目总投资、项目投资资金来源（包括专项资金、地方资金、项目单位及社会资金）、主要建设内容、建设地点、项目开竣工期限等。

第十四条 具体项目和专项资金安排上报备案后不得随意调整。确需调整的，应按照第十三条规定内容将项目调整情况及调整原因报财政部、商务部备案。

第十五条 地方各级财政部门要加强专项资金支付管理。其中：

采取补助方式的，原则上按预算、按合同和按项目实施进度支付资金，并预留 10% 尾款，待项目完成验收且批复决算后支付。为确保项目实施资金需求，也可在确保资金安全情况下，在项目开工后预拨资金，并预留 10% 尾款，待项目完成验收且批复决算后支付。

采取以奖代补和贴息方式的，应在专项资金安排到具体项目后，及时支付专项资金。

实行国库集中支付的，按照国库集中支付制度有关规定执行。

第五章 监督检查与绩效评价

第十六条 财政部会同商务部对专项资金安排使用情况进行监督检查和绩效评价。地方各级财政部门会同同级商务主管部门加强对本地区专项资金安排使用情况监督检查和绩效评价。

第十七条 专项资金绩效评价重点是预算

执行进度、项目建设实施情况、地方资金投入及项目资金管理报备情况等。其中：

预算执行进度评价项目实施是否达到预算执行序时进度要求。

项目建设实施情况评价项目安排是否符合本办法规定的范围、项目建设实施是否符合商务部有关业务指导文件要求、是否履行基本建设等相关程序、项目资金预算下达后是否频繁调整、项目实施是否按照进度要求实现相关效益目标、各省商务部门是否按要求及时报送市场监测和行业统计数据、是否切实履行行业监管职责等。

地方资金投入评价专项资金带动地方及社会资金投入情况。

项目资金管理报备情况评价各省财政和商务主管部门是否及时、完整报送项目和资金安排情况以及季报等。

第十八条 各省财政部门会同同级商务主管部门应于每季度结束后10个工作日内向财政部、商务部报送专项资金预算执行及项目建设进展情况季报，并于每年2月15日前报送上年专项资金项目建设实施情况总结。

第十九条 对于截留、挤占、挪用、骗取专项资金等违法行为，一经查实，财政部将收回已安排的专项资金，并按《财政违法行为处罚处分条例》（国务院令第427号）的相关规定进行处理。涉嫌犯罪的，移送司法机关处理。

第六章 附 则

第二十条 各省财政部门会同同级商务主管部门应根据本办法，结合本地实际，制定实施细则，报财政部、商务部备案。

第二十一条 本办法由财政部会同商务部负责解释。

第二十二条 本办法自印发之日起执行。《中央财政促进服务业发展专项资金管理办法》（财建〔2009〕227号）同时废止。

交通运输部　公安部　国家发展改革委　工业和信息化部　住房城乡建设部　商务部　国家邮政局关于加强和改进城市配送管理工作的意见

（交运发〔2013〕138 号　2013 年 2 月 6 日）

各省、自治区、直辖市、新疆生产建设兵团交通运输厅（局、委）、公安厅（局）、发展改革委、工业和信息化主管部门、住房城乡建设厅（委）、商务主管部门、邮政管理局：

为深入贯彻落实《国务院办公厅关于促进物流业健康发展政策措施的意见》（国办发〔2011〕38 号），切实加强和改进城市配送管理工作，促进城市配送健康有序发展，现提出如下意见：

一、充分认识加强和改进城市配送管理工作的重要意义

（一）加强和改进城市配送管理工作是促进物流业健康发展的客观要求。城市配送是现代物流服务体系的重要组成部分。多年来，在城市人民政府及其有关部门的共同努力下，我国城市配送管理工作取得了初步成效。但从总体情况看，城市配送的管理能力和发展水平仍亟待提高，城市配送难以及配送车辆通行难、停靠难、装卸难等问题在一些城市特别是大中型城市表现突出，严重影响了城市配送效率，增加了物流成本，制约了现代物流业发展。各有关部门要切实加强和改进城市配送管理工作，有效解决城市配送发展中存在的矛盾和问题，促进物流业健康发展。

（二）加强和改进城市配送管理工作是保障和改善民生的重要内容。城市配送关系广大城市居民的生产生活需求，是重大的民生工程。随着我国城市化进程的不断加快，城市人口数量不断增长，小批量、多批次的配送需求日益旺盛。现代商业的繁荣和商业模式的变革，特别是电子商务、连锁经营等新型流通业态的发展，也使得多样化、个性化的配送需求不断增加。城市居民对配送时效性、便捷性的期待日益提高，配送企业和商贸企业对改善城市配送环境、提升城市配送效率的诉求愈加强烈。各有关部门要主动适应城市配送发展的新形势，切实履行职责，满足广大人民群众对城市配送管理工作的新要求。

（三）加强和改进城市配送管理工作是优化交通资源配置的有效举措。城市配送是城市

经济运行的基础保障，关系城市功能的正常发挥。随着我国城市机动化的快速发展，城市机动车保有量急速增长，城市交通资源约束日益明显。提高城市配送管理水平，完善配送服务体系，统筹交通资源配置，对于提高城市配送车辆利用效率、优化城市交通资源配置、促进节能减排等具有重要的现实意义。各有关部门要把加强和改进城市配送管理工作作为优化城市交通资源配置的重要切入点，统筹解决城市配送发展中遇到的各类问题。

二、指导思想、基本原则和总体目标

（四）指导思想。深入贯彻落实科学发展观，按照依法、高效、安全、环保的原则，以满足城市居民和经济社会发展需求为目的，以提高配送效率、降低物流成本为核心，理顺体制机制，落实管理职能，创新管理方式，优化配送模式，全面提升城市配送的公共服务能力、市场监管能力，着力解决城市配送车辆通行难、停靠难、装卸难等突出问题，探索构建服务规范、方便快捷、畅通高效、保障有力的城市配送体系，促进城市配送与城市经济社会发展相适应、相协调。

（五）基本原则。

1. 多方联动，综合治理。在城市人民政府的统一领导下，加快完善城市配送管理体制机制，建立健全城市配送制度标准体系，明确各部门职责分工，加强部门间协调配合，综合运用法律、行政、经济等手段，创建城市配送管理工作新格局，推动城市配送规范、有序、高效发展。

2. 客货并举，均衡发展。正确处理城市配送快速发展与城市交通压力加剧的现实矛盾，在满足人民群众出行需求的同时，统筹兼顾城市配送需要，优化城市交通资源配置，实现“人便于行、货畅其流”。

3. 因地制宜，分类指导。结合城市规模、类型、产业结构和发展条件，根据不同配送货类、配送时段和配送区域的特点，科学规划城市配送发展目标，优化城市配送模式，制定适宜的交通管控措施，确保城市配送管理符合实际、适应需求。

4. 依靠科技，创新管理。加大城市配送科技研发投入和先进技术推广应用力度，加快城市配送专业人才和管理队伍培养，创新城市配送管理方式方法，及时消除不适应城市配送发展的制度障碍，鼓励多种形式的探索实践，不断提升城市配送科技支撑能力和创新管理能力。

（六）总体目标。力争用5年左右的时间，基本建立起职能明确、运转高效、监管有力的城市配送管理体制和运行机制，形成城市配送管理法律法规、制度标准体系，城市配送规划引领作用得到发挥，城市配送基础设施明显改善，城市配送市场主体结构明显优化，城市配送车型得到广泛应用，城市配送车辆通行更加有序顺畅，城市配送运营效率明显提高，城市配送服务保障能力显著增强。

三、完善管理体制机制

（七）明确工作职责。充分发挥全国现代物流工作部际联席会议制度作用，加强部门协调，明确职责分工，结合工作实际加快完善相关法规标准、制定发展政策，推进城市配送管理法制化、制度化。地方各级发展改革、交通运输、公安、工业和信息化、城乡建设、商务、邮政管理等部门要在地方人民政府的统一领导下，进一步明确各部门在城市配送管理工作中的职责和任务分工。

（八）健全体制机制。健全地方人民政府领导、多部门参与的城市配送管理体制和工作机制；强化地方人民政府在城市配送管理工作中的主导作用，明确牵头管理部门或成立协调管理机构，建立城市配送管理工作会商制度，完善城市配送管理工作目标考核机制，科学研判城市配送发展形势和规律特点，定期研究解决城市配送发展中的突出问题，及时完善相关政策措施。

四、发挥规划引领作用

（九）编制发展规划。城市规划部门要会同发展改革、交通运输、公安、工业和信息化、城乡建设、商务、邮政管理等有关部门，组织制订城市配送发展规划。规划内容应当包括：城市配送发展目标、通道与节点布局、运力投放规模与结构、运输组织、信息化建设、配送车辆通行管理措施以及城市配送基础设施用地保障等。城市配送节点布局应当考虑物流园区、物流中心、配送中心、分拨中心、快递营业网点、大型商业网点的货物接卸场地、大型货物装卸点和停车设施等。

（十）强化规划衔接。要将城市配送发展规划有关内容及时纳入城市总体规划，按照城市配送发展模式和需要，完善城市物流仓储用地、道路交通系统规划；做好城市配送发展规划与城市土地、商业、交通、物流、快递等相关规划的衔接，保障城市配送基础设施建设用地，满足城市配送发展要求。

五、提升基础设施保障能力

（十一）强化基础设施建设。城市发展改革、交通运输、规划建设、商务等部门要加大对城市配送通道、节点建设的支持力度，构建干支衔接、通行顺畅的城市配送通道网络，完善配送节点的功能和布局。加大公用型城市配送节点建设扶持力度，鼓励现有或规划货运枢纽站场升级转型，服务城市配送发展。有条件的城市应当依托中心城区以外便捷的交通条件，规划建设大型物流中心、配送中心、分拨中心，鼓励商贸流通企业和连锁超市利用第三方物流配送中心、分拨中心及运力资源，加快发展共同配送，从源头上减少中心城区货运车辆交通流量。

（十二）完善配送停车和装卸作业设施。城市商业区、居住区、生产区、高等院校和大型公共活动场地等城建项目，应在控制性详细规划中合理设置城市配送所需的停车和装卸场地，应完善大型商场、超市等设施配送停车场地的配建标准并强化对标准实施的监督；鼓励和引导企业将自用停车场、配送站点向社会开放。

（十三）开展城市配送交通影响评价。城市规划部门要会同交通运输、公安、商务等部门，建立完善城市配送交通影响评价标准和管理办法，明确城市配送交通影响评价的范围、内容、方式和审批程序，将城市配送交通影响评价作为新建、改（扩）建项目规划阶段的强制要求，对城市道路、商业区、居住区和大型公共活动场地等城建项目的规划、设计、施工以及竣工验收等环节全面施行城市配送交通影响评价，并适时提出整改措施和优化调整方案。

六、强化运输市场管理

（十四）加强车辆技术管理。要抓紧制定适用城市配送的车辆相关要求，积极引导企业推广使用符合标准的配送车型，推动城市配送车型向标准化、厢式化发展，加快开展城市配送车辆统一标识管理工作。邮政管理部门要研究制定非机动车从事快件收投业务的相关行业标准，城市邮政管理部门要会同交通运输等部门，研究出台非机动车从事快件收投业务的相关管理办法。

（十五）严格经营许可管理。城市交通运输管理、商务等有关部门要按照有关法律法规研究制定城市配送货物运输管理规定，改进城市配送经营管理方式，明确城市配送运输经营许可准入条件以及经营行为规范和法律责任；要会同公安、邮政管理等部门，定期开展城市配送需求量调查，科学确定并向社会公示城市配送运力投放标准、规模和投放计划，研究建立城市配送运力投放机制，探索实施城市配送服务质量招投标管理制度。

（十六）规范货运出租管理。城市交通运输管理部门要加强对城市货运出租企业的监督管理，研究制定城市货运出租汽车管理规定，规范货运出租汽车的服务质量和安全管理，禁止城市货运出租车经营权有偿使用和转让；要结合交通运输部开展的城市出租汽车服务管理信息系统试点工作，引导企业建立城市配送货运出租运营指挥调度系统，促进城市货运出租规模化、集约化发展。

（十七）健全诚信考核体系。城市交通运输、商务、邮政管理部门要建立完善城市配送企业和快递企业的质量信誉考核制度，科学制定评价内容、评价标准、评价方法和评价周期等，完善激励机制和市场退出机制，引导企业加强管理、优质服务、诚信经营、保障安全。

七、优化通行管控措施

（十八）加强配送车辆通行管理。城市公安交通管理部门要根据有关部门提供的城市中心区车辆流量、流向、流时、货品货类以及城市配送需求，合理确定城市配送车辆的通行区域和时段，根据需要为高峰时段通行的城市配送车辆发放通行许可，并提供通行便利；充分听取交通运输、商务、邮政管理等部门的意见，按照通行便利、保障急需和控制总量的原则，建立完善公开、公平、公正的配送车辆通行许可发放制度。

（十九）完善车辆停放管理措施。城市负责停车管理的部门要会同公安、规划建设、商务、邮政管理等部门在深入调查研究的基础上，完善城市配送车辆停靠限制措施，在部分一般车辆禁停的路段要在保障道路交通安全畅通的情况下给予城市配送车辆必要的停车便利；施划城市配送车辆专用临时停车位或临时停车港湾；完善标志标线及停车位设置，在大城市推广配送车辆分时停车、错时停车、分类停车，全面清理停车设施挪用、占用现象。

八、加大执法监督力度

（二十）清理不合理收费。城市发展改革（价格）、交通运输、商务等部门要按照各自职责分工对城市配送领域包装、搬运、装卸、仓储、运输等各环节乱收费行为进行清理整顿；规范和降低农产品批发市场、农贸市场的摊位费等相关收费，禁止零售商向供应商收取违反国家法律法规的费用，切实降低商品流通环节成本，稳定城市消费市场价格。

（二十一）加强价格监管。城市发展改革（价格）部门要会同交通运输、商务、邮政管理等部门加强对城市配送价格的动态监测，研究建立价格监测分析制度，适时公布城市配送平均运价，引导市场合理价格的形成；依照相关法律法规，严肃查处城市配送企业达成垄断协议、串通商定价格和以低运价抢夺货源、排挤竞争对手等违法行为，严厉打击城市配送企业价格欺诈、哄抬价格等不正当行为。

（二十二）严肃查处违法行为。城市公安交通管理部门要加强对城市配送车辆的交通管理，督导配送车辆按照规定的时段和路线通行，按照相关规定实施停车作业，减少对其他交通参与者的影响。城市交通运输管理部门要加强城市货物运输市场监管，进一步规范运输企业经营行为；会同公安交通管理部门依法严肃查处机动车非法改装、假牌假证、无证运输等严重违法行为，营造良好的车辆通行秩序和市场环境。

（二十三）落实交通安全主体责任。交通运输、公安交通管理等部门要加强物流企业监管，督促物流企业完善内部安全管理制度，加强驾驶人的教育、监督和管理，加强配送车辆的例检、例保和维护，切实落实物流企业交通安全主体责任。

九、加快科技推广应用

（二十四）鼓励发展先进的配送组织模式。鼓励和引导物流企业通过集中存储、统一库管、按需配送、计划运输的方式整合资源，降低物流成本，提升物流效率。商务、发展改革等有关部门要支持商贸流通企业发展共同配送。鼓励物流配送企业针对特定的商业聚集区和生活居住区制订专业的配送实施计划，提供个性化的配送服务，提高配送效率。城市交通较为拥堵的大型城市，城市有关部门应结合实际积极推进“分时段配送”“夜间配送”，为有需求的商贸和物流企业提供便利。鼓励快递企业建设适应电子商务发展的快件配送体系，探索“仓储一体化”等新型配送模式，提升电子商务配送水平。

（二十五）推广应用先进的设施设备。各有关部门要积极引导企业开发使用先进技术，大力推进标准化仓库和专业仓库建设，推广标准化托盘、自动化搬运装卸工具、无线射频识别技术、配送路径优化技术和配送车辆动态导航技术等在城市配送中的应用。鼓励各地对用于城市配送且符合技术标准的新能源汽车实施车辆购置补贴等优惠扶持政策。

（二十六）加快配送信息平台建设。各有关部门要积极推进物流信息资源的共享，建设完善城市配送综合信息服务平台，引导城市配送企业与生产制造企业、商贸流通企业信息资源的整合，充分发挥信息平台在城市配送运力调整、交通引导、供给调节和市场服务等方面的作用。

十、加快组织落实

（二十七）加强组织领导。城市人民政府及其有关部门要高度重视城市配送管理工作，切实加强组织领导，充分发挥管理部门、行业协会、企业等多方的积极性和主动性，及时出台加强和改进本地配送管理工作的实施意见，建立政府统一领导、部门协调配合、企业广泛参与、公众支持认同的城市配送管理工作格局，形成各方面齐抓共管的合力。

（二十八）开展示范工程。在全国现代物流工作部际联席会议制度框架内，商务等有关部门要按照各自职责继续组织开展城市配送试点工作，选取典型城市开展示范工程，在体制机制、法规政策、基础设施、通行管控、运输组织、市场监管、信息技术、装备设备等方面先行先试，总结成功经验，逐步向全国推广。

（二十九）加快政策落实。在全国现代物流工作部际联席会议制度框架内，要加大对各地区、各部门有关城市配送管理工作的督导考核。各有关部门要根据本指导意见，结合工作实际，抓紧细化政策措施，研究制定促进城市配送发展的实施办法，加快推进，务求实效。国务院各有关部门和省级人民政府有关部门要按照职责分工，加强指导检查，健全考核评价和责任追究制度，确保各项政策的贯彻落实，为城市配送健康有序发展创建良好的体制机制和政策环境。

财政部　国家税务总局关于在全国开展交通运输业和部分现代服务业营业税改征增值税试点税收政策的通知

（财税〔2013〕37号 2013年5月24日）

各省、自治区、直辖市、计划单列市财政厅（局）、国家税务局、地方税务局，新疆生产建设兵团财务局：

根据国务院进一步扩大交通运输业和部分现代服务业营业税改征增值税（以下称营改增）试点的要求，现将有关事项通知如下：

一、经国务院批准，自2013年8月1日起，在全国范围内开展交通运输业和部分现代服务业营改增试点。现将有关规定印发你们，请遵照执行。

二、在全国开展交通运输业和部分现代服务业营改增试点，范围广、时间紧、任务重，各地要高度重视，切实加强试点工作的组织领导，精心组织、周密安排、明确责任，采取各种有效措施，做好试点前的各项准备以及试点过程中的监测分析和宣传解释等工作，确保改革的平稳、有序、顺利进行。遇到问题请及时向财政部和国家税务总局反映。

三、《财政部 国家税务总局关于在上海市开展交通运输业和部分现代服务业营业税改征增值税试点的通知》（财税〔2011〕111号）、《财政部 国家税务总局关于应税服务适用增值税零税率和免税政策的通知》（财税〔2011〕131号）、《财政部 国家税务总局关于交通运输业和部分现代服务业营业税改征增值税试点若干税收政策的通知》（财税〔2011〕133号）、《财政部　国家税务总局关于交通运输业和部分现代服务业营业税改征增值税试点若干税收政策的补充通知》（财税〔2012〕53号）、《财政部 国家税务总局关于在北京等8省市开展交通运输业和部分现代服务业营业税改征增值税试点的通知》（财税〔2012〕71号）、《财政部 国家税务总局关于交通运输业和部分现代服务业营业税改征增值税试点应税服务范围等若干税收政策的补充通知》（财税〔2012〕86号）、《财政部 国家税务总局关于营业税若干政策问题的通知》（财税〔2003〕16号）第三条第（十六）和第（十八）项，自2013年8月1日起废止。

附件1：交通运输业和部分现代服务业营业税改征增值税试点实施办法

附件2：交通运输业和部分现代服务业营业税改征增值税试点有关事项的规定

附件3：交通运输业和部分现代服务业营业税改征增值税试点过渡政策的规定

附件4：应税服务适用增值税零税率和免税政策的规定

附件1：

交通运输业和部分现代服务业营业税改征增值税试点实施办法

第一章 纳税人和扣缴义务人

第一条 在中华人民共和国境内（以下称境内）提供交通运输业和部分现代服务业服务（以下称应税服务）的单位和个人，为增值税纳税人。纳税人提供应税服务，应当按照本办法缴纳增值税，不再缴纳营业税。

单位，是指企业、行政单位、事业单位、军事单位、社会团体及其他单位。

个人，是指个体工商户和其他个人。

第二条 单位以承包、承租、挂靠方式经营的，承包人、承租人、挂靠人（以下称承包人）以发包人、出租人、被挂靠人（以下称发包人）名义对外经营并由发包人承担相关法律责任的，以该发包人为纳税人。否则，以承包人为纳税人。

第三条 纳税人分为一般纳税人和小规模纳税人。

应税服务的年应征增值税销售额（以下称应税服务年销售额）超过财政部和国家税务总局规定标准的纳税人为一般纳税人，未超过规定标准的纳税人为小规模纳税人。

应税服务年销售额超过规定标准的其他个人不属于一般纳税人；不经常提供应税服务的非企业性单位、企业和个体工商户可选择按照小规模纳税人纳税。

第四条 小规模纳税人会计核算健全，能够提供准确税务资料的，可以向主管税务机关申请一般纳税人资格认定，成为一般纳税人。

会计核算健全，是指能够按照国家统一的会计制度规定设置账簿，根据合法、有效凭证核算。

第五条 符合一般纳税人条件的纳税人应当向主管税务机关申请一般纳税人资格认定。具体认定办法由国家税务总局制定。

除国家税务总局另有规定外，一经认定为一般纳税人后，不得转为小规模纳税人。

第六条 中华人民共和国境外（以下称境外）的单位或者个人在境内提供应税服务，在境内未设有经营机构的，以其代理人为增值税扣缴义务人；在境内没有代理人的，以接受方为增值税扣缴义务人。

第七条 两个或者两个以上的纳税人，经财政部和国家税务总局批准可以视为一个纳税人合并纳税。具体办法由财政部和国家税务总局另行制定。

第二章 应税服务

第八条 应税服务，是指陆路运输服务、水路运输服务、航空运输服务、管道运输服务、研发和技术服务、信息技术服务、文化创意服务、物流辅助服务、有形动产租赁服务、鉴证咨询服务、广播影视服务。

应税服务的具体范围按照本办法所附的《应税服务范围注释》执行。

第九条 提供应税服务，是指有偿提供应税服务，但不包括非营业活动中提供的应税服务。

有偿，是指取得货币、货物或者其他经济利益。

非营业活动，是指：

（一）非企业性单位按照法律和行政法规的规定，为履行国家行政管理和公共服务职能收取政府性基金或者行政事业性收费的活动。

（二）单位或者个体工商户聘用的员工为本单位或者雇主提供应税服务。

（三）单位或者个体工商户为员工提供应税服务。

（四）财政部和国家税务总局规定的其他情形。

第十条 在境内提供应税服务，是指应税服务提供方或者接受方在境内。

下列情形不属于在境内提供应税服务：

（一）境外单位或者个人向境内单位或者个人提供完全在境外消费的应税服务。

（二）境外单位或者个人向境内单位或者个人出租完全在境外使用的有形动产。

（三）财政部和国家税务总局规定的其他情形。

第十一条 单位和个体工商户的下列情形，视同提供应税服务：

（一）向其他单位或者个人无偿提供交通运输业和部分现代服务业服务，但以公益活动为目的或者以社会公众为对象的除外。

（二）财政部和国家税务总局规定的其他情形。

第三章 税率和征收率

第十二条 增值税税率：

（一）提供有形动产租赁服务，税率为17%。

（二）提供交通运输业服务，税率为11%。

（三）提供现代服务业服务（有形动产租赁服务除外），税率为6%。

（四）财政部和国家税务总局规定的应税服务，税率为零。

第十三条 增值税征收率为3%。

第四章 应纳税额的计算

第一节 一般性规定

第十四条 增值税的计税方法，包括一般计税方法和简易计税方法。

第十五条 一般纳税人提供应税服务适用一般计税方法计税。

一般纳税人提供财政部和国家税务总局规定的特定应税服务，可以选择适用简易计税方法计税，但一经选择，36个月内不得变更。

第十六条 小规模纳税人提供应税服务适用简易计税方法计税。

第十七条 境外单位或者个人在境内提供应税服务，在境内未设有经营机构的，扣缴义务人按照下列公式计算应扣缴税额：

应扣缴税额＝接受方支付的价款÷（1＋税率）×税率

第二节 一般计税方法

第十八条 一般计税方法的应纳税额，是指当期销项税额抵扣当期进项税额后的余额。应纳税额计算公式：

应纳税额＝当期销项税额－当期进项税额

当期销项税额小于当期进项税额不足抵扣时，其不足部分可以结转下期继续抵扣。

第十九条 销项税额，是指纳税人提供应税服务按照销售额和增值税税率计算的增值税额。销项税额计算公式：

销项税额＝销售额×税率

第二十条 一般计税方法的销售额不包括

销项税额，纳税人采用销售额和销项税额合并定价方法的，按照下列公式计算销售额：

销售额 = 含税销售额 ÷ （1 + 税率）

第二十一条 进项税额，是指纳税人购进货物或者接受加工修理修配劳务和应税服务，支付或者负担的增值税税额。

第二十二条 下列进项税额准予从销项税额中抵扣：

（一）从销售方或者提供方取得的增值税专用发票（含货物运输业增值税专用发票、税控机动车销售统一发票，下同）上注明的增值税额。

（二）从海关取得的海关进口增值税专用缴款书上注明的增值税额。

（三）购进农产品，除取得增值税专用发票或者海关进口增值税专用缴款书外，按照农产品收购发票或者销售发票上注明的农产品买价和 13% 的扣除率计算的进项税额。计算公式为：

进项税额 = 买价 × 扣除率

买价，是指纳税人购进农产品在农产品收购发票或者销售发票上注明的价款和按照规定缴纳的烟叶税。

（四）接受铁路运输服务，按照铁路运输费用结算单据上注明的运输费用金额和 7% 的扣除率计算的进项税额。进项税额计算公式：

进项税额 = 运输费用金额 × 扣除率

运输费用金额，是指铁路运输费用结算单据上注明的运输费用（包括铁路临管线及铁路专线运输费用）、建设基金，不包括装卸费、保险费等其他杂费。

（五）接受境外单位或者个人提供的应税服务，从税务机关或者境内代理人取得的解缴税款的中华人民共和国税收缴款凭证（以下称税收缴款凭证）上注明的增值税额。

第二十三条 纳税人取得的增值税扣税凭证不符合法律、行政法规或者国家税务总局有关规定的，其进项税额不得从销项税额中抵扣。

增值税扣税凭证，是指增值税专用发票、海关进口增值税专用缴款书、农产品收购发票、农产品销售发票、铁路运输费用结算单据和税收缴款凭证。

纳税人凭税收缴款凭证抵扣进项税额的，应当具备书面合同、付款证明和境外单位的对账单或者发票。资料不全的，其进项税额不得从销项税额中抵扣。

第二十四条 下列项目的进项税额不得从销项税额中抵扣：

（一）用于适用简易计税方法计税项目、非增值税应税项目、免征增值税项目、集体福利或者个人消费的购进货物、接受加工修理修配劳务或者应税服务。其中涉及的固定资产、专利技术、非专利技术、商誉、商标、著作权、有形动产租赁，仅指专用于上述项目的固定资产、专利技术、非专利技术、商誉、商标、著作权、有形动产租赁。

（二）非正常损失的购进货物及相关的加工修理修配劳务和交通运输业服务。

（三）非正常损失的在产品、产成品所耗用的购进货物（不包括固定资产）、加工修理修配劳务或者交通运输业服务。

（四）接受的旅客运输服务。

第二十五条 非增值税应税项目，是指非增值税应税劳务、转让无形资产（专利技术、非专利技术、商誉、商标、著作权除外）、销售不动产以及不动产在建工程。

非增值税应税劳务，是指《应税服务范围注释》所列项目以外的营业税应税劳务。

不动产，是指不能移动或者移动后会引起

性质、形状改变的财产，包括建筑物、构筑物和其他土地附着物。

纳税人新建、改建、扩建、修缮、装饰不动产，均属于不动产在建工程。

个人消费，包括纳税人的交际应酬消费。

固定资产，是指使用期限超过 12 个月的机器、机械、运输工具以及其他与生产经营有关的设备、工具、器具等。

非正常损失，是指因管理不善造成被盗、丢失、霉烂变质的损失，以及被执法部门依法没收或者强令自行销毁的货物。

第二十六条 适用一般计税方法的纳税人，兼营简易计税方法计税项目、非增值税应税劳务、免征增值税项目而无法划分不得抵扣的进项税额，按照下列公式计算不得抵扣的进项税额：

不得抵扣的进项税额 = 当期无法划分的全部进项税额 ×（当期简易计税方法计税项目销售额 + 非增值税应税劳务营业额 + 免征增值税项目销售额）÷（当期全部销售额 + 当期全部营业额）

主管税务机关可以按照上述公式依据年度数据对不得抵扣的进项税额进行清算。

第二十七条 已抵扣进项税额的购进货物、接受加工修理修配劳务或者应税服务，发生本办法第二十四条规定情形（简易计税方法计税项目、非增值税应税劳务、免征增值税项目除外）的，应当将该进项税额从当期进项税额中扣减；无法确定该进项税额的，按照当期实际成本计算应扣减的进项税额。

第二十八条 纳税人提供的适用一般计税方法计税的应税服务，因服务中止或者折让而退还给购买方的增值税额，应当从当期的销项税额中扣减；发生服务中止、购进货物退出、折让而收回的增值税额，应当从当期的进项税额中扣减。

第二十九条 有下列情形之一者，应当按照销售额和增值税税率计算应纳税额，不得抵扣进项税额，也不得使用增值税专用发票：

（一）一般纳税人会计核算不健全，或者不能够提供准确税务资料的。

（二）应当申请办理一般纳税人资格认定而未申请的。

第三节 简易计税方法

第三十条 简易计税方法的应纳税额，是指按照销售额和增值税征收率计算的增值税额，不得抵扣进项税额。应纳税额计算公式：

应纳税额 = 销售额 × 征收率

第三十一条 简易计税方法的销售额不包括其应纳税额，纳税人采用销售额和应纳税额合并定价方法的，按照下列公式计算销售额：

销售额 = 含税销售额 ÷（1 + 征收率）

第三十二条 纳税人提供的适用简易计税方法计税的应税服务，因服务中止或者折让而退还给接受方的销售额，应当从当期销售额中扣减。扣减当期销售额后仍有余额造成多缴的税款，可以从以后的应纳税额中扣减。

第四节 销售额的确定

第三十三条 销售额，是指纳税人提供应税服务取得的全部价款和价外费用。

价外费用，是指价外收取的各种性质的价外收费，但不包括代为收取的政府性基金或者行政事业性收费。

第三十四条 销售额以人民币计算。

纳税人按照人民币以外的货币结算销售额的，应当折合成人民币计算，折合率可以选择销售额发生的当天或者当月 1 日的人民币汇率中间价。纳税人应当在事先确定采用何种折合率，确定后12个月内不得变更。

第三十五条 纳税人提供适用不同税率或者征收率的应税服务，应当分别核算适用不同税率或者征收率的销售额；未分别核算的，从高适用税率。

第三十六条 纳税人兼营营业税应税项目的，应当分别核算应税服务的销售额和营业税应税项目的营业额；未分别核算的，由主管税务机关核定应税服务的销售额。

第三十七条 纳税人兼营免税、减税项目的，应当分别核算免税、减税项目的销售额；未分别核算的，不得免税、减税。

第三十八条 纳税人提供应税服务，开具增值税专用发票后，发生提供应税服务中止、折让、开票有误等情形的，应当按照国家税务总局的规定开具红字增值税专用发票；未按照规定开具红字增值税专用发票的，不得按照本办法第二十八条和第三十二条的规定扣减销项税额或者销售额。

第三十九条 纳税人提供应税服务，将价款和折扣额在同一张发票上分别注明的，以折扣后的价款为销售额；未在同一张发票上分别注明的，以价款为销售额，不得扣减折扣额。

第四十条 纳税人提供应税服务的价格明显偏低或者偏高且不具有合理商业目的的，或者发生本办法第十一条所列视同提供应税服务而无销售额的，主管税务机关有权按照下列顺序确定销售额：

（一）按照纳税人最近时期提供同类应税服务的平均价格确定。

（二）按照其他纳税人最近时期提供同类应税服务的平均价格确定。

（三）按照组成计税价格确定。组成计税价格的公式为：

组成计税价格 = 成本 × （1 + 成本利润率）

成本利润率由国家税务总局确定。

第五章 纳税义务、扣缴义务发生时间和纳税地点

第四十一条 增值税纳税义务发生时间为：

（一）纳税人提供应税服务并收讫销售款项或者取得索取销售款项凭据的当天；先开具发票的，为开具发票的当天。

收讫销售款项，是指纳税人提供应税服务过程中或者完成后收到款项。

取得索取销售款项凭据的当天，是指书面合同确定的付款日期；未签订书面合同或者书面合同未确定付款日期的，为应税服务完成的当天。

（二）纳税人提供有形动产租赁服务采取预收款方式的，其纳税义务发生时间为收到预收款的当天。

（三）纳税人发生本办法第十一条视同提供应税服务的，其纳税义务发生时间为应税服务完成的当天。

（四）增值税扣缴义务发生时间为纳税人增值税纳税义务发生的当天。

第四十二条 增值税纳税地点为：

（一）固定业户应当向其机构所在地或者居住地主管税务机关申报纳税。总机构和分支机构不在同一县（市）的，应当分别向各自所在地的主管税务机关申报纳税；经财政部和国家税务总局或者其授权的财政和税务机关批准，可以由总机构合并向总机构所在地的主管税务机关申报纳税。

（二）非固定业户应当向应税服务发生地主管税务机关申报纳税；未申报纳税的，由其机构所在地或者居住地主管税务机关补征税款。

（三）扣缴义务人应当向其机构所在地或者居住地主管税务机关申报缴纳其扣缴的税款。

第四十三条　增值税的纳税期限分别为 1 日、3 日、5 日、10 日、15 日、1 个月或者 1 个季度。纳税人的具体纳税期限，由主管税务机关根据纳税人应纳税额的大小分别核定。以 1 个季度为纳税期限的规定适用于小规模纳税人以及财政部和国家税务总局规定的其他纳税人。不能按照固定期限纳税的，可以按次纳税。

纳税人以 1 个月或者 1 个季度为 1 个纳税期的，自期满之日起 15 日内申报纳税；以 1 日、3 日、5 日、10 日或者 15 日为 1 个纳税期的，自期满之日起 5 日内预缴税款，于次月 1 日起 15 日内申报纳税并结清上月应纳税款。

扣缴义务人解缴税款的期限，按照前两款规定执行。

第六章　税收减免

第四十四条　纳税人提供应税服务适用免税、减税规定的，可以放弃免税、减税，依照本办法的规定缴纳增值税。放弃免税、减税后，36 个月内不得再申请免税、减税。

纳税人提供应税服务同时适用免税和零税率规定的，优先适用零税率。

第四十五条　个人提供应税服务的销售额未达到增值税起征点的，免征增值税；达到起征点的，全额计算缴纳增值税。

增值税起征点不适用于认定为一般纳税人的个体工商户。

第四十六条　增值税起征点幅度如下：

（一）按期纳税的，为月应税销售额 5000 ~ 20000 元（含本数）。

（二）按次纳税的，为每次（日）销售额 300 ~ 500 元（含本数）。

起征点的调整由财政部和国家税务总局规定。省、自治区、直辖市财政厅（局）和国家税务局应当在规定的幅度内，根据实际情况确定本地区适用的起征点，并报财政部和国家税务总局备案。

第七章　征收管理

第四十七条　营业税改征的增值税，由国家税务局负责征收。

第四十八条　纳税人提供适用零税率的应税服务，应当按期向主管税务机关申报办理退（免）税，具体办法由财政部和国家税务总局制定。

第四十九条　纳税人提供应税服务，应当向索取增值税专用发票的接受方开具增值税专用发票，并在增值税专用发票上分别注明销售额和销项税额。

属于下列情形之一的，不得开具增值税专用发票：

（一）向消费者个人提供应税服务。

（二）适用免征增值税规定的应税服务。

第五十条　小规模纳税人提供应税服务，接受方索取增值税专用发票的，可以向主管税务机关申请代开。

第五十一条　纳税人增值税的征收管理，按照本办法和《中华人民共和国税收征收管理法》及现行增值税征收管理有关规定执行。

第八章　附　则

第五十二条　纳税人应当按照国家统一的会计制度进行增值税会计核算。

第五十三条 本办法自2013年8月1日起执行。

附：

应税服务范围注释

一、交通运输业

交通运输业，是指使用运输工具将货物或者旅客送达目的地，使其空间位置得到转移的业务活动。包括陆路运输服务、水路运输服务、航空运输服务和管道运输服务。

（一）陆路运输服务。

陆路运输服务，是指通过陆路（地上或者地下）运送货物或者旅客的运输业务活动，包括公路运输、缆车运输、索道运输及其他陆路运输，暂不包括铁路运输。

出租车公司向使用本公司自有出租车的出租车司机收取的管理费用，按陆路运输服务征收增值税。

（二）水路运输服务。

水路运输服务，是指通过江、河、湖、川等天然、人工水道或者海洋航道运送货物或者旅客的运输业务活动。

远洋运输的程租、期租业务，属于水路运输服务。

程租业务，是指远洋运输企业为租船人完成某一特定航次的运输任务并收取租赁费的业务。

期租业务，是指远洋运输企业将配备有操作人员的船舶承租给他人使用一定期限，承租期内听候承租方调遣，不论是否经营，均按天向承租方收取租赁费，发生的固定费用均由船东负担的业务。

（三）航空运输服务。

航空运输服务，是指通过空中航线运送货物或者旅客的运输业务活动。

航空运输的湿租业务，属于航空运输服务。

湿租业务，是指航空运输企业将配备有机组人员的飞机承租给他人使用一定期限，承租期内听候承租方调遣，不论是否经营，均按一定标准向承租方收取租赁费，发生的固定费用均由承租方承担的业务。

（四）管道运输服务。

管道运输服务，是指通过管道设施输送气体、液体、固体物质的运输业务活动。

二、部分现代服务业

部分现代服务业，是指围绕制造业、文化产业、现代物流产业等提供技术性、知识性服务的业务活动。包括研发和技术服务、信息技术服务、文化创意服务、物流辅助服务、有形动产租赁服务、鉴证咨询服务、广播影视服务。

（一）研发和技术服务。

研发和技术服务，包括研发服务、技术转让服务、技术咨询服务、合同能源管理服务、工程勘察勘探服务。

1. 研发服务，是指就新技术、新产品、新工艺或者新材料及其系统进行研究与试验开发的业务活动。

2. 技术转让服务，是指转让专利或者非专利技术的所有权或者使用权的业务活动。

3. 技术咨询服务，是指对特定技术项目提供可行性论证、技术预测、专题技术调查、分析评价报告和专业知识咨询等业务活动。

4. 合同能源管理服务，是指节能服务公司与用能单位以契约形式约定节能目标，节能服务公司提供必要的服务，用能单位以节能效果支付节能服务公司投入及其合理报酬的业务活动。

5. 工程勘察勘探服务，是指在采矿、工程施工以前，对地形、地质构造、地下资源蕴藏情况进行实地调查的业务活动。

（二）信息技术服务。

信息技术服务，是指利用计算机、通信网络等技术对信息进行生产、收集、处理、加工、存储、运输、检索和利用，并提供信息服务的业务活动。包括软件服务、电路设计及测试服务、信息系统服务和业务流程管理服务。

1. 软件服务，是指提供软件开发服务、软件咨询服务、软件维护服务、软件测试服务的业务行为。

2. 电路设计及测试服务，是指提供集成电路和电子电路产品设计、测试及相关技术支持服务的业务行为。

3. 信息系统服务，是指提供信息系统集成、网络管理、桌面管理与维护、信息系统应用、基础信息技术管理平台整合、信息技术基础设施管理、数据中心、托管中心、安全服务的业务行为。包括网站对非自有的网络游戏提供的网络运营服务。

4. 业务流程管理服务，是指依托计算机信息技术提供的人力资源管理、财务经济管理、金融支付服务、内部数据分析、呼叫中心和电子商务平台等服务的业务活动。

（三）文化创意服务。

文化创意服务，包括设计服务、商标和著作权转让服务、知识产权服务、广告服务和会议展览服务。

1. 设计服务，是指把计划、规划、设想通过视觉、文字等形式传递出来的业务活动。包括工业设计、造型设计、服装设计、环境设计、平面设计、包装设计、动漫设计、展示设计、网站设计、机械设计、工程设计、广告设计、创意策划、文印晒图等。

2. 商标和著作权转让服务，是指转让商标、商誉和著作权的业务活动。

3. 知识产权服务，是指处理知识产权事务的业务活动。包括对专利、商标、著作权、软件、集成电路布图设计的代理、登记、鉴定、评估、认证、咨询、检索服务。

4. 广告服务，是指利用图书、报纸、杂志、广播、电视、电影、幻灯、路牌、招贴、橱窗、霓虹灯、灯箱、互联网等各种形式为客户的商品、经营服务项目、文体节目或者通告、声明等委托事项进行宣传和提供相关服务的业务活动。包括广告代理和广告的发布、播映、宣传、展示等。

5. 会议展览服务，是指为商品流通、促销、展示、经贸洽谈、民间交流、企业沟通、国际往来等举办或者组织安排的各类展览和会议的业务活动。

（四）物流辅助服务。

物流辅助服务，包括航空服务、港口码头服务、货运客运场站服务、打捞救助服务、货物运输代理服务、代理报关服务、仓储服务和装卸搬运服务。

1. 航空服务，包括航空地面服务和通用航空服务。

航空地面服务，是指航空公司、飞机场、民航管理局、航站等向在我国境内航行或者在我国境内机场停留的境内外飞机或者其他飞行器提供的导航等劳务性地面服务的业务活动。包括旅客安全检查服务、停机坪管理服务、机场候机厅管理服务、飞机清洗消毒服务、空中飞行管理服务、飞机起降服务、飞行通讯服务、地面信号服务、飞机安全服务、飞机跑道管理服务、空中交通管理服务等。

通用航空服务，是指为专业工作提供飞行服务的业务活动，包括航空摄影，航空测量，航空勘探，航空护林，航空吊挂播撒、航空降雨等。

2. 港口码头服务，是指港务船舶调度服务、船舶通讯服务、航道管理服务、航道疏浚服务、灯塔管理服务、航标管理服务、船舶引航服务、理货服务、系解缆服务、停泊和移泊服务、海上船舶溢油清除服务、水上交通管理服务、船只专业清洗消毒检测服务和防止船只漏油服务等为船只提供服务的业务活动。

港口设施经营人收取的港口设施保安费按照“港口码头服务”征收增值税。

3. 货运客运场站服务，是指货运客运场站（不包括铁路运输）提供的货物配载服务、运输组织服务、中转换乘服务、车辆调度服务、票务服务和车辆停放服务等业务活动。

4. 打捞救助服务，是指提供船舶人员救助、船舶财产救助、水上救助和沉船沉物打捞服务的业务活动。

5. 货物运输代理服务，是指接受货物收货人、发货人、船舶所有人、船舶承租人或船舶经营人的委托，以委托人的名义或者以自己的名义，在不直接提供货物运输服务的情况下，为委托人办理货物运输、船舶进出港口、联系安排引航、靠泊、装卸等货物和船舶代理相关业务手续的业务活动。

6. 代理报关服务，是指接受进出口货物的收、发货人委托，代为办理报关手续的业务活动。

7. 仓储服务，是指利用仓库、货场或者其他场所代客储放、保管货物的业务活动。

8. 装卸搬运服务，是指使用装卸搬运工具或人力、畜力将货物在运输工具之间、装卸现场之间或者运输工具与装卸现场之间进行装卸和搬运的业务活动。

（五）有形动产租赁服务。

有形动产租赁，包括有形动产融资租赁和有形动产经营性租赁。

1. 有形动产融资租赁，是指具有融资性质和所有权转移特点的有形动产租赁业务活动。即出租人根据承租人所要求的规格、型号、性能等条件购入有形动产租赁给承租人，合同期内设备所有权属于出租人，承租人只拥有使用权，合同期满付清租金后，承租人有权按照残值购入有形动产，以拥有其所有权。不论出租人是否将有形动产残值销售给承租人，均属于融资租赁。

2. 有形动产经营性租赁，是指在约定时间内将物品、设备等有形动产转让他人使用且租赁物所有权不变更的业务活动。

远洋运输的光租业务、航空运输的干租业务，属于有形动产经营性租赁。

光租业务，是指远洋运输企业将船舶在约定的时间内出租给他人使用，不配备操作人员，不承担运输过程中发生的各项费用，只收取固定租赁费的业务活动。

干租业务，是指航空运输企业将飞机在约定的时间内出租给他人使用，不配备机组人员，不承担运输过程中发生的各项费用，只收取固定租赁费的业务活动。

（六）鉴证咨询服务。

鉴证咨询服务，包括认证服务、鉴证服务和咨询服务。

1. 认证服务，是指具有专业资质的单位利用检测、检验、计量等技术，证明产品、服务、管理体系符合相关技术规范、相关技术规范的强制性要求或者标准的业务活动。

2. 鉴证服务，是指具有专业资质的单位，为委托方的经济活动及有关资料进行鉴证，发表具有证明力的意见的业务活动。包括会计鉴证、税务鉴证、法律鉴证、工程造价鉴证、资产评估、环境评估、房地产土地评估、建筑图纸审核、医疗事故鉴定等。

3. 咨询服务，是指提供和策划财务、税收、法律、内部管理、业务运作和流程管理等信息或者建议的业务活动。

代理记账按照“咨询服务”征收增值税。

（七）广播影视服务。

广播影视服务，包括广播影视节目（作品）的制作服务、发行服务和播映（含放映，下同）服务。

1. 广播影视节目（作品）制作服务，是指进行专题（特别节目）、专栏、综艺、体育、动画片、广播剧、电视剧、电影等广播影视节目和作品制作的服务。具体包括与广播影视节目和作品相关的策划、采编、拍摄、录音、音视频文字图片素材制作、场景布置、后期的剪辑、翻译（编译）、字幕制作、片头、片尾、片花制作、特效制作、影片修复、编目和确权等业务活动。

2. 广播影视节目（作品）发行服务，是指以分账、买断、委托、代理等方式，向影院、电台、电视台、网站等单位和个人发行广播影视节目（作品）以及转让体育赛事等活动的报道及播映权的业务活动。

3. 广播影视节目（作品）播映服务，是指在影院、剧院、录像厅及其他场所播映广播影视节目（作品），以及通过电台、电视台、卫星通信、互联网、有线电视等无线或有线装置播映广播影视节目（作品）的业务活动。

附件 2：

交通运输业和部分现代服务业营业税改征增值税试点有关事项的规定

一、试点纳税人［指按照《交通运输业和部分现代服务业营业税改征增值税试点实施办法》（以下称《试点实施办法》）缴纳增值税的纳税人］有关政策

（一）混业经营。

试点纳税人兼有不同税率或者征收率的销售货物、提供加工修理修配劳务或者应税服务的，应当分别核算适用不同税率或征收率的销售额，未分别核算销售额的，按照以下方法适用税率或征收率：

1. 兼有不同税率的销售货物、提供加工修理修配劳务或者应税服务的，从高适用税率。

2. 兼有不同征收率的销售货物、提供加工修理修配劳务或者应税服务的，从高适用征收率。

3. 兼有不同税率和征收率的销售货物、提供加工修理修配劳务或者应税服务的，从高适用税率。

（二）油气田企业。

油气田企业提供的应税服务，适用《试点实施办法》规定的增值税税率，不再适用《财政部国家税务总局关于印发〈油气田企业增值税管理办法〉的通知》（财税〔2009〕8 号）规定的增值税税率。

（三）航空运输企业。

1. 航空运输企业提供的旅客利用里程积分兑换的航空运输服务，不征收增值税。

2. 航空运输企业根据国家指令无偿提供的

航空运输服务，属于《试点实施办法》第十一条规定的以公益活动为目的的服务，不征收增值税。

3. 航空运输企业的应征增值税销售额不包括代收的机场建设费和代售其他航空运输企业客票而代收转付的价款。

4. 航空运输企业已售票但未提供航空运输服务取得的逾期票证收入，不属于增值税应税收入，不征收增值税。

（四）销售额。

经中国人民银行、商务部、银监会批准从事融资租赁业务的试点纳税人提供有形动产融资租赁服务，以取得的全部价款和价外费用（包括残值）扣除由出租方承担的有形动产的贷款利息（包括外汇借款和人民币借款利息）、关税、进口环节消费税、安装费、保险费的余额为销售额。

试点纳税人从全部价款和价外费用中扣除价款，应当取得符合法律、行政法规和国家税务总局有关规定的有效凭证。否则，不得扣除。

上述凭证是指：

1. 支付给境内单位或者个人的款项，以发票为合法有效凭证。

2. 缴纳的税款，以完税凭证为合法有效凭证。

3. 支付给境外单位或者个人的款项，以该单位或者个人的签收单据为合法有效凭证，税务机关对签收单据有疑义的，可以要求其提供境外公证机构的确认证明。

4. 国家税务总局规定的其他凭证。

（五）试点纳税人取得的2013年8月1日（含）以后开具的运输费用结算单据（铁路运输费用结算单据除外），不得作为增值税扣税凭证。

（六）一般纳税人资格认定。

《试点实施办法》第三条规定的应税服务年销售额标准为500万元（含本数）。

财政部和国家税务总局可以根据试点情况对应税服务年销售额标准进行调整。

（七）计税方法。

1. 试点纳税人中的一般纳税人提供的公共交通运输服务，可以选择按照简易计税方法计算缴纳增值税。公共交通运输服务，包括轮客渡、公交客运、轨道交通（含地铁、城市轻轨）、出租车、长途客运、班车。其中，班车，是指按固定路线、固定时间运营并在固定站点停靠的运送旅客的陆路运输。

2. 试点纳税人中的一般纳税人，以该地区试点实施之日前购进或者自制的有形动产为标的物提供的经营租赁服务，试点期间可以选择适用简易计税方法计算缴纳增值税。

3. 试点纳税人中的一般纳税人兼有销售货物、提供加工修理修配劳务的，凡未规定可以选择按照简易计税方法计算缴纳增值税的，其全部销售额应一并按照一般计税方法计算缴纳增值税。

（八）试点前发生的业务。

1. 试点纳税人在本地区试点实施之日前签订的尚未执行完毕的租赁合同，在合同到期日之前继续按照现行营业税政策规定缴纳营业税。

2. 试点纳税人提供应税服务，按照国家有关营业税政策规定差额征收营业税的，因取得的全部价款和价外费用不足以抵减允许扣除项目金额，截至本地区试点实施之日尚未扣除的部分，不得在计算试点纳税人本地区试点实施之日后的销售额时予以抵减，应当向原主管地税机关申请退还营业税。

试点纳税人按照本条第（八）项中第1点

规定继续缴纳营业税的有形动产租赁服务，不适用本项规定。

3. 试点纳税人提供应税服务在本地区试点实施之日前已缴纳营业税，本地区试点实施之日（含）后因发生退款减除营业额的，应当向主管税务机关申请退还已缴纳的营业税。

4. 试点纳税人本地区试点实施之日前提供的应税服务，因税收检查等原因需要补缴税款的，应按照现行营业税政策规定补缴营业税。

（九）销售使用过的固定资产。

按照《试点实施办法》和本规定认定的一般纳税人，销售自己使用过的本地区试点实施之日（含）以后购进或自制的固定资产，按照适用税率征收增值税；销售自己使用过的本地区试点实施之日以前购进或者自制的固定资产，按照4%征收率减半征收增值税。

使用过的固定资产，是指纳税人根据财务会计制度已经计提折旧的固定资产。

（十）扣缴增值税适用税率。

境内的代理人和接受方为境外单位和个人扣缴增值税的，按照适用税率扣缴增值税。

二、原增值税纳税人［指按照《中华人民共和国增值税暂行条例》（以下称《增值税暂行条例》）缴纳增值税的纳税人］有关政策

（一）进项税额。

1. 原增值税一般纳税人接受试点纳税人提供的应税服务，取得的增值税专用发票上注明的增值税额为进项税额，准予从销项税额中抵扣。

2. 原增值税一般纳税人自用的应征消费税的摩托车、汽车、游艇，其进项税额准予从销项税额中抵扣。

3. 原增值税一般纳税人接受境外单位或者个人提供的应税服务，按照规定应当扣缴增值税的，准予从销项税额中抵扣的进项税额为从税务机关或者代理人取得的解缴税款的中华人民共和国税收缴款凭证（以下称税收缴款凭证）上注明的增值税额。

上述纳税人凭税收缴款凭证抵扣进项税额的，应当具备书面合同、付款证明和境外单位的对账单或者发票。否则，进项税额不得从销项税额中抵扣。

4. 原增值税一般纳税人购进货物或者接受加工修理修配劳务，用于《应税服务范围注释》所列项目的，不属于《增值税暂行条例》第十条所称的用于非增值税应税项目，其进项税额准予从销项税额中抵扣。

5. 原增值税一般纳税人接受试点纳税人提供的应税服务，下列项目的进项税额不得从销项税额中抵扣：

（1）用于简易计税方法计税项目、非增值税应税项目、免征增值税项目、集体福利或者个人消费，其中涉及的专利技术、非专利技术、商誉、商标、著作权、有形动产租赁，仅指专用于上述项目的专利技术、非专利技术、商誉、商标、著作权、有形动产租赁。

（2）接受的旅客运输服务。

（3）与非正常损失的购进货物相关的交通运输业服务。

（4）与非正常损失的在产品、产成品所耗用购进货物相关的交通运输业服务。

上述非增值税应税项目，是指《增值税暂行条例》第十条所称的非增值税应税项目，但不包括《应税服务范围注释》所列项目。

6. 原增值税一般纳税人取得的2013年8月1日（含）以后开具的运输费用结算单据（铁路运输费用结算单据除外），不得作为增值税扣税凭证。

原增值税一般纳税人取得的试点小规模纳税人由税务机关代开的增值税专用发票，按增

值税专用发票注明的税额抵扣进项税额。

（二）一般纳税人认定。

原增值税一般纳税人兼有应税服务，按照《试点实施办法》和本规定第一条第（六）项的规定应当申请认定一般纳税人的，不需要重新办理一般纳税人认定手续。

（三）增值税期末留抵税额。

原增值税一般纳税人兼有应税服务的，截止到本地区试点实施之日前的增值税期末留抵税额，不得从应税服务的销项税额中抵扣。

附件3：

交通运输业和部分现代服务业营业税改征增值税试点过渡政策的规定

一、下列项目免征增值税

（一）个人转让著作权。

（二）残疾人个人提供应税服务。

（三）航空公司提供飞机播撒农药服务。

（四）试点纳税人提供技术转让、技术开发和与之相关的技术咨询、技术服务。

1. 技术转让，是指转让者将其拥有的专利和非专利技术的所有权或者使用权有偿转让他人的行为；技术开发，是指开发者接受他人委托，就新技术、新产品、新工艺或者新材料及其系统进行研究开发的行为；技术咨询，是指就特定技术项目提供可行性论证、技术预测、专题技术调查、分析评价报告等。

与技术转让、技术开发相关的技术咨询、技术服务，是指转让方（或受托方）根据技术转让或开发合同的规定，为帮助受让方（或委托方）掌握所转让（或委托开发）的技术，而提供的技术咨询、技术服务业务，且这部分技术咨询、服务的价款与技术转让（或开发）的价款应当开在同一张发票上。

2. 审批程序。试点纳税人申请免征增值税时，须持技术转让、开发的书面合同，到试点纳税人所在地省级科技主管部门进行认定，并持有关的书面合同和科技主管部门审核意见证明文件报主管国家税务局备查。

（五）符合条件的节能服务公司实施合同能源管理项目中提供的应税服务。

上述“符合条件”是指同时满足下列条件：

1. 节能服务公司实施合同能源管理项目相关技术，应当符合国家质量监督检验检疫总局和国家标准化管理委员会发布的《合同能源管理技术通则》（GB/T 24915—2010）规定的技术要求。

2. 节能服务公司与用能企业签订《节能效益分享型》合同，其合同格式和内容，符合《中华人民共和国合同法》和国家质量监督检验检疫总局和国家标准化管理委员会发布的《合同能源管理技术通则》（GB/T 24915—2010）等规定。

（六）自本地区试点实施之日起至2013年12月31日，注册在中国服务外包示范城市的试点纳税人从事离岸服务外包业务中提供的应税服务。

注册在平潭的试点纳税人从事离岸服务外包业务中提供的应税服务。

从事离岸服务外包业务，是指企业根据境外单位与其签订的委托合同，由本企业或其直接转包的企业为境外提供信息技术外包服务（ITO）、技术性业务流程外包服务（BPO）或技术性知识流程外包服务（KPO）。

（七）台湾航运公司从事海峡两岸海上直

航业务在大陆取得的运输收入。

台湾航运公司，是指取得交通运输部颁发的“台湾海峡两岸间水路运输许可证”且该许可证上注明的公司登记地址在台湾的航运公司。

（八）台湾航空公司从事海峡两岸空中直航业务在大陆取得的运输收入。

台湾航空公司，是指取得中国民用航空局颁发的“经营许可”或依据《海峡两岸空运协议》和《海峡两岸空运补充协议》规定，批准经营两岸旅客、货物和邮件不定期（包机）运输业务，且公司登记地址在台湾的航空公司。

（九）美国 ABS 船级社在非营利宗旨不变、中国船级社在美国享受同等免税待遇的前提下，在中国境内提供的船检服务。

（十）2013 年 12 月 31 日之前，广播电影电视行政主管部门（包括中央、省、地市及县级）按照各自职能权限批准从事电影制片、发行、放映的电影集团公司（含成员企业）、电影制片厂及其他电影企业转让电影版权、发行电影以及在农村放映电影。

（十一）随军家属就业。

1. 为安置随军家属就业而新开办的企业，自领取税务登记证之日起，其提供的应税服务 3 年内免征增值税。

享受税收优惠政策的企业，随军家属必须占企业总人数的 60%（含）以上，并有军（含）以上政治和后勤机关出具的证明。

2. 从事个体经营的随军家属，自领取税务登记证之日起，其提供的应税服务 3 年内免征增值税。

随军家属必须有师以上政治机关出具的可以表明其身份的证明，但税务部门应当进行相应的审查认定。

主管税务机关在企业或个人享受免税期间，应当对此类企业进行年度检查，凡不符合条件的，取消其免税政策。

按照上述规定，每一名随军家属可以享受一次免税政策。

（十二）军队转业干部就业。

1. 从事个体经营的军队转业干部，经主管税务机关批准，自领取税务登记证之日起，其提供的应税服务 3 年内免征增值税。

2. 为安置自主择业的军队转业干部就业而新开办的企业，凡安置自主择业的军队转业干部占企业总人数60%（含）以上的，经主管税务机关批准，自领取税务登记证之日起，其提供的应税服务 3 年内免征增值税。

享受上述优惠政策的自主择业的军队转业干部必须持有师以上部队颁发的转业证件。

（十三）城镇退役士兵就业。

1. 为安置自谋职业的城镇退役士兵就业而新办的服务型企业当年新安置自谋职业的城镇退役士兵达到职工总数 30% 以上，并与其签订 1 年以上期限劳动合同的，经县级以上民政部门认定、税务机关审核，其提供的应税服务（除广告服务外）3 年内免征增值税。

2. 自谋职业的城镇退役士兵从事个体经营的，自领取税务登记证之日起，其提供的应税服务（除广告服务外）3 年内免征增值税。

新办的服务型企业，是指《国务院办公厅转发民政部等部门关于扶持城镇退役士兵自谋职业优惠政策意见的通知》（国办发〔2004〕10 号）下发后新组建的企业。原有的企业合并、分立、改制、改组、扩建、搬迁、转产以及吸收新成员、改变领导或隶属关系、改变企业名称的，不能视为新办企业。

自谋职业的城镇退役士兵，是指符合城镇安置条件，并与安置地民政部门签订《退役士兵自谋职业协议书》，领取《城镇退役士兵自谋职业证》的士官和义务兵。

（十四）失业人员就业。

1. 持《就业失业登记证》(注明“自主创业税收政策”或附着《高校毕业生自主创业证》)人员从事个体经营的，在3年内按照每户每年8000元为限额依次扣减其当年实际应缴纳的增值税、城市维护建设税、教育费附加和个人所得税。

试点纳税人年度应缴纳税款小于上述扣减限额的，以其实际缴纳的税款为限；大于上述扣减限额的，应当以上述扣减限额为限。

享受优惠政策的个体经营试点纳税人，是指提供《应税服务范围注释》服务（除广告服务外）的试点纳税人。

持《就业失业登记证》（注明“自主创业税收政策”或附着《高校毕业生自主创业证》）人员是指：（1）在人力资源和社会保障部门公共就业服务机构登记失业半年以上的人员；（2）零就业家庭、享受城市居民最低生活保障家庭劳动年龄内的登记失业人员；（3）毕业年度内高校毕业生。

高校毕业生，是指实施高等学历教育的普通高等学校、成人高等学校毕业的学生；毕业年度，是指毕业所在自然年，即1月1日至12月31日。

2. 服务型企业（除广告服务外）在新增加的岗位中，当年新招用持《就业失业登记证》（注明“企业吸纳税收政策”）人员，与其签订1年以上期限劳动合同并依法缴纳社会保险费的，在3年内按照实际招用人数予以定额依次扣减增值税、城市维护建设税、教育费附加和企业所得税优惠。定额标准为每人每年4000元，可上下浮动20%，由试点地区省级人民政府根据本地区实际情况在此幅度内确定具体定额标准，并报财政部和国家税务总局备案。

按照上述标准计算的税收扣减额应当在企业当年实际应缴纳的增值税、城市维护建设税、教育费附加和企业所得税税额中扣减，当年扣减不足的，不得结转下年使用。

持《就业失业登记证》(注明“企业吸纳税收政策”)人员是指：①国有企业下岗失业人员；②国有企业关闭破产需要安置的人员；③国有企业所办集体企业（即厂办大集体企业）下岗职工；④享受最低生活保障且失业1年以上的城镇其他登记失业人员。

服务型企业，是指从事原营业税“服务业”税目范围内业务的企业。

国有企业所办集体企业（即厂办大集体企业），是指20世纪七八十年代，由国有企业批准或资助兴办的，以安置回城知识青年和国有企业职工子女就业为目的，主要向主办国有企业提供配套产品或劳务服务，在工商行政机关登记注册为集体所有制的企业。厂办大集体企业下岗职工包括在国有企业混岗工作的集体企业下岗职工。

3. 享受上述优惠政策的人员按照下列规定申领《就业失业登记证》《高校毕业生自主创业证》等凭证：

（1）按照《就业服务与就业管理规定》(中华人民共和国劳动和社会保障部令第28号）第六十三条的规定，在法定劳动年龄内，有劳动能力，有就业要求，处于无业状态的城镇常住人员，在公共就业服务机构进行失业登记，申领《就业失业登记证》。其中，农村进城务工人员和其他非本地户籍人员在常住地稳定就业满6个月的，失业后可以在常住地登记。

（2）零就业家庭凭社区出具的证明，城镇低保家庭凭低保证明，在公共就业服务机构登记失业，申领《就业失业登记证》。

(3) 毕业年度内高校毕业生在校期间凭学校出具的相关证明，经学校所在地省级教育行政部门核实认定，取得《高校毕业生自主创业证》(仅在毕业年度适用)，并向创业地公共就业服务机构申请取得《就业失业登记证》；高校毕业生离校后直接向创业地公共就业服务机构申领《就业失业登记证》。

(4) 服务型企业招录的人员，在公共就业服务机构申领《就业失业登记证》。

(5)《再就业优惠证》不再发放，原持证人员应当到公共就业服务机构换发《就业失业登记证》。正在享受下岗失业人员再就业税收优惠政策的原持证人员，继续享受原税收优惠政策至期满为止。

(6) 上述人员申领相关凭证后，由就业和创业地人力资源和社会保障部门对人员范围、就业失业状态、已享受政策情况审核认定，在《就业失业登记证》上注明“自主创业税收政策”或“企业吸纳税收政策”字样，同时符合自主创业和企业吸纳税收政策条件的，可同时加注；主管税务机关在《就业失业登记证》上加盖戳记，注明减免税所属时间。

4. 上述税收优惠政策的审批期限为2011年1月1日至2013年12月31日，以试点纳税人到税务机关办理减免税手续之日起作为优惠政策起始时间。税收优惠政策在2013年12月31日未执行到期的，可继续享受至3年期满为止。

二、下列项目实行增值税即征即退

(一) 注册在洋山保税港区和东疆保税港区内的试点纳税人，提供的国内货物运输服务、仓储服务和装卸搬运服务。

(二) 安置残疾人的单位，实行由税务机关按照单位实际安置残疾人的人数，限额即征即退增值税的办法。

上述政策仅适用于从事原营业税“服务业”税目（广告服务除外）范围内业务取得的收入占其增值税和营业税业务合计收入的比例达到50%的单位。

有关享受增值税优惠政策单位的条件、定义、管理要求等按照《财政部 国家税务总局关于促进残疾人就业税收优惠政策的通知》(财税〔2007〕92号) 中有关规定执行。

(三) 试点纳税人中的一般纳税人提供管道运输服务，对其增值税实际税负超过3%的部分实行增值税即征即退政策。

(四) 经人民银行、银监会、商务部批准经营融资租赁业务的试点纳税人中的一般纳税人，提供有形动产融资租赁服务，对其增值税实际税负超过3%的部分实行增值税即征即退政策。

三、本通知所称增值税实际税负，是指纳税人当期提供应税服务实际缴纳的增值税税额占纳税人当期提供应税服务取得的全部价款和价外费用的比例。

四、本地区试点实施之日前，如果试点纳税人已经按照有关政策规定享受了营业税税收优惠，在剩余税收优惠政策期限内，按照本规定享受有关增值税优惠。

附件4：

应税服务适用增值税零税率和免税政策的规定

一、中华人民共和国境内（以下称境内）的单位和个人提供的国际运输服务、向境外单位提供的研发服务和设计服务，适用增值税零税率。

（一）国际运输服务，是指：

1. 在境内载运旅客或者货物出境；

2. 在境外载运旅客或者货物入境；

3. 在境外载运旅客或者货物。

（二）境内的单位和个人适用增值税零税率，以水路运输方式提供国际运输服务的，应当取得《国际船舶运输经营许可证》；以陆路运输方式提供国际运输服务的，应当取得《道路运输经营许可证》和《国际汽车运输行车许可证》，且《道路运输经营许可证》的经营范围应当包括“国际运输”；以航空运输方式提供国际运输服务的，应当取得《公共航空运输企业经营许可证》且其经营范围应当包括“国际航空客货邮运输业务”。

（三）向境外单位提供的设计服务，不包括对境内不动产提供的设计服务。

二、境内的单位和个人提供的往返香港、澳门、台湾的交通运输服务以及在香港、澳门、台湾提供的交通运输服务（以下称港澳台运输服务），适用增值税零税率。

境内的单位和个人适用增值税零税率，以陆路运输方式提供至香港、澳门的交通运输服务的，应当取得《道路运输经营许可证》并具有持《道路运输证》的直通港澳运输车辆；以水路运输方式提供至台湾的交通运输服务的，应当取得《台湾海峡两岸间水路运输许可证》并具有持《台湾海峡两岸间船舶营运证》的船舶；以水路运输方式提供至香港、澳门的交通运输服务的，应当具有获得港澳线路运营许可的船舶；以航空运输方式提供上述交通运输服务的，应当取得《公共航空运输企业经营许可证》且其经营范围应当包括“国际、国内（含港澳）航空客货邮运输业务”。

三、境内的单位和个人提供期租、程租和湿租服务，如果租赁的交通运输工具用于国际运输服务和港澳台运输服务，不适用增值税零税率，由承租方按规定申请适用零税率。

四、境内的单位和个人提供适用零税率的应税服务，如果属于适用增值税一般计税方法的，实行免抵退税办法，退税率为其按照《试点实施办法》第十二条第（一）至（三）项规定适用的增值税税率；如果属于适用简易计税方法的，实行免征增值税办法。外贸企业兼营适用零税率应税服务的，统一实行免退税办法。

五、境内的单位和个人提供适用零税率应税服务的，可以放弃适用零税率，选择免税或按规定缴纳增值税。放弃适用零税率后，36个月内不得再申请适用零税率。

六、境内的单位和个人提供适用零税率的应税服务，按月向主管退税的税务机关申报办理增值税免抵退税或免税手续。具体管理办法由国家税务总局商财政部另行制定。

七、境内的单位和个人提供的下列应税服务免征增值税，但财政部和国家税务总局规定适用零税率的除外：

（一）工程、矿产资源在境外的工程勘察勘探服务。

（二）会议展览地点在境外的会议展览服务。

（三）存储地点在境外的仓储服务。

（四）标的物在境外使用的有形动产租赁服务。

（五）在境外提供的广播影视节目（作品）的发行、播映服务。

（六）符合本规定第一条第（一）项规定但不符合第一条第（二）项规定条件的国际运输服务。

（七）符合本规定第二条第一款规定但不

符合第二条第二款规定条件的港澳台运输服务。

（八）向境外单位提供的下列应税服务：

1. 技术转让服务、技术咨询服务、合同能源管理服务、软件服务、电路设计及测试服务、信息系统服务、业务流程管理服务、商标著作权转让服务、知识产权服务、物流辅助服务（仓储服务除外）、认证服务、鉴证服务、咨询服务、广播影视节目（作品）制作服务、期租服务、程租服务、湿租服务。但不包括：合同标的物在境内的合同能源管理服务，对境内货物或不动产的认证服务、鉴证服务和咨询服务。

2. 广告投放地在境外的广告服务。

交通运输部办公厅关于印发国家公路甩挂运输试点项目验收与专项资金申请工作指南的通知

（厅运字〔2013〕144 号　2013 年 6 月 5 日）

各省、自治区、直辖市、新疆生产建设兵团交通运输厅（局、委），天津、上海市交通运输和港口管理局：

为进一步规范国家公路甩挂运输试点项目验收与专项资金申请工作，确保试点工作顺利推进并取得实效，部制定了《国家公路甩挂运输试点项目验收与专项资金申请工作指南》，现印发给你们，请遵照执行。

国家公路甩挂运输试点项目验收与专项资金申请工作指南

第一条　为规范国家公路甩挂运输试点项目验收与专项资金申请工作，根据《甩挂运输试点工作实施方案》（交运发〔2010〕562 号）和《公路甩挂运输试点专项资金管理暂行办法》（财建〔2012〕137 号）及有关试点工作要求制定本指南。

第二条　试点项目申请验收的基本条件：

（一）试点项目甩挂运输作业站场建设（改造）完成交工验收，并投入运营；

（二）试点线路投入车辆总数达到审定的《企业甩挂运输试点项目实施方案》（以下简称《实施方案》）中设定的投入车辆总数的 80% 以上；

（三）开通甩挂运输试点线路达到审定的《实施方案》中设定总线路的 80% 以上；

（四）信息系统建设基本满足开展甩挂运输业务需求，实现甩挂运输车辆运营调度及信息化管理，并按照公路甩挂运输试点项目运行信息报送制度的要求按时报送试点项目运行情况相关信息；

（五）试点项目已实现的节能减排指标不低于审定的《实施方案》中设定目标的 80% 。

已获得国家发展改革委资源节约和环境保护中央预算内投资补助的试点项目，需遵照《中央预算内投资补助和贴息项目管理暂行办法》（中华人民共和国国家发展和改革委员会令第 31 号）的规定，按照国家发展改革委下达的年度中央预算内投资计划中规定的建设规模要求，完成全部建设任务后，方可申请项目验收。

第三条　试点项目的验收程序：

（一）提出申请：试点项目承担单位（两

家企业联合组成的试点项目由试点项目牵头企业负责）向所在地省级道路运输管理机构提出验收的申请；

（二）项目核查：省级道路运输管理机构对申请验收的试点项目进行核查，对不具备验收基本条件的试点项目不予组织验收；通过项目核查后，省级道路运输管理机构向省级交通运输主管部门提出甩挂运输试点项目验收申请；

（三）项目验收：省级交通运输主管部门组织有关专家对照审定的《实施方案》和《甩挂运输站场建设（改造）工程可行性研究报告》（以下简称《站场工可》）对试点项目进行审查验收，出具验收意见，并将验收意见及审核盖章后的《甩挂运输试点项目验收申请书》报交通运输部备案；

（四）部级抽查：交通运输部将视情组织有关专家对试点项目实际运行情况、实施效果进行抽查和评估。

试点项目实施过程中，项目建设内容与审定的《实施方案》及《站场工可》有较大变动和调整的，试点项目承担单位应在审查验收前3个月将“企业甩挂运输试点实施方案变更申请”报省级交通运输主管部门批准，省级交通运输主管部门应及时将批复意见报交通运输部备案。

已获得国家发展改革委资源节约和环境保护中央预算内投资补助的试点项目，由省级交通运输主管部门联合省级发展改革部门共同组织验收，并将验收材料报交通运输部、国家发展改革委备案。试点项目实施过程中，项目建设内容与国家发展改革委下达的年度中央预算内投资计划中规定的建设规模要求有较大变动和调整的，项目承担单位需同时报省级交通运输主管部门和省级发展改革部门批准，并将批复意见报交通运输部和报国家发展改革委备案。

第四条 企业申请试点项目验收，应提交以下材料：

（一）《甩挂运输试点项目验收申请书》（见附件1）；

（二）试点项目完成情况总结报告。重点对照审定的《实施方案》及《站场工可》，对试点项目站场建设、车辆购置、信息系统改造、甩挂业务开展及运行效率情况进行总结；

（三）甩挂运输作业站场建设（改造）工程交工（或竣工）验收报告；

（四）试点线路上投入的甩挂运输车辆情况汇总表，并附车辆行驶证、道路运输证复印件，其中新购置车辆还需提供车辆购置发票复印件。

第五条 试点项目验收审查的主要工作内容：

（一）核查申报材料是否真实可靠；

（二）检查甩挂作业站场及信息系统建设（改造）的执行情况、甩挂运输车辆更新购置、试点线路开通等，是否与审定的《实施方案》及《站场工可》相符，以及相关变更的合理性；

（三）检查试点项目甩挂运输业务开展情况，结合实施方案目标，对试点项目的运输成本、效率、节能减排等情况进行综合评价。

第六条 试点项目专项资金申请分两种情况进行：

（一）符合第二条规定的甩挂运输试点项目，在通过审查验收并取得验收意见后，项目承担单位可按照规定程序申请全部甩挂运输专项资金；

（二）试点任务尚未全部完成，但甩挂运输站场建设（改造）完成交工验收并投入运营，且试点线路开通达到审定的《实施方案》设定数量50%的，项目承担单位可按照规定程序申请部分甩挂运输专项资金，下达资金不超过应补助资金的80%。试点项目在通过审查验收并取得验收意见后，可申请中央财政应补助的剩余资金。

第七条 项目承担单位申请试点项目专项资金，应提交以下申报材料：

（一）甩挂运输试点专项资金申请书，具体要求见《交通运输部办公厅、财政部办公厅关于印发公路甩挂运输第二批试点工作方案的通知》（厅运字〔2012〕106号）的附件4；

（二）甩挂运输站场建设（改造）工程交工（或竣工）验收报告；

（三）具有相应资质的第三方机构出具的甩挂运输试点项目专项审计报告，专项审计报告包括《公路甩挂运输试点项目财务审核报告》（格式详见附件2）、《公路甩挂运输试点项目站场工程造价咨询报告书》（格式详见附件3）；

（四）相关发票或证明材料，包括甩挂运输作业站场、信息系统建设（改造）的相关发票（发票抬头应当与试点项目承担单位名称一致）；牵引车、挂车购置发票，并附车辆行驶证、道路运输证复印件（发票抬头以及车辆行驶证所有人名称、道路运输证业户名称应当为试点项目承担单位）；

（五）试点项目验收意见；

（六）其他证明材料。

符合第六条第（一）款所述情况，应当提供本条（三）、（四）、（五）款所要求的材料；符合第六条第（二）款所述情况，项目承担单位在首次申请甩挂运输专项资金时，应当提供本条除第（五）款以外的全部材料，在第二次申请资金时，应当提供本条第（三）、（四）款所要求的《公路甩挂运输试点项目财务审核报告》及相应的发票或证明材料，同时还需提交试点项目验收意见。

第八条 试点项目专项资金的申请与审核程序：

（一）提出申请：试点项目承担单位（两家企业联合组成的试点项目由试点项目牵头企业负责）向所在地省级道路运输管理机构提出申请并提交符合本指南第七条规定的相关材料；

（二）材料审查：收到申请的省级道路运输管理机构对申请材料进行符合性审查，对不具备资金申请资格企业的材料予以退回，对不符合要求的材料限期重新报送；通过材料审查后，省级道路运输管理机构向省级交通运输主管部门提出甩挂运输试点项目专项资金初审申请；

（三）省级初审：由省级交通运输主管部门会同省级财政主管部门组织有关专家对申报材料进行初审，视情赴现场组织核查；对于通过初审的项目，由省级交通运输主管部门与省级财政主管部门联合行文，将本指南第七条规定的相关材料报送交通运输部、财政部；申报材料一式4份（1份原件、3份复印件）；

（四）部级审查：交通运输部会同财政部组织有关专家对申请材料进行复核审查，并视情赴现场核查。

第九条 试点项目专项资金审查的主要工作内容：

（一）核查申报材料是否真实可靠；

（二）核查甩挂作业站场及信息系统建设（改造）的执行情况、甩挂运输车辆更新购置等，是否与申报材料及相关证明材料相符；

（三）检查甩挂作业站场及信息系统建设（改造）的执行情况、甩挂运输车辆更新购置等，是否与审定的《实施方案》及《站场工可》相符，以及相关变更的合理性；

（四）核查企业申报的甩挂运输站场建设（改造）及设备购置、甩挂运输车辆购置、甩挂运输信息建设（改造）的内容是否用于甩挂运输试点项目，是否属于专项资金补助范围；

（五）核查相关发票或证明材料的开具时间是否在项目试点期间内。

符合第六条第（一）款所述情况，以及第六条第（二）款中项目承担单位第二次申请资金的，仅审查本条第（一）、（四）、（五）款所要求的内容。

第十条 专项资金申请通过部级审查后，由交通运输部提出专项资金分配方案建议，财政部对专项资金分配方案进行审核并在网上公示10天无异议后，将专项资金下达有关省（区、市）财政主管部门。

第十一条 试点项目验收及专项资金申请审查的专家成员应当从交通运输行业公路甩挂运输专家库中抽取，人数原则上不少于7人，其中项目验收审查时甩挂运输企业专家不少于2人，项目专项资金申请审查时财务专家不少于2人。

第十二条 专项资金的拨付、监督管理按照《公路甩挂运输试点专项资金管理暂行办法》的有关规定执行。

第十三条 试点项目验收过程中，出现下列情形之一的，将被取消试点资格：

（一）试点期结束，项目承担单位拒不申请和接受验收的；

（二）专项资金申报材料不合格，经限期整改后仍不符合要求的；

（三）试点项目验收和专项资金申请过程中，弄虚作假，情节严重的；

（四）有站场建设（改造）的试点项目，未完成交工验收且缺乏合理理由的；

（五）试点期结束，没有通过验收，经整改后仍达不到验收要求的。

第十四条 本指南由交通运输部道路运输司负责解释。

附件：

1. 甩挂运输试点项目验收申请书（略）

2. ×××公路甩挂运输试点项目财务审核报告（略）

3. ×××公路甩挂运输试点项目×××站场工程造价咨询报告书（略）

交通运输部关于交通运输推进物流业健康发展的指导意见

（交规划发〔2013〕349号　2013年6月6日）

国家铁路局、中国民用航空局、国家邮政局，各省、自治区、直辖市、新疆生产建设兵团交通运输厅（局、委），天津市市政公路管理局，天津市、上海市交通运输和港口管理局，部属各单位，部内各单位，部管各社团，有关交通运输企业：

为深入贯彻十八大精神，落实国务院关于调整、振兴和促进物流业健康发展的工作部署，加快转变交通运输发展方式，推动行业转型升级，充分发挥交通运输在物流业发展中的重要作用，推进我国物流业健康发展，现提出以下指导意见：

一、充分认识交通运输推进物流业健康发展的重要性和紧迫性

1. 加快发展物流业是经济社会转型发展的迫切要求。物流业是现代服务业的重要组成部分，对于调整经济结构、转变发展方式、增强国际竞争力具有重要作用。当前，世界经济深度转型调整，全球经济一体化和产业国际分工趋势日益明显，我国经济发展面临着进一步扩大内需、提高创新能力、促进发展方式转变的新机遇和新挑战。党的十八大把推动服务业特别是现代服务业发展壮大作为推进经济结构战略性调整的重要任务，对物流业的发展提出了更高的要求。近年来，国务院先后出台了一系列促进物流业发展的政策措施，有力推动了物流业的发展。但总体而言，我国物流业仍处在初级发展阶段，整体基础薄弱，运行效率不高，加快现代物流的发展，全面提升物流业发展水平，已成为我国经济社会发展面临的一项十分重要而又紧迫的战略任务。

2. 交通运输在推进物流业发展中具有基础和主体作用。交通运输是物流的基础环节和依托载体，是物流业最重要的组成部分。现代物流在很大程度上由传统交通运输业发展演进而来，而现代物流的发展又给传统交通运输业带来重大变革，并将逐步融合，走向一体化。目前，我国物流业仍处于以传统交通运输为基础的初级发展阶段，运输结构、运输组织、运输装备等发展水平深刻影响着物流业发展的总体水平。交通运输在推进物流业发展中具有十分重要的基础和主体作用，必须顺应时代发展要

求，立足交通运输行业，主动作为，着力推进物流业的健康发展。

3. 推进物流业发展是实现交通运输转型升级的战略选择。物流业的发展对传统交通运输业既是机遇也是挑战。当前，我国交通运输还存在许多矛盾和问题：基础设施网络衔接不畅，运输组织集约化程度不高，多式联运发展滞后，标准不统一，行业创新和可持续发展能力不强，对提升物流整体效率支撑不足。以现代物流发展需求为导向，着力解决发展中的突出问题和主要矛盾，是交通运输行业由传统向现代转型升级的必然选择，是发展现代交通运输业的重要切入点和主要着力点。适应现代物流发展需要，确立在现代物流体系中的地位和作用，推进物流业发展，进而实现自身的转型升级，是交通运输行业面临的非常现实而又紧迫的任务，是交通运输行业今后一个时期的重要战略选择。

二、总体要求

4. 指导思想。以邓小平理论、“三个代表”重要思想和科学发展观为指导，以加快转变交通运输发展方式为主线，以现代物流发展需求为导向，以改革创新为动力，以加快构建综合运输体系为战略重点，着力调整运输结构、优化运输组织、提升装备水平、整合物流资源，构建衔接顺畅的基础设施体系、互联互通的物流信息体系、公平规范的市场环境体系，充分发挥交通运输在推进物流业发展中的基础和主体作用，推动交通运输与现代物流的融合，加快交通运输业转型升级，提升物流服务品质，推进物流业健康发展。

5. 基本原则。

市场为主、政府引导。充分发挥市场配置资源的基础性作用，强化企业的市场主体地位。发挥政府对市场的引导作用，健全法规政策和标准规范，营造良好发展环境。

统筹规划、稳步推进。统筹物流基础设施、运输服务体系和产业政策规划，强化顶层设计，突出重点，远近结合，做好政策储备。以典型试点示范为抓手，及时总结经验、推广应用。

因地制宜、创新驱动。根据不同领域、地域和企业特点，探索差别化发展路径和多样化发展模式。进一步深化改革，注重政策和体制机制创新，大力提高物流业的标准化、信息化水平，发挥科技引领作用，推动先进技术的应用，实现智能、集约、绿色、可持续发展。

立足行业、协同发展。充分发挥交通运输在推进物流业发展中的基础和主体作用，主动作为，开放包容，加强部门间、产业间、区域间协同联动，形成推进物流业发展的合力。

6. 发展目标。到 2020 年，基本建成便捷高效、安全绿色的交通运输物流服务体系，传统交通运输业转型升级取得明显突破，物流效率和服务水平显著提升，实现交通运输与现代物流的融合发展，基本适应我国经济社会发展的需求。具体体现在：

——运输结构不断优化，运行效率和质量显著提高。基本形成以综合运输大通道为骨干、以重点港站枢纽为节点、以各种运输线网为支撑、以城乡配送网络为基础的物流基础设施体系；运输结构进一步优化，多式联运、甩挂运输比重稳步提高，各种运输方式比较优势得以充分发挥。

——市场主体快速成长，组织化程度大幅提升。初步形成以若干全国性龙头骨干企业为引领、以区域性中小企业联盟为主体、以零散小微运输业户为补充、以货运中介为纽带的物流市场主体结构，物流组织的网络化、集约化程度大大提高。

——科技引领作用增强，标准化、信息化水平明显提高。形成以标准化的车辆船舶为主体、标准化和专业化的设施设备为基础的现代化物流装备设施体系；信息化技术得到充分应用，基本实现企业信息、政务信息、港站信息、公共物流信息的互联互通。

——重点领域加快发展，专业服务能力明显增强。重点物资、城市配送、农村物流等重点领域物流服务水平显著提升；集装箱、大件、快递、冷链、危险品等专业物流服务能力明显增强；交通运输与现代物流融合的新兴业态成长迅速。

——市场秩序进一步规范，发展环境明显改善。建立分工明确、相互协调的交通运输物流管理体制，推动形成国家产业政策、行业部门政策、地方配套政策协调统一的政策体系，促进建立统一开放、竞争有序、公平诚信的市场体系。

三、主要任务

7. 加快完善交通基础设施。不断完善综合运输通道和网络。大力推进综合运输体系建设，着力改善交通基础设施薄弱环节，全面加快内河水运和重要通道的铁路、民航建设，加快国家公路网建设，提升通道和网络的综合运输能力。强化国际运输通道和口岸交通基础设施建设。

加快推进物流节点设施建设。加快推动铁路、公路、水路、民航站场枢纽等物流节点建设。研究提出支持物流节点建设的政策措施。制定和完善货运枢纽（物流园区）发展规划，强化规划实施和评估。研究制定货运枢纽（物流园区）建设、运营、管理及服务的标准规范和技术指南。加快传统货运站场转型升级，推动铁路集装箱中心站、“内陆无水港”“公路港”、陆路口岸物流园区及邮政、快递作业枢纽建设。

优化并加强集疏运体系建设。开展集疏运体系建设示范工程。重点推进高等级公路与港口、铁路货运枢纽、大型机场、大型物流园区的衔接。积极促进铁路与主要港口及具备条件的综合物流园区的衔接。

8. 大力创新发展先进运输组织方式。积极推进多式联运发展。深入推进铁水联运、空陆联运，积极发展滚装运输、驮背运输和江海直达运输。加强多式联运设施设备技术标准、信息资源、服务规范、作业流程等方面的有效对接，加快培育多式联运承运人，推动货物运输的“无缝衔接”和“一单制”。加强煤炭、矿石、粮食等重点战略物资多式联运体系建设。

加快发展甩挂运输。深入推进甩挂运输试点工作，开展渤海湾、长江沿线等重点区域的滚装甩挂运输、公铁联运甩挂运输、跨区域网络化甩挂运输、甩挂运输联盟等示范工程。鼓励发展挂车租赁，制定挂车互换的有关制度和规范。加快完善甩挂运输相关法规政策和标准规范体系。

9. 有效提升运输装备技术水平。提升标准化水平。修订制约车船运输效率提升的技术标准。推动建立健全车型标准化工作协同机制，完善商品车运输、冷链、城市配送等专业运输车辆车型技术标准。进一步完善推荐车型制度及相关工作机制。大力推广集装技术和单元化装载技术。全面推进内河船型标准化。

提升专业化、清洁化水平。积极推进厢式、冷藏、散装、液罐等专用车型的推广应用，鼓励发展滚装等专用船舶。推动修订相关法规标准，大力发展标准化载货汽车。开展双挂汽车列车的应用技术研究。促进轻量化车型及天然气等节能环保车船的应用，系统研究鼓励发展节能环保车型、船型的相关支持政策。

严格货运车辆和船舶的市场准入与退出。研究制定营运车船综合性技术标准，依法严把营运车船的市场准入，加快淘汰低效率、不合规、带有安全隐患的营运车船。研究推动《道路车辆外廓尺寸、轴荷及质量限值》(GB 1589—2004）的修订工作，完善道路货运车辆结构和车型分类，健全各类半挂车、货运车辆附加装置等方面的技术标准和政策措施，推进货运车辆与托盘、装卸平台等物流设施装备的衔接与匹配。

10. 着力优化市场主体结构。培育龙头骨干企业。引导传统货运企业扩大经营规模和服务范围，拓展经营网络，对符合资质条件的大型运输企业在设立分支机构、增设经营网点等方面提供便利条件。鼓励具备一定条件的企业向综合物流服务商转型发展。支持港航企业延伸服务链，向全球或区域物流经营人转变。促进铁路货运企业向现代物流转型，支持国内民航运输企业拓展国际和国内民航快递等物流业务。引导邮政、快递企业做大做强，提升服务能力和水平。

鼓励中小企业联盟发展。鼓励中小企业通过联盟、联合、兼并等方式实现资源整合，扭转市场主体过散、过弱的局面，提高企业竞争力和市场抗风险能力。加强中小企业联盟有关制度、运营模式研究，对符合条件的中小企业联盟在站场设施建设、信息化建设、运输装备更新等方面给予政策支持。

规范货运中介经营行为。完善相关法律法规，强化对货运代理、无车承运人、无船承运人等的规范管理，充分发挥货运中介对物流资源的整合作用。推进货运中介向现代物流服务商转变。

11. 积极推进信息化建设。加快推进交通运输物流公共信息平台建设。发挥好交通运输物流公共信息平台的作用，制定平台建设纲要、实施方案和区域交换节点建设指南，出台平台标准化建设方案，进一步深化对平台建设、运营和管理模式的研究。完善平台基础交换网络，加快推进跨区域、跨行业平台之间的有效对接，实现铁路、公路、水路、民航信息的互联互通。深入推进东北亚物流信息服务网络（NEAL－NET）建设。依托平台开展物流园区信息联网工程建设。

推进行业信息系统建设。加快完善铁路、公路、水路、民航、邮政等行业信息系统，推进互联互通，增强一体化服务能力。制定行业物流信息采集、交换、服务等标准，强化与相关领域信息标准的对接。鼓励车联网、船联网技术的开发和推广应用，加快营运车辆联网联控系统建设。深化交通电子口岸、港口集装箱多式联运和内河航运综合信息服务等系统建设。

鼓励企业加快推进信息化建设。引导规模化企业利用先进信息技术，实现企业内部管理优化和服务升级。支持开发和推广通用物流软件，提高中小企业信息化水平。推动物流企业与供应链上下游企业间信息标准统一和系统对接，提高供应链一体化服务能力。

12. 加快推动重点领域物流发展。提升传统运输枢纽的物流服务能力。引导铁路和公路站场、港口、机场加快转型升级，支持由传统运输和装卸业务向现代物流服务功能延伸。依托港口、“内陆无水港”等口岸资源，着力提升国际物流服务能力。鼓励铁路和公路站场、港口、机场与后方物流园区、产业园区等联动发展，提高物流服务配套能力。加强与海关、国检等口岸部门的沟通和协调，推动建立联合查验机制，促进一体化通关。

支持农村物流发展。充分发挥地方政府积极性，统筹交通、商务、供销、邮政等农村物流资源，加快完善县、乡、村三级农村物流服务体系。进一步落实国务院办公厅关于推动农村邮政物流发展的意见，大力发展农村邮政物流。加大对农村物流基础设施和信息网络建设的支持力度，积极培育农村物流市场主体。积极争取中央和地方财政对农村物流的支持。研究制定推进农村物流发展的指导意见。开展不同区域的农村物流试点示范，因地制宜探索农村物流差异化发展模式。

推进城市配送发展。贯彻落实《关于加强和改进城市配送管理工作的意见》。加大公用型城市配送节点建设扶持力度，完善城市配送基础设施网络。制定城市货物运输与车辆通行管理办法和城市配送企业运营服务规范，完善经营许可制度，健全运力投放和通行许可机制，优化车辆通行管控，规范企业经营行为。研究制定城市物流配送车辆技术标准，推动城市配送车辆向标准化、清洁化、专业化发展。开展城市配送试点工程，鼓励发展共同配送、统一配送、夜间配送等配送模式，探索城市配送的管理方式。

支持和规范快递业发展。制定实施快递与电子商务、制造业协同发展意见，促进信息沟通、标准对接和业务联动。进一步贯彻落实《快递市场管理办法》和《快递服务》国家标准，强化监督管理，规范服务行为。研究制定利用相关交通工具从事快件收投业务的技术规范，推动城市管理部门完善相关管理办法。

加强危险品运输监管。建立危险品运输信息化管理和业务管控系统，深入推进危险品运输跨区域联网联控，逐步实现危险品货运车辆和船舶的全程监管。研究支持危险品专业物流园区发展相关政策，重点支持具有公共服务属性的危险品专业物流园区发展。研究节假日危险品运输安全监管对策。

引导冷链运输健康发展。大力支持和培育冷链运输企业发展，研究制定冷藏保温车辆分类及技术要求、冷链运输服务规范、冷链运输温度记录与装备监控技术标准等，着力解决冷链运输断链问题，为实现全程温控管理创造条件。支持农产品冷链物流的发展，将经济适用的农产品温控设施建设与农村三级物流服务体系建设相结合。

规范大件运输管理。修订《超限运输车辆行驶公路管理规定》和《道路大型物件运输管理办法》，严格市场准入条件，统一运输过程中各环节、车辆、装备、服务等标准规范。加快出台大件运输跨省联合审批办法，统一审批标准，建立综合协调和互联互认机制，规范跨部门、跨省审批程序。推动解决大件运输特种车辆获取牌照及享受标准保险费率问题。进一步完善大件运输护送机制。研究调整大件运输收费标准，避免重复收费。在条件适宜的地区，适时开展大件运输示范通道建设。

13. 切实改善发展环境。健全相关法律法规。研究提出综合运输法规体系框架，尽快出台综合运输法规体系建设的实施意见，统筹和引导各种运输方式优势互补，协调发展。全面清理和修订阻碍企业做大做强的行政法规，消除区域分割和行政壁垒。加快推进《道路运输条例》及其配套规章的修订工作，强化对集装箱运输、零担快运、冷链运输、大件运输、城市配送等市场的规范。开展《道路运输法》等前期研究。修订出台《道路运输管理工作规范》。

进一步规范收费公路发展。研究修订《收费公路管理条例》，重点加强对收费标准和年限的调节机制、经营性收费公路的合理回报及建立低费率长期限收费机制可行性等的研究。

落实和完善物流业发展的相关政策。加快落实国务院促进物流业发展的工作部署和要求，积极协调相关部门解决物流业发展中面临的用地、融资、税收、保险、通关等问题，完善交通运输行业营业税改征增值税的有关政策，减轻运输企业税费负担。进一步完善“绿色通道”政策。开展货车不停车收费相关技术与政策研究，探索不停车收费技术在公路货运车辆中的应用。强化政策制定和实施中的沟通与协调，形成政策合力。

进一步规范执法行为。严格执行《交通行政执法行为规范》，重点解决有法不依、以罚代管、执法标准不统一等问题。建立健全全国执法联动机制，强化跨区域执法信息共享。创新监督手段，强化执法监督。

推进诚信体系建设。依据《征信业管理条例》和《“十二五”国家政务信息化工程建设规划》，加快交通运输诚信体系建设，着力推进与公安、工商、税务、金融等部门诚信系统的有效对接和信息共享，建立行业许可、市场信用、市场监测等体系，完善社会诚信管理制度。

四、保障措施

14. 加强组织领导。进一步完善部门协同机制，加强部门联动，协调解决物流业发展中面临的重点和难点问题。积极推动在各级政府层面建立交通运输推进物流业发展的组织体系，建立相应协调机制，加快形成多方协同推进的工作格局。

15. 完善统计体系。开展行业物流相关统计理论和方法研究等基础工作，完善货类、货量、货值、流向、运价和行业贡献等统计指标，着手建立健全相关统计调查制度和信息管理制度。注重对物流发展中出现的新问题、新情况、新趋势的跟踪研究，加强物流运行的监测、分析和评价。

16. 加大政策支持。进一步研究制定推进物流业发展的有关政策，重点加强物流枢纽、物流信息化、运力结构调整、农村物流、多式联运、零担快运、中小企业联盟等方面的政策研究，鼓励先行先试、典型引领。积极争取中央和地方财政支持，加强财政资金的引导和带动作用，鼓励和规范民间资本进入物流领域。

17. 注重人才培养。注重物流专业人才的培养，鼓励高等院校、科研院所加强物流专业学科及研发中心建设。支持校企合作，引导高校和科研机构与国内外著名企业联合建立物流综合培训和试验基地，多渠道培养复合型物流高端人才。加强从业人员素质教育，保障合法权益，稳定物流队伍。

18. 发挥协会作用。强化相关行业协会行业自律、协调和服务等职能，充分发挥在政策建议、规范市场行为、统计与信息发布、交流与合作、资质评定和人才培训、标准制修订等方面的积极作用，成为政府与企业联系的桥梁和纽带。

国家发展改革委　国土资源部　住房城乡建设部　交通运输部　商务部　海关总署　科技部　工业和信息化部　铁路局　民航局　邮政局　国家标准委关于印发全国物流园区发展规划的通知

（发改经贸〔2013〕1949号　2013年9月30日）

各省、自治区、直辖市发展改革委、国土资源主管部门、住房城乡建设厅（委）、交通运输厅（局、委）、商务主管部门、科技厅（委、局）、工业和信息化主管部门、铁路主管部门、民航地区管理局、邮政管理局、质量监督局，海关总署广东分署，天津、上海特派办，各直属海关：

根据《中华人民共和国国民经济和社会发展第十二个五年规划纲要》和《国务院办公厅关于印发促进物流业健康发展政策措施的意见》（国办发〔2011〕38号），国家发展改革委会同有关部门组织编制了《全国物流园区发展规划》（以下简称《规划》）。现将《规划》印发给你们，请结合本地区实际，切实加强对《规划》实施的组织工作，制定并完善政策措施，促进我国物流园区健康有序发展。

附件：全国物流园区发展规划

附件：

全国物流园区发展规划

物流园区是物流业规模化和集约化发展的客观要求和必然产物，是为了实现物流运作的共同化，按照城市空间合理布局的要求，集中建设并由统一主体管理，为众多企业提供物流基础设施和公共服务的物流产业集聚区。物流园区作为重要的物流基础设施，具有功能集成、设施共享、用地节约的优势，促进物流园区健康有序发展，对于提高社会物流服务效率、促进产业结构调整、转变经济发展方式、提高国民经济竞争力具有重要意义。

根据《中华人民共和国国民经济和社会发展第十二个五年规划纲要》《国务院办公厅关于印发促进物流业健康发展政策措施的意见》（国办发〔2011〕38号），为促进我国物流园区健康有序发展，特制订本规划。规划期为2013—2020年。

一、发展形势

（一）现实基础。“十一五”期间，国家高度重视物流业发展，实施《物流业调整和振兴规划》，综合交通运输体系逐步完善，规模化物流需求快速增长，物流业区域布局进一步优化，为物流园区的健康发展奠定了基础。

1. 物流园区总量较快增长。“十一五”时期，我国物流规模不断扩大，社会物流总额和物流业增加值年均分别增长 21% 和 16.7%，物流业增加值占国内生产总值的比重由 2005 年的 6.6% 提高到 2010 年的 6.9%。为适应物流业快速发展趋势，各级地方政府积极推进物流园区规划和建设，全国物流园区数量稳步增长，物流业呈现集聚发展态势。据中国物流与采购联合会第三次全国物流园区调查，2012 年全国共有各类物流园区 754 个，其中已经运营的 348 个，在建和规划中的分别为 241 个和 165 个。

2. 物流园区类型不断丰富。各地因地制宜建设发展了不同类型的物流园区。在交通枢纽城市，具备多式联运条件、提供大宗货物转运的货运枢纽型物流园区不断涌现；面向大城市商圈和批发市场，提供仓储配送功能的商贸服务型物流园区蓬勃发展；毗邻工业园区，提供供应链一体化服务的生产服务型物流园区配套而建；在口岸城市，提供转运、保税等功能的口岸服务型物流园区快速发展；特大城市周边，出现了不少融合上述功能的综合服务型物流园区。总体上看，全国初步形成了定位准确、类型齐全的物流园区体系。

3. 物流园区功能日趋完善。园区基础设施建设不断加快，集疏运通道逐步完善，仓储、转运设施水平显著提高；信息平台建设稳步推进，园区信息化和智能化水平明显提升。园区通过不断完善各项功能，打造形成坚实的硬件基础和高效的软件平台，为园区入驻企业提供完善的公共服务，使物流企业能够专注从事物流业务，进一步提高物流效率和服务水平。

4. 物流园区集聚效应初步显现。园区利用设施优势集聚物流企业，减少了货物无效转运，优化了装卸和处理流程，提高了物流效率；利用信息平台匹配物流供需信息，提高了货物运输组织化程度，降低了车辆空驶率；通过整合分散的仓储物流设施，节约了土地资源，优化了城市空间布局；通过为园区周边生产制造、商贸等企业提供一体化物流服务，促进了区域经济转型升级。

（二）存在问题。从总体来看，我国物流业发展水平还比较低，物流园区在规划、建设、运营、管理以及政策方面还存在一些问题。一是建设发展有待规范。由于缺乏统一规划和管理，一些地方脱离实际需求，盲目建设物流园区，片面追求占地面积和投资规模。另一方面，由于缺乏对物流园区内涵的认识，一些市场和物流企业也冠以物流园区的名称。二是设施能力有待提高。从已建成的园区看，多数物流园区水、电、路、网络、通信等基础设施建设滞后，集疏运通道不畅，路网配套能力较差，普遍缺少铁路和多式联运中转设施。另外，在一些重要物流节点，仍然缺少设施齐全、服务能力较强的物流园区。三是服务功能有待提升。多数物流园区虽然具备了运输、装卸、仓储配送和信息服务等功能，但与物流发展的市场需求相比，仍然存在着专业化程度不高、设施装备配套性差、综合服务能力不强、信息联通不畅等问题，多式联运和甩挂作业、冷链物流服务、信息管理、流程优化、一站式服务等功能亟待完善和提高。四是经营管理体制有待健全。有的物流园区缺乏政府的协调和推动，面临规划、用地、拆迁、建设等方面的困难；有的物流园区缺乏市场化的运作机制和盈利模式，园区服务和可持续发展能力不足。五是政策扶持体系有待完善。由于缺少针对物流园区发展的优惠政策和建设标准，物流园区普遍存在“落地难”“用地贵”和基础设施投资不足的问题。

（三）发展要求。今后几年，是我国物流业发展的重要时期。科学规划、合理布局物流园区，充分发挥物流园区的集聚优势和基础平台作用，构建与区域经济、产业体系和居民消费水平相适应的物流服务体系，是促进物流业发展方式转变、带动其他产业结构调整以及建设资源节约型和环境友好型社会的必然选择。

1. 科学规划物流园区是提高物流服务效率的客观要求。加快转变经济发展方式给我国物流业发展提出了新的更高的要求，物流园区作为连接多种运输方式、集聚多种服务功能的基础设施和公共服务平台，已经成为提升物流运行质量与效率的关键环节。科学规划物流园区有利于发挥物流设施的集聚效应，在满足规模化物流需求的同时，提升物流效率，降低物流成本；有利于促进多式联运发展，发挥我国综合交通运输体系的整体效能；有利于促进社会物流的有效组织和有序管理，优化布局和运作模式，更好地适应产业结构调整的需要，为其他产业优化升级提供必要支撑。

2. 科学规划物流园区是节约集约利用土地资源的迫切需要。科学规划一批具有较强公共服务能力的物流园区，一方面可以适度整合分散于各类运输场站、仓房、专用线、码头等物流设施及装卸、搬运等配套设施的用地，增加单位物流用地的物流承载量，提高土地利用率；另一方面能够有效促进专业化、社会化物流企业承接制造业和商贸业分离外包的物流需求，减少原有分散在各类企业内部的仓储设施用地。科学规划物流园区，已经成为当前促进物流业节约集约利用土地资源的重要途径。

3. 科学规划物流园区是推进节能减排和改善环境的重要举措。面对日趋严峻的资源和环境约束，物流业亟须加快节能减排步伐，增强可持续发展能力。科学规划物流园区，有利于优化仓储、配送、转运等物流设施的空间布局，促进物流资源优势互补、共享共用，减少设施闲置，降低能耗；有利于提升物流服务的组织化水平，优化运输线路，降低车辆空驶率，缓解交通干线的通行压力和城市交通拥堵，减少排放，改善环境。

二、指导思想、基本原则和发展目标

（一）指导思想

以邓小平理论、“三个代表”重要思想和科学发展观为指导，按照加快转变经济发展方式、促进产业结构调整的要求，以市场需求为导向，以促进物流要素聚集、提升物流运行效率和服务水平、节约集约利用土地资源为目标，以物流基础设施的整合和建设为重点，加强统筹规划和管理，加大规范和扶持力度，优化空间布局，完善经营管理体制和服务功能，促进我国物流园区健康有序发展，为经济社会发展提供物流服务保障。

（二）基本原则

——科学规划，合理布局。根据国家重点产业布局和区域发展战略，立足经济发展水平和实际物流需求，依托区位交通优势，符合城市总体规划和土地利用总体规划，注重与行业规划相衔接，科学规划、合理布局物流园区，避免盲目投资和重复建设。

——整合资源，集约发展。优先整合利用现有物流设施资源，充分发挥存量物流设施的功能。按照规模适度、用地节约的原则，制定物流园区规划、建设标准，合理确定物流园区规模，促进物流园区集约发展，吸引企业向园区集聚。

——完善功能，提升服务。促进物流园区设施建设配套衔接，完善物流园区的基本服务功能。注重运用现代物流和供应链管理理念，创新运营管理机制，拓展增值服务，提升物流园区的运作和服务水平。

——市场运作，政府监管。充分发挥市场机制的作用，坚持投资主体多元化、经营管理企业化、运作方式市场化。积极发挥政府的规划、协调作用，规范物流园区建设管理制度，制定和完善支持物流园区发展的各项政策，推动物流园区有序建设、健康发展。

（三）发展目标

到 2015 年，基本建立物流园区建设及管理的有关制度，物流园区发展步入健康有序的轨道，全国物流园区规划布局得到优化，物流园区设施条件不断改善，服务能力明显增强，初步建成一批布局合理、运营规范、具有一定经济社会效益的示范园区。

到 2020 年，物流园区的集约化水平大幅提升，设施能力显著增强，多式联运得到广泛应用，管理水平和运营效率明显提高，资源集聚和辐射带动作用进一步增强，基本形成布局合理、规模适度、功能齐全、绿色高效的全国物流园区网络体系，对推动经济结构调整和转变经济发展方式发挥更加重要的作用。

三、物流园区总体布局

物流园区是提供物流综合服务的重要节点，也是重要的城市基础设施。全国物流园区总体布局的基本思路是：根据物流需求规模和区域发展战略等因素，确定物流园区布局城市；按照城乡规划、综合交通体系规划和产业发展规划等，合理确定城市物流园区建设数量、规划布局和用地规模；研究制订物流园区详细规划，因地制宜、合理确定物流园区的发展定位、功能布局、建设分期、配套要求等。

（一）物流园区布局城市

确定物流园区布局城市，主要依据以下条件：一是物流需求规模，主要参考城市的国内生产总值、货运总量、工业总产值、社会消费品零售总额和进出口总额等经济指标的预测值。二是与物流业发展总体规划以及铁路、公路、水运、民航等相关交通运输规划相衔接。三是结合国家重点区域发展战略和产业布局规划，考虑相关城市的经济发展潜力、物流需求增长空间以及对周边地区的辐射带动作用。根据上述条件，按照物流需求规模大小以及在国家战略和产业布局中的重要程度，本规划将物流园区布局城市分为三级，确定一级物流园区布局城市 29 个，二级物流园区布局城市 70 个（见专栏），三级物流园区布局城市具体由各省（区、市）参照以上条件，根据本省物流业发展规划具体确定，原则上应为地级城市。

专　栏

一级物流园区布局城市（共29个）

北京、天津、唐山、呼和浩特、沈阳、大连、长春、哈尔滨、上海、南京、苏州、杭州、宁波、厦门、济南、青岛、郑州、合肥、武汉、长沙、广州、深圳、南宁、重庆、成都、昆明、西安、兰州、乌鲁木齐

二级物流园区布局城市（共70个）

石家庄、邯郸、秦皇岛、沧州、太原、大同、临汾、通辽、包头、鄂尔多斯、鞍山、营口、吉林、延边（珲春）、大庆、牡丹江、齐齐哈尔、无锡、徐州、南通、泰州、连云港、温州、金华（义乌）、舟山、嘉兴、湖州、安庆、阜阳、马鞍山、芜湖、福州、泉州、南昌、赣州、上饶、九江、烟台、潍坊、临沂、菏泽、日照、洛阳、南阳、安阳、许昌、宜昌、襄阳、岳阳、娄底、衡阳、佛山、东莞、湛江、柳州、钦州、玉林、贵港、海口、绵阳、达州、泸州、贵阳、拉萨、榆林、宝鸡、咸阳、西宁、银川、伊犁（霍尔果斯）

（二）物流园区选址要求

在布局城市选址建设物流园区，应遵循以下原则：一是与综合交通体系和运输网络相配套。依托主要港口、铁路物流中心、公路货运枢纽、枢纽机场及主要口岸，具有交通区位优势，便于发展多式联运。二是与相关规划和现有设施相衔接。符合土地利用总体规划、城市总体规划和区域发展总体规划，充分利用现有仓储、配送、转运等物流设施。三是突出功能定位。紧密结合产业布局和区位优势，突出专业服务特点，明确物流园区功能定位。

依据以上原则，物流园区布局城市可根据实际需要建设不同类型的物流园区：

——货运枢纽型物流园区。依托交通枢纽，具备两种（含）以上运输方式，能够实现多式联运，具有提供大批量货物转运的物流设施，为国际性或区域性货物中转服务。

——商贸服务型物流园区。依托城市大型商圈、批发市场、专业市场，能够为商贸企业提供运输、配送、仓储等物流服务以及商品展示、电子商务、融资保险等配套服务，满足一般商业和大宗商品贸易的物流需求。

——生产服务型物流园区。毗邻工业园区或特大型生产制造企业，能够为制造企业提供采购供应、库存管理、物料计划、准时配送、产能管理、协作加工、运输分拨、信息服务、分销贸易及金融保险等供应链一体化服务，满足生产制造企业的物料供应与产品销售等物流需求。

——口岸服务型物流园区。依托口岸，能够为进出口货物提供报关、报检、仓储、国际采购、分销和配送、国际中转、国际转口贸易、商品展示等服务，满足国际贸易企业物流需求。

——综合服务型物流园区。具有两种（含）以上运输方式，能够实现多式联运和无缝衔接，至少能够提供货运枢纽、商贸服务、生产服务、口岸服务中的两种以上服务，满足城市和区域的规模物流需求。

四、主要任务

（一）推动物流园区资源整合。打破地区和行业界限，充分整合现有物流园区及物流基础设施，提高设施、土地等资源利用效率。一是整合需求不足和同质化竞争明显的物流园区。引导需求不足的园区转型，对于同质化竞争明显的园区，通过明确功能定位和分工，推动整合升级。二是整合依托交通枢纽建设的物流园区。加强枢纽规划之间的衔接，统筹铁路、公路、水运、民航等多种交通运输枢纽和周边的物流园区建设，大力发展多式联运，形成综合交通枢纽，促进多种运输方式之间的顺畅衔接和高效中转。三是整合分散的物流设施资源。发挥物流园区设施集约和统一管理的优势，引导分散、自用的各类工业和商业仓储配送资源向物流园区集聚，有效整合制造业分离外包的物流设施资源。大力推广共同配送、集中配送等先进配送组织模式，为第三方物流服务企业搭建基础平台。

（二）合理布局新建物流园区。物流园区布局城市应综合考虑本区域的物流需求规模及增长潜力，并结合现有物流园区布局情况及设施能力，合理规划本地区物流园区。现有设施能力不足的地区，应基于当地产业结构和区位条件及选址要求，布局新建规模适当、功能完善的物流园区，充分发挥园区的集聚效应和辐射带动作用，服务当地经济发展和产业转型升级。

（三）加强物流园区基础设施建设。优化物流园区所在地区控制性详细规划，加强物流园区详细规划编制工作，科学指导园区水、电、路、通信等设施建设，强化与城市道路、交通枢纽的衔接。大力推进园区铁水联运、公铁联运、公水联运、空地联运等多式联运设施建设，注重引入铁路专用线，完善物流园区的公路、铁路周边通道。提高仓储、中转设施建设水平，改造装卸搬运、调度指挥等配套设备，统一铁路、公路、水运、民航各种运输方式一体化运输相关基础设施和运输装备的标准。推广甩挂运输方式、集装技术和托盘化单元装载技术。推广使用自动识别、电子数据交换、可视化、货物跟踪、智能交通、物联网等先进技术的物流设施和装备。

（四）推动物流园区信息化建设。加强物流园区信息基础设施建设，整合物流园区现有信息资源，提升物流园区信息服务能力。研究制定统一的物流信息平台接口规范，建立物流园区的信息采集、交换和共享机制，促进入驻企业、园区管理和服务机构、相关政府部门之间信息互联互通和有序交换，创新园区管理和服务。

（五）完善物流园区服务功能。结合货运枢纽、生产服务、商贸服务、口岸服务和综合服务等不同类型物流园区的特点，有针对性地提升服务功能，为入驻企业提供专业化服务。鼓励园区在具备仓储、运输、配送、转运、货运代理、加工等基本物流服务以及物业、停车、维修、加油等配套服务的基础上，进一步提供工商、税务、报关、报检等政务服务和供应链设计、管理咨询、金融、保险、贸易会展、法律等商务服务功能。

（六）聚集和培育物流企业。充分发挥物流园区的设施优势和集聚效应，引导物流企业向园区集中，实现园区内企业的功能互补和资源共享，提高物流组织效率。优化园区服务环境，培育物流企业，打造以园区物流企业为龙头的产业链，提升物流企业的核心竞争力。支持运输企业向综合物流服务商和全球物流经营人转变。按照提升重点行业物流企业专业配套能力的要求，有针对性地发展专业类物流园区，为农产品、钢铁、汽车、医药、冷链、快递、危货等物流企业集聚发展创造有利条件。

（七）建立适应物流园区发展的规范和标准体系。按照适用性强、涵盖面广、与国际接轨的要求，建立和完善物流园区标准体系。修订《物流园区分类与基本要求》国家标准，制定《物流园区服务规范及评估指标》国家标准，进一步明确园区概念内涵，规范物流园区功能定位，防止盲目发展。按照既要保障物流园区发展，又要节约利用土地的原则，建立物流园区规划设计、建设和服务规范，明确园区内部各功能区建设标准和要求，促进物流园区规范化发展。

（八）完善物流园区经营管理体制。根据各地物流园区发展实际，借鉴国内外物流园区管理经验，建立完善政府规划协调、市场化运作的物流园区开发建设模式和经营管理体制。在政府规划指导下，成立物流园区管理机构，开展物流园区基础设施建设，并选择具有物流园区经营管理经验的企业参与管理运营。鼓励园区研究开发物流与商贸和金融协同发展等新型业态，创新物流园区发展模式。通过企业化运作，提高管理水平，形成良性发展机制，为园区物流企业提供优质服务，实现可持续发展。

五、保障措施

（一）做好综合协调。国家发展改革委、国土资源部、住房城乡建设部要会同交通运输部、商务部、海关总署、科技部、工业和信息化部、铁路局、民航局、邮政局、国家标准委等部门，加强对全国物流园区发展的指导和管理。各省级人民政府有关部门也要协调配合，统筹推进规划实施工作。

（二）加强规范管理。各地有关部门要加强对物流园区的规范和管理，提出本地区物流园区布局规划，严格控制园区数量和规模，防止盲目建设或以物流园区名义圈占土地。布局城市要按照城乡规划和相关行业规划，加强和加快现有物流设施的整合和清理，因地制宜合理新建物流园区，做到既符合城市和产业发展实际，满足物流发展需求，又防止出现重复建设。

（三）开展示范工程。各地要结合实际，选择一批发展条件好、带动作用大的园区，作为省级示范物流园区加以扶持推广，具体由各省有关部门研究制定管理办法并组织评定。在此基础上，开展国家级物流园区示范工程，由国家发展改革委、国土资源部、住房城乡建设部会同交通运输部、商务部、工业和信息化部、海关总署、科技部等有关部门和行业协会组织国家级示范物流园区评定工作。对于列入国家级示范的物流园区，有关部门可给予土地、资金等政策扶持。国家级物流园区示范工程的具体管理办法另行制定。

（四）完善配套设施。支持连接物流园区的铁路专用线、码头岸线和园区周边道路等交通配套设施建设和改造，进一步发挥物流园区的中转服务功能，提高运输服务水平。支持物流园区信息平台建设，鼓励企业建设立体仓库，提高园区物流设施信息化和智能化水平。

（五）落实用地政策。研究制定物流园区规划设计规范，科学指导物流园区规划建设。各地应及时将物流园区纳入所在城市的各类城市规划和土地利用总体规划，统筹规划和建设，涉及新增建设用地的，合理安排土地利用计划指标。对于示范物流园区新增建设用地，优先列入国家和地方建设用地供应计划。

（六）改善投融资环境。鼓励物流园区运营主体通过银行贷款、股票上市、发行债券、增资扩股、合资合作、吸引外资和民间投资等多种途径筹集建设资金，支持物流园区及入驻企业与金融机构联合打造物流金融服务平台，形成多渠道、多层次的投融资环境。各地要适当放宽对物流园区投资强度和税收强度的要求，鼓励物流企业入驻物流园区。对于国家级和省级示范物流园区，有关部门可根据项目情况予以投融资支持。

（七）优化通关环境。优化口岸通关作业流程，适应国际中转、国际采购、国际配送、国际转口贸易等业务的要求，研究适应口岸服务型物流园区发展的通关便利化政策，提高通关效率。

（八）发挥行业协会作用。物流及相关行业协会应认真履行行业服务、自律、协调和引导职能，及时向政府有关部门反映物流园区发展中存在的问题和企业诉求，积极配合相关部门做好物流园区相关标准制修订、建立实施统计制度、总结推广先进经验、引导推动科技创新等相关工作，促进物流园区健康有序发展。

国家邮政局关于提升快递末端投递服务水平的指导意见

各省、自治区、直辖市邮政管理局，中国快递协会：

为全面提升快递末端投递服务水平，进一步贯彻《国务院关于促进信息消费扩大内需的若干意见》（国发〔2013〕32 号）“完善智能物流基础设施，支持农村、社区、学校的物流快递配送点建设”的精神，落实交通运输部等七部门《关于加强和改进城市配送管理工作的意见》（交运发〔2013〕138 号）“鼓励快递企业建设适应电子商务发展的快件配送体系，探索‘仓储一体化’等新型配送模式，提升电子商务配送水平”的要求，现提出以下意见：

一、充分认识提升快递末端投递服务水平的重要意义

快递末端投递是快递服务的重要环节，是行业发展惠及百姓、服务民生的重要体现，也是衡量企业是否具有竞争优势的重要标准。随着城市化进程加快，快递服务生产生活的作用将更为突出。大型居住区、商业区、校区、机关企事业单位综合办公区等不断涌现，对快递末端投递服务能力提出了新的要求。这些区域人员密集、交通繁忙、管理各异，快递使用需求旺盛、服务需求个性化突出；但同时，在部分居住区、校区、写字楼、机关办公区中，快递服务与用户使用需求、生活习惯不匹配，造成服务满意程度降低。为了破解投递难题，各级邮政管理部门、快递企业开展了大量实践，进行了多种探索，取得了明显成效，这些好的做法应当及时总结、予以推广。全行业必须充分认识到提升快递末端投递服务水平的必要性和紧迫性，凝聚智慧和力量，齐心协力破解末端投递服务难题，真正让“小快递”服务“大民生”。

二、指导思想和基本原则

（一）指导思想：以科学发展观为指导，把不断满足人民群众日益增长和不断丰富的快递使用需求作为出发点，充分发挥市场机制的作用，释放企业的积极性和创造性。国家邮政局抓好行业政策框架搭建，各省、自治区、直辖市邮政管理局抓好政策落地创新推动，市（地）邮政管理局具体负责协调推进，切实解决快递末端投递中存在的突出问题，促进快递行业又好又快发展。

（二）基本原则。

1. 企业自主与政府指导相结合。充分发挥

企业的主体作用，依托市场机制提升服务水平。加大政策扶持力度，营造良好的发展环境。

2. 自身建设与合作创新相结合。立足快递企业自身网点建设，全面提升末端投递服务质量。鼓励将第三方合作模式作为网点建设的有益补充。

3. 科技创新与产品创新相结合。支持企业加大先进技术应用力度，提升服务信息化、标准化、自动化水平。引导企业丰富产品类型，满足用户的多样化需求。

4. 高效便捷与保障安全相结合。引导企业加强过程管理、优化服务流程，增强投递服务的时效性与便捷性。督促企业加强制度建设与落实，切实保障用户快件安全与信息安全。

三、主要内容

（三）引导企业加强自身能力建设。快递企业是末端投递网络建设的主体，引导企业科学设置服务半径，加快自有品牌末端网点建设，提高快递网络覆盖率和稳定性。鼓励企业丰富产品类型，合理规划投递路线，科学安排投递时间和频次，满足用户的多样化需求。

引导企业推广标准化管理模式，推动品牌企业全网统一管理和服务。建立标准门店、统一车辆标准，统一业务员着装、工号牌佩戴，规范仪容仪表，提升社会认可度。引导企业加快建设、完善全国统一客服电话，提升电话接通率和问题处理效率。鼓励企业通过门店、电话、网络等多种渠道为用户提供及时、便利的查询、投诉服务。

引导企业加大科技投入，提升信息化应用水平。要全面推广使用手持终端设备，增强投递服务的时效性和管理的智能化。继续提升对地理信息系统、卫星定位系统的综合应用能力，加强末端服务的统筹调度和全程管理。鼓励企业积极开发无线网络服务平台，推广智能手机客户端、微信应用等符合新型消费环境的服务创新。

（四）鼓励企业开展第三方合作模式创新。鼓励企业因地制宜，与连锁商业机构、便民服务设施、社区服务组织、机关学校管理部门以及专业第三方企业开展多种形式的投递服务合作。

快递企业应与合作方签订合作协议，明确约定投递方式、投递时效、快件保管、用户验收、费用支付、快件安全、用户信息安全等内容。快递企业应按照统一作业规范的要求，对合作方进行业务指导和培训，确保合作方提供的投递服务符合质量要求。以合作形式向用户提供投递服务的，快递企业应当保障用户的权益并征得用户的同意，提前告知用户选择合作投递服务时可能发生的单独费用。快递企业不得将代收货款快件委托合作方代为投递。

与居住区、写字楼物业等服务组织合作开展投递服务的快递企业，应严格区分代签服务和代投服务。开展代签服务的，要确保物业获得业主允许其代为签收的授权，并且具备快件的保管条件。

与学校管理部门合作开展投递服务的快递企业，应当遵守校方关于校园安全管理的有关要求，并确认校方能够提供符合快件投递服务要求的场所。

与专业第三方企业合作开展投递服务的快递企业，要保证快件全程寄递时限符合企业服务承诺及国家标准。专业第三方企业从事快件投递服务的，应当严格按照《快递服务》国家标准和《快递业务操作指导规范》向用户提供服务。

（五）积极探索和推广智能投递。鼓励和支持邮政、快递企业及社会资金，投入快递服务末端智能快件箱等自助服务设施建设并推广使用。开发智能快件箱设备应当执行《智能快件箱》邮政行业标准。使用智能快件箱等自助服务设备投递快件，应当事先征得用户同意，并采用必要科技手段确保快件安全和用户的信息安全，切实保障消费者按照服务约定验视签收的权利。

四、政策保障

（六）优化行业发展环境。国家邮政局将加快研究制定专项政策、技术标准和操作规范。推动出台从事快件收投业务非机动车技术要求行业标准和快递门店建设行业标准，积极指导各级邮政管理部门将快递营业网点建设纳入城市配送发展规划。

各省、自治区、直辖市邮政管理局要针对解决本省（区、市）末端投递服务问题制订明确的工作计划。通过综合利用地方立法、专项规划等手段，加大对快递末端投递服务的扶持力度，全面抓好行业各项政策措施在本区域的落地实施。全力争取本省（区、市）的扶持政策和相关部门的支持配合，有针对性地指导市（地）邮政管理局开展工作。

市（地）邮政管理局要因地制宜、主动作为。积极争取地方政府的支持，将改善投递服务的配套政策和措施纳入地方规划。进一步加强与地方发展改革、教育、公安、住建、交通、商务、工商等部门的合作，全力推动地方政府建立健全快递运输保障机制，制定实施便利快递车辆通行停靠的具体措施，出台智能快件箱用地、税收优惠、补贴等方面的鼓励政策。有条件的地区要探索邮政业综合服务平台建设，提升行业公共服务水平。

（七）简化许可备案手续。邮政管理部门要进一步简化登记备案手续和流程，对快递企业末端网点实行备案管理，为企业发展创造条件。专门从事快件投递业务的第三方企业应当纳入快递业务经营许可管理，国家邮政局将抓紧研究出台相关审核制度，优化流程，简化手续。

（八）营造良好的舆论氛围。进一步加强与媒体的沟通协作，及时介绍行业管理措施，通报服务质量监督和执法情况，争取社会各界的理解与支持。大力推动全行业精神文明建设，宣传学习先进事迹，报道企业改善管理、提升服务的工作实绩，营造用户理解支持的良好氛围，弘扬行业正气。

五、加强工作落实

（九）强化组织领导。各级邮政管理部门要立足本地区实际，认真研究影响本地区末端投递服务质量的关键问题，把推动解决末端投递困难作为开展党的群众路线教育实践活动的重要内容抓好抓实。要切实加强组织领导，充分发挥管理部门、行业协会、企业等多方的积极性和主动性，建立政府引领、协会指导、企业主导、公众支持的工作格局。要根据本意见抓紧细化政策措施，制定符合地区实际的具体方案，对已经出台的相关政策，要加快推进，务求实效。

（十）加强服务质量监督。充分发挥以公众满意度、时限准时率和用户申诉率为主要内容的快递服务质量评价体系的作用，督促企业改善服务。切实维护消费者合法权益，进一步加强消费者申诉处理工作，建立完善申诉通报制度。依法加强对快递用户的信息保护和末端投递服务的监督检查，对于违反《快递市场管理办法》《快递服务》国家标准，严重损害用户权益的企业要坚决依法处理。

（十一）加强行业安全监管。严格依照《邮政法》《邮政行业安全监督管理办法》关于通信与信息安全、生产安全和应急管理方面的规定，切实加强末端投递服务环节的安全保障。认真落实国家邮政局、工业和信息化部、公安部等六部门联合印发的《关于切实做好寄递服务信息安全监管工作的通知》要求，全面加强对寄递服务信息安全的监督检查，发现快递企业及从业人员非法泄露或者非法买卖快递服务信息的，要严格依法予以处罚。构成刑事犯罪的，要依照程序移送司法机关处理。

（十二）推动从业人员素质提升。大力加强全行业精神文明建设，宣传、学习先进事迹。深入开展快递业务员职业技能鉴定工作，大力引导企业通过多种形式开展快递业务员岗位技能培训和职业道德教育，着力提升快递业务员专业素养和从业水平。推进企业优秀文化建设，树立、倡导正确的核心价值理念。

（十三）发挥协会作用。快递协会要完善行业自律约束机制，制定服务公约和职业道德准则。依据《快递企业等级评定管理办法（试行)》，将企业自营网络覆盖范围以及服务能力作为评定的重要依据，推进评定工作有序开展。加强与其他行业协会沟通，发挥合力，协调解决投递难题。

2013 年 11 月 22 日

财政部　国家税务总局关于将铁路运输和邮政业纳入营业税改征增值税试点的通知

（财税〔2013〕106 号　2013 年 12 月 12 日）

各省、自治区、直辖市、计划单列市财政厅（局）、国家税务局、地方税务局，新疆生产建设兵团财务局：

经国务院批准，铁路运输和邮政业纳入营业税改征增值税（以下称营改增）试点。结合交通运输业和部分现代服务业营改增试点运行中反映的问题，我们对营改增试点政策进行了修改完善。现将有关试点政策一并印发你们，请遵照执行。

一、自 2014 年 1 月 1 日起，在全国范围内开展铁路运输和邮政业营改增试点。

二、各地要高度重视营改增试点工作，切实加强试点工作的组织领导，周密安排，明确责任，采取各种有效措施，做好试点前的各项准备以及试点过程中的监测分析和宣传解释等工作，确保改革的平稳、有序、顺利进行。遇到问题请及时向财政部和国家税务总局反映。

三、本通知附件规定的内容，除另有规定执行时间外，自 2014 年 1 月 1 日起执行。《财政部 国家税务总局关于在全国开展交通运输业和部分现代服务业营业税改征增值税试点税收政策的通知》（财税〔2013〕37 号）自 2014 年 1 月 1 日起废止。

附件：1. 营业税改征增值税试点实施办法

2. 营业税改征增值税试点有关事项的规定

3. 营业税改征增值税试点过渡政策的规定

4. 应税服务适用增值税零税率和免税政策的规定

附件 1：

营业税改征增值税试点实施办法

第一章　纳税人和扣缴义务人

第一条　在中华人民共和国境内（以下称境内）提供交通运输业、邮政业和部分现代服务业服务（以下称应税服务）的单位和个人，为增值税纳税人。纳税人提供应税服务，应当按照本办法缴纳增值税，不再缴纳营业税。

单位，是指企业、行政单位、事业单位、军事单位、社会团体及其他单位。

个人，是指个体工商户和其他个人。

第二条 单位以承包、承租、挂靠方式经营的，承包人、承租人、挂靠人（以下统称承包人）以发包人、出租人、被挂靠人（以下统称发包人）名义对外经营并由发包人承担相关法律责任的，以该发包人为纳税人。否则，以承包人为纳税人。

第三条 纳税人分为一般纳税人和小规模纳税人。

应税服务的年应征增值税销售额（以下称应税服务年销售额）超过财政部和国家税务总局规定标准的纳税人为一般纳税人，未超过规定标准的纳税人为小规模纳税人。

应税服务年销售额超过规定标准的其他个人不属于一般纳税人。应税服务年销售额超过规定标准但不经常提供应税服务的单位和个体工商户可选择按照小规模纳税人纳税。

第四条 未超过规定标准的纳税人会计核算健全，能够提供准确税务资料的，可以向主管税务机关申请一般纳税人资格认定，成为一般纳税人。

会计核算健全，是指能够按照国家统一的会计制度规定设置账簿，根据合法、有效凭证核算。

第五条 符合一般纳税人条件的纳税人应当向主管税务机关申请一般纳税人资格认定。具体认定办法由国家税务总局制定。

除国家税务总局另有规定外，一经认定为一般纳税人后，不得转为小规模纳税人。

第六条 中华人民共和国境外（以下称境外）的单位或者个人在境内提供应税服务，在境内未设有经营机构的，以其代理人为增值税扣缴义务人；在境内没有代理人的，以接受方为增值税扣缴义务人。

第七条 两个或者两个以上的纳税人，经财政部和国家税务总局批准可以视为一个纳税人合并纳税。具体办法由财政部和国家税务总局另行制定。

第二章 应税服务

第八条 应税服务，是指陆路运输服务、水路运输服务、航空运输服务、管道运输服务、邮政普遍服务、邮政特殊服务、其他邮政服务、研发和技术服务、信息技术服务、文化创意服务、物流辅助服务、有形动产租赁服务、鉴证咨询服务、广播影视服务。

应税服务的具体范围按照本办法所附的《应税服务范围注释》执行。

第九条 提供应税服务，是指有偿提供应税服务，但不包括非营业活动中提供的应税服务。

有偿，是指取得货币、货物或者其他经济利益。

非营业活动，是指：

（一）非企业性单位按照法律和行政法规的规定，为履行国家行政管理和公共服务职能收取政府性基金或者行政事业性收费的活动。

（二）单位或者个体工商户聘用的员工为本单位或者雇主提供应税服务。

（三）单位或者个体工商户为员工提供应税服务。

（四）财政部和国家税务总局规定的其他情形。

第十条 在境内提供应税服务，是指应税服务提供方或者接受方在境内。

下列情形不属于在境内提供应税服务：

（一）境外单位或者个人向境内单位或者个人提供完全在境外消费的应税服务。

（二）境外单位或者个人向境内单位或者个人出租完全在境外使用的有形动产。

（三）财政部和国家税务总局规定的其他情形。

第十一条 单位和个体工商户的下列情形，视同提供应税服务：

（一）向其他单位或者个人无偿提供交通运输业、邮政业和部分现代服务业服务，但以公益活动为目的或者以社会公众为对象的除外。

（二）财政部和国家税务总局规定的其他情形。

第三章 税率和征收率

第十二条 增值税税率：

（一）提供有形动产租赁服务，税率为17%。

（二）提供交通运输业服务、邮政业服务，税率为11%。

（三）提供现代服务业服务（有形动产租赁服务除外），税率为6%。

（四）财政部和国家税务总局规定的应税服务，税率为零。

第十三条 增值税征收率为3%。

第四章 应纳税额的计算

第一节 一般性规定

第十四条 增值税的计税方法，包括一般计税方法和简易计税方法。

第十五条 一般纳税人提供应税服务适用一般计税方法计税。

一般纳税人提供财政部和国家税务总局规定的特定应税服务，可以选择适用简易计税方法计税，但一经选择，36个月内不得变更。

第十六条 小规模纳税人提供应税服务适用简易计税方法计税。

第十七条 境外单位或者个人在境内提供应税服务，在境内未设有经营机构的，扣缴义务人按照下列公式计算应扣缴税额：

应扣缴税额＝接受方支付的价款÷（1＋税率）×税率

第二节 一般计税方法

第十八条 一般计税方法的应纳税额，是指当期销项税额抵扣当期进项税额后的余额。应纳税额计算公式：

应纳税额＝当期销项税额－当期进项税额

当期销项税额小于当期进项税额不足抵扣时，其不足部分可以结转下期继续抵扣。

第十九条 销项税额，是指纳税人提供应税服务按照销售额和增值税税率计算的增值税额。销项税额计算公式：

销项税额＝销售额×税率

第二十条 一般计税方法的销售额不包括销项税额，纳税人采用销售额和销项税额合并定价方法的，按照下列公式计算销售额：

销售额＝含税销售额÷（1＋税率）

第二十一条 进项税额，是指纳税人购进货物或者接受加工修理修配劳务和应税服务，支付或者负担的增值税额。

第二十二条 下列进项税额准予从销项税额中抵扣：

（一）从销售方或者提供方取得的增值税专用发票（含货物运输业增值税专用发票、税控机动车销售统一发票，下同）上注明的增值税额。

（二）从海关取得的海关进口增值税专用缴款书上注明的增值税额。

（三）购进农产品，除取得增值税专用发

票或者海关进口增值税专用缴款书外，按照农产品收购发票或者销售发票上注明的农产品买价和13%的扣除率计算的进项税额。计算公式为：

进项税额 = 买价 × 扣除率

买价，是指纳税人购进农产品在农产品收购发票或者销售发票上注明的价款和按照规定缴纳的烟叶税。

购进农产品，按照《农产品增值税进项税额核定扣除试点实施办法》抵扣进项税额的除外。

（四）接受境外单位或者个人提供的应税服务，从税务机关或者境内代理人取得的解缴税款的中华人民共和国税收缴款凭证（以下称税收缴款凭证）上注明的增值税额。

第二十三条 纳税人取得的增值税扣税凭证不符合法律、行政法规或者国家税务总局有关规定的，其进项税额不得从销项税额中抵扣。

增值税扣税凭证，是指增值税专用发票、海关进口增值税专用缴款书、农产品收购发票、农产品销售发票和税收缴款凭证。

纳税人凭税收缴款凭证抵扣进项税额的，应当具备书面合同、付款证明和境外单位的对账单或者发票。资料不全的，其进项税额不得从销项税额中抵扣。

第二十四条 下列项目的进项税额不得从销项税额中抵扣：

（一）用于简易计税方法计税项目、非增值税应税项目、免征增值税项目、集体福利或者个人消费的购进货物、接受加工修理修配劳务或者应税服务。其中涉及的固定资产、专利技术、非专利技术、商誉、商标、著作权、有形动产租赁，仅指专用于上述项目的固定资产、专利技术、非专利技术、商誉、商标、著作权、有形动产租赁。

（二）非正常损失的购进货物及相关的加工修理修配劳务或者交通运输业服务。

（三）非正常损失的在产品、产成品所耗用的购进货物（不包括固定资产）、加工修理修配劳务或者交通运输业服务。

（四）接受的旅客运输服务。

第二十五条 非增值税应税项目，是指非增值税应税劳务、转让无形资产（专利技术、非专利技术、商誉、商标、著作权除外）、销售不动产以及不动产在建工程。

非增值税应税劳务，是指《应税服务范围注释》所列项目以外的营业税应税劳务。

不动产，是指不能移动或者移动后会引起性质、形状改变的财产，包括建筑物、构筑物和其他土地附着物。

纳税人新建、改建、扩建、修缮、装饰不动产，均属于不动产在建工程。

个人消费，包括纳税人的交际应酬消费。

固定资产，是指使用期限超过12个月的机器、机械、运输工具以及其他与生产经营有关的设备、工具、器具等有形动产。

非正常损失，是指因管理不善造成被盗、丢失、霉烂变质的损失，以及被执法部门依法没收或者强令自行销毁的货物。

第二十六条 适用一般计税方法的纳税人，兼营简易计税方法计税项目、非增值税应税劳务、免征增值税项目而无法划分不得抵扣的进项税额，按照下列公式计算不得抵扣的进项税额：

不得抵扣的进项税额 = 当期无法划分的全部进项税额 ×（当期简易计税方法计税项目销售额 + 非增值税应税劳务营业额 + 免征增值税项目销售额）÷（当期全部销售额 + 当期全部营业额）

主管税务机关可以按照上述公式依据年度数据对不得抵扣的进项税额进行清算。

第二十七条 已抵扣进项税额的购进货物、接受加工修理修配劳务或者应税服务，发生本办法第二十四条规定情形（简易计税方法计税项目、非增值税应税劳务、免征增值税项目除外）的，应当将该进项税额从当期进项税额中扣减；无法确定该进项税额的，按照当期实际成本计算应扣减的进项税额。

第二十八条 纳税人提供的适用一般计税方法计税的应税服务，因服务中止或者折让而退还给购买方的增值税额，应当从当期的销项税额中扣减；发生服务中止、购进货物退出、折让而收回的增值税额，应当从当期的进项税额中扣减。

第二十九条 有下列情形之一者，应当按照销售额和增值税税率计算应纳税额，不得抵扣进项税额，也不得使用增值税专用发票：

（一）一般纳税人会计核算不健全，或者不能够提供准确税务资料的。

（二）应当申请办理一般纳税人资格认定而未申请的。

第三节 简易计税方法

第三十条 简易计税方法的应纳税额，是指按照销售额和增值税征收率计算的增值税额，不得抵扣进项税额。应纳税额计算公式：

应纳税额＝销售额×征收率

第三十一条 简易计税方法的销售额不包括其应纳税额，纳税人采用销售额和应纳税额合并定价方法的，按照下列公式计算销售额：

销售额＝含税销售额÷（1＋征收率）

第三十二条 纳税人提供的适用简易计税方法计税的应税服务，因服务中止或者折让而退还给接受方的销售额，应当从当期销售额中扣减。扣减当期销售额后仍有余额造成多缴的税款，可以从以后的应纳税额中扣减。

第四节 销售额的确定

第三十三条 销售额，是指纳税人提供应税服务取得的全部价款和价外费用。

价外费用，是指价外收取的各种性质的价外收费，但不包括同时符合下列条件代为收取的政府性基金或者行政事业性收费：

1. 由国务院或者财政部批准设立的政府性基金，由国务院或者省级人民政府及其财政、价格主管部门批准设立的行政事业性收费；

2. 收取时开具省级以上财政部门印制的财政票据；

3. 所收款项全额上缴财政。

第三十四条 销售额以人民币计算。

纳税人按照人民币以外的货币结算销售额的，应当折合成人民币计算，折合率可以选择销售额发生的当天或者当月 1 日的人民币汇率中间价。纳税人应当在事先确定采用何种折合率，确定后 12 个月内不得变更。

第三十五条 纳税人提供适用不同税率或者征收率的应税服务，应当分别核算适用不同税率或者征收率的销售额；未分别核算的，从高适用税率。

第三十六条 纳税人兼营营业税应税项目的，应当分别核算应税服务的销售额和营业税应税项目的营业额；未分别核算的，由主管税务机关核定应税服务的销售额。

第三十七条 纳税人兼营免税、减税项目的，应当分别核算免税、减税项目的销售额；未分别核算的，不得免税、减税。

第三十八条 纳税人提供应税服务，开具增值税专用发票后，发生应税服务中止、折让、开票有误等情形的，应当按照国家税务总局的规定开具红字增值税专用发票；未按照规定开具红字增值税专用发票的，不得按照本办法第二十八条和第三十二条的规定扣减销项税额或者销售额。

第三十九条 纳税人提供应税服务，将价款和折扣额在同一张发票上分别注明的，以折扣后的价款为销售额；未在同一张发票上分别注明的，以价款为销售额，不得扣减折扣额。

第四十条 纳税人提供应税服务的价格明显偏低或者偏高且不具有合理商业目的的，或者发生本办法第十一条所列视同提供应税服务而无销售额的，主管税务机关有权按照下列顺序确定销售额：

（一）按照纳税人最近时期提供同类应税服务的平均价格确定。

（二）按照其他纳税人最近时期提供同类应税服务的平均价格确定。

（三）按照组成计税价格确定。组成计税价格的公式为：

组成计税价格 = 成本 ×（1 + 成本利润率）

成本利润率由国家税务总局确定。

第五章 纳税义务、扣缴义务发生时间和纳税地点

第四十一条 增值税纳税义务发生时间为：

（一）纳税人提供应税服务并收讫销售款项或者取得索取销售款项凭据的当天；先开具发票的，为开具发票的当天。

收讫销售款项，是指纳税人提供应税服务过程中或者完成后收到款项。

取得索取销售款项凭据的当天，是指书面合同确定的付款日期；未签订书面合同或者书面合同未确定付款日期的，为应税服务完成的当天。

（二）纳税人提供有形动产租赁服务采取预收款方式的，其纳税义务发生时间为收到预收款的当天。

（三）纳税人发生本办法第十一条视同提供应税服务的，其纳税义务发生时间为应税服务完成的当天。

（四）增值税扣缴义务发生时间为纳税人增值税纳税义务发生的当天。

第四十二条 增值税纳税地点为：

（一）固定业户应当向其机构所在地或者居住地主管税务机关申报纳税。总机构和分支机构不在同一县（市）的，应当分别向各自所在地的主管税务机关申报纳税；经财政部和国家税务总局或者其授权的财政和税务机关批准，可以由总机构汇总向总机构所在地的主管税务机关申报纳税。

（二）非固定业户应当向应税服务发生地主管税务机关申报纳税；未申报纳税的，由其机构所在地或者居住地主管税务机关补征税款。

（三）扣缴义务人应当向其机构所在地或者居住地主管税务机关申报缴纳扣缴的税款。

第四十三条 增值税的纳税期限分别为 1 日、3 日、5 日、10 日、15 日、1 个月或者 1 个季度。纳税人的具体纳税期限，由主管税务机关根据纳税人应纳税额的大小分别核定。以 1 个季度为纳税期限的规定适用于小规模纳税人以及财政部和国家税务总局规定的其他纳税人。不能按照固定期限纳税的，可以按次纳税。

纳税人以 1 个月或者 1 个季度为 1 个纳税期的，自期满之日起 15 日内申报纳税；以 1 日、3 日、5 日、10 日或者 15 日为 1 个纳税期的，自期满之日起 5 日内预缴税款，于次月 1 日起 15 日内申报纳税并结清上月应纳税款。

扣缴义务人解缴税款的期限，按照前两款规定执行。

第六章 税收减免

第四十四条 纳税人提供应税服务适用免税、减税规定的，可以放弃免税、减税，依照本办法的规定缴纳增值税。放弃免税、减税后，36个月内不得再申请免税、减税。

纳税人提供应税服务同时适用免税和零税率规定的，优先适用零税率。

第四十五条 个人提供应税服务的销售额未达到增值税起征点的，免征增值税；达到起征点的，全额计算缴纳增值税。

增值税起征点不适用于认定为一般纳税人的个体工商户。

第四十六条 增值税起征点幅度如下：

（一）按期纳税的，为月销售额5000～20000元（含本数）。

（二）按次纳税的，为每次（日）销售额300～500元（含本数）。

起征点的调整由财政部和国家税务总局规定。省、自治区、直辖市财政厅（局）和国家税务局应当在规定的幅度内，根据实际情况确定本地区适用的起征点，并报财政部和国家税务总局备案。

第七章 征收管理

第四十七条 营业税改征的增值税，由国家税务局负责征收。

第四十八条 纳税人提供适用零税率的应税服务，应当按期向主管税务机关申报办理退（免）税，具体办法由财政部和国家税务总局制定。

第四十九条 纳税人提供应税服务，应当向索取增值税专用发票的接受方开具增值税专用发票，并在增值税专用发票上分别注明销售额和销项税额。

属于下列情形之一的，不得开具增值税专用发票：

（一）向消费者个人提供应税服务。

（二）适用免征增值税规定的应税服务。

第五十条 小规模纳税人提供应税服务，接受方索取增值税专用发票的，可以向主管税务机关申请代开。

第五十一条 纳税人增值税的征收管理，按照本办法和《中华人民共和国税收征收管理法》及现行增值税征收管理有关规定执行。

第八章 附 则

第五十二条 纳税人应当按照国家统一的会计制度进行增值税会计核算。

第五十三条 本办法自2014年1月1日起执行。

附：

应税服务范围注释

一、交通运输业

交通运输业，是指使用运输工具将货物或者旅客送达目的地，使其空间位置得到转移的业务活动。包括陆路运输服务、水路运输服务、航空运输服务和管道运输服务。

（一）陆路运输服务。

陆路运输服务，是指通过陆路（地上或者地下）运送货物或者旅客的运输业务活动，包括铁路运输和其他陆路运输。

1. 铁路运输服务，是指通过铁路运送货物或者旅客的运输业务活动。

2. 其他陆路运输服务，是指铁路运输以外的陆路运输业务活动。包括公路运输、缆车运输、索道运输、地铁运输、城市轻轨运输等。

出租车公司向使用本公司自有出租车的出租车司机收取的管理费用，按陆路运输服务征收增值税。

（二）水路运输服务。

水路运输服务，是指通过江、河、湖、川等天然、人工水道或者海洋航道运送货物或者旅客的运输业务活动。

远洋运输的程租、期租业务，属于水路运输服务。

程租业务，是指远洋运输企业为租船人完成某一特定航次的运输任务并收取租赁费的业务。

期租业务，是指远洋运输企业将配备有操作人员的船舶承租给他人使用一定期限，承租期内听候承租方调遣，不论是否经营，均按天向承租方收取租赁费，发生的固定费用均由船东负担的业务。

（三）航空运输服务。

航空运输服务，是指通过空中航线运送货物或者旅客的运输业务活动。

航空运输的湿租业务，属于航空运输服务。

湿租业务，是指航空运输企业将配备有机组人员的飞机承租给他人使用一定期限，承租期内听候承租方调遣，不论是否经营，均按一定标准向承租方收取租赁费，发生的固定费用均由承租方承担的业务。

航天运输服务，按照航空运输服务征收增值税。

航天运输服务，是指利用火箭等载体将卫星、空间探测器等空间飞行器发射到空间轨道的业务活动。

（四）管道运输服务。

管道运输服务，是指通过管道设施输送气体、液体、固体物质的运输业务活动。

二、邮政业

邮政业，是指中国邮政集团公司及其所属邮政企业提供邮件寄递、邮政汇兑、机要通信和邮政代理等邮政基本服务的业务活动。包括邮政普遍服务、邮政特殊服务和其他邮政服务。

（一）邮政普遍服务。

邮政普遍服务，是指函件、包裹等邮件寄递，以及邮票发行、报刊发行和邮政汇兑等业务活动。

函件，是指信函、印刷品、邮资封片卡、无名址函件和邮政小包等。

包裹，是指按照封装上的名址递送给特定个人或者单位的独立封装的物品，其重量不超过五十千克，任何一边的尺寸不超过一百五十厘米，长、宽、高合计不超过三百厘米。

（二）邮政特殊服务。

邮政特殊服务，是指义务兵平常信函、机要通信、盲人读物和革命烈士遗物的寄递等业务活动。

（三）其他邮政服务。

其他邮政服务，是指邮册等邮品销售、邮政代理等业务活动。

三、部分现代服务业

部分现代服务业，是指围绕制造业、文化产业、现代物流产业等提供技术性、知识性服务的业务活动。包括研发和技术服务、信息技术服务、文化创意服务、物流辅助服务、有形动产租赁服务、鉴证咨询服务、广播影视服务。

（一）研发和技术服务。

研发和技术服务，包括研发服务、技术转让服务、技术咨询服务、合同能源管理服务、工程勘察勘探服务。

1. 研发服务，是指就新技术、新产品、新工艺或者新材料及其系统进行研究与试验开发的业务活动。

2. 技术转让服务，是指转让专利或者非专利技术的所有权或者使用权的业务活动。

3. 技术咨询服务，是指对特定技术项目提供可行性论证、技术预测、技术测试、技术培训、专题技术调查、分析评价报告和专业知识咨询等业务活动。

4. 合同能源管理服务，是指节能服务公司与用能单位以契约形式约定节能目标，节能服务公司提供必要的服务，用能单位以节能效果支付节能服务公司投入及其合理报酬的业务活动。

5. 工程勘察勘探服务，是指在采矿、工程施工前后，对地形、地质构造、地下资源蕴藏情况进行实地调查的业务活动。

（二）信息技术服务。

信息技术服务，是指利用计算机、通信网络等技术对信息进行生产、收集、处理、加工、存储、运输、检索和利用，并提供信息服务的业务活动。包括软件服务、电路设计及测试服务、信息系统服务和业务流程管理服务。

1. 软件服务，是指提供软件开发服务、软件咨询服务、软件维护服务、软件测试服务的业务行为。

2. 电路设计及测试服务，是指提供集成电路和电子电路产品设计、测试及相关技术支持服务的业务行为。

3. 信息系统服务，是指提供信息系统集成、网络管理、桌面管理与维护、信息系统应用、基础信息技术管理平台整合、信息技术基础设施管理、数据中心、托管中心、安全服务的业务行为。包括网站对非自有的网络游戏提供的网络运营服务。

4. 业务流程管理服务，是指依托计算机信息技术提供的人力资源管理、财务经济管理、审计管理、税务管理、金融支付服务、内部数据分析、内部数据挖掘、内部数据管理、内部数据使用、呼叫中心和电子商务平台等服务的业务活动。

（三）文化创意服务。

文化创意服务，包括设计服务、商标和著作权转让服务、知识产权服务、广告服务和会议展览服务。

1. 设计服务，是指把计划、规划、设想通过视觉、文字等形式传递出来的业务活动。包括工业设计、造型设计、服装设计、环境设计、平面设计、包装设计、动漫设计、网游设计、展示设计、网站设计、机械设计、工程设计、广告设计、创意策划、文印晒图等。

2. 商标和著作权转让服务，是指转让商标、商誉和著作权的业务活动。

3. 知识产权服务，是指处理知识产权事务的业务活动。包括对专利、商标、著作权、软件、集成电路布图设计的代理、登记、鉴定、评估、认证、咨询、检索服务。

4. 广告服务，是指利用图书、报纸、杂志、广播、电视、电影、幻灯、路牌、招贴、橱窗、霓虹灯、灯箱、互联网等各种形式为客户的商品、经营服务项目、文体节目或者通告、声明等委托事项进行宣传和提供相关服务的业务活动。包括广告代理和广告的发布、播映、宣传、展示等。

5. 会议展览服务，是指为商品流通、促

销、展示、经贸洽谈、民间交流、企业沟通、国际往来等举办或者组织安排的各类展览和会议的业务活动。

（四）物流辅助服务。

物流辅助服务，包括航空服务、港口码头服务、货运客运场站服务、打捞救助服务、货物运输代理服务、代理报关服务、仓储服务、装卸搬运服务和收派服务。

1. 航空服务，包括航空地面服务和通用航空服务。

航空地面服务，是指航空公司、飞机场、民航管理局、航站等向在境内航行或者在境内机场停留的境内外飞机或者其他飞行器提供的导航等劳务性地面服务的业务活动。包括旅客安全检查服务、停机坪管理服务、机场候机厅管理服务、飞机清洗消毒服务、空中飞行管理服务、飞机起降服务、飞行通信服务、地面信号服务、飞机安全服务、飞机跑道管理服务、空中交通管理服务等。

通用航空服务，是指为专业工作提供飞行服务的业务活动，包括航空摄影、航空培训、航空测量、航空勘探、航空护林、航空吊挂播撒、航空降雨等。

2. 港口码头服务，是指港务船舶调度服务、船舶通讯服务、航道管理服务、航道疏浚服务、灯塔管理服务、航标管理服务、船舶引航服务、理货服务、系解缆服务、停泊和移泊服务、海上船舶溢油清除服务、水上交通管理服务、船只专业清洗消毒检测服务和防止船只漏油服务等为船只提供服务的业务活动。

港口设施经营人收取的港口设施保安费按照“港口码头服务”征收增值税。

3. 货运客运场站服务，是指货运客运场站提供的货物配载服务、运输组织服务、中转换乘服务、车辆调度服务、票务服务、货物打包整理、铁路线路使用服务、加挂铁路客车服务、铁路行包专列发送服务、铁路到达和中转服务、铁路车辆编解服务、车辆挂运服务、铁路接触网服务、铁路机车牵引服务、车辆停放服务等业务活动。

4. 打捞救助服务，是指提供船舶人员救助、船舶财产救助、水上救助和沉船沉物打捞服务的业务活动。

5. 货物运输代理服务，是指接受货物收货人、发货人、船舶所有人、船舶承租人或船舶经营人的委托，以委托人的名义或者以自己的名义，在不直接提供货物运输服务的情况下，为委托人办理货物运输、船舶进出港口、联系安排引航、靠泊、装卸等货物和船舶代理相关业务手续的业务活动。

6. 代理报关服务，是指接受进出口货物的收、发货人委托，代为办理报关手续的业务活动。

7. 仓储服务，是指利用仓库、货场或者其他场所代客贮放、保管货物的业务活动。

8. 装卸搬运服务，是指使用装卸搬运工具或人力、畜力将货物在运输工具之间、装卸现场之间或者运输工具与装卸现场之间进行装卸和搬运的业务活动。

9. 收派服务，是指接受寄件人委托，在承诺的时限内完成函件和包裹的收件、分拣、派送服务的业务活动。

收件服务，是指从寄件人收取函件和包裹，并运送到服务提供方同城的集散中心的业务活动；分拣服务，是指服务提供方在其集散中心对函件和包裹进行归类、分发的业务活动；派送服务，是指服务提供方从其集散中心将函件和包裹送达同城的收件人的业务活动。

（五）有形动产租赁服务。

有形动产租赁，包括有形动产融资租赁和

有形动产经营性租赁。

1. 有形动产融资租赁，是指具有融资性质和所有权转移特点的有形动产租赁业务活动。即出租人根据承租人所要求的规格、型号、性能等条件购入有形动产租赁给承租人，合同期内设备所有权属于出租人，承租人只拥有使用权，合同期满付清租金后，承租人有权按照残值购入有形动产，以拥有其所有权。不论出租人是否将有形动产残值销售给承租人，均属于融资租赁。

2. 有形动产经营性租赁，是指在约定时间内将物品、设备等有形动产转让他人使用且租赁物所有权不变更的业务活动。

远洋运输的光租业务、航空运输的干租业务，属于有形动产经营性租赁。

光租业务，是指远洋运输企业将船舶在约定的时间内出租给他人使用，不配备操作人员，不承担运输过程中发生的各项费用，只收取固定租赁费的业务活动。

干租业务，是指航空运输企业将飞机在约定的时间内出租给他人使用，不配备机组人员，不承担运输过程中发生的各项费用，只收取固定租赁费的业务活动。

（六）鉴证咨询服务。

鉴证咨询服务，包括认证服务、鉴证服务和咨询服务。

1. 认证服务，是指具有专业资质的单位利用检测、检验、计量等技术，证明产品、服务、管理体系符合相关技术规范、相关技术规范的强制性要求或者标准的业务活动。

2. 鉴证服务，是指具有专业资质的单位，为委托方的经济活动及有关资料进行鉴证，发表具有证明力的意见的业务活动。包括会计鉴证、税务鉴证、法律鉴证、工程造价鉴证、资产评估、环境评估、房地产土地评估、建筑图纸审核、医疗事故鉴定等。

3. 咨询服务，是指提供和策划财务、税收、法律、内部管理、业务运作和流程管理等信息或者建议的业务活动。

代理记账、翻译服务按照“咨询服务”征收增值税。

（七）广播影视服务。

广播影视服务，包括广播影视节目（作品）的制作服务、发行服务和播映（含放映，下同）服务。

1. 广播影视节目（作品）制作服务，是指进行专题（特别节目）、专栏、综艺、体育、动画片、广播剧、电视剧、电影等广播影视节目和作品制作的服务。具体包括与广播影视节目和作品相关的策划、采编、拍摄、录音、音视频文字图片素材制作、场景布置、后期的剪辑、翻译（编译）、字幕制作、片头、片尾、片花制作、特效制作、影片修复、编目和确权等业务活动。

2. 广播影视节目（作品）发行服务，是指以分账、买断、委托、代理等方式，向影院、电台、电视台、网站等单位和个人发行广播影视节目（作品）以及转让体育赛事等活动的报道及播映权的业务活动。

3. 广播影视节目（作品）播映服务，是指在影院、剧院、录像厅及其他场所播映广播影视节目（作品），以及通过电台、电视台、卫星通信、互联网、有线电视等无线或有线装置播映广播影视节目（作品）的业务活动。

附件 2：

营业税改征增值税试点有关事项的规定

一、试点纳税人［指按照《营业税改征增值税试点实施办法》（以下称《试点实施办法》）缴纳增值税的纳税人］有关政策

（一）混业经营。

试点纳税人兼有不同税率或者征收率的销售货物、提供加工修理修配劳务或者应税服务的，应当分别核算适用不同税率或者征收率的销售额，未分别核算销售额的，按照以下方法适用税率或者征收率：

1. 兼有不同税率的销售货物、提供加工修理修配劳务或者应税服务的，从高适用税率。

2. 兼有不同征收率的销售货物、提供加工修理修配劳务或者应税服务的，从高适用征收率。

3. 兼有不同税率和征收率的销售货物、提供加工修理修配劳务或者应税服务的，从高适用税率。

（二）油气田企业。

油气田企业提供的应税服务，适用《试点实施办法》规定的增值税税率，不再适用《财政部 国家税务总局关于印发〈油气田企业增值税管理办法〉的通知》（财税〔2009〕8 号）规定的增值税税率。

（三）征税范围。

1. 航空运输企业提供的旅客利用里程积分兑换的航空运输服务，不征收增值税。

2. 试点纳税人根据国家指令无偿提供的铁路运输服务、航空运输服务，属于《试点实施办法》第十一条规定的以公益活动为目的的服务，不征收增值税。

（四）销售额。

1. 融资租赁企业。

（1）经中国人民银行、银监会或者商务部批准从事融资租赁业务的试点纳税人，提供有形动产融资性售后回租服务，以收取的全部价款和价外费用，扣除向承租方收取的有形动产价款本金，以及对外支付的借款利息（包括外汇借款和人民币借款利息）、发行债券利息后的余额为销售额。

融资性售后回租，是指承租方以融资为目的，将资产出售给从事融资租赁业务的企业后，又将该资产租回的业务活动。

试点纳税人提供融资性售后回租服务，向承租方收取的有形动产价款本金，不得开具增值税专用发票，可以开具普通发票。

（2）经中国人民银行、银监会或者商务部批准从事融资租赁业务的纳税人，提供除融资性售后回租以外的有形动产融资租赁服务，以收取的全部价款和价外费用，扣除支付的借款利息（包括外汇借款和人民币借款利息）、发行债券利息、保险费、安装费和车辆购置税后的余额为销售额。

（3）本规定自 2013 年 8 月 1 日起执行。商务部授权的省级商务主管部门和国家经济技术开发区批准的从事融资租赁业务的试点纳税人，2013 年 12 月 31 日前注册资本达到 1.7 亿元的，自 2013 年 8 月 1 日起，按照上述规定执行；2014 年 1 月 1 日以后注册资本达到 1.7 亿元的，从达到该标准的次月起，按照上述规定执行。

2. 注册在北京市、天津市、上海市、江苏省、浙江省（含宁波市）、安徽省、福建省（含厦门市）、湖北省、广东省（含深圳市）9 省市的试点纳税人提供应税服务（不含有形动

产融资租赁服务），在2013年8月1日前按有关规定以扣除支付价款后的余额为销售额的，此前尚未抵减的部分，允许在2014年6月30日前继续抵减销售额，到期抵减不完的不得继续抵减。

上述尚未抵减的价款，仅限于凭2013年8月1日前开具的符合规定的凭证计算的部分。

3. 航空运输企业的销售额，不包括代收的机场建设费和代售其他航空运输企业客票而代收转付的价款。

4. 自本地区试点实施之日起，试点纳税人中的一般纳税人提供的客运场站服务，以其取得的全部价款和价外费用，扣除支付给承运方运费后的余额为销售额，其从承运方取得的增值税专用发票注明的增值税，不得抵扣。

5. 试点纳税人提供知识产权代理服务、货物运输代理服务和代理报关服务，以其取得的全部价款和价外费用，扣除向委托方收取并代为支付的政府性基金或者行政事业性收费后的余额为销售额。

向委托方收取的政府性基金或者行政事业性收费，不得开具增值税专用发票。

6. 试点纳税人中的一般纳税人提供国际货物运输代理服务，以其取得的全部价款和价外费用，扣除支付给国际运输企业的国际运输费用后的余额为销售额。

国际货物运输代理服务，是指接受货物收货人或其代理人、发货人或其代理人、运输工具所有人、运输工具承租人或运输工具经营人的委托，以委托人的名义或者以自己的名义，在不直接提供货物运输服务的情况下，直接为委托人办理货物的国际运输、从事国际运输的运输工具进出港口、联系安排引航、靠泊、装卸等货物和船舶代理相关业务手续的业务活动。

7. 试点纳税人从全部价款和价外费用中扣除价款，应当取得符合法律、行政法规和国家税务总局规定的有效凭证。否则，不得扣除。

上述凭证是指：

（1）支付给境内单位或者个人的款项，以发票为合法有效凭证。

（2）支付给境外单位或者个人的款项，以该单位或者个人的签收单据为合法有效凭证，税务机关对签收单据有疑义的，可以要求其提供境外公证机构的确认证明。

（3）缴纳的税款，以完税凭证为合法有效凭证。

（4）融资性售后回租服务中向承租方收取的有形动产价款本金，以承租方开具的发票为合法有效凭证。

（5）扣除政府性基金或者行政事业性收费，以省级以上财政部门印制的财政票据为合法有效凭证。

（6）国家税务总局规定的其他凭证。

（五）一般纳税人资格认定。

《试点实施办法》第三条规定的应税服务年销售额标准为500万元（含本数）。

财政部和国家税务总局可以根据试点情况对应税服务年销售额标准进行调整。

（六）计税方法。

1. 试点纳税人中的一般纳税人提供的公共交通运输服务，可以选择按照简易计税方法计算缴纳增值税。公共交通运输服务，包括轮客渡、公交客运、地铁、城市轻轨、出租车、长途客运、班车。其中，班车，是指按固定路线、固定时间运营并在固定站点停靠的运送旅客的陆路运输。

2. 试点纳税人中的一般纳税人，以该地区试点实施之日前购进或者自制的有形动产为标的物提供的经营租赁服务，试点期间可以选择按照简易计税方法计算缴纳增值税。

3. 自本地区试点实施之日起至 2017 年 12 月 31 日，被认定为动漫企业的试点纳税人中的一般纳税人，为开发动漫产品提供的动漫脚本编撰、形象设计、背景设计、动画设计、分镜、动画制作、摄制、描线、上色、画面合成、配音、配乐、音效合成、剪辑、字幕制作、压缩转码（面向网络动漫、手机动漫格式适配）服务，以及在境内转让动漫版权（包括动漫品牌、形象或者内容的授权及再授权），可以选择按照简易计税方法计算缴纳增值税。

动漫企业和自主开发、生产动漫产品的认定标准和认定程序，按照《文化部财政部国家税务总局关于印发〈动漫企业认定管理办法（试行）〉的通知》（文市发〔2008〕51 号）的规定执行。

4. 试点纳税人中的一般纳税人提供的电影放映服务、仓储服务、装卸搬运服务和收派服务，可以选择按照简易计税办法计算缴纳增值税。

5. 试点纳税人中的一般纳税人兼有销售货物、提供加工修理修配劳务的，凡未规定可以选择按照简易计税方法计算缴纳增值税的，其全部销售额应一并按照一般计税方法计算缴纳增值税。

（七）试点前发生的业务。

1. 试点纳税人在本地区试点实施之日前签订的尚未执行完毕的租赁合同，在合同到期日之前继续按照现行营业税政策规定缴纳营业税。

2. 试点纳税人提供应税服务，按照国家有关营业税政策规定差额征收营业税的，因取得的全部价款和价外费用不足以抵减允许扣除项目金额，截至本地区试点实施之日尚未扣除的部分，不得在计算试点纳税人本地区试点实施之日后的销售额时予以抵减，应当向原主管地税机关申请退还营业税。

试点纳税人按照本条第（七）项中第 1 点规定继续缴纳营业税的有形动产租赁服务，不适用本规定。

3. 试点纳税人提供应税服务在本地区试点实施之日前已缴纳营业税，本地区试点实施之日（含）后因发生退款减除营业额的，应当向原主管地税机关申请退还已缴纳的营业税。

4. 试点纳税人本地区试点实施之日前提供的应税服务，因税收检查等原因需要补缴税款的，应按照现行营业税政策规定补缴营业税。

（八）销售使用过的固定资产。

按照《试点实施办法》和本规定认定的一般纳税人，销售自己使用过的本地区试点实施之日（含）后购进或者自制的固定资产，按照适用税率征收增值税；销售自己使用过的本地区试点实施之日前购进或者自制的固定资产，按照现行旧货相关增值税政策执行。

使用过的固定资产，是指纳税人根据财务会计制度已经计提折旧的固定资产。

（九）扣缴增值税适用税率。

境内的代理人和接受方为境外单位和个人扣缴增值税的，按照适用税率扣缴增值税。

（十）纳税地点。

自 2014 年 1 月 1 日起，属于固定业户的试点纳税人，总分支机构不在同一县（市），但在同一省（自治区、直辖市、计划单列市）范围内的，经省（自治区、直辖市、计划单列市）财政厅（局）和国家税务局批准，可以由总机构汇总向总机构所在地的主管税务机关申报缴纳增值税。

二、原增值税纳税人［指按照《中华人民共和国增值税暂行条例》（以下称《增值税暂行条例》）缴纳增值税的纳税人］有关政策

（一）进项税额。

1. 原增值税一般纳税人接受试点纳税人提供的应税服务，取得的增值税专用发票上注明的增值税额为进项税额，准予从销项税额中抵扣。

2. 原增值税一般纳税人自用的应征消费税的摩托车、汽车、游艇，其进项税额准予从销项税额中抵扣。

3. 原增值税一般纳税人接受境外单位或者个人提供的应税服务，按照规定应当扣缴增值税的，准予从销项税额中抵扣的进项税额为从税务机关或者代理人取得的解缴税款的税收缴款凭证上注明的增值税额。

纳税人凭税收缴款凭证抵扣进项税额的，应当具备书面合同、付款证明和境外单位的对账单或者发票。资料不全的，其进项税额不得从销项税额中抵扣。

4. 原增值税一般纳税人购进货物或者接受加工修理修配劳务，用于《应税服务范围注释》所列项目的，不属于《增值税暂行条例》第十条所称的用于非增值税应税项目，其进项税额准予从销项税额中抵扣。

5. 原增值税一般纳税人接受试点纳税人提供的应税服务，下列项目的进项税额不得从销项税额中抵扣：

（1）用于简易计税方法计税项目、非增值税应税项目、免征增值税项目、集体福利或者个人消费，其中涉及的专利技术、非专利技术、商誉、商标、著作权、有形动产租赁，仅指专用于上述项目的专利技术、非专利技术、商誉、商标、著作权、有形动产租赁。

（2）接受的旅客运输服务。

（3）与非正常损失的购进货物相关的交通运输业服务。

（4）与非正常损失的在产品、产成品所耗用购进货物相关的交通运输业服务。

上述非增值税应税项目，是指《增值税暂行条例》第十条所称的非增值税应税项目，但不包括《应税服务范围注释》所列项目。

（二）一般纳税人认定。

原增值税一般纳税人兼有应税服务，按照《试点实施办法》和本规定第一条第（五）项的规定应当申请认定一般纳税人的，不需要重新办理一般纳税人认定手续。

（三）增值税期末留抵税额。

原增值税一般纳税人兼有应税服务的，截止到本地区试点实施之日前的增值税期末留抵税额，不得从应税服务的销项税额中抵扣。

三、《国家税务总局关于印发〈营业税税目注释（试行稿）〉的通知》（国税发〔1993〕149 号）中，交通运输业税目，邮电通信业税目中的邮政，服务业税目中仓储业和广告业，转让无形资产税目中的转让商标权、转让著作权、转让专利权、转让非专利技术，停止执行。未停止执行的营业税税目，其中如果有属于《应税服务范围注释》的应税服务，应按本通知规定征收增值税。

邮政储蓄业务按照金融保险业税目征收营业税。

附件 3：

营业税改征增值税试点过渡政策的规定

一、下列项目免征增值税

（一）个人转让著作权。

（二）残疾人个人提供应税服务。

（三）航空公司提供飞机播撒农药服务。

（四）试点纳税人提供技术转让、技术开发和与之相关的技术咨询、技术服务。

1. 技术转让，是指转让者将其拥有的专利和非专利技术的所有权或者使用权有偿转让他人的行为；技术开发，是指开发者接受他人委托，就新技术、新产品、新工艺或者新材料及其系统进行研究开发的行为；技术咨询，是指就特定技术项目提供可行性论证、技术预测、专题技术调查、分析评价报告等。

与技术转让、技术开发相关的技术咨询、技术服务，是指转让方（或受托方）根据技术转让或开发合同的规定，为帮助受让方（或委托方）掌握所转让（或委托开发）的技术，而提供的技术咨询、技术服务业务，且这部分技术咨询、服务的价款与技术转让（或开发）的价款应当开在同一张发票上。

2. 审批程序。试点纳税人申请免征增值税时，须持技术转让、开发的书面合同，到试点纳税人所在地省级科技主管部门进行认定，并持有关的书面合同和科技主管部门审核意见证明文件报主管国家税务局备查。

（五）符合条件的节能服务公司实施合同能源管理项目中提供的应税服务。

上述“符合条件”是指同时满足下列条件：

1. 节能服务公司实施合同能源管理项目相关技术，应当符合国家质量监督检验检疫总局和国家标准化管理委员会发布的《合同能源管理技术通则》（GB/T 24915—2010）规定的技术要求。

2. 节能服务公司与用能企业签订《节能效益分享型》合同，其合同格式和内容，符合《中华人民共和国合同法》和国家质量监督检验检疫总局和国家标准化管理委员会发布的《合同能源管理技术通则》（GB/T 24915—2010）等规定。

（六）自2014年1月1日至2018年12月31日，试点纳税人提供的离岸服务外包业务。

上述离岸服务外包业务，是指试点纳税人根据境外单位与其签订的委托合同，由本企业或其直接转包的企业为境外提供信息技术外包服务（ITO）、技术性业务流程外包服务（BPO）或技术性知识流程外包服务（KPO）（离岸服务外包业务具体内容附后）。

（七）台湾航运公司从事海峡两岸海上直航业务在大陆取得的运输收入。

台湾航运公司，是指取得交通运输部颁发的“台湾海峡两岸间水路运输许可证”且该许可证上注明的公司登记地址在台湾的航运公司。

（八）台湾航空公司从事海峡两岸空中直航业务在大陆取得的运输收入。

台湾航空公司，是指取得中国民用航空局颁发的“经营许可”或依据《海峡两岸空运协议》和《海峡两岸空运补充协议》规定，批准经营两岸旅客、货物和邮件不定期（包机）运输业务，且公司登记地址在台湾的航空公司。

（九）美国ABS船级社在非营利宗旨不变、中国船级社在美国享受同等免税待遇的前提下，在中国境内提供的船检服务。

（十）随军家属就业。

1. 为安置随军家属就业而新开办的企业，自领取税务登记证之日起，其提供的应税服务3年内免征增值税。

享受税收优惠政策的企业，随军家属必须占企业总人数的60%（含）以上，并有军（含）以上政治和后勤机关出具的证明。

2. 从事个体经营的随军家属，自领取税务登记证之日起，其提供的应税服务3年内免征增值税。

随军家属必须有师以上政治机关出具的可

以表明其身份的证明，但税务部门应当进行相应的审查认定。

主管税务机关在企业或个人享受免税期间，应当对此类企业进行年度检查，凡不符合条件的，取消其免税政策。

按照上述规定，每一名随军家属可以享受一次免税政策。

（十一）军队转业干部就业。

1. 从事个体经营的军队转业干部，经主管税务机关批准，自领取税务登记证之日起，其提供的应税服务3年内免征增值税。

2. 为安置自主择业的军队转业干部就业而新开办的企业，凡安置自主择业的军队转业干部占企业总人数60%（含）以上的，经主管税务机关批准，自领取税务登记证之日起，其提供的应税服务3年内免征增值税。

享受上述优惠政策的自主择业的军队转业干部必须持有师以上部队颁发的转业证件。

（十二）城镇退役士兵就业。

1. 为安置自谋职业的城镇退役士兵就业而新办的服务型企业当年新安置自谋职业的城镇退役士兵达到职工总数30%以上，并与其签订1年以上期限劳动合同的，经县级以上民政部门认定、税务机关审核，其提供的应税服务（除广告服务外）3年内免征增值税。

2. 自谋职业的城镇退役士兵从事个体经营的，自领取税务登记证之日起，其提供的应税服务（除广告服务外）3年内免征增值税。

新办的服务型企业，是指《国务院办公厅转发民政部等部门关于扶持城镇退役士兵自谋职业优惠政策意见的通知》（国办发〔2004〕10号）下发后新组建的企业。原有的企业合并、分立、改制、改组、扩建、搬迁、转产以及吸收新成员、改变领导或隶属关系、改变企业名称的，不能视为新办企业。

自谋职业的城镇退役士兵，是指符合城镇安置条件，并与安置地民政部门签订《退役士兵自谋职业协议书》，领取《城镇退役士兵自谋职业证》的士官和义务兵。

（十三）失业人员就业。

1. 持《就业失业登记证》（注明“自主创业税收政策”或附着《高校毕业生自主创业证》）人员从事个体经营的，在3年内按照每户每年8000元为限额依次扣减其当年实际应缴纳的增值税、城市维护建设税、教育费附加和个人所得税。

试点纳税人年度应缴纳税款小于上述扣减限额的，以其实际缴纳的税款为限；大于上述扣减限额的，应当以上述扣减限额为限。

享受优惠政策的个体经营试点纳税人，是指提供《应税服务范围注释》服务（除广告服务外）的试点纳税人。

持《就业失业登记证》（注明“自主创业税收政策”或附着《高校毕业生自主创业证》）人员是指：（1）在人力资源和社会保障部门公共就业服务机构登记失业半年以上的人员；（2）零就业家庭、享受城市居民最低生活保障家庭劳动年龄内的登记失业人员；（3）毕业年度内高校毕业生。

高校毕业生，是指实施高等学历教育的普通高等学校、成人高等学校毕业的学生；毕业年度，是指毕业所在自然年，即1月1日至12月31日。

2. 服务型企业（除广告服务外）在新增加的岗位中，当年新招用持《就业失业登记证》（注明“企业吸纳税收政策”）人员，与其签订1年以上期限劳动合同并依法缴纳社会保险费的，在3年内按照实际招用人数予以定额依次扣减增值税、城市维护建设税、教育费附加和企业所得税。定额标准为每人每年4000

元，可上下浮动20%，由试点地区省级人民政府根据本地区实际情况在此幅度内确定具体定额标准，并报财政部和国家税务总局备案。

按照上述标准计算的税收扣减额应当在企业当年实际应缴纳的增值税、城市维护建设税、教育费附加和企业所得税税额中扣减，当年扣减不足的，不得结转下年使用。

持《就业失业登记证》（注明“企业吸纳税收政策”）人员是指：（1）国有企业下岗失业人员；（2）国有企业关闭破产需要安置的人员；（3）国有企业所办集体企业（即厂办大集体企业）下岗职工；（4）享受最低生活保障且失业1年以上的城镇其他登记失业人员。

服务型企业，是指从事原营业税“服务业”税目范围内业务的企业。

国有企业所办集体企业（即厂办大集体企业），是指20世纪70、80年代，由国有企业批准或资助兴办的，以安置回城知识青年和国有企业职工子女就业为目的，主要向主办国有企业提供配套产品或劳务服务，在工商行政机关登记注册为集体所有制的企业。厂办大集体企业下岗职工包括在国有企业混岗工作的集体企业下岗职工。

3. 享受上述优惠政策的人员按照下列规定申领《就业失业登记证》《高校毕业生自主创业证》等凭证：

（1）按照《就业服务与就业管理规定》（劳动和社会保障部令第28号）第六十三条的规定，在法定劳动年龄内，有劳动能力，有就业要求，处于无业状态的城镇常住人员，在公共就业服务机构进行失业登记，申领《就业失业登记证》。其中，农村进城务工人员和其他非本地户籍人员在常住地稳定就业满6个月的，失业后可以在常住地登记。

（2）零就业家庭凭社区出具的证明，城镇低保家庭凭低保证明，在公共就业服务机构登记失业，申领《就业失业登记证》。

（3）毕业年度内高校毕业生在校期间凭学校出具的相关证明，经学校所在地省级教育行政部门核实认定，取得《高校毕业生自主创业证》（仅在毕业年度适用），并向创业地公共就业服务机构申请取得《就业失业登记证》；高校毕业生离校后直接向创业地公共就业服务机构申领《就业失业登记证》。

（4）服务型企业招录的人员，在公共就业服务机构申领《就业失业登记证》。

（5）《再就业优惠证》不再发放，原持证人员应当到公共就业服务机构换发《就业失业登记证》。正在享受下岗失业人员再就业税收优惠政策的原持证人员，继续享受原税收优惠政策至期满为止。

（6）上述人员申领相关凭证后，由就业和创业地人力资源社会保障部门对人员范围、就业失业状态、已享受政策情况审核认定，在《就业失业登记证》上注明“自主创业税收政策”或“企业吸纳税收政策”字样，同时符合自主创业和企业吸纳税收政策条件的，可同时加注；主管税务机关在《就业失业登记证》上加盖戳记，注明减免税所属时间。

4. 上述税收优惠政策的审批期限为2011年1月1日至2013年12月31日，以试点纳税人到税务机关办理减免税手续之日起作为优惠政策起始时间。税收优惠政策在2013年12月31日未执行到期的，可继续享受至3年期满为止。

（十四）试点纳税人提供的国际货物运输代理服务。

1. 试点纳税人提供国际货物运输代理服务，向委托方收取的全部国际货物运输代理服务收入，以及向国际运输承运人支付的国际运输费用，必须通过金融机构进行结算。

2. 试点纳税人为大陆与香港、澳门、台湾地区之间的货物运输提供的货物运输代理服务参照国际货物运输代理服务有关规定执行。

3. 委托方索取发票的，试点纳税人应当就国际货物运输代理服务收入向委托方全额开具增值税普通发票。

4. 本规定自 2013 年 8 月 1 日起执行。2013 年 8 月 1 日至本规定发布之日前，已开具增值税专用发票的，应将专用发票追回后方可适用本规定。

（十五）世界银行贷款粮食流通项目投产后的应税服务。

世界银行贷款粮食流通项目，是指《财政部 国家税务总局关于世行贷款粮食流通项目建筑安装工程和服务收入免征营业税的通知》（财税字〔1998〕87 号）所附《世行贷款粮食流通项目一览表》所列明的项目。

本规定自 2014 年 1 月 1 日至 2015 年 12 月 31 日执行。

（十六）中国邮政集团公司及其所属邮政企业提供的邮政普遍服务和邮政特殊服务。

（十七）自 2014 年 1 月 1 日至 2015 年 12 月 31 日，中国邮政集团公司及其所属邮政企业为中国邮政速递物流股份有限公司及其子公司（含各级分支机构）代办速递、物流、国际包裹、快递包裹以及礼仪业务等速递物流类业务取得的代理收入，以及为金融机构代办金融保险业务取得的代理收入。

（十八）青藏铁路公司提供的铁路运输服务。

二、下列项目实行增值税即征即退

（一）2015 年 12 月 31 日前，注册在洋山保税港区和东疆保税港区内的试点纳税人，提供的国内货物运输服务、仓储服务和装卸搬运服务。

（二）安置残疾人的单位，实行由税务机关按照单位实际安置残疾人的人数，限额即征即退增值税的办法。

上述政策仅适用于从事原营业税“服务业”税目（广告服务除外）范围内业务取得的收入占其增值税和营业税业务合计收入的比例达到 50% 的单位。

有关享受增值税优惠政策单位的条件、定义、管理要求等按照《财政部 国家税务总局关于促进残疾人就业税收优惠政策的通知》（财税〔2007〕92 号）中有关规定执行。

（三）2015 年 12 月 31 日前，试点纳税人中的一般纳税人提供管道运输服务，对其增值税实际税负超过 3% 的部分实行增值税即征即退政策。

（四）经中国人民银行、银监会或者商务部批准从事融资租赁业务的试点纳税人中的一般纳税人，提供有形动产融资租赁服务，在 2015 年 12 月 31 日前，对其增值税实际税负超过 3% 的部分实行增值税即征即退政策。商务部授权的省级商务主管部门和国家经济技术开发区批准的从事融资租赁业务的试点纳税人中的一般纳税人，2013 年 12 月 31 日前注册资本达到 1.7 亿元的，自 2013 年 8 月 1 日起，按照上述规定执行；2014 年 1 月 1 日以后注册资本达到 1.7 亿元的，从达到该标准的次月起，按照上述规定执行。

三、本规定所称增值税实际税负，是指纳税人当期提供应税服务实际缴纳的增值税额占纳税人当期提供应税服务取得的全部价款和价外费用的比例。

四、本地区试点实施之日前，如果试点纳税人已经按照有关政策规定享受了营业税税收优惠，在剩余税收优惠政策期限内，按照本规定享受有关增值税优惠。

附：离岸服务外包业务

附：

离岸服务外包业务

一、信息技术外包服务（ITO）

（一）软件研发及外包

类　别	适用范围
软件研发及开发服务	用于金融、政府、教育、制造业、零售、服务、能源、物流、交通、媒体、电信、公共事业和医疗卫生等部门和企业，为用户的运营/生产/供应链/客户关系/人力资源和财务管理、计算机辅助设计/工程等业务进行软件开发，包括定制软件开发，嵌入式软件、套装软件开发，系统软件开发、软件测试等。
软件技术服务	软件咨询、维护、培训、测试等技术性服务。

（二）信息技术研发服务外包

类　别	适用范围
集成电路和电子电路设计	集成电路和电子电路产品设计以及相关技术支持服务等。
测试平台	为软件、集成电路和电子电路的开发运用提供测试平台。

（三）信息系统运营维护外包

类　别	适用范围
信息系统运营和维护服务	客户内部信息系统集成、网络管理、桌面管理与维护服务；信息工程、地理信息系统、远程维护等信息系统应用服务。
基础信息技术服务	基础信息技术管理平台整合、IT基础设施管理、数据中心、托管中心、安全服务、通讯服务等基础信息技术服务。

二、技术性业务流程外包服务（BPO）

类　别	适用范围
企业业务流程设计服务	为客户企业提供内部管理、业务运作等流程设计服务。

续　表

类　别	适用范围
企业内部管理服务	为客户企业提供后台管理、人力资源管理、财务、审计与税务管理、金融支付服务、医疗数据及其他内部管理业务的数据分析、数据挖掘、数据管理、数据使用的服务；承接客户专业数据处理、分析和整合服务。
企业运营服务	为客户企业提供技术研发服务、为企业经营、销售、产品售后服务提供的应用客户分析、数据库管理等服务。主要包括金融服务业务、政务与教育业务、制造业务和生命科学、零售和批发与运输业务、卫生保健业务、通讯与公共事业业务、呼叫中心、电子商务平台等。
企业供应链管理服务	为客户提供采购、物流的整体方案设计及数据库服务。

三、技术性知识流程外包服务（KPO）

适用范围
知识产权研究、医药和生物技术研发和测试、产品技术研发、工业设计、分析学和数据挖掘、动漫及网游设计研发、教育课件研发、工程设计等领域。

附件4：

应税服务适用增值税零税率和免税政策的规定

一、中华人民共和国境内（以下称境内）的单位和个人提供的国际运输服务、向境外单位提供的研发服务和设计服务，适用增值税零税率。

（一）国际运输服务，是指：

1. 在境内载运旅客或者货物出境；
2. 在境外载运旅客或者货物入境；
3. 在境外载运旅客或者货物。

（二）境内的单位和个人适用增值税零税率，以水路运输方式提供国际运输服务的，应当取得《国际船舶运输经营许可证》；以公路运输方式提供国际运输服务的，应当取得《道路运输经营许可证》和《国际汽车运输行车许可证》，且《道路运输经营许可证》的经营范围应当包括“国际运输”；以航空运输方式提供国际运输服务的，应当取得《公共航空运输企业经营许可证》且其经营范围应当包括“国际航空客货邮运输业务”，或者持有《通用航空经营许可证》且其经营范围应当包括“公务飞行”。

（三）航天运输服务参照国际运输服务，

适用增值税零税率。

（四）向境外单位提供的设计服务，不包括对境内不动产提供的设计服务。

二、境内的单位和个人提供的往返香港、澳门、台湾的交通运输服务以及在香港、澳门、台湾提供的交通运输服务（以下称港澳台运输服务），适用增值税零税率。

境内的单位和个人适用增值税零税率，以公路运输方式提供至香港、澳门的交通运输服务的，应当取得《道路运输经营许可证》并具有持《道路运输证》的直通港澳运输车辆；以水路运输方式提供至台湾的交通运输服务的，应当取得《台湾海峡两岸间水路运输许可证》并具有持《台湾海峡两岸间船舶营运证》的船舶；以水路运输方式提供至香港、澳门的交通运输服务的，应当具有获得港澳线路运营许可的船舶；以航空运输方式提供上述交通运输服务的，应当取得《公共航空运输企业经营许可证》且其经营范围应当包括“国际、国内（含港澳）航空客货邮运输业务”，或者持有《通用航空经营许可证》且其经营范围应当包括“公务飞行”。

三、自2013年8月1日起，境内的单位或个人提供程租服务，如果租赁的交通工具用于国际运输服务和港澳台运输服务，由出租方按规定申请适用增值税零税率。

自2013年8月1日起，境内的单位或个人向境内单位或个人提供期租、湿租服务，如果承租方利用租赁的交通工具向其他单位或个人提供国际运输服务和港澳台运输服务，由承租方按规定申请适用增值税零税率。境内的单位或个人向境外单位或个人提供期租、湿租服务，由出租方按规定申请适用增值税零税率。

四、境内的单位和个人提供适用增值税零税率的应税服务，如果属于适用简易计税方法的，实行免征增值税办法。如果属于适用增值税一般计税方法的，生产企业实行免抵退税办法，外贸企业外购研发服务和设计服务出口实行免退税办法，外贸企业自己开发的研发服务和设计服务出口，视同生产企业连同其出口货物统一实行免抵退税办法。应税服务退税率为其按照《试点实施办法》第十二条第（一）至（三）项规定适用的增值税税率。实行退（免）税办法的研发服务和设计服务，如果主管税务机关认定出口价格偏高的，有权按照核定的出口价格计算退（免）税，核定的出口价格低于外贸企业购进价格的，低于部分对应的进项税额不予退税，转入成本。

五、境内的单位和个人提供适用增值税零税率应税服务的，可以放弃适用增值税零税率，选择免税或按规定缴纳增值税。放弃适用增值税零税率后，36个月内不得再申请适用增值税零税率。

六、境内的单位和个人提供适用增值税零税率的应税服务，按月向主管退税的税务机关申报办理增值税免抵退税或免税手续。具体管理办法由国家税务总局商财政部另行制定。

七、境内的单位和个人提供的下列应税服务免征增值税，但财政部和国家税务总局规定适用增值税零税率的除外：

（一）工程、矿产资源在境外的工程勘察勘探服务。

（二）会议展览地点在境外的会议展览服务。

（三）存储地点在境外的仓储服务。

（四）标的物在境外使用的有形动产租赁服务。

（五）为出口货物提供的邮政业服务和收派服务。

（六）在境外提供的广播影视节目（作品）的发行、播映服务。

（七）符合本规定第一条第（一）项规定但不符合第一条第（二）项规定条件的国际运输服务。

（八）符合本规定第二条第一款规定但不符合第二条第二款规定条件的港澳台运输服务。

（九）向境外单位提供的下列应税服务：

1. 技术转让服务、技术咨询服务、合同能源管理服务、软件服务、电路设计及测试服务、信息系统服务、业务流程管理服务、商标著作权转让服务、知识产权服务、物流辅助服务（仓储服务、收派服务除外）、认证服务、鉴证服务、咨询服务、广播影视节目（作品）制作服务、期租服务、程租服务、湿租服务。但不包括：合同标的物在境内的合同能源管理服务，对境内货物或不动产的认证服务、鉴证服务和咨询服务。

2. 广告投放地在境外的广告服务。

财政部 国家税务总局关于铁路运输和邮政业营业税改征增值税试点有关政策的补充通知

（财税〔2013〕121号 2013年12月30日）

各省、自治区、直辖市、计划单列市财政厅（局）、国家税务局、地方税务局，新疆生产建设兵团财务局：

经研究，现将铁路运输和邮政业营业税改征增值税（以下称营改增）有关政策补充通知如下：

一、邮政企业

中国邮政速递物流股份有限公司及其子公司（含各级分支机构），不属于《财政部 国家税务总局关于将铁路运输和邮政业纳入营业税改征增值税试点的通知》（财税〔2013〕106号）所称的中国邮政集团公司所属邮政企业。

二、航空运输企业

航空运输企业已售票但未提供航空运输服务取得的逾期票证收入，按照航空运输服务征收增值税。

三、融资租赁企业

（一）经中国人民银行、银监会或者商务部批准从事融资租赁业务的试点纳税人，在财税〔2013〕106号文件发布前，已签订的有形动产融资性售后回租合同，在合同到期日之前，可以选择按照财税〔2013〕106号文件有关规定或者以下规定确定销售额：

试点纳税人提供有形动产融资性售后回租服务，以向承租方收取的全部价款和价外费用，扣除支付的借款利息（包括外汇借款和人民币借款利息）、发行债券利息后的余额为销售额。

（二）经商务部授权的省级商务主管部门和国家经济技术开发区批准从事融资租赁业务的试点纳税人，2014年3月31日前注册资本达到1.7亿元的，自本地区试点实施之日起，其开展的融资租赁业务按照财税〔2013〕106号文件和本通知第三条第（一）项规定执行；2014年4月1日后注册资本达到1.7亿元的，从达到标准的次月起，其开展的融资租赁业务按照财税〔2013〕106号文件和本通知第三条第（一）项规定执行。

四、计税方法

试点纳税人中的一般纳税人提供的铁路旅客运输服务，不得选择按照简易计税方法计算缴纳增值税。

五、原增值税纳税人（指按照《中华人民共和国增值税暂行条例》缴纳增值税的纳税人）有关政策

原增值税纳税人取得的2014年1月1日后开具的运输费用结算单据，不得作为增值税扣税凭证。

六、本通知第一、二、四、五条规定自2014年1月1日起执行，第三条规定自2013年8月1日起执行。

国家发展改革委关于印发煤炭物流发展规划的通知

(发改能源〔2013〕2650 号 2013 年 12 月 30 日)

各省、自治区、直辖市及计划单列市、新疆生产建设兵团发展改革委、煤炭行业管理部门:

为发展现代煤炭物流，增强煤炭稳定供应能力，保障国家能源安全，根据《物流业调整和振兴规划》(国发〔2009〕8 号)、《国务院办公厅关于印发促进物流业健康发展政策措施的意见》(国办发〔2011〕38 号)，我委制定了《煤炭物流发展规划》，现印发你们，请参照执行。

附件：煤炭物流发展规划

附件：

煤炭物流发展规划

煤炭物流是集煤炭运输、仓储、加工、配送、交易、信息等为一体的服务活动。发展现代煤炭物流，对提高物流效率、降低物流成本、增强煤炭稳定供应能力、保障国家能源安全具有重要意义。

根据《物流业调整和振兴规划》(国发〔2009〕8 号)、《国务院办公厅关于印发促进物流业健康发展政策措施的意见》(国办发〔2011〕38 号)，为促进我国煤炭物流健康有序发展，特制定本规划。规划期为 2013—2020 年。

一、规划基础和背景

(一) 发展基础

“十一五”以来，我国物流业发展环境逐步改善，服务水平显著提高，为煤炭物流快速发展创造了良好条件。

1. 物流规模不断扩大。煤炭产量快速增长，调运量快速增加。2012 年，全国煤炭产量 36.5 亿吨，铁路调运量 22.6 亿吨，沿海主要港口发运量 6.2 亿吨，分别比 2005 年增长 55%、75% 和 73%；省际调运量 19 亿吨，较 2005 年增长 65%。煤炭生产开发加速西移，铁路运输平均距离由 2005 年的 579 公里增加到 2012 年的 655 公里。

2. 基础设施逐步改善。中央、地方和企业加大煤炭物流基础设施投资力度，以铁路和铁海联运为主的西煤东调、北煤南运通道不断完善，以集散、储配等功能为主的煤炭物流园区快速发展。2012 年，山西、陕西、蒙西地区铁路煤炭外运能力达 10 亿吨，比 2005 年增加 4

亿吨；全国万吨级以上煤炭专业化码头泊位189个，比2005年增加70个；国家煤炭应急储备能力达到670万吨。

3. 服务主体快速成长。一批煤炭物流企业通过引入现代物流理念，整合物流资源，再造业务流程，开展多模式、多层次的现代煤炭物流服务，实现由单一煤炭购销向流通增值服务转变，服务水平不断提高。

4. 先进技术装备逐步应用。快速定量装车系统及抑尘装置、重载专用车辆及不摘钩连续翻卸、封闭式集中仓储、数字化配煤等先进物流技术装备得到应用。

5. 信息化水平不断提高。依托现代信息技术，创新交易模式，一批煤炭电子交易平台陆续建成。焦炭（1380，－14.00，－1.00%）、焦煤、动力煤等期货品种相继上市交易。一些企业建立了煤炭物流管理信息系统，实现物流信息共享、快速响应。

6. 国际物流快速发展。一批企业积极实施“走出去”战略，投资国外煤炭物流基础设施，拓展物流业务。多个陆路口岸相继开放，沿海港口接卸能力不断增强。2012年，煤炭进出口总量达到3亿吨，是2005年的3倍。

（二）突出问题

1. 基础设施建设滞后。主要铁路煤运通道能力不足，电煤请车满足率较低，导致公路煤炭长途运输量持续增加。储配基地建设滞后，主要港口吞吐能力不足，集疏运系统不匹配，应急保障能力有待进一步提高。

2. 市场主体服务水平低。煤炭物流服务主体“小、散、弱”，大多从事运输、仓储、装卸等单一业务，综合服务能力弱。部分服务主体缺乏现代物流理念，供应链管理和社会化服务能力不强。物流资源配置不合理，设施利用率低。

3. 煤炭物流成本较高。煤炭物流各环节税率不统一，不合理收费多，税费重复征收，企业负担重。物流通道不完善，部分物流环节衔接不畅，流通效率低。煤炭从产地到主要消费地，流通环节费用较高。

4. 整体技术水平较低。煤炭物流标准化程度低，各物流要素之间难以做到有效衔接和兼容。整体物流技术装备水平低，运行效率不高。能耗与排放仍未得到有效控制，环境污染严重。

5. 物流人才匮乏。物流人才培养机制不健全，人才数量少，专业结构不合理，复合型人才紧缺，难以适应煤炭物流快速发展的需要。

（三）发展形势

未来一段时期是我国加快转变经济发展方式的攻坚时期，也是建立现代物流服务体系的关键时期，煤炭物流发展机遇和挑战并存。

经济全球化深入发展，国际分工发生深刻变化，要求加快发展现代物流业，优化资源配置，提高市场响应速度和产品供给时效，降低物流成本，增强产业竞争力。我国经济结构转型加快，推动服务业大发展成为产业结构优化升级的战略重点，要求加快建立社会化、专业化、信息化的现代物流服务体系。相关规划和配套政策的实施，为煤炭物流发展营造更有利、更宽松的政策环境。我国煤炭需求持续增加，生产开发布局加速西移，西煤东调、北煤南运格局更加突出，要求发展现代煤炭物流，提高物流效率，保障稳定供应。大型煤炭基地建设有序推进，煤炭产业集中度不断提高，为煤炭物流规模化、集约化发展创造了有利条件。现代物流技术、新一代信息技术的快速推广和应用，为煤炭物流发展提供新的机遇。

二、指导方针和目标

（一）指导思想

以邓小平理论、“三个代表”重要思想和

科学发展观为指导，按照科学布局、高效畅通、协调配套、节能环保的发展方针，以加快转变发展方式为主线，以改革开放为动力，以科技进步为支撑，完善煤炭物流基础设施，培育大型煤炭物流企业，健全煤炭物流服务体系，提高煤炭物流服务能力，促进煤炭物流科学发展。

（二）基本原则

坚持政府引导与市场运作相结合，使市场在资源配置中起决定性作用。坚持统筹兼顾与突出重点相结合，促进煤炭物流与相关产业协调发展。坚持存量整合与增量优化相结合，防止盲目扩张和重复建设。坚持技术进步与管理创新相结合，提升煤炭物流服务水平。坚持提高效率与节能环保相结合，促进煤炭物流绿色发展。

（三）发展目标

到 2020 年，煤炭物流整体运行效率明显提高，社会化、专业化和信息化水平显著提升，基本形成物流网络配套衔接、技术装备先进适用、物流服务绿色高效的现代煤炭物流体系。加强铁路煤运通道建设，年运输能力达到 30 亿吨；结合国家煤炭应急储备建设布局，重点建设 11 个大型煤炭储配基地和 30 个年流通规模 2000 万吨级物流园区；培育一批大型现代煤炭物流企业，其中年综合物流营业收入达到 500 亿元的企业 10 个；建设若干个煤炭交易市场。

三、空间布局

根据煤炭生产开发和消费布局，结合区域发展规划，完善煤炭运输通道，建设一批煤炭物流节点，形成“九纵六横”的煤炭物流网络。

（一）通道布局

——晋陕蒙（西）宁甘煤炭外运通道。由北通路（大秦、朔黄、蒙冀、丰沙大、集通、京原）、中通路（石太、邯长、山西中南部、和邢）和南通路（侯月、陇海、宁西）三大横向通路和焦柳、京九、京广、蒙西至华中、包西五大纵向通路组成，满足京津冀、华东、华中和东北地区煤炭需求。

——内蒙古东部煤炭外运通道。主要为锡乌横向通路，满足东北地区煤炭需求。

——云贵煤炭外运通道。主要包括沪昆横向通路、南昆纵向通道，满足湘粤桂地区煤炭需求。

——新疆煤炭外运通道。主要包括兰新、兰渝纵向通路，适应新疆煤炭外运需求。

——水运通道。由长江横向通道、沿海纵向通道、京杭运河纵向通道组成，满足华东、华中、华南地区煤炭需求。

——进出口通道。由沿海港口和沿边陆路口岸组成，适应煤炭进出口需要。

（二）节点布局

——大型煤炭储配基地。依托煤炭陆路和水路运输通道条件，在主要消费地、沿海沿江主要港口和重要铁路枢纽，建设环渤海、山东半岛、长三角、海西、珠三角、北部湾、中原、长株潭、泛武汉、环鄱阳湖、成渝等大型煤炭储配基地。

——煤炭物流园区。在大型煤炭储配基地内，按照合理辐射半径，建设锦州、营口、秦皇岛、京唐港、曹妃甸、天津、黄骅、青岛、日照、龙口、宁波—舟山、罗源湾、莆田、广州、珠海、防城港、义马、濮阳—鹤壁、南阳（内乡）、镇江、靖江、万州、广元、荆州、岳阳、九江、芜湖、北海、武威、中卫等一批煤炭物流园区。

四、主要任务

（一）完善煤炭物流通道

加快铁路、水运通道及集疏运系统建设，

完善铁路直达和铁水联运物流通道网络，增强煤炭运输能力，减少煤炭公路长距离调运。

1. 铁路通道。加快建设蒙西至华中地区、张家口至唐山、山西中南部、锡林浩特至乌兰浩特、巴彦乌拉至新邱、锡林浩特至多伦至丰宁等煤运通道，进一步提高晋陕蒙宁甘地区煤炭外运能力。加强集通、朔黄、宁西、邯长、邯济、京广、京九、京沪、沪昆等既有通道改造或点线能力配套工程建设。加快兰渝铁路建设，实施兰新线电气化改造，提高疆煤外运能力。加快推进沿边铁路等基础设施建设，为进口煤炭提供便捷通道。

2. 水运通道。结合铁路煤炭外运通道建设，推进北方主要下水港口煤炭装船码头建设，相应建设沿海、沿江（河）公用接卸、中转码头。加快长江中下游、京杭大运河和西江航运干线等航道建设，推进内河船型标准化，提高内河水运能力。加强沿海、沿江（河）港口集疏运系统建设，实现铁路与港口无缝接驳。

（二）健全煤炭储配体系

1. 大型煤炭储配基地。长株潭、环鄱阳湖、泛武汉、中原、成渝基地，重点加强煤炭储配能力建设，保障稳定供应。环渤海、山东半岛基地，重点加强配煤和下水能力建设。长三角、海西、珠三角、北部湾基地，重点加强港口接卸和配送能力建设。

2. 应急储备。按照国家煤炭应急储备的总体部署，在具备条件的沿海、沿江、沿河港口和华南、华中、西南等地区，遵循辐射范围广、应急能力强、储备成本低、环境污染小的原则，采用政府统筹、市场化运作的方式，加快应急储备建设，以应对重大自然灾害、突发事件等情况。

（三）培育大型煤炭物流企业

按照现代物流管理模式，整合煤炭物流资源，发展大型现代煤炭物流企业，推进煤炭物流规模化、集约化发展。鼓励大型煤炭企业充分发挥自身优势，剥离物流业务，发展专业化煤炭物流。鼓励煤炭企业之间、煤炭企业与相关企业之间联合重组，形成高效的产、运、销一体化供应链。鼓励煤炭物流企业完善服务功能，提升流通效率和服务质量，形成一批具有国际竞争力的现代煤炭物流企业。

（四）完善煤炭市场体系

深化煤炭产运需衔接制度改革，建立以全国性煤炭交易中心为主体，以区域性煤炭交易市场为补充，以信息技术为平台，政府宏观调控有效、市场主体自由交易的煤炭市场体系。以煤炭交易、信息服务、价格发现、金融服务为重点，在具有政治、经济、金融、科技等资源优势的城市，建设中国煤炭交易中心；在煤炭主要生产地或集散地，建设区域性的煤炭交易市场，反映不同煤种、不同区域的煤炭交易动态，降低流通成本，优化煤炭资源配置。

（五）推广应用先进物流技术

推广先进煤炭物流技术装备，加快煤炭物流信息化建设，完善煤炭物流标准体系，促进煤炭物流产业升级。

1. 先进煤炭物流技术装备。在主要煤运通道推广应用重载专用车辆及相关配套技术装备。采用节能环保技术，减少煤炭物流各环节能耗和环境污染。

2. 煤炭物流信息化。整合公共物流信息资源，实现煤炭物流信息共享，为物流企业提供专业化的信息服务。推进物流企业与煤炭生产、消费企业信息对接、数据交换，培育一批具有竞争力的物流信息服务企业。推动物联网、云计算等新一代信息技术在煤炭物流领域的创新应用。

3. 煤炭物流标准。研究制定煤炭物流技术、设备、产品、交易等相关标准，完善物流标准化体系。鼓励企业采用标准化物流计量、物流装备设施、信息系统和作业流程等，提高煤炭物流标准化水平。

（六）推进煤炭物流国际合作

积极引导国内煤炭物流企业引进国外先进物流管理理念和技术装备，提高煤炭物流服务水平。支持优势企业开展国际化经营，积极参与境外煤炭物流基础设施建设和投资，稳定与主要煤炭资源国的长期合作关系，拓展煤炭进口渠道。发挥大型企业的物流网络优势，拓展国际煤炭物流合作空间。

五、保障措施

（一）深化体制改革

加快推进铁路投融资体制改革和运价改革，鼓励地方政府、国有企业和民间资本参与煤运通道和集疏运系统建设，不断完善运价形成机制，形成统一、开放、竞争、有序的煤炭运输市场体系。充分发挥现代物流工作部际联席会议制度的作用，协调煤炭物流发展的重大事项，统筹推进煤炭物流基础性工作。建立煤炭物流统计指标体系，进一步完善统计制度。充分发挥行业协会的作用，做好煤炭物流企业信用评级，促进行业信用建设和行业自律。

（二）加大政策支持力度

完善物流法律法规体系，研究制定促进煤炭物流业发展的有关政策。优化现行税制，统一煤炭物流各环节税率。规范涉煤基金和收费项目，坚决清理各类不合理收费，降低流通成本。落实煤炭仓储设施应享受的大宗商品仓储设施用地土地使用税政策，支持将国家煤炭物流规划项目用地纳入各级土地利用总体规划。中央和地方通过注入资本金、投资补助、贷款贴息、税收优惠等措施，支持公益性较强的重点煤炭物流基础设施建设。积极引导金融机构创新金融产品，加大对煤炭物流企业资金支持力度。

（三）促进煤炭物流资源整合

鼓励煤炭物流企业开展跨区域经营。支持优势煤炭物流企业创新合作方式和服务模式，整合分散的煤炭物流资源，在资产评估增值、债务重组收益、土地房屋权属转移等方面给予政策优惠。鼓励开放共享煤炭物流基础设施、信息平台等资源。

（四）完善煤炭价格形成机制

进一步完善反映供求关系、资源稀缺程度和环境损害成本的煤炭价格形成机制。建立和完善煤炭价格指数体系，发展煤炭期货交易，完善价格发现机制，引导生产和消费企业规避市场风险。强化合同监管和检验检测管理，引导供需双方严格按照合同约定的数量、质量和价格进行交易。

（五）加强科技创新和人才培养

加大对煤炭物流关键技术自主研发支持力度，重点支持煤炭绿色储运、配煤等领域科技攻关。科学制订物流人才培养规划，加大煤炭物流人才培养力度。支持高校设立相关专业及方向，开设煤炭物流相关课程。鼓励企业与高校、科研机构合作，通过订单式招生模式，定向培养高端煤炭物流人才，开展煤炭物流领域职业培训工作，为企业发展提供人力资源保障。

煤炭物流节点			
煤炭储配基地	序号	物流园区	功能
环渤海	1	锦州	煤炭接卸、中转、储配
	2	营口	煤炭接卸、中转、储配
	3	秦皇岛	晋陕蒙煤炭下水中转、应急储备、储配
	4	京唐港	晋陕蒙煤炭下水中转、储配，进口炼焦煤接卸
	5	曹妃甸	晋陕蒙煤炭下水中转、应急储备、储配
	6	天津	晋陕蒙煤炭下水中转、储配
	7	黄骅	晋陕蒙煤炭下水中转、应急储备、储配
山东半岛	8	青岛	晋陕蒙煤炭下水中转、储配
	9	日照	晋陕蒙煤炭下水中转、应急储备、储配
	10	龙口	煤炭接卸、中转、储配，辐射鲁东北等地区
长三角	11	宁波—舟山	煤炭接卸、中转、应急储备、储配，辐射沪浙等地区
	12	镇江	煤炭接卸、中转、储配，辐射苏沪等地区
	13	靖江	煤炭接卸、中转、储配，辐射苏沪等地区
	14	芜湖	煤炭下水中转、应急储备、储配，辐射皖苏沪等地区
海西	15	罗源湾	煤炭接卸、中转、应急储备、储配，辐射闽赣等地区
	16	莆田	煤炭接卸、中转、储配，辐射闽赣等地区
珠三角	17	广州	煤炭接卸、中转、应急储备、储配，辐射粤湘赣等地区
	18	珠海	煤炭接卸、中转、应急储备、储配，辐射粤桂琼等地区
北部湾	19	防城港	煤炭接卸、中转、储配，辐射云贵桂黔等地区
	20	北海	煤炭接卸、中转、储配，辐射云贵桂黔等地区
中原	21	义马	煤炭中转、储配，辐射鄂豫皖等地区
	22	濮阳—鹤壁	煤炭中转、储配，辐射豫皖鲁苏等地区
	23	南阳（内乡）	煤炭中转、储配，辐射豫鄂皖等地区
泛武汉	24	荆州	煤炭下水中转、储配，辐射鄂湘等地区
长株潭	25	岳阳	煤炭接卸、中转、储配，辐射鄂湘等地区
环鄱阳湖	26	九江	煤炭接卸、中转、应急储备、储配，辐射赣皖等地区

续　表

煤炭物流节点			
煤炭储配基地	序号	物流园区	功能
成渝	27	万州	煤炭下水中转、储配，辐射湘鄂赣等地区
	28	广元	煤炭中转、储配，辐射川渝等地区
	29	武威	煤炭中转、储配，辐射川渝、河西走廊等地区
	30	中卫	煤炭中转、储配，辐射宁川渝等地区

第二部分

物流统计

2013 年全国物流运行情况通报

2013 年，我国物流运行总体平稳，物流需求规模保持较高增幅，物流业增加值平稳增长，但经济运行中的物流成本依然较高。

一、社会物流总额较快增长

2013 年，全国社会物流总额为 197.8 万亿元，按可比价格计算，同比增长 9.5%，增幅比上年回落 0.3 个百分点。分季度看，1 季度增长 9.4%，上半年增长 9.1%，前三季度增长 9.5%，呈现由“稳中趋缓”向“趋稳回升”转变的态势。

从构成情况看，工业品物流总额为 181.5 万亿元，同比增长 9.7%，增幅比上年回落 0.3 个百分点；进口货物物流总额为 12.1 万亿元，同比增长 6.4%，增幅比上年回落 1.3 个百分点；农产品物流总额同比增长 4.0%，增幅比上年回落 0.6 个百分点。受电子商务和网络购物快速增长带动，单位与居民物品物流总额保持快速增长态势，同比增长 30.4%，增幅比上年加快 6.9 个百分点；受绿色经济、低碳经济和循环经济快速发展带动，再生资源物流总额快速增长，同比增长 20.3%，增幅比上年加快 10.2 个百分点。

二、社会物流总费用增速放缓

2013 年，全国社会物流总费用为 10.2 万亿元，同比增长 9.3%，增幅比上年回落 2.1 个百分点。社会物流总费用与 GDP 的比率为 18.0%，与上年基本持平。

其中，运输费用为 5.4 万亿元，同比增长 9.2%，占社会物流总费用的比重为 52.5%，与上年基本持平；保管费用为 3.6 万亿元，同比增长 8.9%，占社会物流总费用的比重为 35.0%，同比下降 0.2 个百分点；管理费用为 1.3 万亿元，同比增长 10.8%，占社会物流总费用的比重为 12.5%，同比提高 0.2 个百分点。

三、物流业增加值平稳增长

2013 年，全国物流业增加值为 3.9 万亿元，按可比价格计算，同比增长 8.5%，增幅比上年回落 0.7 个百分点。物流业增加值占 GDP 的比重为 6.8%，占服务业增加值的比重为 14. 8% 。

其中，交通运输物流业增加值同比增长 7. 2% ，增幅比上年回落 1. 5 个百分点。贸易物流业增加值同比增长 9. 5% ，增幅比上年回落 0. 3 个百分点。仓储物流业增加值同比增长 9. 2% ，增幅比上年回升 2. 4 个百分点。邮政物流业增加值同比增长 33. 8% ，增幅比上年回升 7. 1 个百分点。2013 年我国物流运行统计数据详见下表。

2013 年全国物流运行统计数据表

费用类别		本期（亿元）	同比增长（%）
社会物流总费用	总计	102396	9. 3
	运输	53708	9. 2
	保管	35874	8. 9
	管理	12814	10. 8
物流业	增加值	38920	8. 5
	交通运输	27530	7. 2
	仓储	2975	9. 2
	贸易	7256	9. 5
	邮政	1159	33. 8
社会物流总额	总计	1977639	9. 5
	农产品	31405	4. 0
	工业品	1814701	9. 7
	进口货物	121058	6. 4
	再生资源	7750	20. 3
	单位与居民物品	2726	30. 4

注：2013 年物流总费用与 GDP 的比率为 18% 。物流业增加值占 GDP 的 6. 8% ，占服务业增加值的 14. 8% 。

（国家发展改革委　国家统计局　中国物流与采购联合会）

2013 年全国物流统计工作开创新局面

2013 年，在国家发改委、国家统计局和中国物流与采购联合会的积极组织推动下，在各地物流工作牵头部门、统计局、行业协会和企业的共同努力下，全国物流统计工作开拓创新，扎实推进，再上新的台阶。

一、不断完善社会物流统计核算制度

为及时、准确地把握制度实施中存在的问题，做好制度修订完善工作，使制度能更好地适应物流业发展的要求，自 2006 年制度正式实施以来，我们每年都组织召开全国物流统计工作会议，加强与省市和企业的交流，了解工作情况和存在的问题。同时，多次深入开展调查研究，召开座谈会，研究优化统计指标体系。在此基础上，按照统计法每两年修订一次的规定，分别于 2008 年、2010 年和 2012 年对《社会物流统计核算与报表制度》作了三次修订，进一步提高了物流统计制度的科学性、规范性和可操作性。大部分省、区、市也都按照制度的要求，结合本地区的实际情况，不断规范和加强本地区的物流统计工作。

二、持续推进重点企业物流统计调查工作

重点企业物流统计调查是物流统计工作的重要内容，每年的统计会都会作为重点工作进行部署。通过几年的持续推动，报表数据质量有了明显提高，缺报、漏报、错报现象有所减少，现在报表有效率达到 95% 左右。同时，调查企业数量不断增加，分布更趋合理，样本代表性进一步增强，调查和核算数据更加准确可靠。目前，全国调查企业样本数量已达到近 1300 家，覆盖工业、商贸和物流企业，包含大、中、小、微及各类所有制类型，地域分布也从东部地区为主扩大到东、中、西地区。大部分地区都在积极开展重点企业调查工作，想方设法提高调查的准确性和有效性，福建省将物流统计与企业调查纳入物流业促进条例，从法律上予以保证。江苏省出台专门政策激励地市县有关部门，督促企业按时填报调查表。北京市把企业调查纳入社会统计范畴，对全市所

有企业开展物流情况调查。河北、陕西等部分省市都对被调查企业开展业务培训，不断提高报表的质量。

针对社会上普遍反映煤炭流通成本较高的问题，我们结合重点企业调查，组织开展了基于产业链的煤炭物流成本调查研究，系统地分析了我国煤炭物流现状、成本结构和存在的问题，提出了降低物流成本、促进煤炭行业发展的对策建议。

三、重点加强对物流运行情况的监测分析

在继续做好统计核算的基础上，为及时反映物流业运行态势，重点加强运行监测分析工作，在监测的时效性、准确性和全面性上狠下工夫。一方面，不断提高统计核算和企业调查的频率，从最初的每年一次提高到每季度一次，自 2010 年开始实现了月度调查核算，每月发布运行数据，为准确把握运行态势提供了重要参考。另一方面，研究试行反映物流产业景气情况的指数。经过长达 3 年的研究设计和 1 年的试运行，2013 年 3 月份正式发布了中国物流业景气指数，加强了对物流产业运行情况的监测、预测和预警能力。景气指数的统计方法也已经由国家标准委批准立项，目前已基本编制完成。部分省市也开始重视这项工作，江苏省也发布了省内分地市的物流业发展指数，深圳市定期发布物流业景气指数。

四、高度重视统计调查数据的分析与应用

除每月发布统计核算分析报告外，我们还对调查数据进行了深度挖掘和比较分析。一是对第二次全国经济普查物流有关数据做了深入分析，出版了分析报告，较为全面地摸清了物流业发展的基本现状；二是重点加强对企业调查数据的分析，每年形成工业企业物流统计调查报告、批发零售业物流统计调查报告、物流企业统计调查报告 3 个综合性分析报告；三是为了解把握行业成本状况，进一步加强了行业成本分析，先后推出了十几个重点行业物流成本状况分析报告，为企业加强精细化管理，降低物流成本提供了重要参考。各地也在着力提高数据分析的深度和广度，形成了一批针对性强、参考价值较高的分析报告，较好地发挥了决策参谋作用。

五、稳步健全物流统计工作体系

为组织实施统计制度，在国家层面上建立了国家发改委组织协调、统计局业务指导、中国物流与采购联合会具体实施的工作模式，综合协调推动物流统计工作，有力保障了全国物流统计工作的有序推进。各地区也都十分重视物流统计工作，越来越多的省区市都根据本地的实际情况，加强组织领导，协调推动实施物流统计制度。已经开展物流统计的地区，工作在不断地巩固完善，得到越来越多的重视和肯定。过去没有开展的地区，有关部门也克服困难，努力创造条件，陆续加入物流统计的行列。在省市的大力推动下，部分地区的省会城市和地级市也在着手开展统计工作。总体来看，全国物流统计工作的体系已经初步形成。

近些年，随着物流统计数据的不断丰富和完善，物流统计反映出的行业发展情况和经济运行的问题已引起社会各界的广泛关注，物流统计的社会影响力在不断扩大。统计数据和分析报告被报纸、电视、网络等媒体大量报道转

载，已经成为全社会了解物流产业情况的重要窗口，权威性逐步被社会认可。现在央视新闻频道每月都报道我们的统计数据和分析，最近还连续三个月在《新闻联播》中播出。同时，物流统计数据已经成为国务院、有关部门和各地区制定物流相关规划和政策的重要依据，政策影响力不断提升。国务院2009年出台的《物流业调整和振兴规划》、2012年发布的《服务业发展“十二五”规划》以及全国各地已经公布的“十二五”物流业发展规划，都使用物流统计数据来分析行业发展现状，发展目标也主要是采用总额、总费用与GDP的比率、增加值等关键统计指标。特别是针对物流统计数据反映出的经济运行成本高、效率低的问题，提出了提高效率、降低成本的相关建议，得到了各级政府的高度重视，也与国家“十二五”规划和党的十八大提出的转变经济发展方式，提高经济运行的质量和效益的要求高度一致。

（中国物流信息中心）

2013 年全国物流运行情况分析

2013 年，在国民经济结构调整持续推进、市场倒逼机制效应明显增强的背景下，我国物流业发展形势总体良好、稳中有进。物流需求规模保持较快增长但增速减缓、物流服务价格低位震荡、物流企业效益增势减弱，经济运行中的物流成本依然较高；物流市场分化明显，物流行业转型升级加快。

一、物流运行特点

2013 年我国物流运行总体趋好。

（一）社会物流总额较快增长

2013 年我国社会物流总额为 197.8 万亿元，按可比价格计算，同比增长 9.5%，增幅比上年回落 0.3 个百分点，全年总体保持较快增长。

从构成情况看，工业品物流总额 181.5 万亿元，同比增长 9.7%，增幅比上年回落 0.3 个百分点。进口货物物流总额 12.1 万亿元，同比增长 6.4%，增幅比上年回落 1.3 个百分点。农产品物流总额同比增长 4.0%，增幅比上年回落 0.6 个百分点。

在社会物流总额增速减缓的同时，物流市场分化明显。一方面，受国内经济增速放缓和产能过剩等因素影响，钢铁、煤炭等大宗商品物流市场持续低迷，行业陷入深度调整；另一方面，受内需扩大的带动，快速消费品、食品、医药、家电、电子等与居民消费相关的物流市场保持较高增长。受电子商务和网络购物快速增长带动，单位与居民物品物流总额保持快速增长态势，同比增长 30.4%，增幅比上年加快 6.9 个百分点；受绿色经济、低碳经济和循环经济快速发展带动，再生资源物流总额快速增长，同比增长 20.3%，增幅比上年加快 10.2 个百分点。2012—2013 年我国社会物流总额变化情况如图 1 所示。

（二）社会物流总费用增幅放缓

2013 年，我国社会物流总费用为 10.2 万亿元，同比增长 9.3%，增幅较上年同期回落 2.1 个百分点。社会物流总费用与 GDP 的比率为 18.0%，与上年基本持平。反映出我国经济社会运行的物流成本仍然较高。

其中，运输费用 5.4 万亿元，同比增长 9.2%，增幅较上年回落 1.5 个百分点；占社会物流总费用的比重为 52.5%，与上年基本持平。运输费用中，受市场需求减弱影响，道路与水路运输费用增速回落，全年同比分别增长9.9%和1.1%，增幅较2012年分别回落2.7和0.9个百分点；而受铁路改革提价带动，铁路运输费用增速明显回升，全年同比增长14.3%，增幅较2012年大幅回升8.6个百分点。

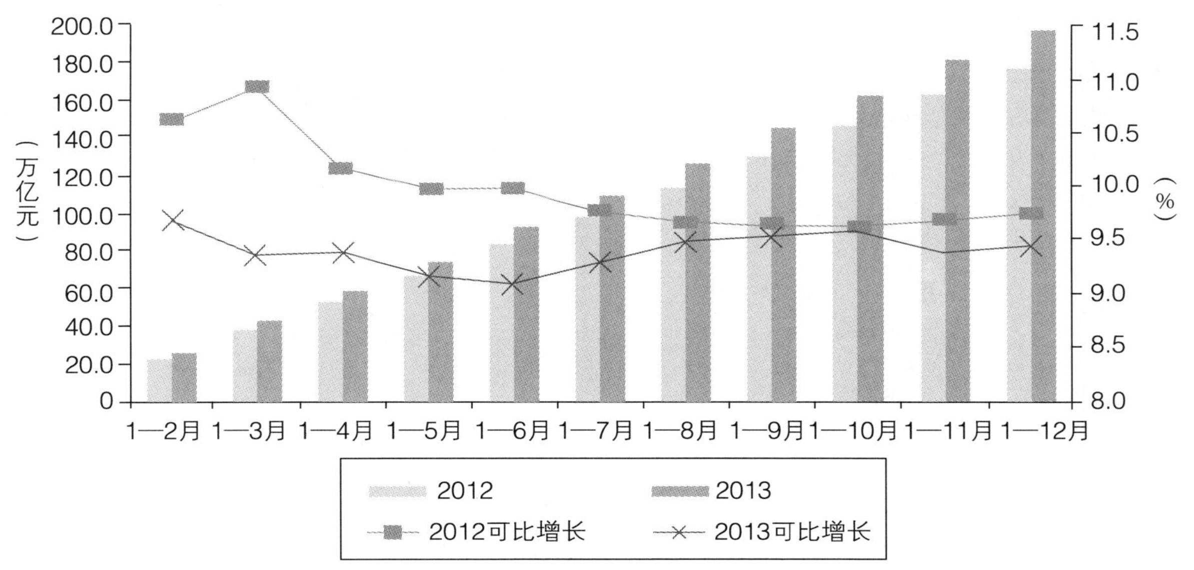

图1　2012—2013年我国社会物流总额变化情况

保管费用3.6万亿元，同比增长8.9%，增幅较上年回落2.9个百分点；占社会物流总费用的比重为35.0%，同比下降0.2个百分点。保管费用中，受利率下调影响，利息费用同比增长8.7%，增幅较2012年回落4.7个百分点；仓储费用同比增长9.2%，增幅较2012年回落2个百分点。

管理费用1.3万亿元，同比增长10.8%，增幅较上年回落2.3个百分点；占社会物流总费用的比重为12.5%，同比提高0.2个百分点。

（三）社会物流总收入平稳增长

2013年，我国社会物流总收入为7.2万亿元，同比增长9.2%。随着我国现代物流业的快速发展，物流社会化、专业化分工加快，产业细分更加深入，专业物流市场规模进一步扩大。

然而，与社会物流总费用相比，社会物流总收入仅相当于社会物流总费用的70.5%，物流总收入增幅低于物流总费用增速0.1个百分点。此外，受物流服务价格长期偏低、物流经营成本逐步攀高的影响，物流企业生存压力一直较大，长期处于“价低利薄”的发展境地，不利于企业做大做强和可持续发展。

（四）物流业增加值保持平稳增长

2013年，我国物流业增加值为3.9万亿元，同比增长8.5%，增幅较上年同期回落0.7个百分点。物流业增加值占GDP的比重为6.8%，占服务业增加值的比重为14.8%。

其中，交通运输物流业增加值为2.8万亿元，同比增长7.2%，增幅较上年同期回落1.5个百分点；贸易物流业增加值为7256亿元，同比增长 9.5%，增幅较上年同期回落 0.3 个百分点。仓储物流业和邮政物流业增加值分别增长 9.2% 和 33.8%，增速较上年分别上升 2.4 和 7.1 个百分点。

（五）物流服务价格低位震荡

2013 年，受经济增速放缓、市场需求回落等诸多因素影响，物流价格保持低位运行。其中，海运市场低位震荡，公路运输市场保持相对平稳。据中国物流业景气指数（LPI）显示，物流服务价格指数全年都在 50% 的临界水平上下波动，平均为 50.6%，较上年平均水平上升仅 0.5 个百分点，显示出物流服务价格上升动力不足。从海运市场来看，2013 年前 11 个月，全国沿海干散货运价指数累计平均都较上年同期有所下降。而 1—12 月份，该指数累计平均为 1101.0 点，同比增长 0.2%，累计平均价格由下降转为略有上升。2012—2013 年全国沿海散货运价指数走势如图 2 所示。

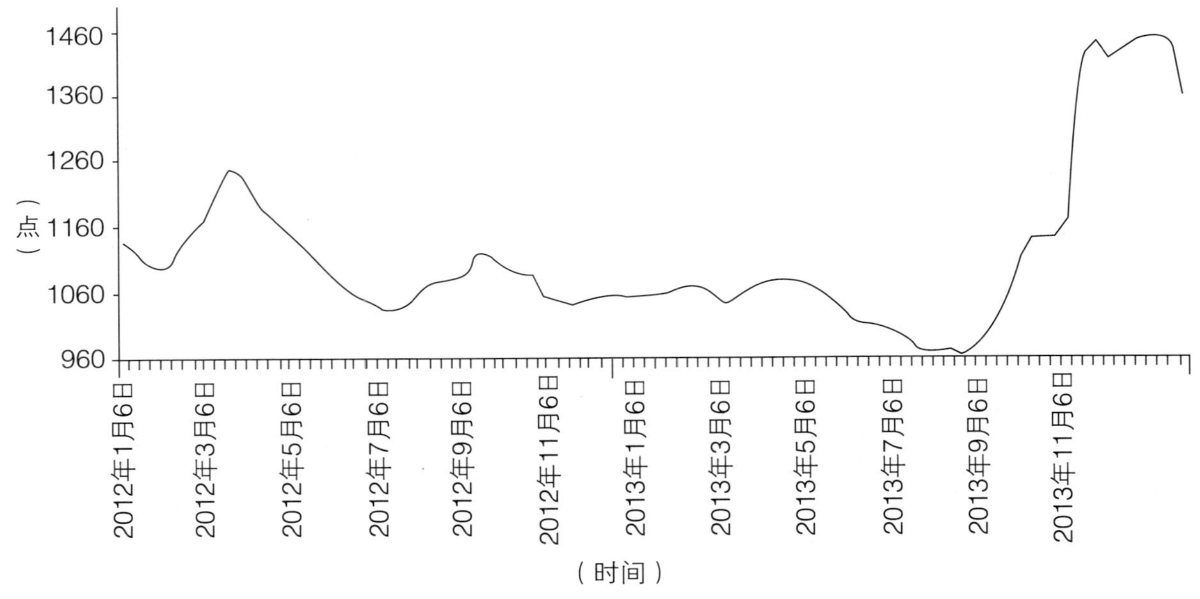

图 2　2012—2013 年全国沿海散货运价指数走势

（六）企业效益增势减弱

2013 年中国物流业景气指数中，12 月份的主营业务利润指数为 50.3%，该指数 2013 年的平均值为 50.6%，保持在 50% 以上的增长区间。据重点物流企业调查显示，1—11 月份，重点物流企业主营业务收入同比增长 5.3%，增速回落至一位数以内；主营业务收入利润率为 4.1%，较上年同期下降了 0.9 个百分点，反映出重点物流企业效益增势有所减弱。

（七）行业转型升级加快

2013 年在物流需求规模增速减缓、市场倒逼机制效应明显增强的背景下，全国物流企业业务调整的动力增强，行业转型升级步伐加快。物流专业服务能力增强、供应链管理有新的发展，快递速运、物流平台、一体化物流、供应链管理等已经成为行业新的增长点。

一是供应链管理有新的发展。物流业与制造业、流通业和金融业等多业联动进一步深化，供应链管理迎来快速发展新时期。首先，制造企业、商贸企业的一体化物流与供应链管理需求逐步显现，为物流与供应链的发展奠定了市场基础，制造、商贸、金融与物流联动发展的内生动力增强。其次，部分物流企业积极地由物流服务商向供应链管理提供商转变。部分物流企业以大宗商品物流需求增速回落为契机，低成本整合资源，主导构建供应链、提供全方位一体化服务。

二是快递速运迅猛发展。在国民经济增速回落、传统大宗商品物流市场疲软的背景下，以“便捷、高效”为特点的快递物流“一枝独秀”。自2011年3月份至2013年年底，我国快递业务量增速连续33个月保持在50%以上，2013年各月累计增速均保持在60%以上。2013年全年，全国规模以上快递服务企业业务量累计完成91.9亿件，同比增长61.6%。

三是物流平台创新发展。长期以来，我国物流业发展面临集中度低、信息化程度低、物流资源分散等制约。伴随着社会各方对物流需求的提升和物流市场本身竞争的加剧，物流平台不断创新发展，与电商平台融合发展加速。物流平台以网络为基础、以信息平台和第三方支付为手段发现和创造商机、形成撮合交易的平台，是融合制造业和服务业的新经济模式。它能够整合产品资源、客户资源、物流资源和信息资源，能够有效解决物流行业“小散乱差”的问题，对于提升物流效率、减少物流环节、降低物流成本具有重要意义。

四是物流网络化和一体化加快发展。伴随着物流市场竞争加剧，物流网络化布局和一体化物流提供能力成为核心竞争力，行业内龙头企业借助信息化技术和行业物流资源整合，纷纷优化网络布局、延伸网络布局和覆盖范围，提高一体化物流能力，为减少物流环节、节约物流成本起到了积极的推动作用。

二、物流发展面临的问题

（一）“社会物流成本偏高”与“物流企业赢利能力偏低”相并存

当前，我国物流发展面临的核心问题是物流费用高、效率低，导致“社会物流成本偏高”与“物流企业盈利能力偏低”相并存。近年来，我国社会物流总费用与GDP的比率一直维持在18%左右，这一比率高于美国、日本和德国9.5个百分点左右，高于全球平均水平约6.5个百分点，高于“金砖”国家印度和巴西5~6个百分点。但与此同时，全社会物流企业收入增速低于全社会物流费用增速，物流企业普遍赢利能力偏低。2013年1—11月，重点物流企业主营业务收入利润率仅为4.1%，低于同期的规模以上工业企业主营业务利润率1.4个百分点。

我国物流费用偏高是由多种因素造成的，既有合理的因素，也有不合理的因素；既与我国经济发展阶段、产业布局相关，也与物流自身发展密切相关。

首先，经济发展阶段是物流费用偏高的基础性原因。目前，我国总体上仍处于工业化中期阶段，服务业欠发达、工业产品附加值偏低，是现阶段经济发展的基本特征，也是我国物流费用高于美国和日本，甚至高于印度和巴西的基础性原因。

从产业结构来看，我国第一、二产业占比高而第三产业占比低。第三产业增加值占GDP的比重不仅远低于美国和日本70%以上的水平，也低于巴西60%以上的水平。产业结构不合理导致经济发展的物耗和能耗偏高，引致物流需求规模偏大。从产业布局来看，由于上游能源资源和部分下游产业逆向分布，一些高能耗、高物耗产业不能按照地区比较优势布局，致使煤炭等大宗商品长距离、大规模运输，导致我国货物周转量明显偏高。

各行业内企业物流费用占销售额的比重是反映物流费用水平的另一个重要指标。据中国物流信息中心的重点企业调查，2012 年，我国工业、批发和零售业企业物流费用占销售额的比重为 8.6%，高于日本调查企业 3.9 个百分点，高于美国调查企业 0.7 个百分点。其中，工业企业为 9.2%，批发零售业企业为 7.8%。2009—2012 年中国、美国、日本调查企业销售物流费用率比较情况见下表。

2009—2012 年中国、美国、日本调查企业销售物流费用率比较表

年份 / 国家	物流费用率（%）			
	2009	2010	2011	2012
中国	9.0	8.8	8.4	8.6
美国	8.5	8.3	7.7	7.9
日本	4.8	4.8	4.9	4.7

从行业层面看，我国企业物流费用占销售额的比重与美国的差距较小，差距在 1 个百分点以内；从宏观层面看，我国物流费用与 GDP 的比率高于美国 9.5 个百分点左右。这说明，我国与美日等发达国家在生产力发展水平上差距较大，实现同样多的商品销售额、耗费同样多的物流费用，但所创造的增加值明显偏低，从而导致物流费用与 GDP 的比率偏高。

其次，生产方式粗放是我国物流费用偏高的重要原因。当前，我国已进入过剩经济时代，与此相应，消费模式也逐渐从单纯追求温饱型或数量型，向追求消费价值多元化、个性化转变。但生产方式仍以“大批量、规模化”为主，导致产需不能有效衔接、资源周转偏慢、社会库存居高不下。

国际上，日本在 20 世纪 50 年代就出现了准时制精益生产模式，将企业生产流程与市场需求有效整合；美国在 20 世纪 90 年代实现了柔性化敏捷制造模式，以有效协调的方式响应客户需求。生产方式的变革大幅降低了美、日等国企业的库存水平，显著地降低了物流费用。2012 年，我国工业企业存货率为 9.4%，远高于日本等发达国家 5% 的水平。因而，降低物流费用需要切实转变生产方式。

最后，流通模式粗放与物流费用偏高密切相关。流通模式粗放，突出表现在两个方面。一是以供应链为主的现代流通体系建设进展相对缓慢。社会物流资源缺乏有效整合、不能集约使用，导致物流效率偏低、费用偏高。2012 年，根据中国物流信息中心的重点企业调查，我国企业对外支付的物流费用占企业物流总费用的比重为 61.0%，低于日本约 9 个百分点，差距较为明显。二是物流一体化建设相对滞后。社会资源周转慢、环节多、费用高。例如，我国海铁联运比例远低于全球平均水平，目前国际上港口集装箱的海铁联运比例通常在

20% 左右，美国为 40% ，而我国仅为 2. 6% 左右。我国工业企业流动资产周转次数为不到 3 次，远低于日本和德国 9 ~ 10 次的水平。

（二）“物流围城”和“最后一公里”问题依然突出

一是仓储等物流基础设施资源紧缺。随着城市化进程加快，物流仓储设施、配送中心设施不断外迁，配送半径不断增加；由于缺乏科学的城市物流规划，致使城市周边仓库、货场供给不足，仓储租金不断提高，增加了物流成本，降低了物流运行效率。

二是城市内配送效率低下。在现行的大城市物流管理中，由于把货运车辆作为城市交通的拥堵源之一进行管控，导致“路难行、车难停、货难卸、证难求”的问题长期存在。

（三）物流行业税收负担偏重

据中国物流与采购联合会的调查资料显示，2008—2012 年，样本企业五年间平均税收负担水平为 20. 19% ，高于全国同期宏观税负水平 1. 93 个百分点。

“营改增”的实施，有利于促进物流一体化运行，但物流企业整体税负水平不降反升。出现这种现象的主要原因有，服务于小微型企业的物流企业无法得到增值税进项抵扣发票；铁路运费细化改革后，电气化费和分流费无法抵扣；物流行业属于轻资产行业，可抵扣项目较少；物流企业的人工成本占经营成本的绝大部分，而在增值税体制下，人工成本得不到抵扣；增值税补贴速度较慢等等。

此外，土地使用税减半征收政策落实不够、地区执行标准差异明显，部分符合资格的物流企业没有享受到土地使用税减半征收优惠政策。对于物流园区的相关土地设施征收房产税，加重了企业税负负担。

（四）物流企业融资困难、物流市场竞争日趋激烈

一方面，物流企业多属于轻资产企业，取得抵押贷款较难，资金不足制约了物流业的快速发展；另一方面，风险资本、制造业资本、商贸资本开始大量进入物流行业，发展物流园区和仓储基地，物流市场竞争日趋激烈；同时，也存在“炒地皮”、抬高土地价格等非真实性物流投资行为，对已有物流企业造成较大冲击。

（中国物流信息中心）

2013 年全国重点企业物流统计调查报告

根据《社会物流统计核算与报表制度》要求，国家发展改革委、国家统计局和中国物流与采购联合会对 2012 年全国重点工业、批发和零售业企业物流状况和物流企业经营情况进行了统计调查。

一、调查样本概况

本次调查共收到 1299 家企业资料，其中工业企业 632 家，占比为 49%；批发和零售业企业 149 家，占比为 11%；物流企业 518 家，占比为 40%。

二、工业、批发和零售业企业物流情况

2012 年工业、批发和零售业企业销售总额增速明显放缓，物流成本增速回落。企业物流费用率在近年逐步下降后趋于平稳，较上年同期略有回升。

（一）企业物流规模增速放缓

2012 年工业、批发和零售业企业销售总额比上年增长 10.9%，增幅同比回落 8.9 个百分点。其中，工业企业销售总额增长 9.8%，批发和零售业企业销售总额增长 12.2%，增幅分别回落 7.3 和 16.1 个百分点。尽管企业销售总额增幅有所回落，但从近年情况看仍保持较快增长。

从实物量看，2012 年工业、批发和零售业企业货运量比上年增长 12.6%，增幅同比回落 6 个百分点。其中，工业企业货运量增长 12.1%，增幅回落 7.4 个百分点；批发和零售业企业货运量比上年增长 13.9%，增幅回落 1.1 个百分点。

（二）物流成本增幅有所回落

2012 年工业、批发和零售业企业物流成本比上年增长 12%，增幅同比回落 3 个百分点。

其中，运输成本增长 9.2%，增幅回落 3.3 个百分点；保管成本增长 12%，增幅回落 3 个百分点；管理成本增长 12.3%，增幅回落 3 个百分点。

在保管成本中，仓储成本增长 11.5%，增幅同比回落 0.2 个百分点；利息成本增长 12.7%，增幅同比回落 14 个百分点，但增幅仍高于调查企业物流成本 0.7 个百分点。

2012年工业、批发和零售业企业运输成本占物流成本的50.2%，比上年降低0.8个百分点；保管成本占33.7%，提高0.2个百分点；管理成本占16.1%，提高0.5个百分点。

（三）物流费用率有所回升

2012年工业、批发和零售业企业物流费用率为8.6%，比上年提高0.2个百分点。其中，工业企业物流费用率为9.2%，下降0.56个百分点；批发和零售业企业物流费用率为7.8%，上升0.2个百分点。整体看，2008年以来，我国工业、批发和零售业企业物流费用率呈下降趋势，近年来物流费用率水平逐步趋于平稳。

与发达国家相比，我国物流费用率仍明显偏高。2012年日本企业物流费用率为4.7%，比上年下降0.2个百分点；美国企业物流费用率为7.9%，比上年提高0.2百分点。我国企业的物流费用率高于日本企业3.9个百分点，高于美国企业0.7个百分点。

（四）物流外包比例持续提高

2012年工业、批发和零售业企业对外支付的物流成本为874亿元，比上年增长17.3%，占企业物流成本的61%，同比提高2.5个百分点。

从运输量看，2012年工业、批发和零售业企业委托代理货运量比上年增长23.4%，占货运量的79.4%。企业物流过程中，运输量外包仍处于较高水平。

（五）物流基础设施拥有量持续增长

2012年工业、批发和零售业企业平均仓储面积为3.8万方米，比上年增长51.6%。其中，自有仓储面积总计1.4万平方米，增长17.7%；租用仓储面积总计2.5万平万米，增长79.9%。

工业、批发和零售业企业平均拥有货运车辆43辆，其中，专用货车为17辆，冷藏车为8辆。

三、物流企业经营情况

2012年物流企业业务量、业务收入增速有所回落，呈现“总体增速放缓、结构优化”的基本特征，企业物流成本增速放缓，赢利水平稳步回升。

（一）主要业务量增速回落，快递行业高速增长

2012年物流企业主要业务量增幅有所放缓。物流企业货运量比上年增长4.5%，增幅同比回落6.8个百分点；货运周转量比上年增长3.7%，增幅回落4.1个百分点；配送量和装卸搬运量分别比上年增长20.7%和14.9%，增幅回落3.1和14.3个百分点。

在物流行业整体增速放缓的背景下，受电子商务、网上购物持续高速增长推动，快递行业仍保持较快增长。2012年快递企业货运量、周转量及配送流通加工分别比上年同期增长16.4%、58.1%和103.6%，增幅明显高于物流行业平均水平。

（二）传统业务收入保持稳步增长，一体化物流快速发展

2012年物流企业物流业务收入比上年同期增长12.1%，增幅同比回落4.8个百分点。其中，运输收入增长5.5%；仓储收入增长18.2%；信息及相关服务收入和一体化物流业务收入分别增长28.1%和76.8%。

从收入构成看，运输收入仍占近6成，配送及一体化物流业务收入占9%和7%。从变化情况看，运输收入占比下降2个百分点，一体化物流业务收入提高3个百分点。

从物流企业类型看，综合型物流企业主营业务收入比上年增长16.7%，增幅同比回落7.2个百分点；运输型物流企业主营业务收入比上年增长 6.2%，增幅回落 2.6 个百分点；仓储型物流企业主营业务收入比上年增长 12.9%，增幅提高 0.6 个百分点。

（三）物流业务成本增速放缓

2012 年物流企业物流业务成本比上年增长 11.5%，增幅同比回落 17.5 个百分点。随着货运量等增速放缓，运输成本增速大幅回落 17.2 个百分点，比上年增长 4.3%；仓储成本保持较快增长，比上年增长 24.2%；信息及相关服务成本和一体化物流业务成本分别比上年增长 31.9% 和 81.4%。

从成本构成看，运输成本仍占近 6 成，其中，燃油成本占运输成本的比重提高 1.3 个百分点，达 42%；货代、配送及一体化物流业务成本分别占比 15%、9% 和 7%。

从物流企业类型看，仓储型企业物流业务成本比上年增长 10.9%，增幅同比提高 4.9 个百分点；综合型企业物流成本比上年增长 17.7%，增幅回落 15.8 个百分点；运输型企业物流成本比上年增长 3.9%，增幅回落 20.1 个百分点。

从登记注册类型看，内资企业物流业务成本比上年增长 11.5%；港澳台商投资企业物流业务成本比上年增长 9%；外商投资企业物流业务成本比上年增长 11.9%。在内资企业中，国有企业物流业务成本比上年增长 8.6%；股份合作企业物流业务成本比上年增长 21.3%；有限责任公司物流业务成本比上年增长 33.5%；私营企业物流业务成本比上年增长 0.1%。

（四）企业资产规模平稳增长

2012 年物流企业资产总计比上年增长 13.9%，增幅与上年基本持平。物流企业资产规模增速逐步放缓，进入平稳增长阶段。物流企业流动资产合计增长 10.5%，流动资产周转率为 2.4 次，同比下降 0.1 次。

从不同物流企业类型看，综合型物流企业流动资产周转率为 1.9 次，同比下降 0.2 次；运输型企业流动资产周转率为 2.3 次，同比下降 0.1 次；仓储型企业流动资产周转率为 0.6 次，同比提高 0.2 次。在运输型企业中，航空运输和铁路运输企业流动资产周转率较高，为 5.5 次和 4 次；道路运输企业流动资产周转率最低，为 1.5 次。

（五）企业赢利水平有所回升

2012 年物流企业物流业务利润额增长由降转升，比上年增长 4.4%。从物流企业类型看，仓储型企业物流业务利润额比上年增长 2.8%；综合型企业物流业务利润额比上年增长 5.9%；运输型企业物流业务利润额比上年增长 2.4%。

1. 收入利润率回升

2012 年物流企业平均收入利润率为 7.3%，比上年提高 2 个百分点。

从物流企业类型看，综合型企业收入利润率为 7.5%；仓储型企业收入利润率为 3.0%；运输型企业收入利润率为 7.3%。在运输型企业中，水上运输企业收入利润率增幅最高为 4.6%，同比提高 4.4 个百分点。此外，道路运输企业收入利润率为 4.7%，同比下降 0.4 个百分点。

2. 资产赢利能力提高

由于物流服务特性及较高的运营成本和复杂的市场竞争等因素导致物流企业整体赢利能力不强，较上年同期略有提高。2012 年物流企业资产赢利率为 5.4%，同比提高 0.6 个百分点。

从不同行业看，以运输业者和仓库业者为主体的企业，水上运输企业、仓储企业拥有更多的固定资产，资产赢利率较低，仅为 2.9% 和 1.3%。以快递、货运代理等业务为主的邮政、运输代理业企业资产赢利率较高，分别为 46.4% 和 10.6%。

（中国物流与采购联合会　中国物流信息中心）

钢铁冶炼加工行业物流成本分析

钢铁行业是我国国民经济的支柱性产业，是关系国计民生的基础性行业，在我国工业现代化进程中发挥了不可替代的作用。钢铁工业作为一个原材料的生产和加工部门，处于工业产业链的中间位置。它的发展与国家的基础建设以及工业发展的速度关联性很强。

2009年以来，受固定资产投资增加的影响，我国钢铁工业持续快速增长，在国民经济中的比重逐步提升。2012年，受欧债危机和国内经济增速放缓、国内房价调控的影响，钢铁工业呈现低速增长态势。

值得注意的是，在钢铁工业产销呈低速增长的背景下，钢铁物流行业发展较为迅速，传统的钢材企业物流注重向现代钢铁物流发展转型；钢铁第三方物流企业快速成长和发展，钢铁物流外包水平处于行业领先；钢铁物流的信息化水平日益提高，钢铁物流网络化趋势进程加快。

根据《社会物流统计核算与报表制度》要求，中国物流与采购联合会开展了全国重点企业物流统计调查（以下简称调查），本次调查的钢铁企业主要是国民经济体系中从事黑色金属冶炼加工生产活动的工业企业。

点差数据显示，2012年我国钢铁冶炼加工行业物流费用率水平有所回升，保管成本所占比例不断攀升，成为钢铁冶炼加工企业进一步提升效率的阻碍。

一、钢铁冶炼加工行业物流费用率回升

调查数据显示，2012年我国钢铁冶炼加工行业物流成本费用率为11.1%，同比提高0.6个百分点，比调查的全部工业企业高1.2个百分点。从历年情况看，钢铁冶炼加工行业物流费用率呈现总体震荡下降的趋势，虽然2012年有所回升，但较2008年钢铁冶炼加工企业的物流费用率下降了1.2个百分点。

二、企业物流成本小幅增长

调查数据显示，2012年钢铁冶炼加工企业的物流成本比2011年同期增长了2.3%。从历年水平看，随着行业竞争不断加剧，企业物流成本增速明显趋稳。其中，运输成本比2011年同期增长了1.9%；管理成本比2011年同期

增长了1.7%；保管成本比2011年同期增长了3.1%。

调查数据显示，2012年重点钢铁物流企业库存占销售总额的比例为9.9%，同比下降0.4个百分点。在保管成本中，仓储成本增幅同比下降0.6个百分点，同比增长9.0%；伴随着电子商务平台建设的快速发展，信息及相关成本增长了13.5%。

根据调查数据推算，2012年我国规模以上钢铁企业的物流总成本达7870亿元，比2011年增加850亿元，增幅为12%；物流成本占主营业务成本的比重为11.9%，同比提高0.5个百分点。

三、资金流动放缓推高保管成本

调查数据显示，2012年我国钢铁冶炼加工企业的物流成本构成中，运输成本占比为51.6%，比2011年同期下降0.2个百分点；保管成本占比为37.1%，同比提高0.3个百分点；管理成本占比为11.3%，同比下降0.1个百分点。

在保管成本中，仓储成本占比为4.4%，利息成本占比为12.4%，配送、流通加工、包装成本占比为16.1%。

调查数据显示，2012年我国钢铁冶炼加工企业的流动资产周转率为2.78次，同比略有下降。受到企业资金流动速度放缓影响，企业负债水平提高，利息成本保持较快增长，增速为各项成本最高，利息成本占比提高1.7个百分点。

从历年企业物流成本构成情况看，运输成本占比逐年下降，较2006年下降了17.3个百分点，但保管成本占比不断提高。

四、钢铁物流外包保持较高水平

调查数据显示，2012年我国钢铁冶炼加工企业的对外支付的物流成本同比增长0.3%，占物流成本的比例为71.3%，同比下降1.6个百分点，但仍处于较高水平，高于工业企业平均水平11.3个百分点。

从运输量看，2012年我国钢铁冶炼加工企业委托代理货运量同比增长27.4%，增幅高于货运量4.9个百分点；委托代理货运量占货运总量的比重为68.8%，同比提高6个百分点。

五、物流成本费用率与发达国家间的差距不断缩小

2012年日本钢铁企业物流费用率仅为6.2%，同比提高了1.3个百分点。与日本相比，我国的钢铁冶炼加工企业仍高出5个百分点；但与2011年同期相比，中日企业物流费用率的差距缩小了2.1个百分点。如果我国的钢铁企业冶炼加工可以达到日本钢铁企业物流费用率的水平，则可节约物流成本2765亿元。

（中国物流信息中心）

金属制品行业物流成本分析

全国重点企业物流统计调查（以下简称调查）数据显示，2012年我国金属制品业受到经济增速放缓、下游需求不畅、多数品种产能过剩、市场供大于求、劳动力及原燃材料价格上涨等因素的影响，物流需求趋稳，但物流费用率依然较高，与发达国家相比仍存在差距。

一、行业销售规模缩小，物流费用率趋稳

调查数据显示，2012年我国金属制品业销售总额为170亿元，同比降低3.2%，行业整体销售规模缩小，企业物流成本支出趋稳。2012年我国金属制品业物流成本费用率为8.6%，同比降低0.5%。与2011年9.1%的物流费用率水平相比，节省物流成本约8.5亿元。虽然我国金属制品业物流费用率总体上仍在较高水平，但行业物流费用率连续两年趋稳，与发达国家间的差距逐步缩小。

二、行业物流成本支出减少

调查数据显示，受到行业整体经营情况趋稳的影响，2012年我国金属制品行业物流成本支出减少，比2011年降低9.1%。

三、运输成本支出增速回落

调查数据显示，在金属制品行业的物流成本构成中，运输成本所占比重为63.4%，虽然同比降低了2.7个百分点，但依然是导致企业物流成本较高的主要因素，也是企业物流效率相对较低的重要原因。

四、仓储成本降低，管理成本增长

伴随企业信息化水平和管理水平的不断提高，企业的管理成本占物流成本的比重呈增长趋势，同时，企业通过提高储存密度和仓容密度，有效降低了仓储成本占物流成本的比重。调查数据显示，2012年我国金属制品行业的仓储成本同比下降0.2个百分点，仓储成本占物流成本的比重为2.8%；企业管理成本同比增长3.1个百分点，管理成本占物流成本的比重为19.9%。

五、配送、流通加工、包装成本适度增长

调查数据显示，2012 年我国金属制品行业配送、流通加工和包装成本所占比重为 4. 9% ，同比增长 0. 7 个百分点。显示出金属制品行业企业需要灵活运用现代物流信息化技术，加强自动化智能设备的使用，提高配送、流通加工、包装作业效率，降低配送、流通加工、包装作业的成本。

六、利息支出快速增长

调查数据显示，2012 年我国金属制品行业利息成本占物流成本的比例同比提高 10. 2% ，占销售总额的比重为 0. 56% 。显示出我国金属制品行业信贷资金增长较快，利息支出呈快速增长趋势。由于金属制品行业属于利润相对较高的行业，利息支出对行业的压力不大。

七、对外支付成本占比稳中有升

调查数据显示，2012 年我国金属制品行业对外支付成本同比增长 6. 9% ，高于物流成本增长 16 个百分点。对外支付成本占物流成本的比例为 26. 6% ，同比提高 2. 7 个百分点，但仍低于调查的工业企业平均水平 34. 4 个百分点。数据表明，绝大部分金属制品企业的物流业务是以自营为主。

八、物流效率与发达国家相比差距缩小

以日本为例，2012 年日本金属制品行业物流费用率仅为 4. 8% ，比我国低 3. 8 个百分点，较 2011 年同期物流效率差距缩小 0. 5 个百分点。若按照日本金属制品业物流费用率推算，我国金属制品业物流成本可节约 6. 5 亿元。由此可见，我国金属制品行业的物流效率与发达国家相比仍存在差距，但差距正在缩小。

（中国物流信息中心）

有色金属行业物流成本分析

2012年，国际经济环境复杂多变，国内经济结构转型持续推进，我国有色金属市场在低谷徘徊，需求略显弱势，供应过剩格局延续，产品库存大幅增长，价格跌多涨少。在此背景下，我国有色金属行业物流规模依旧庞大，但增速明显回落；行业物流成本增速回落，物流费用率有所下降，物流外包率小幅提高。整体上，有色金属行业物流运行的效率有所提升，但与日本等发达国家相比仍有较大差距。

一、有色物流规模庞大，增速明显回落

2012年，我国10种有色金属的产量达到3691.2万吨，位列全球第一，同比增长9.3%，增幅较2011年回落1.3个百分点；有色金属进出口贸易总额为1664.3亿美元，同比增长3.8%，增幅比2011年回落24.3个百分点。有色金属的生产量与贸易量增速回落，引致行业物流规模增速明显回落。按全国重点企业物流统计调查（以下简称调查）数据推算，2012年我国有色金属行业物流规模约达4万亿元，同比增长8%左右，增速明显回落。

二、物流成本增速回落，保管成本所占份额上升

调查数据显示，2012年，我国有色金属行业物流成本同比增长8.4%，增速较2011年大幅回落30个百分点。其中，运输成本所占比重为54.4%，所占比重较上年下降；受仓储成本和利息成本大幅增长的带动，保管成本所占比重有所上升。

1. 运输成本占比小幅下降

2012年，我国有色金属行业运输成本同比下降1.1%，增速转升为降。从占比来看，在有色金属行业的物流成本中，运输成本占54.4%，较2011年下降2.5个百分点，呈现连续下降的趋势。

2. 保管成本占比有所上升

调查数据显示，2012年受部分细分行业产能过剩影响，有色金属产品库存快速增长，同比增长24.2%，带动利息成本增长25.0%、仓储成本增长30.7%，增速分别高于行业物流总成本增速16.6和22.3个百分点，导致行业保管成本占物流总成本的比重由2011年的

34.8%上升至36.4%，上升了1.6个百分点。

3. 管理成本占比小幅上升

调查数据显示，2012年，有色金属行业的管理成本同比增长0.4%，占物流总成本的比重为9.2%，所占比重较2011年上升了0.9个百分点。近年来，劳动力成本刚性上涨，成为管理成本占比提高的重要推手。

三、物流费用率小幅下降，物流运行效率有所提升

调查数据显示，2012年有色金属行业物流费用率为7.1%，较2011年下降0.3个百分点，低于全部工业企业平均物流费用率2.1个百分点，相当于节约物流成本107亿元，显示出有色金属加工业物流运行效率有所提升。

但是，与发达国家相比，我国的物流运行效率仍然不高。2012年，日本有色金属冶炼及延压加工业的物流费用率为4.6%，与之相比，我国高出2.5个百分点。通过比较可以说明我国有色金属行业的物流运行效率仍有较大的提升空间，也意味着在未来的发展过程中，我国有色加工企业通过大力发展现代物流、优化物流流程，可以进一步提升物流运行效益。

四、物流外包率上升，仍有较大提升空间

物流外包有助于提高物流运作的专业化水平，降低物流运行成本，提升物流运行效率。当前，在国民经济增速回落、有色金属市场需求偏弱、企业效益下滑的背景下，物流成为企业获取第三利润源泉的重要手段，是促进企业发展由规模速度型向质量效益型转变、由外延式向内涵式转变的重要推手。

调查数据显示，2012年有色金属加工行业相关企业通过物流外包提升了物流效率，物流外包率从2011年的34%上升至2012年的37%，上升了3个百分点，并较2009年上升了10.3个百分点，物流专业化水平呈现逐年提高的趋势。但与工业企业平均水平相比仍有较大差距，2012年，有色金属加工行业物流外包率低于工业平均水平15.3个百分点，显示出有色金属加工行业通过物流专业化来提升物流运行效率仍有较大空间。

（中国物流信息中心）

石油加工企业物流成本分析

2012年，伴随着宏观经济增速稳中回落，我国油品市场由“供需偏紧”向“供需宽松”转变，原油加工量增速收窄，油品价格涨幅回落，油品库存有所上升。在此背景下，石油加工行业物流规模增速回落，但受保管成本快速增长、物流外包率下降等因素影响，行业物流成本增速回升，物流费用率不降反升。

一、石油加工业物流规模较快增长，增速减缓

2012年，我国油品市场供需保持平稳增长，油品价格稳中有升，但增速均有所收窄。全年原油加工量为4.7亿吨，同比增长3.7%，增速较2011年回落1.2个百分点。原油平均进口价格为814.2美元/吨，同比上涨5.1%，涨幅较2011年大幅回落32.1个百分点；国内成品油平均价格上涨2.2%，涨幅回落15.5个百分点。受此影响，石油行业物流规模增速有所减缓，根据工业统计和全国重点企业物流统计调查（以下简称调查）的数据测算，2012年我国石油加工行业的物流总额约为4万亿元，同比增长7.0%，增速由两位数回落到一位数以内。

二、物流成本增速回升，保管成本所占份额上升

调查数据显示，2012年我国石油加工业物流成本同比增长12.6%，增速较2011年回升8.3个百分点。从结构上看，运输成本呈现低速增长，占物流总成本的比重有所下降；保管成本增速保持快速增长，占物流总成本的份额有所上升。

（一）运输成本占比小幅下降

2012年，我国石油加工行业的运输成本同比增长3.7%，增速较2011年回升2个百分点，但低于石油加工行业物流总成本增速8.9个百分点。从占比情况看，2012年石油加工行业的物流成本中，运输成本占比为52.0%，较2011年下降1.7个百分点，呈现连续下降的趋势。

（二）保管成本占比有所上升

2012年，尽管利息率下调，但石油加工行业产品库存快速增长，同比增长17.2%，带动利息成本增长13.3%，增速高于行业物流总成

本增速0.7个百分点；同时，货物损耗成本增长28%。这些因素导致行业保管成本占物流总成本的比重由2011年的27.6%上升至2012年的28.7%，上升1.1个百分点。

（三）管理成本占比小幅上升

2012年石油加工行业的管理成本同比增长10.1%，占物流总成本的比重为19.3%，较2011年上升0.5个百分点。近年来，我国劳动力成本持续上涨和行业物流外包率下降等因素，成为石油加工行业管理成本占比提高的重要推手。

三、物流外包率下降，远低于工业平均水平

物流外包有助于提高物流运作的专业化水平，降低物流运行成本，但由于石油加工行业的特殊性和安全性要求，加之已有的大型石油企业物流相关基础设施较完备，因而石油加工行业企业更多是选择物流自营。2012年调查资料显示，石油加工企业对外支付的物流成本占物流成本的比例仅为24.7%，较2011年下降了1.2个百分点，且低于工业行业平均水平27.6个百分点，处于较低水平。

四、石油加工行业物流费用率不降反升

调查数据显示，2012年石油加工行业物流成本费用率为6.9%，虽然仍低于工业行业的平均水平，但高于2011年0.6个百分点。在整个工业行业物流费用率呈逐年下降的趋势下，石油加工行业的物流费用率不降反升。出现这一现象，首先与石油加工行业库存快速增长密切相关，行业库存的大幅增加带动了保管成本快速增长；其次与行业的物流外包率下降相关，显示出行业的物流布局有待优化，物流组织管理能力和专业化水平需要进一步提升。

（中国物流信息中心）

煤炭行业物流成本分析

2012 年我国煤炭市场产运需总体宽松，由于国际煤炭价格低于国内，进口煤炭大幅增加。总体看，需求放缓以及进口增加导致煤炭行业物流规模全年保持增长，但增速有所回落；物流效率有所提高，但提升空间仍然很大。

一、行业规模增速放缓

2012 年，在国际经济走势低迷、国内经济结构主动调整以及产业转型升级加快的大背景下，我国煤炭等大宗资源产品需求明显放缓，全年全国煤炭完成生产量为 36.5 亿吨，同比增长 3.7%，增速比上年同期回落 5.1 个百分点。同时，由于国际市场上煤炭价格低于国内，干散货海运运价相对低廉，进口煤炭到岸成本价仍具有较强的竞争优势，造成煤炭进口量连续大幅增长，2012 年我国累计进口煤炭 2.9 亿吨，同比增长 29.8%，进口煤炭占我国煤炭全年总产量的 7.9%，比 2011 年 5.2% 的占比高出 2.7 个百分点。对国内煤炭产运销均产生了一定的影响。

二、煤炭物流保持平稳增长

全国重点企业物流统计调查（以下简称调查）数据显示，2012 年我国煤炭行业货运量同比增长 10.1%，增速比 2011 年同期提高了 4.2 个百分点；企业销售额增长 17.2%，增速比 2011 年同期提高了1.5 个百分点。根据调查数据及统计数据推算，2012 年我国煤炭行业物流总额超过 3 万亿元，同比增长 10.2%，比同期工业品物流总额增长低 0.8 个百分点。

三、煤炭物流成本增长较快

调查数据显示，2012 年我国煤炭行业物流成本同比增长 7.9%，增速比 2011 年同期提高 1.5 个百分点。其中，运输成本依然是控制物流成本的最重要环节，占全部物流成本比重的一半以上；管理成本和利息成本合计所占比重超过 20%，比 2011 年同期小幅提高；仓储成本，保险成本，配送、流通加工、包装成本所占比重均较 2011 年略有提高。

（一）运输环节仍然是重中之重

2012 年重点调查企业的煤炭运输成本同比增长 11.4%，增速比 2011 年同期提高 6.3 个百分点，煤炭运输成本占全部煤炭物流成本的比重为 52.5%，比 2011 年回落 2.1 个百分点。长期看，我国“西煤东送、北煤南运”以及“长距离、多周转”的煤炭物流格局难以改变。因此，控制煤炭物流成本的关键是提高物流效率，降低运输成本。2012 年重点企业煤炭运输成本所占比重小幅回落的主要原因是，国内外煤炭价格倒挂突显进口煤炭价格优势，使东部及沿海地区大量使用印尼、越南以及西澳进口煤炭，对煤炭主产区的产运需有效衔接产生一定影响。

（二）保管成本比重上升

调查数据显示，2012 年煤炭行业在利息成本、仓储成本以及保险成本的共同带动下，保管环节成本比重有所上升。2012 年国家实施稳健的货币政策，加强信贷政策与产业政策的协调配合，严控资金流向两高一资行业，煤炭等高耗能企业资金紧张的状况始终没有得到缓解，利息成本大幅增长至 57.3%，比重由 2011 年的 9.4% 上升到 2012 年的 11%；仓储成本增长至 9.9%，比重由 2011 年的 5.2% 上升到 2012 年的 5.7%；保险成本增长至 15.3%，比重由 2011 年的 0.5% 上升至 2012 年的 0.6%。

（三）管理成本比重小幅上升

调查数据显示，2012 年煤炭行业重点调查企业的管理成本同比增长 8.3%，增速比 2011 年同期提高 1 个百分点。人力成本上升已经影响到包括煤炭行业在内的大多数企业的生产经营活动，且具有不可逆转之势，人力成本上升是煤炭行业管理成本快速增长的重要原因。

四、物流效率有所改善

近年来煤炭物流取得长足发展，在体制上不断破除约束，推进煤炭运销、铁路运输等体制改革，打造集铁、公、水、港统筹一体的煤炭物流协调格局，实现各运输环节的高效衔接。在企业经营上充分发挥市场在资源配置中的决定性作用，鼓励煤炭物流企业按照现代物流管理模式进行调整和重组，展开竞争，提高整个物流系统的效率。调查数据显示，2012 年煤炭行业物流效率呈现改善趋势，当年物流效率为 15.3%，比 2011 年同期下降 2 个百分点，比 2010 年下降 4.3 个百分点，与我国工业物流成本效率不断提高的走势基本一致，但仍比全部工业行业物流费用率水平高出 4.1 个百分点，反映出我国煤炭行业发展方式较为粗放，物流水平仍然较低，物流效率有待提高。

（中国物流信息中心）

食品加工行业物流成本分析

根据《社会物流统计核算与报表制度》要求，中国物流与采购联合会开展了全国重点企业物流统计调查（以下简称调查）。调查的食品行业主要包含从事粮食及饲料加工业、植物油加工工业、制糖业、屠宰及肉类蛋类加工业、水产品加工业、食用盐加工业和其他食品的加工活动的工业企业。

调查结果显示，2012 年我国食品行业物流费用率水平同比有所提高，物流效率有所下降。其中，食品冷链物流尚处于起步阶段，规模化、系统化的体系尚未建立，基础设施等相关投资增长较快，相应的物流费用率较高，呈现逐年提高趋势。

一、食品行业物流费用率持续攀升

调查数据表明，2012 年我国食品行业物流成本费用率为 5.6%，同比提高 0.2 个百分点。需冷藏的速冻食品制造和液体乳及乳制品制造行业对于仓库及运输车辆的高要求使物流费用率水平持续提高，达 13.6%，同比提高 1.6 个百分点。

二、食品物流规模增速明显放缓

2012 年我国食品物流总额达 1.6 万亿元，比 2011 年同期增长 14.2%，增幅同比回落 13 个百分点。调查数据显示，2012 年我国食品制造企业销售总额比 2011 年增长 10.6%，增速比 2011 年回落 10.7 个百分点；货运量比 2011 年增长 0.8%，增速比 2011 年回落 10.9 个百分点，其中自运货运量由升转降，下降 3.7%。

三、企业物流成本较快增长

调查数据显示，2012 年我国食品制造企业物流成本同比增长 15.3%；其中，运输成本比 2011 年增长 19.7%，管理成本比 2011 年增长 11.4%，保管成本增长 10.4%。

在物流成本构成中，运输成本占比为 53.8%，同比提高 1.9 个百分点；保管成本占比为 34.3%，同比下降 1.5 个百分点。在保管成本中，仓储成本占比为 13.7%，利息成本占比为 8.9%。管理成本占比为 11.9%，同比下降 0.4 个百分点。

数据显示，2012 年我国规模以上食品制造企业持有的原材料、半成品、成品库存超 1118 亿元，同比增长 6.5%，增幅回落 17.9 个百分点。受此影响，仓储成本占比下降 0.6 个百分点，利息成本下降 0.1 个百分点。

四、食品行业物流外包比例回落

调查数据显示，2012 年我国食品企业物流外包比例快速提高，食品企业对外支付的物流成本同比增长 9.5%，增速比 2011 年大幅回落。对外支付的物流成本占比为42%，比 2011 年下降 2.2 个百分点。其中，冷链食品制造企业外包比例为 63.8%，比 2011 年下降 3.1 个百分点。

五、物流成本费用率与发达国家差距尚存

与发达国家相比，我国食品冷链物流仍处于发展阶段，相关基础设施等投入较高，致使冷链物流费用率持续攀升；日本冷链物流发展较早，食品企业物流费用率多年维持在 9%，2012 年为 9.4%，低于我国企业 4.2 个百分点。总体看我国的冷链物流费用率与发达国家相比还有相当差距。因此，提高物流效率，降低物流费用是行业加快发展的首要任务。

（中国物流信息中心）

纺织行业物流成本分析

2012年，我国纺织行业受到国际经济形势复杂多变、国内经济增长放缓等因素影响，多项经济运行指标比上年明显下降，企业运营压力加大。据全国重点企业物流统计调查（以下简称调查）数据显示，2012年我国纺织行业物流效率有所下降，物流费用率小幅上升；物流成本继续增加，且增速加快。

一、2012年纺织行业经济运行特点

（一）产销规模继续扩大，居于低速增长区间

2012年前三季度，我国纺织行业产销整体居于低速增长区间，与2011年同期相比增速明显放缓，但9月份之后，行业产销增速有小幅回暖表现。从全年来看，纺织行业产销规模增长较为平稳。国家统计局数据显示，2012年我国规模以上纺织企业累计实现工业总产值5.78万亿元，同比增长12.3%，增速比上年同期提高0.1个百分点；工业销售产值累计达到5.67万亿元，同比增长10.6%。

（二）出口压力较大，出口额增速同比大幅回落

2012年，我国纺织品服装出口额增速比2011年同期大幅回落，9月份之后略有回升，呈现小幅增长态势。根据海关数据显示，2012年我国累计出口纺织品服装2626亿美元，同比增长3.3%，增速较2011年同期大幅回落16.8个百分点。2012年，我国纺织品服装出口价格同比提高3.9%，扣除价格上涨因素后出口数量同比下降0.6%，表明行业实际出口数量仍在减少，出口压力仍然较大。

（三）投资增速回落，但区域结构调整仍在加强

据国家统计局数据显示，2012年我国纺织行业500万元以上项目实际完成固定资产投资总额7793亿元，同比增长14.6%，增速同比大幅回落21.7个百分点。从区域结构来看，中部地区增速高于东部地区，且中部地区占全行业投资比重较上年同期也有所提升，显示出我国纺织行业投资的区域结构调整步伐仍在持续加快。

二、2012 年纺织行业物流发展状况

（一）纺织行业物流规模继续扩大

2012 年，受纺织行业产销规模增长的影响，行业物流规模较上年同期也有所扩大。按调查数据推算，2012 年我国纺织行业物流货运量同比增长 7.1%，增速较 2011 年同期提高 0.7 个百分点。从结构上看，自运货运量同比增长 10.6%，较 2011 年同期提高 4.7 个百分点；委托代理货运量同比增长 6.5%，较 2011 年同期下降 0.4 个百分点。

（二）物流费用率同比小幅上升，处于工业行业较高水平

调查数据显示，2012 年我国纺织行业物流费用率为 12.4%，高于 2011 年 1 个百分点，高于 2010 年 0.2 个百分点，高于 2012 年全部工业企业平均水平 3.2 个百分点。在我国工业行业物流成本费用率呈逐年下降走势的情况下，纺织行业物流成本费用率却不降反升，反映出我国纺织企业物流布局需要优化，物流管理能力亟待提高。

（三）运输成本占比接近五成，仓储成本明显升高

调查数据显示，2012 年我国纺织行业物流成本同比增长 11.8%，增幅较 2011 年扩大 1.3 个百分点，且 2012 年增幅高于工业企业平均水平 2.2 个百分点。从结构上看，运输成本仍然占据最大份额，接近全部成本的五成，但连续两年呈下降走势；管理成本、利息成本和配送、流通加工、包装成本走势平稳，小幅上升；仓储成本则连续两年明显上升。

1. 运输成本呈稳步下降趋势

调查数据显示，2012 年我国纺织企业物流运输成本较上年同期下降 1.5%。从占比看，在 2012 年纺织行业的物流成本中，运输成本占比为 46.1%，较 2011 年下降 5.2 个百分点，较 2010 年下降 12.9 个百分点。棉花是纺织工业的主要原料，我国约 1/3 的棉花产地分布在新疆地区，距离中东部主要消费市场较远，导致运输成本在我国纺织企业的物流成本中占比最高。

2. 管理成本、利息成本和配送加工成本占比缩小

管理成本在纺织行业物流成本中也占有相当大的比重，但占比有所下降。调查数据显示，2012 年全国纺织行业物流管理成本占物流成本的比重由 20.4% 下降到 20.0%，小幅下降 0.4 个百分点。

2012 年我国纺织行业利息成本占物流成本的比重由 9.7% 下降到 9.2%，降低 0.5 个百分点；配送、流通加工与包装占物流成本的比重由 2.6% 下降到 2.5%，降低 0.1 个百分点，基本保持平稳。

3. 仓储成本大幅增加，占比明显上升

2012 年，受欧债危机等因素影响，国际市场需求持续低迷，造成我国纺织企业外销订单减少、出口下滑，部分纺织品服装国际市场份额从我国向其他国家转移的问题日益显现。相关数据显示，2012 年 1—11 月，我国在欧盟和日本纺织品服装进口市场中所占份额分别下降了 1.1 和 1.8 个百分点。而同期越南、孟加拉等国所占份额均有所上升。受此影响，我国纺织企业库存水平居高不下，相关仓储设施投入也有所增加，导致仓储成本大幅提高。调查数据显示，2012 年，我国纺织业仓储成本同比增长 28.2%，增幅较上年同期扩大 8.9 个百分点；仓储成本占物流成本比重明显提高，较上年同期上升 0.8 个百分点，达到 5.9%。

（四）纺织企业物流外包率略有下降，仍然远低于工业企业平均水平

纺织行业在我国属传统行业，目前来看，纺织行业物流仍然以自营模式为主。调查数据显示，2012 年我国纺织行业企业对外支付的物流成本占物流成本的比例仅为 34.5%，较 2011 年下降 1 个百分点、较 2010 年下降 4.5 个百分点，低于工业企业平均水平 14 个百分点，处于行业较低水平。企业自营物流规模小、效率低、成本高，严重挤占企业利润。我国纺织企业物流外包率长期处于较低水平，反映出纺织企业物流亟须向现代化管理方向转变，利用专业的第三方物流资源，建立适合企业自身需要的配送系统，以节约成本提高效率。

（中国物流信息中心）

医药制造行业物流成本分析

2012 年，在《全国药品流通行业发展规划纲要（2011—2015 年）》的引导下，我国医药流通行业发展势头良好，全年药品流通行业销售总额首次突破万亿元，同比增长 18.5%。

据全国重点企业物流统计调查（以下简称调查）数据显示，2012 年我国医药制造行业的物流规模保持快速增长势头，但在物流效率、物流服务水平等方面与发达国家相比差距依然较大。

现代物流作为生产性服务业，是企业降低成本、获取第三利润源的重要途径。尤其是在当前转变经济发展方式的背景下，医药制造行业更需要大力发挥现代物流在行业转型中的作用。

一、物流规模维持快速增长势头

伴随着医药产业的快速发展，我国医药制造行业的物流规模呈继续扩大之势。统计数据显示，2012 年我国医药制造行业的物流总额约 1.7 万亿元，与 2011 年同期相比增长 19%。

二、物流费用呈下降趋势

调查数据显示，2012 年我国医药制造企业的物流成本费用率为 11.6%，与 2011 年同期相比下降 0.3 个百分点。按此费用率计算，2012 年我国医药制造行业的物流成本大约为 1982.3 亿元，比 2011 年减少了 50.6 亿元。

从近几年的调查数据看，我国医药行业企业的物流费用率呈逐年下降趋势。2012 年企业的物流费用率较 2010 年降低 0.5 个百分点，较 2009 年降低 0.6 个百分点，较 2008 年降低 0.9 个百分点。

三、物流成本依然偏高

从调查数据看，2012 年我国医药制造企业的物流成本较 2011 年同期增长 16.2%，增幅较 2011 年回落 13.1 个百分点。增幅虽较 2011 年同期有所下降，但医药制造行业的物流成本仍处较高水平。

在物流成本中，运输成本同比增长 11.9%，增幅较 2011 年同期回落 11.6 个百分点；保管成本同比增长 18.2%，增幅较 2011 年同期回落 22.9 个百分点。其中，仓储成本同比增长 4.1%，增幅较 2011 年同期大幅下降近四成；配送、流通加工与包装的成本同比上升 13.7%；保险成本同比上升 20%；利息成本同比上升 15%；管理成本同比增长 0.2%。

在物流成本构成中，运输成本所占的比重为 41.8%，较 2011 年同期降低 1.6 个百分点，较 2010 年降低 3.6 个百分点。运输成本占比近两年虽然连续下降，但依然是影响企业物流成本偏高的主要因素。

在保管环节中，仓储成本所占比重为 11.4%，与 2011 年同期相比降低 1.3 个百分点；配送、流通加工与包装成本所占比重为 9.2%，与 2011 年同期相比降低 0.2 个百分点。医药制造行业是一个集资本和技术密集型的产业，企业在物流设施、信息化建设、新技术应用以及全产业链服务能力等方面的投入与强化，可以有效提升企业物流的配送效率和服务能力。

管理成本所占比重为 13%，较 2011 年同比上升了 0.2 个百分点。劳动力成本的持续上涨依然是影响企业管理成本不断提高的因素之一。

四、物流外包比例有所提高

长期以来，我国工业企业缺乏供应链管理思想，很多企业在物流管理和运作上自成体系、自我服务，从而导致整体企业物流外包比例相对较低。调查数据显示，2012 年我国医药制造企业物流外包率为 62.3%，与 2011 年同期相比上升 5.3 个百分点。

调查数据显示，2012 年我国医药制造企业对外支付的物流成本比 2011 年增长 27%，占企业物流成本的 35.5%。

调查数据显示，2012 年我国医药制造企业产生的货运量同比增长 12.9%。从结构上看，自运货运量同比增长 1.0%，委托代理货运量同比增长 13.9%。43% 的医药制造企业均将物流业务全部交由专业物流公司承担，这一比例较 2011 年同期提高了 5 个百分点。但绝大部分医药企业的物流业务还是以自营物流为主。物流业务外包既可以在降低企业营运成本的同时提升服务效率，又是提升企业竞争力的一个手段。随着现代物流业的快速发展，物流外包代替自营物流是一种新的发展趋势。

五、物流费用率与发达国家差距依然较大

我国医药制造业物流成本费用率与发达国家相比差距明显。调查数据显示，2012 年我国医药制造业物流成本费用率为 11.6%，而同期日本医药制造业的物流费用率仅为 1.7%。与日本相比，仅物流成本费用率一项我国就比日本高 9.9 个百分点。由此可见，我国医药制造业的物流效率与日本相比差距较为明显。据此推算，我国医药制造行业物流费用率如果达到日本的水平，2012 年我国医药制造行业就可节约超过 1000 亿元的物流成本，其经济效益将是非常可观的。

（中国物流信息中心）

2013 年 1—12 月中国制造业采购经理指数（PMI）

（中国物流与采购联合会、国家统计局服务业调查中心发布）

1 月

2013 年 1 月，中国制造业采购经理指数（PMI）为 50.4%，比上月回落 0.2 个百分点。该指数连续四个月保持在 50% 以上，走势基本平稳。总体来看，经济运行保持稳健，开局良好。

针对 1 月份制造业采购经理调查情况，特约分析师张立群分析认为："1 月份 PMI 指数小幅下降，预示未来经济增长将趋于平稳态势。购进价格指数和原材料库存指数上升反映企业预期继续向好，生产经营规模仍在扩大。但新订单指数上升，出口订单指数、积压订单指数下降，订单总水平趋于稳定，则预示未来补充库存活动和生产活动将趋稳。"

本月新订单指数为 51.6%，比上月上升 0.4 个百分点。在 21 个行业中，11 个行业的新订单指数高于 50%，10 个行业低于 50%。从区域看，东部、中部和东北部高于 50%，西部低于 50%。从企业规模看，大型企业和中型企业高于 50%，分别为 52.7% 和 51%；小型企业低于 50%。

本月生产指数为 51.3%，比上月下降 0.7 个百分点。在 21 个行业中，有 10 个行业的生产指数高于 50%，11 个行业低于 50%。从区域看，东部、中部和东北部高于 50%，西部低于 50%。从企业规模看，大型企业高于 50%，为 53.1%；中型和小型企业低于 50%，分别为 49.8% 和 44.1%。

本月进口指数为 49.1%，比上月上升 0.1 个百分点。在 21 个行业中，有 9 个行业的进口指数高于 50%，12 个行业低于 50%。从区域来看，东部高于 50%，为 50.8%，中部、西部和东北部均低于 50%。从企业规模来看，中型企业高于 50%；大型和小型企业低于 50%，分别为 49% 和 42.6%。

本月新出口订单指数为 48.5%，比上月下降 1.5 个百分点。在 21 个行业中，有 5 个行业的新出口订单指数高于 50%，16 个行业低于 50%。从区域看，东部高于 50%，为 50.3%；中部、西部和东北部均低于 50%。从企业规模看，小型企业高于50%；为51.1%；中型企业位于50%；大型企业低于50%，为47.8%。

本月原材料库存指数为50.1%，比上月上升2.8个百分点。在21个行业中，有8个行业的原材料库存指数高于50%；1个行业为50%；12个行业低于50%。从区域来看，东部和中部高于50%；西部和东北部低于50%。从企业规模来看，中型企业高于50%，为51.1%；大型企业为50%；小型企业低于50%，为48.4%。

本月购进价格指数为57.2%，比上月上升3.9个百分点。在21个行业中，有20个行业的购进价格指数高于50%；1个行业低于50%。从区域来看，东部、中部、西部和东北部均高于50%。

本月生产经营活动预期指数为55.9%。在21个行业中，有18个行业的生产经营活动预期指数高于50%，3个行业低于50%。从区域来看，东部、中部、西部和东北部均高于50%，为53.7%～58.7%。从企业规模来看，大型、中型和小型企业均高于50%，分别为56.8%、55%和52.9%。

2月

2013年2月，中国制造业采购经理指数（PMI）为50.1%，较上月回落0.3个百分点，主要分项指数也有不同程度回落，但这种回落主要是受春节因素影响正常性波动，波动幅度小于历史同期。

针对2月份制造业采购经理调查情况，特约分析师张立群分析认为："延续1月份态势，2月份PMI指数继续小幅下降，预示经济增长将由回升转向平稳。新订单指数、出口订单指数继续下降，表明订单水平继续下降。尽管生产经营活动预期指数上升，但购进价格指数开始回落，预示乐观的市场预期将发生改变。另外，市场需求增速保持平稳，剔除季节因素，出口增速保持两位数，需求条件显示经济增速不会明显下降。"

本月新订单指数为50.1%，比上月下降1.5个百分点。从行业看，黑色金属冶炼及压延加工业、专用设备制造业和有色金属冶炼及压延加工业等11个行业的新订单指数高于50%，木材加工及家具制造业、纺织业、农副食品加工业等10个行业低于50%。从区域看，中部高于50%，东部、西部和东北部低于50%。从企业规模看，大型企业高于50%，中型和小型企业低于50%。

本月生产指数为51.2%，比上月下降0.1个百分点。从行业看，有色金属冶炼及压延加工业、黑色金属冶炼及压延加工业、化学原料和化学制品制造业等9个行业的生产指数高于50%，木材加工及家具制造业、纺织业、农副食品加工业等12个行业低于50%。从区域看，中部、西部和东北部高于50%，东部低于50%。从企业规模看，大型企业高于50%，中型和小型企业低于50%。

本月进口指数为48.1%，比上月下降1个百分点。从行业来看，食品及酒饮料精制茶制造业、医药制造业、专用设备制造业等9个行业的进口指数高于50%；木材加工及家具制造业、纺织服装服饰业、造纸印刷及文教体美娱用品制造业等12个行业低于50%。

本月新出口订单指数为47.3%，比上月下降1.2个百分点。从行业看，黑色金属冶炼及压延加工业、化学原料和化学制品制造业、食品及酒饮料精制茶制造业、医药制造业和专用设备制造业等8个行业的新出口订单指数高于50%，木材加工及家具制造业、纺织业、金属制品业等13个行业低于50%。

本月原材料库存指数为49.5%，比上月下降 0.6 个百分点。从行业来看，化学纤维及橡胶塑料制品业、专用设备制造业、金属制品业等 11 个行业的原材料库存指数高于 50%，农副食品加工业、木材加工及家具制造业、纺织业等 10 个行业低于 50%。

本月购进价格指数为 55.5%，比上月下降 1.7 个百分点。从行业来看，只有非金属矿物制品业和计算机通信电子设备及仪器仪表制造业 2 个行业的购进价格指数低于 50%，其余 19 个行业均在 50% 以上。其中黑色金属冶炼及压延加工业、石油加工及炼焦业超过 60%。从区域来看，东部、中部、西部和东北部均高于 50%，指数为 54.8% ~56.7%。

本月生产经营活动预期指数为 64.6%，比上月上升 8.7 个百分点。从行业来看，21 个行业的生产经营活动预期指数全部高于 50%，其中汽车制造业和电气机械器材制造业两个行业超过 70%。

3 月

2013 年 3 月，中国制造业采购经理指数（PMI）为 50.9%，较上月上升 0.8 个百分点，该指数连续 6 个月保持在 50% 以上。本月除个别指数外，主要分项指数均出现回升。

针对 3 月份制造业采购经理调查情况，特约分析师张立群分析认为："3 月份 PMI 指数上升，改变了 1—2 月份持续小幅回落态势，预示未来经济总体走稳。从市场需求方面看，投资与出口增速有所加快，与新订单指数、新出口订单指数提高相吻合。受订单支持，预计企业开工率将有所提高。当前投资、出口增长都包含一些不确定因素，一季度包含春节影响，数据波动偏大。从目前数据看，经济运行大体平稳，对未来变化还需密切监测。"

本月新订单指数为 52.3%，比上月上升 2.2 个百分点。从行业看，汽车制造业、电气机械器材制造业、通用设备制造业、专用设备制造业、金属制品业等 15 个行业的新订单指数高于 50%，石油加工及炼焦业、黑色金属冶炼及压延加工业、有色金属冶炼及压延加工业等 6 个行业低于 50%。从区域看，东北部低于 50%，东部、中部和西部均高于 50%。从企业规模看，大型和中型企业高于 50%，小型企业低于 50%。

本月生产指数为 52.7%，比上月上升 1.5 个百分点。从行业看，汽车制造业、专用设备制造业、电气机械器材制造业、通用设备制造业、金属制品业等 13 个行业的生产指数高于 50%，石油加工及炼焦业、黑色金属冶炼及压延加工业、有色金属冶炼及压延加工业和化学原料和化学制品制造业等 8 个行业低于 50%。从区域看，东部、中部、西部和东北部均高于 50%。从企业规模看，大型和中型企业高于 50%，小型企业低于 50%。

本月原材料库存指数为 47.5%，比上月下降 2 个百分点。从行业来看，纺织服装服饰业、化学纤维及橡胶塑料制品业、医药制造业和电气机械器材制造业 4 个行业的原材料库存指数高过 50%，黑色金属冶炼及压延加工业、有色金属冶炼及压延加工业、化学原料和化学制品制造业、石油加工及炼焦业和铁路船舶航空航天运输设备制造业等 17 个行业低于 50%。

本月购进价格指数为 50.6%，比上月下降 4.9 个百分点。从行业来看，木材加工及家具制造业、铁路船舶航空航天运输设备制造业、纺织业、专用设备制造业、金属制品业等 15 个行业的购进价格指数高于 50%，黑色金属冶炼及压延加工业、化学纤维及橡胶塑料制品业、化学原料和化学制品制造业等 6 个行业低于 50%。

本月产成品库存指数为 50.2%，比上月上升3.6个百分点。从行业来看，石油加工及炼焦业、黑色金属冶炼及压延加工业、金属制品业和纺织服装服饰业等9个行业的产成品库存指数高于50%，专用设备制造业、非金属矿物制品业、有色金属冶炼及压延加工业、通用设备制造业等12个行业低于50%。

4月

2013年4月，中国制造业采购经理指数（PMI）为50.6%，连续7个月高于50%，仍处在平稳区间。但指数较上月回落0.3个百分点，增势趋弱。

针对4月份制造业采购经理调查情况，特约分析师张立群分析认为："4月份PMI指数小幅回落，表明经济回稳的基础还不巩固。从需求面看，新订单指数、出口订单指数、积压订单指数均在下降；从库存方面看，产成品库存和采购量指数也在下降。这些情况表明，订单水平下降开始使补充库存转为去库存。4月份购进价格指数大幅降低，也反映了企业预期向负面的变化。综合这些情况，预计未来经济增速有小幅下行的可能。"

本月新订单指数为51.7%，比上月下降0.6个百分点。从行业看，电气机械器材制造业、非金属矿物制品业、纺织业和化学纤维及橡胶塑料制品业等15个行业的新订单指数超过50%，石油加工及炼焦业、农副食品加工业、黑色金属冶炼及压延加工业和铁路船舶航空航天运输设备制造业等6个行业低于50%。从区域看，中部低于50%，东部、西部和东北地区均高于50%。从企业规模看，大型和中型企业高于50%，小型企业低于50%。

本月生产指数为52.6%，比上月微落0.1个百分点。从行业看，电气机械器材制造业、非金属矿物制品业、化学纤维及橡胶塑料制品业、金属制品业和专用设备制造业等13个行业的生产指数高于50%；有色金属冶炼及压延加工业为50%；石油加工及炼焦业、农副食品加工业、黑色金属冶炼及压延加工业和食品及酒饮料精制茶制造业等7个行业低于50%。从区域看，东部、中部、西部和东北地区均高于50%。从企业规模看，大型和中型企业高于50%，小型企业低于50%。

本月购进价格指数为40.1%，比上月下降10.5个百分点。从行业来看，仅有食品及酒饮料精制茶制造业的购进价格指数高于50%；其余石油加工及炼焦业、黑色金属冶炼及压延加工业、化学纤维及橡胶塑料制品业、电气机械器材制造业等有色金属冶炼及压延加工业等20个行业均低于50%。从区域来看，东部、中部、西部和东北地区均低于50%。从企业规模来看，大型、中型和小型企业均低于50%。

本月产成品库存指数为47.7%，比上月下降2.5个百分点。从行业来看，烟草制品业、金属制品业、电气机械器材制造业和石油加工及炼焦业等6个行业的产成品库存指数高于50%，木材加工及家具制造业为50%，纺织业、通用设备制造业、专用设备制造业和铁路船舶航空航天运输设备制造业等14个行业低于50%。

本月原材料库存指数为47.5%，与上月相比持平。从行业来看，金属制品业、电气机械器材制造业、计算机通信电子设备及仪器仪表制造业和食品及酒饮料精制茶制造业4个行业的原材料库存指数超过50%，木材加工及家具制造业为50%；黑色金属冶炼及压延加工业、化学原料和化学制品制造业、有色金属冶炼及压延加工业和烟草制品业等16个行业低于50%。

5月

2013年5月，中国制造业采购经理指数

（PMI）为50.8%，比上月回升0.2个百分点，分项指数中多数指数有所回升，整体走势好于历史同期，显示当前经济运行基本态势稳中见升。

针对5月份制造业采购经理调查情况，特约分析师张立群分析认为："5月份PMI指数小幅回升，PMI各组成指数总体平稳，表明经济回稳的态势趋于明显。购进价格指数明显提高，预示市场预期好转，产成品库存指数小幅提高，说明补充库存的活动仍在继续。中部地区PMI指数低于50%的临界值，表明结构调整和转型升级活动正在区域间拓展，对中部地区的影响开始加大。"

本月新订单指数为51.8%，比上月上升0.1个百分点。从行业看，电气机械器材制造业、计算机通信电子设备及仪器仪表制造业、化学纤维及橡胶塑料制品业、金属制品业等13个行业的新订单指数高于50%，木材加工及家具制造业为50%，汽车制造业、黑色金属冶炼及压延加工业、化学原料和化学制品制造业等7个行业低于50%。从区域看，东部和东北地区高于50%，中部和西部低于50%。从企业规模看，大型和中型企业高于50%，小型企业低于50%。

本月生产指数为53.3%，比上月上升0.7个百分点。从行业看，电气机械器材制造业、计算机通信电子设备及仪器仪表制造业、铁路船舶航空航天运输设备制造业、通用设备制造业和化学纤维及橡胶塑料制品业等16个行业的生产指数高于50%，汽车制造业、农副食品加工业、专用设备制造业、化学原料和化学制品制造业、黑色金属冶炼及压延加工业5个行业低于50%。从区域看，东部、中部、西部和东北地区均高于50%。从企业规模看，大型和中型企业高于50%，小型企业低于50%。

本月原材料库存指数为47.6%，比上月上升0.1个百分点。从行业来看，纺织服装服饰业、计算机通信电子设备及仪器仪表制造业、化学纤维及橡胶塑料制品业和食品及酒饮料精制茶制造业4个行业的原材料库存指数高于50%；木材加工及家具制造业、农副食品加工业、黑色金属冶炼及压延加工业、化学原料和化学制品制造业、有色金属冶炼及压延加工业和医药制造业等17个行业低于50%。

本月从业人员指数为48.8%，比上月下降0.2个百分点。从行业来看，计算机通信电子设备及仪器仪表制造业、化学纤维及橡胶塑料制品业、电气机械器材制造业和非金属矿物制品业4个行业的业人员指数高于50%，铁路船舶航空航天运输设备制造业、黑色金属冶炼及压延加工业、化学原料和化学制品制造业、专用设备制造业和有色金属冶炼及压延加工业等17个行业低于50%。从区域来看，东部、中部、西部和东北地区均低于50%。

本月购进价格指数为45.1%，比上月上升5个百分点。从行业来看，食品及酒饮料精制茶制造业、农副食品加工业、烟草制品业、纺织服装服饰业、木材加工及家具制造业和纺织业等8个行业的购进价格指数高于50%，黑色金属冶炼及压延加工业、石油加工及炼焦业、金属制品业、化学原料和化学制品制造业、有色金属冶炼及压延加工业等13个行业低于50%。从区域来看，东部、中部、西部和东北地区均低于50%。

6月

2013年6月，中国制造业采购经理指数（PMI）为50.1%，较上月回落0.7个百分点。从12个分项指数来看，同上月相比，各主要指数均有不同程度回落。其中，进口订单、积压订单、采购量和生产经营活动预期指数回落幅度超过 2 个百分点；生产指数、新订单指数、新出口订单指数降幅超过 1 个百分点；其余指数降幅在 1 个百分点之内。分企业类型看，大型企业 PMI 指数高于 50%，为 50.4%；中、小型企业 PMI 指数低于 50%，分别为 49.8% 和 48.9%。

针对 6 月份制造业采购经理调查情况，特约分析师张立群分析认为："6 月份 PMI 指数回落，而且主要指标普遍回落，表明未来经济有一定下行压力。但 PMI 绝对值仍然在 50% 临界点以上；1—5 月份投资、消费增长大体平稳，剔除热钱扰动因素，出口实际增速也未大幅下滑；库存水平是历史低位，进一步下降空间有限。稳增长的政策效果还在进一步显现之中。综合看，经济增长仍然在趋稳过程中。"

本月新订单指数为 50.4%，比上月回落 1.4 个百分点。在调查的企业中，新订单较上月增加的企业比重为 21.8%，较上月下降 4 个百分点；较上月持平的企业比重为 54%，较上月略升 0.2 个百分点；较上月减少的企业比重为 24.2%，较上月上升 3.8 个百分点。

本月生产指数为 52.0%，比上月回落 1.3 个百分点。在调查的企业中，生产量较上月增加的企业比重为 24.3%，较上月下降 4.2 个百分点；较上月持平的企业比重达 53.2%，同上月持平；较上月减少的企业比重为 22.5%，较上月上升 4.2 个百分点。

本月原材料库存指数为 47.4%，比上月回落 0.2 个百分点。在调查的企业中，原材料库存较上月增加的企业比重为 12.5%，较上月下降 1 个百分点；较上月持平的企业比重为 67.4%，较上月下降 1.1 个百分点；较上月减少的企业比重为 20.1%，较上月上升 2.1 个百分点。

本月从业人员指数为 48.7%，比上月下降 0.1 个百分点。在调查的企业中，从业人员较上月增加的企业比重为 5.0%，较上月下降 1.4 个百分点；较上月持平的企业比重为 86.8%，较上月上升 1.8 个百分点；较上月减少的企业比重为 8.2%，较上月下降 0.5 个百分点。

本月购进价格指数为 44.6%，比上月回落 0.5 个百分点。在调查的企业中，购进价格较上月上涨的企业比重为 7.2%，较上月下降 0.1 个百分点；较上月持平的企业比重为 74.6%，同上月持平；较上月减少的企业比重为 18.2%，较上月上升 0.1 个百分点。

7 月

2013 年 7 月，中国制造业采购经理指数（PMI）为 50.3%，比上月回升 0.2 个百分点。从 12 个分项指数来看，同上月相比，除产成品库存和供应商配送时间下降外，其余各主要指数均不同程度回升。

针对 7 月份制造业采购经理调查情况，特约分析师张立群认为："7 月份 PMI 指数小幅回升，表明未来经济增长趋稳。今年以来，随着经济增长小幅回落，市场预期持续走低，与实际经济走势出现一定反差。进入下半年之后，市场对经济趋稳的预期逐渐增加，在宏观经济政策支持下，市场需求大体平稳，从 7 月份 PMI 新出口订单指数看，未来出口需求有望小幅恢复。受预期趋稳，订单水平趋稳的影响，预计未来经济增长总体趋稳。"

本月新订单指数为 50.6%，比上月上升 0.2 个百分点。从企业规模来看，大型企业的新订单指数高于 50%，指数为 51.6%；中型和小型企业低于 50%，分别为 48.8% 和 49.5%。

本月生产指数为 52.4%，比上月上升 0.4 个百分点。从企业规模来看，大型企业、中型企业和小型企业的生产指数均高于 50%，指数分别为 52.7%、52.3% 和 51.1%。

本月新出口订单指数为49%，比上月回升1.3个百分点。从企业规模来看，大型企业的新出口订单指数位于50%；中型企业和小型企业指数分别为46.2%和48.8%。

本月积压订单指数为44.7%，比上月回升1.8个百分点。从企业规模来看，大、中、小型企业的积压订单指数均低于50%，指数为41.4%～45.7%。

本月产成品库存指数为47.3%，比上月回落0.9个百分点。从企业规模来看，大、中、小型企业的产成品库存指数均低于50%，指数为45.7%～48%。

本月采购量指数为50%，比上月回升0.5个百分点。从企业规模来看，大型企业的采购量指数高于50%，为50.4%；中型和小型企业均低于50%，分别为49.5%和49.3%。

本月进口指数为48.4%，比上月回升0.5个百分点。从企业规模来看，大、中、小型企业的进口指数均低于50%，指数为42.9%～49%。

本月购进价格指数为50.1%，比上月回升5.5个百分点。从企业规模来看，大型企业的购进价格指数低于50%，中型和小型企业指数高于50%，分别为51%和54.4%。

本月原材料库存指数为47.6%，比上月回升0.2个百分点。从企业规模来看，大、中、小型企业的原材料库存指数均低于50%，指数为46.7%～47.8%。

本月从业人员指数为49.1%，比上月上升0.4个百分点。从企业规模来看，大、中、小型企业的从业人员指数均低于50%，指数为48.3%～49.5%。

本月供应商配送时间指数为50.1%，与上月相比回落0.2个百分点。从企业规模来看，大型企业、中型企业和小型企业的供应商配送时间指数均高于50%，指数分别为50.1%、50.1%和50.5%。

本月生产经营活动预期指数为56.4%，比上月回升2.3个百分点。从企业规模来看，大、中、小企业的生产经营活动预期指数均高于50%，指数为54.6%～56.9%。

8月

2013年8月，中国制造业采购经理指数（PMI）为51.0%，比上月上升0.7个百分点。PMI指数最近两月连续回升，本月回升幅度明显扩大，主要分项指数全部上升，特别是新订单指数、新出口订单指数回升明显，超过1个百分点，企业生产经营活动预期指数回升达到3个百分点，显示当前宏观经济保持稳定增长的基础进一步巩固。

针对8月份制造业采购经理调查情况，特约分析师张立群认为："8月份PMI指数明显回升，经济走稳态势进一步明确。PMI中的订单、生产、购进价格、采购量、库存、就业等指标均有不同程度回升，是今年以来首次出现。表明市场预期好转，企业对发展环境变化的适应性增强。在看到经济增长走稳的同时，也要注意到企业经营状况分化特征较强，中小企业PMI指标水平仍然偏低，需要进一步推进转型升级，巩固经济平稳健康发展的基础。"

本月新订单指数为52.4%，比上月上升1.8个百分点。从企业规模来看，大型企业新订单指数为53.8%，上升2.2个百分点；中型企业为50.3%，上升1.5个百分点；小型企业为49.8%，上升0.3个百分点。

本月生产指数为52.6%，比上月上升0.2个百分点。从企业规模来看，大型企业生产指数为53.7%，上升1个百分点；中型企业和小型企业均为50.7%，分别回落1.6和0.4个百分点。

本月新出口订单指数为50.2%，比上月回升1.2个百分点。从企业规模来看，大型企业新出口订单指数为51.6%，比上月回升1.6个百分点；中型企业为46.5%，回升0.3个百分点；小型企业为46.9%，下降1.9个百分点。

本月积压订单指数为44.8%，比上月回升0.1个百分点。从企业规模来看，大型企业积压订单指数为45.5%，比上月回升0.8个百分点；中型企业为44.8%，下降0.9个百分点；小型企业为40.5%，下降0.9个百分点。

本月产成品库存指数为47.6%，比上月回升0.3个百分点。从企业规模来看，大型企业产成品库存指数为47.9%，下降0.1个百分点；中型企业为47%，下降0.6个百分点；小型企业为47.1%，上升1.4个百分点。

本月采购量指数为52%，比上月回升2个百分点。从企业规模来看，大型企业采购量指数为52.8%，上升2.4个百分点；中型企业为51.2%，上升0.7个百分点；小型企业为48.9%，下降0.4个百分点。

本月进口指数为50.0%，比上月回升1.6个百分点。从企业规模来看，大型企业进口指数为49.5%，上升0.5个百分点；中型企业为51.7%，上升4.2个百分点；小型企业为49.8%，上升6.9个百分点。

本月购进价格指数为53.2%，比上月回升3.1个百分点。从企业规模来看，大型企业购进价格指数为53%，回升3.9个百分点；中型企业为53.1%，上升2.1个百分点；小型企业为54.7%，上升0.3个百分点。

本月原材料库存指数为48.0%，比上月回升0.4个百分点。从企业规模来看，大型企业原材料库存指数为48.0%，回升0.2个百分点；中型企业为48.2%，回升0.9个百分点；小型企业为47.5%，回升0.8个百分点。

本月从业人员指数为49.3%，比上月上升0.2个百分点。从企业规模来看，大型企业从业人员指数为50.3%，回升0.8个百分点；中型企业为47.9%，下降0.6个百分点；小型企业为47.5%，下降0.8个百分点。

本月供应商配送时间指数为50.4%，比上月上升0.3个百分点。从企业规模来看，大型企业供应商配送时间指数为50.5%，上升0.4个百分点；中型企业为50.0%，回落0.1个百分点；小型企业为50.9%，回落0.4个百分点。

本月生产经营活动预期指数为59.4%，比上月回升3个百分点。从企业规模来看，大型企业生产经营活动预期指数为60.8%，上升3.9个百分点；中型企业为58.1%，上升2.3个百分点；小型企业为53.5%，回落1.1个百分点。

9月

2013年9月，中国制造业采购经理指数（PMI）为51.1%，较上月上升0.1个百分点，新订单、生产和采购量等主要分项指数，继续保持小幅回升，显示当前经济增长态势平稳。

特约分析师张立群分析认为：“9月份PMI指数继续回升，但幅度明显缩小，表明经济上升动力不强，未来经济增长总体将呈现平稳走势。订单类指数、购进价格指数继续提高，采购量指数和原材料库存指数也提高，表明企业生产经营仍处于恢复状态；产成品库存指数、生产经营活动预期指数下降，则表明企业对未来市场前景仍比较谨慎。”

本月新订单指数为52.8%，比上月上升0.4个百分点。从企业规模来看，大型和中型企业的新订单指数高于50%，指数分别为54.3%和50.9%；小型企业低于50%，为48.8%。

本月生产指数为52.9%，比上月上升0.3

个百分点。从企业规模来看，大型企业和中型企业的生产指数高于50%，指数分别为54.6%和50.5%；小型企业低于50%，为48.7%。

本月新出口订单指数50.7%，比上月回升0.5个百分点。从企业规模来看，大型和中型企业的新出口订单指数高于50%，指数分别50.6%和51.3%；小型企业低于50%，为49.7%。

本月积压订单指数为46.2%，比上月回升1.4个百分点。从企业规模来看，大、中、小型企业的积压订单指数均低于50%，指数为44.6%～47%。

本月采购量指数为52.5%，比上月回升0.5个百分点。从企业规模来看，大型和中型企业的采购量指数高于50%，指数分别为53.4%和51.2%；小型企业为50%。

本月进口指数为50.4%，比上月回升0.4个百分点。从企业规模来看，大型和中型企业的进口指数高于50%，指数分别为50.1%和51.7%；小型企业低于50%，为48.2%。

本月购进价格指数为54.5%，比上月回升1.3个百分点。从企业规模来看，大、中、小企业的购进价格指数均高于50%；指数为53.2%～55.4%。

本月原材料库存指数为48.5%，比上月回升0.5个百分点。从企业规模来看，大、中、小型企业的原材料库存指数均低于50%，指数为47.2%～49.4%。

本月供应商配送时间指数为50.8%，比上月回升0.4个百分点。从企业规模来看，大、中、小企业的供应商配送时间指数均高于50%，指数分别为50.8%、51%和50.3%。

本月产成品库存指数为47.4%，比上月回落0.2个百分点。从企业规模来看，大、中、小企业的产成品库存指数均低于50%，指数为46%～47.9%。

本月从业人员指数为49.1%，比上月回落0.2个百分点。从企业规模来看，大、中、小企业的从业人员指数均低于50%，指数为48.1%～49.4%。

本月生产经营活动预期指数为58.4%，比上月回落1个百分点。从企业规模来看，大、中、小企业的生产经营活动预期指数均高于50%，指数为54.8%～60%。

10月

2013年10月，中国制造业采购经理指数（PMI）为51.4%，较上月上升0.3个百分点。

特约分析师张立群分析认为："10月份PMI指数继续回升，预示经济增长走稳态势初步确立。各项订单指数、产成品库存指数、购进价格指数下降，表明企业对未来市场前景仍然比较谨慎。从投资、出口、消费三大需求增长态势分析，我国经济增长初步稳定在7.5%左右的区间，但基础仍不够稳固，市场引导的内生性增长能力仍然偏弱。"

本月新订单指数为52.5%，比上月上回落0.3个百分点。从企业规模来看，大型和中型企业的新订单指数高于50%，指数分别为53.8%和50.5%；小型企业低于50%，为48.8%。

本月新出口订单指数50.4%，比上月回落0.3个百分点。从企业规模来看，大型企业的新出口订单指数高于50%，为51.2%；中型和小型企业低于50%，分别为48.6%和47.4%。

本月积压订单指数为45.5%，比上月回落0.7个百分点。从企业规模来看，大、中、小型企业的积压订单指数均低于50%，指数为42.2%～46.8%。

本月生产指数为54.4%，比上月上升1.5个百分点。从企业规模来看，大型企业和中型企业的生产指数高于50%，指数分别为55.9%和52.5%；小型企业低于50%，为49.8%。

本月采购量指数为52.7%，比上月回升0.2个百分点。从企业规模来看，大型和中型企业的采购量指数高于50%，分别为53.8%和52%；小型企业低于50%，指数为47.3%。

本月进口指数为50%，比上月回落0.4个百分点。从企业规模来看，大型和中型企业的进口指数高于50%，指数均为50.2%；小型企业低于50%，为45.1%。

本月购进价格指数为53.3%，比上月回落1.2个百分点。从企业规模来看，大、中、小企业的购进价格指数均高于50%，指数为51.8%~55%。

本月原材料库存指数为48.6%，比上月回升0.1个百分点。从企业规模来看，大、中、小企业的原材料库存指数均低于50%，指数为45.2%~49.2%。

本月产成品库存指数45.6%，比上月回落1.8个百分点。从企业规模来看，大、中、小企业的产成品库存指数均低于50%，指数为44.3%~46.2%。

本月供应商配送时间指数为50.8%，同上月持平。从企业规模来看，大、中、小企业的供应商配送时间指数均高于50%，指数分别为51%、50.8%和50.2%。

本月从业人员指数为49.2%，比上月回升0.1个百分点。从企业规模来看，大、中、小企业的从业人员指数均低于50%，指数为47.2%~49.7%。

本月生产经营活动预期指数为57.5%，比上月回落0.9个百分点。从企业规模来看，大、中、小企业的生产经营活动预期指数均高于50%，指数为51.8%~58.7%。

11月

2013年11月，中国制造业采购经理指数（PMI）为51.4%，同上月持平。

特约分析师张立群分析认为:“11月份PMI指数与上月持平，预示未来经济增长总体平稳。生产经营活动预期指数明显回落，反映企业对未来市场前景比较谨慎。出口订单指数回升，预示未来出口增长走稳。综合企业预期、投资、消费、出口等市场需求方面的情况，经济平稳增长态势已初步确立。”

本月生产指数为54.5%，比上月上升0.1个百分点。从企业规模来看，大、中、小企业的生产指数均高于50%，分别为55.9%、52.8%和50.1%。

本月新订单指数为52.3%，比上月上回落0.2个百分点。从企业规模来看，大型和中型企业的新订单指数高于50%，指数分别为53.8%和50.4%；小型企业低于50%，为47.3%。

本月新出口订单指数50.6%，比上月上升0.2个百分点。从企业规模来看，大型企业的新出口订单指数高于50%，为51.5%；中型和小型企业低于50%，分别为49.5%和40.7%。

本月积压订单指数为45.3%，比上月回落0.2个百分点。从企业规模来看，大、中、小企业的积压订单指数均低于50%，指数为43.3%~45.9%。

本月产成品库存指数47.9%，比上月上升2.3个百分点。从企业规模来看，大、中、小企业的产成品库存指数均低于50%，指数为47.7%~48.2%。

本月采购量指数为53.6%，比上月回升0.9个百分点。从企业规模来看，大型和中型企业的采购量指数高于50%，分别为55.2%和51.8%；小型企业低于50%，指数为48.4%。

本月进口指数为50.5%，比上月上升0.5个百分点。从企业规模来看，大型和小型企业的进口指数高于50%，指数分别为51.3%和51.1%；中型企业低于50%，为48.0%。

本月购进价格指数为52.5%，比上月回落0.8个百分点。从企业规模来看，大、中、小企业的购进价格指数均高于50%，指数为52.2%～53.0%。

本月原材料库存指数为47.8%，比上月回落0.8个百分点。从企业规模来看，大、中、小型企业的原材料库存指数均低于50%，指数为44.8%～48.5%。

本月从业人员指数为49.6%，比上月回升0.4个百分点。从企业规模来看，大型企业的从业人员指数高于50%，为50.1%；中、小企业的从业人员指数均低于50%，分别为48.8%和48.4%。

本月供应商配送时间指数为50.6%，比上月回落0.2个百分点。从企业规模来看，大、中、小企业的供应商配送时间指数均高于50%，指数分别为50.6%、50.7%和50.6%。

本月生产经营活动预期指数为54.9%，比上月回落2.6个百分点。从企业规模来看，大型和中型企业的生产经营活动预期指数高于50%，指数分别为56.3%和53.4%；小型企业的生产经营活动预期指数低于50%，为49.7%。

12月

2013年12月，中国制造业采购经理指数（PMI）为51.0%，比上月回落0.4个百分点。

特约分析师张立群分析认为："12月份PMI指数出现回落，预示未来经济增长稳中趋降。新订单、积压订单、出口订单指数均不同幅度下降，反映市场需求水平略降；产成品库存指数、采购量指数下降，表明企业对未来市场仍持谨慎态度。综合这些情况，预计未来工业增长率趋降，出口增长率也有可能下降，经济增长仍有一定下行压力。"

本月生产指数为53.9%，比上月回落0.6个百分点。从企业规模来看，大、中、小企业的生产指数均高于50%，分别为55.3%、51.7%和50.2%。

本月新订单指数为52.0%，比上月上回落0.3个百分点。从企业规模来看，大型和中型企业的新订单指数高于50%，指数分别为53.4%和50.4%；小型企业低于50%，为47.2%。

本月新出口订单指数49.8%，比上月回落0.8个百分点。从企业规模来看，大型企业和小型企业的新出口订单指数高于50%，分别为50.7%和50.3%；中型企业低于50%，为46.7%。

本月积压订单指数为45.1%，比上月回落0.2个百分点。从企业规模来看，大、中、小企业的积压订单指数均低于50%，指数为41.4%～46.0%。

本月产成品库存指数46.2%，比上月回落1.7个百分点。从企业规模来看，大、中、小企业的产成品库存指数均低于50%，指数为44.4%～47.1%。

本月采购量指数为52.7%，比上月回落0.9个百分点。从企业规模来看，大型和中型企业的采购量指数高于50%，分别为54.3%和50.9%；小型企业低于50%，指数为47.6%。

本月进口指数为49.0%，比上月回落1.5个百分点。从企业规模来看，小型企业的进口指数高于50%，为53.8%；大型和中型企业的进口指数均低于50%，分别为49.6%和46.1%。

本月购进价格指数为52.6%，比上月上升

0.1个百分点。从企业规模来看，大、中、小企业的购进价格指数均高于50%；指数为51.4%～53.2%。

本月原材料库存指数为47.6%，比上月回落0.2个百分点。从企业规模来看，大、中、小企业的原材料库存指数均低于50%，指数为44.3%～48.5%。

本月从业人员指数为48.7%，比上月回落0.9个百分点。从企业规模来看，大、中和小企业的从业人员指数均低于50%，指数为46.6%～49.3%。

本月供应商配送时间指数为50.5%，比上月回落0.1个百分点。从企业规模来看，大型企业和小型企业的供应商配送时间指数均高于50%，指数分别为50.6%和51.6%；中型企业低于50%，为49.9%。

本月生产经营活动预期指数为49.4%，比上月回落5.5个百分点。从企业规模来看，大型企业的生产经营活动预期指数高于50%，为51.5%；中型和小型企业的生产经营活动预期指数均低于50%，指数分别为46.5%和43.8%。

2013年1—12月中国制造业采购经理指数走势情况如下图所示。

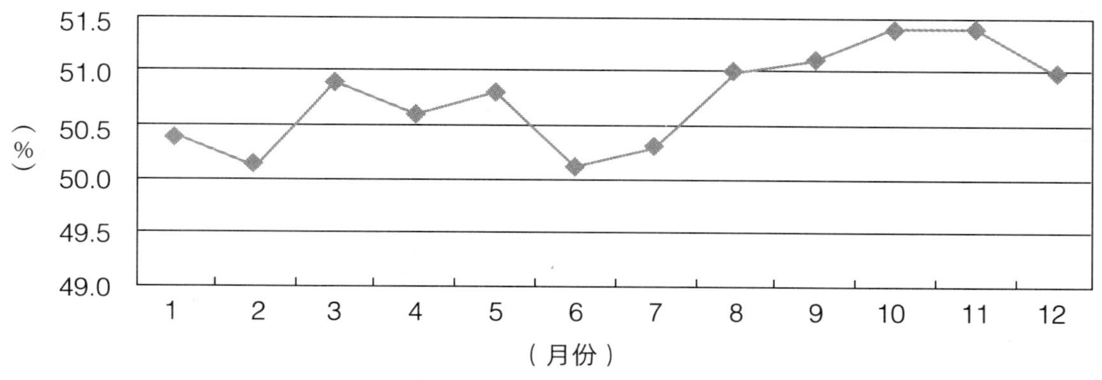

2013年1—12月中国制造业采购经理指数走势图

2013 年 1—12 月中国非制造业商务活动指数

（中国物流与采购联合会、国家统计局服务业调查中心发布）

1 月

2013 年 1 月中国非制造业商务活动指数为 56.2%，环比上升 0.1 个百分点。

本月，在中国非制造业 PMI 各单项指数中，新订单、在手订单、从业人员、供应商配送时间、业务活动预期指数下降，新出口订单、存货、中间投入价格、收费价格指数比上月有所上升。其中，中间投入价格指数上升较为显著，升幅达到 4.4 个百分点，其余指数上升幅度均在 1 个百分点以内。

中国物流与采购联合会副会长蔡进认为：本月非制造业商务活动指数达到 56.2% 的高位水平，已连续四个月上升。尤其是节日效应带动零售业为主的消费性服务业快速上升，反映出社会消费潜力进一步释放。土木工程建筑业新订单指数再创新高，意味着近期基础建设投资需求仍会继续增长。房地产业的商务活动和新订单指数继续回落，且在 50% 以下，说明房地产市场开始转入淡季。本月餐饮业商务活动指数同比大幅下降 17.3 个百分点，新订单指数已回落到 50% 以下，下降了 6.5 个百分点。说明“厉行节约，反对浪费”的理念，已经在各项社会活动中广泛响应。

本月新订单指数为 53.7%，比上月回落 0.6 个百分点。分行业看，建筑业新订单指数为 56.7%；服务业新订单指数为 53.0%。在 19 个行业中，零售业、航空运输业、水上运输业、铁路运输业和土木工程建筑业等行业均超过 50%；装卸搬运及仓储业、房地产业、住宿业和居民服务及修理业等行业均低于 50%。

本月新出口订单指数为 52.6%，比上月上升 0.1 个百分点。分行业来看，建筑业新出口订单指数为 55.4%；服务业新出口订单指数为 51.9%。在 19 个行业中，建筑安装装饰及其他建筑业、邮政业、水上运输业、生态保护环境治理及公共设施管理业、航空运输业和零售业等行业的新出口订单指数超过 50%，住宿业、道路运输业、互联网及软件信息技术服务业等行业低于 50%。

本月中间投入价格指数为 58.2%，环比上升4.4个百分点。分行业来看，建筑业中间投入价格指数为59.5%；服务业中间投入价格指数为57.9%。在19个行业中，铁路运输业、住宿业、餐饮业、建筑安装装饰及其他建筑业和邮政业等行业的中间投入价格指数均超过60%；水上运输业、生态保护环境治理及公共设施管理业、互联网及软件信息技术服务业、房地产业和批发业等行业均为50% ~60%。

本月从业人员指数为51.8%，比上月回落0.3个百分点。分行业看，建筑业从业人员指数为55.6%，服务业从业人员指数为50.9%。在19个行业中，建筑安装装饰及其他建筑业、铁路运输业、航空运输业、零售业、土木工程建筑业等行业的业人员指数均高于50%；邮政业、房地产业、租赁及商务服务业均为50%；居民服务及修理业、装卸搬运及仓储业和水上运输业等行业均低于50%。

本月业务活动预期指数为61.4%，比上月回落3.2个百分点。分行业看，建筑业业务活动预期指数为63.4%；服务业业务活动预期指数为60.9%。在19个行业中，铁路运输业、邮政业、互联网及软件信息技术服务业、电信广播电视和卫星传输服务业和生态保护环境治理及公共设施管理业等行业的业务活动预期指数均超过60%；住宿业、批发业和餐饮业等行业则为50% ~60%；装卸搬运及仓储业低于50%。

2月

2013年2月中国非制造业商务活动指数为54.5%，环比下降1.7个百分点。

本月，在中国非制造业PMI各单项指数中，收费价格指数、从业人员指数和业务活动预期指数与上月相比上升；新订单、新出口订单、在手订单、存货、中间投入价格和供应商配送时间指数环比有所下降。其中，新订单、新出口订单和中间投入价格指数降幅超过1个百分点；其余指数的降幅则在1个百分点以内。

中国物流与采购联合会副会长蔡进认为：本月受建筑业施工淡季的影响，非制造业经济活动较上月有所回调，但仍运行在54.5%的较高水平。春节效应带动的消费增长助力指数维持高位。特别是居民出行和日常消费的运输业和零售业表现活跃。在节约风气的持续影响下，餐饮业新订单连续两个月回落，业务活动预期指数42.3%，创出历史最低水平。房地产业商务活动48.8%，新订单43.6%，延续淡季特征，但业务活动预期创近两年新高，反映企业预期趋于乐观。中间投入价格指数回调，但仍维持在56.2%的高位，成本推动价格上涨压力依然存在。

结合前两月数据变化，今年非制造业经济延续较快的增长格局，伴随着施工和消费旺季的来临，有望继续向好发展。特别值得注意的是，土木工程建筑业的新订单指数再创历史新高，意味着投资需求对经济的拉动作用持续增强。

本月新订单指数为51.8%，比上月下降1.9个百分点。分行业看，建筑业新订单指数为54%；服务业新订单指数为51.2%。在19个行业中，航空运输业、生态保护环境治理及公共设施管理业、土木工程建筑业、装卸搬运及仓储业和零售业等行业的新订单指数均超过50%；居民服务及修理业、互联网及软件信息技术服务业和批发业等行业均低于50%。

本月新出口订单指数为51.6%，比上月下降1个百分点。分行业看，建筑业新出口订单指数为56.8%；服务业新出口订单指数为50.3%。在19个行业中，生态保护环境治理及公共设施管理业、航空运输业、装卸搬运及仓储业和房屋建筑业等行业的新出口订单指数高于 50% ；住宿业、邮政业、道路运输业、水上运输业和餐饮业等行业均低于 50% 。

本月中间投入价格指数为 56.2% ，环比下降 2 个百分点。分行业看，建筑业中间投入价格指数为 56.4% ；服务业中间投入价格指数为 56.2% 。在 19 个行业中，除水上运输业的中间投入价格指数低于 50% 外，其余 18 个行业均高于 50% 。

本月从业人员指数为 51.9% ，比上月上升 0.1 个百分点。分行业看，建筑业从业人员指数为 55.9% ；服务业从业人员指数为 50.9% 。在 19 个行业中，土木工程建筑业、航空运输业、建筑安装装饰及其他建筑业、零售业、铁路运输业、装卸搬运及仓储业和邮政业等行业的从业人员指数均高于 50% ；住宿业、居民服务及修理业、水上运输业和餐饮业等行业均低于 50% 。

本月业务活动预期指数为 62.7% ，比上月上升 1.3 个百分点。分行业看，建筑业业务活动预期指数为 65.9% ；服务业业务活动预期指数为 61.8% 。在 19 个行业中，除餐饮业的业务活动预期指数低于 50% 外，其他行业均高于 50% 。

3 月

2013 年 3 月中国非制造业商务活动指数为 55.6% ，环比上升 1.1 个百分点。

本月，在中国非制造业 PMI 各单项指数中，新订单指数、新出口订单指数、在手订单指数和供应商配送时间指数与上月相比上升；中间投入价格指数、收费价格指数、存货指数、从业人员指数和业务活动预期指数环比有所下降。其中，存货指数、收费价格指数和从业人员指数降幅超过 1 个百分点；其余指数的降幅则在 1 个百分点以内。

中国物流与采购联合会副会长蔡进认为：本月非制造业企业经营活动和订单需求都有不同程度上升，收费价格和中间投入价格双双回落，反映出市场增长动力较强，同时价格上升压力也有所缓解，有利于改善经济发展的质量与效益。本月，建筑业商务活动为去年 3 月以来的新高，物流业商务活动升幅较大，预示后期企业生产活动趋旺。房地产商务活动指数和订单指数明显回升，而业务活动预期有所回调，反映出阶段性回升的特点。

本月新订单指数为 52% ，比上月上升 0.2 个百分点。分行业看，建筑业新订单指数为 54.4% ；服务业新订单指数为 51.4% 。在 19 个行业中，互联网及软件信息技术服务业、住宿业、电信广播电视和卫星传输服务业、房屋建筑业、批发业和房地产业等行业的新订单指数均超过 50% ；餐饮业、装卸搬运及仓储业、建筑安装装饰及其他建筑业和道路运输业等行业均低于 50% 。

本月新出口订单指数为 51.7% ，比上月上升 0.1 个百分点。分行业看，建筑业新出口订单指数为 57.7% ；服务业新出口订单指数为 50.2% 。在 19 个行业中，装卸搬运及仓储业、建筑安装装饰及其他建筑业、房屋建筑业、互联网及软件信息技术服务业和水上运输业等行业的新出口订单指数均高于 50% ；居民服务及修理业、生态保护环境治理及公共设施管理业、邮政业和铁路运输业等行业均低于 50% 。

本月中间投入价格指数为 55.3% ，环比下降 0.9 个百分点。分行业看，建筑业中间投入价格指数为 52.1% ；服务业中间投入价格指数为 56.1% 。在 19 个行业中，装卸搬运及仓储业、铁路运输业、水上运输业、道路运输业和互联网及软件信息技术服务业等行业的中间投入价格指数均高于 50% ；生态保护环境治理及公共设施管理业和住宿业2个行业低于50%。

本月从业人员指数为50.4%，比上月下降1.5个百分点。分行业看，建筑业从业人员指数为53.9%；服务业从业人员指数为49.6%。在19个行业中，房屋建筑业、航空运输业、邮政业、互联网及软件信息技术服务业和居民服务及修理业等行业的从业人员指数均高于50%；餐饮业、住宿业、建筑安装装饰及其他建筑业、水上运输业和铁路运输业等行业均低于50%。

4月

2013年4月中国非制造业商务活动指数为54.5%，环比下降1.1个百分点。

本月，在中国非制造业PMI各单项指数中，新出口订单、存货、从业人员、供应商配送时间和业务活动预期指数与上月相比回升。其中，从业人员指数升幅最大，幅度为1个百分点；其余指数小幅回升。新订单、中间投入价格、收费价格指数和在手订单指数环比有所下降。其中，中间投入价格和收费价格指数降幅最大，超过2个百分点；新订单指数降幅为1.1个百分点。

中国物流与采购联合会副会长蔡进认为：本月非制造业商务活动指数有所回落，但仍保持平稳增长水平。就业指数和企业预期的回升意味着市场运行基础依然良好。建筑业活动维持高位，新订单指数环比上升，反映出投资对经济的持续拉动作用。从市场层面看，服务业新订单指数回落至50%以下，低于历史平均水平；非制造业价格指数也出现较大幅度回落，预示市场经营活动有所放缓。仍需注重扶持服务业的发展，扩大消费需求，增强经济平稳增长的支撑作用。本月房地产业商务活动51.6%，新订单50.4%，环比均有明显回调，企业预期回落至60%以下，行业发展步入常态。

本月新订单指数为50.9%，比上月下降1.1个百分点。分行业看，建筑业新订单指数为55%；服务业新订单指数为49.8%。在19个行业中，房屋建筑业、住宿业、水上运输业、电信广播电视和卫星传输服务业和租赁及商务服务业等行业的新订单指数均超过50%；餐饮业、道路运输业、居民服务及修理业和建筑安装装饰及其他建筑业等行业均低于50%。

本月新出口订单指数为51.9%，比上月上升0.2个百分点。分行业看，建筑业新出口订单指数为59.2%；服务业新出口订单指数为50.1%。在19个行业中，房屋建筑业、住宿业、铁路运输业、建筑安装装饰及其他建筑业和租赁及商务服务业等行业的新出口订单指数均高于50%；生态保护环境治理及公共设施管理业、航空运输业、居民服务及修理业、房地产业和邮政业等行业均低于50%。

本月中间投入价格指数为51.1%，环比下降4.2个百分点。分行业看，建筑业中间投入价格指数为50.1%；服务业中间投入价格指数为51.4%。在19个行业中，租赁及商务服务业、生态保护环境治理及公共设施管理业、邮政业、铁路运输业、餐饮业、水上运输业、零售业、道路运输业和住宿业等行业的中间投入价格指数均高于50%；航空运输业、建筑安装装饰及其他建筑业、批发业和电信广播电视和卫星传输服务业4个行业均低于50%。

本月从业人员指数为51.4%，比上月上升1个百分点。分行业看，建筑业从业人员指数为57.6%；服务业从业人员指数为49.8%。在19个行业中，房屋建筑业、生态保护环境治理及公共设施管理业、航空运输业、土木工程建筑业和居民服务及修理业等行业的从业人员指数均高于50%；水上运输业、餐饮业、住宿业和铁路运输业等行业均低于50%。

5 月

2013年5月中国非制造业商务活动指数为54.3%，环比下降0.2个百分点。

本月，在中国非制造业PMI各单项指数中，在手订单、存货、中间投入价格、收费价格和业务活动预期指数与上月相比回升。其中，中间投入价格和收费价格指数升幅最大，幅度超过3个百分点。新订单、新出口订单、从业人员、供应商配送时间指数环比有所下降。其中，新出口订单指数降幅最大，超过2个百分点。

中国物流与采购联合会副会长蔡进认为：本月商务活动指数保持54%以上水平，反映出非制造业经济仍运行在适度较快的合理区间。结合本月制造业PMI在50%以上仍有所回升，说明当前宏观经济平稳增长格局没有改变。本月零售业商务活动和新订单均有明显回升，显示居民消费领域表现良好。就业指数仍保持51.3%的水平，说明非制造业领域具有较强吸纳就业的能力。从本月指数看，市场需要提高服务业新订单指数水平，稳固市场需求基础。同时，要关注中间投入价格指数结束连续三个月回落，大幅上升3.3个百分点，为54.4%，造成服务业经营成本反弹的迹象。本月，房地产行业商务活动和新订单均回落至50%以下，房地产行业活动趋缓，淡季特征明显。

本月新订单指数为50.1%，比上月下降0.8个百分点。分行业看，建筑业新订单指数为53.4%；服务业新订单指数为49.2%。在19个行业中，装卸搬运及仓储业、房屋建筑业、互联网及软件信息技术服务业和航空运输业等行业的新订单指数超过50%；居民服务及修理业、餐饮业、建筑安装装饰及其他建筑业和铁路运输业等行业均低于50%。

本月新出口订单指数为49.1%，比上月下降2.8个百分点。分行业看，建筑业新出口订单指数为55.7%；服务业新出口订单指数为47.5%。在19个行业中，装卸搬运及仓储业、房屋建筑业和铁路运输业等行业的新出口订单指数均高于50%；居民服务及修理业、邮政业、住宿业、水上运输业、批发业、生态保护环境治理及公共设施管理业和房地产业等行业均低于50%。

本月中间投入价格指数为54.4%，环比上升3.3个百分点。分行业看，建筑业中间投入价格指数为53.3%；服务业中间投入价格指数为54.7%。在19个行业中，装卸搬运及仓储业、水上运输业和互联网及软件信息技术服务业3个行业的中间投入价格指数均超过60%；铁路运输业、生态保护环境治理及公共设施管理业、餐饮业和道路运输业等行业均在50%～60%之间；航空运输业低于50%。

本月从业人员指数为51.3%，比上月下降0.1个百分点。分行业看，建筑业从业人员指数为57.6%；服务业从业人员指数为49.8%。在19个行业中，房屋建筑业、互联网及软件信息技术服务业、航空运输业和土木工程建筑业等行业的从业人员指数均高于50%；建筑安装装饰及其他建筑业、水上运输业、餐饮业和邮政业等行业均低于50%。

6 月

2013年6月中国非制造业商务活动指数为53.9%，环比下降0.4个百分点。

本月，在中国非制造业PMI各单项指数中，新订单、新出口订单、在手订单、存货、中间投入价格和从业人员指数与上月相比回升。其中，新出口订单指数升幅最大，幅度超过1个百分点；供应商配送时间指数与上月相比持平；收费价格和业务活动预期指数环比有所下降。其中，业务活动预期指数降幅最大，环比下降 1. 1 个百分点。

中国物流与采购联合会副会长蔡进认为：本月非制造商务活动指数仍保持在 53. 9% 的较高水平。比上月小幅回落的主要原因是受建筑业季节性回调的影响。本月，服务业指数表现较好。商务活动指数和新订单指数双双回升，表明服务业市场趋于活跃，显现出经济结构调整的良好效果。非制造业就业指数持续三个月稳定在 51% 以上，本月回升至 51. 5% 的水平，扩大了就业空间，有利于提高经济发展质量。本月，新兴服务业表现突出。邮政快递、互联网信息服务业、电信传输服务业、环保治理服务业及公共设施管理业等新兴服务业的商务活动指数保持在 58% 以上的较高水平。房地产行业运行总体平稳，市场需求仍然偏弱，新订单指数连续三个月运行在 50% 以下。总体来看，二季度制造业 PMI 和非制造业的商务活动指数均保持在 50% 以上，反映出当前中国经济延续了平稳增长的基本特征。经济发展体现出稳增长和调结构的双重效果。

本月新订单指数为 50. 3% ，比上月上升 0. 2 个百分点。分行业看，建筑业新订单指数为 51. 7% ；服务业新订单指数为 49. 9% 。在 19 个行业中，互联网及软件信息技术服务业、邮政业、租赁及商务服务业、房屋建筑业和航空运输业等行业的从业人员指数均超过 50% ；铁路运输业、住宿业、餐饮业、居民服务及修理业、建筑安装装饰及其他建筑业和道路运输业等行业均低于 50% 。

本月新出口订单指数为 50. 4% ，比上月上升 1. 3 个百分点。分行业看，建筑业新出口订单指数为 45. 5% ；服务业新出口订单指数为 51. 6% 。在 19 个行业中，邮政业、水上运输业、铁路运输业、互联网及软件信息技术服务业和房屋建筑业等行业的新出口订单指数均高于 50% ；居民服务及修理业、住宿业、土木工程建筑业、零售业和建筑安装装饰及其他建筑业等行业均低于 50% 。

本月中间投入价格指数为 55% ，环比上升 0. 6 个百分点。分行业看，建筑业中间投入价格指数为 49. 1% ；服务业中间投入价格指数为 56. 5% 。在 19 个行业中，互联网及软件信息技术服务业、居民服务及修理业、装卸搬运及仓储业、餐饮业、租赁及商务服务业和电信广播电视和卫星传输服务业等行业的中间投入价格指数均高于 50% ；土木工程建筑业和水上运输业等行业均低于 50% 。

本月从业人员指数为 51. 5% ，比上月上升 0. 2 个百分点。分行业来看，建筑业从业人员指数为 58. 3% ；服务业从业人员指数为 50% 。在 19 个行业中，房屋建筑业、建筑安装装饰及其他建筑业、航空运输业、土木工程建筑业、房地产业和互联网及软件信息技术服务业等行业的从业人员指数均高于 50% ；装卸搬运及仓储业、住宿业、铁路运输业、道路运输业和餐饮业等行业均低于 50% 。

7 月

2013 年 7 月中国非制造业商务活动指数为 54. 1% ，环比上升 0. 2 个百分点。

本月，在中国非制造业 PMI 各单项指数中，新出口订单、中间投入价格、收费价格和业务活动预期指数与上月相比回升。其中，中间投入价格指数升幅最大，幅度超过 3 个百分点；新订单指数环比持平；在手订单、存货、从业人员和供应商配送时间指数与上月相比有所下降。其中，在手订单指数降幅最大，环比下降 1 个百分点。

中国物流与采购联合会副会长蔡进认为：本月非制造业商务活动指数回升至 54% 以上的

较高水平，企业业务活动预期指数创出年内新高，表明非制造业经济增长向好。新订单指数持续稳定在50%以上，为稳增长奠定了较好的需求基础。本月要关注两个新的变化趋势：一是服务业持续加快发展，经营活动和新订单指数连续两个月回升，特别是服务业就业指数明显回升，推动经济增长的作用力进一步加强。二是小企业指数虽仍在50%以下，但商务活动指数和新订单指数均有较为明显的回升，反映出政策利好，市场趋升，推动微观经营活动趋于活跃。总体上看，当前指数反映出下半年经济运行开局较好。

本月新订单指数为50.3%，与上月相比持平。分行业看，建筑业新订单指数为51.7%；服务业新订单指数为50%。在19个行业中，航空运输业、生态保护环境治理及公共设施管理业、互联网及软件信息技术服务业和租赁及商务服务等行业的新订单指数均超过50%；居民服务及修理业、建筑安装装饰及其他建筑业、餐饮业、道路运输业和房地产业等行业均低于50%。

本月新出口订单指数为53.1%，比上月上升2.7个百分点。分行业看，建筑业新出口订单指数为48.5%；服务业新出口订单指数为54.2%。在19个行业中，生态保护环境治理及公共设施管理业、航空运输业、租赁及商务服务业、装卸搬运及仓储业、铁路运输业和建筑安装装饰及其他建筑业等行业的新出口订单指数均高于50%；居民服务及修理业、电信广播电视和卫星传输服务、邮政业和餐饮业等行业均低于50%。

本月中间投入价格指数为58.2%，环比上升3.2个百分点。分行业看，建筑业中间投入价格指数为58.2%；服务业中间投入价格指数为58.3%。在19个行业中，道路运输业、航空运输业和批发业等行业的中间投入价格指数均超过60%；铁路运输业、生态保护环境治理及公共设施管理业、房屋建筑业、装卸搬运及仓储业和水上运输业等行业均为50%～60%。

本月从业人员指数为51.3%，比上月下降0.2个百分点。分行业看，建筑业从业人员指数为53.6%；服务业从业人员指数为53%。在19个行业中，航空运输业、互联网及软件信息技术服务业、生态保护环境治理及公共设施管理业、房地产业和土木工程建筑业等行业的从业人员指数均高于50%；住宿业、建筑安装装饰及其他建筑业、居民服务及修理业、铁路运输业、租赁及商务服务业和道路运输业等行业均低于50%。

本月业务活动预期指数为63.9%，比上月上升2.1个百分点。分行业看，建筑业业务活动预期指数为69.2%；服务业业务活动预期指数为62.5%。在19个行业中，航空运输业、房屋建筑业、生态保护环境治理及公共设施管理业、租赁及商务服务业、零售业和邮政业等18个行业的业务活动预期指数均超过50%；居民服务及修理业均低于50%。

8月

2013年8月中国非制造业商务活动指数为53.9%，环比回落0.2个百分点。

本月，在中国非制造业PMI各单项指数中，同上月相比，新订单、在手订单指数、存货指数、从业人员指数、供应商配送时间指数上升。其中，在手订单指数、从业人员指数上升明显，升幅超过1个百分点；新出口订单指数、中间投入价格指数、收费价格指数、业务活动预期指数下降。其中，新出口订单指数降幅最大，超过3个百分点。

中国物流与采购联合会副会长蔡进认为：本月非制造业经济运行稳定。新订单指数回升，为未来几个月发展奠定了需求基础。从业人员指数较大幅度回升，就业环境趋于改善。本月，交通运输、物流等行业较为活跃，反映出实体经济增长近期向好。小企业商务活动和新订单连续两个月回升，经营状况持续好转。

本月新订单指数为 50.9%，较上月上升 0.6 个百分点。分行业看，建筑业新订单指数为 55.1%；服务业新订单指数为 49.9%。在 19 个行业中，航空运输业、生态保护环境治理及公共设施管理业、铁路运输业、房屋建筑业、租赁及商务服务业、互联网及软件信息技术服务业和电信广播电视和卫星传输服务业等行业的新订单指数超过 50%；居民服务及修理业、装卸搬运及仓储业、房地产业、道路运输业、住宿业、批发业、餐饮业和邮政业等行业均低于 50%。

本月新出口订单指数为 49.6%，比上月下降 3.5 个百分点。分行业看，建筑业新出口订单指数为 44.6%；服务业新出口订单指数为 50.8%。在 19 个行业中，航空运输业、建筑安装装饰及其他建筑业、租赁及商务服务业 3 个行业的新出口订单指数高于 50%；房屋建筑业位于 50%；居民服务及修理业、装卸搬运及仓储业、住宿业、土木工程建筑业和电信广播电视和卫星传输服务业等行业均低于 50%。

本月中间投入价格指数为 57.1%，环比下降 1.1 个百分点。分行业看，建筑业中间投入价格指数为 56.2%；服务业中间投入价格指数为 57.4%。在 19 个行业中，餐饮业、航空运输业、邮政业、铁路运输业和住宿业等行业的中间投入价格指数均超过 60%；装卸搬运及仓储业、租赁及商务服务业、道路运输业、土木工程建筑业和房屋建筑业等行业均为 50% ~60%。

本月从业人员指数为 52.5%，比上月上升 1.2 个百分点。分行业看，建筑业从业人员指数为 56.7%；服务业从业人员指数为 51.5%。在 19 个行业中，航空运输业、房屋建筑业、铁路运输业、土木工程建筑业、生态保护环境治理及公共设施管理业、电信广播电视和卫星传输服务业和房地产业等行业的从业人员指数均高于 50%；水上运输业、居民服务及修理业、道路运输业等行业均低于 50%。

本月业务活动预期指数为 62.9%，比上月下降 1 个百分点。分行业看，建筑业业务活动预期指数为 70.7%；服务业业务活动预期指数为 61.0%。在 19 个行业中，房屋建筑业、零售业、邮政业、电信广播电视和卫星传输服务业、土木工程建筑业、建筑安装装饰及其他建筑业和批发业等 10 个行业的业务活动预期指数均高于 60%；居民服务及修理业均低于 50%；其余 8 个行业在 50% ~60% 之间。

9 月

2013 年 9 月中国非制造业商务活动指数为 55.4%，环比上升 1.5 个百分点。

本月，在中国非制造业 PMI 各单项指数中，同上月相比，新订单、新出口订单、在手订单、供应商配送时间指数上升。其中，新订单指数上升显著，升幅超过 2 个百分点。存货、中间投入价格、收费价格、从业人员和业务活动预期指数下降。其中，从业人员指数、业务活动预期指数降幅超过 1 个百分点。

中国物流与采购联合会副会长蔡进认为：本月非制造业商务活动指数回升至 55% 以上的较高水平。一方面反映出节日消费的特征，以零售业为主的消费性服务业本月增势强劲；另一方面也反映出“调结构”政策推动的趋势性特征，有效释放了服务业需求。本月物流业指数进一步回升，助推了实体经济发展。房地产业商务活动和新订单指数均回升至 50% 以上，市场趋旺。

本月新订单指数为53.4%，较上月上升2.5个百分点。分行业看，建筑业新订单指数为55.7%；服务业新订单指数为52.8%。在19个行业中，零售业、房屋建筑业、电信广播电视和卫星传输服务业、铁路运输业和互联网及软件信息技术服务业等行业的新订单指数高于50%；生态保护环境治理及公共设施管理业、航空运输业、居民服务及修理业、道路运输业和餐饮业等行业均低于50%。

本月新出口订单指数为50.5%，比上月上升0.9个百分点。分行业看，建筑业新出口订单指数为47.1%；服务业新出口订单指数为51.3%。在19个行业中，装卸搬运及仓储业、水上运输业、铁路运输业、零售业、房屋建筑业和道路运输业等行业的新出口订单指数均高于50%；居民服务及修理业、建筑安装装饰及其他建筑业、生态保护环境治理及公共设施管理业和土木工程建筑业等行业均低于50%。

本月中间投入价格指数为56.7%，环比下降0.4个百分点。分行业看，建筑业中间投入价格指数为53.5%；服务业中间投入价格指数为57.5%。在19个行业中，道路运输业、航空运输业、餐饮业、互联网及软件信息技术服务业4个行业的中间投入价格指数超过60%；零售业、水上运输业、住宿业、批发业、装卸搬运及仓储业和土木工程建筑业等行业均在50% ~60%。

本月从业人员指数为51.3%，比上月下降1.2个百分点。分行业看，建筑业从业人员指数为53.5%；服务业从业人员指数为50.7%。在19个行业中，航空运输业、房屋建筑业、房地产业、电信广播电视和卫星传输服务业、土木工程建筑业、批发业和零售业等行业的从业人员指数均高于50%；居民服务及修理业、住宿业、水上运输业、铁路运输业和装卸搬运及仓储业等行业均低于50%。

本月业务活动预期指数为60.1%，比上月下降2.8个百分点。分行业看，建筑业业务活动预期指数为68.7%；服务业业务活动预期指数为58.0%。在19个行业中，零售业、房屋建筑业、电信广播电视和卫星传输服务业、土木工程建筑业和邮政业等16个行业的业务活动预期指数均高于50%；道路运输业位于50%；居民服务及修理业和航空运输业2个行业低于50%。

10月

2013年10月中国非制造业商务活动指数为56.3%，环比上升0.9个百分点。

本月，在中国非制造业PMI各单项指数中，收费价格、从业人员和业务活动预期指数与上月相比回升。新订单、新出口订单、在手订单、中间投入价格、存货和供应商配送时间指数与上月相比有所下降。其中，新订单、新出口订单和在手订单指数降幅最大，环比均超过1个百分点。

中国物流与采购联合会副会长蔡进认为：本月非制造业商务活动指数创年内新高，建筑业和服务业经营活动都表现较为活跃。非制造业领域就业也继续保持扩张趋势，成为当前经济保持平稳增长的重要基础。本月新订单指数虽仍稳定在51%以上的扩张区间，但势头有所放缓。收费价格指数回升，有可能形成一定的价格上涨的压力，但总体升幅平缓可控。

本月新订单指数为51.6%，与上月相比下降1.8个百分点。分行业看，建筑业新订单指数为53.7%；服务业新订单指数为51.1%。在19个行业中，住宿业、生态保护环境治理及公共设施管理业、零售业、邮政业和水上运输业等行业的新订单指数均超过50%；租赁及商务服务业、餐饮业、居民服务及修理业、房地产业和批发业等行业均低于50%。

本月新出口订单指数为49.4%，比上月下降1.1个百分点。分行业看，建筑业新出口订单指数为55.5%；服务业新出口订单指数为47.8%。在19个行业中，装卸搬运及仓储业、生态保护环境治理及公共设施管理业、住宿业、房屋建筑业和铁路运输业等行业的新出口订单指数均高于50%；建筑安装装饰及其他建筑业均为50%；居民服务及修理业、租赁及商务服务业、水上运输业和批发业等行业均低于50%。

本月收费价格指数为51.4%，较上月上升0.8个百分点。分行业看，建筑业收费价格指数52%；服务业收费价格指数为51.2%。在19个行业中，租赁及商务服务业、住宿业、房地产业、建筑安装装饰及其他建筑业和零售业等行业的收费价格指数均高于50%；土木工程建筑业位于50%；批发业、航空运输业和电信广播电视和卫星传输服务业等行业均低于50%。

本月从业人员指数为51.5%，比上月上升0.2个百分点。分行业看，建筑业从业人员指数为54.9%；服务业从业人员指数为50.7%。在19个行业中，航空运输业、建筑安装装饰及其他建筑业、互联网及软件信息技术服务业、土木工程建筑业、生态保护环境治理及公共设施管理业和房屋建筑业等行业的从业人员指数均高于50%；居民服务及修理业、水上运输业、租赁及商务服务业和电信广播电视和卫星传输服务业等行业均低于50%。

本月业务活动预期指数为60.5%，比上月上升0.4个百分点。分行业看，建筑业业务活动预期指数为68%；服务业业务活动预期指数为58.6%。在19个行业中，零售业、邮政业、建筑安装装饰及其他建筑业、互联网及软件信息技术服务业、电信广播电视和卫星传输服务业、房屋建筑业和装卸搬运及仓储业等行业的业务活动预期指数均超过50%；租赁及商务服务业、航空运输业、生态保护环境治理及公共设施管理业和住宿业等行业均低于50%。

11月

2013年11月中国非制造业商务活动指数为56%，环比下降0.3个百分点。

本月，在中国非制造业PMI各单项指数中，新出口订单、在手订单、存货、从业人员、供应商配送时间和业务活动预期指数与上月相比呈现回升，升幅均在1个百分点以内。新订单、中间投入价格和收费价格指数环比呈现下降。其中，中间投入价格指数和收费价格指数降幅较大，降幅分别为1.3个和1.9个百分点。

中国物流与采购联合会副会长蔡进认为：本月非制造业商务活动指数高位趋稳，从业人员和企业预期持续回升，反映当前经济运行速度和质量均呈现良性发展。收费价格回落到50%以下，前一阶段形成的通胀压力有所缓解。土木工程建筑行业增势加快，信息服务业行业再度活跃。房地产市场商务活动和新订单环比均有较大回升，市场趋于活跃。

本月新订单指数为51%，与上月相比下降0.6个百分点。分行业看，建筑业新订单指数为53.8%；服务业新订单指数为50.3%。在19个行业中，互联网及软件信息技术服务业、水上运输业、邮政业、装卸搬运及仓储业和电信广播电视和卫星传输服务业等行业的新订单指数均超过50%；生态保护环境治理及公共设施管理业、航空运输业、餐饮业、道路运输业和居民服务及修理业和租赁及商务服务业等行业均低于50%。

本月新出口订单指数为49.9%，比上月上升0.5个百分点。分行业看，建筑业新出口订单指数为51.6%；服务业新出口订单指数为49.5%。在19个行业中，住宿业、电信广播电视和卫星传输服务业、互联网及软件信息技术服务业、道路运输业和水上运输业等行业的新出口订单指数均高于50%；零售业、餐饮业、铁路运输业和邮政业等行业均低于50%。

本月收费价格指数49.5%，较上月下降1.9个百分点。分行业看，建筑业收费价格指数为52.2%；服务业收费价格指数为48.8%。在19个行业中，住宿业、建筑安装装饰及其他建筑业、房屋建筑业和居民服务及修理业、等行业的收费价格指数均高于50%；航空运输业、批发业、租赁及商务服务业和水上运输业等行业均低于50%。

本月从业人员指数为51.9%，比上月上升0.4个百分点。分行业看，建筑业从业人员指数为56.1%；服务业从业人员指数为50.8%。在19个行业中，航空运输业、土木工程建筑业、互联网及软件信息技术服务业、建筑安装装饰及其他建筑业和房屋建筑业等行业的从业人员指数均高于50%；装卸搬运及仓储业、餐饮业、铁路运输业、租赁及商务服务业、水上运输业和生态保护环境治理及公共设施管理业等行业均低于50%。

本月业务活动预期指数为61.3%，比上月上升0.8个百分点。分行业看，建筑业业务活动预期指数为63.8%；服务业业务活动预期指数为60.6%。在19个行业中，零售业、邮政业、互联网及软件信息技术服务业、土木工程建筑业、铁路运输业、电信广播电视和卫星传输服务业和装卸搬运及仓储业等行业的业务活动预期指数均超过50%；住宿业和生态保护环境治理及公共设施管理业2个行业均低于50%。

12月

2013年12月中国非制造业商务活动指数为54.6%，环比下降1.4个百分点。

本月，在中国非制造业PMI各单项指数中，新订单指数同上月持平；在手订单、中间投入价格、收费价格和供应商配送时间数环比上升。其中，中间投入价格指数和收费价格指数升幅超过2个百分点。商务活动、新出口订单、存货、从业人员、业务活动预期指数环比下降。其中业务活动预期指数降幅超过2个百分点。

中国物流与采购联合会副会长蔡进认为：本月受生产性服务业和房屋建筑业回落的影响，非制造业商务活动有所回落，但市场需求较为稳定，新订单指数与上月持平。市场价格较上月有明显上升，主要是受近期油价上调和节日消费等阶段性因素影响，价格上涨尚不具备趋势性特征。行业变化显示，零售业和信息服务业继续保持高位运行，说明市场消费潜力依然较强。本月房地产业波动较大，商务活动和新订单指数均有明显回落，但价格保持稳定。

本月新订单指数为51%，同上月持平。分行业看，建筑业新订单指数为55.9%；服务业新订单指数为49.7%。在19个行业中，互联网及软件信息技术服务业、邮政业、水上运输业和电信广播电视和卫星传输服务业等行业的新订单指数均超过50%；生态保护环境治理及公共设施管理业、租赁及商务服务业和航空运输业等行业均低于50%。

本月新出口订单指数为49.4%，比上月下降0.5个百分点。分行业看，建筑业新出口订单指数为47.3%；服务业新出口订单指数为50%。在19个行业中，装卸搬运及仓储业、邮政业、电信广播电视和卫星传输服务业、土木工程建筑业、道路运输业和水上运输业等行业的新出口订单指数均高于50%；批发业位于50%；居民服务及修理业、建筑安装装饰及其他建筑业和铁路运输业等行业均低于50%。

本月收费价格指数52.0%，较上月上升2.5个百分点。分行业看，建筑业收费价格指50.9%；服务业收费价格指数为52.3%。在19个行业中，批发业、零售业、互联网及软件信息技术服务业、生态保护环境治理及公共设施管理业和房地产业等行业的收费价格指数均高于50%；建筑安装装饰及其他建筑业均为50%；航空运输业、电信广播电视和卫星传输服务业、住宿业和餐饮业等行业均低于50%。

本月从业人员指数为51.1%，比上月下降0.8个百分点。分行业看，建筑业从业人员指数为56.1%；服务业从业人员指数为49.9%。在19个行业中，航空运输业、土木工程建筑业、建筑安装装饰及其他建筑业、房屋建筑业、互联网及软件信息技术服务业和铁路运输业等行业的从业人员指数均高于50%；餐饮业、水上运输业、居民服务及修理业、生态保护环境治理及公共设施管理业和住宿业等行业均低于50%。

本月业务活动预期指数为58.7%，比上月下降2.6个百分点。分行业看，建筑业业务活动预期指数为54.7%；服务业业务活动预期指数为59.7%。在19个行业中，航空运输业、零售业、铁路运输业、生态保护环境治理及公共设施管理业、电信广播电视和卫星传输服务业和互联网及软件信息技术服务业、道路运输业、装卸搬运及仓储业、邮政业等行业的业务活动预期指数均超过50%；住宿业和水上运输业均低于50%。

2013年1—12月中国非制造业商务活动指数走势情况如下图所示。

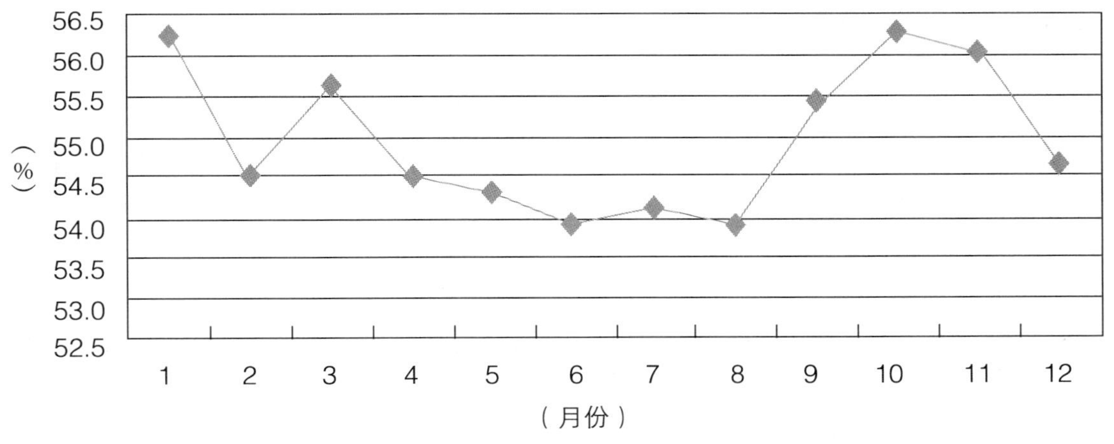

2013年1—12月中国非制造业商务活动指数走势图

（中国物流信息中心）

2013 年中国物流业业务总量指数走势分析（LPI）

2013 年 12 月份中国物流业业务总量指数（LPI）为 52.4%，比上月回落 0.6 个百分点。从 12 个分项指数来看，新订单指数、库存周转次数指数、主营业务利润指数、主营业务成本指数和固定资产投资完成额指数上升；平均库存量指数持平；业务总量指数、资金周转率指数、设备利用率指数、物流服务价格指数、从业人员指数和业务活动预期指数下降。

12 月份，物流业业务总量指数小幅回落，但依然保持在 50% 以上，显示出物流业经济继续保持平稳增长态势，但临近年底天气转冷，物流活动增势减弱。业务总量指数回落，但保持在 55% 以上，反映出物流业务规模呈现高位趋稳的发展态势。资金周转率指数回落幅度超过 3 个百分点，显示出物流企业回款速度下降、经济运行中资金环境趋紧。新订单指数小幅回升，预示着物流业经济具备保持平稳增长的市场基础。

分行业来看，铁路运输业、道路运输业、航空运输业、仓储业、装卸搬运和其他运输服务业和邮政业高于 50%；水上运输业和管道运输业低于 50%。从区域来看，东部、中部和西部均位于 50% 以上。从企业类型来看，综合型物流业、运输型物流业和仓储型物流业均位于 50% 以上。从企业规模来看，大型、中型、小型和微型物流企业均位于 50% 以上。

从全年来看，2013 年中国物流业业务总量指数运行呈现“平稳增长、有所回落”的基本走势。中国物流业业务总量指数全年平均为 53．0%，保持在 50% 以上的增长区间，但与 2012 年相比，该指数回落 1.8 个百分点。

从各月来看，前三个月受春节等季节性因素影响，波动较大，3 月份出现季节性回升；4—7 月，伴随着国民经济增速回落，供应链上下游物流活动趋弱，物流业业务总量指数呈现持续回落走势；8—10 月份，伴随着政策刺激效应显现，宏观经济触底回升，带动物流业业务总量指数呈现回升态势；11 月份以来，受冬季天气影响，部分行业的物流活动需求减少，物流业业务总量指数小幅回落，但仍然保持在 50% 以上的增长区间。

2013 年中国物流业业务总量走势情况详见下图。

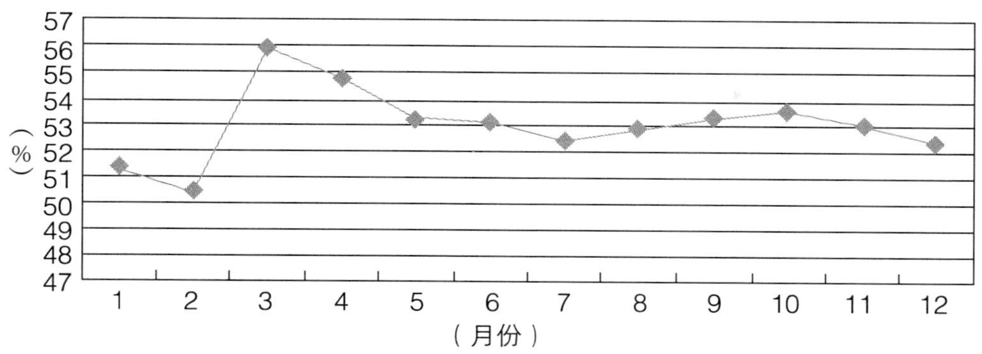

2013年中国物流业业务总量走势图

（中国物流信息中心）

2013 年重点生产资料流通企业经营情况

据对生产资料流通行业重点企业（以下简称重点企业）统计调查（以下简称统计调查）情况显示，2013 年全国生产资料流通行业经营规模增速放缓，利润总额环比降幅有所加大。其中，销售利润率、成本费用利润率均比 1—11 月份有所回落，并低于上年同期水平。总体看，2013 年重点企业经营呈现以下特点。

一、经营规模增速放缓

统计调查显示，2013 年重点企业经营规模增速放缓，累计实现营业收入 38602.9 亿元，比上年同期增加 3115.9 亿、增长 8.8%，增速比上年同期减少 0.5 个百分点，与 1—11 月份比减少了 0.5 个百分点。累计实现利润总额 453 亿元，同比减少 120.7 亿元、下降 21%，降幅比 1—11 月份扩大 9.9 个百分点。全年看，重点企业经营规模增速放缓。2013 年 1—12 月重点企业营业收入和利润总额增速走势如图 1 所示。

2013 年，营业收入排名前十的重点企业分别是中国五矿集团公司、天津物产集团有限公司、浙江省物产集团公司、中国铁路物资总公司、中国中钢集团公司、广东物资集团公司、中国海洋石油总公司销售分公司、中国航空油料有限责任公司、中国兵工物资集团有限公司和中国诚通控股集团有限公司。具体情况详见表 1。

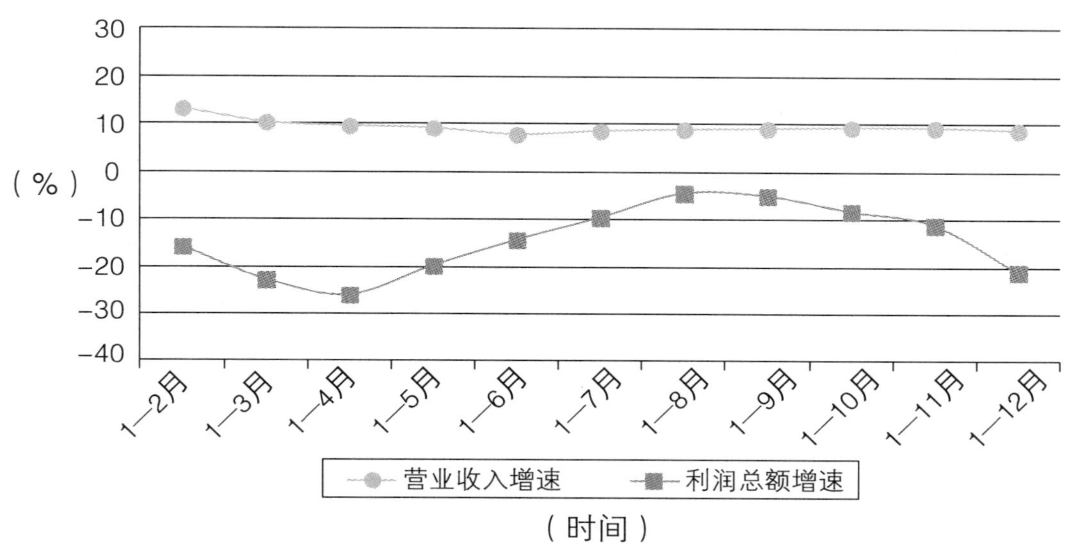

图1　2013年1—12月重点企业营业收入和利润总额增速走势

表1　营业收入前十名企业排序

企业名称	排名	营业收入（万元）	同比增长（%）
中国五矿集团公司	1	41465041	26.9
天津物产集团有限公司	2	33793522	33.9
浙江省物产集团公司	3	21161737	7.6
中国铁路物资总公司	4	19101575	-19.1
中国中钢集团公司	5	14083261	-4.9
广东物资集团公司	6	11020773	57.7
中国海洋石油总公司销售分公司	7	9801551	-3.6
中国航空油料有限责任公司	8	8589650	8.3
中国兵工物资集团有限公司	9	8428968	-6.1
中国诚通控股集团有限公司	10	7736341	3.3

统计调查显示，2013年在各类主要生产资料类别中，煤炭及制品类累计销售1784.9亿元，比上年增长21.5%，占重点企业总销售额的4.3%；石油及制品类销售18661.8亿元，比上年增长9.7%，占重点企业总销售额的44.5%；黑色金属材料类销售9045.6亿元，比上年增长12%，占重点企业总销售额的21.6%；有色金属材料类销售3479.2亿元，增长34.5%，占重点企业总销售额的8.3%；化工材料及制品类销售5636.3亿元，比上年增长11.5%，占重点企业总销售额的13.4%，详情如图2所示。

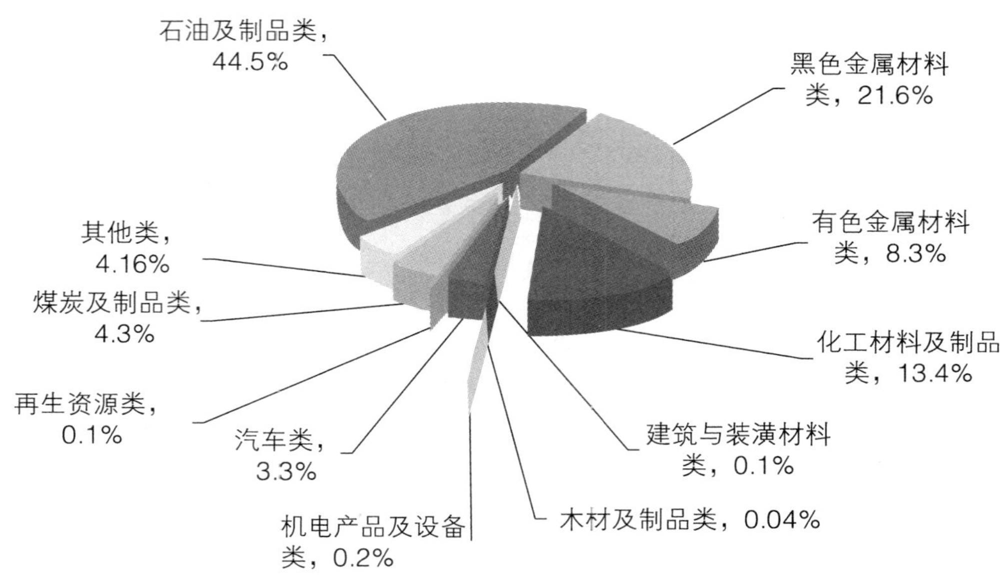

图 2 重点企业各产品类别销售占比情况

2013 年，重点企业整体销售库存率为 3.5%，比上年同期减少 2.2 个百分点。从主要品种看，销售库存率上升的有机电产品及设备类、木材及制品类和化工材料及制品类三个品种，其销售库存率同比分别提高 1.7 个、1 个和0.06 个百分点。上述三个品种之外的有色金属材料类、建筑与装潢材料类、再生资源类、煤炭及制品类、石油及制品类、汽车类、黑色金属材料类和其他类的销售库存，均呈下降趋势。其中，有色金属材料类销售库存率为 1.39%，同比降低23.4 个百分点；建筑与装潢材料类销售库存率为 5%，同比降低 2.6 个百分点；再生资源类销售库存率为 5%，同比降低 2.1 个百分点；煤炭及制品类销售库存率为 3.3%，同比降低 1.7 个百分点。对生产资料流通企业来说，保持一定数量的库存可以应对市场的销售变化；但如果库存过高，就会占用大量资金，增加管理成本。因此，合理的销售库存率对企业的发展十分重要。

从重点企业的销售情况来看，在黑色金属材料类销售额中，中国五矿集团公司、天津市物资集团总公司、中国中钢集团公司和浙江省物产集团公司 4 家企业的销售额占全部重点企业销售总额的 67.8%，其中中国五矿集团公司独占 26.6% 的份额；在有色金属材料类销售额中，中国五矿集团公司、中国兵工物资总公司、天津物产集团有限公司和中国中钢集团公司 4 家企业的销售额共占全部重点企业销售总额的 82.9%，其中中国五矿集团公司独占 26.9% 的份额；在煤炭及制品类销售额中，天津市物资集团总公司、浙江省物产集团公司、中国铁路物资总公司和中国五矿集团公司 4 家企业额销售额共占全部重点企业销售总额的 71.7%，其中天津市物资集团总公司独占 38.9% 的份额。大型国有企业仍是我国生产资料流通领域的中坚力量。

2013 年，重点企业的销售毛利为 1655.7 亿元，比上年同期增加 27.9 亿元，同比增长 1.7%；利润总额由上年同期的 573.7 亿元，减少至 453 亿元，同比下降 21%，比 1—11 月份降幅加大9.9个百分点。重点企业的平均劳动效率为699.5万元/人，比上年同期增加71.2万元/人，同比提高11.3%。

二、利润总额降幅有所加大

2013年重点企业累计实现利润总额453亿元，同比减少120.7亿元、下降21%，降幅比1—11月份扩大9.9个百分点。其中，赢利企业60家，占比为80%，共赢利534.7亿元。在赢利企业中有30家企业利润总额比上年同期有所提高，有23家企业利润总额同比下降，有7家企业扭亏转盈。有15家企业亏损，亏损额为81.7亿元，在亏损企业当中有7家企业由赢利转为亏损，有4家企业亏损额有所减少，有4家企业亏损额有所增加。2013年，利润总额排在前十位的重点企业分别是：中国五矿集团公司、中国航空油料有限责任公司、天津物产集团有限公司、浙江省物产集团公司、中国诚通控股集团有限公司、庞大汽贸集团股份有限公司、中国兵工物资集团有限公司、安徽省徽商集团有限公司、武汉商贸国有控股集团有限公司和欧姆龙健康医疗（中国）有限公司，如表2所示。

表2　2013年利润总额排名前十的重点企业

企业名称	排名	2013年利润总额（万元）	同比增长（%）
中国五矿集团公司	1	647222	-12.3
中国航空油料有限责任公司	2	213687	1.9
天津物产集团有限公司	3	211375	104.3
浙江省物产集团公司	4	163026	20.6
中国诚通控股集团有限公司	5	128119	2.7
庞大汽贸集团股份有限公司	6	78941	亏转盈
中国兵工物资集团有限公司	7	37035	8.7
安徽省徽商集团有限公司	8	28729	11.5
武汉商贸国有控股集团有限公司	9	28496	-33.9
欧姆龙健康医疗（中国）有限公司	10	26984	38.0

2013年，重点企业营业成本总计36947.2亿元，同比增加3088亿元、增长9.1%，增幅比营业收入高出0.3个百分点（详见图3）。企业每百元营业收入中的成本构成为5.7%，比上年同期提高0.3个百分点。

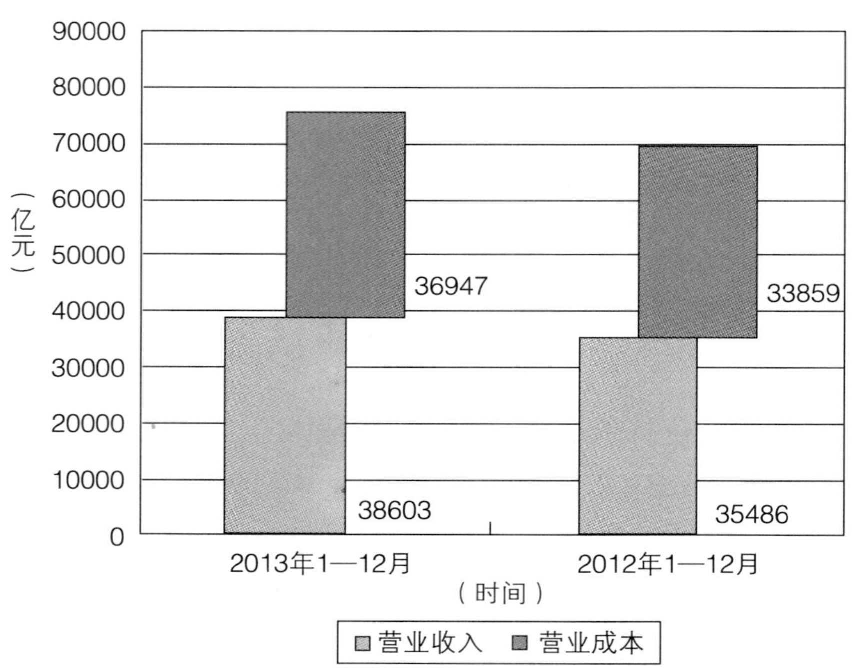

图3 2012 年和 2013 年重点企业营业收入与营业成本对比

重点企业整体三项费用合计 1168. 2 亿元，同比增加 39. 1 亿元、增长 3. 5% （见图 4）。全年重点企业支付的各项税费为 571. 3 亿元，比上年同期增加 47 亿元，同比增长 9. 1% 。

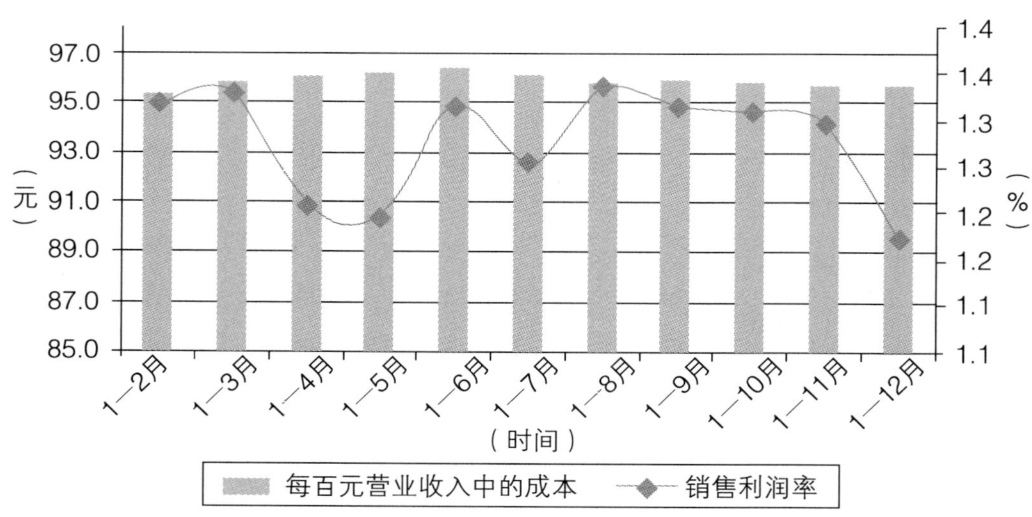

图4 2013 年重点企业每百元营业收入的成本构成及销售利润率变化走势

2013 年，重点企业整体销售利润率为 1. 17% ，比上年同期回落 0. 47 个百分点，比

1—11 月份回落 0. 13 个百分点；企业整体成本费用利润率为 1. 19% ，比上年同期回落 0. 47 个百分点，比 1—11 月份回落了 0. 13 个百分点，相关效益指标同比均有回落。2013 年，销售利润率维持在较高水平的前十家重点企业分别是：四川万家福投资管理有限公司、山东黑马集团有限公司、武汉商贸国有控股集团有限公司、珠海市燃气集团有限公司、新疆迪盛国际实业有限公司、沈阳物资集团有限责任公司、新疆生产建设兵团第十三师天元供销有限公司、新疆万达有限公司、新疆生产建设兵团农十师供销合作公司和中国航空油料有限责任公司，具体情况如表 3 所示。

表 3　　2013 年销售利润率排名前十的重点企业排序

企业名称	排名	销售利润率（%）	
		2013 年	2012 年
四川万家福投资管理有限公司	1	8. 9	6. 1
山东黑马集团有限公司	2	6. 9	13. 1
武汉商贸国有控股集团有限公司	3	6. 1	8. 9
珠海市燃气集团有限公司	4	5. 0	5. 2
新疆迪盛国际实业有限公司	5	3. 3	0. 8
沈阳物资集团有限责任公司	6	3. 1	2. 7
新疆生产建设兵团第十三师天元供销有限公司	7	3. 1	2. 1
新疆万达有限公司	8	2. 9	1. 4
新疆生产建设兵团农十师供销合作公司	9	2. 8	1. 5
中国航空油料有限责任公司	10	2. 5	2. 6

流通业在国民经济中的地位日益提升，已经成为拉动经济增长的先导性、支柱性产业，对国民经济的发展起到十分重要的作用。相关实践表明，流通业增加值每增长 1% 会带来 GDP 增长 0. 32% 。据测算，2013 年重点流通企业增加值率为 9. 4% ，比上年同期下降 0. 3 个百分点。2013 年，成本费用利润率维持在较高水平的前十家重点企业分别是：四川万家福投资管理有限公司、山东黑马集团有限公司、武汉商贸国有控股集团有限公司、珠海市燃气集团有限公司、新疆迪盛国际实业有限公司、沈阳物资集团有限责任公司、新疆生产建设兵团第十三师天元供销有限公司、新疆生产建设兵团农十师供销合作公司、新疆万达有限公司和中国航空油料有限责任公司。十家企业的情况如表 4 所示。

表4　　2013年成本费用利润率排名前十的重点企业排序

企业名称	排名	成本费用率（%）	
		2013年	2012年
四川万家福投资管理有限公司	1	11.12	6.77
山东黑马集团有限公司	2	7.51	15.58
武汉商贸国有控股集团有限公司	3	5.81	8.55
珠海市燃气集团有限公司	4	5.08	5.22
新疆迪盛国际实业有限公司	5	3.26	0.77
沈阳物资集团有限责任公司	6	3.22	2.80
新疆生产建设兵团第十三师天元供销有限公司	7	2.98	2.08
新疆生产建设兵团农十师供销合作公司	8	2.73	1.47
新疆万达有限公司	9	2.67	1.43
中国航空油料有限责任公司	10	2.54	2.71

三、行业整体资金流动性略有提高

2013年，重点企业整体的流动比率为100.6%，与上年同期相比提高了0.7个百分点。其中，流动比率排名前十名企业分别是：青海省物资产业集团总公司、珠海市燃气集团有限公司、新疆金百胜贸易有限公司、武汉商贸国有控股集团有限公司、湖州维农农资连锁经营有限公司、新疆生产建设兵团农十师供销合作公司、重庆港务物流集团有限公司、新疆农资（集团）有限责任公司、四川万家福投资管理有限公司和中国诚通控股集团有限公司，如表5所示。

表5　　流动比率前十名企业排序

企业名称	排名	本期比率	上年同期比率
青海省物资产业集团总公司	1	192.97	120.29
珠海市燃气集团有限公司	2	176.91	188.41
新疆金百胜贸易有限公司	3	175.25	127.98
武汉商贸国有控股集团有限公司	4	166.53	125.11
湖州维农农资连锁经营有限公司	5	163.93	124.41
新疆生产建设兵团农十师供销合作公司	6	163.13	106.34

续 表

企业名称	排名	本期比率	上年同期比率
重庆港务物流集团有限公司	7	155.75	223.98
新疆农资（集团）有限责任公司	8	130.00	113.04
四川万家福投资管理有限公司	9	127.87	128.00
中国诚通控股集团有限公司	10	126.41	127.41

其中，速动比率排名前十的企业分别是：珠海市燃气集团有限公司、青海省物资产业集团总公司、新疆金百胜贸易有限公司、新疆生产建设兵团农十师供销合作公司、重庆港务物流集团有限公司、江西煤业物资供应有限责任公司、贵州省物资集团有限责任公司、新疆农资（集团）有限责任公司、江苏省惠隆资产管理有限公司和广西物资集团有限责任公司，如表6所示。

表6　　2013年速动比率排名前十的重点企业排序

企业名称	排名	速动比率（%）	
		2013年	2012年
珠海市燃气集团有限公司	1	172.71	130.50
青海省物资产业集团总公司	2	168.45	95.42
新疆金百胜贸易有限公司	3	163.79	119.68
新疆生产建设兵团农十师供销合作公司	4	159.69	86.42
重庆港务物流集团有限公司	5	147.49	209.00
江西煤业物资供应有限责任公司	6	123.59	129.44
贵州省物资集团有限责任公司	7	108.56	92.61
新疆农资（集团）有限责任公司	8	107.93	85.78
江苏省惠隆资产管理有限公司	9	106.14	99.18
广西物资集团有限责任公司	10	104.30	94.18

2013年重点企业整体速动资产达5763.4亿元，比上年同期增加432.4亿元，提高了8.1%。速动比率为69.8%，比上年同期增加了1个百分点。

四、资产规模继续扩大，应收账款同比大幅增加

2013年，重点企业资产总计为13739.8亿

元，同比增加 976.7 亿元、增长 7.7%，增速比上年同期回落 8.5 个百分点。其中，流动资产合计 8309.4 亿元，比上年同期增加 568.3 亿元、增长 7.3%；负债合计为 10158.8 亿元，同比增加 845.3 亿元、增长 9.1%；其中流动负债合计 8259.8 亿元，同比增加 514.1 亿元、增长 6.6%。总体看，行业整体资产规模继续扩大，但增速低于上年同期。2013 年流动资产周转率排名前十的重点企业分别是：中国石油化工集团公司、新疆生产建设兵团石油有限公司、江西煤业物资供应有限责任公司、河北省物流产业集团有限公司、中国海洋石油总公司销售分公司、中国航空油料有限责任公司、烟台市利农生产资料股份有限公司、中山市物资集团有限公司、安庆市吉宽再生资源有限公司和中国兵工物资集团有限公司，具体情况如表 7 所示。

2013 年重点企业整体应收账款为 1061.7 亿元，比上年同期增加 156.3 亿元，同比提高 17.26%。应收账款周转率为 36.4 次，同比下降 7.2 次，周转天数（一年按 365 天计算）由上年的 9.3 天增长到 2013 年的 10 天。应收账款周转次数比上年有所下降，说明企业整体资产流动性有所下降，短期偿债能力下降，收账速度有所减缓，账龄增加，在一定程度上增加了坏账损失的可能性。

表 7　2013 年流动资产周转率排名前十的重点企业排序

企业名称	排名	流动资产周转率（%）	
		2013 年	2012 年
中国石油化工集团公司	1	12.81	13.27
新疆生产建设兵团石油有限公司	2	12.68	16.75
江西煤业物资供应有限责任公司	3	12.05	11.04
河北省物流产业集团有限公司	4	10.83	6.99
中国海洋石油总公司销售分公司	5	9.43	10.40
中国航空油料有限责任公司	6	8.88	6.92
烟台市利农生产资料股份有限公司	7	7.99	2.33
中山市物资集团有限公司	8	7.27	5.55
安庆市吉宽再生资源有限公司	9	7.20	7.72
中国兵工物资集团有限公司	10	6.85	7.44

2013 年重点企业整体存货为 2546 亿元，比上年同期增加 135.9 亿元，同比增长 5.6%。存货周转率为 14.5 次，比上年提高了 0.46 次，企业存货的流动性及变现速度同比微降。流动资产周转率为 4.7 次，比上年同期提高 0.06 次。行业整体平均营业周期为 35.2 天，比上年减少 0.1 天。

2013 年重点企业整体资产周转率为 2.8

次，同比提高 0.03 次。行业整体包括负债和所有者权益在内的全部资产，总体的获利能力仍有待提高。

当前我国生产资料流通企业资金需求量大，为适应经营发展的需要，企业主要以债务融资扩大资产规模和经营规模，资产负债率普遍处于较高水平。2013 年，重点流通企业整体平均资产负债率（举债经营比率）为 73.9%，同比增加 1 个百分点，资产负债率有所提高。

（中国物流信息中心综合处）

第三部分

物流产业

2013 年中国交通运输业

一、交通运输发展情况

（一）基础设施

2013 年，我国交通运输、仓储和邮政业共完成固定资产投资 3.6 万亿元，比上年增长 17.2%，占全社会固定资产投资总额的 8.3%。充足有力的资金保障有效支撑了交通运输基础设施的建设和发展。

1. 铁路

2013 年，我国铁路共完成固定资产投资 6657.5 亿元，比上年增长 2.0%，其中，基本建设投资 5327.7 亿元，比上年增长 2.2%。投产新线 5586 千米，其中，高速铁路 1672 千米，津秦、西宝、宁杭、盘营、杭甬等一批高速铁路开通运营。投产复线 4180 千米，投产电气化铁路 4810 千米。

截至 2013 年年底，全国铁路营业里程 10.3 万千米，比上年增长 5.7%。其中，高速铁路营业里程达到 1.1 万千米。铁路网密度 106.9 千米/万平方千米，比上年增加 5.7 千米/万平方千米。复线里程 4.8 万千米，比上年增长 10.4%，复线率 46.8%，比上年提高 2 个百分点；电气化里程 5.6 万千米，比上年增长 9.4%，电化率达 54.1%，比上年提高 1.8 个百分点。西部地区铁路营业里程为 4 万千米，比上年增长 6.0%。2013 年我国铁路复线率及电气化率情况如图 1 所示。

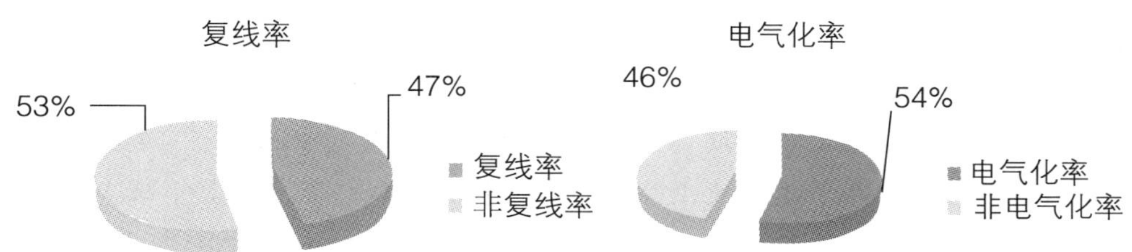

图 1　2013 年我国铁路复线率及电气化率情况示意

2. 公路

2013 年，我国公路领域完成建设投资 13692.2 亿元，比上年增长 7.7%。其中，高速公路投资 7297.8 亿元，比上年增长 0.8%；普通国省道投资 3899.6 亿元，比上年增长 18.4%。

截至 2013 年年底，我国公路通车总里程达 435.6 万千米，比上年增加 11.9 万千米；公路密度为 45.4 千米/百平方千米，比上年提高 1.2 千米/百平方千米。在公路总里程中，二级及以上公路为 52.44 万千米，比上年增加 2.3 万千米，占公路总里程的 12.0%，比上年提高 0.2 个百分点。高速公路为 10.4 万千米，比上年增加 0.8 万千米，其中，国家高速公路为 7.1 万千米，比上年增加 0.3 万千米；高速公路车道里程为 46.1 万千米，比上年增加 3.7 万千米。全国通公路的乡（镇）占全国乡（镇）总数的 99.97%，其中，通硬化路面的乡（镇）占全国乡（镇）总数的 97.8%，比上年提高 0.38 个百分点；通公路的建制村占全国建制村总数的 99.7%，其中，通硬化路面的建制村占全国建制村总数的 89.0%，比上年提高 2.5 个百分点。2013 年我国公路等级情况如图 2 所示。

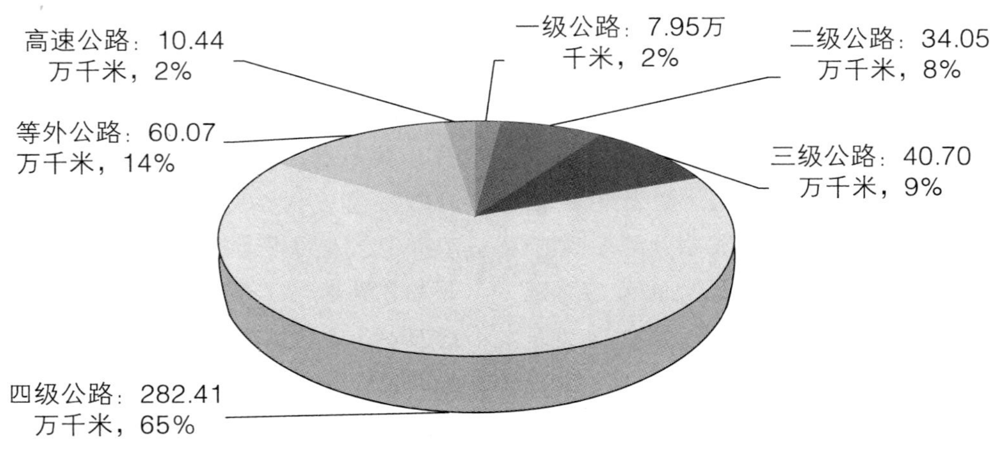

图 2　2013 年我国公路等级情况

3. 水运

2013 年，我国水运领域建设完成投资 1493.8 亿元，比上年增长 6.3%，其中，内河投资为 489.7 亿元，比上年增长 23.1%。

（1）内河航道。截至 2013 年年底，我国内河航道通航里程为 12.6 万千米，比上年增加 858 千米。等级航道为 6.5 万千米，占总里程的 51.6%，比上年提高 0.6 个百分点，其中，三级及以上航道为 1 万千米，五级及以上航道为 2.8 万千米，分别占总里程的 8.1% 和 21.9%，分别比上年提高 0.2 和 0.8 个百分点。

（2）港口。截至 2013 年年底，我国港口生产用码头泊位达 31760 个，比上年减少 102 个。其中，沿海港口生产用码头泊位为 5675 个，增加比上年 52 个；内河港口生产用码头泊位为 26085 个，比上年减少 154 个。全国港口拥有万吨级及以上泊位 2001 个，比上年增加 124 个。其中，沿海港口万吨级及以上泊位 1607 个，比上年增加 90 个；内河港口万吨级及以上泊位为 394 个，比上年增加 25 个。在全国万吨级及以上泊位中，专业化泊位达1062个，通用散货泊位为414个，通用件杂货泊位为345个，分别比上年增加65个、35个和5个。

4. 民航

2013年，我国民用航空领域完成投资720亿元，比上年增长1.1%，与2012年基本持平。邮政完成投资182亿元，比上年增加11.7%。

截至2013年年底，我国民用航空机场达193个（不含中国香港、中国澳门），其中，定期航班通航机场为190个，定期航班通航城市达188个。各机场中，年旅客吞吐量达到100万人次以上的有61个，比上年增加4个，其完成吞吐量占全部机场旅客吞吐总量的95.4%；年旅客吞吐量达到1000万人次以上的有24个，比上年增加3个，共完成旅客吞吐量占全部机场旅客吞吐总量的76.8%；北京、上海和广州三大城市机场旅客吞吐量占全部机场旅客吞吐量的29.0%。年货邮吞吐量达到10000吨以上的机场有50个，比上年增加1个，其完成货邮吞吐量占全部机场货邮吞吐总量的98.5%；北京、上海和广州三大城市机场的货邮吞吐量占全部机场货邮吞吐总量的51.8%。

5. 管道

2013年，我国油气管道建设有序推进，对于保障国家能源安全、优化能源消费结构、推动经济增长发挥了重要作用。截至2013年年底，我国油气管道总里程达到9.9万千米。

6. 城市轨道交通

2013年，我国城市轨道交通投资快速增长，达到2300亿元，比上年增长21.2%。

截至2013年年底，我国已有19个城市开通轨道交通运营线路81条，运营线路总长度达2408千米，分别比上年增加12条和350千米。其中，地铁为67条、2050千米，轻轨线路为9条、290千米。拥有轨道交通车站1549个，其中换乘站134个，分别比上年增加174个和18个。

（二）运输服务

1. 运输服务平稳较快增长，运输结构不合理矛盾仍然突出

2013年我国客货运输平稳较快增长，全年全社会完成客运量402亿人、旅客周转量为36036亿人·千米、货运量451亿吨、货物周转量186478亿吨千米，分别比上年增长5.6%、7.9%、9.9%、7.3%。全国港口完成货物吞吐量117.67亿吨、集装箱吞吐量1.90亿标准箱，分别比上年增长9.9%和7.2%。其中，规模以上港口完成货物吞吐量106.1亿吨、集装箱吞吐量1.89亿标准箱，分别比上年增长8.5%和6.7%。在港口完成的吞吐量中，外贸货物吞吐量为33.60亿吨，比上年增长9.9%。

运输结构不合理矛盾仍然突出。目前，我国公路运输无论是在客运方面还是货运方面均居于主导地位，2013年全国公路运输所完成的客运量、旅客周转量、货运量、货物周转量占全社会运输总量的比重分别为93.2%、54.7%、78.8%和36.0%。铁路运输在客运方面所占比重小幅上升，2013年完成的客运量所占比重由上年的5.0%上升为5.3%，但货运方面的比重仍然持续下降，完成的货运量、货物周转量所占比重分别由2012年的9.5%和16.9%下降为8.8%和15.6%。水运在客货运输中所占的比重同样呈现下降趋势，完成的货运量、货物周转量所占比重分别由2012年的11.1%和46.6%下降为10.9%和46.4%。2013年我国社会客货运输量完成情况如下表所示。

2013 年我国社会客货运输量完成情况统计

类别		单位	绝对数	比上年增长（%）	占比（%）
客运量	总量	亿人	401.9	5.6	100
	铁路	亿人	21.1	10.8	5.3
	公路	亿人	374.7	5.3	93.2
	水运	亿人	2.6	1.8	0.6
	民航	亿人	3.5	10.9	0.9
旅客周转量		亿人·千米	36036.0	7.9	100
	铁路	亿人·千米	10595.6	8.0	29.4
	公路	亿人·千米	19705.6	6.7	54.7
	水运	亿人·千米	76.3	-1.6	0.2
	民航	亿人·千米	5658.5	12.6	15.7
货运量	总量	亿吨	450.6	9.9	100
	铁路	亿吨	39.7	1.6	8.8
	公路	亿吨	355.0	11.3	78.8
	水运	亿吨	49.3	7.5	10.9
	民航	亿吨	0.06	2.3	0
	管道	亿吨	6.6	6.3	1.5
货物周转量	总量	亿吨·千米	186478.4	7.3	100
	铁路	亿吨·千米	29173.9	0	15.6
	公路	亿吨·千米	67114.5	12.7	36.0
	水运	亿吨·千米	86520.6	5.9	46.4
	民航	亿吨·千米	168.6	2.9	0.1
	管道	亿吨·千米	3500.9	9.0	1.9

资料来源：2013 年国民经济和社会发展统计公报。

2. 运输服务质量有所提升，多样化服务能力进一步增强

2013 年，随着交通基础设施网络规模以及技术等级的不断提升，我国交通运输服务整体质量得到提升，运输服务多样化保障能力进一步增强。铁路方面，客运进一步完善售票系统，实现 12306 网站技术升级，推出手机购票业务，推广自动售取设备，有 210 个车站实现

了二代身份证刷卡进站功能；货运改革实现破冰，实施了以货运敞开受理、货物随到随运、清理货运收费、开展“门到门”全程物流服务四项内容为主的改革措施，实货制运输取得成效，零散白货当日受理率达99%以上。公路方面，营业性运输服务平均运距达到60.7千米，城市公交汽电车完成客运量771.2亿人，占城市公共交通总运量的60.1%。此外，民航、水运等领域也推出一系列提升服务品质的措施保障，对方便人们出行等发挥了重要作用。

（三）技术装备

2013年，我国交通运输技术装备的创新发展成绩显著。研发了高速列车追踪接近预警系统、动车组防脱线技术装备等，逐步推广应用机车安全防护系统，重点推进中国标准动车组研制工作，推进30吨轴重机车车辆关键技术深化研究和样车研制，深入推进高速铁路CRTSⅢ型板式无砟轨道、长大复杂桥梁、列控系统、牵引供电、30吨轴重重载铁路道岔、轨枕、扣件、无砟轨道技术及评估监测、新一代客票系统、货运电子商务系统、运营维护等关键技术研究。此外，我国在在桥梁、隧道、深水筑港以及交通信息化、智能化等技术研发及推广应用方面也取得新的进展。

运输装备的规模与技术水平进一步提升。截至2013年年底，我国拥有铁路机车2.1万台，比上年增加38台，其中和谐型大功率机车7017台，比上年增加972台。铁路客车5.9万辆，比上年增加0.1万辆，其中，空调车4.9万辆，占客车总量的82.6%，比上年提高4.8个百分点；“和谐号”动车组达1308组、10464辆，比上年增加225组、1800辆。铁路货车总量达68.8万辆，比上年增加1.7万辆，比上年增长2.6%。民用汽车保有量达13741万辆，比上年增长13.7%，其中，私人汽车保有量为10892万辆，比上年增长17.0%；民用轿车保有量7126万辆，比上年增长19.0%。公路载客汽车总量达85.3万辆，总运量为2170.3万客位，分别比上年减少1.7%、增加0.12%。其中，大型客车总量为29.9万辆、总运量为1283.1万客位，分别比上年增长4.2%和4.9%。载货汽车总量达1419.5万辆，总运量为9613.9万吨位，其中，普通货车总量为1080.8万辆、总运量为5008.3万吨位；专用货车总量为46.2万辆、总运量为514.5万吨位。运输船舶达17.3万艘，比上年减少3.4%；净载重量24401.0万吨，比上年增长6.8%；平均净载重量1414.1吨/艘，比上年增长10.5%；集装箱箱位总量为170.16万标准箱，增长8.1%。民用运输飞机期末在册架数超过2000架。

（四）节能减排

2013年我国交通运输节能减排工作取得新的进展。国家铁路能源消耗折算标准煤1743.0万吨，比上年减少9.9万吨、降低0.56%；单位运输工作量综合能耗4.7吨标准煤/百万换算吨·千米，比上年减少0.1吨标准煤/百万换算吨·千米、降低1.7%；化学需氧量排放量为2103.3吨，比上年减排40.1吨、降低1.9%；二氧化硫排放量3.6万吨，比上年减排0.2万吨、降低6.1%。城市公交企业每万人次单耗1.5吨标准煤，比上年增长1.7%；公路班线客运企业每千人·千米单耗11.6千克标准煤，比上年下降0.4%；公路专业货运企业每百吨公里单耗1.9千克标准煤，比上年增长10.0%；远洋和沿海货运企业每千吨·海里单耗5.9千克标准煤，比上年下降5.8%；港口企业每万吨单耗2.9吨标准煤，比上年下降3.8%。

（五）管理体制

2013年，我国交通运输部"大部门制"改革深入推进取得新进展，撤销了原铁道部、成立了国家铁路局、并入交通运输部，基本形成了综合化的"大部门"管理体制架构。交通运输部负责整个交通运输行业的运行与管理工作，并对地方实施行业指导，交通运输部内设3个国家局，包括国家铁路局、中国民用航空局和国家邮政局，具体负责铁路、民航、邮政行业发展的监督管理工作。交通运输管理体制改革的不断深化必将对我国交通运输业发展产生重要影响。

二、存在的问题

（一）综合运输管理机制尚未理顺

自2008年组建交通运输部，将原交通部、中国民用航空总局以及建设部指导城市客运的职责划入该部，到2013年撤销原铁道部、成立国家铁路局并将该局并入交通运输部，我国在中央层面的综合运输管理体制架构已基本形成，地方垂直对应的部门机构也在整合之中，为构建综合交通运输体系、实现不同运输方式之间统一协调管理奠定了更为有利的体制基础。然而，仅仅是交通行业管理部门的合并并不能完全解决综合运输协调管理的问题，当前铁路、公路、水运、民航等不同行业之间涉及规划、建设、运营、监管等方面的衔接协调机制仍不健全，相关政策仍不配套。十八届三中全会提出"使市场在资源配置中起决定性作用和更好发挥政府作用"的深化经济体制改革目标，就是要求政府在交通运输的发展中进一步明确自身职责、理顺管理机制、努力营造环境、逐步放权市场，为各种运输方式构建统一开放、竞争有序的大市场创造有利条件。

（二）交通运输业税收政策有待完善

2013年5月24日，财政部、国家税务总局印发《关于在全国开展交通运输业和部分现代服务业营业税改征增值税试点税收政策的通知》，要求自2013年8月1日起，在全国范围内开展交通运输业和部分现代服务业"营改增"试点。从试点期运行情况来看，收获了一定的积极效果，但也暴露出一些问题。由于占交通运输企业经营成本比重较大的人力成本、路桥费、房屋租金、保险费等支出不属于抵扣进项范围，而属于抵扣进项范围的燃油费、车辆维修费等支出，也存在发票难以获取的问题，导致"营改增"之后，交通运输企业的实际税负出现了不同程度的增加，利润水平进一步下降。而且，近年来，很多交通运输企业积极转型，整合运输、仓储、货代、配送、快递、信息等不同领域，提供综合物流服务，但"营改增"并未解决长期以来物流各环节税目不统一、税率不相同的问题，且对物流不同业态适用的税目、税率认定不清，加大了物流企业的纳税风险，也增加了税收征管工作的难度。此外，交通运输以网络化经营为基本运行模式，而当前我国跨省市总分机构向所在地分别纳税的规定，不利于交通运输企业在集团内部统筹赢亏，给企业的网络化经营带来一定的障碍。因此，交通运输领域的"营改增"政策还有待进一步完善。

（三）铁路货物运输亟待开拓市场

近年来，伴随我国经济社会的快速发展，特别是投资的大幅增加和产业的发展壮大，货物运输总体需求快速增长。2013年，全社会货物运输量与周转率分别比上年增长9.9%和7.3%，但是同期铁路运量只增加了1.6%，周转量则与2012年基本持平，其中，国家铁路完成的运量与周转量同比则分别下降了0.3%

和1.1%。长期以来，我国铁路货运以“黑货”为主，煤炭、焦炭、钢铁和矿石等大宗物资占据整个货运量的90%左右，特别是煤炭运输量的比重高达50%以上。2013年我国经济面临下行压力，产业结构调整升级的步伐也有所加快，导致煤炭等大宗商品运量低迷，直接影响铁路运量。而铁路货运组织改革主要针对轻工、纺织等产品的运输，但这类“白货”在铁路总运量中占比很小，即使运量有所增加，分摊到整个运输量中也很难显现出来。而实际上，在货运改革之后，最能体现“白货”运量的铁路行包数据也并不乐观，2013年发送量与周转量同比分别下降了36.2%和35.1%。因此，铁路货运组织改革依然任重道远，继续加快市场化步伐，改变传统运输结构，拓展优势服务领域，提升整体竞争力是今后一段时期铁路发展的重要任务之一。

（四）普通国道发展面临资金瓶颈

2013年6月20日，国务院批准发布了《国家公路网规划（2013—2030年）》（以下简称《规划》），提出建成总规模约40万千米的国家公路网，其中，普通国道26.5万千米。大体估算，未来需要新建以及升级改造的普通国道里程超过10万千米，资金需求庞大。2013年我国普通国道建设完成投资近4000亿元，尽管比2012年增长近20%，但资金紧张问题却进一步凸显。特别是对于中西部经济欠发达地区而言，普通国道资金来源渠道受限，建设和养护资金压力巨大。自2009年成品油价格和税费改革后，我国交通专项资金的增长率明显低于之前的养路费，加之收费公路和融资平台清理工作使普通国道通过贷款等方式筹集建设资金的困难加大，地方配套资金的市场渠道堵塞，制约普通国道的发展。与此同时，二级路取消收费后，债务偿还压力使本就资金紧张的公路建设与养护更似雪上加霜。目前，19个已取消二级路收费的省区市政府还贷型二级路债务余额庞大，而中央补助资金有限，尚不足偿还债务利息，更谈不上用于人员安置以及其他事务。总之，《规划》的实施需要资金的支持，普通国道规划线路的建设和既有公路的维修养护在失去以往融资平台的情况下如何发展，已成为亟待解决的重大问题。

（五）航运企业效益大幅滑落

2008年国际金融危机以来，全球贸易开始告别高速增长的时代，步入一个中长期内低速增长的态势之中。2013年，世界主要经济体延续需求不振，国际班轮行业内总体运力持续扩张，市场供需矛盾十分突出，主流航线运价难以取得实质性恢复，继续维持低位震荡，全年我国出口集装箱运价综合指数平均值为1081.8，同比下跌7.6%。散货运输方面，2013年国际油轮运输市场同样呈下跌趋势，因进口原油中转量明显下降，国内成品油市场也持续萎缩，沿海散货运输市场经历前所未有的低迷。总体而言，2013年全球航运企业均面临异常严峻的经营形势。在这一背景下，国内航运企业也承受着巨大的经营压力，在2013年A股上市排名前十的亏损企业当中，有4家来自航运业，包括巨亏59.22亿元排在首位的长江油运和亏损均超过20亿元的中海集运、中海发展、招商轮船等。2014年，全球还将有大量超过8000TEU的大型船舶陆续交付，行业供给端的冲击正进一步加大，因此航运业的赢利拐点何时才能到来，仍未可知。

（樊一江　谢雨蓉　国家发展和改革委员会综合运输研究所）

2013 年中国铁路物流业

2013 年是我国铁路推进体制改革实现政企分开、政资分开、政社分开，成立国家铁路局和中国铁路总公司的改革年。新成立的中国铁路总公司认真落实党中央、国务院对于铁路工作的部署，以铁路体制改革为首要任务，转变铁路经营管理方式，实施货运组织改革，全面走向市场，在转型中求促进，在变革中谋发展，为经济社会的可持续发展做出了重要贡献。

一、全面实施铁路货运组织改革

2013 年 3 月《国务院机构改革和职能转变方案》通过审议，确定实行铁路政企分开，组建国家铁路局和中国铁路总公司。3 月 14 日，中国铁路总公司注册成立，3 月 17 日正式挂牌。中国铁路总公司成立后，铁路运输面向市场，改变原有经营方式，邀请北京交通大学等高校从机构设置，营销、物流与货运的关系，价格机制等方面进行前期研究。6 月 15 日，铁路正式实施货运组织改革，出台《关于进一步推进货运组织改革的意见》，明确了“最大限度方便客户、实现运输组织由内部生产型向市场导向性转变、完善铁路货运营销体系、推动铁路货运向现代物流转型发展”的改革总体思路及目标。2013 年 8 月，国务院出台《关于改革铁路投融资体制加快推进铁路建设的意见》（国发〔2013〕33 号），明确向地方政府和社会资本放开城际铁路、市域铁路、资源开发性铁路和支线铁路的所有权、经营权。自铁路实施货运组织改革以来，各路局纷纷在简化受理、优化运输组织、规范收费和向现代物流转型等方面采取行动。

（一）简化受理方式

2013 年全国铁路系统转变经营理念，强化营销意识，简化了传统货运受理方式，一方面，把原先的申报计划、联系装车等 19 个环节，简化成 4 个环节；另一方面，结合铁路货运电子商务平台形成了五种受理渠道，即货运车站电话受理、12306 客服电话受理、12306 网上受理、货运营业场所办理和营销人员上门办理。创新的营销模式，为客户提供了便利，树立了铁路的良好形象。

（二）运输组织由内部生产型向市场导向型转变

以“实货制”运输为核心，根据“实货”种类选择运输组织方式：大宗稳定物资以互保协议管理为主；客车化产品物资（五定班列、行邮专列等）由铁路设计公布产品，客户预定先到先得；其他物资根据客户实货需求，随时受理，及时装运。以市场为导向，增加旬计划，缩短提前期。按照“确保重点、公正公开”的原则，配置运力，阳光操作。

（三）市场化营销模式初步形成

2013年中国铁路总公司运输局在原有处的基础上增设了物流市场处。面对市场经营，各铁路局结合实际采取单独设立、合署办公等形式均对外成立了局货运营销机构。各路局按照对外适应市场对内衔接安排运力的基本要求，对营销生产运作模式进行了初步探索，形成了“前店后厂”模式，“前店”以营销为主完成货运办理，“后厂”以实货制为核心保障运输组织。具体而言，围绕着营销、货运物流和运输调度生产的关系，形成了货运中心与车务段协调化和一体化两种模式。“前店”涉及的业务包括货运营销、受理、接取送达、承运交付与装卸、“门到站”和“站到门”运输、仓储、包装、加工等物流服务，主要涉及部门是货运调度、货运中心及经营部等；“后厂”涉及的业务主要包括调度指挥、行车组织、运转作业等，涉及与上述专业相关的部门及单位主要是行车调度与车站调度、车务站段等。

协调化模式为货运中心与车务段平级，负责“前店”相关业务，一体化模式为车务站段包含货运中心，货运中心作为站段的下属部门分管包括物流、货运、装卸等业务①。

（四）加快铁路传统货运向现代物流转变

2013年全国铁路各路局大力提高两端接取送达网络服务能力，通过自营、合营、委托等方式整合社会车辆，综合运用社会物流资源，为客户提供“门到门”服务。各铁路局为做好全程物流服务，开展“门到门”服务，拓宽“公铁联运”业务，加强与地方运输公司的合作，建立“路地共赢”的新模式。加强两端节点经营能力，在满足装卸、仓储和装载加固等基础服务能力的情况下向提供物流增值服务能力转变。

（五）服务质量不断提升

货运改革后服务质量不断提升，货改以来铁路发运客户增长8%，零散白货当日受理率达99%以上。全路门到门运输办理站数量达到1909个，全路零担办理站从货改前的29个增加至181个。充分发挥12306客服中心作用，统一规范用语，建立首问负责制，开展理赔服务质量专项整治，实行小额赔款直接理赔，实现投诉闭环管理，投诉处理满意率保持在90%以上。

二、大力推进路网建设不断释放运力

2013年我国铁路营运里程突破10万千米，时速120千米及以上线路超过4万千米。全路完成固定资产投资6638亿元，投产新线5568千米，新开通玉蒙铁路、广昆复线、阜六铁路、宿淮铁路等多条线路，高速铁路新增营运线路详见下表。其中时速160千米线路超过2万千米；高铁线路已突破1万千米，“四纵”高铁干线已全部通车，“四横”高铁干线中的上海—南京—武汉—重庆—成都也已破局，中国成为高铁营运里程最长的国家。

① 张晓东，莫宗楠. 铁路货运组织改革对我国物流业发展的影响分析［J］. 中国物流与采购，2013（22）：64－65。

2013 年中国高速铁路新增运营线路情况

序号	线路名称	起讫点	设计时速（千米/小时）	里程（千米）	车站（站）	投资额（亿元）
1	宁杭铁路	南京—杭州	350	249	11	238
2	杭甬铁路	杭州—宁波	350	150	7	212
3	盘营铁路	盘锦—营口	350	90	3	128
4	向莆铁路	南昌向塘—福建莆田	200	632	22	518
5	津秦高铁	天津—秦皇岛	350	257	9	338
6	厦深高铁	厦门—深圳	250	502	20	417
7	西宝高铁	西安—宝鸡	350	138	5	180
8	渝利铁路	重庆—湖北利川	200	264	8	269
9	茂湛铁路	广东茂名—湛江	200	103	7	47
10	柳南客运专线	柳州—南宁	200	227	7	211
11	衡柳铁路	衡阳—柳州	200	498	7	575
12	广西沿海高铁	南宁—钦州—北海	200	262	14	410
13	武咸城际铁路	武汉—咸宁	200	90	12	98
合计	13 条	—	—	3462	130	3641

注：根据中国轨道交通网整理。

三、货运生产经营稳步回升

（一）运输生产

2013 年全国铁路货运（含行包）总发送量完成 39.67 亿吨，比上年增加 0.63 亿吨，增长 1.6%。全国铁路货运（含行包）总周转量 29173.89 亿吨·千米，比上年减少 13.20 亿吨·千米，同比下降 0.05%。2009—2013 年，铁路货物发送量、货运周转量及全国占比如图 1 和图 2 所示，2013 年全国铁路货运发送量及周转量分别占全社会货运总量及总周转量的 8.81% 和 15.64%，市场份额分别下降了 0.66%、1.22%，整体市场经营出现下滑。2013 年国家铁路多元化经营收入 10426 亿元，其中运输总收入完成 6051.2 亿元，同比增长 14%。

（二）运输效率

2013 年全国铁路货运机车日车公里 493 千米，比上年延长 2 千米、同比增长 0.4%；货运列车平均总重 3548 吨，提高 18 吨，同比增长 0.5%；货运机车日产量 139.7 万吨·千米，增加了 1.4 万吨千米、同比增长 1.0%。全国铁路日均装车完成 168482 车，增加 2410 车，同比增长 1.5%；国家铁路货车平均静载重完成 64.4 吨，提高 0.4 吨，同比增长 0.6%；货车周转时间完成 4.72 天，延长 0.04 天。

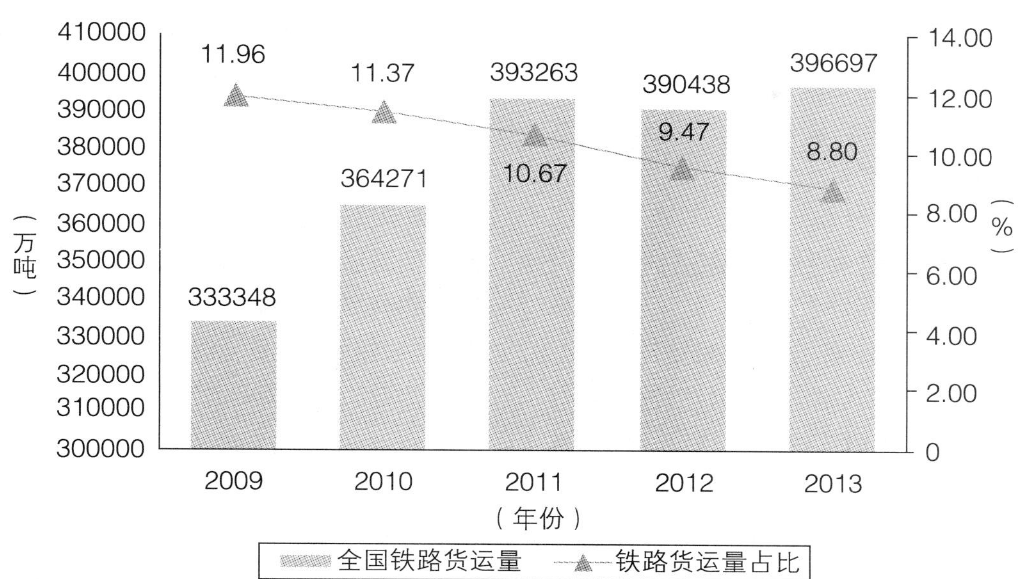

图1　2009—2013年全国铁路货运量及市场占比

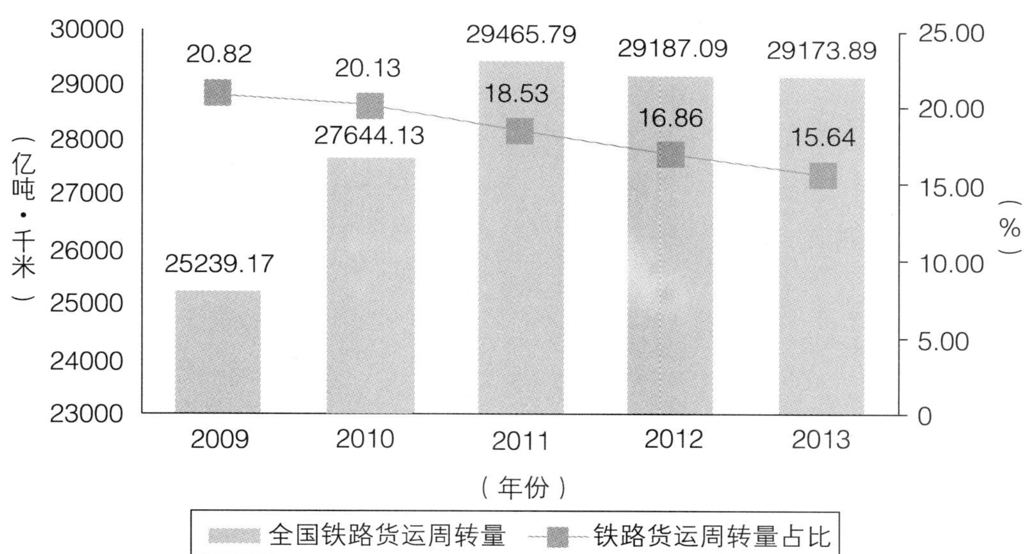

图2　2009—2013年全国铁路货运周转量及市场占比

（三）重点物资运输保障

主要煤运通道大秦线完成煤炭运量4.45亿吨，同比增长4.5%；侯月线完成1.86亿吨，同比增长5.2%，全国铁路煤炭运量完成23.22亿吨，比上年增长2.7%。冶炼物资运量完成8.51亿吨，同比下降0.8%。石油运量完成1.39亿吨，增长0.8%。粮食运量完成1.10亿吨，同比增长5.4%。化肥及农药运量完成0.87亿吨，同比下降6.0%。集装箱运量完成0.88亿吨，同比下降4.5%。全国铁路口岸共完成进出口货物运量 0.58 亿吨，同比增长 7.3% 。其中：满洲里、绥芬河、二连、阿拉山口四大口岸站共完成进出口货物运量 0.56 亿吨，同比增长 4.5% 。

四、货运电商系统逐步完善

在对外服务方面，优化了页面布局，简化操作，提供运单打印、短信通知、微信查询等服务内容，更加方便用户使用与查询。内系统管理升级方面，增加了货运业务盯控、统计分析、数据监测等功能，满足业务部门管理需求。在业务流程办理方面，上海铁路局依靠电商系统，为客户提供电子商务货运业务办理全流程服务。电商全流程服务是铁路货物运输过程的全记录，内容包括需求受理、装车、支付、途中运输、卸车、交付、两端物流服务等各环节的信息，对内可以实现各作业环节信息流转和共享，对外可以实现货运作业全过程的追踪、查询和电子领货服务，为后期建立网上货运营业厅、实现无纸化运输奠定了基础。

（张晓东　卫晓菁　北京交通大学交通运输学院）

2013 年中国港口物流业

2013 年，我国经济继续保持平稳增长。受欧美经济体经济回暖的影响，全年进出口贸易较 2012 年小幅回暖，港口生产全年基本保持平稳增长，总体情况略好于 2012 年。2013 年，我国港口物流发展呈现以下特点。

一、港口生产保持平稳增长

2013 年，我国港口生产保持平稳增长，且由于 2012 年港口吞吐量的低增长以及下半年外贸出口形势的好转，2013 年全国港口货物吞吐量增速较 2012 年明显提升。全年规模以上港口完成货物吞吐量 106.1 亿吨，同比增长 8.5%，增幅较 2012 年提高 0.7 个百分点；规模以上港口完成集装箱吞吐量 1.89 亿标准箱，同比增长 6.7%，增速与 2012 年相比略有下滑。2013 年港口货物吞吐量增长情况明显好于集装箱吞吐量，主要得益于干散货吞吐量两位数的增长。2007—2013 年我国规模以上港口货物吞吐量及集装箱吞吐量情况如表 1 所示。

表 1　　2007—2013 年我国规模以上港口货物吞吐量及集装箱吞吐量

年份		2007	2008	2009	2010	2011	2012	2013
货物吞吐量	吞吐量（亿吨）	52.6	58.7	69.7	80.2	90.7	97.8	106.1
	同比增长（%）	15.10%	11.60%	18.70%	15.10%	13.09%	7.78%	8.5%
外贸货物吞吐量	吞吐量（亿吨）	17.91	18.99	21.8	24.73	27.57	30.2	33.1
	同比增长（%）	13.80%	6.00%	14.80%	13.40%	11.48%	9.54%	9.2%
集装箱吞吐量	吞吐量（亿标准箱）	1.14	1.29	1.22	1.45	1.64	1.77	1.89
	同比增长（%）	22.60%	13.20%	-5.40%	18.90%	13.10%	7.93%	6.7%

就单个港口来看，货物吞吐量增速与 2012 年相比起伏不大。其中，以上海、广州为代表

的一线港口，在下半年外贸形势转好的转带动下，货物吞吐量增速明显提升；而以虎门、珠海、丹东等为代表的二三线港口，随着港口通过能力的提升和新港区的发展，港口吞吐量增长迅速，3个港口全年货物吞吐量增速均超过20%，跻身亿吨港口行列。2013年，我国亿吨以上港口达32个，其中沿海港口22个，内河港口10个。

虽然2013年我国港口吞吐量总体上增速普遍放缓，但部分沿海中小型港口及内河港口发展却十分迅速，全国全年亿吨以上港口（包括沿海和内河港口）新增至29个，岳阳、泉州分别以15%和10.1%的增速跻身亿吨大港行列；吞吐量达到2亿吨以上的港口已增至13个。在国家大力发展内河航运、依托黄金水道建设长江经济带的政策推动下，我国内河港口实现了快速发展，吞吐量超过亿吨的内河港口已达到10个，2亿吨以上港口达到16个。2011—2013年我国亿吨以上港口货物吞吐量排序情况如表2所示。

表2　　2011—2013年我国亿吨以上港口货物吞吐量排序

排序	港口名称	2013年		2012年		2011年	
		吞吐量（亿吨）	同比增长（%）	吞吐量（亿吨）	同比增长（%）	吞吐量（亿吨）	同比增长（%）
1（1）	宁波—舟山港	8.1	8.87	7.44	9.73	6.78	9.67
2（2）	上海港	7.76	5.43	7.36	2.22	7.2	2.18
3（3）	天津港	5.01	5.25	4.76	5.54	4.51	5.54
4（4）	广州港	4.55	4.84	4.34	1.17	4.29	1.17
5（5）	苏州（内河）港	4.54	6.07	4.28	12.63	3.8	12.61
6（6）	青岛港	4.5	10.57	4.07	8.53	3.75	8.53
7（8）	唐山港	4.46	22.19	3.65	16.99	3.12	16.81
8（7）	大连港	4.08	9.38	3.73	10.36	3.38	10.36
9（9）	营口港	3.3	9.63	3.01	15.33	2.61	15.44
10（10）	日照港	3.09	9.96	2.81	11.07	2.53	11.07
11（11）	秦皇岛港	2.73	3.80	2.63	3.95	2.53	4.06
12（12）	深圳港	2.34	2.63	2.28	2.24	2.23	2.17
13（13）	烟台港	2.22	10.45	2.01	11.67	1.8	11.48
14（15）	南通（内河）港*	2.03	9.73	1.85	6.94	1.73	10.34
15（16）	连云港港	2.02	9.19	1.85	11.45	1.66	11.45

续 表

排序	港口名称	2013 年		2012 年		2011 年	
		吞吐量（亿吨）	同比增长（%）	吞吐量（亿吨）	同比增长（%）	吞吐量（亿吨）	同比增长（%）
16（14）	南京（内河）港*	2.01	4.69	1.92	10.34	1.74	10.34
17（19）	厦门港	1.91	11.05	1.72	10.26	1.56	10.26
18（18）	北部湾港	1.88	8.05	1.74	13.73	1.53	13.80
19（20）	湛江港	1.80	5.26	1.71	8.92	1.57	8.92
20（24）	黄骅港	1.71	36.80	1.25	12.61	1.11	9.6
21（17）	湖州（内河）港	1.53	-14.04	1.78	22.76	1.45	22.51
22（23）	泰州（内河）港	1.53	18.60	1.29	29.00	1	29.21
23（21）	镇江（内河）港	1.41	4.44	1.35	21.62	1.11	21.38
24（25）	重庆（内河）港	1.37	9.60	1.25	10.62	1.13	10.62
25（26）	福州港*	1.28	12.28	1.14	11.76	1.02	11.63
26（22）	江阴（内河）港*	1.26	-4.55	1.32	3.13	1.28	3.13
27（30）	丹东港	1.20	25.21	0.96	26.32	0.76	26.20
28（27）	嘉兴（内河）港	1.10	1.88	1.08	1.89	1.06	12.68
29（29）	泉州港	1.10	5.77	1.04	10.64	0.94	10.10
30（28）	岳阳（内河）港	1.10	5.77	1.04	15.56	0.9	15.00
31（-）	虎门港	1.10	115.69	0.51	50.00	0.34	59.10
32（-）	珠海港	1.00	29.87	0.77	7.76	0.72	18.7

注：*表示2013年吞吐量为预测值。

（一）货物吞吐量上半年内贸增速好于外贸，下半年形势扭转

2013年全年我国港口货物吞吐量各月增速均好于2012年，但仍未恢复到2011年和2010年水平。长期来看，随着亚洲承接欧美产业转移的过程逐渐结束，加之我国经济结构逐步转型调整，我国港口吞吐量已告别20%的高增长时代。全年看，全国港口货物吞吐量增长基本保持相对平稳的增长速度。其中，第三季度以后，由于欧美经济复苏，带动我国对外贸易形势开始好转，以及传统集装箱运输旺季的到来，使得港口货物吞吐量增长速度达到全年峰值。而全年规模以上港口货物吞吐量的高峰值出现于5月，单月吞吐量达到9.11亿吨，这主

要由于二季度外贸煤价较低，外贸进口煤需求大增，提振了沿海港口外贸吞吐量。

总体看，2013 年上半年我国港口内贸货物吞吐量表现好于外贸。下半年在欧美经济的好转以及我国进口大宗货物依存度较高的带动下，我国港口外贸货物吞吐量增速迅速好转。2013 年我国规模以上港口累计完成外贸货物吞吐量 33. 1 亿吨，同比增长 9. 2% 。下半年，由于国内下游产业需求放缓，内河港口货物运量增长乏力，内贸增速明显放缓，由上半年的 10. 75% 降至 9. 07% ，但这并没有影响内贸形势总体向好的势头，全年规模以上港口内贸货物吞吐量增幅达到 9. 17% ，与 2012 年相比高出两个百分点，整体涨势仍好于外贸。就沿海和内河港口来看，增长走势基本相同，除了四季度在外贸的提振下沿海港口吞吐量增速略高于内河港口吞吐量增速。2013 年，沿海港口完成货物吞吐量 75. 61 亿吨，同比增长 9. 9% ；内河港口完成货物吞吐量 42. 06 亿吨，同比增长 7. 9% 。

（二）集装箱吞吐量增速继续放缓，内贸箱成为增长动力

2010 年我国港口集装箱吞吐出现 18. 7% 的大幅增长，但自 2011 年以后，我国港口集装箱吞吐量增速连续三年收窄，2013 年规模以上港口集装箱吞吐量增幅仅为 6. 8% 。全国吞吐量在百万标准箱以上的集装箱港口数目达到 24 个，其中内河港口有 4 个。环渤海地区港口的集装箱吞吐量增速与其他地区相比仍然较高，大连、烟台、日照、丹东等港口的增速均达到两位数。2013 年我国港口集装箱吞吐量排名如表 3 所示。

表 3　2013 年我国港口集装箱吞吐量排名

排名	港口名称	吞吐量（万标准箱）		同比增长（%）
		2013 年	2012 年	
1	上海港	3362	3253	3. 35
2	深圳港	2328	2294	1. 48
4	宁波—舟山港	1735	1617	7. 30
5	青岛港	1552	1450	7. 03
6	广州港	1531	1455	5. 22
7	天津港	1300	1230	5. 69
8	大连港	1002	806	24. 32
9	厦门港	801	720	11. 25
10	连云港港	549	502	9. 36
11	苏州（内河）港	534	586	-8. 87
12	营口港	530	485	9. 28
13	佛山（内河）港	271	267	1. 50
14	南京（内河）港	267	230	16. 09
15	烟台港	215	185	16. 22
16	日照港	202	175	15. 43

续 表

排名	港口名称	吞吐量（万标准箱）		同比增长（%）
		2013 年	2012 年	
17	福州港	198	183	8.20
18	泉州港	168	170	−1.18
19	丹东港	156	125	24.80
20	虎门港*	150	110	36.25
21	中山港	131	124	5.65
22	汕头港	129	125	3.20
23	江阴（内河）港*	120	115	4.32
24	海口港*	118	101	16.83

注：* 表示 2013 年数据为预测值。

2013 年上半年，我国港口外贸集装箱量增长动力不足，内贸集装箱量仅维持平稳增长；下半年受欧美经济的反复变化，外贸集装箱量波动较大。总体来看，外贸集装箱量增长依旧疲软，内贸集装箱量仍是我国港口集装箱量增长的主要动力。2013 年，全国规模以上港口完成外贸集装箱处理量 1.1 亿标准箱，同比增长仅为 3.9%；内贸集装箱处理量达到 6357.8 万标准箱，同比增幅达到 13.9%。2010—2013 年我国规模以上港口集装箱吞吐量增幅走势如图 1 所示。

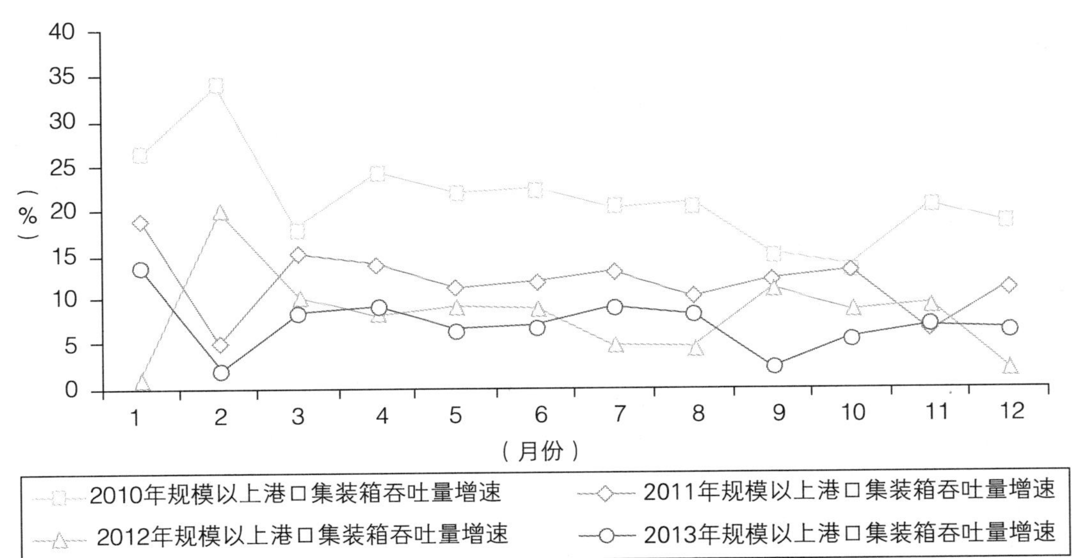

图 1　2010—2013 年我国规模以上港口集装箱吞吐量增幅走势

数据来源：中华人民共和国交通运输部。

从航线来看，内支线和内贸线增幅依旧好于国际线，然而较 2012 年相比，国际线集装箱吞吐量增幅已有明显提升。2013 年，国际线港口集装箱吞吐量达到 1 亿标准箱，同比增长 2%，内支线和内贸线集装箱吞吐量分别为 0.19 和 0.7 亿标准箱，同比增长 8.6% 和 16.7%。与 2012 年相比，内支线增速下滑明显，近 10 个百分点，内贸线增速小幅下滑近 2 个百分点。国际线中以至新加坡和美国的航线表现较好，同比增幅均在 5% 以上，而至中国香港和中国台湾地区及欧洲的航线则表现不佳，处于零增长或负增长区间。但是，我们已然看到，美线和欧线在集装箱箱量增长上都出现明显复苏迹象，较 2012 年相比，增速分别提升 3 个百分点和 5 个百分点。详细情况如表 4 和表 5 所示。

表 4　　2012—2013 年我国港口集装箱内、外贸吞吐量

集装箱吞吐量	外贸—国际航线		外贸—内支线		内贸	
	总量	出港	总量	出港	总量	出港
2013 年（亿标准箱）	1.0	0.52	0.19	0.096	0.7	0.35
2012 年（亿标准箱）	0.98	0.5	0.175	0.087	0.6	0.3
同比增长（%）	2.04	4.00	8.57	10.34	16.67	16.67

数据来源：中华人民共和国交通运输部。

表 5　　2012—2013 年我国港口部分国际航线集装箱吞吐量

集装箱吞吐量	中国香港地区	日本	韩国	新加坡	中国台湾地区	美国	欧洲
2013 年（万标准箱）	1170	770	654	420	236	1760	1892
2012 年（万标准箱）	1240	760	648	390	233	1670	1891
同比增长（%）	−5.65	1.32	0.93	7.69	1.29	5.39	0.05

数据来源：中华人民共和国交通运输部。

2013 年，我国港口集装箱处理量占全球集装箱处理量比重进一步提升，由 2012 年的 28.7% 提升至 30.35%。由于中国香港地区连续三年集装箱吞吐量呈现负增长，深圳港 2013 年以 1.47% 的增幅超越香港地区成为全球第三大集装箱港口。纵观 2013 年全球前 20 大港口排名（详见表 6），我国港口吞吐量增速仍远远高于其他国家和地区的港口，其中大连港以 24.19% 的增速成为全球前 20 大集装箱港口中增长最快的港口，也使其在全球的排名由 2012 年的第 17 位上升至第 13 位。

表 6　2013 年全球前 20 大港口集装箱吞吐量排名

排名			港口名称	集装箱吞吐量（万标准箱）		
2013 年	2012 年	走势		2013 年	2012 年	增长率（%）
1	1	→	上海港	3362	3253	3.34
2	2	→	新加坡港	3258	3165	2.94
3	4	↑	深圳港	2328	2294	1.47
4	3	↓	香港港	2229	2312	-3.59
5	5	→	釜山港	1768	1705	3.69
6	6	→	宁波—舟山港	1735	1617	7.27
7	8	↑	青岛港	1552	1450	7.01
8	7	↓	广州港	1531	1455	5.24
9	9	→	迪拜港	1350	1328	1.66
10	10	→	天津港	1300	1230	5.66
11	11	→	鹿特丹港	1162	1187	-2.06
12	12	→	巴生港	1023	1000	2.24
13	17	↑	大连港	1002	806	24.19
14	13	↓	高雄港	994	978	1.60
15	14	↓	汉堡港	921	894	3.03
16	15	↓	安特卫普港	858	864	-0.66
17	19	↑	厦门港	801	720	11.20
18	16	↓	洛杉矶港	790	810	-2.47
19	18	↓	丹戎帕拉帕斯港	747	749	-0.32
20	22	↑	长滩港	673	605	11.33

（三）干散货吞吐量高速增长，原油保持温和增长

2013 年，干散货的高速增长成为提振我国港口货物吞吐量的重要因素。其中，铁矿石进口量维持高位，达到 8.2 亿吨，同比增长 10.2%。2013 年，规模以上港口铁矿石吞吐量达到 14.65 亿吨，较 2012 年同期增长 10.2%。主要铁矿石装卸港宁波—舟山、唐山、日照和青岛铁矿石吞吐量也都保持了两位数的增幅。2013 年，宁波—舟山港铁矿石处理量达到 2 亿吨，同比增长 12.57%；唐山港处理铁矿石量 1.72 亿吨，同比增长 22.72%。

2013年我国港口煤炭吞吐量又创新高，增速远超预期。据中国海关数据显示，2013年我国煤炭进口量达到3.27亿吨，同比增长25.91%。由于全国用电量和发电量继续保持7%左右的增幅，煤炭需求依旧保持高位，加之国际煤炭价格优势，外贸进口煤大幅增长。2013年，我国规模以上港口共处理煤炭及制品21.73亿吨，同比增长8.9%。中国主要煤炭装卸港中，宁波—舟山、唐山和黄骅港煤炭吞吐量增速均超15%，其中唐山和黄骅港增速更是超过30%，涨势强劲；而天津港受库存充沛的影响，下游需求低迷，煤炭处理量相对低迷。

与干散货吞吐量相比，液体散货吞吐量增长相对温和。2013年，我国累计进口原油2.82亿吨，同比增长3.29%。由于新能源对石油消耗的替代、页岩气对国际原油市场的冲击导致国际原油的价格优势，美国、日本的能源消耗开始向天然气转移，更多原油对中国市场的释放，加之中国炼油厂规模扩大，国内原油需求居高不下，共同促成了我国原油高位温和增长的局面。2013年，我国规模以上港口完成石油、天然气及制品吞吐量7.58亿吨，与2012年同期相比增长2.6%。主要原油装卸港口，宁波—舟山港和大连港原油处理量分别达到9000万吨和3000万吨，同比增长4.95%和6.32%。

（四）各港口群生产情况稳定增长，但区域不平衡性依然存在

由于不同区位港口腹地经济发展程度不同，各港口群发展仍表现出不平衡性。总体来看，2013年我国各港口群完成货物吞吐量都基本维持了相对稳定的增长（具体情况详见表7）。其中，得益于当地发达的经济和贸易环境，2013年长三角港口群在上海和宁波—舟山港的带动下累计完成货物吞吐量17.88亿吨，增幅升至8.09%，与2012年相比增幅提升明显；同为外向型的珠三角港口群在下半年外贸货物的提振下，同比增长3.94%，达到6.89亿吨，增速较2012年同期扩张近3%；环渤海港口群在煤炭、原油和粮食的拖累下，港口增速由9.12%微涨至10.87%，增幅扩张并不明显，而随着产业北迁、大连港开辟新航线及唐山港集聚货源等利好因素加强，或将继续带动该港口群维持较快增长；东南沿海港口群和西南沿海港口群相对表现不济，全年仅分别实现货物吞吐量4.26亿吨和3.77亿吨，增速分别下滑5.8和4.1个百分点，降至9.74%和4.51%。

表7　　2013年我国分区域港口群吞吐量增幅

分区域	2013年		2012年	
	累计吞吐量（万吨）	同比增速（%）	累计吞吐量（万吨）	同比增速（%）
环渤海湾港口群	311843	10.87	281272	9.12
长三角港口群	178778	8.09	165400	4.85
东南沿海港口群	42604	9.32	38972	15.14
珠三角港口群	68910	3.94	66300	1.30
西南沿海港口群	37700	8.53	34737	12.64

数据来源：中华人民共和国交通运输部。

2007—2013 年的 6 年间，我国各港口群货物吞吐量所占份额也有较大变化。其中，环渤海港口群货物吞吐量所占比重由 37% 扩大至 49%；西南沿海港口群货物吞吐量所占比重也增长了 2 个百分点至 6%；东南沿海港口群货物吞吐量所占比重为 7%；长三角、珠三角港口群所占比重分别有所下滑，2013 年比重仅为 28% 和 11%（见图 2）。

图 2　2007 年和 2013 年五大港口群市场份额比较

二、港口建设趋于理性

随着世界经济复苏继续放缓和我国经济结构转型的不断深入，全国港口生产维持低位增长，港口码头投资建设更趋理性。2013 年我国码头建设投资增长进一步收窄。其中，沿海码头新增泊位数进一步减少，沿海水运基础设施投资建设金额控制于 900 亿元以内，投资金额较 2012 年减少 5.4%；内河水运基础设施投资稳步增长，但投资金额增幅较 2012 年相比进一步收窄。

（一）沿海港口产能结构进一步调整，内河港口建设稳步推进

2013 年我国沿海港口产能进一步释放。截至 2013 年年底，沿海港口拥有生产性泊位 6670 个，万吨级以上生产泊位约 2060 个，总通过能力超过 70 亿吨，集装箱通过能力近 1.8 亿标准箱。但新增码头泊位数目进一步减少，新建生产性泊位仅为 152 个，其中深水泊位 108 个。沿海港口码头功能布局结构进一步得到调整，产能扩张逐渐由发达地区的一线港口向落后地区的二、三线港口转移。其中，相较于其他地区，环渤海地区码头产能供给充沛，黄骅港、东营港、天津港、日照港分别位居产能供给的前列。

相较于沿海港口投资金额的控制，内河港口码头建设在加强内河航运政策的推动下逐步提速。2013 年我国内河港口建设依旧稳步推进。长江沿线四川泸州港、湖南岳阳城陵矶港、重庆涪陵港、果园港、安徽芜湖港以及浙江嘉兴港均有码头投产，产能得到进一步提升。例如，安徽芜湖港朱家桥外贸码头二期于 2013 年 10 月完工，新增产能 60 万标准箱；重庆 2013 年投资 32 亿元，加快乌江河口至白马、小江、梅溪河、抱龙河航道整治和支持保障系

统建设，并且推动涪陵龙头港、主城果园港、万州新田港码头开工建设；浙江嘉兴港海盐港区也将新增两个万吨级码头。

（二）LNG 码头产能释放，原油码头建设平稳推进

随着我国使用能源结构的逐步调整，LNG 作为清洁能源的需求显著增加。为了保障 LNG 运输，我国在“十二五”前期陆续投资建设一批 LNG 码头。2013 年随着建设项目的完工，我国 LNG 码头产能进一步释放，并且 LNG 码头布局结构进一步得到优化和完善。2013 年，河北曹妃甸、广东珠海和天津 LNG 接收站及配套码头设施相继建成投产，新增 12 万吨级 LNG 接卸泊位 3 个，新增吞吐能力 870 万吨；上海天然气 LNG 一期项目码头亦竣工，至 2013 年 4 月底，该码头已累计靠泊 LNG 船 106 艘，接卸 LNG 约 622 万吨，外输天然气 82.3 亿立方米；天津首个浮式 LNG 码头也初显规模，码头建成后可供 15 万吨级 LNG 船舶停靠作业，年吞吐量可达 220 万吨。目前，广东、福建、上海、江苏、辽宁、浙江、河北、天津皆配有 LNG 接收站及码头相关设施。

2013 年，我国五大港口群内原油运输枢纽皆有码头按计划稳步推进开工建设。环渤海湾青岛全面推进董家口港区 45 万吨级原油码头的开发建设，大连港长兴岛港区 30 万吨级原油码头工程竣工投入使用；长三角地区宁波—舟山港大榭港区中油燃料油 30 万吨级油码头工程完成竣工，舟山实华原油码头二期 45 万吨原油码头项目亦通过核准；东南沿海泉州港中华公司原油码头工程竣工；珠三角地区广东揭阳拟建设规模为 30 万吨级原油泊位 1 个，可兼靠 15 ~ 40 万吨级油轮；西南港口群中钦州港三墩原油健在平台工程开工建设。

（三）北方铁矿石码头产能进一步提升，南方煤炭码头建设提速

2013 年，我国北方铁矿石码头产能进一步提升。世界最大铁矿石接卸码头青岛董家口港区 30 万吨兼顾 40 万吨级的铁矿石接卸码头投产。烟台西港区、天津南疆港区等铁矿石的码头泊位也相继投产。此外，黄骅港散货港区矿石码头一期工程也得到国家发改委批复，新建两个 20 万吨级铁矿石卸船泊位；日照岚山港区 3#15 万吨级散货泊位以及 4#30 万吨级矿石泊位亦在按计划稳步推进。环渤海湾内铁矿石装卸码头泊位布局将进一步完善。

2013 年我国北方煤炭码头产能得到释放，黄骅港煤炭港区神华煤炭码头三期工程投产，新增通过能力 5000 万吨；唐山港区 36# – 40# 新建 2 个 15 万吨级煤炭卸船泊位、3 个 10 万吨级煤炭装船泊位。长三角及珠三角地区煤炭码头在建和投产项目均在稳步推进。其中，包括珠海高栏港区、镇江港句容华电储运基地 3 个煤炭接卸泊位、福建江阴港国电煤炭码头皆投产运行。而盐城港滨海港区煤炭中转储运基地码头工程、镇江港高资港区深化煤炭码头、嘉兴港独山港区煤炭中转码头、苏州太仓港区煤炭中转基地码头、广州珠江电厂煤炭码头等一系列项目也在年内相继开工建设。

（四）滚装码头迎来发展契机

随着区域贸易一体化的发展，我国与韩国、日本等周边国家的洲域内贸易量增长迅速，2013 年我国滚装运输在近洋运输需求增长的带动下快速发展。其中，随着我国汽车贸易量的增长，汽车滚装码头迎来了发展契机。目前，我国沿海滚装码头主要分布于上海、天津、大连和广州四个城市。其中，由于中日、中韩贸易的开展，环渤海地区滚装码头业务量攀升迅速，主要以天津港和大连港为主要客货滚装中转的储运港口。2013 年，大连港与安吉物流计划在大窑湾北侧湾底新建汽车码头，打造整车内外贸出口和零部件物流基地和东北亚汽车物流枢纽。长三角港口群主要以上海港为主要汽车滚装中转港，上海洋山港新建的汽车滚装码头也于年内投产运行，其设计吞吐能力达到20 万辆，可靠泊5 万总吨滚装船。珠三角港口群主要以广州港作为主要汽车滚装中转港，广州港有南沙汽车码头和新沙汽车码头，年设计通过能力达到150 万辆。

三、港口合作、资源整合得到进一步深化

2013 年，全球经济依旧不景气；我国二、三线港口迅速成长，港口群内竞争日益加剧；三大国际集装箱航运企业为应对不景气的航运形式组成 P3 联盟。在这一系列背景下，港口通过资源整合的方式，加强合作，提升整体竞争力显得尤为重要。我国港口早在 20 世纪末便已经开始进行一系列的资源整合。其中，厦门漳州两港于 2006 年开始进行以政府为主导的整合，在历经了 7 年的发展，整合的效果已逐渐显现。2013 年，厦门漳州 7 个港口区货物吞吐量同比增长达到 12.6%，集装箱吞吐量同比增长 28.1%，增幅均高于全国平均水平。漳州港区港口集装箱吞吐量的强劲增长也得益于厦门港的品牌优势。

2013 年，我国港口间的合作得到进一步的深化。其中，海南省政府积极推动海口和洋浦两港口进行资源整合。海口港与洋浦港互补性较强，海口以重箱进港较多空箱较少，而洋浦港恰恰相反，通过两港整合可以有效降低成本，提高港口运作效率。此外，厦门港除与漳州港进行全方位的整合外，计划 2014 年与潮州港实现合作，共同开发潮州三百门新港区小红山码头。通过厦门港通达全球的航线资源，带动潮州支线运输的发展。

四、智慧港口建设加速

随着信息技术的发展以及客户对港口服务效率提升要求的提高，全国各港口积极推进信息化技术在港口的应用，通过构建智慧港口，码头作业实现自动化、生产调度指挥中心实现实时监控、物流服务体系实现货物全程跟踪，港口、口岸、客户可实现跨部门、跨区域的信息交换和共享。GPS 和 GPRS 技术被应用到港口车辆堆场的调度当中，光纤传感技术被应用于港口设备的实时安全监控。一些港口也开始尝试将物联网技术、大数据技术、云计算技术、地理信息系统（GIS）等应用到港口生产。例如，大连港目前已实现大门进出港双向无人值守、系统自动获取入港车辆信息、自动配载系统自动生成船舶配载图并实时跟踪岸边装卸船作业等自动化港口生产。

五、海铁联运发展迎来破冰期

长期以来，我国海铁联运发展的瓶颈有最后一公里铁路入港区的问题、铁路定价机制问题、海铁联运过程中频率和时间的保证问题等。2013 年，我国启动大部制改革，铁路发展规划和政策的行政职责也正式划入交通运输部，我国港口海铁联运发展或将迎来破冰期。2013 年，我国主要沿海港口海铁联运量大幅提升，展现了海铁联运发展的巨大潜力。

宁波港：2013 年宁波市集装箱海铁联运业务累计完成 10.52 万标准箱，同比增长 77%。

大连港：2013 年大连港铁路公司共完成

14. 22 万标准箱，同比增长 93. 3% 。

营口港：2013 年营口共完成海铁联运量 32. 5 万标准箱，同比增长 107. 7% 。

连云港：2013 年连云港铁路运输公司完成海铁联运量 15. 56 万标准箱，同比增长 112. 4% 。

珠海港：随着广珠铁路 4 月投入运行，对辐射华南腹地能源、钢铁、制造等行业运输需求有着积极的意义。2013 年珠海港海铁联运量达到 102 万吨，随着 2014 年神华码头装车线的投产，广珠铁路运力将进一步得到释放。

（赵　楠　上海海事大学　上海国际航运研究中心）

2013 年中国物流地产业

2013 年是我国实施“十二五”规划承前启后的关键之年，各级政府全面深化经济体制改革，经济运行保持稳中求进的总基调，物流业各项指标平稳增长。在物流相关行业固定资产投资保持快速增长、物流基础设施建设稳步推进的带动下，以物流园区、物流中心、配送中心、分拨中心、物流仓库等为主体的物流地产业呈现平稳较快发展的态势。

一、物流地产市场需求强劲

2013 年中央政府继续加强对房地产市场的调控。3 月，国务院办公厅发布了《关于继续做好房地产市场调控工作的通知》，着力深化改革、调控以稳为主，不同城市政策分化调控。在党的十八届三中全会提出的新型城镇化发展战略的影响带动下全国房地产市场逐步回归理性。

在物流业快速发展的形势下，2013 年我国物流地产市场需求持续强劲，物流地产仍旧是各路资本投资和关注的焦点。一是地方投资物流地产的热情不减，北京和上海作为我国两大核心经济城市，当地物流业的发展推动了其对物流地产市场需求的增长，也带动了周边二、三线城市对物流地产市场的投资物流地产热情；二是电商龙头纷纷进军物流领域大量购买工业用地自建物流园，以淘宝、阿里巴巴、京东商城为代表的一线电子商务企 2013 年的快速发展，拉动了物流地产市场的需求；三是外商对我国物流地产投资的持续升温。2013 年以前的六、七年，海外基金对上海核心商圈的商业物业兴趣浓厚。然而在 2013 年海外基金的收购项目更多地转向了物流地产。

近几年我国经济社会发展稳中有进的良好态势，吸引着越来越多的外商看好中国地产市场，纷纷将投资目标从欧美转向中国，从传统房地产市场转向新兴的物流地产市场，如以普洛斯为代表的外商对我国物流地产的投资不断升级。2013 年 7 月 4 日，总投资 45 亿元的普洛斯廊坊现代物流产业园项目在永清县现代服务产业园区签约；10 月 30 日，普洛斯投资 15 亿元，建设长沙空港物流园，重点打造设施完善、布局合理、环境优良的综合型现代化空港物流园。截至 2014 年 3 月 31 日，普洛斯已在我国的 34 个主要城市建成了 148 个园区，物业总面积达 1870 万平方米。全球另类资产管理公司凯雷投资集团和 The Townsend Group 于 2013 年 8 月 29 日共同宣布与中国最大的物流仓储物业开发商之一的上海宇培集团建立战略合作平台，共同投资中国的 17 个分布在一线城市及部分二线城市的现代化物流仓库。

2013 年 7 月，德意志银行发布了亚太地区物流发展（特别是物流地产）的投资活动报告指出，与其他地产类型相比，物流地产领域存在很大上升空间。报告认为，物流地产即将登上舞台，成为新的热点。在追求高回报的投资者群体中，物流地产已经成为亚太地区最受欢迎的投资选择。亚洲非上市房地产投资协会（ANREV）2013 年的一期投资者调查显示，投资者对亚太地区工业地产的投资兴趣现已超过写字楼和住宅类地产。亚太地区 110 名被调查者中 68% 的人表示 2013 年将会把投资重点放在工业地产和物流地产领域，而 2012 年这一数字仅为 28% 。

总体来看，2013 年我国物流地产市场出现的局面与亚太地区物流地产市场的发展情况是一致的。

二、物流服务基础设施租金持续上涨

2013 年我国物流地产市场中物流服务设施租金价格持续增长。特别是在沿海经济发达地区，工业物流地产市场需求旺盛带动物流设施的租金价格一路上扬。

据中国物流与采购联合会对 128 家重点联系物流企业所开展的“2013 年度减轻物流企业负担调查”，2013 年物流用地价格有所上涨，上海、深圳等部分城市优质仓库租金接近或超过 1.5 元/平方米 · 天，企业仓储成本持续上升。

统计显示，2013 年全年全国国有建设用地供应总量 73 万公顷，比上年增长 5.8% 。其中，工矿仓储用地 21 万公顷，增长 3.2% ，低于国有建设用地供应增长幅度。调查显示，2013 年，北京、上海、广州、深圳等一线城市地价远高于二、三线城市，普遍都超过 80 万元/亩。南京、杭州、沈阳等二线城市低价也在 50 万元/亩左右。部分企业反映物流用地价格有所上涨，仍然处于高位运行。随着城市扩容改造，原有物流用地受拆迁影响快速缩减，而土地置换往往难以实现，导致企业经营无法继续。新增物流用地很难获得指标，即使获得用地指标，也有较多附加条件，如投资强度、税收贡献、容积率等。土地使用税和城市建设配套费较高，增加了企业初期投入和运营成本。且新增物流用地没有统一的规划，远离市区和港口、车站等重要交通枢纽，分布较为零散，后期拓展性不足，制约了物流集聚效应的充分发挥。2013 年我国主要城市仓储用地地价抽样调查情况如表 1 所示。

表 1　2013 年全国主要城市仓储用地地价抽样调查情况

城市名称	北京市	上海市	广州市	深圳市	南京市	沈阳市
地价（万元/亩）	80 ~160	80 ~180	60 ~100	50 ~150	50 ~80	20 ~50
城市名称	苏州市	武汉市	成都市	杭州市	西安市	青岛市
地价（万元/亩）	22 ~50	25 ~30	30	24 ~60	30 ~50	30 ~40

调查显示，2013年北京、广州、苏州、杭州、武汉、沈阳等主要城市优质仓库租金普遍接近或超过1元/平方米·天，上海、深圳等部分城市优质仓库租金接近或超过1.5元/平方米·天，企业仓储成本持续上升。企业普遍反映，由于老旧仓储拆迁改造，新建仓库增量不足，北京、上海等重点城市寻找证照齐全、管理规范的仓储资源非常困难。仓储资源大量向城市外围搬迁，大大增加了配送半径，加剧了城市交通拥堵和环境污染。此外，不符合规范的“农民库”仍然大量存在，增加了仓储安全隐患。2013年全国主要城市优质仓库租金抽样调查结果情况如表2所示。

表2　　2013年全国主要城市优质仓库租金抽样调查结果

城市名称	北京市	上海市	广州市	深圳市	苏州市	杭州市	沈阳市	武汉市
租金［元/(平方米·天)］	1~1.3	1~1.5	0.9~1.3	0.9~1.8	0.8~1.1	0.5~1.1	0.7~0.9	0.7~1

据世邦魏理仕（CBRE）报告显示，2013年第四季度有多个知名物流仓库开发商如普洛斯等在一、二线城市的高品质仓储物业交付使用，在一定程度上缓解了部分市场供不应求的状况，但来自电商及第三方物流的旺盛租赁需求仍令整体市场呈现供不应求的局面。受此推动，全国优质物流仓库平均租金指数环比上涨0.5%，当季全国主要城市租金无一下跌。其中，武汉、杭州、深圳和广州的租金涨幅保持在1%以上。2013年全年受供应短缺和旺盛需求推动，杭州和深圳的优质物流仓库平均租金同比涨幅均高于5%。

来自仲量联行和高力国际数据信息均显示，截至2013年第一季度末，北京物流项目每月租金较上年同期大幅增长11.41%至每平方米人民币35.55元；位于上海区域的优质物业基本处于满租状态，以至于市场对物流仓储的需求已扩至上海周边城市。2013年7月，仲量联行发布的《中国物流市场的机遇》白皮书显示，上海物流园区的租金已达35美元/（平方米·年）~60美元/（平方米·年）。数据显示，在过去几年里，上海物流地产的租金每年增长幅度在5%~10%。

戴德梁行的统计数据显示，2013年第四季度，上海制造业厂房的平均租金达到每月每平方米人民币（下同）33.76元，环比上浮1.84%，同比增幅达5.70%；整体空置率继续下降至3.79%，处于历史最低水平。同期，研发办公楼租金继续上涨，达到每月每平方米106.19元，环比上浮1.17%，同比增加2.67%；整体空置率同比下降2.18个百分点，达到11.53%。优质仓库租金环比上涨0.75%，同比增加3.24%，达到每月每平方米38.93元。第四季度上海优质仓库的净吸纳量迅速增加，但由于浦东临港地区仓库的空置面积有所增加，优质仓库的总体空置率环比上升1.16个百分点，达到9.42%。上海工业用地稀缺的状况在短时期内不会改变，上海自贸区的发展也将其政策方面所带来的工业市场升值潜力逐步拓展。

三、物流园区布局更趋合理，配送中心试点城市逐步建立

2013 年 9 月《全国物流园区发展规划》（以下简称《规划》）发布，《规划》指出将北京、天津等 29 个城市确定为一级物流园区布局城市，石家庄、邯郸等 70 个城市确定为二级物流园区布局城市。《规划》按照物流需求规模以及在国家战略和产业布局中的重要程度，为物流园区的发展画出了“路线图”。12 月 31 日，八项物流国家标准正式发布，其中包括《物流园区服务规范及评估指标》《物流园区统计指标体系标准》等，为物流园区以及物流地产的规范化发展指出了明确的方向。

一直以来受我国经济发展格局东南发展快、西北发展慢的影响，全国物流园区布局也体现出东南沿海多西北少的特点。然而 2013 年全国物流园区的建设已由东南沿海向内陆地区转移，趋向均衡发展。这一方面源于沿海地区土地资源紧缺，土地租金价格过高；另一方面源于中西部地区经济的迅速发展，迫切需要专业化、现代化的物流基础服务设施与之相配套。

2013 年西部地区物流园区项目相继竣工，如重庆市着力打造的西部物流园板块中的中石油、重庆医药等重量企业的物流园区建成运营。7 月 24 日，三峡物流园正式开业。该项目占地 1154 亩，总建筑面积 80. 8 万平方米。作为鄂西渝东最大的综合性物流项目，该项目不仅是一个大型的一站式生活品采购中心，更是一个集运输、仓储、货代和信息等于一体的复合型服务产业，对加快推进湖北长江经济带新一轮的开发具有重要意义。

新丝绸之路经济带的提出对我国西部地区物流园区的发展具有强大的推动作用。甘肃省提出新建中国甘肃东部（甘谷）物流中心，该项目占地 1518 亩，总建筑面积 113. 7 万平方米，着力打造集交易、仓储、加工、配送、金融、电子、商务于一体的区域综合性现代化物流园区。11 月 22 日，《防城港市大西南公车物流园区物流专项规划》通过专家评审。防城港作为中国西部地区的第一大港，东进西出的桥头堡，是西南地区走向世界的海上主门户，同时也是链接中国—东盟，服务西部的物流大平台。该物流园区的建设满足了西部地区经济发展的需求，有利于促进我国西部地区经济的快速发展。

近年来，随着第三方物流的快速发展，我国物流配送效率得到了很大的提高，但是物流“最后一公里”问题仍然凸显。2012 年，商务部下发了《关于推进现代物流技术应用和共同配送的指导意见》，首批选择了 9 个城市开展现代物流技术应用和共同配送试点；2013 年，商务部、财政部进一步将城市共同配送工作纳入现代服务业产业试点范围，确定了 15 个试点城市，包括包头、沈阳、吉林、牡丹江、徐州、福州、秦皇岛、淄博、烟台、漯河、襄阳、湘潭、中山、遵义、天水。从布局上看，我国物流配送中心试点城市区域性分布趋向均衡协调，如下图所示。

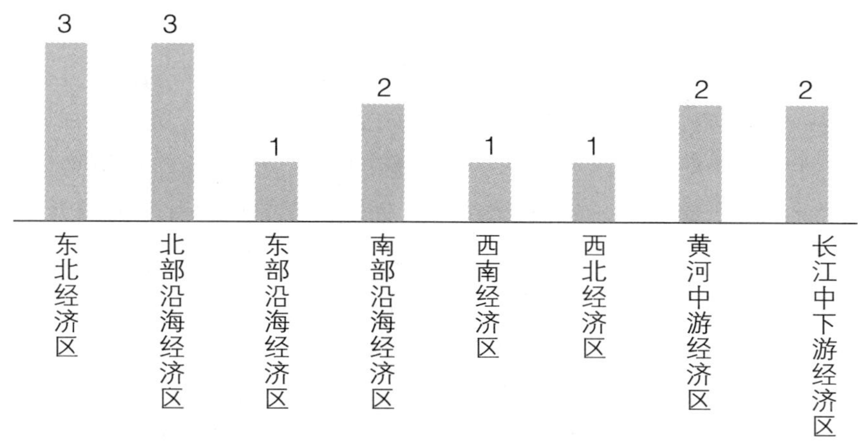

八大经济区共同配送试点城市数量

四、物流园区转型升级明显，物流服务体系日趋完善

我国物流园区在近几年发展的基础上，全国性的布局基本形成。但是，物流园区在运营方面服务功能单一、管理缺失等问题在很大程度上制约了物流园区的发展。随着我国经济的转型发展，物流地产也将向集约化与协同化、规模化与网络化、绿色化与低碳化发展，特别是以普洛斯为代表的外资企业对我国物流园区的投资建设，加快了我国物流园区向专业化的转型。

2013 年 9 月 30 日，国家发展改革委、国土资源部等 12 各部委联合发布了《全国物流园区发展规划（2013—2020 年)》，明确提出要完善物流园区服务功能。各地结合自己的产业特点和地理位置，优化物流园区基础设施建设，为入驻企业服务。物流园区的赢利模式包括三个方面：一是政府的赢利模式。即通过经济总量增加、税收增加、就业扩大等来取得经济与社会效益。二是开发商的赢利模式。即通过园区土地增值、物业增值、土地与物业转让或出租收入、配套服务等来取得经济效益。三是入驻企业的赢利模式。即通过交易收入、仓储收入、配送收入、信息中介收入、加工收入等来取得经济效益。现代化物流园区要相对于传统物流园区在质量上有所提升，就需要在园区服务体系、电子商务平台和统一结算等企业赢利模式方面做出努力，提高物流园区的增值服务。

2013 年我国物流园区发展特点明显。一是转型升级完善物流服务体系，如青岛的物流园区经营模式在 2013 年开始迎合市场需求转型升级，即不再以租赁为主要经营模式，而是加入更多增值服务，由传统的收租者转变为物流组织者，例如，搭建公共信息平台、提供金融等衍生服务，创造出促进内需增长的价值。以青岛物流分拨交易中心为例，该中心不仅是实物集散分拨交易中心，而且是信息汇聚中心。园区现代化的信息中介交易中心将为全国各地来青岛的车辆提供返程货物资源和信息资源，大大提高车辆满载率，降低配货成本。使入驻园区的物流企业通过配货信息的服务，提升车辆载货率。二是专业化物流园区发展增速。2013 年 12 月 24 日，普洛斯签约落户物流新城，拟建“快消及电商物流园”，将主打快消品和电商行业，而且计划将电子商务的结算中心和仓储分拨中心一起落户园区，提高物流园区的增值服务功能；12 月 27 日，上海广德物流有限公司与普洛斯投资管理（中国）有限公司经过双方友好协商，就仓储租赁、融资增值服务等合作事项，正式签署了合作协议。2013 年8 月29 日，全球另类资产管理公司凯雷投资集团和 The Townsend Group 与上海宇培集团建立战略合作关系，共同投资我国的 17 个分布在一线城市及部分二线城市的现代化物流仓库，17 个物流仓库分布于我国的主要物流枢纽城市，包括一线城市上海、北京和广州，以及部分二线城市，如沈阳、天津、重庆、郑州和合肥。在其投资计划完成后，该战略合作平台将拥有并运营一个总建筑面积超过 180 万平方米，为多元化的客户提供仓储服务的全国性物流仓库网络。

五、电子商务进一步推动物流地产快速发展

随着电子商务的持续快速发展，电商企业纷纷加大对物流地产的投入力度，在全国各地建立自己的仓储物流中心，京东商城尤其堪称“急先锋”。截至 2013 年年底，京东商城自有仓储面积达到 100 万平方米，京东还宣布，未来 3 年将投资 50 亿 ~60 亿元进行物流基础设施建设。

2013 年 5 月 28 日，阿里巴巴集团、银泰集团联合复星集团、富春集团、顺丰集团、三通一达（申通、圆通、中通、韵达），以及相关金融机构共同宣布“菜鸟网络科技有限公司”正式成立。该公司计划首期投资 1000 亿元，在 5 ~ 8 年的时间内，努力打造遍布全国的开放式、社会化物流基础设施。

8 月 27 日，腾讯电商控股公司宣布其总投资达 10 亿元的华南电子商务运营总部项目正式奠基。华南电子商务运营总部项目主体为仓储面积达 20 万平方米的腾讯电商华南区域物流中心，位于广州市黄埔开发区云埔工业区。区域物流中心建成后，将辐射广东、广西、海南、福建四省，为旗下易迅网、分销商户、QQ 网购开放平台商户提供信息化、仓储配送等服务。在此之前，易迅宣布将在已经建成的北京、上海、深圳、重庆、西安、武汉六大仓储物流中心的基础上，再度在沈阳、济南、福州、成都等 10 个城市新建大型仓储中心。

2013 年我国农产品电子商务异军突起，全年全国农产品电子商务销售额突破 500 亿元，隐藏在这背后的是农产品冷链物流和仓储解决方案的日益完善。据中国物流与采购联合会冷链物流专业委员会统计，我国现有 2 万座冷库，2013 年我国冷链物流业固定资产投资超过 1000 亿元，同比增长 24. 2% ，增幅同比提高 16% 。资料显示，2012—2013 年我国已建成的冷库 18 个。根据中国物流与采购联合会冷链物流专业委员会对全国直辖市、省会城市及计划单列市的单体 1000 吨以上的公用型冷库（企业自建自用除外）的统计，全国直辖市、省会城市、计划单列市的公用型冷库共计 981. 73 万吨，2454 万立方米，据此推算全国的公用型冷库共计 2637. 09 万吨，折合 7127. 27 万立方米。

（刘缨缨　孙　雨　西安市商用信息系统分析及应用工程实验室

冯耕中　吴　勇　王能民　西安交通大学管理学院

蒋　炜　上海交通大学安泰经济与管理学院）

2013 年中国保税物流业

保税物流是国际贸易中的高端物流，保税区域是跨国产业进出的自由港。自从 1990 年上海设立了我国大陆第一个保税区开始，我国的海关特殊监管区域及场所已经走过了 23 年的发展历程。其间国家共批准设立了 30 家保税物流中心、14 个保税港区和 35 个综合保税区，保税区作为海关特殊的监管区域，为我国经济结构转型发挥了积极作用。2013 年 8 月 22 日，国务院正式批准设立上海自贸区，拉开了新一轮保税物流建设发展的序幕。

一、保税物流发展情况

（一）海关特殊监管区域建设稳步推进

2012 年年底国务院出台了《国务院关于促进海关特殊监管区域科学发展的指导意见》，明确了我国综合保税区创新发展的新思路。2013 年国务院又陆续批准设立了 5 个综合保税区，它们分别如下。

南通综合保税区，由原南通出口加工区转型升级而来，规划总面积 5.29 平方千米。南通综合保税区的设立填补了苏中地区综合保税区的空白。2013 年 12 月 27 日，南通综合保税区（一期）顺利通过国家 10 部委组成的联合验收组的验收。

太仓港综合保税区，在原有的太仓港保税物流中心的基础上建设，规划面积 2.07 平方千米。太仓港综合保税区将进一步完善太仓港配套功能，填补太仓在高层次特殊监管区方面的空白。太仓港综保区封关运作后，将成为推动太仓加工贸易转型升级、拉动区域经济发展的重要载体。

湖南湘潭综合保税区，规划面积 3.12 平方千米。保税区分为四个功能区：配套服务区、保税加工区、通关作业区和保税物流区。湘潭综合保税区的建立，将极大推动经开区、湘潭市和湖南省外贸货物的高效通关，降低物流成本和资金周转成本，带动湘潭市乃至湖南省开放型经济的飞速发展。

贵阳综合保税区，规划面积 3.01 平方千米，综合保税区及配套区总面积 10.83 平方千米。贵阳综合保税区是国内首个根据山地自然地理条件进行建设的山地生态型综合保税区。保税区在空间布局上体现“一区多园”特点。园区产业布局主要是以航空航天、电子信息、新材料等为重点产业，以产城一体化互动发展为目标，建设具有国内特色的生态保税新城。

红河综合保税区是云南省第一个综合保税区，规划面积 3.29 平方千米。保税区包含了口岸物流、出口加工、保税物流、生产性服务贸易四大功能。

截至 2013 年 12 月我国共建立了 35 个综合保税区，海关特殊监管区域建设稳步推进。我国设立的 35 个综合保税区基本概况如表 1 所示，2006—2013 年我国综合保税区增长情况如图 1 所示。

表 1　　我国设立的 35 个综合保税区概况

序号	名　称	成立时间	规划面积（平方千米）	备　注
1	苏州工业园综合保税区	2006. 12. 17	5. 28	国内首个综合保税区
2	天津滨海新区综合保税区	2008. 3. 10	1. 967	—
3	北京天竺综合保税区	2008. 7. 23	5. 944	国内第一家直接依托空港口岸设立的综合保税区
4	广西凭祥综合保税区	2008. 12. 19	8. 5	国内第一个在陆地边境线上设立的综合保税区
5	海口综合保税区	2008. 12. 22	1. 93	国内第一个省会城市综合保税区
6	黑龙江绥芬河综合保税区	2009. 4. 21	1. 8	—
7	上海浦东机场综合保税区	2009. 7. 3	3. 59	—
8	江苏昆山综合保税区	2009. 12. 20	5. 86	—
9	重庆西永综合保税区	2010. 2. 15	10. 3	国内面积最大综合保税区
10	广州白云机场综合保税区	2010. 7. 3	7. 385	全国最大的空港综合保税区
11	苏州高新技术产业开发区综合保税区	2010. 8. 25	3. 51	全国首家通过“信息化围网”技术进行监管的综合保税区
12	成都高新综合保税区	2010. 10. 18	4. 68	—
13	郑州新郑综合保税区	2010. 10. 24	5. 073	—
14	潍坊综合保税区	2011. 1. 25	5. 17	—
15	西安综合保税区	2011. 2. 14	6. 17	西北地区第一个综合保税区
16	阿拉山口综合保税区	2011. 5. 30	5. 6	新疆首个综合保税区
17	武汉东湖综合保税区	2011. 8. 29	5. 41	湖北首个综合保税区
18	沈阳综合保税区	2011. 9. 7	7. 1982	东北地区内陆城市第一个综合保税区
19	长春兴隆综合保税区	2011. 12. 16	4. 89	—
20	无锡高新区综合保税区	2012. 5. 10	3. 497	—
21	济南综合保税区	2012. 5. 15	5. 22	—

续 表

序号	名 称	成立时间	规划面积（平方千米）	备 注
22	盐城综合保税区	2012. 6. 18	2. 28	苏北第一家综合保税区
23	淮安综合保税区	2012. 7. 19	4. 92	—
24	曹妃甸综合保税区	2012. 7. 30	4. 59	—
25	太原武宿综合保税区	2012. 9. 2	2. 94	山西省第一家综合保税区
26	银川综合保税区	2012. 9. 10	4	—
27	南京综合保税区	2012. 9. 17	5. 03	—
28	西安高新综合保税区	2012. 9. 22	3. 64	—
29	舟山港综合保税区	2012. 9. 29	5. 85	—
30	衡阳综合保税区	2012. 10. 25	2. 5743	湖南省第一家综合保税区
31	南通综合保税区	2013. 1. 3	5. 29	—
32	苏州太仓港综合保税区	2013. 5. 30	2. 07	—
33	湘潭综合保税区	2013. 9. 9	3. 12	—
34	贵阳综合保税区	2013. 9. 14	3. 01	国内首个山地生态型综合保税区
35	红河综合保税区	2013. 12. 17	3. 29	云南省第一个综合保税区

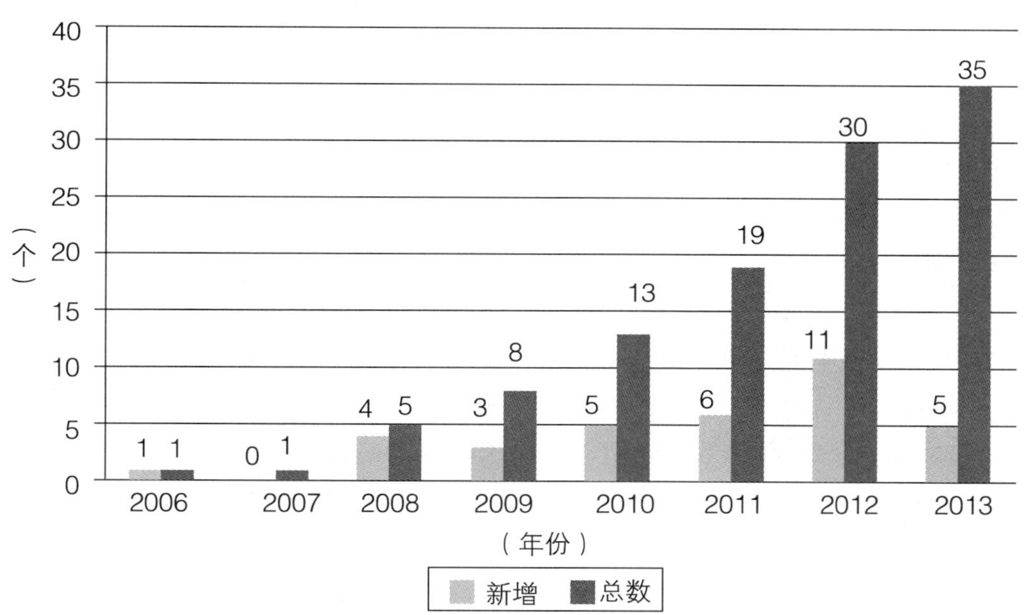

图1 2006—2013年我国综合保税区增长情况

（二）自由贸易区（FTA）建设

2013 年，党的十八届三中全会提出要“加快自由贸易区建设”、“形成面向全球的高标准自由贸易区网络”，凸显了中共中央对我国推进自由贸易区建设的坚定决心。自由贸易区分为两种形式，除了上海的模式以外，还有一种自由贸易区（Free Trade Area）模式，是主权国（地区）与主权国（地区）之间签署的，就贸易开放、取消关税壁垒、降低关税而达成互惠互利的双边或多边贸易政策。

2013 年 7 月 6 日，中国与瑞士正式签署《中国—瑞士自由贸易协定》，这是中国与欧洲大陆发达国家签署的首个自贸协定。《中国—瑞士自由贸易协定》将于 2014 年 7 月 1 日正式实施。按照协定规定，中瑞自贸协定生效后瑞方将对中方 99.7% 的出口立即实施零关税，中方将对瑞方 84.2% 的出口最终实施零关税，如果加上部分降税的产品，瑞士参与降税的产品比例是 99.99%，中方降税的产品比例是 96.5%，均大大超过一般自贸协定中 90% 的降税水平。

2013 年 4 月 15 日，中国与冰岛签署了《中华人民共和国政府和冰岛政府自由贸易协定》。该协定是我国与欧洲国家签署的第一个自由贸易协定，涵盖货物贸易、服务贸易、投资等诸多领域。《中华人民共和国政府和冰岛政府自由贸易协定》将于 2014 年 7 月 1 日正式生效。根据自贸协定规定，冰岛自协定生效之日起，对从中国进口的所有工业品和水产品实施零关税，这些产品占中国向冰岛出口总额的 99.77%；与此同时，中国对从冰岛进口的 7830 个税号产品实施零关税，这些产品占中方自冰岛进口总额的 81.56%，其中包括冰岛盛产的水产品。中冰自贸区建成后，双方最终实现零关税的产品，按税目数衡量均接近 96%，按贸易量衡量均接近 100%。

截至 2013 年年底，我国正在建设的自由贸易区共有 18 个，共涉及 31 个国家和地区。其中，已签署自由贸易协定的国家和地区有东盟、巴基斯坦、智利、新西兰、新加坡、秘鲁、哥斯达黎加、冰岛和瑞士，内地与中国香港、中国澳门的更紧密经贸关系安排（CEPA），以及大陆与中国台湾的海峡两岸经济合作框架协议（ECFA）。目前，除了与冰岛和瑞士的自贸协定还未生效外，其余均已实施。正在谈判的自由贸易协定有 6 个，分别是中国与海湾合作委员会（GCC），澳大利亚、挪威和韩国的自贸谈判，以及中日韩自贸区和《区域全面经济合作伙伴关系协定》（RCEP）谈判。除此之外，我国还完成了与印度的区域贸易安排（RTA）联合研究；并正在与哥伦比亚和斯里兰卡等开展自贸区联合可行性研究。我国已初步构建起了比较完善的自由贸易平台和辐射各洲的全球自贸网络。

（三）海关特殊监管区域运行情况

海关数据显示，2013 年全年，我国海关特殊监管区域（包括保税区、出口加工区、保税港区、综合保税区、保税物流园区和珠澳跨境工业区）进出口累计为 6972.7 亿美元，同比增长 14.9%。其中，出口 3478.4 亿美元，同比增长 17.7%；进口 3494.3 亿美元，同比增长 12.2%。相比 2012 年 29.1% 的增幅，2013 年下降了 11.4 个百分点。相关数据如表 2、图 2 和图 3 所示。

表2　　2013 年我国海关特殊监管区域进出口、出口和进口情况

月份	进出口总额（亿美元）	同比增长（%）	环比增长（%）	出口额（亿美元）	同比增长（%）	环比增长（%）	进口额（亿美元）	同比增长（%）	环比增长（%）
1	607.2	75.3	-3.7	304.5	80.1	-5.8	302.7	70.7	-1.5
2	483.3	21.8	-20	243.8	31.9	-20	239.5	13	-20.9
3	922.3	81.3	90.9	457	89.6	87.5	465.6	73.9	94.4
4	713	60.2	-23	355.5	67.5	-22	357.5	53.7	-23.2
5	499.1	0.9	-30	246.6	2.7	-31	252.5	-0.9	-29.4
6	460.3	-10	-7.8	229.6	-9.5	-6.9	230.7	-11	-8.6
7	541.2	5.8	17.6	256.8	5.9	11.8	284.4	5.7	23.3
8	525.3	1.3	-2.9	257.7	8.4	0.4	267.6	-4.6	-5.9
9	526.5	-7.2	0.2	240.3	-9.1	-6.8	286.2	-5.5	6.9
10	544.4	1.2	3.4	282.9	3.8	17.7	261.5	-1.4	-8.6
11	605	1.1	11.1	326.4	3.8	15.4	278.6	-2	6.5
12	601.4	-4.7	-0.6	307.5	-4.9	-5.8	293.9	-4.5	5.5
合计	6972.7	14.9		3478.4	17.7		3494.3	12.2	

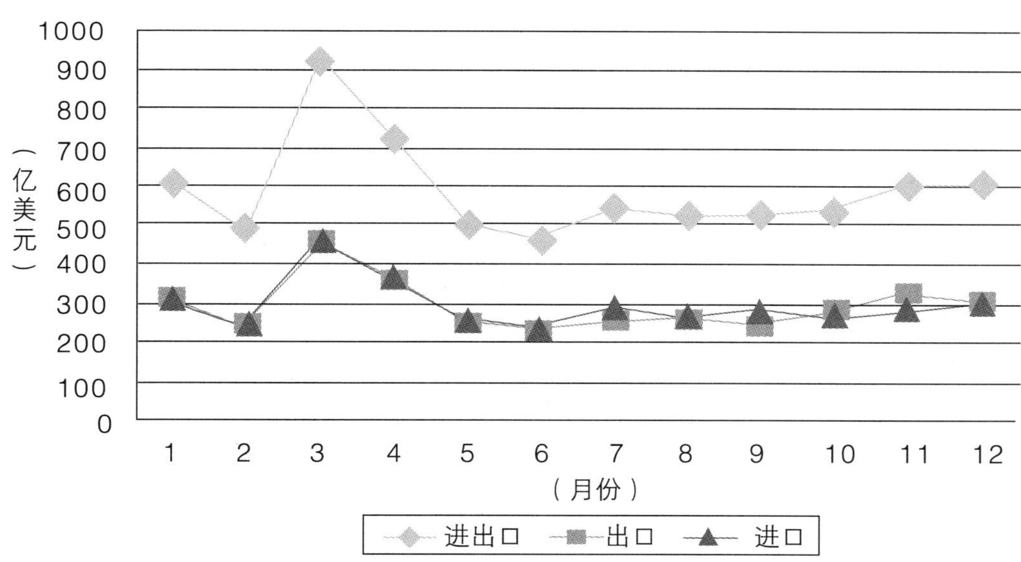

图2　2013 年我国海关特殊监管区域进出口走势

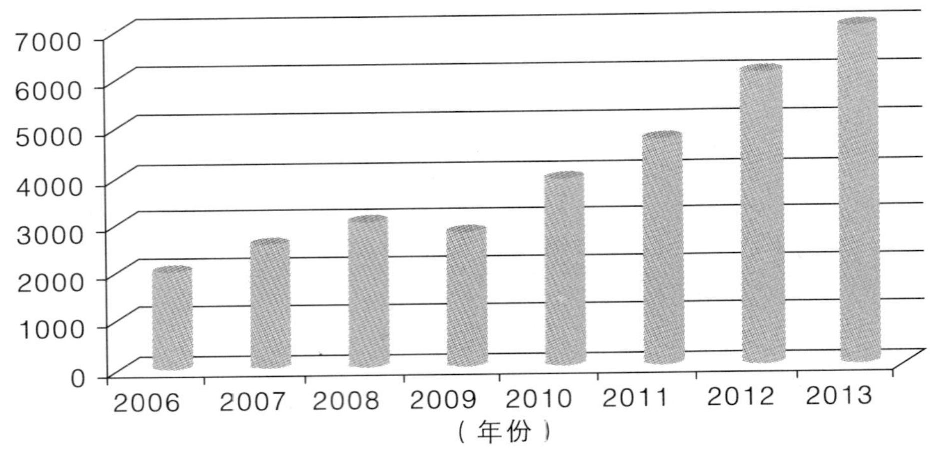

图3 2006—2013 年我国海关特殊监管区域进出口价值统计

（四）不同类型海关特殊监管区域发展情况

表3反映了2013年我国各类海关特殊监管区域的进出口数额情况。从表3中可以看出保税区以3170.2亿美元的进出口额遥遥领先于其他各类海关特殊监管区域。但从增长幅度来看，保税港区和珠澳跨境工业区则分别以67.3%和64.6%的增幅位列前茅。珠澳跨境工业区从2012年的持续走低一跃成为2013年各类海关特殊监管区域进出口增长亚军。与珠澳跨境工业区表现截然相反的是保税物流园区，2013年我国保税物流园区的进出口增幅为-7.2%，与2012年30.9%的增幅形成了鲜明对比。另外，综合保税区以10.6%的增速持续增长，表现出不可小觑的实力。出口加工区则以-10.3%的增幅垫底。

表3 2013年我国各类海关特殊监管区域进出口情况统计

海关特殊监管区域类型	进出口额（亿美元）	同比增长（%）	进口额（亿美元）	同比增长（%）	出口额（亿美元）	同比增长（%）
保税区	3170.2	25	1251.6	43	1918.6	15.4
出口加工区	1168.5	-10.3	738.7	-9.6	429.8	-11.5
保税港区	583.2	67.3	249.4	84.1	333.8	56.7
综合保税区	1895.3	10.6	1147.1	10	748.2	11.5
保税物流园区	153.6	-7.2	90.7	6.6	62.8	-21.8
珠澳跨境工业区	1.99	64.6	0.8	95.6	1.19	48.6

1. 保税区进出口情况

2013年1—12月我国保税区累计进出口额为3170.2亿美元，同比增长25%。其中，出口1251.6美元，同比增长43%；进口1918.6

亿美元，同比增长 15.4%。值得一提的是，我国保税区 3 月进出口额达到 627.8 亿美元，增幅达 1.8 倍，直接导致全国海关特殊监管区域进出口总额在 3 月呈爆炸式增长。具体情况如表 4 和图 4 所示。

表 4　2013 年 1—12 月我国保税区进出口额统计

月份	进出口额（亿美元）	同比增长（%）	环比增长（%）	出口额（亿美元）	同比增长（%）	环比增长（%）	进口额（亿美元）	同比增长（%）	环比增长（%）
1	316.8	160	19.8	130.5	250	29.3	186.2	120	14
2	273.7	74.1	-13.6	112.3	140	-14	161.4	45	-13.3
3	627.8	180	130	278.8	280	150	349	130	120
4	405.5	110	-35.4	177.6	170	-36.3	227.9	77.6	-34.7
5	202.6	-9.6	-50	70.7	-11.1	-60.2	131.9	-8.8	-42.1
6	173.2	-21.5	-14.5	59.6	-20.1	-15.7	113.6	-22.2	-13.9
7	230	-0.6	32.8	82	3.7	37.5	148	-2.8	30.3
8	208.3	-10.9	-9.4	78	-2.8	-4.8	130.3	-15.2	-11.9
9	181.1	-22.7	-13.1	58.8	-28.5	-24.6	122.3	-19.5	-6.1
10	170.8	-16.5	-5.7	64.7	-8	10	106.1	-21	-13.3
11	183.1	-19.9	7.2	68	-20	5.1	115.1	-19.8	8.5
12	195	-26.3	6.5	70.6	-30.1	3.9	124.4	-23.9	8
合计	3170.2	25		1251.6	43		1918.6	15.4	

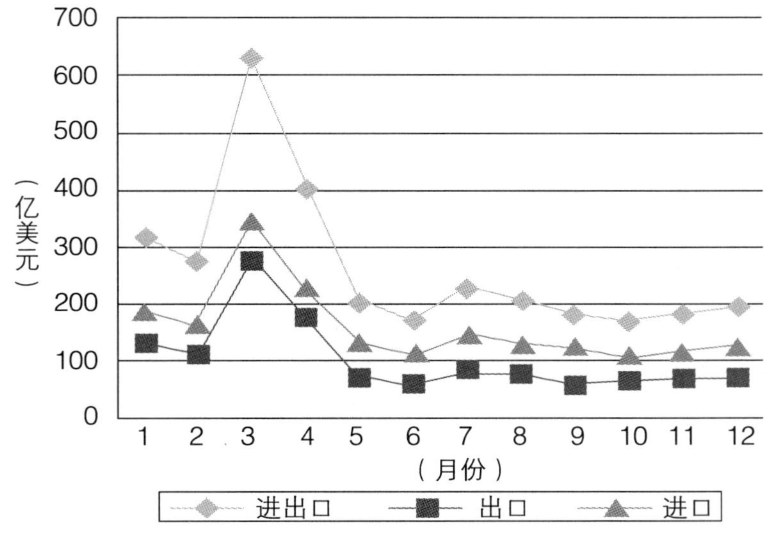

图 4　2013 年我国保税区进出口走势

2. 出口加工区进出口情况

2013 年 1—12 月我国出口加工区累计进出口额为 1168.5 亿美元，同比降低 10.3%；其中出口 738.7 亿美元，同比降低 9.6%；进口 429.8 亿美元，同比降低 11.5%。详细情况如表 5 和图 5 所示。

表 5　　2013 年 1—12 月我国出口加工区进出口情况统计

月份	进出口额（亿美元）	同比增长（%）	环比增长（%）	出口额（亿美元）	同比增长（%）	环比增长（%）	进口额（亿美元）	同比增长（%）	环比增长（%）
1	97.9	9.2	-23.5	61.4	7.1	-21.8	36.5	12.9	-26.2
2	78.6	-14	-19.7	54.1	-7.3	-11.9	24.5	-25.9	-32.8
3	94.2	-9.2	19.8	60.6	-8.4	12	33.5	-10.5	36.9
4	98.8	10	4.9	58.4	5.4	-3.7	40.4	17.3	20.6
5	92.2	-9.3	-6.6	56.9	-10.3	-2.6	35.4	-7.5	-12.5
6	85.3	-17	-7.5	53.7	-21.4	-5.5	31.6	-8.2	-10.7
7	96.2	-11.8	12.7	58.5	-15.3	8.8	37.7	-5.8	19.4
8	102.9	2.2	7	63.8	2.3	9.1	39.1	2.2	3.6
9	106.8	-14.5	3.8	64.3	-10.6	0.7	42.6	-19.8	8.9
10	109.3	-8.1	2.3	71.3	-6	11	37.9	-11.7	-10.8
11	131.2	3.5	20.1	85.9	5.3	20.5	45.2	0.2	19.2
12	117.8	-8	-10.2	72.5	-7.7	-15.7	45.4	-8.3	0.3
合计	1168.5	-10.3		738.7	-9.6		429.8	-11.5	

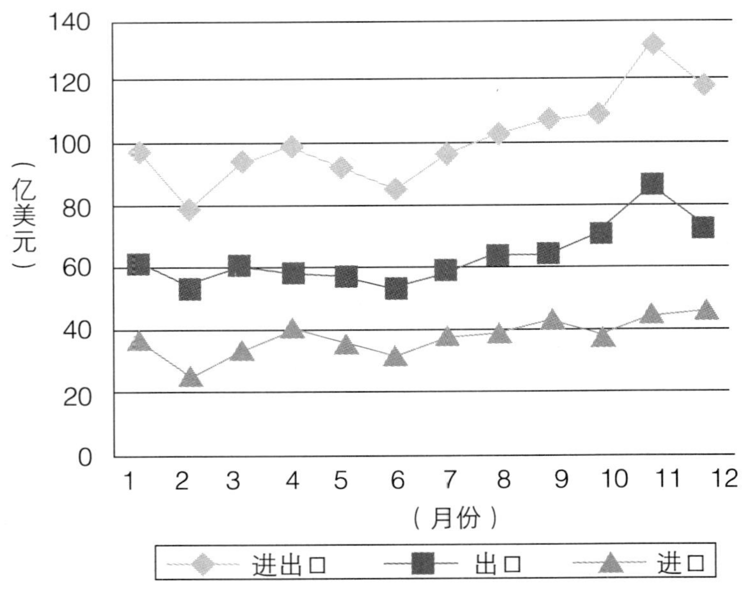

图 5　2013 年我国出口加工区进出口走势

3. 保税港区进出口情况

2013 年 1—12 月我国保税港区累计进出口额为 583.2 亿美元，同比增长 67.3%。其中，出口 249.4 亿美元，同比增长 84.1%；进口 333.8 亿美元，同比增长 56.7%。详细情况如表 6 和图 6 所示。

表 6　2013 年 1—12 月我国保税港区进出口情况统计

月份	进出口额（亿美元）	同比增长（%）	环比增长（%）	出口额（亿美元）	同比增长（%）	环比增长（%）	进口额（亿美元）	同比增长（%）	环比增长（%）
1	32.3	25.8	-4.5	12.7	40.8	-4.7	19.6	17.7	-4.3
2	29.2	3.5	-9.6	10.7	15.1	-16.1	18.6	-2.1	-5.3
3	44.4	38.1	52	18.3	53	71.3	26.1	29.3	40.9
4	44.4	42.5	0	19.8	80.3	8.5	24.6	21.9	-5.9
5	43.2	38.9	-2.8	20	59.8	1	23.2	24.8	-5.8
6	44.9	65.7	4.1	19.1	70.9	-4.4	25.8	62	11.5
7	49.7	83.7	10.6	20.3	92.2	6	29.4	78.3	13.9
8	48.7	81.1	-1.9	19.9	100	-1.8	28.8	69.2	-2
9	56.7	100	16.4	21.1	68.3	5.9	35.6	130	23.6
10	53.5	97.3	-5.7	25.3	120	19.8	28.2	78	-20.8
11	64.7	110	20.9	30.7	140	21.6	33.9	97.8	20.2
12	71.9	110	11.1	31.6	140	2.7	40.3	96.9	18.8
合计	583.2	67.3		249.4	84.1		333.8	56.7	

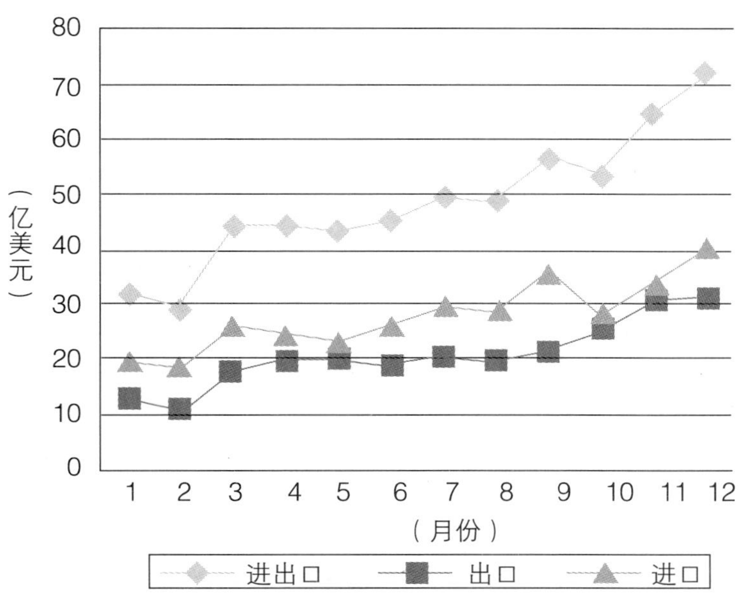

图 6　2013 年我国保税港区进出口价值

4. 综合保税区进出口情况

2013 年 1—12 月我国综合保税区累计进出口额达 1895. 3 亿美元，同比增长 10. 6% 。其中，出口 1147. 1 亿美元，同比增长 10% ；进口 748. 2 亿美元，同比增长 11. 5% 。详细情况如表 7 和图 7 所示。

表 7　　2013 年 1—12 月我国综合保税区进出口情况统计

月份	进出口额（亿美元）	同比增长（%）	环比增长（%）	出口额（亿美元）	同比增长（%）	环比增长（%）	进口额（亿美元）	同比增长（%）	环比增长（%）
1	136. 9	36. 7	−25. 6	86. 8	43. 7	−26. 3	50. 1	26	−24. 5
2	92	−16. 3	−32. 8	60. 3	−10. 9	−30. 5	31. 7	−24. 8	−36. 8
3	143. 4	5. 9	55. 9	92. 1	10. 7	52. 6	51. 3	−1. 9	62. 2
4	154. 7	32. 7	7. 9	94. 1	27. 5	2. 2	60. 5	41. 5	17. 9
5	150. 2	22. 3	−2. 9	92. 5	21. 6	−1. 7	57. 7	−23. 3	−4. 7
6	146. 4	−2. 6	−2. 5	90. 4	−2. 8	−2. 3	56	−2. 3	−2. 9
7	152. 9	15. 1	4. 4	88. 2	14	−2. 3	64. 6	16. 7	15. 3
8	152. 7	6. 3	−0. 1	88. 3	12. 6	0	64. 5	−1. 3	−0. 2
9	168. 8	3	10. 5	88. 8	−1. 4	0. 6	80	8. 4	24. 1
10	197. 2	15. 4	16. 8	114. 1	7. 4	28. 47	83. 1	28. 5	3. 8
11	211. 7	6. 6	7. 4	133. 8	5. 1	17. 2	78	9. 2	−6. 1
12	204	10. 8	−3. 7	125. 2	6. 2	−6. 4	78. 8	18. 9	1. 1
合计	1895. 3	10. 6		1147. 1	10		748. 2	11. 5	

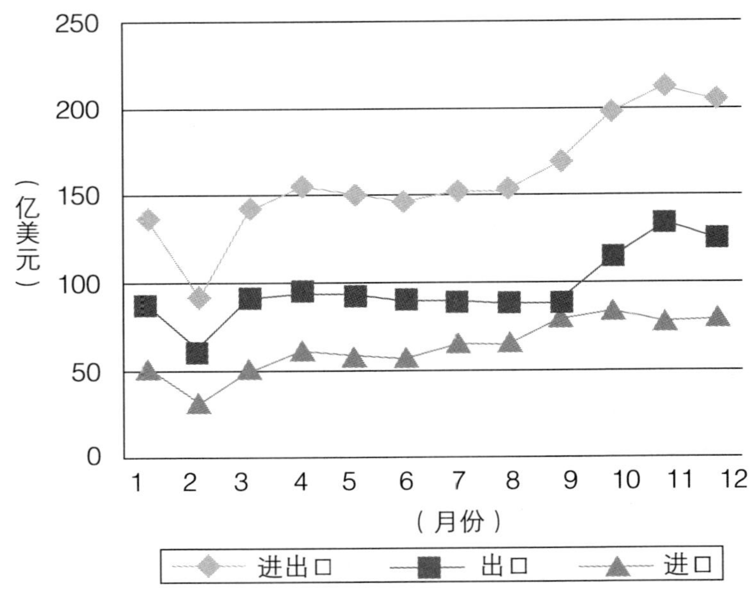

图 7　2013 年我国综合保税区进出口走势

5. 保税物流园区进出口情况

2013 年 1—12 月我国保税物流园区累计进出口额为 153.6 亿美元，同比降低 7.2%。其中，出口 90.7 亿美元，同比增长 6.6%；进口 62.8 亿美元，同比降低 21.8%。详细情况如表 8 和图 8 所示。

表 8　2013 年 1—12 月我国保税物流园区进出口情况统计

月份	进出口额（亿美元）	同比增长（%）	环比增长（%）	出口额（亿美元）	同比增长（%）	环比增长（%）	进口额（亿美元）	同比增长（%）	环比增长（%）
1	23.3	140	14	13	170	3.8	10.3	100	30.3
2	9.7	-2.5	-58.3	6.4	79.7	-50.8	3.3	-48.4	-67.8
3	12.8	-15	31.4	7.3	10.8	13.4	5.5	-35	66.4
4	9.5	-23.9	-25.4	5.6	-2.1	-23.1	3.9	-42.2	-28.4
5	10.8	-28.1	13.2	6.5	-23.4	16.3	4.3	-34.1	8.7
6	10.3	-13.5	-4.4	6.7	1.8	3.4	3.6	-32.5	-16.1
7	12.2	9.6	18.7	7.7	24	15	4.5	-8.5	25.7
8	12.4	-5.8	1.5	7.6	12	-1.3	4.8	-24.8	6.4
9	12.6	-19.9	1.7	7.1	-6.7	-6.6	5.5	-32.3	14.9
10	13.4	-16.5	6	7.3	-15.1	2.6	6.1	-18.1	10.4
11	14	-3.2	4.3	7.9	4.3	7.7	6.1	-11.4	0.2
12	12.4	-39.2	-11.1	7.5	-40	-4.2	4.9	-38	-20
合计	153.6	-7.2		90.7	6.6		62.8	-21.8	

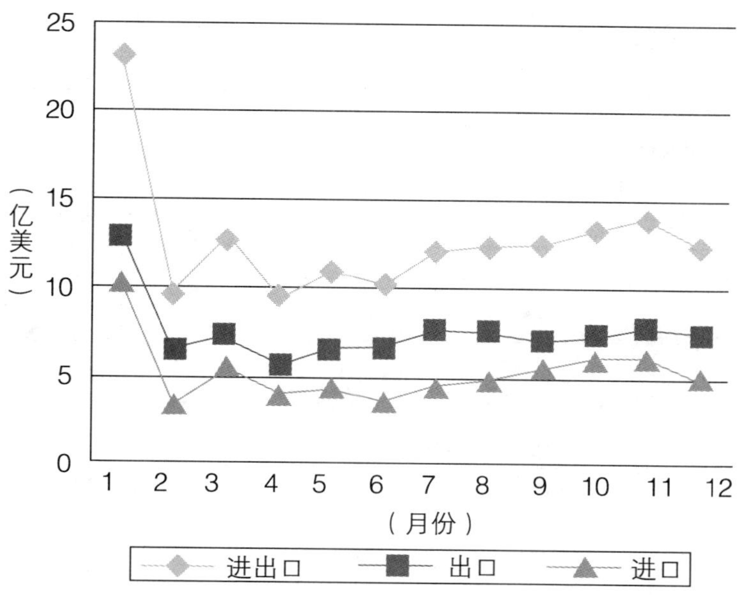

图 8　2013 年全国保税物流园区进出口走势

6. 珠澳跨境工业区进出口情况

2013 年 1—12 月珠澳跨境工业区累计进出口达 19916.7 万美元，同比增长 64.6%。其中，出口 8044.4 万美元，同比增长 95.6%；进口 11872.3 万美元，同比增长 48.6%。详细情况如表 9 和图 9 所示。

表 9　2013 年 1—12 月珠澳跨境工业区进出口情况统计

月份	进出口额（万美元）	同比增长（%）	环比增长（%）	出口额（万美元）	同比增长（%）	环比增长（%）	进口额（万美元）	同比增长（%）	环比增长（%）
1	921.9	6.4	9.2	379.4	100	2.3	542.5	−20.5	14.5
2	474.7	−35.2	−48.5	131.5	−54.8	−65.3	343.3	−22.2	−36.7
3	933.5	19.9	96.7	273.6	−3.2	100	659.9	33.1	92.2
4	681	−37.9	−27	191.7	−25.9	−29.9	489.2	−41.6	−25.9
5	1118.5	28.2	64.2	346.2	15.1	80.6	772.3	35.1	57.9
6	1332.3	0.3	19.1	553.6	50.1	59.9	778.8	18.9	0.8
7	2149.6	83.9	61.3	602.5	31.4	8.8	1547.1	120	98.7
8	1638.5	110	−23.8	391.4	17.3	−35	1247.2	170	−19.4
9	3161.8	380	93	1783.4	620	360	1378.4	240	10.5
10	2509.9	76.4	−20.6	1622.3	260	−9	887.6	−810	−35.6
11	2763.9	79.3	10.1	745.8	33.3	−54	2018.1	110	130
12	2239.9	170	−19	1023.2	180	37.2	1216.6	160	−39.7
合计	19916.7	64.6		8044.4	95.6		11872.3	48.6	

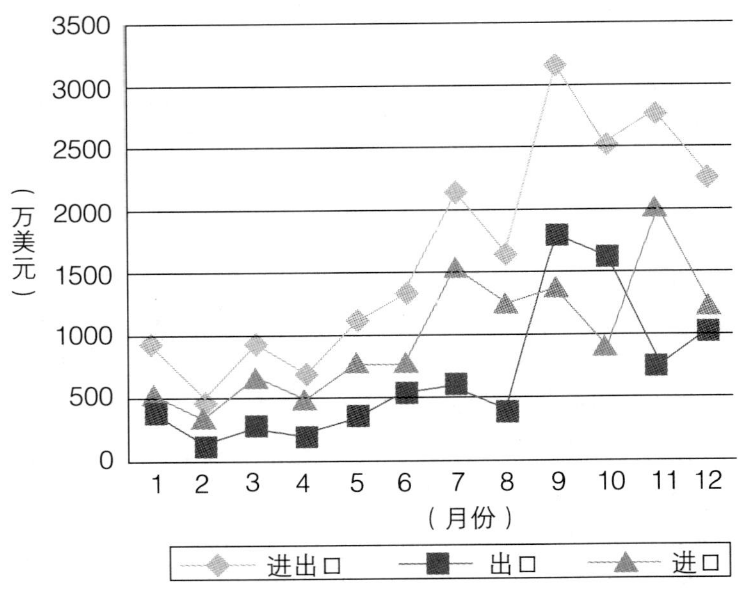

图 9　2013 年珠澳跨境工业区进出口走势

二、保税物流发展的新亮点

（一）上海自由贸易试验区正式挂牌运营

2013 年 8 月 17 日，国务院正式批复同意设立中国（上海）自由贸易试验区。9 月 29 日，上海自由贸易试验区正式挂牌运营。上海自由贸易试验区涵盖上海外高桥保税区、外高桥保税物流园区、上海洋山保税港区以及上海浦东机场综合保税区等 4 个海关特殊监管区域，总规划面积 28.78 平方千米。

（二）海关保税监管模式创新发展

2013 年 10 月 29 日，海关总署发布《关于全面深化区域通关业务改革的公告》。公告指出，为贯彻落实国家区域发展战略和国务院促进贸易便利化推动进出口稳定发展的决策部署，进一步加大区域通关改革力度，优化海关作业流程，切实提高通关效率，促进区域通关一体化，海关总署决定全面深化区域通关业务改革。

这次改革主要包含以下几项内容：拓展“属地申报、口岸验放”通关模式；扩大“属地申报、口岸验放”通关模式适用范围；明确适用“属地申报、口岸验放”通关模式企业职责义务。同时，海关还推行公路转关作业无纸化，决定自 2013 年 12 月 1 日起，在应用安全智能锁、卡口前端设备、卫星定位装置等物联网设备以及卡口控制与联网信息系统的基础上，进出境运输方式为海运、空运、铁路、公路且境内运输方式为“公路运输”的进出口转关货物可实行公路转关作业无纸化。

（三）保税物流扩展为高端综合保税服务

我国很多企业的物流形式已经由初级的传统物流逐渐发展成高端的多样化物流形式：通过流通加工为客户提供个性化产品、逆向物流的再制造过程、保税商品展示、艺术品与文物的展示与拍卖、保税研发与维修、保税质押监管、融资租赁、期货保税交割、物流公司代付货款，以及物流公司开展的保理业务等新的物流需求催生现代保税物流新模式。现阶段国家还不允许保税物品进行仓单质押，其他保税形式还在研讨过程中。但是，随着广东横琴自由贸易区的建设、福建平潭自由贸易区的建设以及上海自贸区专业服务业的开放，高端保税物流的春天一定会到来。

（四）境外保税物流模式初现

近年来，随着我国整体经济的快速发展，越来越多的企业考虑在境外建立保税物流中心等保税场所，以期拓展国际物流业务。境外保税场所的选址可以初步分为发达国家和地区、第三世界国家和地区两个大的方向。

在发达国家和地区建立配送中心等场所，不仅可以快速反应客户订单，提高客户满意度，同时也可以紧跟国际动态，掌握最新资讯，及时调整企业运行方向；比如全球著名的斑马物联网在全球各地的仓库和分拨中心均设立在世界经济发达城市：美国的纽约、洛杉矶，中国的上海、北京，澳大利亚的悉尼，加拿大的温哥华、多伦多，韩国的首尔、德国的柏林等。

在经济欠发达国家和地区建立保税物流中心，目的则是降低土地成本和劳动力成本，获取低廉的原材料，同时也可以适当规避一些国内的法律、法规。2013 年我国一些企业已经开始在缅甸、智利、蒙古等国家设立了境外保税物流中心，例如，山东省在缅甸投资设立了“缅甸山东物流科技园”。

（五）大型专业化保税仓库加速发展

2013 年，随着人们生活水平提高，中国在世界购买力增强，保税港区和综合保税区等海关特殊监管区域作为国际采购和国际分拨的作用越来越突出，专业化保税物流业以更快的速度发展，出现一批技术含量较高、投资额较大的专业保税仓库，比较典型的是天津东疆保税港区10万吨的大洋保税冷库、2万平方米的葡萄酒恒温库，以及大连大窑湾保税港区5万吨的獐子岛中央冷库兴建并投入使用，这些仓库的建立标志我国的保税冷冻仓储将进入发展的快车道。

（六）跨境电子商务成保税物流新宠

2013年7月26日，国务院办公厅下发的《国务院办公厅关于促进进出口稳增长、调结构的若干意见》将发展跨境电子商务作为当前外贸的重要增长手段之一。10月31日，商务部公布的《促进电子商务应用的实施意见》也明确提出积极推进跨境电子商务创新发展，努力提升跨境电子商务对外贸易规模和水平。12月28日，上海自由贸易试验区启动全国首个跨境贸易电子商务试点平台。通过优惠政策和技术创新，自由贸易试验区跨境贸易电子商务被认定为新型贸易方式。

（田　征　王　武　大连海事大学交通运输管理学院

王　涛　东方海外（天津保税物流园区）有限公司）

2013 年中国快递业

2013 年，我国快递业业务量增速连续第三年保持在 50% 以上，仍处于高速增长期。正如在马年春节到来之际，国务院总理李克强在慰问快递员工时指出的那样，“快递业关系经济民生，是中国经济的‘黑马’”。

一、快递业发展情况

据国家邮政局统计，2013 年我国快递业完成快递业务量 91.9 亿件，同比增长 61.1%；快递业务收入完成 1441.7 亿元左右，同比增长 36.6%。其中，同城业务收入累计完成 166.4 亿元，同比增长 51%；异地业务收入累计完成 829 亿元，同比增长 30.5%；国际及中国港澳台业务收入累计完成 270.7 亿元，同比增长 31.7%。全年我国快递业务量接近美国的水平，保持了全球快件量第二大国的地位。2012 年和 2013 年我国快递业务收入情况如图 1 所示。

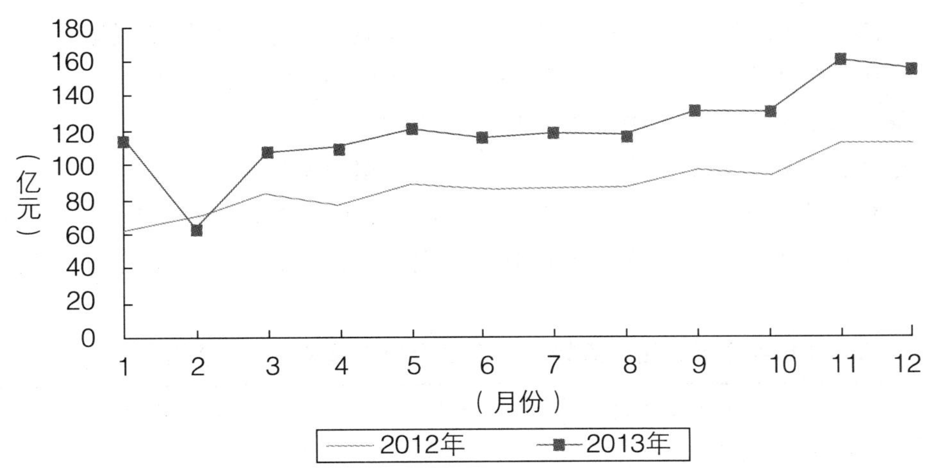

图 1　2012 年和 2013 年我国快递业务收入走势

2013 年，我国同城、异地、国际及中国港澳台快递业务收入分别占全部快递收入的 11.5%、57.5% 和 18.8%；业务量分别占全部快递业务量的 24.9%、72.2% 和 2.9%。与上年同期相比，同城快递业务收入的比重上升 1.1 个百分点，异地快递业务收入的比重下降 2.7 个百分点，国际及中国港澳台业务收入的比重下降了 0.7 个百分点。2012 年和 2013 年我国分专业快递业务收入情况如图 2 所示。

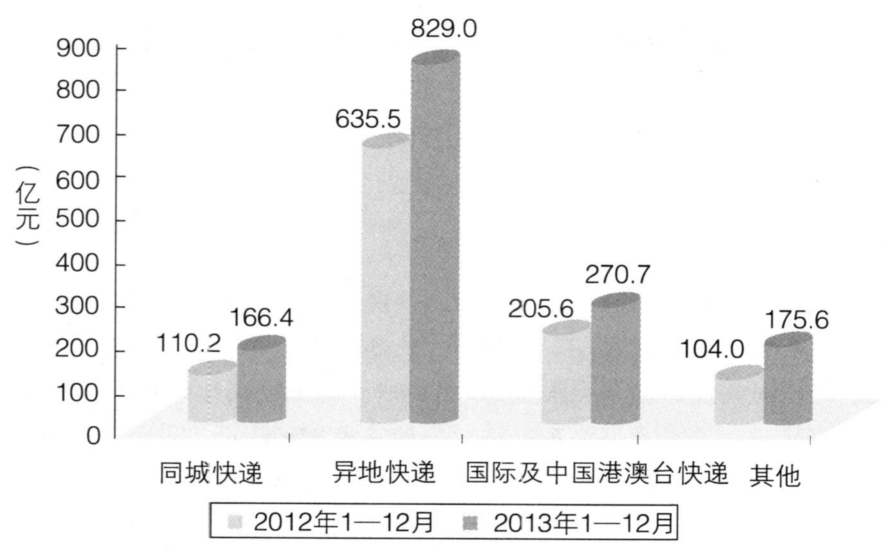

图 2　2012 年和 2013 年我国分专业快递业务收入情况

2013 年，我国东、中、西部地区快递业务收入所占比重分别为 83.2%、9.2% 和 7.6%，业务量所占比重分别为 81.3%、10.8% 和 7.9%。与上年同期相比，东部地区快递业务收入所占比重上升了 0.9 个百分点，快递业务量所占比重下降了 0.6 个百分点；中部地区快递业务收入所占比重下降了 0.1 个百分点，快递业务量所占比重上升了 0.3 个百分点；西部地区快递业务收入所占比重下降了 0.8 个百分点，快递业务量所占比重上升了 0.3 个百分点。

据快递物流咨询网统计，2013 年我国民营快递业务总量占全国快递业务量的 80% 以上，业务收入占到全国快递业务总收入的 62% 左右。

据国家邮政局公布的统计信息，2013 年我国省、区、直辖市规模以上快递服务企业业务完成量和完成收入情况如表 1 所示。

表 1　　2013 年我国省、区、直辖市规模以上快递服务企业业务完成情况

序号	名称	快递业务量累计（万件）	同比增长（%）	快递收入累计（万元）	同比增长（%）
1	全国	918674.9	61.6	14416815.3	36.6

续　表

序号	名称	快递业务量累计（万件）	同比增长（%）	快递收入累计（万元）	同比增长（%）
2	北京	81818. 2	70. 2	937978. 8	23. 0
3	天津	8719. 0	37. 0	177653. 7	23. 0
4	河北	20755. 7	66. 5	288768. 9	34. 5
5	山西	8869. 0	216. 1	68725. 6	26. 6
6	内蒙古	2839. 0	16. 4	64417. 0	9. 7
7	辽宁	11411. 1	47. 1	227256. 9	26. 7
8	吉林	4526. 7	17. 4	87529. 9	8. 4
9	黑龙江	5393. 9	48. 9	100134. 0	22. 2
10	上海	95012. 4	58. 6	2575921. 3	40. 9
11	江苏	98415. 5	54. 1	1429899. 2	38. 3
12	浙江	141952. 8	73. 1	1797804. 2	50. 1
13	安徽	13755. 5	41. 4	195051. 8	33. 9
14	福建	44535. 8	74. 0	615612. 7	46. 2
15	江西	9751. 5	78. 2	129791. 0	54. 2
16	山东	31375. 8	26. 9	545011. 8	30. 0
17	河南	19443. 9	55. 5	265020. 9	37. 9
18	湖北	21991. 0	89. 1	285487. 2	56. 0
19	湖南	15446. 7	54. 1	195896. 5	18. 9
20	广东	210670. 3	57. 5	3367805. 4	37. 1
21	广西	6745. 1	53. 5	112047. 4	28. 1
22	海南	2226. 9	98. 2	28075. 7	20. 9
23	重庆	10614. 8	93. 1	136957. 5	32. 4
24	四川	24400. 9	90. 4	304253. 8	34. 8
25	贵州	2931. 2	62. 8	60342. 1	49. 4
26	云南	6870. 3	82. 0	105318. 7	23. 4
27	西藏	378. 8	18. 3	14847. 2	14. 3

续 表

序号	名称	快递业务量累计（万件）	同比增长（%）	快递收入累计（万元）	同比增长（%）
28	陕西	9552.2	87.9	133661.0	31.2
29	甘肃	1788.5	21.6	40780.6	15.7
30	青海	417.5	45.6	11903.5	20.9
31	宁夏	972.9	-67.2	24309.7	-53.9
32	新疆	5092.1	111.6	88551.1	23.3

二、2013 年我国快递服务消费者申诉情况

（一）消费者申诉总量

根据国家邮政局公布的信息，2013 年我国共受理快递业务有效申诉 196046 件，同比增长 42.7%。2013 年我国快递业务有效申诉分月统计情况如图 3 所示。

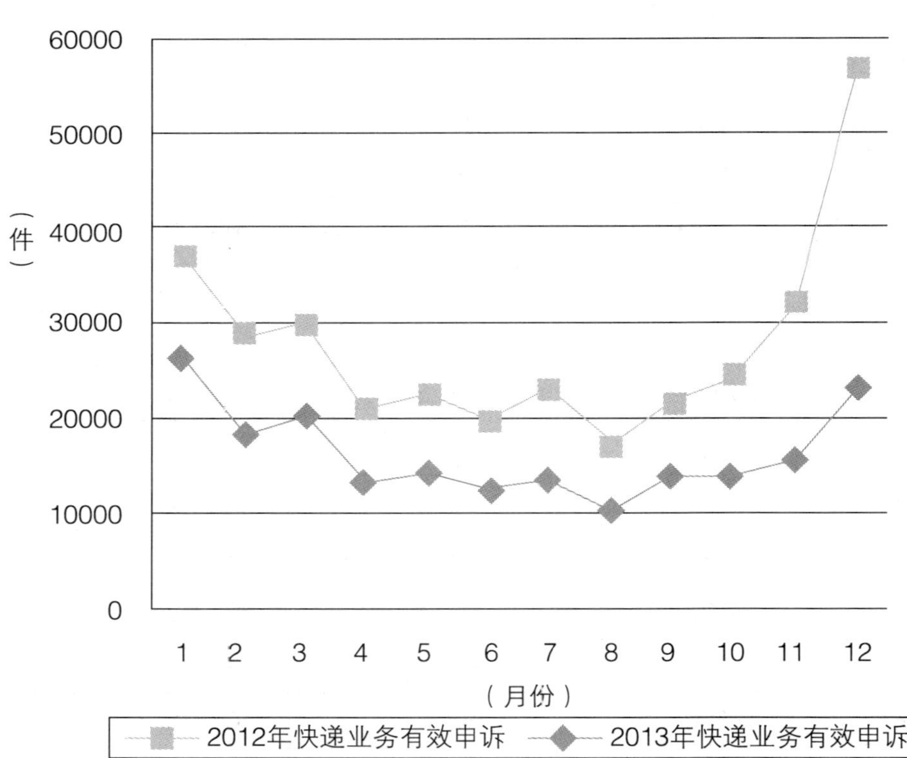

图 3 2012—2013 年我国快递业务有效申诉分月统计情况

（二）申诉问题统计

根据国家邮政局公布的信息，2013 年我国消费者对快递业务问题的有效申诉主要有：延误、投递服务、丢失、短少、损毁、收寄服务、代收货款和违规收费等。据统计，2013 年消费者申诉的各项服务问题均比 2012 年有所增加。具体情况如表 2、图 4 所示。

表 2　2013 年和 2012 年我国快递业务有效申诉问题比较

有效申诉问题	延误	投递服务	丢失短少	损毁	收寄服务	代收货款	违规收费	其他	合计
2013 年合计（件）	85164	57412	30921	12562	5800	2046	1691	450	196046
问题占比（%）	43.4	29.3	15.8	6.4	3.0	1.0	0.9	0.2	100.0
2012 年合计（件）	63138	37455	21993	8273	3392	1535	1213	352	137351
问题占比（%）	46.0	27.3	16.0	6.0	2.5	1.1	0.9	0.3	100.0
同比增加（件）	22026	19957	8928	4289	2408	511	478	98	58695
同比增长（%）	34.9	53.3	40.6	51.8	71.0	33.3	39.4	27.8	42.7

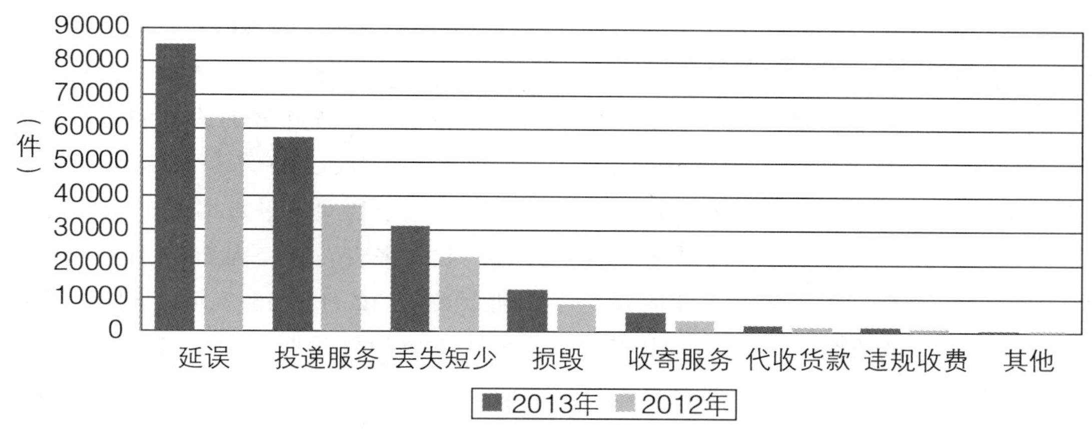

图 4　2013 年与 2012 年我国快递业务有效申诉问题的比较

三、快递业发展的特点

总体来看，2013 年我国快递业发展呈现以下特点。

（一）市场集中度进一步提升

据统计，2013 年我国快递业市场加快向申通快递、圆通速递、韵达快递、中通快递、顺丰速运和邮政速递前六大快递企业集中，市场集中度进一步提高。六大快递企业的快件业务量占我国快件业务总量的 80% 左右，与上年相比六大快递企业的快件业务量上涨了 5% 左右。细分原因，主要是由于六大快递企业的服务范围较广、网点综合实力相对较强，市场定位覆盖“高中低”，多数电商首选这前六大快递企业。

从快递业务量占比的情况看，形成了两极分化的局面。即六大快递企业日均业务量超过380万件，其他快递企业日均业务量在100万件以下。

（二）“双十一”和“双十二”没有发生爆仓

2013年国家邮政局和中国快递协会提前对消费市场“双十一”促销活动进行了调研和预测，并要求阿里巴巴和快递企业制定应对预案，引导各快递企业积极做好应对准备。各快递企业一方面通过不计代价购买了数百台各式车辆，租赁了上千台专业运输车辆，新建约150个集散中心，还采取招聘临时工、组织“家属团”应对“购物狂欢节”等方法做好人力、物力储备；另一方面，将原来在集散中心进行的“集包”作业改为在加盟网点作业。此外，还广泛采取干线班车直发模式，减少了集散中转作业，大大缓解了集散中心分拨的压力。由于事前准备充分，在2013年消费市场的“双十一”和“双十二”促销活动中快递企业没有发生爆仓情况，我国快递企业向社会交出了一份令人满意的成绩单。但是，由于存在资源过度浪费现象，同时快递价格杠杆没有起到调节需求的作用，多数快递企业在此期间出现了亏损情况。

（三）快递业进入资本时代

经过20年的发展，我国快递企业的规模层次和竞争格局已经形成。如今快递业的新进入者若没有巨额资金将难以形成竞争力。此外，快递业的兼并重组也需要巨额投资；快递业的信息化升级、自动化分拣、自助柜设立、发展航空快递等都也都需要大量的资金投入。在资本、技术、人才、商业模式四个要素中，资本已经成为核心要素，是进入快递市场的最大门槛。

2013年，众多快递企业和风投机构因看好快递行业的预期，纷纷加大了投资力度。阿里巴巴牵手“三通一达”、顺丰速运等成立“菜鸟网”；腾讯收购易讯，包括自建快递物流部分；招商局、中信和元禾注资顺丰速运，占有25%的股份；力鼎、凤凰资本投资全峰快递；原中通快递华南区负责人吴传荣投资快捷速递；联想控股旗下的增益供应链投资、控股成立增益快递，表明联想重组全日通进军快递行业；能达快递重组等。一系列资本运作的事件显示了快递业受到资本的重点关注，已经进入资本时代。

（四）内资快递“微利化”和“无利化”趋势形成

据快递物流咨询网的统计，由于持续多年的“价格战”依旧，快递企业利润持续下滑，企业利润率已经由2003年的30%下降到2013年的5%左右。对于不可控因素较多的快递业来说，这个利润水平基本处于亏损的边缘。就件均收入来看，已经由2007年的28.6元下降到2013年12月的15.7元，下降幅度达56%，异地快递的件均收入下降更是高达59%。同时，由于部分快递企业加盟商服务范围较小，在“微利化”和“无利化”的趋势下难以形成规模效益，进一步加剧了经营的困境。据快递物流咨询网统计，2013年是加盟制快递企业加盟商亏损面最大的一年，也是加盟商退出快递市场数量最多的一年。

（五）“价格战”作为竞争手段依然处于主导地位

2013年快递业的价格战从年初延续至年末。快递业的价格战主要是由于快递产品单一形成的同质化竞争所致。所以，没有形成差异化和专业化的快递市场竞争格局，价格战不可避免。快递业“价格战”主要表现在“网购”快递市场，并以“三通一达”为代表。2013年，以“三通一达”为主的“价格战”进一步加剧。这种竞争手段不仅造成快递业向“微利化”和“无利化”发展，而且不利于快递企业健康和可持续发展。总体来看，我国快递业的主流基本上走的是“以价换量”的发展模式，仍然没有跳出“谁先涨价谁先死，谁不涨价谁等死”的怪圈。

（六）“网购”快递所占比例继续增大

从我国快递业务结构看，2013 年“网购”快递占到快递业务量的 70% 左右，同比增长 4% 以上。这预示着我国消费类快件连续三年处于主导地位，与发达国家以商务快件为主的业务结构形成了较大差异。其原因是以“三通一达”为主的快递企业，提供了廉价的、甚至是无利的快递产品助推了“网购”的高速发展，而“网购”又是快递业务新的增长点，出现了“低成本、低价格、低端服务”的“三低”现象。

（七）电商自建快递物流继续扩张

自京东与阿里自建物流体系后，2013 年京东的自建物流体系已经覆盖全国 1170 个行政区县，并于当年年底正式开放第三方物流。总体看 2013 年我国电商自建快递物流的势头没有丝毫减弱，一方面，像京东、易讯、一号店、唯品会和苏宁易购等电商自建快递物流不断向二、三线城市扩张；另一方面，这些电商加强了一线城市“最后一公里”派送时限的竞争。如京东推出了“极速达”快递产品，以提升客户购买商品后快递服务时效的体验，提高竞争门槛，从而提升市场占有率。又如易迅网自建物流团队引以为傲的“一日三送”服务已经覆盖了北京、上海、深圳、重庆、武汉等多个城市。虽然在自建物流队伍尚未覆盖的区域，易迅网采用与第三方物流合作的方式为用户提供配送服务，但很难与自建物流团队的商家一争高低。尽管如此，也无法动摇易迅网未来要把“一日三送”模式推广到更多区域的决心。

（八）“网购”快递同城化趋势显现

2012 年，我国同城快递业务量占快递业务总量的23. 1%，同比增加了0. 8%；2013 年同城快递占快递业务总量的 25. 5%，同比增加了 2. 2%。成都同城快递业务量同比增长 146. 5%，均大大高于异地快递和国际快递的增长比例。这种现象说明“网购”购买向同城转移，说明同城化“网购”的布局日趋完善，还说明消费者对快递价格的敏感度依然很高。针对这种趋势，圆通速递、中通快递和申通快递正在推出“代收货款”（COD）业务产品。

（九）快递业已经成为媒体关注的焦点

2013 年，“暴力分拣”、“倒卖客户信息”、“夺命快递”和快递企业倒闭引发的负面事件，让快递业成为媒体不断曝光的聚焦点。社会舆论对快递业的诚信和规范发展产生了质疑，对快递业“做大”了但没有“做强”产生了质疑，对快递业“以价换量”的发展模式产生了质疑。与此同时，宁波“八位快递哥”、辽宁“快递哥”等多起快递员英勇救人的事迹也让社会感动，受到了广泛的好评。

（徐　勇　快递物流咨询网）

第四部分

行业物流

2013 年中国制造业物流

一、2013 年我国经济发展总体情况分析

2013 年，世界经济仍处于深度调整期，既有短暂复苏迹象，又面临基础不稳、动力不足、速度不均等问题；我国面临的外部风险和挑战增加，经济增速明显放缓。在国内外复杂严峻的经济形势面前，党中央、国务院坚持稳中求进的工作总基调，坚定不移推进改革开放，我国国民经济呈现整体平稳、稳中有进、稳中向好的发展态势。

（一）国民经济发展的主要指标情况

如表 1 所示，2013 年国内生产总值为 568845 亿元，按可比价格计算比上年增长 7.7%。分产业看，第一产业增加值为 56957 亿元，比上年增长 4.0%；第二产业增加值为 249684 亿元，比上年增长 7.8%；第三产业增加值为 262204 亿元，比上年增长 8.3%。第一产业增加值占国内生产总值的比重为 10.0%，第二产业增加值比重为 43.9%，第三产业增加值比重为 46.1%①。

表 1　2013 年我国国民经济统计指标数据情况②

指标	第一季度		第二季度		第三季度		第四季度	
	累计值（亿元）	累计增长（%）	累计值（亿元）	累计增长（%）	累计值（亿元）	累计增长（%）	累计值（亿元）	累计增长（%）
国内生产总值	118743.10	7.7	247800.50	7.6	386761.70	7.7	568845.21	7.7
第一产业增加值	7427.00	3.4	18622.00	3.0	35669.00	3.4	56957.00	4.0

① 资料来源：中华人民共和国国家统计局.2013 年国民经济发展稳中向好［EB/OL］. http：//www.stats.gov.cn/tjsj/zxfb/201401/t20140120_502082.html，2014-01-20.

② 资料来源：国家统计局季度统计数据，http：//www.stats.gov.cn/，作者已经进行整理。

续 表

指标	第一季度		第二季度		第三季度		第四季度	
	累计值（亿元）	累计增长（%）	累计值（亿元）	累计增长（%）	累计值（亿元）	累计增长（%）	累计值（亿元）	累计增长（%）
第二产业增加值	54528. 30	7. 8	116955. 40	7. 6	175117. 80	7. 8	249684. 42	7. 8
第三产业增加值	56787. 80	8. 3	112223. 20	8. 3	175974. 80	8. 4	262203. 79	8. 3

（二）制造业主要指标情况

1. 工业增加值增速情况

据国家统计局和工业与信息化部公布的数据①，2013 年全国工业增加值为 210689. 42 亿元，累计增长 7. 6% 。全年全国规模以上工业增加值按可比价格计算比 2012 年增长 9. 7% ，增速比 2012 年减缓 0. 4 个百分点。尽管受到外需不振等不利因素影响，工业生产增速有所放缓，但是无论是与发达国家还是新兴经济体相比，都是一个比较高的增长水平。图 1 为规模以上工业增加值同比增长速度的月度运行走势，由图 1 可以看出，2013 年前 6 个月规模以上工业增加值的增长速度与 2012 年相比有所下降，7—10 月与 2012 年相比有所增加，11—12 月又略微减少，但工业生产增势总体平稳，未出现大的波动和起伏。分产品看，全年 464 种工业产品中有 340 种产品产量比上年增长。从轻、重工业分项来看，2013 年重工业增加值增速快于轻工业。具体数据如表 2 和图 2 所示。

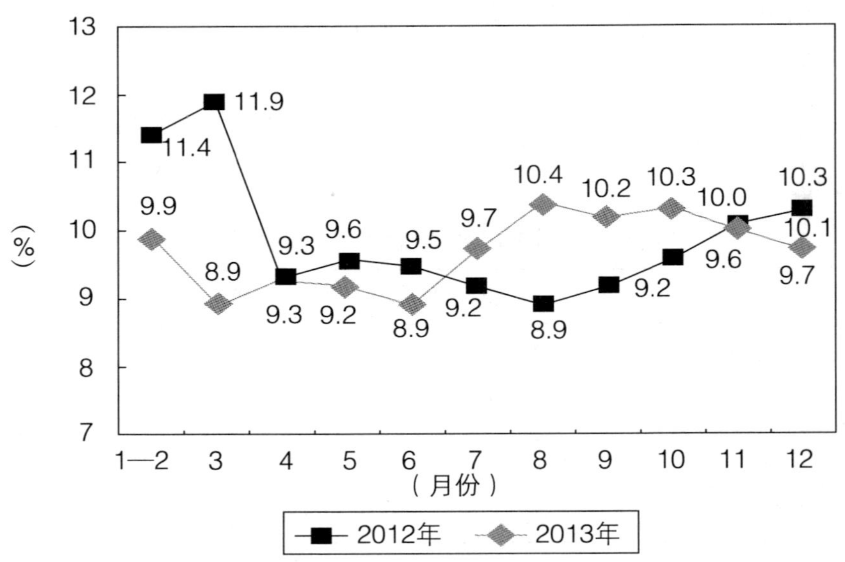

图 1　2012 年和 2013 年规模以上工业增加值同比增长速度

① 资料来源：国家统计局月度统计数据，http：//www. stats. gov. cn/，作者已经进行整理。

表 2　2013 年工业增加值同比增长速度①

月份	工业增加值（%）	轻工业（%）	重工业（%）
1—2 月	9.9	9.1	10.2
3 月	8.9	8.2	9.1
4 月	9.3	8.5	9.6
5 月	9.2	8.0	9.8
6 月	8.9	7.9	9.3
7 月	9.7	8.2	10.3
8 月	10.4	9.2	10.8
9 月	10.2	—	—
10 月	10.3	—	—
11 月	10.0	—	—
全年	9.7	—	—

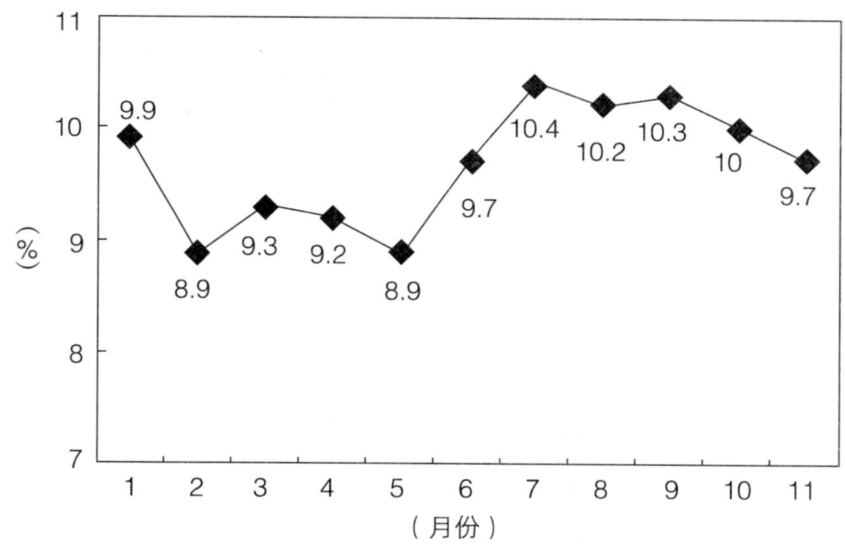

图 2　2013 年工业增加值同比增长速度

① 由于从 2013 年下半年起，国家统计局在相关数据发布中不再使用“重工业”、“轻工业”分类，所以 2013 年 9 月份以后轻、重工业同比增速的数据不存在。具体说明详见：国家统计局，统计分类为何不再分轻重工业，http://www.stats.gov.cn/tjgz/tjdt/201312/t20131223_487512.html，2013-12-23.

2. 规模以上工业企业主营业务收入及利润率情况

由国家统计局公布数据显示①，2013 年全国规模以上工业企业实现利润总额 62831 亿元，比 2012 年增长 12.2%，其中，主营活动利润为 62201.3 亿元，比 2012 年增长 4%。如图 3、图 4 分别为 2013 年各月累计主营业务收入与利润总额同比增速图和 2013 年各月累计主营业务收入与主营活动利润同比增速图。在 41 个工业大类行业中，31 个行业主营活动利润比 2012 年增加，9 个行业主营活动利润比 2012 年减少，1 个行业主营活动亏损比 2012 年减少。

3. 工业投资增速情况

根据国家统计局公布数据②显示，2013 年固定资产投资增长较快。2013 年全年固定资产投资（不含农户）为 436528 亿元，比上年名义增长 19.6%（扣除价格因素实际增长 19.2%）。分产业看，第二产业投资为 184804 亿元，比上年增长 17.4%。在第二产业投资中，工业投资 181864 亿元，比上年增长 17.8%。其中，采矿业投资为 14750 亿元，比上年增长 10.9%；制造业投资为 147370 亿元，比上年增长 18.5%；电力、热力、燃气及水生产和供应业投资为 19744 亿元，比上年增长 18.4%。图 5 为 2013 年各月我国工业固定资产投资增长情况。

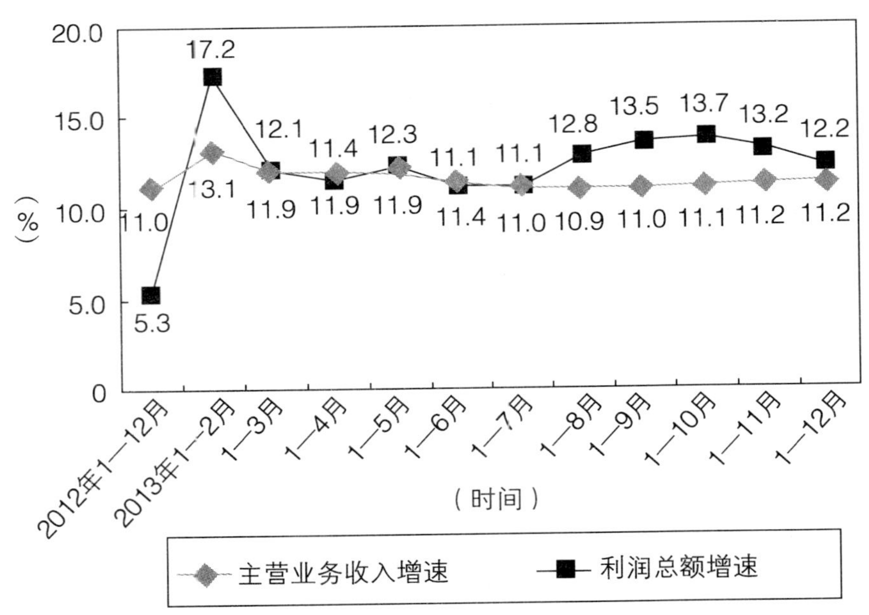

图 3　2013 年各月规模以上工业企业累计主营业务收入与利润总额同比增速

① 资料来源：国家统计局月度统计数据，http://www.stats.gov.cn/，作者已经进行整理。

② 资料来源：中华人民共和国国家统计局，2013 年国民经济发展稳中向好，http://www.stats.gov.cn/tjsj/zxfb/201401/t20140120_502082.html，2014-01-20.

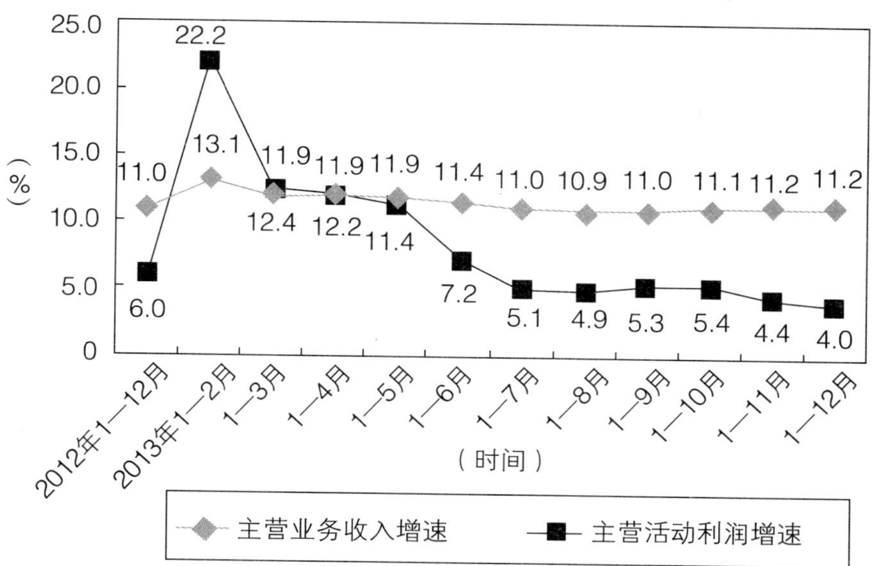

图4　2013年各月规模以上工业企业累计主营业务收入与主营活动利润同比增速

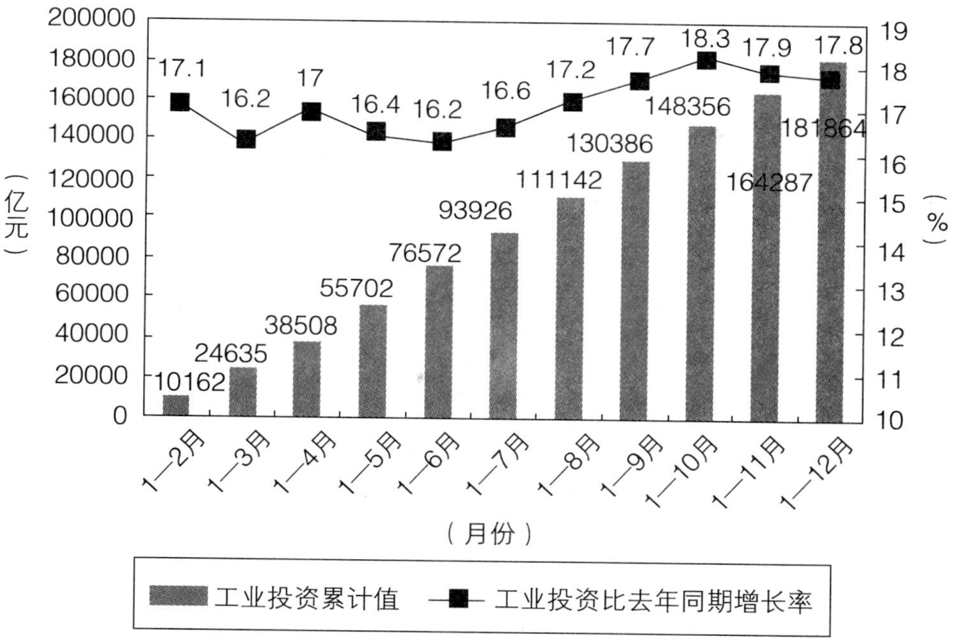

图5　2013年我国工业固定资产投资增长情况①

① 资料来源：国家统计局月度统计数据，http：//www. stats. gov. cn/，作者已经进行整理。

二、2013 年我国制造业发展的主要特点

当前，我国制造业发展趋势与典型工业化国家的一般规律基本吻合，同时也表现出追赶国家的一些特点。一方面，我国工业化率高于典型工业化国家在类似发展阶段的平均水平，成挤压式增长；另一方面，我国重化工业特点比较明显，制造业的服务投入系数偏低，劳动力、土地等成本上涨压力增大、产能过剩等矛盾也严重制约了制造业的快速发展。面对这些问题，制造业进行转型升级和结构调整已是大势所趋。2013 年制造业发展主要呈现出以下几个突出特点。

（一）PMI 整体出现企稳回暖的态势

如图 6 所示，2013 年全年，我国制造业 PMI 指数均在 50% 以上，虽然 12 月该指数有小幅回落，但我国制造业 PMI 已经连续 15 个月位于扩张区间。表明我国制造业经济呈平稳增长的趋势。

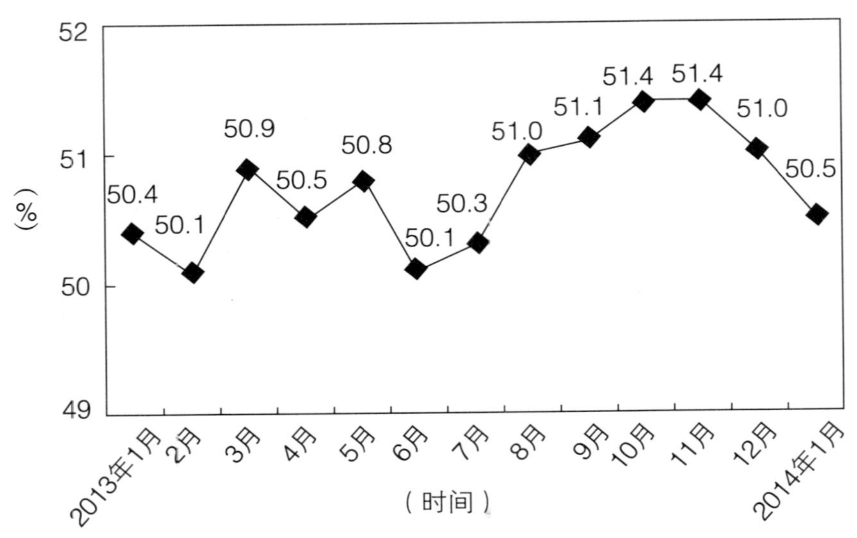

图 6　2013 年中国制造业 PMI 指数①

（二）转型升级和结构调整得到稳步推进

制造业结构升级、制造业与生产性服务业融合发展是产业结构调整的重要内容，2013 年 7 月 30 日，中央政治局专题讨论继续加快推进产业结构调整，推动传统产业转型升级。国务院总理李克强于 2013 年 10 月 18 日主持召开国务院常务会议，听取半年多来国务院出台的促改革、调结构措施落实情况汇报，部署进一步抓好夯实经济稳中向好基础的相关工作。2013 年 10 月，国务院还下发了《关于化解产能严重过剩矛盾的指导意见》。这是新一届政府统筹稳增长、调结构、促转型，打造中国经济升

① 资料来源：中国物流与采购联合会，http：//www. chinawuliu. com. cn/ ，作者已经进行整理。

级版的又一重大举措，也是当前和今后一个时期转变经济发展方式、推进产业结构调整的工作指南。总体来看，2013 年我国产业结构调整取得了积极进展。2013 年前 11 个月，全国规模以上高技术制造业增加值增长 11.7%，比规模以上工业高 2 个百分点①。战略性新兴产业的规模和质量显著提升。2013 年，服务业增加值占国内生产总值的比重超过了第二产业，第三产业（服务业）增加值占国内生产总值（GDP）比重 2013 年提高到 46.1%。随着新兴服务业态的快速发展，服务业对促进经济社会发展的作用将更加突出。但也要看到，我国产业规模的扩大与质量的提升并不同步，一些行业产能过剩和有效需求不足的矛盾凸显，产业布局不合理问题比较突出，生产性服务业发展总体滞后，转方式、调结构的任务紧迫而艰巨。

（三）一批制造业专项规划陆续发布

2013 年是贯彻落实党的十八大精神的开局之年，许多制造业专项规划和标准陆续发布。

2013 年 1 月 30 日，为贯彻落实《国务院关于加强环境保护重点工作的意见》（国发〔2011〕35 号）、《国务院关于印发“十二五”节能减排综合性工作方案的通知》（国发〔2011〕26 号）和《国务院关于印发节能减排“十二五”规划的通知》（国发〔2012〕40 号），引导企业开展工业产品生态设计，促进生产方式、消费模式向绿色低碳、清洁安全转变，工业和信息化部、发展改革委、环境保护部提出了“关于开展工业产品生态设计的指导意见”。

2013 年 3 月，国务院正式批复了国家发展改革委会同科技部、工业和信息化部、财政部编制的《全国老工业基地调整改造规划（2013—2022 年）》（以下简称《规划》），这是今后一个时期指导全国老工业基地调整改造的行动纲领。此《规划》总结了实施东北地区等老工业基地振兴战略取得的成就和经验做法，分析了存在的问题和面临的新形势、新特点，提出将振兴工作由前期以东北地区为主向巩固深化东北、统筹推进全国老工业基地振兴转变，把工作重点放在老工业城市调整改造上。

2013 年 8 月，国务院印发了《船舶工业加快结构调整促进转型升级实施方案（2013—2015 年）》，此方案提出了船舶工业化解产能过剩矛盾、加快结构调整、促进转型升级，保持持续健康发展的政策措施。

2013 年 8 月，国务院发布了《关于推进物联网有序健康发展的指导意见》，指出到 2015 年，要实现物联网在经济社会重要领域的规模示范应用，突破一批核心技术，初步形成物联网产业体系，安全保障能力明显提高。

为全面提高工业发展的质量和效益，促进工业由大变强，2013 年 8 月 23 日，工业部和信息部印发了《信息化和工业化深度融合专项行动计划（2013—2018 年）》。该《计划》提出总体目标，到 2018 年，两化深度融合取得显著成效，信息化条件下的企业竞争能力普遍增强，信息技术应用和商业模式创新有力促进产业结构调整升级，工业发展质量和效益全面提升，全国两化融合发展水平指数达到 82。

2013 年 10 月 6 日，国务院印发了《关于化解产能严重过剩矛盾的指导意见》，对化解

① 资料来源：中国行业研究网，今年将加快推进制造业结构调整和转型，http：//www.chinairn.com/print/3408050.html，2014－02－08.

产能严重过剩矛盾工作进行了总体部署。朱宏任4日在宣传贯彻《指导意见》的电视电话会议上表示，我国应从实现全面建成小康社会战略目标、实现科学发展的战略高度，深刻认识化解产能过剩矛盾的重要性和紧迫性，扎扎实实做好《指导意见》各项工作任务，落实好各项政策措施，把化解产能过剩矛盾作为产业结构调整的重中之重，促进我国产业结构调整和转型升级，推动经济持续健康发展。

2012年以来，受市场需求下降、煤炭工业转型升级滞后，以及税费负担与历史包袱较重等因素影响，煤炭行业出现结构性产能过剩、价格下跌、企业亏损等问题，运行困难加大。为促进煤炭行业平稳运行和持续健康发展，2013年11月18日，国务院办公厅提出了“关于促进煤炭行业平稳运行的意见”，旨在坚决遏制煤炭产量无序增长，切实减轻煤炭企业税费负担，加强煤炭进出口环节管理，提高煤炭企业生产经营水平和营造煤炭企业良好发展环境。

2013年11月26日，由装备工业司组织编制的《装备工业“十二五”技术标准体系建设方案》通过我部验收。该方案是工业与信息化部首个通过验收的技术标准体系建设方案。“方案”明确提出装备工业领域“十二五”后三年标准化重点工作和任务，这对于提高标准与产业的贴合度，健全装备工业行业管理手段，全面、系统、科学的开展装备工业标准化工作都具有重要指导意义。

（四）绿色工业与再制造受到重视

2013年，我国政府为强化绿色工业和再制造发展工作，通过项目、会议、标准化体系建设等方式，引导企业和公众树立绿色发展理念，实现工业经济绿色转型。

2013年2月，工业和信息化部与中国工程院联合启动了“工业绿色发展工程科技战略及对策研究”重大研究项目，项目具体分钢铁、化工、建材、造纸等多个工作组开展研究。项目研究既要提出对我国工业发展具有战略性、长远性和全局性的建议，又要从技术、工艺、政策等方面提出具体的建议。项目旨在通过技术改造、信息化、管理优化等技术和手段，挖掘装备节能潜力。

2013年3月，工信部原材料工业司和科技司就加快完善绿色建材标准体系、更好地利用先进标准引领绿色建材产业发展，联合赴中国建材研究总院、中国建材检验认证中心和建材工业标准化研究所开展调研，并围绕绿色建材内涵、绿色建材产品目录编制等工作进行座谈，协力推进绿色建材标准体系建设。

2013年8月30日，工信部节能司在烟台召开了部分省市工业循环经济和再制造工作座谈会，总结了开展第一批工业循环经济重大示范工程及第一批机电产品再制造试点示范工作情况，研究部署启动第二批工业循环经济重大示范工程建设及进一步深化机电产品再制造试点示范的有关工作。

2013年11月7日，工业和信息化部在广州举办第三届绿色工业大会，与会代表围绕绿色工业的政策、产业、财经、园区等方面进行了交流和讨论。工业和信息化部于2013年11月12日至16日在上海举办了绿色再制造技术与管理高级研修班。11月15日，工业和信息化部与美国商务部在上海举行了第三届中美再制造对话，中美双方围绕再制造相关贸易、监管以及财税等政策进行了深入研讨。

三、2013年我国制造业物流发展现状

2013年，我国制造业物流进入“中速增长

阶段”。

（一）制造企业物流成本小幅增加，物流费用水平有所提升

近年来，劳动力成本持续上涨，加上物流外包率的下降和宏观需求下降，许多制造企业的物流成本持续上涨，其中以钢铁和石油加工两大制造行业最为明显。

在钢铁行业，2012 年重点调查钢铁企业物流成本比上年同期增长 2.3%，小幅增长，如图 7 所示①。其中，运输成本比上年同期增长 1.9%；管理成本增长 1.7%；保管成本增长 3.1%。在保管成本中，仓储成本比上年同期增长 9.0%，增幅同比回落 0.6 个百分点；利息成本增长 18.6%，回落 21.6 个百分点；伴随电子商务平台建设的快速发展，信息及相关成本增长 13.5%。2012 年重点调查钢铁企业物流成本比上年同期增长 2.3%，小幅增长。其中，运输成本比上年同期增长 1.9%；管理成本增长 1.7%；保管成本增长 3.1%。

在石油加工行业，2012 年重点调查企业中石油加工企业物流成本同比增长 12.6%，增速较 2011 年回升 8.3 个百分点，从结构上看，运输成本呈现低速增长，占物流总成本比重有所下降；保管成本增速保持快速增长，占物流总成本份额有所上升。

2012 年石油加工企业运输成本同比增长 3.7%，增速较 2011 年回升 2 个百分点，保管成本占比有所上升。2012 年，尽管利息率下调，但受销售略显疲软、库存有所增加等因素影响，利息成本增长 13.3%，增速高于行业物流总成本增速 0.7 个百分点。保管成本占比有所上升。2012 年，尽管利息率下调，但受销售略显疲软、库存有所增加等因素影响，利息成本增长 13.3%，增速高于行业物流总成本增速 0.7 个百分点。

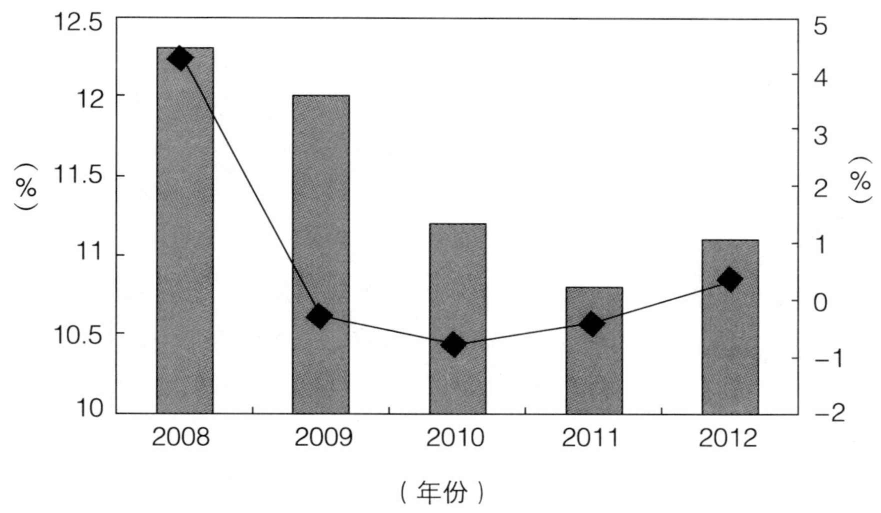

图 7　2008—2012 年钢铁行业物流费用率

① 资料来源：中国物流与采购联合会．2013 年度钢铁物流成本分析．http：//www.chinawuliu.com.cn/lhhkx/201402/19/278687.shtml.2014－02－19.

（二）信息化与标准化助推制造业物流规范发展

2013 年 1 月 9 日，工业和信息化部印发“关于推进物流信息化工作指导意见”，意见提出要深刻认识推进物流信息化工作的重要性和紧迫性，通过试点示范引导，初步探索建设物流信息化体系的有效途径，再在总结和推广前期经验的基础上，促进先进信息技术在物流领域的广泛应用，使物流信息资源得到较为充分的开发利用，物流运作和管理水平得到明显提高，物流信息服务体系基本形成。到“十二五”末期，初步建立起与国家现代物流体系相适应和协调发展的物流信息化体系，为信息化带动物流发展奠定基础。

2013 年 9 月 24 日，交通运输部发布了《关于推进交通运输信息化智能化发展的指导意见》。该《意见》从推动交通运输转型升级的要求入手，紧紧围绕建设“四个交通”的战略任务，明确提出了行业信息化智能化发展的指导思想和建设目标。

2013 年 10 月 14 日，国家邮政局、工业和信息化部联合发布《关于推进快递服务制造业工作的指导意见》。《意见》提出要在技术密集型制造业、制造业规模化发展、制造业定制化生产、经济活跃区域的制造业集群、中小制造企业、制造业国际化 6 个重点领域推进快递服务制造业的发展。此外，还提出开展跨行业协同创新、促进信息共享标准对接、优化政策环境等 8 项推进快递服务制造业发展的工作措施。

2013 年，多项制造业物流标准制定完成并报国家标准委。其中，由全国物流标准化技术委员会提出并归口的国家标准项目中，有汽车物流标准如《汽车物流服务评价指标》《汽车整车物流质损风险监控要求》《汽车物流术语》《汽车零部件物流塑料周转箱尺寸系列及技术要求》已经完成并报国家标准委。

四、2013 年制造业与物流业联动发展新进展

随着制造业与物流业的转型升级和现代化产业结构的优化调整，“两业”联动发展变得越来越重要，社会各界对两业联动必要性和紧迫性的认识不断提高。2013 年，制造业与物流业联动发展有以下几方面进展：

（一）两业联动工作持续推进

近年来，随着国家对物流业发展一系列扶持政策的出台，我国物流业取得了长足发展，并呈现出持续、健康、快速发展的态势，对经济增长的贡献也进一步加大。国家各级政府和有关部门和行业协会纷纷采取措施，落实和推动制造业物流发展。整体来看，2013 年的两业联动工作呈现以下特点。

一是高度重视信息化对两业联动的作用。为了持续推动制造业与物流业的联动发展，贯彻落实《关于促进物流业健康发展政策措施的意见》《关于促进制造业和物流业联动发展的意见》，国家工信部在 2013 年 1 月 7 日下发了《关于推进物流信息化工作的指导意见》，构建物流业信息化工作的政策体系。《意见》指出，当前推进物流信息化工作的主要任务是：提高全社会物流信息资源的开发利用水平、提高政府部门物流服务和监管的信息化水平、提高物流行业和物流企业的信息化水平、提高企业物流信息化和供应链管理水平、加快物流信息化标准规范体系建设、加快物流信息化军民结合体系建设和推进物流相关信息服务业和信息技术创新与发展。

二是快递业在两业联动中的作用日益明

显。2013 年 10 月 15 日，国家邮政局、工业和信息化部联合发布了关于推进快递服务制造业工作的指导意见，意见强调了推进快递服务制造业发展的重点领域，并提出了推进快递服务制造业发展工作的措施。

三是供应链管理理念在两业联动中得到持续推进。为推进工业物流工作，优化企业供应链管理，2013 年 12 月 13 日，工业和信息化部运行监测协调局于在北京召开工业物流与供应链管理工作座谈会。中国钢铁工业协会、有色金属工业协会、机械工业联合会、汽车工业协会、石化工业联合会等十多个工业行业协会的代表以及部分物流业专家学者参加会议。会议讨论了加快工业物流服务体系建设、优化企业供应链管理以及工业物流人才培训等工作，研究修改了《关于推进工业领域物流工作的指导意见》（征求意见稿），对明年深入推进工业物流工作提出相关政策及建议。

（二）各级地方政府积极推进两业联动发展

推动制造业与物流业的联动发展，不仅可以促进制造业的转型升级，而且可以推动服务业快速发展，是一举两得的双赢举措，对于转方式、调结构，打造中国经济的升级版具有十分重要的意义。

2013 年，国家发改委等中央部委和各省市地方政府持续推动两业联动发展，各级地方政府和工业行业协会积极探索两业联动的各项工作，取得了明显的成效。

2013 年 12 月 20 日，国家发改委经济运行调节局、工业和信息化部运行监测协调局和中国物流与采购联合会在北京召开第四届全国制造业与物流业联动发展大会。来自制造业和物流企业以及二十多个省（自治区、直辖市）的工信和发改主管部门约 150 人参加了会议。会议宣传了两业联动的前沿理念、推广了物流与供应链管理的先进经验，对下一步深入推进工业物流工作，促进工业转型升级起到了积极的推动作用。

2013 年 5 月，工业和信息化部运行监测协调局与规划司、中国物流与采购联合会相关人员赴山东和湖南两省开展工业物流与供应链管理专题调研。2013 年，上海、山东、云南、福建等省市工信部门，研究发布了有关加强工业物流工作指导意见和实施办法，创新物流的模式，建立统计的体系，加强示范宣传，推动两业联动，取得了良好的效果。

此外，山东、湖南两省积极落实国务院《关于促进物流业健康发展政策措施的指导意见》，着力推进制造业与物流业联动发展，从工业物流园区规划、企业供应链管理、物流信息服务平台建设等方面开展大量工作，取得良好效果。

（三）供应链物流服务模式不断发展

在联动发展过程中，许多制造企业由简单的运输（仓储）外包逐步向企业物流整体外包发展，物流企业也由单一物流服务向一体化物流服务转变。

2013 年，中国邮政速递物流股份有限公司在与中国重汽集团多年合作的基础上，开拓一体化供应链服务模式，取得了良好的成效。中邮速递从规划层面协助中国重汽进行供应链网络优化与流程再造，制订合理的物流运作计划；从执行层面对中国重汽整体物流运作负总责，管理其他物流公司或利用自有资源运作；从改善层面通过对优化方案的逐步实施和运作提升，持续改善中国重汽的供应链绩效。通过提供一体化全方位的物流服务，有利于双方形成长期共赢的战略合作伙伴关系，实现硬件、软件和流程的深度融合，促进制造业与物流业的联动发展。

此外，广州嘉诚国际物流股份有限公司也成功地实现了基于两业联动的全程供应链一体化综合物流服务模式。嘉诚国际物流股份有限公司的运营模式是比较典型的两业联动供应链运营商。公司两业联动主要服务于大型制造企业，日本松下电器集团是公司的最大客户。在物流中心和制造中心，嘉诚国际将业务分成四大板块，采购物流、生产物流、销售物流和逆向物流，为企业提供全套的物流服务支持，实现了联动双方的共赢。

（刘伟华　王　倩　王树青　天津大学管理与经济学部）

2013 年中国钢铁物流

2013 年在全球经济弱势复苏、国内经济稳定增长的形势下，我国钢铁行业保持了生产、出口的高增长。在成本居高不下的情况下，钢铁企业竞相提升管理、降本增效，行业整体效益有所改善。2013 年钢铁行业在电子商务、钢铁物流（园区）、赢利模式等方面不断探索，行业在转型升级中探索创新发展之路。

一、钢铁产量、出口量呈高增长态势

2013 年我国钢铁产量继续保持增长态势，且增速较 2012 年有所加大。据国家统计局数据显示，2013 年我国累计生产生铁 70897 万吨，同比增长 6.2%；粗钢 77904 万吨，同比增长 7.5%；钢材 106762 万吨，同比增长 11.4%。2013 年粗钢平均日产量为 213.4 万吨（2012 年年平均日产 195.8 万吨），其中 2 月粗钢日产创下历史最高纪录，达 220.8 万吨。详情如图 1 所示。

2013 年，我国钢材出口仍然保持了较高的增长速度。据海关统计，2013 年我国累计出口钢材 6234 万吨，同比增长 11.9%；累计进口钢材 1408 万吨，同比增长 3.1%；进口钢坯 55 万吨，同比增长 53.0%。钢材、钢坯累计净出口折合粗钢 5079 万吨（2000 年以来我国钢材进出口情况如图 2 所示）。

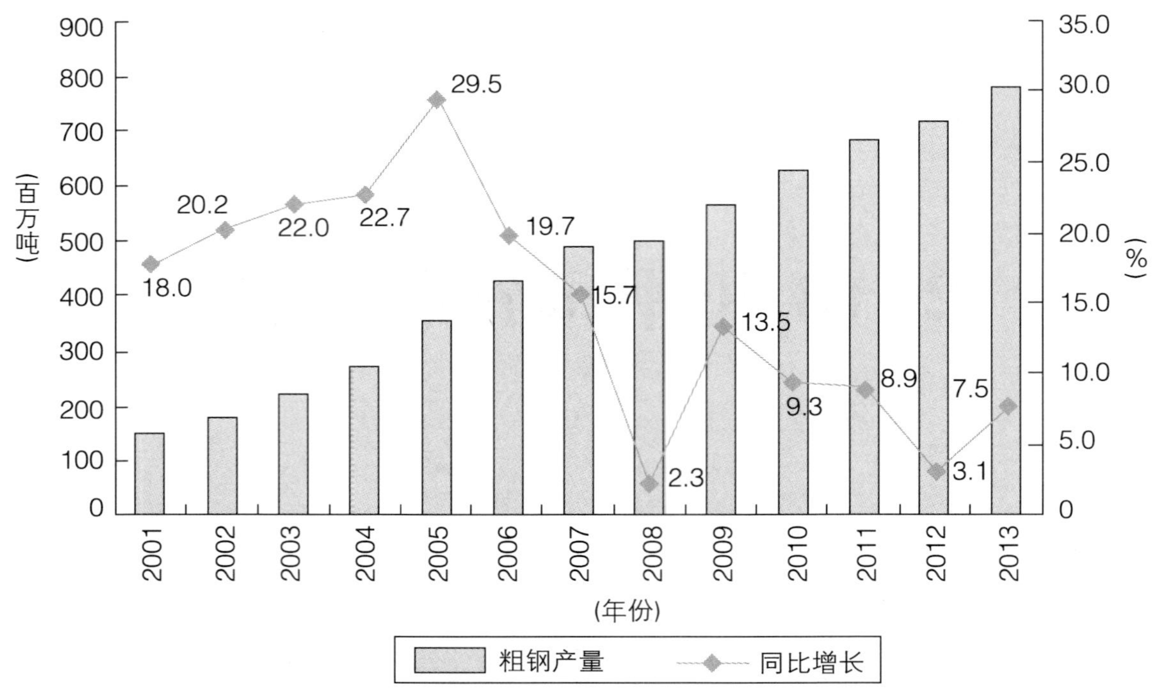

图 1 2001—2013 年粗钢产量及同比增速变化

数据来源：国家统计局。

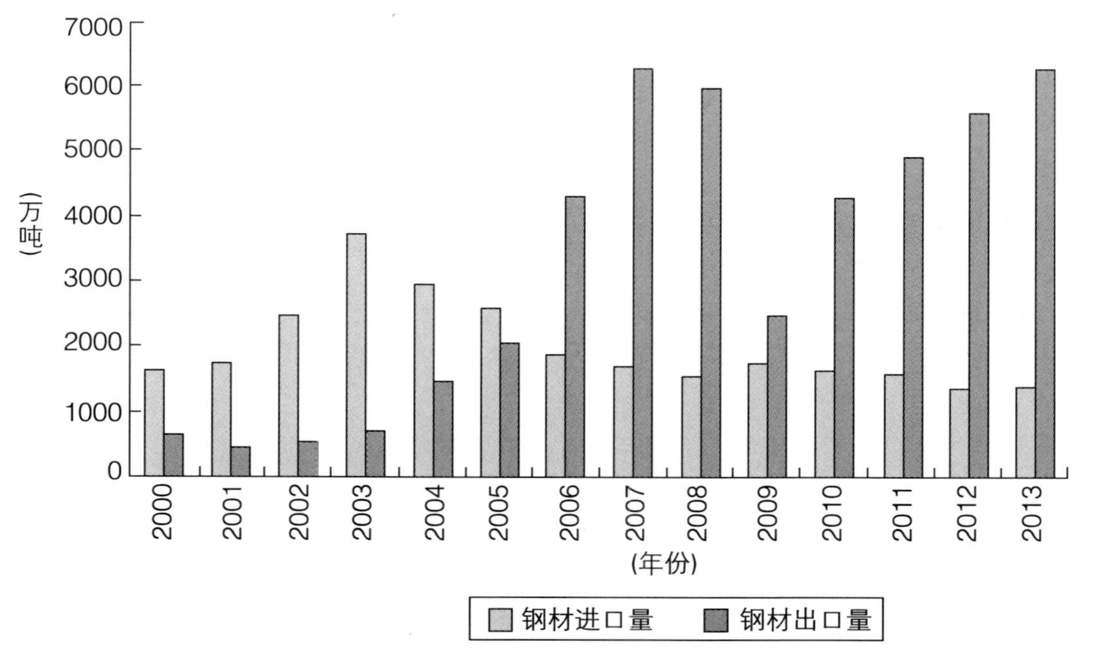

图 2 2000—2013 年我国钢材进出口情况变化

数据来源：中国海关。

二、钢铁行业效益有所改善

2013年尽管钢铁生产持续处于较高水平，国内钢材市场继续呈现供大于求的局面，铁矿石价格相对坚挺、钢材价格在较低价位波动，钢铁生产企业在困境中积极调整结构、强化管理、降本增效，行业赢利水平较上年有较大幅度增长。无论国家统计局抑或中国钢铁工业协会的统计数据均显示，2013年钢铁企业的经营效益好于2012年。据国家统计局数据显示，2013年全国黑色金属冶炼和压延加工业规模以上工业企业的主营利润总额为1916.3亿元，同比增长24.9%；主营活动利润率为2.5%。中国钢铁工业协会公布的数据显示，2013年全国大中型钢铁企业实现销售收入36875.60亿元，同比增长3.89%；实现利税973.21亿元，同比增长30.63%；实现利润总额228.86亿元，同比扭亏为盈；累计亏损16户，同比减少10户，亏损面为18.60%；累计亏损额为118.25亿元，同比减亏63.91%；销售利润率为0.62%，同比提高0.66个百分点。

三、钢铁流通企业分级化管理，引领行业规范健康发展

商务部于2013年7月正式发布《钢铁流通企业经营管理分级评定》。该标准对钢铁流通企业经营管理等方面进行综合评定，划分出A、AA、AAA、AAAA和AAAAA五个等级，依据获得A级等级的高低来区分钢铁流通企业的综合能力。

钢铁流通企业的分级化管理将进一步提升我国钢铁流通企业的经营管理水平，提高企业的服务质量，促进整个钢铁行业的健康发展。分级化管理，一方面，有助于引领行业发展、指导企业转变发展方式、促进产业升级、提高集中度；另一方面，有利于提升企业形象，促进整个行业健康、科学、可持续发展；此外，有益于促进钢铁流通行业资源整合，促进行业内和行业间的融合与合作，最终实现钢铁流通行业发展的规范化、科学化、集中化、现代化。

四、物流园区发展规划及国家标准发布，助推钢铁物流园区转型升级

2013年10月15日，国家发改委会同12部门联合发布了《全国物流园区发展规划》，提出按照物流需求规模大小以及在国家战略和产业布局中的重要程度将物流园区布局城市分为三级，一级物流园区布局城市29个、二级物流园区布局城市70个，到2015年，初步建成一批布局合理、运营规范、具有一定经济社会效益的示范园区。此规划的出台，将对钢铁物流园区的升级产生积极推动作用。

2013年12月31日，《物流园区服务规范及评估指标》国家标准正式发布，将于2014年7月1日开始实施。该标准主要规定了物流园区的基本要求、服务保障要求和服务提供要求，给出了物流园区的评估指标，此标准与《物流园区分类与基本要求》（GB/T 21334—2008）、《物流园区统计指标体系》（GB/T 30337—2013）两项国家标准形成物流园区的系列标准，适用于对物流园区的服务与管理。

钢铁物流作为整个钢铁供应链的重要环节，物流环节逐渐成为钢铁企业、钢铁贸易企业挖掘新利润的关键点。钢铁物流园区作为承载这一任务的重要驱动力，其规范发展将为钢铁供应链环节降低成本、提升效益发挥积极作

用。目前，我国钢铁物流园区的重复建设现象严重，总体规模较大，局部地区已经出现过剩现象；而从事钢材精深加工的钢铁物流企业较少、赢利能力较差；钢铁物流园区主要靠土地升值和收租金赢利，增值服务少；部分园区基础设施与装备水平不高。种种问题致使钢铁物流园发展面临困境，亟待转型升级。《全国物流园区发展规划》《物流园区服务规范及评估指标》的发布和实施，将为钢铁物流园区发展提供政策引导和发展方向，助推钢铁物流园区顺利实现转型升级。

五、钢铁企业拓展物流（物流园区）成为赢利增长点

2013 年鞍钢、武钢在物流环节乘势快速发展。一是鞍钢集团于 2013 年 2 月正式入股广州南沙钢铁综合物流园有限公司，控股 45% 成为该公司第一大股东。此举标志着鞍钢在钢铁物流园开发领域迈出了重要一步。二是武钢通过在重点流通城市设立物流节点，以及整合物流业务，做大做强企业物流。2013 年 5 月，武钢集团携手百联集团、武汉浦江物流成立合资公司，并在上海设立华东物流节点，该项目位于上海市宝山区，占地 8 万平方米，年钢材吞吐量近 300 万吨。2013 年年底，通过对公司物流产业进行新一轮整合后，武钢集团旗下武钢集团物流有限公司正式揭牌成立，新成立的武钢集团物流有限公司总资产包括浙江舟武港等六大码头、20 万平方米自有仓库、1600 余台各类客货车和特种车辆、工程机械，预计到 2018 年总销售收入达到 106 亿元，成为武钢相关产业中百亿元支柱企业之一。

自 2011 年以来，处于国内钢铁产业链上游的钢铁企业在提高钢材直供比例的同时，向产业链中游流通环节渗透，拓展物流环节、兴办钢铁物流园区。据统计，目前钢铁企业在建、开工和拟建的钢铁物流园区项目有 17 个，涉及 14 家钢铁企业。在 17 个项目中，独资的有 7 家、合资的有 10 家。其中，占地面积最小的是宝钢的黄骅港物流基地，为 400 亩；占地面积最大的是沙钢的玖隆钢铁物流园，为 12000 亩，这也是目前我国投资最大的钢铁物流园区，计划投资 300 亿元。虽然钢铁企业兴办的钢铁物流园区在总量上只是钢材市场的尾数，但在体量和功能上具有得天独厚的优势，能为中、下游客户提供信息、金融、加工配送、仓储物流、电子商务、废钢回收等一系列配套服务。

六、钢铁企业不断开拓电子商务平台

2013 年 5 月 31 日宝钢集团新上线的上海钢铁交易中心，以交易服务和依托第三方支付平台的供应链金融服务相结合，将钢铁企业的电子商务平台功能进一步拓展。上海钢铁交易中心是由宝钢集团与上海市宝山区的政府投融资平台公司合作建立的钢铁现货交易电子商务平台，注册资金为 1 亿元，其中宝钢持股比例占到 90%，作为上海市宝山区政府投融资平台公司的上海钢贸金融产业园持股 10%。平台承担的交易类型包括交易与服务两大类，前者主要是基于钢材的现货交易，后者的核心则是以供应链为基础的金融服务。上海钢铁交易中心为宝钢搭建起一个钢铁现货交易电子商务平台，作为宝钢互联网金融体系的前端，依托电子商务获取、整理交易数据，同集团已有的金融服务平台实现对接，后者依托第三方支付平台提供金融支付服务，作为宝钢互联网金融体

系的后端，两者共同实现宝钢在互联网金融领域的布局。

近年来，越来越多的钢铁企业意识到电子商务作为一种新兴的生产力带来的挑战和机遇，纷纷建设企业级电子商务网站，加快向现代流通业转型的步伐。目前宝钢已初步建立起支撑钢铁主业的电子销售、电子采购、电子交易、基础服务和数据服务五大平台，应用模式日臻完善，内外部和上下游之间协同发展；武钢也将电子商务与企业 ERP 系统整合，使用户在网上能够直接了解到合同执行情况；山钢集团莱钢将物流园区建设与电子信息平台相结合，以信息科技提升物流配送管理水平；首钢集团通钢网航电子商务平台开拓网上招标采购；广钢利用广钢电子商务平台开展对外交易业务和集团集中采购以及销售业务，逐渐进入电子时代；华菱钢铁投资搭建的荷钢网已上线运营。此外，马钢股份、沙钢股份及昆钢等均在积极部署电子商务平台。

（王国清　刘长庆　中国金属流通协会兰格集团）

2013 年中国粮食物流

2013 年我国粮食总产量达 60193.5 万吨（12038.7 亿斤），比上年增加 1235.6 万吨（247.1 亿斤），增长 2.1%，创造了 10 年连续增产的记录，其中，玉米创出 6.03 吨/公顷的最高单产纪录，全年总产量为 21774 万吨，增幅达到 5.90%，创出历史最高产量，具体如下表所示。

2013 年我国粮食消费继续增长，全国粮食供需总体上处于紧平衡状态，即“总量基本平衡、结构性紧缺”。分品种看，稻谷供需趋向宽松，籼稻有余，粳稻继续增产制约因素多；小麦供需趋于紧平衡，但优质小麦供给不足，部分强筋和弱筋小麦品种需要进口；玉米消费需求增速放缓，由过去平衡偏紧转向供给宽松；大豆和植物油供需缺口持续扩大，全年进口大豆 6338 万吨，同比增加 8.6%，对外依存度高的局面没有改变。从国际粮食供求形势看，据联合国粮农组织（FAO）2013 年 12 月份发布的报告，2013—2014 年度世界谷物产量预计将达到创纪录的约 25 亿吨，比上年增长近 8.4%，比历史最高的 2011 年增长 6% 左右，小麦、粗粮的产量分别增加 7.8% 和 12%，稻谷产量增加 1%。

2013 年我国各地区粮食产量统计

地区	单位面积产量（千克/公顷）	总产量（万吨）
全国总计	5376.8	60193.5
北京市	6043.5	96.1
天津市	5249.9	174.7
河北省	5327.9	3365.0
山西省	4009.4	1312.8
内蒙古自治区	4936.5	2773.0

续 表

地区	单位面积产量（千克/公顷）	总产量（万吨）
辽宁省	6805.2	2195.6
吉林省	7413.7	3551.0
黑龙江省	5191.9	6004.1
上海市	6774.1	114.2
江苏省	6385.3	3423.0
浙江省	5854.1	733.9
安徽省	4950.1	3279.6
福建省	5526.9	664.4
江西省	5733.2	2116.1
山东省	6207.6	4528.2
河南省	5667.3	5713.7
湖北省	5873.9	2501.3
湖南省	5926.7	2925.8
广东省	5247.8	1315.9
广西壮族自治区	4947.3	1521.8
海南省	4526.8	190.9
重庆省	5093.8	1148.1
四川省	5235.2	3387.1
贵州省	3302.9	1030.0
云南省	4053.9	1824.0
西藏自治区	5583.4	95.8
陕西省	3915.5	1215.8
甘肃省	3983.8	1138.9
青海省	3656.5	102.4
宁夏回族自治区	4658.2	373.4
新疆维吾尔族自治区	6161.4	1377.0

注：根据国家统计局统计数据整理。

面对世情、国情、粮情的不断变化和经济增长下行压力的影响，我国适时采取一系列粮食宏观调控措施，保证了粮食供求总量、品种结构的基本平衡和市场价格的基本稳定，保护了种粮农民的利益，保障了国家粮食安全，为促进经济社会持续健康发展作出了积极贡献。

一、提高粮食最低收购价格水平

为保护与调动农民种粮积极性，进一步促进粮食生产稳定发展，保障农民种粮收益，考虑粮食生产成本增加等因素，2013 年国家相关部门把我国生产的早籼稻（三等，下同）、中晚籼稻和粳稻最低收购价格分别提高到每 50 千克 132 元、135 元和 150 元，比 2012 年分别提高了 12 元、10 元和 10 元；把我国生产的小麦（三等）最低收购价提高到每 50 千克 112 元，比 2012 年提高了 10 元。同时，继续对玉米实行临时收储政策，每 50 千克价格比 2012 年提高 6 元。全年各类粮食企业共收购粮食 6889 亿斤，同比增加 517 亿斤，其中最低收购价和临时收储粮食 1649 亿斤，同比增加 1024 亿斤，通过提价托市、优质优价、帮助农户整粮减损等措施促进种粮农民增收 430 亿元以上。

二、加强政策性粮食投放市场量

为保证粮食市场供应、维护粮食价格基本稳定，2013 年国家有关部门综合利用政策性粮食竞价销售、储备粮油轮换、适时进口转储、组织跨省移库和产销衔接等手段，有效实施粮食宏观调控。2013 年年末国家粮食库存总量继续保持历史较高水平，库存消费比继续处于安全、合理的水平，国家库存粮食质量总体良好，宜存率达 95% 以上。市场粮源充裕、供应正常，全年投放政策性粮食 696 亿斤，组织跨省移库 270 亿斤，产销对接 382 亿斤，军粮供应保障水平继续提高，地震灾区粮食供应得到有效保障。粮食市场价格除小麦比上年有所上涨外，其他品种粮价保持基本稳定。

三、增强粮食流通能力建设

2013 年国家发展改革委安排投资近 35 亿元，用于粮油仓储、物流、质检、农户科学储粮项目建设和加工业技术改造升级；财政部安排粮食统计信息体系、放心粮油工程、军粮供应网点、粮食科研专项等“粮安工程”建设资金，特别是将“危仓老库”维修改造资金由 4 亿元增加到 10 亿元，带动地方财政投入 40 多亿元。粮食储运监管物联网应用示范项目列入国家重点支持的 10 个物联网专项计划。

四、健全粮食应急供应网络

2013 年全国粮食应急供应网络布点工作初步完成，应急网点由上年的 14987 个增加到 42656 个。试点开通了白城—蚌埠、松原—岳阳两条散粮铁路运输线路，集装箱散粮运输试点进展顺利。主食产业化快速推进，“放心粮油”工程取得新进展。积极推广应用新技术、新工艺，减少粮食产后损失损耗。农户科学储粮专项 2013 年新增 171 万户，累计达 677 万户，每年可减少粮食损失 15 亿斤。

五、深化改革促进企业转型升级

2013 年各地继续推进县级国有粮食企业兼并重组，“一县一企、一企多点”的产权制度改革进程加快，“粮食银行”、“主食厨房”等经营模式得到推广，企业布局和结构进一步优化，可持续发展能力增强。当年全国国有粮食企业实现统算赢利82.3亿元，有27个省份实现统算赢利。全社会粮油加工业总产值实现2.6万亿元，同比增长13%。湖北、四川、新疆等省区建立粮食产业化发展基金扶持龙头企业，河南、山东、陕西、天津、安徽等省市将“主食厨房”列为省级政府的民生工程，黑龙江、吉林、内蒙古、湖南、江西等省多措并举促进粮食销售，河北、辽宁、福建、海南、甘肃、青海等省扎实推进军粮集约化保障，北京、上海市鼓励和支持粮食企业到主产区建立粮源基地，湖南、贵州等省大力发展特色粮油产业，都取得好的成效。

六、大力实施科技、人才兴粮工程

2013年我国粮食公益性行业科研专项首次启动，中央财政首批安排专项资金2.16亿元，当年已下拨9218万元。粮食科研院所围绕产业发展需求开展创新研究和技术服务，特别是国家粮食局科研院在真菌毒素生物降解技术研发方面取得突破，为污染粮食的安全利用开辟了新途径。全国低温和气调储粮仓容增加到1380亿斤，绿色储粮水平进一步提高。大力推进粮食行业“百千万”创新人才工程，继续举办行业高层次技术人才研修班和组织职业技能竞赛，启动实施了粮食院校与百强企业联手培养人才行动计划。

七、完善和落实粮食安全省长负责制

2013年各地粮食部门加大对完善和落实粮食安全行政首长负责制的推进力度，因地制宜地制订责任考核办法、完善具体措施。山西、浙江、广东、云南、贵州等省政府相继出台了粮食行政首长负责制的措施意见，黑龙江、辽宁、山东、江苏、安徽、江西、广西等省级政府还制定了促进国有粮食企业改革和粮食产业发展的政策措施。一些省份将粮食安全责任的落实情况列入党政部门年度目标责任考核范围。

（韩兆轩　中国粮食行业协会）

2013 年中国汽车物流

2013 年，我国汽车产量再次刷新世界纪录，汽车物流市场规模继续扩大，汽车物流行业发展步伐加快。

一、汽车物流市场规模持续增长

据中国汽车工业协会统计，2013 年我国汽车生产量为 2211.68 万辆，汽车销售量为 2198.41 万辆，分别同比增长 14.76% 和 13.87% 。其中，轿车销量完成 1200.97 万辆，比上年增长 11.8% ；SUV 销量完成 298.88 万辆，比上年增长 49.4% ；商用车产销完成情况总体良好，商用车产销分车型看，客车产销分别完成 56.31 万辆和 55.89 万辆，比上年分别增长 11.2% 和 10.2% ；货车产销分别完成 346.85 万辆和 349.63 万辆，比上年分别增长 7% 和 5.8% ；汽车整车出口为 97.73 万辆，比上年下降 7.5% 。来自中国汽车流通协会的统计数据表明，2013 年全国二手车交易量首次突破 500 万辆，达到 520.33 万辆，比上年同期增长 8.6% 。来自中国物资再生协会的数据表明，2013 年我国汽车报废量约为 200 万辆。截至 2013 年年底，我国机动车保有数量突破 2.5 亿辆，机动车驾驶人员近 2.8 亿人。其中，汽车保有量达 1.37 亿辆。

汽车物流与汽车销售直接相关，汽车消费市场的快速增长必定同步带动商品车物流市场的增长。因此，从上述数据我们可以判断出，2013 年我国汽车物流市场总量在汽车销售增长的带动下呈增长走势，单车物流费用的下压与增量市场中和，汽车物流总体增速与汽车工业增速相当。

二、汽车物流行业发展的特点

（一）种种顽疾严重阻碍行业发展

2013 年在行业协会的不懈反映和呼吁下，政府相关部门出台了治理汽车物流行业发展顽疾的政策措施。但是，由于治理顽疾需要多个部门协调行动，牵涉面大，所以工作虽有进展，但距彻底解决问题还要有很长的路要走。比如，运输车辆罚款收费问题、车辆运输车新标准问题；比如，进城难、停靠难等问题。老问题还未解决又出现了新问题。2013 年，汽车物流行业实施营改增后行业运营成本快速上升，进一步压缩了行业企业的利润空间，导致超限超载局面继续恶化。从长期来看，营改增是一项利国、利民、利行业的好事，但改革需要一个渐进的过程，短期内对物流行业的影响确实较大，中物联在积极向国家反映的同时，也积极为企业出谋划策，通过多种方式改善运营环境，推动行业交流经验，寻求解决顽疾的办法。

（二）标准建设工作不断推进

一是行业标准建设取得新进展。2013 年在中物联汽车物流分会及行业龙头企业共同参与下，多项适应行业发展需要的新标准陆续出台，一些标准正在制定中。如《乘用车公路运输栓紧带式固定技术要求》通过了全国道路运输标准化技术委员会审查；《汽车物流术语》《汽车整车物流质损风险监控要求》《汽车物流服务评价指标》和《汽车零部件物流 塑料周转箱尺寸系列及技术要求》四项汽车物流国家标准通过了全国物流标委会审查；《汽车物流统计指标体系》标准方案基本确定；《汽车物流信息系统基础要求》《商用车背车装载技术要求》《汽车零部件物流器具分类及编码》行业标准即将最后向社会征求意见；《汽车整车出口物流标识规范》国家标准已经由全国物流标委会向国标委申请立项。

二是标准建设工作亟须创新。首先是汽车物流行业发展对标准化具有强烈需求。一方面，汽车物流作为制造业物流的典型领域以及巨大的市场，大型第三方物流企业的发展速度、规模和质量明显领先其他行业，这些企业在各自供应链管理中的优化以及企业横向资源整合都需要共同的标准作为基础；另一方面，我国的汽车工业发展快速，除市场拉动外更得益于欧美、日韩等发达国家汽车巨头的加盟，它们将各自的生产标准带入我国，造成了各自的物流体系标准差异明显，对物流行业的资源共享形成巨大障碍，这也是我国汽车物流成本明显高于其他国家的原因之一。其次是国家标准体系建设的管理方式、系统性差，影响了标准的贯彻实施。国家对标准建设十分重视，专门设立国家标准化工作局和标准化委员会负责全国标准工作的制修订工作，不同行业还设有专业标准化委员会，但由于分工不清晰、协调不够，标准之间的交叉、矛盾多有发生，标准化工作方针随历史变迁时有变革，使国家强制标准、推荐标准的执行标准尺度不清，企业难以执行或无法执行。行业发展亟须标准建设工作突破原有思路，创新发展。

三是行业组织在推动贯标工作找到了新的方式。多年来，中物联汽车物流分会积极参与国家和行业标准制修订工作，为填补了多项行业迫切需求的标准空白发挥了积极作用。为推进标准的贯彻工作，2013 年中物联汽车分会创新工作思路，发起成立“全国汽车零部件物流标准化推进会”，将行业企业聚拢到这个平台上形成标准联盟，在贯彻国家和行业标准的同时，从企业具体需求角度探索推动标准建设思路，逐渐解决标准一致性难题。

（三）汽车物流行业发展向广度推进

一是产业链继续向上下游拓展。即国内的主流第三方物流企业业务在实现汽车零部件入厂、整车物流、售后服务备件物流业务的同时，2013 年度向汽车零部件企业供应链管理和物流领域上延、向后市场进一步拓展，产业链条继续延长。

二是业务范围继续横向拓宽。首先是汽车物流企业在与相应生产企业加强供应链管理一体化的同时，与同行业企业间的合作继续深化；其次是业务模式向汽车同类产品复制，多个大型汽车物流公司都将业务拓展到与汽车产品相似的工业品物流上。

三是行业发展向广度推进。2013 年围绕零部件物流标准一致性问题，行业相关需求企业多次进行交流，探讨解决途径；整车物流相关企业就公路以外铁路和水运资源的共享以及综合运输体系建设问题，多次举办专业物流多式联运方面的研讨活动热议解决方案；中铁特货运输公司借国家铁路改革之势，加大汽车专业物流市场的推广力度，在行业号召力和影响力方面获得口碑，为未来铁路汽车物流大布局奠定了基础；长安民生、长航、安盛等企业加大了资金投入，在沿江、沿海的码头构建了密集而完整的水运汽车物流网，发展水路运输新路。

（四）领军企业引领行业转型升级

2013 年汽车物流行业转型升级步伐加快，龙头企业率先行动成为引领者，是行业转型升级的典范。

一是技术引领转型。安吉物流、一汽物流、长安民生、福田物流、中信国际等是技术引领转型的领军企业代表。这些企业积极引入技术管理精英加盟，将生产技术管理嫁接到现代物流，用生产的精益改善物流的粗放，取得了良好效果。

二是模式创新驱动转型。国有的安吉物流公司和民营的长久物流公司是模式创新驱动转型的典范。安吉物流公司在综合运输体系创新式驱动，将公路运输里程降低到 700 千米，为未来治超后市场优化奠定了基础；长久物流公司与国内各大物流企业广泛合作，同时发展水路运输，推动铁路合作，探索零部件物流资源共享，在国际汽车物流业务实现突破，借助资本市场力量，以网络、渠道和活力为未来开创道路。

三是专业深耕精益型。如元初物流公司是专业深耕精益型的典型，其开发的信息化专业报关软件不仅实现了报关业务的一条龙服务，而且时间短、速度快、效率高，得到包括汽车和电商等高端物流客户的高度认可。

四是群策群力谋划转型。风神物流公司是群策群力谋划转型的典型代表，风神物流公司专门组织所有中层骨干齐聚“九塘之春”论坛，畅所欲言、献计献策提出企业今后十年公司的发展规划，凝聚智慧绘制远景蓝图。

（五）技术创新成果显著

2013 年汽车物流行业结合自身发展新趋势和新技术应用，技术创新成果显著，提升了行业的竞争力。

汽车整车物流创新的成果有：拖车安全认证管理信息系统项目、借助保险降低商品车物流运输风险损失项目、TLEP 培训体系（丰田物流培训课程在广汽丰田物流中的实施）项目、汽车物流临时仓储快速可移动式篷房解决方案项目、基于微信公众平台的运单确认系统项目等。

汽车零部件入厂物流创新的成果有：整车装配零件配送方式设计及工艺优化项目、全流程协同化容器管理系统项目、供应链物流管理及采购结算优化项目、企业物流可视化服务项目、受入口叉车装载变更为升降平台装卸货的物流改善项目、基于主机厂生产线布局的厂内 RDC 创新规划设计项目、动力总成机运线项目的创新应用项目、物流新技术在集装箱场站管理中的整合应用项目、集保高折叠比围板箱项目等。

售后服务备件物流创新的成果有：备件订单交期/配送状态可视化及 BO 答复系统项目、华晨宝马中国售后配件配送中心定制项目。

（六）分会作用不断增强

2013 年，中物联汽车物流分会（以下简称分会）积极服务企业、服务会员，在政策、标准等行业工作中发挥积极作用同时，还为行业交流搭建了综合的专业平台，分别组织召开了十几个专业交流会和研讨会，组织了与德国、美国和加拿大相关企业和机构的国际交流活动，提升了分会的影响力和凝聚力。

目前，分会已拥有167家会员单位，通过服务生产企业的网络平台与200多家来自乘用车整车销售物流、商用车整车销售物流、零部件入厂、售后服务备件、汽车国际贸易以及大型汽车零部件生产企业建立了联系，分会充分发挥枢纽和平台作用，把所有的交流活动都整合在平台上，顺畅地将汽车生产和物流两个领域融合在一起，推动了汽车物流业与制造业的联动发展与合作共赢。

（马增荣　中国物流与采购联合会汽车物流分会）

2013 年中国书业物流

2013 年是中国书业物流的“转型升级年”。全年全国各地新华发行集团的物流基础设施建设继续保持稳步增长的态势，书业物流整体表现出三个特点：一是跨区域发展取得了新突破，出版发行集团或是几家共建全国性的大中盘，或是依靠自身领先技术和强势资金等实力，向跨区域中盘“进军”；二是在创新中求发展，2013 年图书发行主业的急速变化考验书业物流的协调应变能力，书业物流企业在市场竞争中不断创新，拓展第三方物流业务；三是随着供应链物流模式的渐渐清晰，书业物流企业开始加强供应链整合，强化内部管控与改革，走转型升级之路。

一、物流基础设施建设稳步增长

国家新闻出版广电总局发布的《2013 年出版物发行产业发展报告》显示，2012 年全国 5000 平方米以上出版物物流中心仓储面积总计 305.7 万平方米，年发货量码洋总计 654 亿元。全国仓储面积在 5000 平方米以上的物流中心共计 139 个，比上年增加 59 个。2013 年，各地新华发行集团物流建设的脚步依然没有停止，而且向深入化细致化发展。

隶属于江西新华发行集团公司的江西蓝海物流科技有限公司是目前国内出版发行业规模最大的物流企业，2013 年该公司全力推进现代出版物流港项目建设，几个物流中心项目已相继开工，进入施工阶段。同时该公司还在抓紧落实物流公共信息平台物流交易中心项目用地，2013 年基本完成初步规划方案。

2013 年是山东新华书店集团大物流整合运行的第一年，也是新信息系统切换运行的第一年。经过一年的磨合完善，集团大物流运营已步入正轨，全年各项主要作业指标实现大幅增长。其中，一般书收货 50.03 万件，发货 49.32 万件，退货 17.23 万件；教材包装及主发 129 万件，中转发货 26 万件，馆配及大中专收发货 5.8 万件，农家书屋收发货 12 万件。2013 年该集团农家书屋的配送工作成绩明显，配送书屋达 3000 家，共配送出版物码洋 4788 万元。集团物流中心二期工程已进入山东省发改委立项环节。

2013 年，新疆区共投入 17811 万元用于完成南疆民文出版物发行仓储物流基地建设及县级新华书店和口岸发行网点的基建施工。

随着书业发展面临的深刻变革，民营书商和电商在物流方面的投入也在增加。如山东世纪天鸿文教科技股份有限公司在山东淄博建设的华鸿物流园项目，就是要立足出版业务的基础上实现跨行业、多元化转型发展，抢占山东文化产业资源，形成集物流中心、展示中心于一体的鲁中文化物流总部。阿里、京东、亚马逊等电商也在加速进军物流建设。2013 年，京东在三、四线城市进行了全面的配送提速；同期还升级了客户服务，用户目前通过手机、在线客服、JIMI 智能机器人就可以实现返修、退换货、电话预约等服务。阿里旗下的“菜鸟”网络在 2013 年 6 月 14 日牵手中国邮政，根据双方协议，中国邮政将对“菜鸟”开放十余万个服务网点，为商家和消费者提供社会化自提等服务。中国邮政和“菜鸟”达成合作，无疑进一步提升阿里系统的物流送达能力，也会加速阿里设想中的“全国性骨干物流网络”的成型。

二、跨区域发展取得新突破

2013 年书业物流一直期盼的跨区域合作初现成果，全国性的出版物发行中盘呼之欲出。

2013 年 8 月 8 日，中国出版传媒股份有限公司、江西新华发行集团公司有限公司、中国科技出版传媒股份有限公司、江苏凤凰出版传媒股份有限公司在北京签署合作协议，以资本合作为纽带、以业务合作为基础，共同出资 6 亿元重组原中国出版传媒股份有限公司旗下的新华联合发行有限公司，共同打造以图书发行为特色的全国性物流发行平台，这也是国内出版产业链上下游组织间最大的资本合作项目。新华联合发行有限公司在北京顺义宏大工业园区内拥有 340 亩物流用地，2013 年 9 月开工建设。建成后的物流中心将成为国内书业规模最大、功能最强、自动化程度最高、效率最快的现代化物流中心。不仅可实现图书年发货 100 亿元码洋，同时还可进行规模化的非图书商品的第三方物流业务。物流中心正常运营后，新华联合发行有限公司将整合中国出版集团下属各出版机构的发行业务，进行现代发行企业制度管理基础上的业务流程再造，实现发行业务的规模化和协同化运营。在此基础上，开展中小型出版社发行业务外包经营活动，逐步打造全国性的出版物发行中盘。在大力建设图书物流中心的同时，新华联合发行有限公司将以北京地区出版资源为核心，以京、苏、赣物流网络为基础，积极寻求加强与各省发行集团的合作，共同打造以图书发行为特色的全国性物流网络。

伴随当当、京东、亚马逊等电子商务网购的快速崛起，全国各种实体书店的销售都受到了剧烈冲击。面对日益庞大的网购群体，浙江省新华书店集团一方面开办自有的浙江新华书店网和博库网，另一方面则发挥物流配送优势，在电商和出版社之间提供中盘服务。2013 年，浙江省新华书店年物流吞吐量为 132 亿元，在架图书达 70 万种，国内的几大图书电商遇到一些冷门书的订单时，都是在浙江省新华书店这里找到了图书。浙江省新华书店依靠自己的核心竞争力吸引了众多合作者，迎来了跨区域合作发展的新机遇。2013 年 9 月，青岛新华书店与浙江新华书店签署了信息管理战略合作协议；随后亚马逊美国网站也前来与之商谈联合办亚马逊网站中国频道的事宜。

三、主业变化考验书业物流的协调能力

随着图书发行业市场环境的变化，2013 年

全国各地书业物流企业普遍遇到了主业业务重叠的考验。因为各种原因导致 2013 年春秋两季的教材教辅发运时间明显滞后于往年，成为历年来发运时间最短、数量最大、发货最集中的教材教辅发书季。如往年贯穿 6、7、8 三个月的秋季教材教辅发运工作，2013 年则全部要在 7 月下旬至 8 月底的 40 多天中完成。同时，这段时间还必须完成农家书屋、馆配订货会、“薄弱学校”等图书配送和“两假作业”等图书的紧急配送业务。特别是“薄弱学校”的图书采购，因其配送品种多、单本量小、客户数量多，各客户所需品种和数量差异大，配送难度明显大与其他配送业务。短时间内要完成如此数量的图书配送业务，对全国的书业物流企业的确是一次严峻的考验，考验书业物流企业的管理水平、协调能力和灵活应变能力。总体说，全国的书业物流公司在 2013 教材教辅发运季都按时完成了教材教辅发运工作，充分展现了自己的应变能力和专业实力。对书业物流公司来说，主营业务的不断变化或将成为今后运营工作的常态，因此，全力关注并寻求解决方案是各书业物流公司的重要工作。

江西蓝海物流科技有限公司从 2013 年春节后逐步改变传统配发模式，提高“非常时期”的物流作业效率。在“非常时期”加大了对生产的计划调度，根据各类图书到货情况，采取统一调配人员、合理使用库区、及时分派任务、合理调整生产等方法，确保各类图书进仓后，都能及时准备好人员、设备、场地，通过相对应的作业模式及时完成各类叠加业务的配发。2013 年，该公司实现物流销售收入突破 11 亿元。

面对到货高峰期容易造成“肠梗阻”，河北新华书店集团旗下的河北新华平安物流有限公司提前制定各种物流预案，通过合理安排车辆和线路、增加三方物流车辆等方法，提高物流效率。2013 年该公司共计发运教材教辅、一般图书及音像文化用品等达 17.34 亿元码洋，同比增长 18.44%，创历史新高。其中，教材为 10.03 亿元，同比增长 17.04%；教辅为 3.64 亿元，同比增长 97.82%。“薄弱学校”图书采购配送的所有品种只能“点播”，并且要在直配线上进行操作。为了缓解有限的直配线和到货集中的矛盾，湖北省新华书店（集团）有限公司物流中心图书配送部在业务高峰期每天必须完成 3000 件的业务量。

2013 年，得益于第三方物流业务的拓展，一些书业物流公司的业务已逐步跳出书业物流的“一般规律”，全年保持业务平稳运作。

中南传媒旗下的华瑞物流公司 2013 年对外开拓第三方物流市场，经营效益稳步增长。一方面，通过网络发布物流合作招商信息；另一方面，加强市场调研，收集潜在目标客户信息，开发、引进第三方物流项目。与湖南电子音像出版社、万木春文化传播有限公司签订了三方物流合作协议，与湖南华章国际贸易公司达成了红酒代储代运合作项目，实现系统外收入 810 万元。

江西蓝海物流科技有限公司主动争市场，2013 年积极参与物流外包业务的招投标，参与海尔、美斯特邦威、李宁服装等一线品牌企业的物流外包服务，中标海尔电器、吉达汽配等项目。在稳定客户的同时，加大与原有客户的深度合作，从物流配送的上游入手，利用供应链的模式，扩大了双方合作的规模，产生了很好的效益。随着业务量的增加，该公司利用自身教材、图书发运的优势资源开辟了南昌—九江、南昌—上饶的物流专线。物流专线在满足自身图书配送的同时，通过市场开拓承接回头货和散货，从开始的 4.2 米单排车配送，更换成了7.6米的大货车配送，形成了稳定的货源，两条物流专线为公司创造了约200万元的年收入，为公司分拨中心的运营模式打下了基础。

四、加强内部管控与改革

2013年，马云提出的“菜鸟”模式其实是立体生态经济模式，将供应链从单独一条链向多条链进行整合，包括末端配送运营、干线整合、全国仓储圈地、信息平台建设、大数据战略、金融服务、延伸到制造代工等。供应链物流代表物流业的走势，也提示书业物流必须改变粗放的经营模式，加强供应链管理、强化在途监控、注重数据分析、实施配送精细化，走转型升级之路。

2013年，湖北省新华书店（集团）有限公司物流中心为提升服务质量和水平，开展运输招标工作，建立运输质量评估机制，实行收、发、退、运台账式管理，实施运营管理月报制度，加强人力资源的优化和管理，建立与业务部门的会商机制。通过一系列强化内部管控与改革的措施，使内部各环节的操作流程逐步规范、各项管理制度逐步完善、质量监督体系逐步健全、管理更加科学化。此外，华瑞物流公司进一步完善WMS物流管理信息系统，实现流水线、储区电子标签等模块的全面投入使用，以物流信息系统平台为支撑，结合先进的科学技术手段，实现物流效率的快速提升。

针对现代物流新趋势，一些书业物流企业开始探索创新路径。如江西蓝海物流科技有限公司计划研究物流供应链集成平台业务模式，利用物流政策和地区政策，探索整合和利用港口、铁路等物流优势资源，搭建一个集大宗商品贸易、物流金融、多式联运一体的物流资源集成平台，形成一定规模的物流产业集群区，提升公司的核心竞争力。

（穆宏宇　张家口学院）

2013 年中国冷链物流

2013 年是我国农产品冷链“十二五规划”承上启下的一年，也是冷链物流行业整体发展趋于成熟稳定的一年。在各级政府的重视推动下，冷链物流的地位进一步提升，冷链物流行业发展稳步推进。

一、冷链物流业发展的基本情况

（一）总体稳定，局部有亮点

2013 年我国冷链物流业运行与 2012 年的热闹非凡相比总体稳定，全国冷链市场需求达到 9200 万吨，冷链物流总体增长率达 20% 左右。但是，由于地区经济发展水平的差异，冷链物流总体上的发展还很不均衡。在冷链农副产品的主产区和主要消费区，其发展速度可达到 30%；在一些比较偏远的地区发展速度只有 10%，甚至更低。2013 年，农副产品及生鲜电商异军突起和《药品经营质量管理规范（2012 年修订）》正式实施，加大了冷链物流需求，倒逼冷链物流业加快发展。

（二）冷链基础设施建设再创新高

《“十二五”农产品冷链物流发展规划》明确提出，推动全社会通过改造、扩建和新建，到 2015 年全国增加冷库库容 1000 万吨，冷库库容年均增速 20%；全国新增冷藏车 4 万辆，年均增速 32%。2013 年在一系列利好政策的推动下，各地方政府均不同程度地加大资金投入支持冷库、冷链园区等基础设施的建设和购置冷藏车、冷链设备，冷链基础设施建设再创新高，全年全国冷链物流业固定资产投资超过 1000 亿元，同比增长 24.2%。2013 年我国冷库规模继续保持较快增长势头，截至 2013 年年底，我国冷库储存能力约达 2411 万吨，同比增长约 13.6%。据中物联冷链委调研结果显示，2013 年我国建成投入运行的冷库储存能力总计达到 287.8 万吨，其中公共型冷库总储存能力约 262 万吨，占建成投运冷库总储存能力的比重超过 91%。此外，在生鲜电商的带动下，2013 年一些物流公司已经在布局冷链仓库建设，一些冷链落地配公司开始扩大城市覆盖范围。

（三）冷链物流企业整体实力不足

目前，我国第三方冷链物流企业依然规模小、压力大，无法满足冷链消费的物流需求。全国年营业收入过亿元的冷链物流企业只有十几家，冷链行业依然“看着热干着冷”。行业秩序的不规范，加上燃油费、用工成本的上涨，使行业企业的利润空间进一步被压缩，虽然部分客户提升了物流费用，但行业的无序竞争导致规模越大、运营越规范的企业反而利润空间越小，冷链物流企业仍处于低速增长阶段。

（四）冷链运输仍以公路运输为主

目前，公路运输仍是我国农副产品及生鲜食品冷链运输的主要方式，公路运输农副产品及生鲜食品的货运量占我国冷藏运输量的90%。根据中冷联盟对全国680家规模以上（营业收入1000万元以上）的冷链物流企业调研数据，2013年我国冷库容量共计2046.97万吨（57546093立方米）、冷藏车为29444辆，冷藏保温汽车占货机动车的比重仅为0.3%。有数据显示，2013年我国冷藏货运汽车市场保有量同比增长14%左右。现阶段我国铁路冷藏货物运输主要由中铁特货公司和中铁集装箱公司下属的铁龙物流公司承担，2013年中铁特货公司完成铁路鲜活运量42.6万吨。目前，中铁特货的机械保温车保有量为1910辆。其中，900多辆已改为代棚车或不能制冷，只有1000辆左右的B22型机械保温车在正常使用；铁路冷藏箱保有量为200只，其中100只为2009年投入，其余100只于2013年6—12月陆续投入使用。2013年铁路冷藏箱发运量为1196箱（折合2691标准箱），按保有量计算，年周转次数为9.34次。

二、冷链物流业发展的亮点

（一）政策环境进一步改善

2013年年初，国务院办公厅下发《关于落实中共中央国务院关于加快发展现代农业进一步增强农村发展活力若干意见有关政策措施分工的通知》，将中央一号文件有关政策措施详细分解为80项具体工作，落实到各部委及单位部门。其中，7项政策涉及冷链物流。随后政府两会工作报告中也指出，要提升食品安全水平、健全农产品质量安全和食品安全追溯体系。此外，交通运输部《关于加强和改进城市配送管理工作的意见》、商务部《关于促进仓储业转型升级的指导意见》、国务院《关于加快发展现代农业进一步增强农村发展活力的若干意见》等均包含发展冷链物流的利好政策，冷链物流的发展环境进一步改善。在国家宏观政策的引导下，地方性冷链政策也相继出台，这些政策多根据地区实际制定，“接地气”给企业发展带来“实实在在”的好处。如2013年海南省出台政策支持企业建设果蔬菜配送预冷冷库和终端门店周转小冷库，对库容达到30吨以上的冷链系统，验收合格的予以不超过企业投资额40%的财政补助，最高不超过60万元；支持企业购置小型冷藏运输车，按企业投资额的40%给予财政补助，最高不超过25万元。此外，哈尔滨、天津、重庆、甘肃、四川等地的政府部门均已将冷链补贴细化并出台。随着各项政策的落实和补贴的到位，我国冷链业将迎来加快发展的新局面。

（二）行业标准化进程加快

2013年《药品物流服务规范》国家标准正式出台并将于2014年7月1日正式实施。同时《物流企业冷链服务能力与评估》《水产品冷链物流服务规范》《餐饮冷链物流服务规范》三项国标和行标进入审查阶段，《冷链物流从业人员职业资质》《航空货物冷链运输服务规范》等行业标准已获得审批立项。

我国冷链物流标准化体系的建设工作，经过相关机构和协会的不断推动，在冷链基础、冷链管理、冷链设施、冷链技术等方面对冷链标准进行了制定、补充和完善，企业对标准的认知越来越深入全面，冷链物流市场规范化程度进一步提高，行业标准化进程加快。

（三）连锁餐饮推动冷链物流需求

2013年，随着习近平主席在庆丰包子铺就餐新闻的火爆，使庆丰包子铺连锁加盟即特许经营的模式再度成为商界热议的焦点。庆丰包子铺成功发展的背后，体现了连锁大众餐饮被市场的认可和连锁餐饮业冷链物流的实力。2013年连锁餐饮企业寻找第三方冷链物流合作的情况越来越普遍，表明我国餐饮冷链物流体系正在逐步完善。为保证食品安全，越来越多的餐饮企业开始加大冷链物流基础设施建设方面的投入，如海底捞门店2013年在全国布网将达到100家，还分别在内蒙古、东莞、北京、上海等地相继规划建设冷链配送中心，完善供应链物流管理；净雅集团开发的火锅连锁品牌“么豆捞”，西贝餐饮，呷哺呷哺，汉拿山等餐饮企业也都在建设或完善自身的中央厨房。此外，随着人们工作节奏的加快，冷链快餐在2013年开始大规模进入便利店，像7－11、罗森、全家等便利店都出现了品种多样、营养丰富、快捷经济的“冷便当”。连锁餐饮规模的扩张，提升了冷链物流的需求，为冷链物流业的发展带来了新的商机。

（四）药品冷链物流迎来发展机遇

2013年6月1日《药品经营质量管理规范（2012年修订）》（以下简称新版GSP）正式实施。新版GSP是专门规范药品经营企业经营行为的专业性质量管理规定，是对药品流通过程中所有质量管理所制定的一整套管理标准和规程，其核心是通过科学规范和严格的管理，对药品经营全过程实行质量控制，减少质量风险，防止质量事故的发生，确保人体用药安全、有效。新版GSP共187条，其中有40条涉及冷链管理，还特别对“冷藏冷冻药品的储存与运输管理”、“温湿度自动监测和验证管理”等方面进行了明确规定，要求应对药品仓库采用温湿度自动监测系统，对药品储存环境实行24小时持续实时监测，要求配置各种保证冷藏、冷冻药品储存、运输环节温度的冷库、运输设施设备以及温度检测系统。严格的冷链管理要求为专业的冷链物流企业发展提供了契机。目前包括国药控股、九州通、上海医药、华东医药、广州医药等制药企业在内的9家药品流通企业已联合成立了温度敏感性药品流通安全实验室，携手进行医药冷链物流标准化建设。可以肯定，新版GSP将成为专业化药品第三方物流和药品冷链物流发展的突破口。

2013年我国生物药品的市场规模约1000亿元，由于生物药品附加值比较高，冷链物流市场规模约5亿元。由于新版GSP对药品的储存、装卸、运输等环节的要求越来越高，预计将带来70亿元的冷链技术装备的市场，同时为专业化的药品物流企业带来加快发展的机遇。

（五）生鲜电商市场崛起

继2011年和2012年电子商务网购爆发式发展后，2013年生鲜电商异军突起成为电子商务市场的一匹黑马，同时带动了冷链宅配的发展。农副产品及生鲜商品属于人们生活的必需品，不仅用户重复购买率高，而且平均毛利在40%左右。正是看好这种消费黏性带来的持续消费量和稳定的人气，2013年天猫、京东、苏宁易购、本来生活网、一号店、顺丰优选、沱沱工社等一线电商纷纷高调进军生鲜市场。据阿里研究院发布的《阿里农产品电子商务白皮书（2013）》，2013年阿里平台上经营农产品的卖家数量为39.40万个；在淘宝网（含天猫）平台上，农产品的包裹数量达到 1.26 亿件，比上年增长 106.16%。与生鲜相关类商品是平台增长速度最快的品类，同比增长高达 194.58%。有数据显示，2013 年顺丰优选的销售额达 4 亿元，其生鲜类商品销售额与 2012 年相比增长了 536%；2013 年京东开放平台生鲜频道入驻的商家数量超过 300 家，所配送的生鲜电商订单是 2012 年的 5 倍，销量与 2012 年同比增长超过 5 倍。申银万国的研究报告指出，2013 年全国生鲜电商交易规模为 130 亿元，同比增长 221%；冷链宅配规模为 39 亿元。很明显，随着多家电商平台的进入，生鲜电商市场规模扩张进程加快，生鲜产品已从聚客品类变为赢利品类。未来 3 年全国生鲜电商的交易规模将有 7 倍成长空间，将带动冷链宅配市场 6 倍成长空间。保守预计 2014—2016 年全国生鲜电商增速分别为 100%、100% 和 75%，对应 2014—2016 年的生鲜类商品的销售额将达到 260 亿元、521 亿元和 911 亿元。行业研究表明，2013—2025 年我国冷链食品需求将从 2 亿吨增长到 4.5 亿吨，年复合增速为 18.8%；电商冷链宅配模式将开启家庭零售市场的二次成长，随着家庭终端需求的几何级数增长，2013—2015 年冷链宅配年复合增速有望达到 80% ~120%，进而带来的冷库、冷藏车市场规模将超 360 亿元。因此有专业人士认为，目前我国全社会生鲜产品零售总额约 2.5 万亿元，而网络交易额仅占总额的 1%，未来 5 年内这一比例有望达到 10%。现阶段我国生鲜网购处于新兴发展期，生鲜电商目前主要集中在一线城市和少量二线城市，受限于冷链物流的制约还无法覆盖全国市场。对于 13 亿人口的全国大市场而言，网购从 1% 提升至 10% 的生鲜网购市场空间是非常巨大的。现实已经逼迫冷链物流行业企业加快自身建设，提升自身的物流服务实力。

（六）食品龙头企业加大冷链投入

凭借“中国肉类产业链整合商”和“温控供应链服务集成商”战略定位优势，众品集团已经逐步构建起现代食品加工制造体系，开始向第三产业发力，谋求建立更为强大的冷链物流网络体系，成为整个行业的领跑者。2013 年众品通过整合内部和外部资源成立“河南鲜易温控供应链股份有限公司”，业务涉及生鲜加工、冷冻仓储、冷链运输、农贸批发、电子商务等多项业务。

上市公司大连獐子岛集团成立了獐子岛锦通（大连）冷链物流有限公司，重点发展城市冷冻冷藏货物配送业务，并设计仓储能力 5 万吨、采用世界上先进的氨—二氧化碳复叠制冷技术的冷库。

福建圣农集团是全国同行业现代化程度最高、南方规模最大的集饲料加工、种鸡饲养、苗鸡孵化、肉鸡饲养、屠宰加工、食品深加工、产品销售为一体的联合型白羽肉鸡生产食品加工企业。2013 年由圣农集团投资 10 亿元，占地 7.2 万平方米，建筑面积约 2.5 万平方米的 6 万吨冷库也已经正式开工建设。

（七）冷链批发市场建设趋热

农产品批发市场注重冷链配套建设。批发市场作为最主要的农产品流通渠道，随着人们食品安全意识的加强和生鲜果蔬、冷冻肉类的品种增多，越发重视冷链对于批发市场业务的支撑作用，“前铺后库”的结构布局已成为很多大型批发市场建设的首选。2013 年全国 80% 以上的新建农批市场配套有冷链设施，批发市场冷链设施总投资金额超过 500 亿元。

福建名成集团 2013 年先后在福州、三明、天津、山东潍坊 4 个城市投资经营管理了 4 家大型水产品交易中心和冷链物流交易中心。其中将投资20亿元在山东潍坊打造集现货交易、冷链仓储物流、加工、展示竞拍交易中心、商务办公、物流配送、电子商务、物流金融、第三方物流、观光尝鲜和海洋科普文化于一体的全国最具规模的水产品交易中心及冷链物流交易中心。

雨润农产品集团分别在成都、沈阳、西安、徐州、哈尔滨、鞍山、石家庄等地投资建设农产品交易市场和冷链物流中心，雨润集团还将继续加大在成都的投资，扩充冷库配套链，建设二期雨润食品城和三期集商务、会展等一体的综合区，计划投资80亿元，将雨润四川国际农产品交易中心打造成全国最大的农产品物流设施提供商和服务商。

北京新发地建12万吨的大型冷库和25万吨蔬菜专业储备保鲜库，以保障极端天气下首都农产品的储备安全。润恒物流发展集团是以专业从事冷链物流、大型农副产品交易批发市场的现代物流集团公司，目前已在全国15个城市发展冷链项目，已建成和建设项目总面积已达500万平方米，总投资100亿元。

2013年5月23日，北京市与河北省签署2013年至2015年合作框架协议，在农产品供应方面双方将支持北京农业生产流通企业在河北建立蔬菜、畜禽等农副产品生产和加工基地，河北省实施进京生鲜食品冷链配送，保障进京食品安全。

（八）进口食品需求加快，临港冷链迎来发展契机

2013年，我国冷链商品进口金额合计为151.9亿美元，同比增长21.1%，较2012年上升了10.5个百分点，国内对冷链进口食品需求总体上呈快速增长态势。从美国的车厘子到日本的三文鱼、再到智利的西梅以及法国的红酒，越来越多的国外新鲜食品随着国际贸易和冷链物流的快速发展，进入到中国民众的餐桌上，仅北京市每年进口红酒的销量就达到10亿元；同时，中国特色的果蔬产品和禽肉制品也正在通过高效、安全的冷链方式送往世界各地，这其中蕴藏着数以百亿元的冷链物流商机。受此影响，2013年变化较为明显的是临港冷链物流基础设施的发展步伐加快。中外运普菲斯冷库继上海外高桥和临港投入使用后，天津港项目也投入使用。由天津滨海泰达物流集团股份有限公司和日本丰田通商株式会社及株式会社上祖公司合作的泰达行（天津）冷链物流有限公司，主要涉及天津港口岸出入境检验检疫核心业务。2013年太古集团继广州项目后先后在廊坊、上海、宁波、南京港口附近投资建设冷库项目；天津东疆保税港区东疆大洋冻品物流配送中心、大连大窑湾保税港区毅都獐子岛冷库、深圳机场红酒物流中心、宁波港金枪鱼保税冷库、烟台港保税水产物流园等众多过亿元的冷链大项目陆续开工建设，我国临港冷链物流业步入发展新时期。

（九）两岸冷链试点初有成效

近年来，随着海峡两岸经贸合作的不断扩大和深化，物流业正成为推动两岸经贸深化合作的重要领域，而冷链物流成为两岸物流产业合作突破口。经商务部、国台办组织专家评估，天津和厦门被确定为“两岸冷链物流合作试点城市”。自2012年成为“两岸冷链物流产业合作试点城市”以来，在两岸的共同努力下，两岸冷链产业合作内容不断充实，领域不断拓展，取得了初步成效。

2013年天津商委召开“两岸冷链物流产业合作座谈会及项目签约仪式”与台湾达成6项冷链合作意向，并与台方合作编制《天津冷链食品物流产业发展规划》。厦门万翔冷链物流中心在2013年年底正式开业，成为大陆首个投入运营的海峡两岸冷链物流产业深度合作试点项目，由中物联冷链委主办的“首届两岸冷链物流产业合作峰会”标志着两岸冷链产业合作交流成效初显。

（十）行业整合加快

2013 年冷链行业整合步伐加快。凯辉私募基金及中法基金共同完成对上海郑明物流 1.2 亿元人民币的投资，同时上海郑明物流完成了对深圳曙光物流的控股；大连中盈物流与日本北兴物流株式会社合资成立中盈北兴冷链物流（大连）有限公司；中外运入股普菲斯与亿达、阳明海运组成冷链“共同体”；快行线物流借力生鲜电商完善全国快行线配送网络，合作进入务实阶段。

（秦玉鸣　中国物流与采购联合会冷链物流专业委员会秘书长）

2013 年中国医药物流

一、医药行业总体发展情况

2013 年国家医药卫生体制改革继续向纵深推进，随着国家新医改及有关政策、标准规范的发布实施，我国医药行业得到全面健康发展。

（一）医药工业规模继续稳步增长

2013 年，我国医药工业实现总产值和销售收入分别为 21906 亿元和 21682 亿元，较 2012 年分别增长 20% 和 21% 。近十年来，我国医药工业总产值和主营业务收入一直保持稳定增长趋势，其中医药工业总产值年均增长率为 22. 0% ，年销售收入年均增长率为 22. 4% 。2004—2013 年我国医药工业总产值及增长情况和销售收入及增长情况分别如图 1 和图 2 所示。

（二）医药工业固定资产投资规模继续增长

2013 年，我国医药工业规模以上企业共完成固定资产投资 4526. 8 亿元，同比增长 26. 5% ，根据调研分析，企业投资的重点是 GMP 改造升级、新厂区建设和新产品的产业化等。

（三）医药行业对外贸易平稳发展

2013 年，我国医药行业完成进出口贸易总额约 897 亿美元，同比增长 10. 3% ，增速与上年持平。其中，出口额为 512 亿美元，同比增长 6. 8% ；进口额为 385 亿美元，同比增长 15. 2% 。

（四）医药行业经济效益稳定增长

2013 年，我国医药行业实现利润总额 2197 亿元，同比增长 17. 6% ，产业销售收入利润率约 10. 1% ，增速与上年同期基本持平。

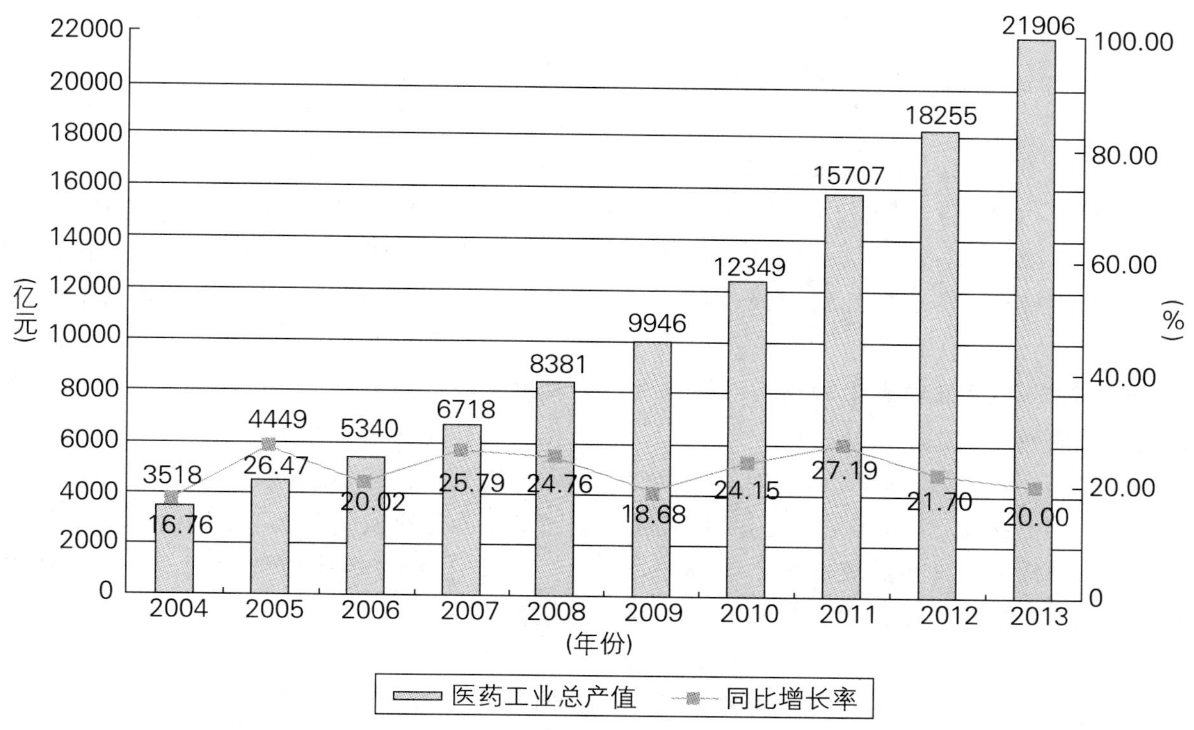

图1 2004—2013 年我国医药工业总产值及增长情况

图2 2004—2013 年我国医药工业销售收入及增长情况

二、医药物流产业发展情况

2013年，在《全国药品流通行业发展规划纲要（2011—2015年）》的指导下，我国医药物流领域多项政策、标准及规范相继出台和颁布实施，有力推进了医药物流行业快速和健康发展。

（一）相关政策法规密集颁布，对医药物流提出了更高要求

2013年5月，商务部下达《2013年流通行业标准项目计划》，其中包括《药品批发企业供应商管理规范》《药品流通企业关键绩效指标体系》《中药材仓储技术条件》《中药材仓储、包装、养护作业规范》《冷库节能运行技术规范》《冷链配送低碳化评估标准》《多温冷藏运输装备技术要求及测试方法》和《城市配送信息平台建设运营规范》等。商务部要求在标准制修订过程中充分吸收和借鉴相关国际标准，与本领域现行国家标准、行业标准紧密衔接，避免内容与已有标准交叉、重复或矛盾。

2013年6月，国家卫生部颁布的新版《药品经营质量管理规范》（GSP）正式实施，新规范增加了计算机信息化管理、仓储温湿度自动检测、药品冷链管理等许多新的管理内容，并扩大了适用范围。

2013年10月，国家食品药品监督管理总局发布冷藏、冷冻药品的储存与运输管理，药品经营企业计算机系统，温湿度自动监测，药品收货与验收和验证管理5个附录的公告，作为《药品经营质量管理规范》配套文件。

2013年10月，《药品物流服务规范》（GB/T 30335—2013）和《药品批发企业物流服务能力评估指标》颁布实施。《药品物流服务规范》规定了药品物流服务的基本要求，对仓储、运输、配送、装卸搬运、货物交接和信息服务等提出了作业要求，成为风险控制、投诉处理、物流服务质量的主要评价指标。《药品批发企业物流服务能力评估指标》标准规定了药品批发企业物流服务能力构成的要素和评估指标，并对药品批发企业物流服务能力进行了划分。

2013年，我国医药行业一系列物流政策、标准文件的密集出台，从医药物流运作的规范化、标准化、信息化等方面提出了严格要求，大大提高了医药物流行业准入门槛，为医药物流的全面健康发展提供了很好的政策环境。

（二）业务规模继续增大，经济效益增幅趋缓

2013年，我国药品流通直报企业主营业务收入9873亿元，同比增长17%，增幅回落3个百分点；实现利润总额202亿元，同比增长16%，增幅回落0.5个百分点；平均毛利率为6.7%，同比下降0.2个百分点；平均费用率为5.1%，同比下降0.1个百分点；平均利润率为1.7%，同比下降0.2个百分点。

（三）医药物流投入继续增大，全国性物流网络正在形成

2013年，我国医药物流行业全国性物流配送网络进入密集建设期，第三方物流企业继续加大设施设备投入，创新医药物流发展模式，扁平化、少环节、可追踪、高效率的现代流通模式得到快速发展。

根据《2013年药品流通行业运行统计分析报告》，2013年我国药品流通企业在物流设施设备的投入继续增加，直报企业自有配送中心数量同比增长8.4%，自有配送中心仓储面积同比增长9.9%。在物流设施建设中，物联网技术、高位货架、电子标签拣货系统、自动分拣系统等现代物流技术与装备得到广泛应用，

"最后一公里"药品供应保障体系进一步完善。

2013年3月南京医药发布公告，拟与控股子公司合肥天星共同投资建设南京医药合肥物流中心，一期项目总投资约为1.67亿元；2013年1月嘉事堂发布公告拟规划使用自有资金7414.78万元，投资建设京西医药物流配送中心，填补北京西部地区现代化、专业化医药物流空白；复星国际则投资5亿元，与阿里巴巴集团等公司联合成立"菜鸟"网络科技有限公司，共同发展全国物流基础设施项目；九州通在物流基础设施建设上的投入更是大手笔，据统计，上市以来的九州通将50多亿元融资额的86%投入到物流设施设备上。

总体看，经过各方面不断建设，全国性的医药物流配送网络正在逐渐形成。国药集团医药物流有限公司的物流网络已覆盖全国30多个一级城市，100多个二、三级城市，2000多家商业公司，1万多家医院，10万多家药店及诊所，是我国网络覆盖最全的医药物流企业。华润医药物流平台可覆盖山东省内17个地市的各大医药商业单位和大部分县级以上医疗单位、各类医院近600家，其中在济南市二等甲级以上医院的覆盖率达到100%，市区各级医院的供应量占其需求量的65%以上，迄今为止华润医药商业集团已分别建立了华润新龙（北京）现代医药物流中心、华润牡丹江现代医药物流中心、华润苏州高新区现代医药物流中心、华润辽宁医药现代物流中心、吉林康乃尔医药现代物流中心等40家现代医药物流中心，一个集团化的现代物流配送体系正在形成。九州通医药物流公司现已有14家省级大型医药物流中心、17家地市级物流配送中心及206个配送站，覆盖国内70%以上的行政区域，可为71000多家上下游客户提供一体化物流服务。

（四）兼并重组步伐加快，产业集中度进一步提高

根据商务部《2013年药品流通行业运行统计分析报告》，2013年度主营业务收入在100亿元以上的药品批发企业有12家，比上年增加2家；主营业务收入在50亿~100亿元的药品批发企业有11家，比上年增加4家；主营业务收入在10亿~50亿元的药品批发企业有75家，比上年增加1家。从行业市场占有率来看，2013年居药品批发企业主营业务收入前100位的企业市场规模占同期全国医药市场总规模的64.3%，比上年提高0.3个百分点，其中位居前三位的药品批发企业的市场规模占同期全国医药市场总规模的29.7%，比上年提高0.9个百分点；主营业务收入在100亿元以上的批发企业的市场规模占同期全国医药市场总规模的44.5%，比上年提高3个百分点；主营收入在50亿~100亿元的批发企业的市场规模占同期全国医药市场总规模的6.4%，与上年基本持平；主营业务收入在10亿~50亿元之间的批发企业的市场规模占同期全国医药市场总规模的13.1%，比上年下降3个百分点。

2013年1月22日，由工业和信息化部牵头，国家发改委、财政部、商务部、税务总局、人民银行等12部委联合发布了《关于加快推进重点行业企业兼并重组的指导意见》（工信部联产业〔2013〕16号），其中对医药行业提出了具体目标和要求：到2015年，前100家企业的销售收入占全行业销售总收入的50%以上，基本药物主要品种销量前20家企业所占市场份额达到80%，实现基本药物生产的规模化和集约化。鼓励同类产品企业强强联合、优势企业兼并其他企业，促进资源向优势企业集中，实现规模化、集约化经营，提高产业集中度，培育形成一批具有国际竞争力和对行业

发展有较强带动作用的大型企业集团。为此，商务部继续鼓励企业兼并重组、做大做强，支持发展现代医药物流和连锁经营，进一步提升药品流通效率和现代化水平，鼓励药品流通企业利用产业基金、上市融资、引进外资等多种方式，加快兼并重组步伐，整合现有药品流通资源，引导一般中小药品流通企业通过市场化途径并入大型药品流通企业，努力形成全国统一市场，实现规模化、集约化和国际化经营。同年，国家商务部颁布《药品批发企业物流服务能力评估指标》标准，对我国医药物流企业在规模、质量管理、安全风险控制等方面做出了明确界定。按批发企业的年配送额将医药企业划分为 AAA 级、AA 级、A 级，其中 AAA 级企业年配送总货值要达到 30 亿元以上。因此，医药物流企业分类分级管理就是医药物流行业重新洗牌，促使产业集中度进一步提升。

有数据显示，自 2011 年以来，全国药品流通企业共实施兼并重组 329 起，涉及金额 101 亿元；15 家药品流通类上市公司共实施兼并重组 76 起，涉及金额 75 亿元，在医药类上市公司兼并重组数量上连续 3 年居首位。兼并重组推动了药品流通行业结构调整进程的加快，集中度不断提高。同时，随着国家政策的陆续出台，我国医药物流行业的集中度日益提高，为医药物流的跨越式发展起到积极的促进作用。近两年，我国药品流通企业兼并重组呈现以下几个特点：一是以大型骨干企业收购中小企业为主导；二是股权收购等资本运作的比重逐步增大；三是以国药集团等为代表的全国性药品流通企业加速全国布局，一些区域性公司也加强在本地布局，向基层延伸完善销售网络；四是兼并重组从业内向上下游拓展，医疗机构开始成为一些药品流通企业的收购对象；五是药品流通企业通过制定战略规划，采用资本运作手段，建立相关制度与流程，使用专业人才和加强并购后的企业全面融合等多种措施，逐步积累了行之有效的经验和做法。

（五）药品安全监管政策出台，促使物流信息化水平全面提升

运用现代信息技术实现中药材各环节交易凭证的电子化，建立中药材流通追溯体系，是提升中药材质量安全水平，促进中医药事业发展的一项重大民生工程。

2013 年 2 月，商务部下发《国家中药材流通追溯体系智能溯源秤接口规范》和《国家中药材流通追溯体系主要设备参数要求》，前者规定了在国家中药材流通追溯体系地方流通追溯平台及流通节点与智能溯源秤之间的数据接口、使用流程、通信协议等内容；后者规定了国家中药材流通追溯体系地方流通追溯平台及流通节点需要使用的实现数据采集、存储和查询等功能的主要专用设备和支撑应用系统的主要 IT 通用设备的最低技术参数要求等；2013 年 2 月，国家食品药品监督管理局下发《关于进一步加强食品药品监管信息化建设的指导意见》，其总体目标是：到“十二五”末，建成覆盖各级食品药品监管部门的统一信息网络和国家、省两级数据中心，完善信息安全、信息标准和应用支撑平台三大支撑体系，建成覆盖药品、医疗器械、保健食品、化妆品、餐饮食品监管业务的行政执法、信息监测、应急管理、公共服务、决策支持和内部管理六大业务平台，形成互联互通、信息共享、业务协同、统一高效的食品药品监管信息系统，推进阳光审批、动态监管与科学决策，促进食品药品监管和服务水平的不断提高。

2013 年 4 月，商务部办公厅发布《关于做好第一批试点城市中药材流通追溯体系建设工作的通知》，正式启动中药材流通追溯体系建设试点工作。商务部争取财政支持资金1亿元，在成都、亳州、保定和玉林4个中药材流通集散地开展中药材流通追溯试点工作，目前各项工作进展顺利。

2013年5月，国家食品药品监督管理总局发布的《关于2012年版〈国家基本药物目录〉药品电子监管实施工作的公告》明确规定，凡生产2012年版《国家基本药物目录》药品品种均应按规定实施电子监管，国产药品和在国内分包装的进口药品应于2013年11月底前实行电子监管，进口药品应于2014年3月底前实行电子监管。

在新政策及相关标准引导下，全国各地开展了药品电子监管试点工作。西部12省的药店终端试点工作是国家药品监管信息系统一期工程的重要组成部分，共选择西部12省的47595户零售药店（其中云南省4323户）作为药品电子监管零售药店终端试点，其工作目标是通过将药品流通监管系统延伸至零售药店，使药品的生产、经营形成闭环系统，保证药品流通痕迹被完整地保存，建立药品安全追溯体系，实现对药品生产、流通、使用全过程跟踪和监管。各大医药物流企业积极响应国家政策要求，结合企业需求升级改造物流信息系统，医药物流信息化水平普遍提高。如瑞康医药高度重视信息化工作在公司运营中的作用，在起步初期就上线了ERP业务管理系统，经过9年的努力，信息化建设体系不断完备，在同行业处于领先水平，主要信息系统包括药品ERP系统，器械ERP、OA、BI、WMS、WCS、B to B电子商务平台，拉式补货系统，车辆GPS管理系统以及其他的小型应用系统等，建立了高可靠、高性能的网络构架体系，保证公司网络及各种应用系统稳定运行，信息化工作在公司管理、生产、经营、销售等各个方面发挥着重要作用。

（六）“医药物流服务延伸示范工程”实施效果显著，医药物流服务模式创新发展

为贯彻落实国家医药卫生体制改革和《全国药品流通行业发展规划纲要（2011—2015年）》（商秩发〔2011〕123号）关于发展现代医药物流的要求，提升药品流通效率和现代化水平，商务部于2011年6月启动“医药物流服务延伸示范工程”。为总结示范工程实施效果、推广先进经验，2013年8月商务部公布全国第一批共47个医药物流服务延伸示范项目（详见下表）。通过政府网站发布、新闻媒体报道和组织观摩学习等多种方式，宣传推广示范项目成功经验，充分发挥了示范项目的带动效应。

商务部医药物流服务延伸示范项目（第一批）名单

序号	项目名称
1	国药集团药业股份有限公司与中国人民解放军空军总医院合作的医院供应商库存管理系统项目
2	国药控股北京康辰生物医药有限公司与中国人民解放军总医院第一附属医院合作的医院冷链设施监控管理项目
3	华润医药商业集团有限公司和北京天坛医院合作的医药物流服务延伸项目

续 表

序号	项目名称
4	华润医药商业集团有限公司与北京协和医院合作的医院物流智能一体化项目
5	北京科园信海医药经营有限公司与中国人民解放军总医院合作的药库外置服务项目
6	北京科园信海医药经营有限公司与北京宣武医院合作的院内物流服务和信息化提升项目
7	北京科园信海医药经营有限公司与北京儿童医院合作的医院药品供应链延伸服务项目
8	北京九州通医药有限公司与北京大学人民医院合作的医院低值耗材统一配送项目
9	北京九州通医药有限公司与北京大兴区旧宫镇中心卫生院合作的中央药库外设项目
10	嘉事堂药业股份有限公司与北京老年医院合作的药库信息化项目
11	国药控股天津有限公司与天津泰达国际心血管病医院合作的医院物联网项目
12	华润天津医药有限公司与天津市第一中心医院合作的医院物流智能一体化项目
13	天津九州通达医药有限公司与天津市北辰医院合作的医院低值耗材统一配送项目
14	天津医药集团太平医药有限公司与天津市虹桥医院合作的医院药品物流管理系统项目
15	国药乐仁堂医药有限公司与石家庄市中心医院合作的院内数字化物流系统项目
16	华润河北医大医药有限公司与河北省人民医院合作的医院物流智能一体化项目
17	国药控股山西有限公司与山西医科大学第一医院等合作的智能化药房项目
18	山西九州通医药有限公司与山西医科大学第二医院合作的住院药房智能化改造项目
19	华润内蒙古医药有限公司与内蒙古医科大学附属医院合作的医院物流智能一体化项目
20	国药控股沈阳有限公司与中国药科大学附属盛京医院等合作的东北药品供应保障信息平台项目
21	华润大连澳德医药有限公司与中国人民解放军第 210 医院合作的医院物流智能一体化项目
22	国药控股吉林有限公司与吉林大学第一医院等合作的医药供应链项目
23	华润吉林康乃尔医药有限公司与吉林省人民医院合作的物流延伸和药库社会化管理项目
24	华润牡丹江天利医药有限公司与牡丹江医学院红旗医院合作的医院物流智能一体化项目
25	国药控股股份有限公司与上海东方医院南院开展的药事服务合作项目
26	上海医药分销控股有限公司与长海医院等合作的医院院内物流项目
27	华润苏州礼安医药有限公司与苏州市立医院等合作的医院物流智能一体化项目
28	南京医药股份有限公司与江苏省人民医院合作的综合药事服务项目
29	华东医药股份有限公司与湖州市第一人民医院合作的智能化药品供应链管理项目

续 表

序号	项目名称
30	国药控股安徽有限公司与淮北市人民医院合作的智慧型供应链物流服务项目
31	国药控股安徽有限公司与合肥市滨湖医院等合作的智能化药房管理提升和供应链增值服务合作项目
32	江西汇仁集团医药科研营销有限公司与南昌县人民医院合作的医药物流服务延伸项目
33	华润山东医药有限公司与山东省千佛山医院合作的医院物流智能一体化项目
34	山东海王银河医药有限公司与威海市立医院等合作的院内物流系统和自动化药房改造项目
35	国药控股河南股份有限公司与安阳市第一人民医院等合作的医药物流服务延伸项目
36	华润河南医药有限公司与郑州市中心医院合作的智能医药物流整体合作方案项目
37	襄阳九州通医药有限公司与襄阳市中医院合作的中央库房外设项目
38	国药控股湖南有限公司与郴州市第一人民医院合作的医院药事管理服务项目
39	华润湖南瑞格医药有限公司与湖南湘雅医学院附属肿瘤医院合作的医院物流智能一体化项目
40	华润广东医药有限公司与广东省人民医院合作的医院物流智能一体化项目
41	广州医药有限公司与荔湾区金花街、白鹤洞街、逢源街等社区卫生服务中心合作的药库药房信息化管理项目
42	四川省医药股份有限公司与攀枝花学院附属医院等合作的供应链协同管理服务平台项目
43	云南省医药有限公司与云南省第一人民医院合作的医院院内药品供应监管系统项目
44	兰州九州通医药有限公司与兰州中国人民解放军第一医院合作的智能化药库改造项目
45	国药控股青海有限公司与青海大学附属医院合作的药房智慧供应链服务项目和物流协同项目
46	青海省新绿洲药业有限公司与海南藏族自治州人民医院合作的医院物流信息管理平台项目
47	青海心达药业有限公司与青海省心脑血管病专科医院等合作的静脉用药调配中心（PIVAS）项目

（七）医药物流统计工作有序推进，行业引导作用开始显现

2013 年 8 月，商务部办公厅发布《关于进一步加强药品流通行业统计工作的通知》和商务部修订的《药品流通统计报表制度》开始执行。要求从 2014 年起，各地区在每年 4 月底前将本地上年度统计报告上报商务部市场秩序司，并要求各地商务主管部门要加强药品流通行业统计数据审核工作，确保本地企业数据准确性。2013 年 5 月，商务部发布了《2012 年药品流通行业运行统计分析报告》，对行业发展起到了积极引导作用。

（八）医药冷链物流标准规范出台，对药品冷链技术要求提高

随着医药行业的快速发展以及新版 GSP 和《药品生产质量管理规范》(GMP) 的实施，冷藏药品冷链物流安全问题得到政府部门的高度重视。新版 GSP 全文一共 187 条，涉及冷链管理方面的要求就有 40 条。

新版 GSP 及公告对药品经营和流通企业提出了更高的软硬件要求，包括信息化系统、药品仓储、配送环境、药品采购、质量管理人员资质等方面，尤其是增加了对物流信息化的管理要求，要求全面推行计算机信息化管理，满足药品电子监管要求，实现药品质量可追溯。新规范明确规定，企业应当对药品仓库采用温湿度自动监测系统，对仓储环境实施持续、有效的实时监测；对储存、运输冷藏、冷冻药品配备特定的设施设备。

2013 年是国家标准《药品冷链物流运作规范》(GB/T 28842—2012) 发布实施的第一年，该标准规定了冷藏药品物流过程中的基本要求以及收货、验收、储存、养护、发货、运输、温度监测和控制，储存和运输设施设备、人员配备等方面的要求。同年，《药品冷链保温箱通用规范》国家标准征求意见稿面向社会广泛征求意见，该标准规定了对药品冷链物流保温箱的通用要求、技术及质量保证等。

2013 年 10 月 23 日，国家食品药品监督管理总局发布《药品经营质量管理规范》配套文件——冷藏、冷冻药品的储存与运输管理等 5 个附录的公告，包括冷藏、冷冻药品的储存与运输管理，药品经营企业计算机系统，温湿度自动监测，药品收货与验收和验证管理 5 个附录。

国家医药冷链物流政策、标准的实施，表明了冷链物流设施设备将成为医药物流企业的必备装置，医药冷链物流迎来了难得的发展机遇。据统计，疫苗类制品、注射针剂、酊剂、口服药品、外用药品、血液制品等医药冷藏品的销售金额占我国医药流通企业总销售额的 3% ~8%，且上升趋势明显，冷链医药产品市场正在不断扩大。

（何民爱　山东交通学院　巩向玮　山东轻工职业学院）

2013 年我国农产品物流

2013 年在国家一系列惠农政策的支持下，我国农产品总产量达到 19.63 亿吨（不包括木材产量），具体情况如表 1 所示。巨量的农产品流通带动了农产品物流需求的增长。2013 年我国农产品物流市场稳定发展。

表 1　　2010—2013 年我国主要农产品产量一览

农产品类别	产量（万吨）				农产品类别	产量（万吨）			
	2010 年	2011 年	2012 年	2013 年		2010 年	2011 年	2012 年	2013 年
粮食	54641	57121	58957	60194	水果	20400	22700	24270	24135
肉类	7925	7957	8221	8536	棉花	597	660	684	631
水产品	5366	5600	5906	6172	油料	3239	3279	3476	3531
禽蛋	2765	2811	2861	2876	糖料	12045	12520	13500	13759
牛奶	3570	3656	3744	3531	烤烟	271	287	320	320
蔬菜	63700	67700	70200	72500	茶叶	145	162	170	193
木材（万立方米）	7284	7272	8088	8367	合计	174663	184453	191998	196378

一、农产品国内物流情况

2013 年，我国农产品物流总额为 2.5 万亿元，同比增长 4%。我国农产品物流总额已连续 10 年呈增长态势。然而，我国农产品物流总额占社会物流总额的比重却一直呈现下降趋势。2004—2013 年我国农产品物流发展情况如表 2 所示。

表 2　　2004—2013 年我国农产品物流发展一览

年份	社会物流总额（亿元）	农产品物流所占比例（%）	农产品物流总额（亿元）	农产品物流总额同比增长（%）
2004	383829	3. 12	11970	6. 3
2005	481983	2. 64	12748	6. 5
2006	595976	2. 27	13546	6. 3
2007	752283	2. 11	15849	17. 0
2008	898978	2. 07	18638	17. 6
2009	966500	2. 01	19439	4. 3
2010	1254130	1. 78	22355	4. 3
2011	1584000	1. 47	23361	4. 5
2012	1773000	1. 38	24412. 00	4. 5
2013	1978000	1. 28	25388. 48	4

二、农产品进出口物流情况

2013 年我国农产品进出口额为 1866. 9 亿美元，同比增长 6. 2%。其中，出口额为 678. 3 亿美元，同比增长 7. 2%；进口额为 1188. 7 亿美元，同比增长 5. 7%；贸易逆差为 510. 4 亿美元，同比增长 3. 7%。

（一）谷物

2013 年，我国谷物共进口 1458. 5 万吨，同比增长 4. 3%；进口额为 51 亿美元，同比增长 6. 6%。谷物共出口 100. 1 万吨，同比减少 1. 5%；出口额为 7 亿美元，同比增长 10. 6%；净进口 1358. 4 万吨，同比增长 4. 8%。

2013 年，我国小麦进口 553. 5 万吨，同比增长 49. 6%；出口 27. 8 万吨，同比减少 2. 6%。

2013 年，我国玉米进口 326. 6 万吨，同比减少 37. 3%；出口 7. 8 万吨，同比减少 69. 8%。

2013 年，我国稻谷和大米进口 227. 1 万吨，同比减少 4. 1%；出口 47. 8 万吨，同比增加 71. 4%。大麦进口 233. 5 万吨，同比减少 7. 6%。

（二）棉花、食糖

2013 年，我国棉花进口 450. 0 万吨，同比减少 16. 9%；进口额为 87. 2 亿美元，同比减少 27. 3%。棉纱进口 209. 9 万吨，同比增长 37. 5%。

2013 年我国食糖进口 454. 6 万吨，同比增长 21. 3%；进口额为 20. 7 亿美元，同比减少 7. 8%。

（三）食用油籽、食用植物油

2013 年，我国食用油籽进口 6783. 5 万吨，同比增长 8. 9%，进口额为 414. 0 亿美元，同比增长 9. 7%；出口 87. 0 万吨，同比减少 13. 6%，出口额为 15. 7 亿美元，同比减少 7. 8%；贸易逆差为 398. 3 亿美元，同比增长 10. 5%。其中，大豆进口 6337. 5 万吨，同比增长 8.5%；油菜籽进口 366.2 万吨，同比增长 25.0%。

2013 年，我国食用植物油进口 922.1 万吨，同比减少 3.9%，进口额为 89.4 亿美元，同比减少 17.2%；贸易逆差为 87.5 亿美元，同比减少 17.6%。其中，棕榈油进口 597.9 万吨，同比减少 5.7%；豆油进口 115.8 万吨，同比减少 36.6%；菜油进口 152.7 万吨，同比增长 29.9%。

2013 年，我国饼粕进口 89.8 万吨，同比减少 14.2%，进口额为 2.0 亿美元，同比减少 21.0%；出口 137.0 万吨，同比减少 10.7%，出口额为 7.2 亿美元，同比减少 6.2%。进口玉米酒糟蛋白（DDGs）400.2 万吨，同比增长 68.0%，进口额为 14.1 亿美元，同比增长 81.5%。

（四）水果、蔬菜

2013 年，我国蔬菜出口额 115.8 亿美元，同比增长 16.2%；贸易顺差为 111.6 亿美元，同比增长 16.8%。

2013 年，我国水果出口额为 63.2 亿美元，同比增长 2.3%；进口额为 41.6 亿美元，同比增长 10.5%；贸易顺差为 21.6 亿美元，同比减少 10.5%。

（五）畜产品、水产品

2013 年，我国畜产品进口额为 195.1 亿美元，同比增长 30.9%；出口额为 65.2 亿美元，同比增长 1.3%；贸易逆差为 129.9 亿美元，同比增长 53.4%。牛肉进口 29.4 万吨，同比增长 379.3%；羊肉进口 25.9 万吨，同比增长 108.8%；猪肉进口 58.4 万吨，同比增长 11.7%；奶粉进口 86.4 万吨，同比增长 49.3%。

2013 年，我国水产品出口额为 202.6 亿美元，同比增长 6.7%；进口额为 86.4 亿美元，同比增长 8.0%；贸易顺差为 116.2 亿美元，同比增长 5.8%。

三、农产品冷链物流快速发展

中物联冷链委发布的《2014 中国冷链物流发展报告》显示，2013 年我国冷链物流业固定资产投资超过 1000 亿元，同比增长 24.2%。2013 年我国冷库规模继续保持较快增长势头，截至 2013 年年底，全国冷库储存能力总计约为 2411 万吨，同比增长约 13.6%。2013 年全国建成投入运行的冷库储存能力总计达到近 290 万吨，其中公共型冷库总储存能力约 262 万吨，占建成投运冷库总储存能力的比重超过 91%。冷链运输方面，公路运输占我国冷藏运输量的 90%，冷藏车市场保有量在 2013 年新增 15000 台左右，同比增长约 14%。

（一）农产品冷链物流发展的环境政策不断改善

2013 年年初，国务院办公厅下发《关于落实中共中央国务院关于加快发展现代农业进一步增强农村发展活力若干意见有关政策措施分工的通知》，将中央一号文件有关政策措施详细分解为 80 项具体工作，落实到各部委及单位部门。其中涉及农产品冷链物流的有：加快推进以城市标准化菜市场、生鲜超市、城乡集贸市场为主体的农产品零售市场建设，加强粮油仓储物流设施建设，发展农产品冷冻储藏、分级包装、电子结算、对建设鲜活农产品仓储物流设施、兴办农产品加工业给予补助、启动农产品现代流通综合示范区创建等 7 项政策。在一系列相关政策的推动下，我国农产品冷链物流得到较快发展。

（二）农产品冷链物流市场初步形成

2013 年，我国年产禽蛋 2876 万吨、水果

24135万吨、蔬菜近7.25亿吨；肉类食品厂有2500多家、年产肉类8536万吨，产量以每年5%左右的速度递增；速冻食品厂2000多家，年产量超过850万吨：乳品业500多家，产量近千万吨，每年以30%的速度增长；水产品产量6172万吨，每年以4%的速度递增。这些行业的迅猛发展，对农产品冷链物流提出了更大的需求。市场需求推动了冷链物流市场的形成，加之企业技术水平的提高以及政府的大力支持，进一步促进了冷链物流市场的发展。据不完全统计，截至2013年，仅我国食品行业对冷链物流的年需求量已达到了一亿吨左右，年增长率保持在8%以上。

（三）冷链物流基础设施日趋改善

随着农产品冷链物流需求的提升，我国政府和农产品流通主体积极采用先进的物流技术和设施，为实现农产品物流专业化运作创造了一定的基础条件。截至2013年年底，我国冷库储存能力总计约为2411万吨，同比增长约13.6%。按照国家农产品冷链发展规划要求，到2015年，要新增冷藏运输车4万辆，即在现有基础上总量达到6万辆，从而大幅提升冷链运输能力。预计到2015年，国内冷链装备制造业市场规模将达到3500亿元。随着中国经济的高速发展以及消费者消费品质的日益提高，未来10年内，我国的冷藏车年均增长将达到28%以上，冷藏库年均增长将达到30%以上。

由于我国冷链物流对冷库的需求量正在以每年30%的速度增长，到2017年我国冷库容量将增加至1.4亿立方米。目前，广西区正在建设集仓储、配送、运输、加工、商贸、信息服务为一体，海、陆、铁多式联运的冷冻物流体系，打造西南地区最大的冷冻物流基地；四川省计划投资49.59亿元，到2015年年底建设50个农产品冷链物流重点项目，在四川全省构建起社会化、网络化、专业化的农产品冷链物流服务体系。

（四）大型农产品物流园区和基地建设加快

2013年9月30日，国家发改委等十二个部委联合发布了《全国物流园区发展规划》（以下简称《规划》），按照《规划》我国各级政府均加大了对农产品物流园区的支持力度，全年各地陆续竣工了一些大型的农产品物流园区，其中有配套八大功能区、拥有2万吨大型冷库的深圳国际农产品物流园、配套六大功能区的中国寿光农产品物流园，以及以果蔬深加工和仓储物流为主的福建永安农产品物流园。此外，山西太行山农产品物流园区、北京农产品中央物流园区等大型物流园区也已开工建设。

如山东兖州市绿源食品有限公司承担建设的鲁西南安全农产品冷链物流中心是2013年的项目。该项目是国家发改委批准建设的特大型区域布局物流项目，也是山东省财政厅、山东省农业发展银行联合批复的贷款贴息项目。该项目规划总用地面积约360亩，总投资10亿元，规划建设有办公楼、综合业务大楼、低温冷冻库、保鲜库、加工车间以及生活服务设施等。项目一期建设3万吨冷库，投资为2.6亿元，项目建成运营后，每年可实现销售收入4.56亿元，利税6030万元。

2013年贵州省物资集团投资2亿元打造“牛郎关冷链项目”，建设10万吨级现代冷库，计划于2015年完成；北部湾国际港务集团打造的西南地区最大的冷链物流基地正式破土动工。

2013年内蒙古呼和浩特昌琪冷链物流仓储园区项目的建设已进入尾声，该项目总建筑面积约40万平方米，其中常温库约35.2万平方米，低温库约4.8万平方米，总投资17亿元，计划在2014年开业。

（五）冷链物流已成为企业投资的新热点

在业务外包等新型管理理念的影响下，各农产品和食品经营企业为增强市场竞争力，纷纷将企业的资金、人力、物力投入到其核心业务上去，以寻求社会化分工协作带来的效率和效益的最大化。专业化分工的结果必然导致许多非核心业务从企业的生产经营活动中分离出来，将冷链物流业务包给第三方物流企业。

中铁快运在前年就推出了小批量、多批次、保温、准时的“门到门”的全程冷链快递运输服务，2014年实现在500个城市推行门到门限时到达，冷链快递业务将占到中铁快运年营业额的10%左右，达到10亿元。大型央企中粮集团在打造全产业链的同时，其冷链业务也开始起步。

此外，来自台湾的顶新集团、大荣集团也已于多年前进入中国的冷链市场，只是在局部地区占有一定的市场份额，而且多集中在上海、北京、广州等一线城市，其发展之路亦没有初料之顺利。巨大的差距即意味着巨大的发展空间。事实上，正是因为存在着较大的发展空间，所以冷链物流才在近年成为各方必争之地。

（六）全程冷链专列出现

2012年11月29日，首列海南果蔬“铁路绿色快车”正式开行，到2013年又有新的动态出现：①2013年12月11日，百色—北京果蔬绿色专列正式开通，运载近1200吨小番茄、西葫芦、香蕉等农产品进北京，实现农产品产地—专列—销地的全程冷链运送；②2013年11月6日，“泸昆”五定（即定点、定线、定车次、定时、定价）集装箱班列开出，经沪昆、内六、成渝、隆泸线抵达泸州港站，运行时间约2天，比普通货运列车节约时间4天以上，可见我国农产品物流正在进入一个新阶段，南菜北运正在进入一个现代化发展时期。

（洪　涛　北京工商大学）

2013年中国军事物流

2013年是现代军事物流体系建设向深度和广度奋力拓展的重要一年。中国人民解放军各级军事物流部门深入贯彻落实党的十八大精神，坚决贯彻习主席和中央军委决策指示，围绕现代军事物流体系建设目标，紧紧围绕保障打赢、服务部队的根本职能，加快建设保障打赢现代化战争的军事物流、服务部队现代化建设的军事物流、向信息化转型的军事物流，坚持以军事斗争准备为龙头，努力提高军事物流保障水平，实现了在新的起点上又好又快发展。

一、军事物流体系建设稳步推进

中央军委颁发的《全面建设现代后勤纲要》明确提出了“构建军民结合的军事物流体系”，“逐步建成集采购、仓储、运输、配送于一体的现代军事物流体系”。现代军事物流体系建设是深入贯彻党的十八大精神、加快全面建设现代后勤的重大战略举措。坚持以党的十八大精神为统揽，积极探索新形势下军地物流融合发展的新途径新方法，努力构建中国特色的现代军事物流体系，已成为当前加快中国特色军事后勤变革的一项重大课题。

2013年，中国人民解放军后勤部门以现代军事物流体系建设为牵引，立足全军物流建设实际，始终抓住事关军事物流建设大局的主要矛盾，抓大事、办实事、解难事，着力抓好保障资源、保障力量、保障功能的综合集成，不断提升适应现代信息化战争要求的体系作战保障能力，有关部门重点推进了后方仓库向军事物流基地转型建设，就现代军事物流基地的基本模式、功能设计、建设目标、运行机制、主要任务、重点工程和实施步骤等重大问题进行了有益探索，进行了建设试点，达到了预期目的。军事物流基地建设是一项复杂的系统工程，必须按照国家和军队统一部署和建设要求，科学搞好顶层设计，注重基地建设的系统性、整体性和协调性，坚定实施统一领导。

2013年，军事物流有关部门及单位坚持军事斗争准备龙头地位不动摇，突出军事物流核心保障能力建设，确保一旦有事拉得出、上得去、保得好、打得赢。修订并进一步完善了军事物流各种保障预案，继续推进军事物流基地建设，加强军事物流战备设施和指挥通信装备配套建设。加快转变保障力生成模式，提高军事物流核心保障能力。进一步完善了储备规模、储备布局、品种结构、储备周期等顶层设计，健全了军事物资轮换更新机制，加大了军事物资预储预置，进一步规范了军事物资合同（能力）储备、军事物资依厂代储等新的物资储备模式，积极开展了军事物资及供应商动员潜力调查。加快了军事物流装备新研改造和试验定型，按照成体系、成建制更新轮换的原则补充配备新型军事物流装备。2013 年，军事物流有关部门及单位还进一步探索了军事物流与作战一体训练机制，加强军事物流组织指挥能力训练与考核，不断推动军事物流训练转变，增强遂行任务保障能力。

二、军事物流保障任务顺利完成

2013 年，中国人民解放军紧紧围绕国防和军队建设方针，按照全面建设现代后勤战略部署和现代军事物流体系建设总体要求科学安排、狠抓落实，凝聚力量、攻坚克难，为全军应对多种安全威胁、完成多样化军事任务提供坚实的军事物流保障。按照“能打仗、打胜仗”的要求，以军事物流核心保障能力建设为牵引，以军事物流建设规划计划为主导，集中力量办大事，加大经费投入，优先保障军事斗争准备，狠抓军事物流保障力生成模式转变，推动军事物流保障力各要素协调发展，促进建设任务按时间节点推进。着眼保障部队遂行任务和战备训练生活需要，加强军事物流保障工作的整体统筹，调整并进一步完善各项标准制度，不断提升军事物流保障效能，提高精确保障水平。扎实做好重大训练演习活动和抢险救灾、维护社会稳定、亚丁湾索马里海域护航、国际维和等重大军事行动任务军事物流保障，加强常态化保障机制建设。着力推进军事物流基础设施配套建设。论证形成新一代军事物流标准制度体系框架和建设规划，逐步建立完善一整套科学合理的分配、供应、消耗、管理、监督、检查军事物流标准制度体系。切实抓好军事物流科学管理。修订军事物流相关管理规定，组织物资采购、物资储存、仓库安全、供应管理、物资采购、进口监管等专项检查，积极开展军事物流规范化管理，确保军事物流系统安全稳定。

三、军事物流深化改革稳妥实施

2013 年，中国人民解放军坚持三军一体、军民融合的发展方向，认真贯彻了军委有关决策部署，进一步充实完善了军事物流战略筹划和顶层设计，逐步建立现代军事物流运行模式和制度安排，推动了军事物流常态化建设。坚决落实各项军事物流改革任务，不断完善军事物流体制机制和政策制度。优化济南战区大联勤体制，与联合作战指挥体制改革相适应，进一步深化联勤保障体制改革。逐步深化军事物流保障社会化改革，稳步推进军事物流区域集约保障社会化试点，研究制定配套措施，推行军事物资区域化集中筹措和军事物流标准化运作，进一步落实统筹国家经济建设和国防建设规划相关任务。开展成建制成系统落实现代军事物流体系建设目标任务达标活动，树立建设、管理、保障全面过硬的先进典型。进一步严格部队物资采购计划归口管理，进一步规范采购运行、监督、管理机制，坚决推行“阳光采购”，减少人为干预，实现采购过程公开透明。进一步扩大区域联合采购和竞争性采购范围，坚决叫停不符合限定条件的单一来源采购。积极探索保障基地直接配送、依托地方物流企业配送等军事物流保障模式，建立科学合理的旧品回收利用机制。进一步加强军事物流数据中心建设，稳步推进军事物流信息系统建设与推广应用，推进二维条码、射频技术、北斗导航技术、云计算技术在军事物流领域的广泛应用，搞好军事物流安防系统建设，努力实现军事物流安全管理实时动态监控，促进军事物流信息化水平的整体提升。进一步加快军事物流保障模式改革探索，走集约高效的军事物流体系建设与发展的新路子。

四、军事物流业务训练扎实开展

2013 年，中国人民解放军军事物流相关部门及单位按实战要求强化军事物流业务训练，创新信息化条件下军事物流训练方法，积极推行业务训练责任制，推动业务训练进一步贴近实战。一是深化了军事物流指挥机构训练，开展全系统、全要素军事物流指挥训练，推动军事物流指挥机构训练常态化、规范化、实案化；二是深化军事物流保障法创新，紧紧围绕信息化条件下军事物流保障的关键环节，深入开展军事物流保障使命课题专攻精练，努力在军事物流体系保障能力短板弱项攻关上取得突破；三是切实加强了复杂电磁环境下实际军事物流保障研练，强化了全系统和极限条件下军事物流业务训练，积极探索了军事物流训练的新方法、新路子；四是围绕营造实战环境加快信息化军事物流业务训练条件的建设，推进基地化、模拟化、网络化军事物流业务训练条件建设，构设了更加贴近实战的目标环境；五是加大了军事物流训练监察力度，着力纠治军事物流训练标准要求不严、制度落实不力等问题，确保军事物流实战化训练要求的有效落实。按照最大限度贴近实战、最大限度设置实战情节、最大限度不搞摆练，最大限度检验军事物流装备保障效能的要求，切实形成常态化军事物流训练机制。按照“能打仗，打胜仗”要求端正训风演风考风，坚持从实战需要出发从难从严组织军事物流各项业务训练活动，进一步纠治了军事物流业务训练中的形式主义和不良风气。

五、军事物流理论研究方兴未艾

随着现代军事物流体系建设的逐步深入，全军军事物流研究团队也飞速扩容。除了较早开展军事物流与军事仓储研究并取得丰硕研究成果的解放军后勤学院、后勤工程学院、军事经济学院、装甲兵工程学院以外，空军勤务学院、军事交通学院、解放军汽车士官学校、镇江船艇学院、军械工程学院、装备学院等也开始与本单位本部门实际相结合，结合各自优势，研究具有各自特色的军事物流。地方高校如中央财经大学国防经济与管理研究院军事物流与采购研究所、吉林大学军需科技学院国防经济与军事物流研究所，也积极从地方的视角深入开展军事物流和应急物流的研究工作，取得了一些研究成果。

军事物流理论是军事物流实践的先导。军事物流理论是人们对军事物流的理性认识，随着军事物流实践的不断发展而逐步形成和发展。当前，军事物流理论建设主要是建立与完善军事物流理论体系，总结军事物流建设经验，开展军事物流学术研究，加强军事物流研究成果的推广和应用等。军事物流理论建设的中心任务，是建立、完善和发展军事物流理论，揭示军事物流历史发展规律，发现军事物流建设的新特点、新要求，研究军事物流建设发展目标、重点、途径及实现目标的方法和措施等，为军事物流建设和发展提供理论指导，为解决和回答军事物流重大历史与现实问题提供理论支持，并最终为军事物流科学决策服务。

2013年，中国人民解放军军事物流理论研究坚持实事求是，与时俱进，重点加强了军地物流深度融合发展、军事物流基地建设、应急投送保障基地建设、新型军事物流保障力量建设、军事物流信息化建设、军用物资编目系统建设、战略投送力量建设、智能化仓库建设等方面的研究。

六、军事物流学术交流日趋活跃

由中国人民解放军后勤学院主办的军事物流论坛、军事物流与应急物流研讨会已成为全军乃至全国的著名军事物流交流平台。

2013年11月，第五届军事物流与应急物流研讨会在广州召开。来自军地物流界的200余名代表欢聚一堂，围绕军事物流与应急物流的军民融合式发展以及机械化、信息化建设问题进行了深入研讨和交流。军事物流与应急物流研讨会自2009年创办以来，已经连续举办了五届，逐步发展成为军队内部、军队与地方之间相互交流与学习的重要平台，在增进政府部门、军队单位、物流企业以及行业协会相互了解方面发挥了积极作用。

2013年12月，第六届军事物流论坛在北京召开。解放军后勤学院和国防大学、后勤工程学院、军事经济学院、军事交通学院、装甲兵工程学院、空军指挥学院等十多所院校的专家教授，北京周边地区后方仓库的领导共约150余人参加了论坛。此次论坛共收到学术论文120余篇，经专家两轮评审选出优秀论文45篇。来自军队总部机关、科研院所和基层部队的各位代表就现代军事物流体系建设面临的重难点和热点问题进行了交流。

七、军事物流人才培养硕果累累

2013年，全军坚持把质量建设作为实现军事物流现代化的基本指导方针，坚持不移地实施科技兴物流发展战略。全军坚持把军事物流人才建设作为基础工程，大力造就具有奉献精神和创新精神的高素质新型军事物流人才。随着中国人民解放军物流现代化水平的大幅跃升，对军事物流人员的思想观念、军事素质、知识结构、专业技术等方面的要求越来越高。军事物流系统专业分工细、行业门类多，需要一支懂业务、善管理的高素质人员队伍。加强军事物流教育是时代发展的必然要求，尤其在全军物流系统尚处于改革调整的关键阶段，更应加快军事物流人才的复合式培养。全军物流人才培养坚持院校教育与职业培训相结合，坚持军事物流专业的学员必须具有通军事、懂经济、善管理、强物流、精信息的复合式人才培养模式，毕业分配到部队的军事物流人才深受部队欢迎。

一是加强军事物流院校教育。根据2013年的统计情况，目前已在解放军后勤学院和军事交通学院成立军事物流系，军事经济学院成立军事物流与采购系，后勤工程学院成立后勤信息与军事物流工程系，军事物流教研力量发展上了一个新的台阶。主要由解放军后勤学院军事物流系承担全军仓库主任班及军事物流指挥人员中短期轮训任务，后勤工程学院、军事经济学院、装甲兵工程学院、军事交通学院、空军勤务学院、镇江船艇学院、蚌埠汽车士官学校承担军事物流生长干部培训任务，解放军后勤学院、后勤工程学院、军事经济学院、军事交通学院、装甲兵工程学院专设军事物流

（含军事仓储、军队采购）硕士专业，后勤学院招收军事物流专业博士研究生并设有军事物流博士后流动站。

二是加强军事物流社会培训。除了军事物流正规教育计划内培训任务以外，军队系统物流师及采购师培训考试工作蓬勃发展。自2003年始，中国物流与采购联合会与全国物流标准化技术委员会授权后勤指挥学院军事物流仓储教研室（现为军事物流系）组织军队系统物流师职业资格认证工作，国家物流师职业资格认证军队分中心设在后勤学院军事物流仓储教研室。2007年下半年开始，军事物流系承担了军队采购师职业资格认证军队分中心的职责。按照国家物流师与采购师资格认证工作考培分离的总要求，现由解放军后勤学院军事物流系全面负责全军物流师与采购师的考试工作，截至2013年年底，中国人民解放军后勤学院、后勤工程学院、军事经济学院、装甲兵工程学院、空军后勤学院、军事交通学院、汽车士官学校、军械工程学院、镇江舰艇学院9所院校负责军队物流师的培训工作，后勤学院、后勤工程学院、军事经济学院负责军队采购师的培训工作，形成独特的军队物流师与采购师培训考试体系，现一直保持较大的军队物流师与采购师培训规模（2013年参加物流师考试1000多人）和较高的物流师和采购师考试合格率（70% ~80%）。总体看，继续完善军队物流师资格认证系统，实现军事物流及采购、运输、仓储人才的标准化认证，是推进全军物流人才培养走上规范化管理的轨道，为我军物流核心保障能力提供人才支撑的重要途径。

（龚卫锋　解放军后勤学院　孙　敏　北京市投资促进局）

2013 年中国水泥市场

2013 年我国水泥产量为 24.2 亿吨，增速为 9.5%，大幅超过上年 5.7% 的增长水平。2013 年水泥行业实现利润 766 亿元，同比增长约 16.4%，远高于上年同期水平，利润总额仅次于 2011 年。全年水泥行业效益区域分化明显，整体表现出南高北低的特点。

一、水泥市场发展情况

（一）水泥、熟料产量保持较快增长

2013 年，我国累计生产水泥 24.2 亿吨，同比增长 9.6%，比 2012 年提高了 3.8 个百分点；水泥熟料生产量为 13.6 亿吨，同比增长约 5.5%。水泥熟料生产量增长低于水泥生产量的增长，说明水泥产品结构需进一步改善。

从近 10 年我国水泥及熟料生产量的增长趋势看，2013 年的水泥产量增速高于 2008 年和 2012 年的水平，接近 2005 年和 2007 年的水平，如图 1 所示。

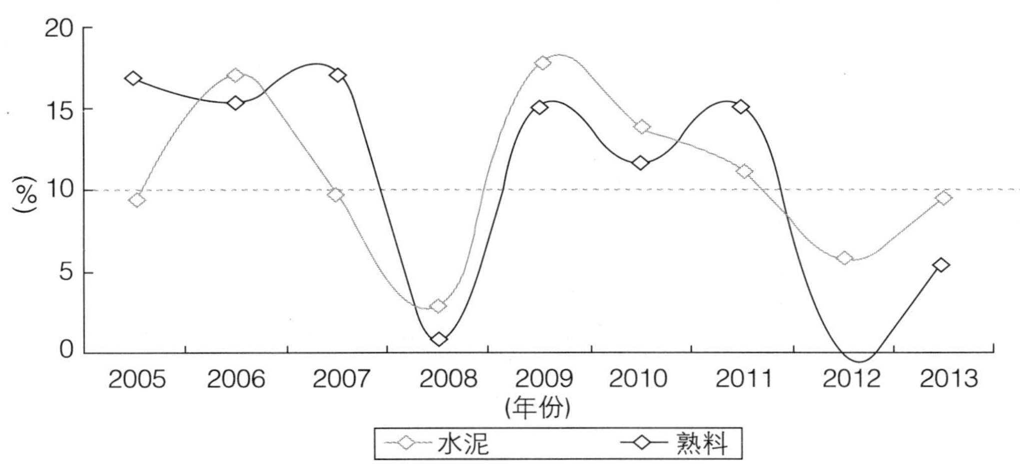

图 1　2005—2013 年我国水泥及熟料生产量增速情况

从区域市场来看，2013 年我国水泥生产量增长呈西高东低的走势。其中，西南和西北地区水泥生产量增长最快，增速分别达到 12.8% 和 17.31%；中南和华东地区的水泥产量继续保持较快增长，与全国平均水平相当；华北和东北地区由于需求下滑较快，上半年水泥生产量与 2012 年同期相比一直呈现负增长态势，全年增速均低于 3%，远低于全国平均水平。

2013 年有 11 个省的水泥生产量超过亿吨规模，其中江苏省的水泥生产量以 1.8 亿吨位居全国第一。详细情况如表 1 所示。

表 1　2013 年我国水泥及熟料生产情况

区域	水泥生产			熟料生产		
	产量(万吨)	同比增速(%)	占比(%)	产量(万吨)	同比增速(%)	占比(%)
全国	241440	9.57	100.00	136151	5.56	100.00
华北	25909	1.95	10.73	12642	-4.91	9.29
东北	14537	2.98	6.02	7806	-8.78	573
华东	76649	9.38	31.75	42144	4.40	30.95
中南	65176	10.41	26.99	34905	4.98	25.64
西南	37470	12.78	15.52	24693	15.92	18.14
西北	21699	17.31	8.99	13961	14.36	10.25

（二）水泥新增产能继续下降，供需关系改善

2013 年我国水泥投资完成 1329 亿元，连续 3 年呈下降走势，说明全行业新建生产线项目逐渐减少。据中国水泥协会统计，2013 年我国新投产水泥熟料生产线 72 条，新增水泥熟料年设计产能 9430 万吨，是近三年新增产能最少的一年。2003—2013 年我国水泥投资与增速情况如图 2 所示。

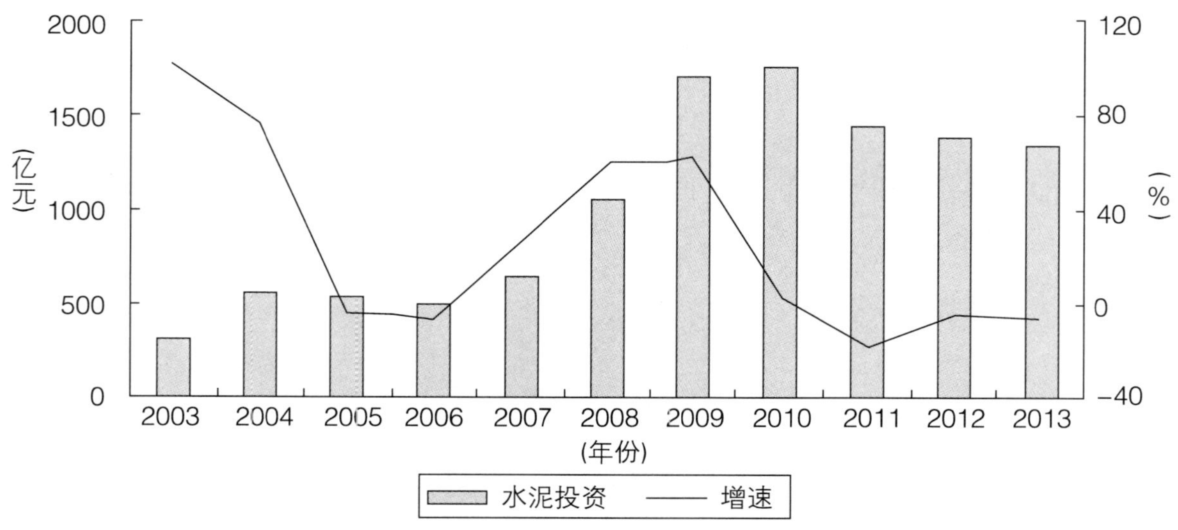

图 2　2003—2013 年我国水泥投资与增速情况

2013年我国新增熟料年设计产能约为9430万吨，增速在6%左右，是近年来新增水泥产能增速首次低于水泥生产量增速。这说明，2013年与2012年相比，水泥行业的供需关系正在改善，但产能过剩依然是制约水泥行业发展的主要矛盾。截至2013年年底，全国新型干法熟料设计产能约为17亿吨（实际产能接近19亿吨），折合成水泥实际有效产能将超过31亿吨。2007—2013年我国水泥产量增速与产能增速情况如图3所示。

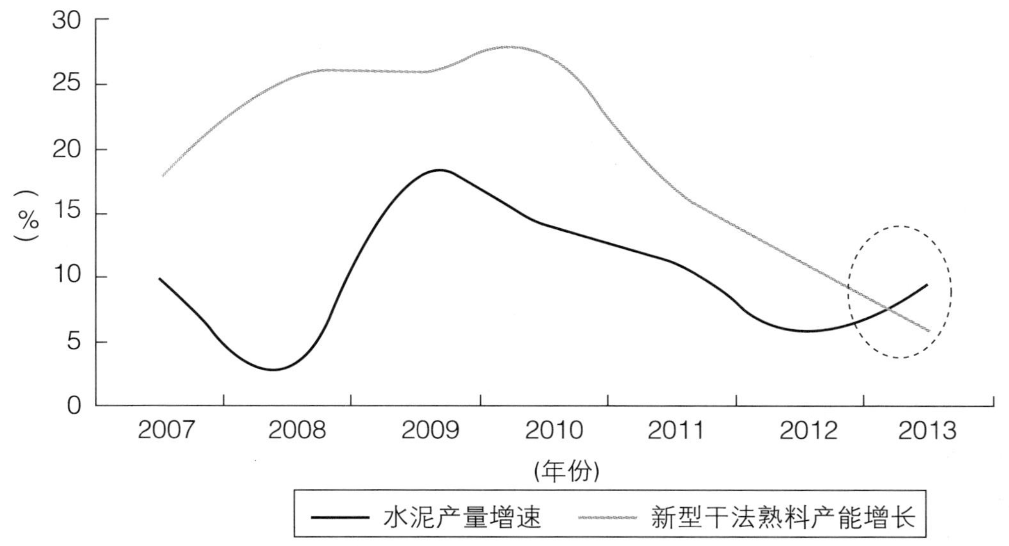

图3　2007—2013年我国水泥产量增速与产能增速情况

（三）水泥价格呈前低后高走势

2013年，我国水泥市场价格走势与历年相比有较大差距，前三季度水泥价格一直在低位徘徊，直到8月份才与2012年同期持平。9月份以后开始持续上涨，第四季度末接近2009年的水平。2013年，我国水泥行业利润能创历史第二高点的主要原因之一是煤炭价格下跌导致生产成本大幅下降，以及水泥需求量继续保持较快增长。

从2013年1—12月全国水泥价格走势（详见图4）来看，整体价格呈现前低后高特点，12月的全国水泥价格达到全年的最高点。根据中国水泥协会数字水泥网监测的全国省会城市水泥市场价格，2013年12月全国水泥价格与6月份相比上涨幅度高达12%；在水泥需求旺季的第四季度，水泥市场价格连续12周保持上涨趋势。

分区域看，华东和中南地区全年的价格波动最大，华东地区年初价格低迷，2013年第二季度在江西等地区的带动下有所上涨，但第三季度前期又有所下滑，随后第三季度末价格大幅攀升，整体表现出“淡季走量，旺季走价”的特点。中南地区价格走势呈现“V”字形特征，2013年年初价格仅低于东北地区，但第一季度末、第二季度初价格跌入全国最低位，第三季度开始大幅上涨，直至年底。由于华东和中南地区的水泥生产量占全国的比重接近60%，因此其价格走势直接影响全国水泥行业的效益。

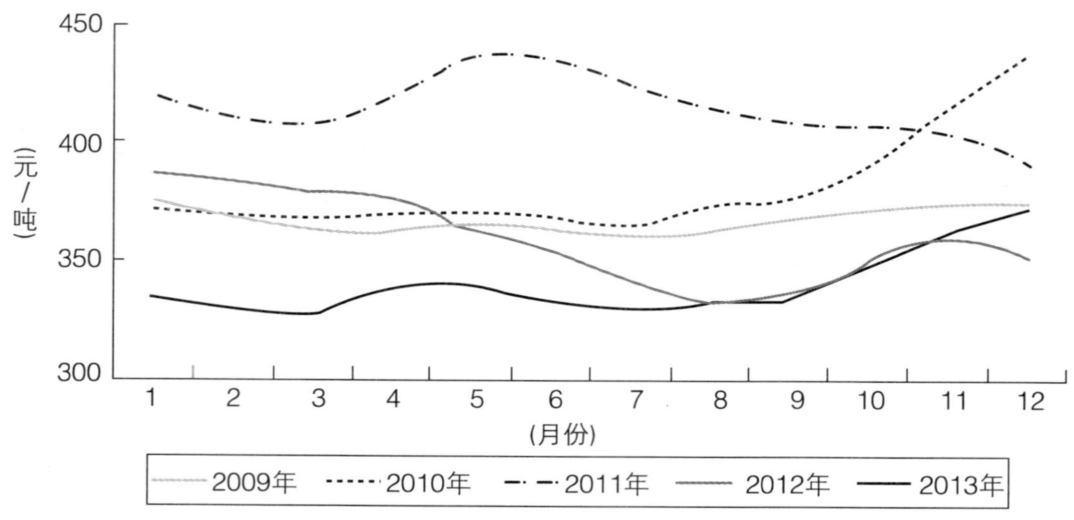

图 4 2009—2013 年我国月度水泥价格走势

（四）水泥出口量回升

2013 年，我国水泥及熟料出口总量达到 1454 万吨，比 2012 年增长 21.2%。其中，水泥出口达 1094 万吨，熟料出口达 360 万吨。水泥和熟料的 FOB 价格均略低于 2012 年平均水平。出口的主要国家是非洲及周边的亚洲国家。出口量增长最快的国家是澳大利亚，从 2012 年的 32 万吨上升到 2013 年的 108 万吨。

二、散装水泥及市场发展情况

（一）散装水泥市场

2013 年，我国散装水泥累计供应量为 134897.87 万吨，年增长量为 16767.93 万吨，同比增长 14.19%，增速比 2012 年的 10.66% 提高了 3.53 个百分点，散装水泥增长速度快于水泥增长速度 4.59 个百分点，提前实现散装水泥供应量“十二五”规划目标。

2013 年，我国水泥年生产量为 241439.6 万吨，同比增长 21083.5 万吨，年增长率为 9.6%，增速比 2012 年的 5.84% 提高 3.76 个百分点。

据中国水泥协会初步统计，截至 2013 年年底，我国新型干法生产线累计已达 1714 条，设计熟料产能达 17 亿吨。2013 年，全国水泥行业实现利润 766 亿元，同比增长 16.43%，利润仅次于 2011 年达历史第二高位，国家经济和水泥行业结构调整初见成效。

2013 年我国平均水泥散装率达 55.94%，比 2012 年的 54.14% 提高 1.8 个百分点。详情见图 5、图 6、图 7。

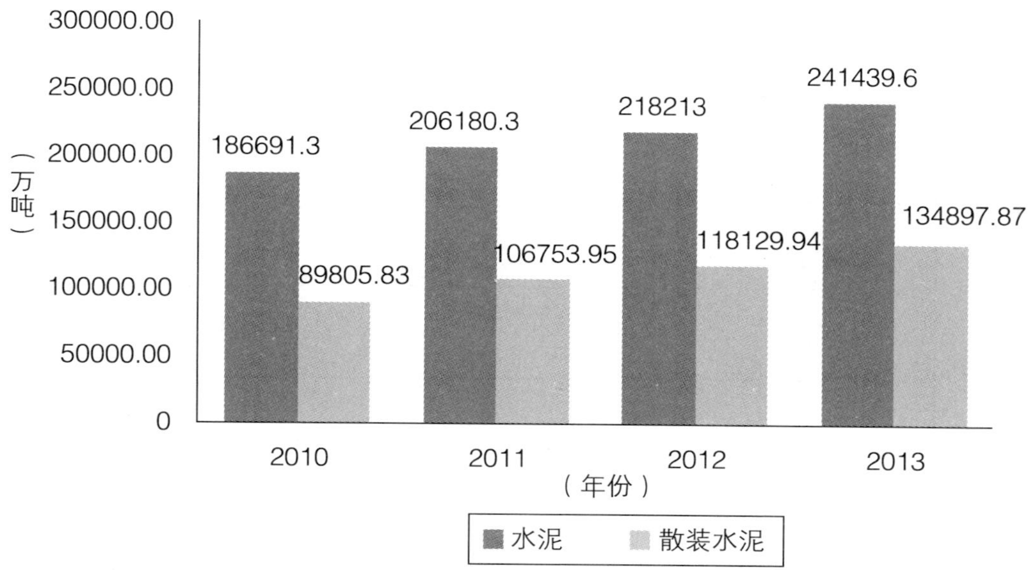

图5　2010—2013 年我国水泥、散装水泥发展情况

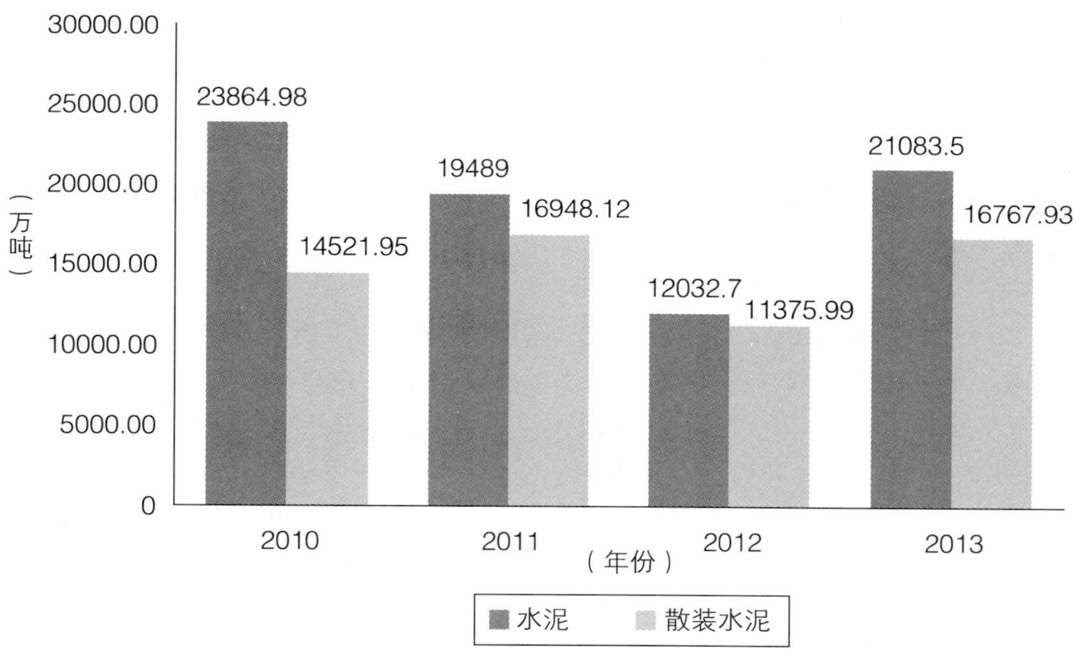

图6　2010—2013 年我国水泥、散装水泥同比增长量情况

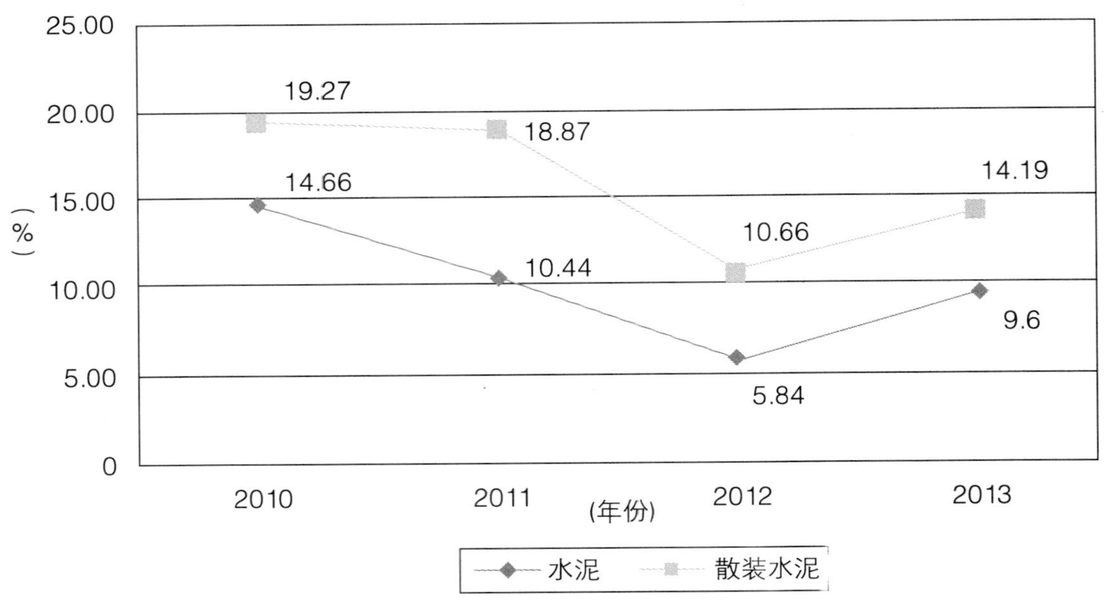

图7 2010—2013 年我国水泥、散装水泥同比增长率情况

（二）区域（三部区、六地区）市场情况

1. 东部地区水泥散装率快速提高，中部地区散装水泥发展速度减缓（见表2）

从表2可知，2013年我国东、中、西部地区散装水泥年增长量分别为6754.82万吨、4879.54万吨、5133.57万吨。其中，东、西部地区比2012年分别多增长3375.96万吨、2293.17万吨，年增长率为12.17%、18.84%，分别比2012年提高5.69、7.2个百分点。而中部地区散装水泥年增长量比2012年增长量减少277.19万吨，增长率比2012年下滑3.26个百分点。从三部区散装水泥供应量占全国总量的比重看，东、中部地区所占比重分别由2012年的46.97%、29.96%缩减至46.14%、29.86%，西部区比重比2012年扩大了0.93个百分点，西部和东、中部区域发展的差距呈逐年缩小态势（详见图8、图9、图10）。

东、中、西三部地区平均水泥散装率为68.23%、54.47%、42.62%，分别比2012年提高2.97、1.28、1.74个百分点。其中，东部地区散装水泥年增长量6754.82万吨高于水泥年增量为5918万吨，故而本地区水泥散装率比2012年提高2.97个百分点，其水泥散装率超过全国平均水泥散装率12.29个百分点。

表 2　　2013 年我国东、中、西部地区水泥、散装水泥发展情况对比

地区	水泥			散装水泥								
	生产量（万吨）	同比增长（万吨）	同比增长（%）	供应量（万吨）	同比增长（万吨）	同比增长（%）	上年同期增长率（%）	占全国比重（%）	上年占全国比重（%）	散装率（%）	上年同期散装率（%）	散装率同比提高（百分点）
全国	241439.6	21083.5	9.60	134897.87	16767.93	14.19	10.66	100.00	100.00	55.94	54.14	1.80
东部地区	91230.4	5918.0	6.94	62244.25	6754.82	12.17	6.48	46.14	46.97	68.23	65.26	2.97
中部地区	73937.4	6286.3	9.29	40274.40	4879.54	13.79	17.05	29.86	29.96	54.47	53.19	1.28
西部地区	76271.8	8879.2	13.18	32379.22	5133.57	18.84	11.64	24.00	23.07	42.62	40.88	1.74

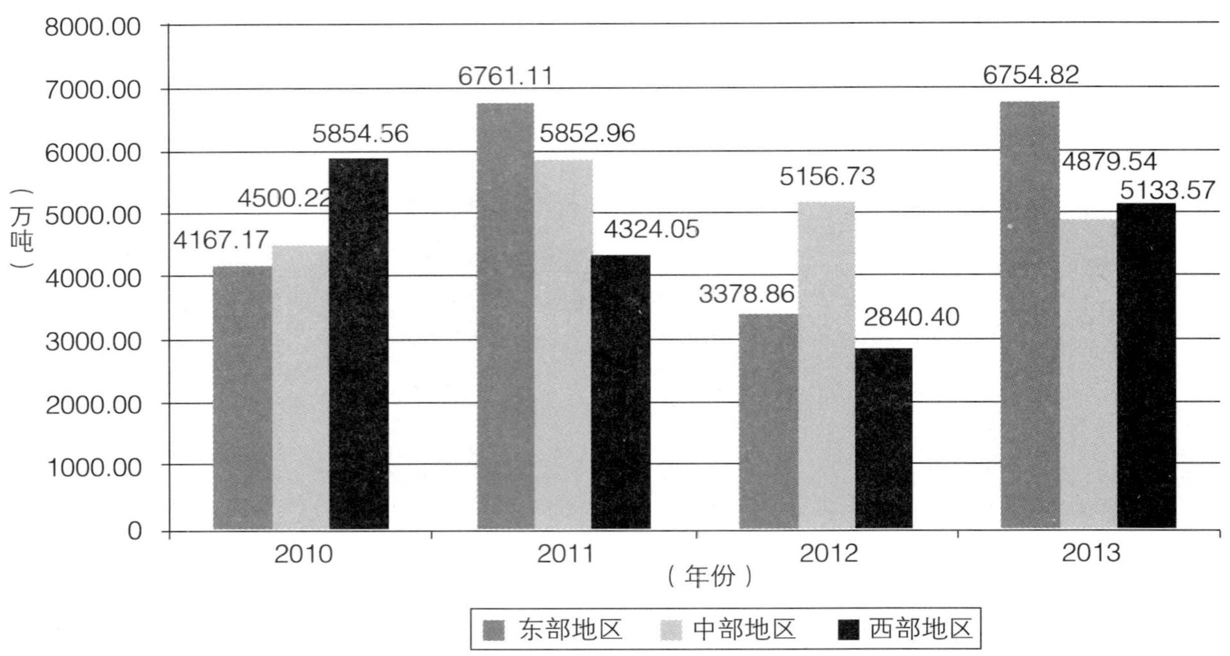

图 8 2010—2013 年我国东、中、西部地区散装水泥同比年增长量情况

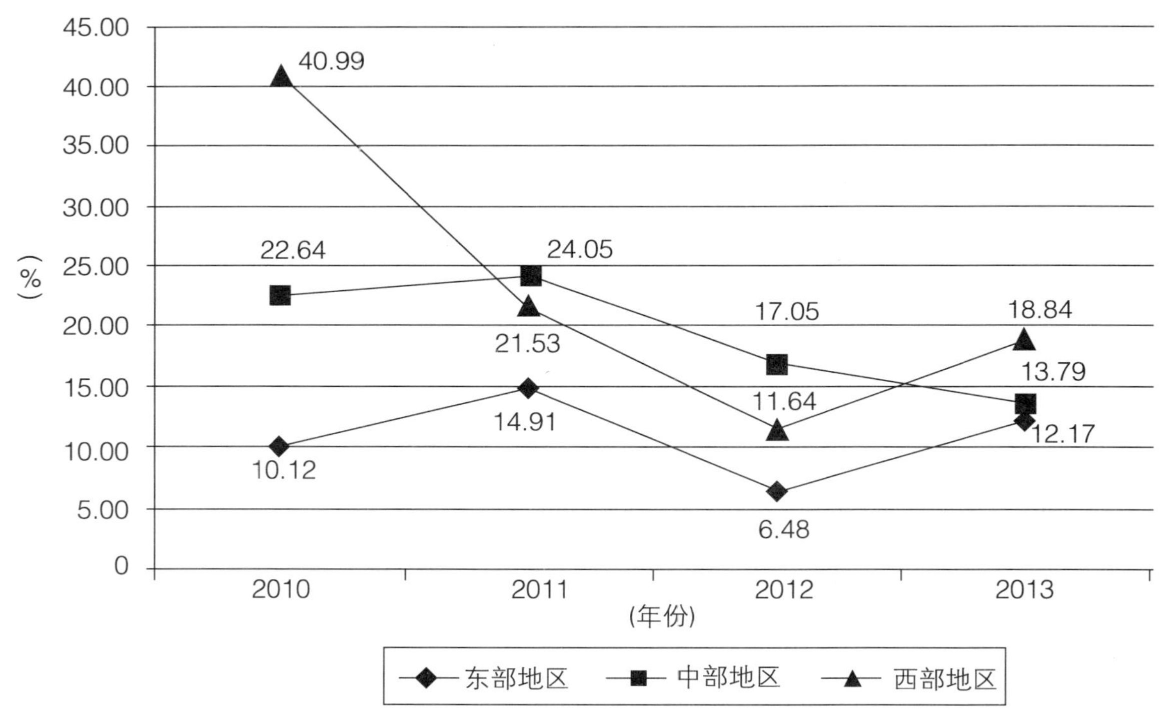

图 9 2010—2013 年我国东、中、西部地区散装水泥年增长率情况

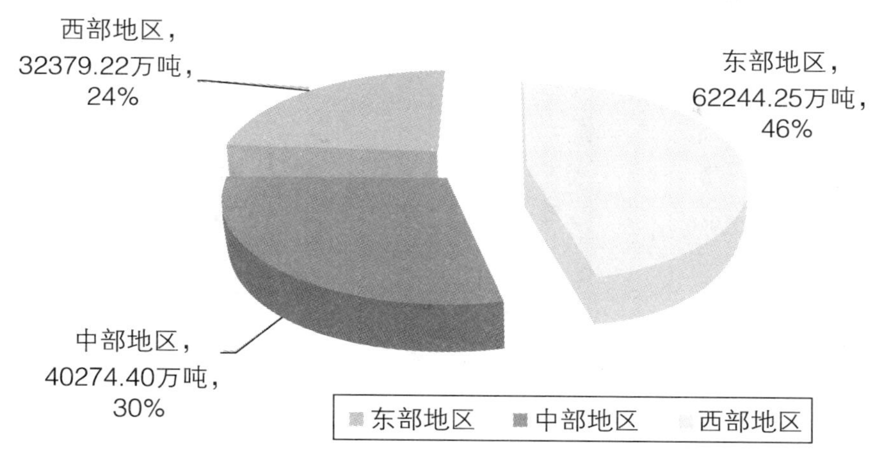

图10　2013年我国东、中、西部地区全国散装水泥量及各占比情况

2. 全国六地区散装水泥供应量、供应率及平均水泥散装率均有所提高（见表3）

从表3可以看出2013年我国六地区水泥及散装水泥的发展情况。

（1）华北地区散装水泥年增长量超过水泥增长量，水泥散装率提高显著。2013年华北地区散装水泥年增长量超出水泥年增长量892.54万吨（主要原因是河北省散装水泥年增长量为990.27万吨，而水泥产量却是负增长，同比减少133.6万吨），致本区水泥散装率显著提高，由上年的54.46%提高到58.19%，提高了3.73个百分点（见图11）。

（2）西北地区散装水泥年增长率大幅高于水泥增长率，水泥散装率快速提高。2013年西北地区散装水泥年增长率为29.44%，高于水泥年增长率12.14个百分点（见图12），主要是受本地区甘肃、宁夏、青海三省区散装水泥的增长速度较快影响，其年增长率分别为45.16%、43.72%、37.93%，比2012年分别提高16.48、9.17、21.2个百分点。致使本地区水泥散装率提高较快，由2012年年末的41.26%提高到44.72%，同比提高了3.46个百分点。

2013年全国六地区散装水泥量及各占全国量比重情况如图13所示。

表 3　2013 年我国六地区水泥、散装水泥发展情况对比

地区	水泥			散装水泥								
	生产量（万吨）	同比增长（万吨）	同比增长（%）	供应量（万吨）	同比增长（万吨）	同比增长（%）	上年同期增长率（%）	占全国比重（%）	上年占全国比重（%）	散装率（%）	上年同期散装率（%）	散装率同比提高（百分点）
全国	241439. 6	21083. 5	9. 60	134897. 87	16767. 93	14. 19	10. 66	100. 00	100. 00	55. 94	54. 14	1. 80
华北地区	25909. 1	503. 0	1. 98	15076. 69	1395. 54	10. 20	10. 29	11. 18	11. 58	58. 19	54. 46	3. 73
东北地区	14536. 6	417. 4	2. 96	7136. 88	438. 24	6. 54	6. 42	5. 29	5. 67	49. 10	48. 75	0. 35
华东地区	76648. 9	6577. 7	9. 39	53633. 63	6238. 18	13. 16	9. 63	39. 76	40. 12	69. 97	67. 69	2. 28
中南地区	65176. 4	6141. 4	10. 40	33861. 67	4081. 30	13. 70	10. 94	25. 10	25. 21	51. 95	50. 97	0. 98
西南地区	37469. 6	4244. 2	12. 77	15484. 43	2407. 36	18. 41	9. 53	11. 48	11. 07	41. 65	39. 95	1. 70
西北地区	21699. 0	3199. 6	17. 30	9704. 57	2207. 31	29. 44	24. 18	7. 19	6. 35	44. 72	41. 26	3. 46

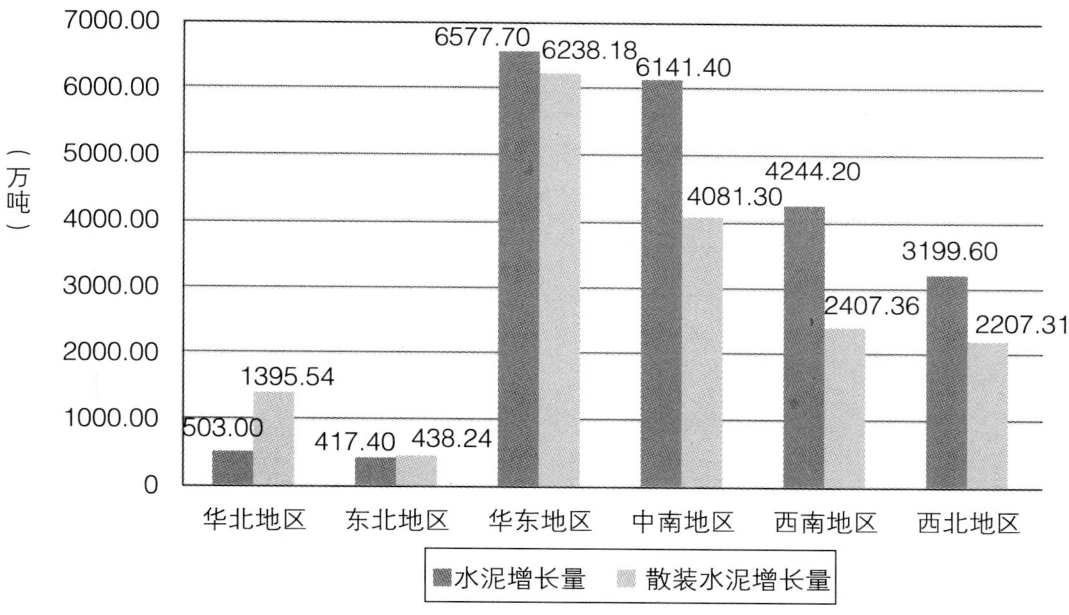

图 11 2013 年全国六地区水泥、散装水泥年增长量对比情况

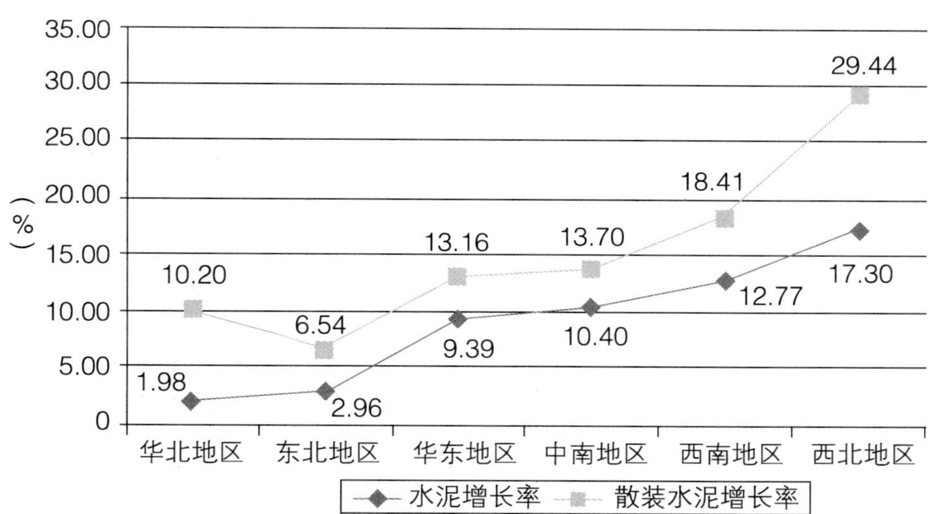

图 12 2013 年我国六地区水泥、散装水泥同比增长率情况

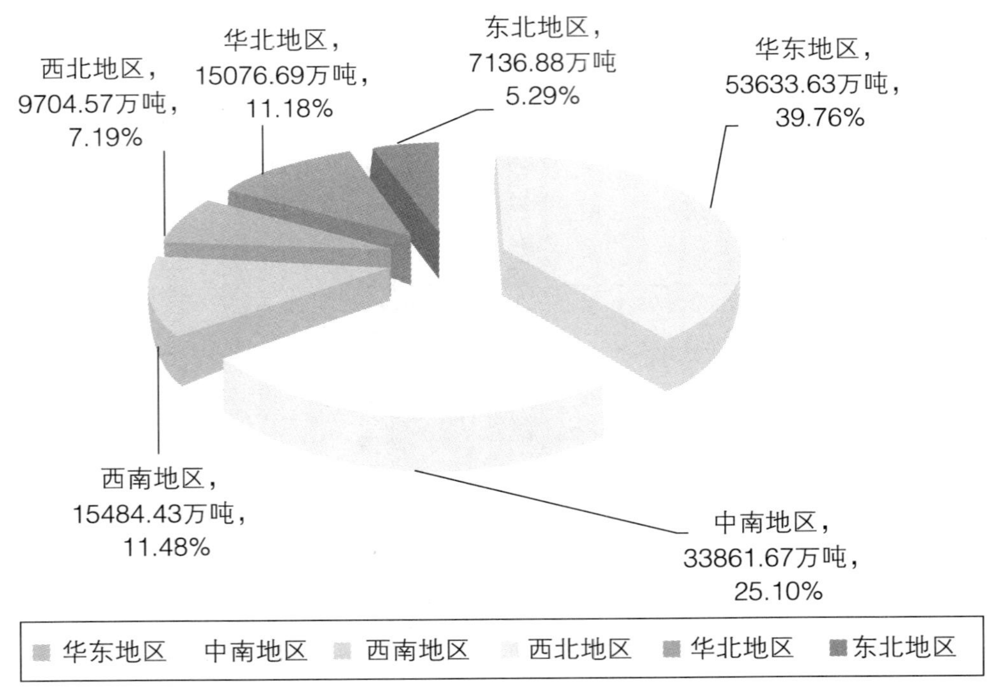

图13　2013年全国六地区散装水泥量及各占全国量比重情况

3. 农村散装水泥发展情况

2013年，我国农村散装水泥使用量为28831.94万吨（其中，农村预拌混凝土使用量为11169.47万吨，水泥制品使用量为5808.14万吨），同比增加3963.38万吨、增长15.94%，占全国散装水泥供应量（134897.87万吨）的比重由2012年的21.05%提高到21.37%。农村散装水泥使用率为44.06%，比2012年40.67%提高了3.39个百分点。

2013年年末，我国农村散装水泥销售点共计7775家（其中水泥生产企业建网点4616个，其他投资建点3159个）同比增加485家、增长6.65%。其中，东部地区已有销售点2969个，同比增加138个；中部地区已有销售点3801个，同比增加243个；西部地区已有销售点1005个，同比增加104个。散装水泥销售网点年销售散装水泥18327.67万吨，同比增加521.2万吨、增长2.93%，已占到农村散装水泥使用总量的63.57%。

4. 散装水泥物流设施装备发展情况

2013年年末全国拥有散装水泥发放库17490个，同比增加420个、增长2.46%；库容量为5241.67万吨，同比增加788.61万吨、增长17.71%；有中转库1971个，同比增加19个、增长0.97%，库容量达392.22万吨；有固定接收库30841个，同比增加3822个、增长14.15%；库容量为1466.99万吨，比2012年增加251.94万吨、增长20.73%。

2013年年末，我国拥有散装水泥专用汽车47094辆，同比增加3253辆、增长7.42%；装载量为161.11万吨，同比增加18.38万吨、增长12.88%；拥有散装水泥罐104778个（其中农村拥有量为31052个，比2012年增加1610个、增长5.47%），装载量为446.56万吨，同比增加 41.92 万吨、增长 10.36%。拥有散装水泥专用运输船 3099 艘，同比增加 1217 艘、增长 64.67%；装载量为 341.28 万吨，同比增加 159.76 万吨、增长 88.01%。拥有铁路运输专用罐车 4358 节（其中自备车 646 节，路用车 3682 节），同比减少 597 节（其中自备车同比减少 351 节，路用车减少 276 节）。另据铁路有关部门的统计，2013 年年末全国有铁路散装水泥运输集装箱 3060 只，与 2012 年同期持平。全年运输量为 63.31 万吨。

5. 全国散装水泥消费基本情况

2013 年我国散装水泥供应量为 134897.87 万吨。其中，生产预拌混凝土使用量为 60799.11 万吨，同比增加 7965.16 万吨、增长 15.08%；生产预拌砂浆使用量 854.48 万吨，同比增加 293.56 万吨、增长 52.34%；生产水泥制品使用量 20077.63 万吨，同比增加 2012.45 万吨、增长 11.14%；分散用户使用量 53166.65 万吨，同比增加 6496.76 万吨、增长 13.92%。

2013 年我国生产预拌混凝土使用散装水泥 60799.11 万吨，同比增加 7965.16 万吨、增长 15.08%，占同期散装水泥供应量（134897.87 万吨）的 45.07%，比 2012 年比重 44.73% 提高 0.34 个百分点；利用固体废弃资源 26605.66 万吨，同比减少 2787.05 万吨、下降 9.48%。

2013 年我国生产预拌砂浆使用散装水泥 854.48 万吨，比 2012 年的 560.92 万吨增加 293.56 万吨、增长 52.34%；利用综合固体废弃物 770.42 万吨，比 2012 年的 591.36 万吨增加 179.06 万吨、增长 30.28%。

（武美燕　中国散装水泥推广发展协会）

2013 年中国木材与木制品市场

2013 年，在海外市场需求不振、国内经济增速放缓的形势下，我国木材与木制品行业运行总体平稳，各项经济指标保持低速增长，生产增长稳中加快，转型升级稳步推进，但面对全球环保问题及我国木材资源紧缺的制约，以及人工成本、原料成本、生产成本等不断提高的情况下，行业生产经营依旧困难重重、步履维艰，产业经济下行压力也较大。

一、木材与木制品市场发展情况

（一）市场运行整体平稳

2013 年，木材与木制品市场运行整体平稳，且向好趋势明显。据中国木材与木制品流通协会对全国木制品制造业重点企业采购经理人调查问卷显示，2013 年木制品制造业（不包含木家具）保持持续扩张生产态势，与生产密切相关的原材料采购活动活跃，60% 的企业原材料采购量保持稳步增长，生产经营人员数量增加，行业就业率小幅提高，国内市场需求稳定，但出口市场持续弱势运行。2013 年 12 月，木材与木制品市场出现向好变化，原材料采购量大幅增加，生产经营人员基本持平，国内订单量继续增加，出口订单较大增长，出口市场形势有所回暖，产成品库存明显降低，市场消费需求加强，原材料采购价格仍保持小幅上涨。总体来说，2013 年年末木制品制造业经济增长走稳态势基本确立，出口市场回暖迹象明显。行业面临的突出问题是：木材购进价格偏高且仍在不断上涨、木材供应资源日益紧缺、木材原材料采购困难加大、企业采购成本及生产成本增加、行业利润偏低、资金紧张、回款账期长、融资困难。

（二）行业生产增长稳中加快

在全球经济复苏缓慢、新兴经济体低速增长、国内房地产加强调控，以及要素成本不断上涨等多重因素作用下，2013 年我国木材与木制品行业在生产方面整体呈现稳中加快态势。

据国家林业局统计数据显示，2013 年，全国商品材总产量为 8438.50 万立方米，比上年增长 3.22%，在全部木材产量中，原木产量 7836.90 万立方米，比上年小幅增长 4.57%；全国人造板总产量为 25559.91 万立方米，同比增长 14.43%；全国木质家具总产量 2.36 亿件，同比减少 8.46%，降幅扩大 6.32 个百分点，华东、华南地区木质家具的产量分别占同期全国总产量的49.3%和23.8%。据中国木材与木制品流通协会木门窗专业委员会统计数据，全年木制门行业总产销值约为1040亿元，同比增长10.64%，增速比2012年扩大3.82个百分点。据中国林产工业协会地板专业委员会的不完全统计，2013年我国木地板产销量约4亿平方米，同比增长约6.0%，增速比上年提高约11个百分点。其中，强化木地板产销量为2.24亿平方米，同比增长6.2%；实木复合地板产销量为9460万平方米，同比增长10.0%；实木地板产销量为4250万平方米，同比增1.9%；竹地板产销量为3500万平方米，与上年基本持平；其他地板产销量为365万平方米。2012—2013年我国木材与木制品产量统计情况如表1所示。

表1　2012—2013年我国主要木材与木制品产量统计

木材与木制品种类	单位	2013年	2012年	同比增长（%）
木材	万立方米	8438.5	8174.87	3.22
其中：原木	万立方米	7836.9	7494.37	4.57
薪材	万立方米	601.6	680.5	-11.59
锯材	万立方米	6297.6	5568.19	13.10
木片、木粒	实积立方米	3935.53	2906.93	35.38
人造板	万立方米	25559.91	22335.79	14.43
其中：胶合板	万立方米	13725.19	10981.17	24.99
刨花板	万立方米	1884.95	2349.55	-19.77
纤维板	万立方米	6402.10	5800.35	10.37
其他人造板	万立方米	3547.67	3204.71	10.70
木家具	亿件	2.36	2.39	-8.46
木门	亿元	1040	940	10.64
木地板	亿平方米	4.00	3.77	6.04
其中：强化木地板	亿平方米	2.24	2.11	6.16
实木复合地板	万平方米	9460	8600	10.00
实木地板	万平方米	4250	4170	1.92
竹地板	万平方米	3500	3500	0.00
其他地板	万平方米	365	350	4.29

（三）市场消费总体回升

我国是木材与木制品生产和消费大国。2013年，我国原木消费量小幅增长，增幅在8%左右；在主要木制品中，除了木门产品消费量增长仍然较大以外（同比增长10.88%，增速回升近4个百分点），木家具消费量基本维持稳定，木地板消费量同比反弹约8个百分点。整体而言，2013年我国主要木材与木制品市场消费呈增长态势（详见表2）。

表2　2012—2013年我国主要木材与木制品市场消费情况

木材与木制品种类	单位	产销量		同比增长（%）
		2012	2013	
原木	万立方米	11283.3	12351.5	9.47
人造板	万立方米	17987.4	20855.1	15.94
其中：胶合板	万立方米	9995.8	12714.3	27.20
纤维板	万立方米	5620.5	6234.6	10.93
刨花板	万立方米	2371.2	1906.1	-19.61
木家具	万件	4440.3	4464.6	0.55
木门	亿元	901.3	999.4	10.88
木地板	亿平方米	3.10	3.35	8.09

（四）木材价格持续上升

原木、锯材和木浆、废纸及纸板等原材料价格较2012年都有不同程度上涨，单板、薪材及木片等原材料价格比2012年呈不同程度下降，尤其是单板价格跌幅较大，其进口单价同比下跌幅度达近40%；主要木制品除木地板出口单价小幅下跌2.67%之外，其他主要木制品价格均呈不同程度上涨，有些与2012年基本持稳。2013年全年，我国木材进口价格和木材市场价格均呈持续上升态势。

1. 木材进口价格快速上涨

2013年，我国木材进口价格综合指数呈稳步上升趋势，从1—12月综合指数上升12.9个百分点，如图1所示。其中，原木进口价格上升了12个百分点，锯材价格上升了14.3个百分点；针叶木材价格上升了3.2个百分点，阔叶木材价格上升了22.6个百分点。整体而言，2013年原木、锯材进口价格均上涨较大，且锯材进口价格涨幅大于原木涨幅；针叶木材由于2011年进口量价格升幅太大，2012年进口价格经市场调整下滑明显，2013年处于平稳运行阶段，相反，阔叶木材进口价格上调幅度相当大。

从2013年全国木材进口价格指数月度涨跌幅走势（见图2）看，2013年一季度木材进口价格同比呈下降态势，二季度开始至年末，木材进口价格同比呈上涨态势，纵观全年，同比涨跌幅呈上升趋势，尤其是第四季度涨幅上升非常明显；全年从环比看，月度指数涨跌幅不是很大，且上涨多、下跌少，因此全年木材价格整体呈现上涨走势。

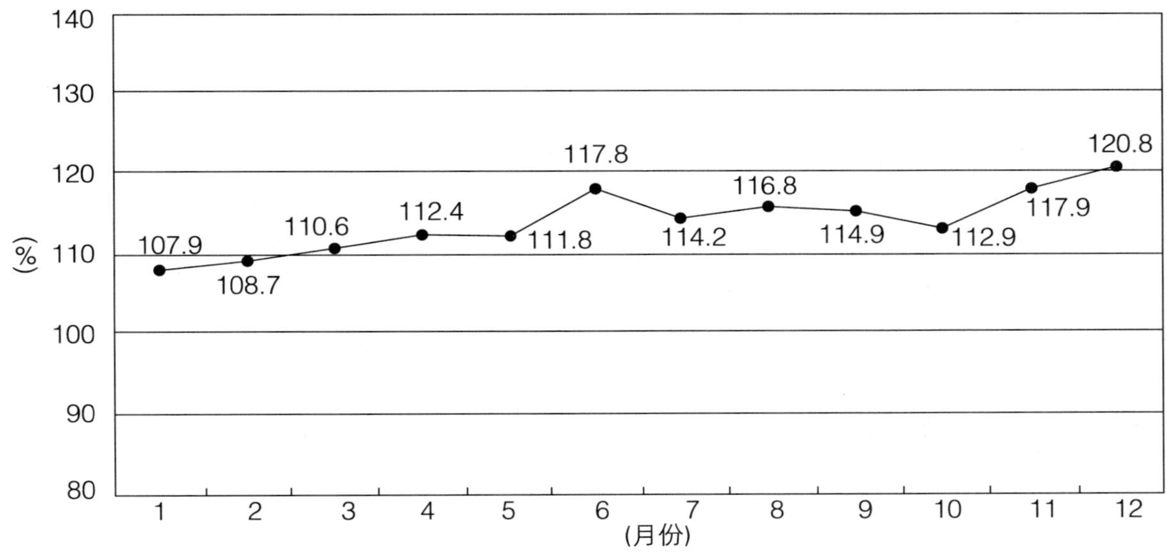

图1　2013 年我国木材进口价格综合指数走势

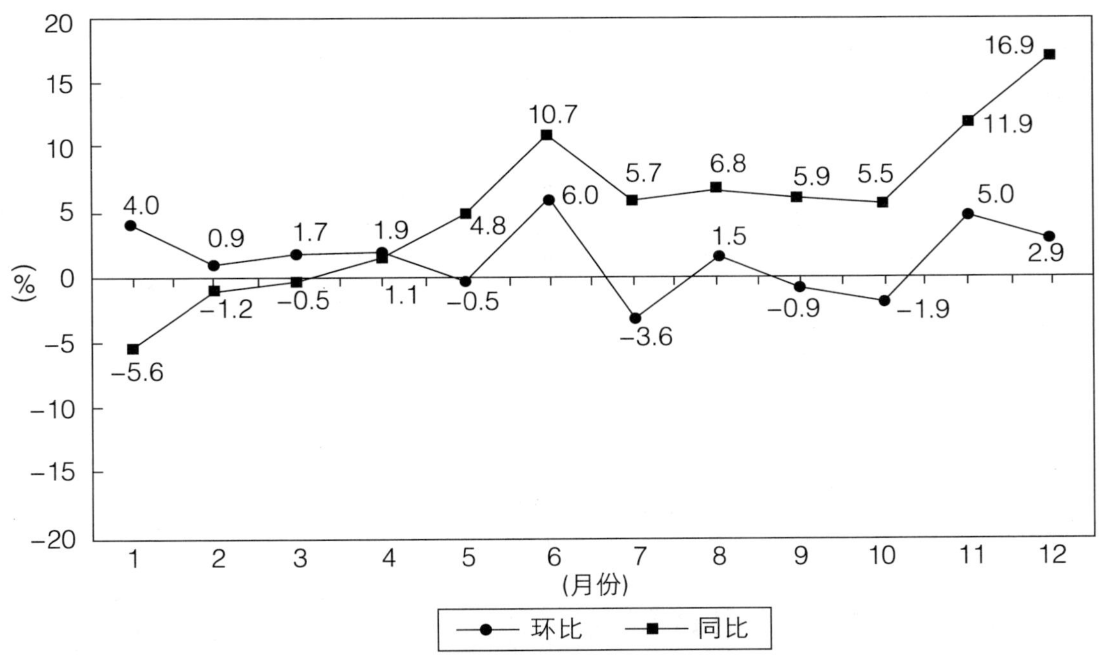

图2　2013 年木材进口价格月度涨跌幅

2. 木材市场价格稳步上扬

图 3 显示的是 2013 年我国木材市场价格指数趋势，从图 3 可知 2013 年我国木材（原木 + 锯材）市场价格整体呈不断上升趋势，1—5 月涨势明显，第三季度又进一步推高，使 9 月木材综合指数达到全年最高峰 118. 3% ，第四季度升势略显企稳。全年木材（原木 + 锯材）市场价格综合指数上涨 10. 4 个百分点。2013 年因全球木材原材供应紧缺，海外报价节节攀升，导致木材价格持续上涨成为我国木材市场一个普遍问题。另外，从第三季度开始木制品制造业经济稳步回升，企业原材料补库存活动加强，在国家经济稳增长政策刺激以及木制品制造企业原材料补库存活动拉动下，全国木材市场需求加大。因此，在国内需求和外部价格持续上涨的双重推动下，第三季度我国木材市场价格指数继续稳步上升再创新高。第四季度木材市场价格虽有趋稳迹象，但仍延续了全年持续攀升的格局。临近 12 月，木制品制造企业对木材采购意愿冷淡，导致市场行情整体表现平稳，木材价格没有再出现大幅上涨。但是，由于进口针叶木材尤其是北美针叶木材具有相对较为稳定的货源供应，使其具有强而有力的市场竞争优势，市场前景依旧被看好，在市场预期信心较强的情况下，12 月份进口针叶材市场价格仍然出现了普遍上扬。

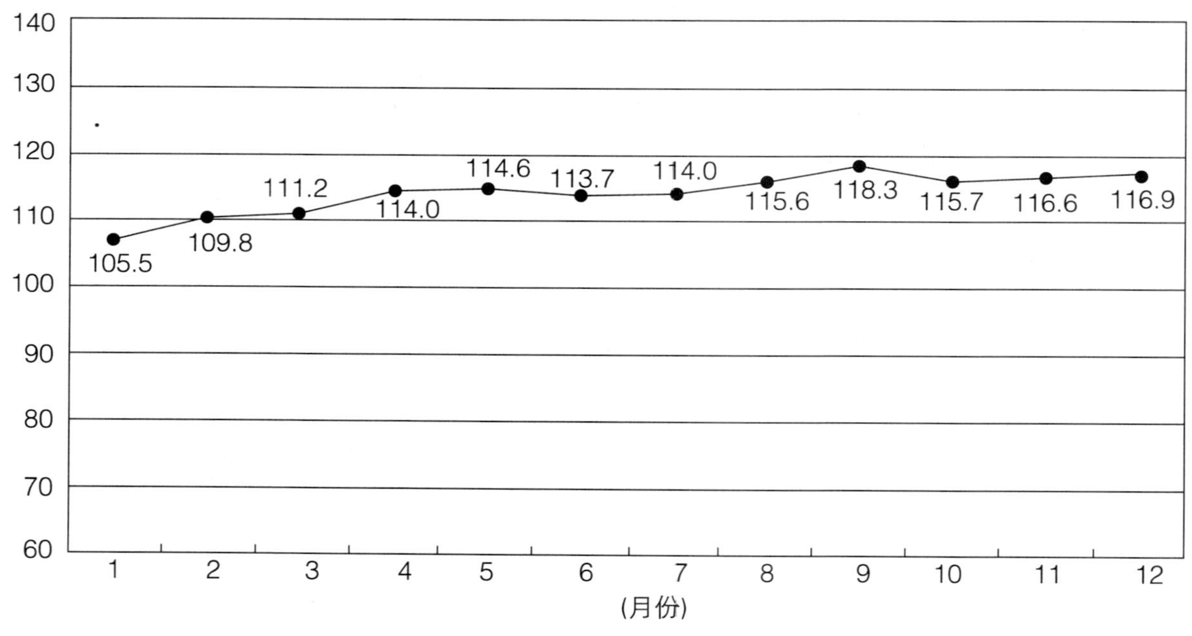

图 3 2013 年中国木材市场价格综合指数走势

二、木材与木制品进出口贸易情况

2013 年，在国际市场回暖困难、政治经济环境复杂多变的条件下，我国木材与木制品外贸规模仍然保持了平稳发展态势（见图 4）。其中，进口贸易以较大幅度反弹，出口贸易小幅增长。

全年我国木材与木制品累计进出口总额为

668.04 亿美元，同比增长 8.76%，增速由 2012 年的 –1.02% 提高了 9.78 个百分点。其中，出口总额为 309.32 亿美元，同比增长 4.94%，比 2012 年回落 1.87 个百分点；进口总额为 358.71 亿美元，同比增长 12.28%，增速由 2012 年的 –7.29% 提高了 19.57 个百分点；全年累计贸易逆差为 49.39 亿美元，比 2012 年扩大 24.66 亿美元，增加了一倍，出口市场回暖乏力。分季度看，第一、第二、第三、第四季度进出口贸易额分别同比增长 0.28%、4.69%、12.99% 和 15.83%。其中，进口额同比增速由第二季度的 8.56% 快速上升到第三季度的 20% 多，第四季度增速比第三季度小幅增加；出口额同比增速由第二季度的 0.87% 上升到第三季度的 5.83%，再上升到第四季度的 10.58%。纵观 2013 年，我国木材与木制品进出口贸易形势从第三季度开始明显转好。

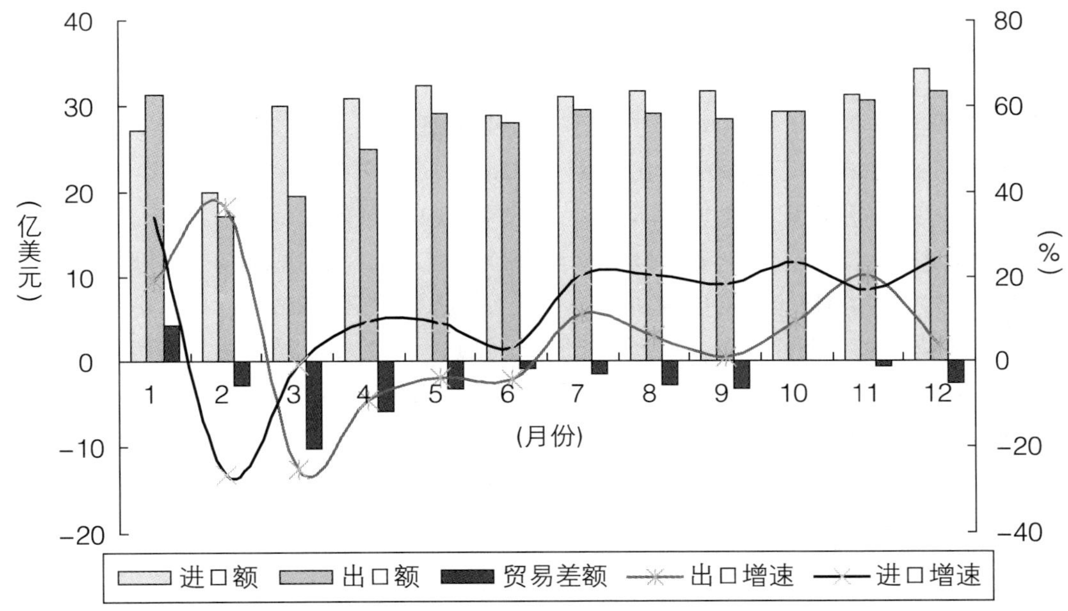

图 4 2013 年我国木材与木制品月度进出口及贸易差额走势

（一）主要木材产品进口较大增长

2013 年我国主要进口品种原木、锯材、木片、木浆、废纸及纸板等进口额比例如图 5 所示。与 2012 年相比，2013 年我国原木进口比重扩大了 3.31 个百分点，锯材进口比重扩大了 1.79 个百分点，木浆、废纸及纸板进口比重减小了 5.56 个百分点，木片和其他木制品进口比重分别小幅扩大 0.17 个百分点和 0.29 个百分点。

2013 年，我国共进口木材（原木 + 锯材）7916.45 万立方米（折合原木材积），同比增长 17.99%。其中，进口原木 4515.94 万立方米，同比增长 19.18%；进口锯材 2394.72 万立方米，同比增长 16.44%；木片进口同比增长 20.70%；木浆、废纸及纸板进口同比下降 0.93%。

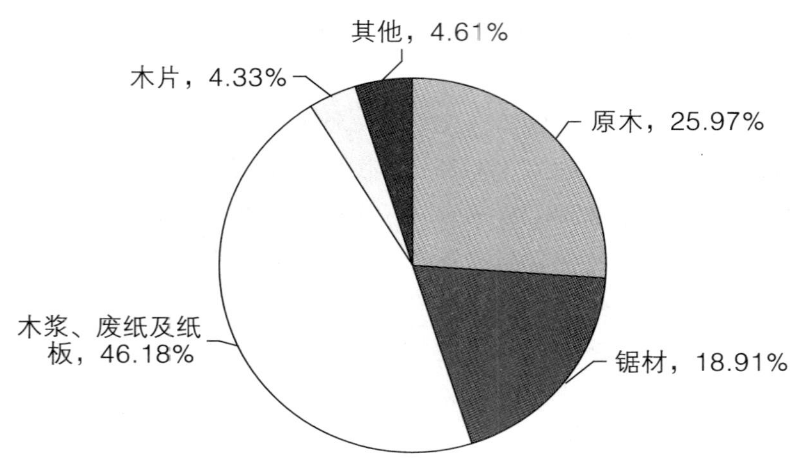

图5 2013年我国进口木材与木制品数额占比情况

2013年，我国进口木材（原木+锯材）货源地主要国家及所占比重如图6所示。我国主要从俄罗斯、加拿大、新西兰、美国等国进口木材，从四个国家进口木材量占我国木材进口总量的68.45%。与2012年相比，从俄罗斯进口木材量所占比重下降了4.2个百分点，从加拿大进口木材量所占比重下降了1.6个百分点，从新西兰进口木材量所占比重上升1.5个百分点，从美国进口木材量所占比重上升1.6个百分点。2013年我国进口原木的主要来源地是新西兰、俄罗斯和美国，分别占进口总量的比重为25.47%、22.71%和12.42%，其中，新西兰排名从2012年的第二位上升到了2013年的第一位，超过了一直排名第一的俄罗斯而成为第一大原木进口国。2013年我国进口锯材的主要来源地是俄罗斯、加拿大、美国和泰国，分别占进口总量的比重为29.34%、28.66%、10.79%和7.92%。其中，俄罗斯锯材量超过加拿大成为我国锯材进口货源第一大国。

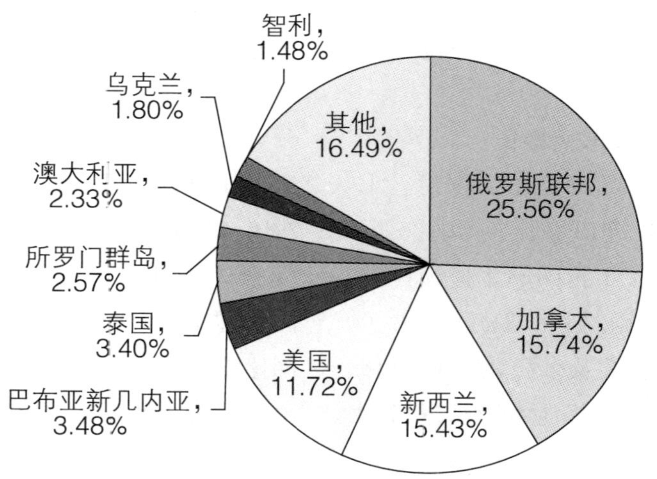

图6 2013年我国进口木材（原木+锯材）货源国占比情况

从我国进口原木的地区（见表3）看，近年山东省、上海市和福建省等地区的木材进口增长很快，是木材产业增长的亮点地区。对比2012年，2013年原木进口总量出现较大幅度反弹，其中，江苏省和山东省的原木进口量分别增长22.8%和31.4%；上海市、福建省和广东省的进口量继续以较大幅度单边增长，上海市和福建省进口增速分别达到35.1%和29.8%；内蒙古和黑龙江继续呈现负增长，但降幅分别收窄了21.8个百分点和12.9个百分点（见表4）；其他地区进口也均以不同程度增长。江苏省是我国原木进口最多的省份，2013年全年进口量为1426万立方米（占我国原木总进口量的31.6%），比2012年增长22.8%。从我国锯材进口省份和地区（见表5）看，2013年锯材主要进口省份的进口量普遍增长，其中广东省和上海市增速均达到并超过35%。这从一个侧面说明，我国锯材进口发展的趋势是集中进口。广东省作为家具制造大省，2013年进口锯材达468万立方米，位居全国锯材进口榜首，其进口平均价格较高。内蒙古和黑龙江以进口非洲材和东南亚材为主，主要用作建筑口料和结构房屋，使用等级和进口单价相对都较低。

表3　　2013年与2012年我国进口原木的主要省市

省市名称	进口量（万立方米）		同比增加（万立方米）	同比增长（%）
	2013年	2012年		
江苏省	1426.40	1161.89	264.51	22.77
山东省	750.93	571.49	179.44	31.40
内蒙古自治区	480.85	531.97	-51.12	-9.61
上海市	388.21	287.40	100.82	35.08
福建省	374.38	288.36	86.02	29.83
黑龙江	373.71	374.74	-1.03	-0.27
广东省	220.95	193.49	27.46	14.19
天津市	166.66	146.94	19.73	13.42
其　他	333.80	233.00	100.80	43.26
总计	4515.90	3789.27	726.63	19.18

表 4　　2007—2013 年内蒙古自治区和黑龙江省原木进口情况

	地区名称	内蒙古自治区	黑龙江省
进口原木量（万立方米）	2007 年	1316. 65	897. 77
	2008 年	877. 53	751. 52
	2009 年	775. 6	456. 72
	2010 年	735. 12	412. 59
	2011 年	776. 18	431. 73
	2012 年	531. 97	374. 74
	2013 年	480. 85	373. 71
2013 年比 2007 年增长（%）		−63. 48	−58. 37

表 5　　2013 年与 2012 年我国锯材主要进口省市

省市	锯材进口量		增减数量 万立方米）	同比增长（%）
	2013 年（万立方米）	2012 年（万立方米）		
广东省	468. 43	346. 98	121. 46	35. 00
内蒙古自治区	429. 82	405. 48	24. 33	6. 00
江苏省	277. 85	257. 91	19. 94	7. 73
上海市	259. 11	189. 80	69. 31	36. 52
浙江省	176. 53	166. 34	10. 20	6. 13
山东省	163. 42	152. 45	10. 97	7. 20
黑龙江	148. 76	128. 33	20. 43	15. 92
天津市	146. 24	129. 92	16. 31	12. 56
福建省	116. 41	98. 50	17. 90	18. 18
辽宁省	72. 60	67. 23	5. 37	7. 99
其他	135. 55	113. 66	−45. 75	−25. 34

（二）主要木制品出口稳中有升

2013 年，我国木材与木制品出口总金额为 309.32 亿美元（不含纸及纸板、松香等林产品），同比增长 4.94%。木制品出口主要以木家具、木框架坐具和胶合板为主，其出口值分别占出口总值的比重为 40.0%、22.8% 和 16.3%；三者出口值合计占总出口值的比重达 72.8%（见图 7）。与 2012 年相比，木家具出口值占比下降了 0.4 个百分点，木框架坐具出口值占比上升了 1 个百分点，而胶合板出口值占比基本没变。

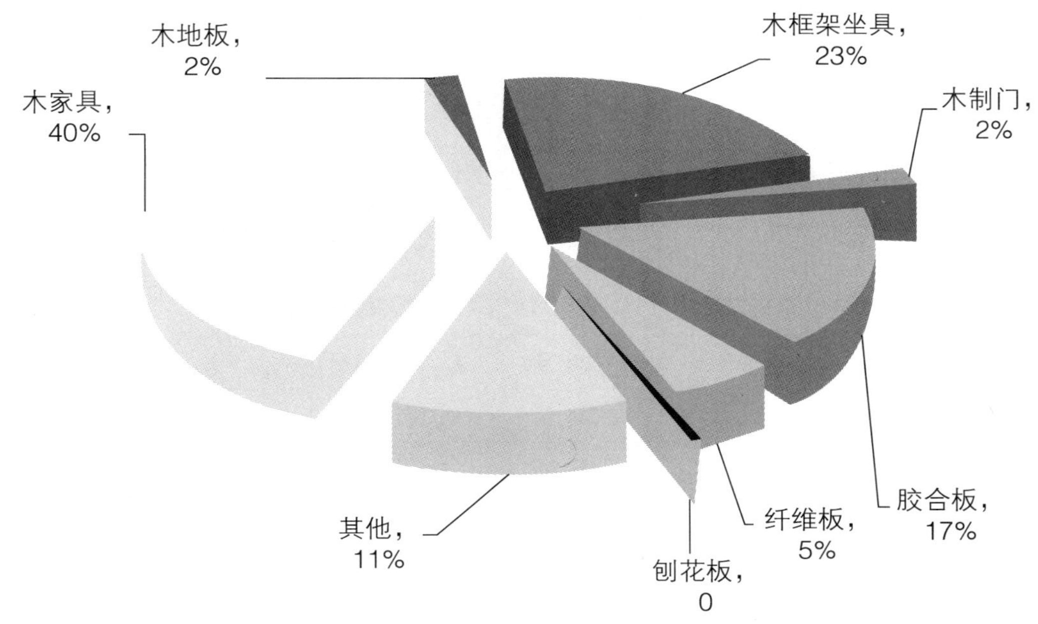

图 7　2013 年主要木制品出口额比重

2013 年，我国木家具累计出口 1.98 亿件，同比小幅下降 1.09%；出口金额为 123.80 亿美元，同比增长 3.93%，增速比 2012 年下降 1.28 个百分点。木框架坐具出口为 8973.52 万件，同比增长 2.97%；出口金额为 70.61 亿美元，同比增长 9.99%，增速比 2012 年下降 0.74 个百分点。木地板出口量额分别同比增长 –3.91% 和 6.48%。人造板三板中刨花板的出口同比增速最大，其出口值同比增速接近 40%，出口量和出口额的增速比上年分别上升了 16.57 个百分点和 14.03 个百分点；胶合板出口量额同比小幅增长，分别同比增长 2.30% 和 4.96%，增速比上年分别下降 2.51 个百分点和 5.55 个百分点；纤维板出口量和出口额分别同比增长 –6.54% 和 –4.36%，增速比上年分别降低 11.16 个百分点和 12.25 个百分点。木制门出口额同比增速比上年微幅下降 0.1 个百分点。总体而言，2013 年我国主要木制品出口额同比增幅大大减小，其中木地板和纤维板还出现了负增长，出口市场形势转弱。2012—2013 年我国主要木制品出口情况如表 6 所示。

表 6　　2012—2013 年我国主要木制品出口情况

木制品名称	单位	2013 年	2012 年	同比增长（%）
木家具	出口量（万件）	19767.01	19984.67	-1.09
	出口额（亿美元）	123.80	119.11	3.93
木地板	出口量（万吨）	39.91	41.53	-3.91
	出口额（亿美元）	6.48	6.93	-6.48
木框架坐具	出口量（万件）	8973.52	8714.44	2.97
	出口额（亿美元）	70.61	64.20	9.99
木制门	出口量（万吨）	34.17	32.13	6.37
	出口额（亿美元）	6.60	6.19	6.75
胶合板	出口量（万立方米）	1026.34	1003.26	2.30
	出口额（亿美元）	50.34	47.96	4.96
纤维板	出口量（万吨）	236.68	253.24	-6.54
	出口额（亿美元）	15.97	16.70	-4.36
刨花板	出口量（万吨）	16.98	13.52	25.54
	出口额（万美元）	8836.15	6328.57	39.62

2013 年美国仍是我国木制家具第一大出口市场，其出口量占我国木制家具总出口量的 33.13%，比 2012 年上升了 0.7 个百分点。在出口市场转下行的情况下，出口美国木制家具量比 2012 年增长了 1.02%（见表 7）。日本是我国木制家具出口的第二大市场，2013 年我国出口日本的木制家具占我国木制家具总出口量的比重比 2012 年下降了 0.75 个百分点，出口量也比 2012 年下降了 8.97%；出口到德国、法国和加拿大的木家具数量也均减少。

表 7　　2013 年我国出口木家具排位前 10 的国家地区情况

国家/地区	木家具数量（万件）		同比增加（万件）	同比增长（%）
	2013 年	2012 年		
总计	19764.23	19982.86	-218.62	-1.09
美国	6546.97	6481.03	65.93	1.02
日本	1717.89	1887.12	-169.23	-8.97
英国	1107.90	1103.06	4.84	0.44

续 表

国家/地区	木家具数量（万件）		同比增加（万件）	同比增长（%）
	2013 年	2012 年		
澳大利亚	969. 53	950. 04	19. 49	2. 05
德国	942. 56	962. 86	-20. 30	-2. 11
法国	669. 14	716. 92	-47. 78	-6. 66
加拿大	664. 87	714. 20	-49. 33	-6. 91
荷兰	538. 30	506. 57	31. 73	6. 26
中国香港	467. 66	—	—	—
马来西亚	453. 60	—	—	—

2013 年广东省仍是我国木家具出口的龙头，其出口量占我国木家具出口总量的 31. 9%（见图 8），但比重比上年下降了 0. 7 个百分点；福建和山东省的木家具出口发展较快，出口量同比分别增长了 5. 54% 和 5. 16%，占全国木家具出口的比重分别比上年上升了 1. 3 个百分点和 0. 5 个百分点。值得注意的是，2013 年河北省木家具出口量同比增长了 39. 55%，所占比重同比增加了 0. 5 个百分点。目前，广东省的木家具出口数量位居全国第一，其出口单价也相对较高，2013 年广东省木家具出口平均单价比全国木家具出口平均单价高出 36. 1 美元，比 2012 年高出 11. 65 美元，表明广东省木家具出口附加值在逐渐提升。

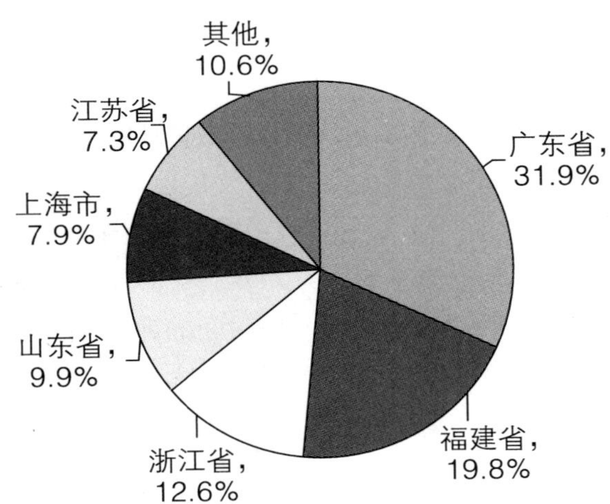

图 8　2013 年我国木家具出口地区占比情况

三、木材与木制品市场发展特点

（一）市场调节效应显现，锯材进口比重微降

自 2007 年以来，我国锯材进口比重逐年上升，2012 年锯材进口比重为 43.5%，比 2011 年上升了 1.6 个百分点，比 2007 年上升 23.6 个百分点，比重提高了一倍多。由于近年我国锯材进口增速过快，在市场的调节作用下，2013 年锯材进口比重比 2012 年微降了 0.5 个百分点（见图 9）。随着世界各国陆续出台政策限制原木出口以及限制非法采伐政策的进一步实施，我国锯材进口比重还会继续缓慢上升。

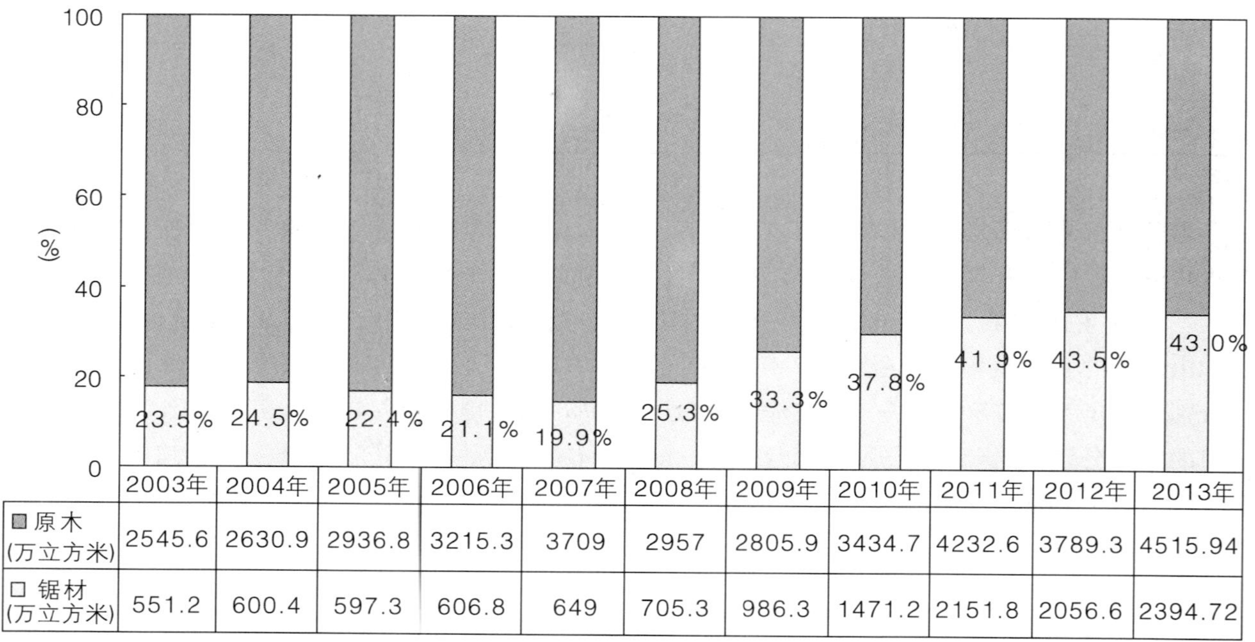

	2003年	2004年	2005年	2006年	2007年	2008年	2009年	2010年	2011年	2012年	2013年
■ 原木（万立方米）	2545.6	2630.9	2936.8	3215.3	3709	2957	2805.9	3434.7	4232.6	3789.3	4515.94
□ 锯材（万立方米）	551.2	600.4	597.3	606.8	649	705.3	986.3	1471.2	2151.8	2056.6	2394.72

图 9　2003—2013 年我国原木、锯材进口量及进口比例变化情况

（二）针叶材进口比重再度回升

2003—2013 年的 10 年间，我国针叶木材（包括原木和锯材）进口量增长非常快（见图 10），其进口比重 10 年提高了 21 个百分点。其中，2009 年针叶木材进口比重比 2008 年就迅速提高了 10 个百分点，达到近 70%。2009—2013 年的 5 年里，针叶木材进口比重基本在 70% 左右。由于针叶材的大量进口是市场的一些盲目行为所致，因而导致了国内针叶木材市场积压严重，短时间难以消化。因此，经过 2012 年一段时间的库存消化，2013 年木材进口商又加大了针叶木材的进口量，使其进口比重又回升了 2.1 个百分点。只要我国严重依赖进口木材的现状不改变，木材进口的总量不下降，进口针叶木材的比重就不会下降。

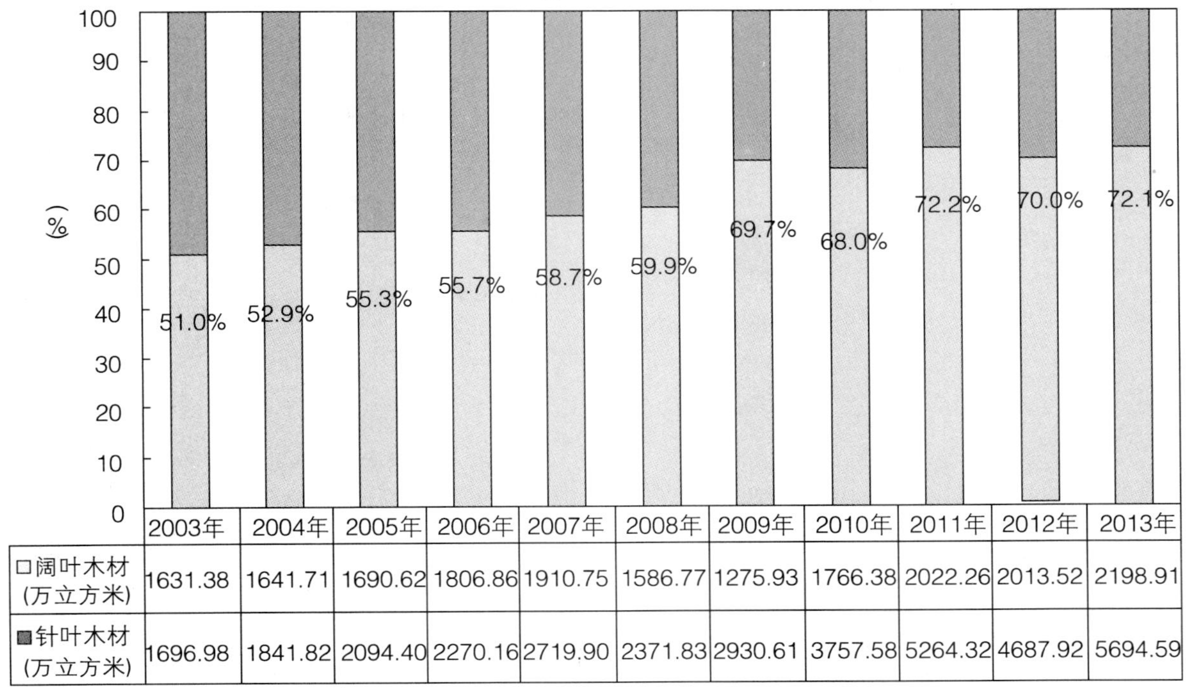

	2003年	2004年	2005年	2006年	2007年	2008年	2009年	2010年	2011年	2012年	2013年
□阔叶木材(万立方米)	1631.38	1641.71	1690.62	1806.86	1910.75	1586.77	1275.93	1766.38	2022.26	2013.52	2198.91
■针叶木材(万立方米)	1696.98	1841.82	2094.40	2270.16	2719.90	2371.83	2930.61	3757.58	5264.32	4687.92	5694.59

图10 我国针、阔叶木材进口量及进口比例变化情况

（谢满华 中国木材与木制品流通协会）